lonely planet

LA BIBLE DU GRAND VOYAGEUR

UN GUIDE ÉCRIT PAR
Anick-Marie Bouchard, Guillaume Charroin, et Nans Thomassey

ACTUALISÉ PAR
Anick-Marie Bouchard, Guillaume Charroin, Pierre-Elie Dubois, Anouk Dupin, Astrid Duvillard, Isabelle Paccault, Jesse Robert et Nans Thomassey

AUTEURS

Anick-Marie Bouchard

Née sur un petit archipel idyllique du golfe du Saint-Laurent, Anick-Marie obtient d'abord un diplôme en environnement et sécurité industriels, mais change ensuite sans cesse de discipline, étudiant la biophysique, la politique internationale, la gestion de commerces, l'herboristerie, l'éducation environnementale et l'anthropologie...

Adoptant un mode de vie "nomade", elle va au Pérou faire du bénévolat, découvre le Wwoofing, fait du stop longue distance par -20°C, devient fille au pair et anime des forums-voyage alternatifs. Elle est alors invitée à rejoindre l'équipe de sécurité du réseau d'hospitalité CouchSurfing, ce qui l'amène à présenter des conférences et ateliers aux quatre coins de l'Europe alors même qu'elle y voyage en mode nomade.

Forte de son expérience d'un an dans le Grand Nord, de plus de 150 000 km en auto-stop et de 8 200 km à vélo solaire en Eurasie dans le cadre du rallye Sun Trip, elle se fait conférencière du voyage d'aventure solo au féminin. Mieux connue désormais sous le pseudonyme de Globestoppeuse, elle publie ses chroniques du voyage alternatif sur son blog : www.globestoppeuse.com.

Guillaume Charroin

Depuis tout petit, Guillaume a l'amour des grands espaces et du voyage.

En 2008 il entreprend un long voyage avec Nans Thomassey pendant lequel il traverse l'Atlantique en tant qu'équipier sur un voilier, devient guide sur les volcans au Guatemala, marche à travers le canyon du Cuivre au Mexique et traverse les États-Unis en avion-stop.

Dès son retour, le besoin de partager ses expériences le pousse à écrire *La Bible du grand voyageur*, à créer Les Ateliers du grand voyageur avec ses amis Nans et Mouts de l'émission TV *Nus et Culottés*.

Aujourd'hui, Guillaume est guide de voyage et randonnée. À travers sa structure Clairière et Canopée – Jeûne, Marche et Mieux-Être (www.clairiereetcanopee.com), il continue à partager ses passions : parcourir les grands espaces, ralentir, inviter le renouveau et la sobriété heureuse dans sa vie.

Nans Thomassey

En grandissant dans les Alpes savoyardes, Nans acquiert très vite l'envie de sortir des sentiers battus. Sa passion pour l'aventure croît encore durant ses années à la section Sport Nature du lycée de Die qui le mènent progressivement à découvrir l'intérêt du voyager lent. Sa sensibilité pour l'environnement le pousse ensuite à étudier pendant cinq années l'habitat écologique à Toulouse. Diplôme d'ingénieur en poche, il décide d'aller parcourir le monde pour apprendre cette fois-ci la vie nomade écologique. Seul ou avec Guillaume, il explore durant un an et demi une vaste gamme d'outils disponibles pour faire le voyage.

De cette expérience naîtront un livre, *La Bible du grand voyageur*, puis la série documentaire *Nus et Culottés* avec la boîte de production Bonne Pioche. Ces films diffusés sur France 5 mettent en scène deux voyageurs dans une situation de dépouillement total : nus et sans argent dans la nature avec un rêve à réaliser dans la civilisation. Aujourd'hui, il anime aussi des conférences et a initié Les Ateliers du grand voyageur (www.grand-voyageur.fr), cadre d'expérimentation et d'enseignement des techniques pour voyager mieux avec moins.

AUTEURS COLLABORATEURS

Isabelle Paccault
Isabelle découvre les joies du voyage alternatif à l'adolescence en suivant des festivals à travers l'Europe. En 2010, elle fait des études de journalisme à Londres où elle rencontre ses premiers nomades numériques. Fascinée par ces pionniers, elle monte son entreprise en ligne puis part sur les routes sans date de retour. Son périple l'amène à travailler des toits de Katmandou aux banquettes du Transsibérien. Aujourd'hui, Isabelle est traductrice, auteure et guide de voyage pour anxieux (aventures-en-conscience.com).

Astrid Duvillard
En 2013, Astrid quitte son CDI pour voyager autour du monde. Son aventure, qui ne devait durer qu'un an, s'étendra finalement sur plus de 7 ans. Sur la route, elle découvre les joies de l'auto-stop puis celles de la *van life*, avant de revenir à un mode de déplacement plus élémentaire : la marche. Elle pratique notamment l'itinérance à pied sur les chemins de Compostelle européens. Aujourd'hui, elle vit de sa passion grâce à son activité de freelance : elle rédige du contenu et donne des conférences sur le voyage alternatif, et partage son expérience sur son blog : www.histoiresdetongs.com.

Anouk Dupin, Pierre-Elie Dubois et Jesse Robert
Engagée depuis très jeune dans le monde associatif, c'est en organisant une tournée de projection de son documentaire *Par nos yeux* qu'Anouk teste pour la première fois l'auto-stop. Lors de ses études à Bordeaux, elle rencontre Pierre-Elie par le biais d'une association écologiste. Ils y développent alors Stop&Go Bordeaux, qui vise à promouvoir la pratique du stop chez les jeunes.

Pendant ses études de médecine, Jesse, lui, expérimente le vagabondage avec son frère puis avec le petit groupe de "La communauté du Road-Trip". Alors qu'Anouk et Pierre-Elie décident de partir pour un périple de 10 mois sans argent en France nommé "Voyagez-Nous", ils rencontrent Jesse sur la route et nouent alors une grande amitié. Avec d'autres vagabonds, ils créent l'écovillage du Bel-Air, un lieu de vie nourri, entre autres, par cette philosophie du voyage qui repense le rapport aux humains, à la nature et à l'argent.

Aujourd'hui, alors que Pierre-Elie s'épanouit en tant que codirecteur et valoriste de la ressourcerie Ti Récup', qu'Anouk développe des activités équestres et que Jesse crée un nouveau modèle de structure de santé, ils ont tous les trois décidé de s'impliquer dans l'association des Ateliers du Grand Voyage (www.facebook.com/AteliersGrandVoyage).

Avant-propos

"Le bonheur n'est pas une destination, mais une façon de voyager."
Margaret Lee Runbeck

Vagabonder [va.ga.bõ.de] : Aller, voyager au hasard, à l'aventure. [1]

Ce guide est à mettre entre les mains de tous ceux qui voudraient voyager mais n'osent pas le faire parce que c'est trop cher, trop loin, trop intimidant... Le voyage se pratique en tous lieux, même à côté de chez soi : l'autre, l'imprévu et la nature ne sont jamais bien loin, pour peu qu'on leur laisse suffisamment d'espace pour germer et éclore. Cette itinérance de proximité est une école où l'on apprend d'abord à se connaître, à explorer ses propres limites et à les repousser. Le meilleur endroit duquel débuter, c'est encore là où l'on se trouve.

Ce guide est à mettre dans les bagages de tous les voyageurs souhaitant redécouvrir le voyage. Il leur fournira des idées, des points de départ et des conseils afin de pousser plus loin l'expérience transformatrice de l'aventure. Par-dessus tout, il leur proposera une réflexion sur les façons de limiter les dégâts qu'engendre le tourisme de masse : émissions de gaz à effet de serre, gaspillage de ressources, déchets, uniformisation du monde et profondes mutations des populations locales.

Ce guide est à poser au chevet de ceux qu'on laisse derrière, pour leur prouver que cette aventure est possible et qu'on n'est pas les seuls fous sur terre à rêver de voyager autrement. Les techniques de voyage sont bien codifiées, voire organisées, et des milliers de voyageurs aventuriers expérimentés sont prêts à partager leur expérience avec les débutants, tant sur les réseaux sociaux, les forums et les sites Web spécialisés qu'au niveau de clubs, d'associations de voyageurs, etc. C'est l'opportunité de distinguer nos peurs de celles qui ne nous appartiennent pas et de faire nos propres choix en acceptant les responsabilités qui en découlent, contreparties obligatoires de la liberté.

Enfin, ce guide s'adresse aux vagabonds de tout acabit puisqu'il les incitera à approfondir leurs pratiques itinérantes, à devenir plus autonomes et à choisir l'interdépendance. Ayant sans doute déjà une connaissance intime de plusieurs de ces méthodes, les bourlingueurs chevronnés sauront apprécier l'inclusion de techniques avancées comme l'avion-stop, le glanage urbain ou le camping en milieu urbain, sur lesquelles bien peu d'auteurs ont osé écrire jusqu'aujourd'hui.

En revanche, vu le poids de ce guide, nous leur recommandons de l'échanger éventuellement contre un nouveau hamac, un duvet ou un chapeau à large bord avec une personne faisant partie de l'une des trois catégories précédentes. Ça servira.

1 Définition tirée du *Trésor de la langue française*.

18 FAÇONS DE VOYAGER

JILLAUME CHARROIN

Bateau-stop

1 Voilà 5 jours que nous avons quitté les Canaries. Nous sommes 7 à bord de cet immense catamaran et tous très excités par cette nouvelle aventure, la traversée de l'Atlantique ! Après 4 jours sans aucun vent et des journées n'en finissant pas, nous sentons enfin le vent se lever. Il faut vite tendre les voiles, enfin un peu d'action ! Nous nous extrayons de nos hamacs et plaçons le bout sur le winch. L'immense voile se gonfle péniblement, il faut la déployer entièrement. C'est alors qu'elle reste coincée à un mètre du haut du mât, il y a un nœud là-haut. Pas le choix, il faut monter la chercher. Excité par cette idée, j'enfile immédiatement le harnais et me voilà hissé à 18 m de haut.

Atlantique, au large du Cap-Vert, Guillaume

Covoiturage

2 Nous venons de vivre l'une des semaines les plus incroyables de notre vie, au Burning Man Festival, cet événement hors norme prenant place dans le désert du Nevada, à l'est de la Californie. Le Burning Man est un voyage à lui tout seul et une semaine suffit à tout chambouler, les habitudes, les idéaux… Il serait vain d'essayer de décrire cette expérience mais voici une petite anecdote marquante. Nans et moi avions entendu parler de Humboldt, au nord de la Californie, comme d'une région idyllique pour trouver du travail bien payé, notamment dans la culture de plantes médicinales bien particulières. Par contre une chose était claire : il est quasiment impossible d'y travailler sans "entrée", et nous ne connaissions absolument personne là-bas. La fin du festival approchant et notre compte en banque étant à la limite de la faillite, nous décidons de prendre une journée pour faire aboutir notre quête : rencontrer quelqu'un qui nous aidera à trouver du travail ou au moins qui nous amènera en voiture dans cette région. Après une journée entière de recherche acharnée nous nous rendons à l'évidence, il faut abandonner cette idée, personne ne semble pouvoir nous aider. Déçus, nous déambulons dans le désert quand soudain une jeune femme nous interpelle. Très vite nous nous rendons compte qu'il s'agit d'une erreur, elle nous a pris pour deux amis à elle. Alors qu'elle s'excuse en repartant, par habitude ou par intuition, nous lui demandons d'où elle vient. "De Humboldt"… C'était le début du plus beau covoiturage de notre vie.

Désert du Nevada, États-Unis, Guillaume

Cargo

3 On pense toujours à préparer le départ, mais le retour est encore plus important… Après 16 mois de voyage et des milliers de kilomètres parcourus en voilier, en stop, à pied, après toutes ces encontres et ces expériences de vie incroyables, nous ne voulons pas louper notre retour. Hors de uestion de prendre l'avion, le choc serait trop brutal et c'est contraire à nos principes. Il n'y a pas de oiliers non plus à cette période de l'année. Le cargo reste la dernière solution. Le billet est cher mais nous reste quelques économies et ces quelques jours à vivre comme des rois à bord de ce géant les mers nous font le plus grand bien.

tlantique, au large d'Halifax, Canada, Guillaume

Auto-stop

4 Cela faisait bien longtemps que je rêvais de voyager avec mon amie et de lui faire découvrir l'auto-stop. Quel autre pays que le Mexique pouvait nous offrir un cadre unique avec le soleil toute l'année, une population hospitalière et une diversité de paysages extraordinaire ? Ce qui nous a frappés, c'est de constater à quel point l'auto-stop là-bas n'est en rien une pratique sociale. Les trois quarts des véhicules étant des pick-up, nous voyagions à l'arrière et les moments de trajet donnaient lieu à des instants de contemplation, de solitude ou alors à des rencontres d'un autre genre…

Oaxaca, Mexique, Nans

Avion-stop

5 Notre visa arrive à expiration dans une semaine et nous sommes encore en Californie alors que notre prochaine destination est le Québec. En regardant la carte des États-Unis, nous nous apercevons de notre erreur : une semaine pour traverser ce pays en auto-stop, c'est court, très court... C'est alors qu'une idée nous vient : pourquoi ne pas essayer de faire du stop dans des petits avions privés, ce serait plus rapide. Après deux jours à essuyer des refus et des interdictions de pénétrer dans les aérodromes, nous rencontrons John, qui accepte de nous prendre à bord de son avion le lendemain matin... Nous sommes sur la piste principale de l'aéroport de San Francisco et venons de recevoir l'autorisation de décoller, je suis installé à l'avant, les gaz sont au maximum. C'est alors que John me lance : "Ça te dirait de faire décoller un avion ?"

San Francisco, États-Unis, Guillaume

JÉRÉMY LLOUBES

Motoneige-stop

6 Au Nunavut, la motoneige est un mode de transport pratique. On entend à toute heure le ronronnement des moteurs sur les nombreuses pistes sillonnant la capitale. Au lieu d'en louer une, j'ai cherché à joindre un groupe, m'informant sur les prochaines sorties de mes contacts. Pour explorer les étendues blanches, il faut partir en convoi car s'éloigner de la ville est dangereux : les collines se ressemblent toutes. "Soyez au garage à 11h, m'écrit finalement mon contact. En espérant qu'il y ait des places derrière d'autres motoneiges..." Mieux encore, on me prête une motoneige touring, une grosse machine parfaite pour apprendre à chevaucher la poudreuse. Destination : Crazy Lake.

Iqaluit, Nunavut, Anick-Marie

Vélo

7 Partis de rien quelques jours auparavant, nous avions obtenu via le troc deux vélos et une horloge que nous avons pu ensuite échanger contre un tandem. Cependant, le plus beau cadeau que nous ayons reçu ce jour-là, c'est de rencontrer Anne et de profiter de son agréable compagnie. Une carriole et une chaise en guise de carrosse, nous voilà prêts à cheminer tous les trois jusqu'en Hollande. Il est des voyages qui n'ont de sens que dans le partage, nous ne pouvions pas rêver mieux.

Lille, France, Nans

NANS THOMASSEY / BONNE PIOCHE TÉLÉVISION

Marche

8 Voilà bien trois jours que nous marchons dans le canyon du Cuivre. Nous le savions, ces terres-là sont généralement peu fréquentées par les touristes. Et pour cause, depuis le début nous avons croisé trois cultivateurs de cannabis et pas des moins armés. Pourtant, en compagnie de Reis notre guide, nous nous sentons en sécurité. Du haut de ses soixante-dix ans, il semble respecté de tous. Il nous a guidés à travers ces paysages grandioses et imprégnés d'une ambiance presque féerique. Ici, les rivières se traversent sur de vieilles nacelles suspendues à des câbles branlants, les grottes nous accueillent pour dormir la nuit et les rencontres se passent en silence.

Canyon du Cuivre, Mexique, Nans

GUILLAUME CHARROIN

Hébergement spontané

9 I Free, c'est son nom. De la France jusqu'aux Caraïbes, les gens nous parlent de lui comme d'une légende vivante. On entend dire qu'il vit seul dans la jungle et qu'il se nourrit essentiellement de fruits et de plantes sauvages. Plus jeune, il fabriquait même ses vêtements dans des feuilles de bananier ! On apprend aussi qu'il n'utilise pas le feu, étonnant pour un rasta... Lorsque nous débarquons enfin sur l'île de la Grenade, nous sommes fous de joie à l'idée de rencontrer cet homme. Et comme chacun des 200 000 habitants de l'île le connaît, nous ne tardons pas à retrouver sa trace. La rencontre est aussi simple que le personnage. Nous nous présentons et lui demandons s'il accepterait que nous partagions quelques jours avec lui. Malgré les dizaines de personnes autour de lui, il accepte instantanément et, avec un sourire plein de complicité, nous conduit dans sa cabane pour vivre ce qui restera l'une des expériences les plus extraordinaires de ce voyage...

Île de la Grenade, Nans

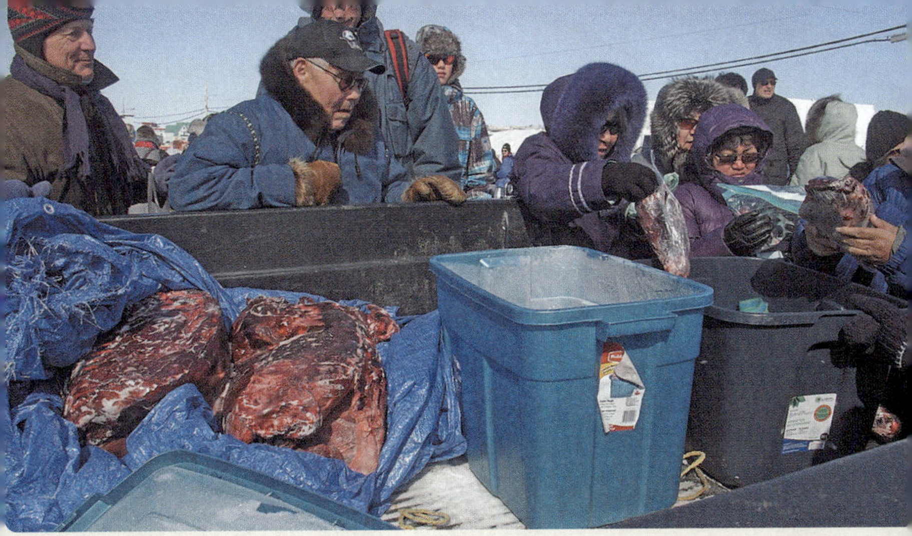

Cuisiner sur la route

10 La redistribution inuit traditionnelle des produits de la chasse est encore d'actualité : la famille immédiate, ensuite les partenaires de chasse et enfin la famille étendue, surtout ceux qui ont faim. Les rares surplus sont vendus à la radio communautaire, où chacun passe ses annonces en inuktitut. Depuis quelque temps, une association organise des marchés publics à Iqaluit. Par -30° C, les stocks fondent comme neige au soleil : omble chevalier (semblable à la truite), lagopède (perdrix arctique), phoque, ours polaire, igunaq (viande fermentée, du morse surtout), maktaaq (peau de béluga, riche en vitamine C)... Ce marché a été pour moi l'occasion de mettre la main sur du caribou. À peine arrivés, les gens se bousculent déjà autour du pick-up, soulevant les pièces de viande et tendant des billets. Pas de pesée, pas de marchandage. Bientôt, il ne reste qu'une carcasse congelée à peine dépecée. Qu'à cela ne tienne, le chasseur prend sa hachette et casse des morceaux qu'il échange contre le premier billet tendu. Je recevrai la dernière pièce, facile à cuisiner : les Inuits le préfèrent cru, congelé, en fines lanières...

Iqaluit, Nunavut, Anick-Marie

Cuisine sauvage

11 J'ai appris les bases de la cuisine sauvage lors d'un stage avec François Couplan. Au début, je recherchais surtout des techniques qui pourraient me permettre de voyager à moindres frais en utilisant la nature comme un grand jardin. Mais plus je découvrais les possibilités qu'offrait l'expérience de la vie sauvage et plus je me rendais compte du véritable trésor caché derrière ces savoirs. Réapprendre à se nourrir dans la nature, c'était un peu comme se réconcilier avec de vieilles peurs. Je réalisais que cette nature sauvage qui pouvait m'ôter la vie à la moindre erreur me permettait aussi de vivre chaque jour. La nourriture était souvent moins abondante que dans nos assiettes habituelles mais les saveurs étaient d'une rare intensité. Parfois, il nous arrivait de ne manger qu'une fois dans la journée, autant dire que chaque repas devenait une cérémonie ! Le goût des chapatis au thym et des soupes d'orties reste un merveilleux souvenir de ce voyage sensoriel.

Alpes-de-Haute-Provence, France, Nans

NANS THOMASSEY

NANS THOMASSEY

Glanage urbain

12 Il est 13h et le marché vient de finir. À 13h30, il n'y aura plus rien dans la rue. C'est alors une véritable chasse à la nourriture qui commence. On part dans toutes les directions rencontrer les marchands et leur demander ce qui va être jeté. Quinze minutes plus tard, les sacs sont pleins à craquer de fruits et légumes de toutes sortes. La récolte est excellente. De retour à la maison, nous nous mettons au travail : il faut trier ce qui est encore utilisable, nettoyer, éplucher, couper les parties abîmées. Ensuite, c'est parti pour la cuisine. Tout finit dans deux immenses casseroles. Au menu : salade, ratatouille et compote. Les invitations sont lancées, ce soir il y aura du monde à la coloc. Pour trouver de quoi accompagner ce repas, nous repartons faire la fermeture des magasins à 19h. La boulangère nous donne trois gros pains datant de deux jours. Devant ce succès, nous poussons le test encore plus loin et nous faufilons derrière le supermarché de la rue. Dans les immenses poubelles, une véritable chasse au trésor débute. Nous ressortons puants mais contents, trois gros fromages en main, mais aussi des yaourts, du jambon cru. Trente personnes ont profité du festin et la coloc a mangé pendant 4 jours.

Bruxelles, Belgique, Guillaume

Outils de communication

13 Faire des études à distance, c'est pas de la tarte, mais les faire en voyageant, ça demande de l'organisation ! De passage à Vannes pour revoir une partenaire de voyage rencontrée en Irlande quelques années plus tôt, j'ai eu le malheur de constater que sa connexion Internet ne fonctionnait pas. Or, j'avais un devoir à rendre sous forme électronique et l'heure limite approchait dangereusement. Par un dimanche pluvieux, nous avons entrepris de trouver une connexion non sécurisée au centre-ville. Pas facile de trouver des cafés Internet maintenant que tout le monde est connecté à la maison ! Nous avons donc cherché d'un arrêt de bus à l'autre, protégeant mon ordinateur portable au mieux à l'aide d'un foulard de coton. Au bout de 40 minutes, j'ai enfin trouvé un endroit où ça fonctionnait et entrepris d'envoyer le document, sous l'œil amusé de mon amie. Ce serait tellement plus simple maintenant, avec un smartphone !

Vannes, France, Anick-Marie

ROSE JOUBERT

Camping sauvage

14 Lorsque nous sommes partis randonner dans les Hautes- Alpes ensemble, Kim a apporté avec lui son hamac-tente et moi mon sursac imperméable. À chacun son style de camping, aérien ou terrestre. De mon côté, j'ai opté pour une solution légèrement plus lourde mais plus rapide à mettre en place. Quant à mon ami, son matériel lui permet surtout d'être à l'abri de la pluie et de jouir d'une vue imprenable sur le lieu. "C'est particulièrement confortable", me dit-il. En essayant son installation, je me rends compte du point de vue privilégié qu'offre le hamac en hauteur et qu'il est alors possible d'observer la faune environnante en toute discrétion. Je me sens comme un enfant dans sa nouvelle cabane découvrant pour la première fois l'excitation et la joie de dormir dans un arbre. Qui n'a jamais rêvé de s'endormir dans la canopée ?

Hautes-Alpes, France, Nans

NANS THOMASSEY

NANS THOMASSEY

Hébergement contre travail

15 Voilà à peine deux jours que nous sommes ici et nous nous sentons déjà comme chez nous. Une journée commence avec les "pluches" : quand la cloche sonne, une vingtaine de personnes se retrouvent dans la cuisine pour éplucher les légumes de la journée… Ensuite, il y a un temps pour méditer. Puis Victor nous met au labeur avec son fort accent espagnol : bois, châtaignes, pommes, peinture, maçonnerie, cuisine, il y en a pour tous les goûts. Certains travaux ne sont pas très enrichissants, d'autres nous apprennent plus. Par contre, se rendre directement compte des effets du travail recrée du sens et du lien. Chacun devient acteur du bon fonctionnement de cette microsociété, on redécouvre cette nécessité de l'autre et à quel point chaque métier est précieux pour vivre ensemble à l'échelle locale.

Communauté de l'Arche, Saint-Antoine-l'Abbaye, Guillaume

"Veux-tu voir comment j'insémine ?" me dit la fermière avec enthousiasme. C'est à Sainte-Françoise, au Québec, que j'ai pu traire mes premières vaches. Bien sûr, il ne s'agit plus de traite à la main, mais bien d'une ferme laitière commerciale où l'on utilise la trayeuse pour soulager deux fois par jour les vaches de leur lait. Fred et Andréanne sont des fermiers passionnés par leur petite exploitation familiale qui accueillent depuis quelques années les voyageurs assez vaillants pour mettre les pieds dans le fumier. Il y a toujours à faire à la ferme, mais surtout toujours à apprendre, du traitement des mammites à la fameuse recette des herbes salées du Bas-du-Fleuve !

Sainte-Françoise, Québec, Anick-Marie

FRED ST-JEAN

Accueil spontané

16 Sur la place du village de Kpinji, je contemple la vie qui défile. Soudain, des habitants me font signe et pointent du doigt un groupe d'hommes au loin. Je suis invitée à la table des chefs ! Tout s'enchaîne alors à une vitesse folle, on m'apporte des aliments et alcools non identifiés et tout le monde veut savoir qui je suis. Mes sens sont en alerte. Dois-je boire avant ou après l'homme au chapeau ? D'ailleurs, qui est vraiment le chef ? Comment les remercier de cet immense honneur ? J'ai l'impression de courir un marathon mais je me sens nourrie de toutes les manières possibles.

Nord du Bénin, Isabelle

ISABELLE PACCAULT

JESSE ROBERT

Remercier sans argent

17 Mon frère et moi, conduits par un merveilleux couple, avons rejoint le reste du groupe, déjà arrivé à destination. Hésitant à accueillir huit inconnus chez eux, le couple décide finalement de nous héberger pour la nuit. Portés par la joie et l'enthousiasme de la rencontre, nous sommes restés deux jours à raconter nos vies, à cuisiner ensemble, à découvrir la culture et la passion de nos hôtes pour le marathon ainsi que leur grande collection de coupes et de médailles. Avant de repartir, nous leur remettons un "trophée des Meilleurs hôtes" fait main, qui trône fièrement avec leurs autres récompenses.

Lugo, Espagne, Jesse

Voyage en van

18 Après avoir roulé pendant des heures, nous gagnons enfin la mer Noire. Sur le bas-côté, trois auto-stoppeurs nous font signe, et nous les invitons à prendre place à l'arrière du T4. Ils nous proposent de nous joindre à eux pour un plan des plus simples : dormir sur une plage secrète, autour d'un bon feu de camp, ce que nous nous empressons d'accepter. Plus tard, transformés en gardiens éphémères de la côte maritime, nous enchaînons les discussions passionnées autour du feu, avant de fermer les yeux, bercés par le bruit de la houle et le crépitement des flammes. Le bonheur se cachait donc ici.

Façade maritime, Bulgarie, Astrid

ASTRID DUVILLARD

Petit précis de vagabondage

"Le voyage est un retour vers l'essentiel." Proverbe tibétain

Comment réinventer le voyage ? Nous vous proposons dans ce guide des techniques de voyage pour aventuriers novices ou chevronnés présentant des avantages économiques, écologiques et humains sur le voyage classique. Certains principes ont guidé notre choix :

La lenteur Le voyage lent permet de porter attention aux détails qui autrement nous échapperaient. Les transitions géographiques, humaines et culturelles sont vécues en douceur au fil de l'eau ou du chemin.

La sobriété Connaître ses besoins réels avec précision permet d'y répondre en minimisant l'utilisation des ressources. Une attitude sobre et humble dénote un respect de l'autre et une ouverture à sa réalité. On pourra ainsi adapter la manière dont on satisfait ses besoins en fonction des réalités et des savoir-faire locaux.

L'échange Le voyage est une opportunité de rencontre, aussi la rencontre serait-elle incomplète sans échange. En écoutant et en observant d'abord, le voyageur apprend à se défaire de ses préjugés et à recevoir l'autre culture comme étant ni meilleure ni pire que la sienne, simplement différente. Il peut ensuite partager ses idées et ses connaissances sans les imposer à l'autre.
L'échange peut également se faire sous forme de biens ou de services ou encore par la participation à l'économie solidaire.

L'optimisation Dans nos sociétés individualistes, le gaspillage d'énergie, de nourriture, de biens matériels et d'espace est énorme. Or, comme le déchet de l'un est la manne de l'autre, le voyageur peut mettre à profit ces ressources non utilisées pour se déplacer (techniques de stop), se nourrir (glanage urbain ou en nature) et être hébergé (chez l'habitant). Les techniques d'optimisation aident à développer la conscience environnementale, la gratitude, la flexibilité et la patience.

La démarche éthique Alors que le tourisme classique propose des voyages préorganisés, le voyage vagabond libère et responsabilise celui qui le pratique. Chaque décision a un impact sur soi-même, sur les autres et sur l'environnement. Par souci de cohérence, le voyageur cherchera donc à agir de façon juste et équitable. Il ne cherchera pas à dépenser le moins possible au détriment de la réalité socio-économique locale et il devra s'informer, questionner pour comprendre et choisir en fonction de ses valeurs.

Le développement personnel Le voyageur est confronté à ses peurs à chaque fois qu'il ose vivre le rêve et l'aventure. Il apprend aussi à se débarrasser des peurs que les autres lui imposent, si pesantes dans ses bagages !

En acceptant une part de hasard, il se laisse surprendre par des réalités bien différentes de ses attentes. Il transforme les contraintes d'argent ou le désir de commodités en opportunités de développement personnel. Il sort de sa zone de confort et devient à l'aise dans une plus grande variété de situations. Il développe sa capacité à accepter le changement et la différence.

Introduction

"Le voyageur voit ce qu'il voit,
le touriste voit ce qu'il est venu voir."
Gilbert Keith Chesterton,
Autobiographie, *1936.*

L'industrie du tourisme

Selon l'Organisation mondiale du tourisme, plus de 1,5 milliard de voyages sont réalisés chaque année[1], la moitié à des fins de loisirs.

Au-delà du plaisir de la découverte, le tourisme est une industrie représentant annuellement plus de 1 100 milliards d'euros et fournissant mondialement près de 10% des emplois. Facteur de développement local, le tourisme est porteur de l'espoir d'un futur prospère. Mais quelle est la réalité derrière les chiffres ? Quel impact économique ont les choix que font les voyageurs ?

L'impact du tourisme sur les sociétés et les cultures incite à la réflexion. Voyager, est-ce seulement reproduire des clichés qui nous ont fait rêver auparavant ? Le Colisée à Rome, les pyramides d'Égypte ou du Mexique, les Indiens d'Amérique (avec des plumes, s'il vous plaît !), les geishas, les Papous encore sauvages, les îles paradisiaques, les ruines idylliques... Mais qu'en est-il des identités fragiles de millions d'individus dont la culture est parfois folklorisée, marchandisée ?

Les dommages collatéraux du tourisme sont aussi écologiques : destruction d'habitats naturels pour permettre la mise en place d'infrastructures d'hébergement, de transport (routes, stationnement, aéroports) mais aussi de divertissement (restaurants, casinos, centres commerciaux, etc.). Ajoutez à cela que plus de la moitié des touristes se rendent à destination par avion, mode de transport générant le plus de gaz à effet de serre par kilomètre parcouru. Enfin, à travers l'utilisation de commodités et la pratique d'activités récréatives, les vacanciers consomment plus d'énergie et de produits jetables que d'ordinaire, aggravant ainsi leur impact écologique sur les milieux.

Au sein d'une véritable industrie touristique, quelles sont les possibilités de vivre une véritable aventure ? Si ce sont l'offre et la demande qui déterminent ce que le touriste voit à travers cet échange commercial, où se trouve l'authenticité ? Surtout, comment peut-on échapper aux contraintes que nous impose cette réalité économique ? Peut-on encore voyager sans être un consommateur, un spectateur, un visiteur de parc d'attractions à grande échelle ?

À la recherche d'alternatives

"Un des grands malheurs de la vie moderne, c'est le manque d'imprévu, l'absence d'aventures." Théophile Gautier, Voyage en Espagne, *1843.*

Il est encore possible de vivre une expérience d'**aventure**, d'**apprentissage** et de **rencontre** à travers son voyage.

L'aventure est un état d'esprit où l'on accepte de prendre des risques, de perdre du temps. On se remet en question à travers les idées des autres. On apprend, on absorbe telle une éponge des images, des sensations, des émotions. On fait face à des problèmes différents, on témoigne de solutions inusitées, ce qui nous amène à être créatif, inspiré.

Sur les routes du monde, on rencontre encore des vagabonds, des baroudeurs qui ont embrassé l'errance joyeuse du voyage. Ils sont de plus en plus nombreux à arrêter le temps,

[1] Chiffres de 2019

à partir après les études ou à quitter un emploi pour faire un long voyage : un an, deux ans, voire plus. Pour eux, le mouvement est un **ralentissement de la course**, une échappatoire à la jungle du quotidien. Ils réapprennent à **prendre le temps**, à découvrir **les gens**, les **langues**, les **écosystèmes** et les **plaisirs** les plus simples.

Ils dorment chez l'habitant, se déplacent à pied, à vélo ou en faisant du stop, se nourrissent autrement, planifient moins mais apprécient plus chaque kilomètre du périple puisqu'il leur tient lieu d'école, une **école buissonnière** leur enseignant chaque jour quelque chose d'authentique sur eux-mêmes et sur les autres. Plus qu'un loisir ou une simple collection de cartes postales, leur voyage est **une façon d'appréhender le monde et de l'apprivoiser**.

"Le véritable voyage de découverte ne consiste pas à chercher de nouveaux paysages, mais à avoir de nouveaux yeux." Marcel Proust

Et si ce vagabond, c'était un peu vous ? Partir à l'aventure avec peu de moyens fait rêver, mais pour une raison étrange, on n'ose pas se lancer. Le manque d'argent et de confiance en soi, la peur de l'inconnu ou du changement ne sont que quelques-unes des raisons qui nous empêchent de voyager autrement.

Pourtant, rien n'empêche de s'inspirer des autres voyageurs pour faire évoluer son propre style. Il ne s'agit pas ici de devenir hippie et de se nourrir exclusivement de glands ou des poubelles des marchés, mais plutôt d'ajouter des cordes à son arc à un rythme approprié. C'est ce qu'ont déjà fait des milliers de voyageurs tels que ceux dont nous présentons les témoignages au fil de cet ouvrage.

"Le vrai voyage, c'est d'y aller. Une fois arrivé, le voyage est fini. Aujourd'hui les gens commencent par la fin." Hugo Verlomme, Extrait du magazine Transfert, *1999.*

Ces techniques de voyage alternatif permettent de faire plus avec moins : plus d'authenticité, plus d'expériences, plus d'échanges, plus de liens, plus de savoir-faire, plus de liberté et d'accomplissement personnel... moins d'argent, moins de déchets, moins d'organisation, moins d'impact sur les populations locales.

"Un voyage se passe de motifs. Il ne tarde pas à prouver qu'il se suffit à lui-même. On croit qu'on va faire un voyage, mais bientôt c'est le voyage qui vous fait, ou vous défait." Nicolas Bouvier, L'Usage du monde, *1963.*

LES ATELIERS DU GRAND VOYAGE

Créée par des auteurs de *La Bible du grand voyageur* et de la série documentaire *Nus et Culottés*, cette association a pour objectif de promouvoir le vagabondage, d'animer le réseau des voyageurs et d'y proposer des événements, des rencontres et des formations. Aujourd'hui, l'association est portée par des voyageurs qui ont à cœur de voir s'épanouir ce réseau, notamment à travers des propositions d'ateliers, d'outils, de conseils et de ressources pour explorer son voyage aussi bien avant, que pendant et après. Pensée sur un modèle démocratique et inclusif, chaque vagabond souhaitant contribuer à cette association y est le bienvenu !

Toutes les informations sur : www.facebook.com/AteliersGrandVoyage

Comment utiliser ce guide ?

"Quand un homme a faim, mieux vaut lui apprendre à pêcher que de lui donner un poisson."
Confucius

Ce guide est divisé en six grandes sections, dont les trois centrales sont consacrées à des techniques de voyage sur les thèmes suivants : *Se déplacer, Se nourrir, Se loger*. Chaque section, recoupée en plusieurs chapitres, présente un tour d'horizon de la technique : intérêt économique, écologique et humain, degré d'aventure, considérations légales, préparation, matériel, etc. À la fin de chaque chapitre, on retrouve un portrait des risques associés à la pratique, ainsi que des variantes et des ressources pour qui voudrait approfondir le sujet. Dans la mesure du possible, ces dernières sont en français sauf si elles se font rares, auquel cas nous en avons inclus en anglais également.

Les sections *Préparer le grand départ, Interagir* et *Santé et sécurité* présentent une foule d'informations utiles pour le voyageur. Vous y trouverez une multitude d'outils pour mieux (dés)organiser votre voyage, mais aussi des pistes pour améliorer vos compétences de voyageur.

Vous noterez que nous avons évité autant que possible de traiter de pays ou régions du monde en particulier : il existe déjà beaucoup de guides qui le font très bien. L'objet de cet ouvrage n'est donc pas la destination mais bien le chemin. Vous y découvrirez des techniques pour voyager de façon plus libre, plus consciente et plus autonome afin de vous adapter en toutes circonstances et de vivre pleinement l'expérience de votre voyage. Les aspects du voyage que nous décrivons dans ce guide sont des compétences qui peuvent servir partout. Il suffit ensuite d'obtenir des informations régionales, notamment en contactant d'autres voyageurs, en assistant à des conférences, en lisant des récits de voyages, en cherchant sur Internet, en rencontrant des personnes originaires de ces pays ou en allant directement sur place. Et c'est ce que nous faisons !

Échelles : évaluer l'intérêt que présente une technique

Nous avons choisi de classer les différentes pratiques en fonction de leur intérêt **économique**, **écologique** et **humain**, mais également en fonction du **degré d'aventure** dans lequel elles nous engagent. Ce dernier indice est en quelque sorte un niveau de difficulté intégrant l'accessibilité de la pratique (la disponibilité des moyens), le niveau de préparation préalable requis ainsi que le niveau de risque auquel le voyageur s'expose s'il choisit de la pratiquer.

Intérêt économique

Coût important, pratique accessible en Occident à quelqu'un ayant un budget supérieur à 20 € par jour. Peut nécessiter un investissement de base important.

Coût faible, pratique accessible en Occident à quelqu'un ayant un budget d'environ 20 € par jour. Peut nécessiter un investissement de base mais demeure accessible.

Coût minime, pratique accessible en Occident à quelqu'un ayant un budget d'environ 5 € par jour. Peut nécessiter un investissement de base, mais celui-ci est rapidement amorti.

Abordable pour tous car ne coûte rien. Voire, peut générer un revenu.

Les pictos pour se repérer :

- Conseil
- Astuce
- Ressource Internet
- Idée originale
- Remarque
- Mise en garde

Intérêt écologique

Consommation d'énergie et de ressources comparable à celle du tourisme traditionnel (avion, hôtel, resto, voiture de location). Bilan carbone et empreinte écologique élevés.

Consommation d'énergie et de ressources faible par comparaison avec celle du tourisme traditionnel. Bilan carbone et empreinte écologique raisonnables ou faibles.

Consommation d'énergie et de ressources minime. Optimisation de ressources existantes (moyens de transport, infrastructures d'hébergement, etc.). Bilan carbone et empreinte écologique neutres.

Aucune consommation d'énergie/électricité, utilisation minime de ressources renouvelables dont l'impact local est aisément absorbé par le milieu. Transport actif. Bilan carbone et empreinte écologique neutres.

Intérêt humain

Se pratique mieux dans le secret ou la solitude, sans contact avec autrui.

Activité pouvant être pratiquée seul ou en groupe. Peut permettre de découvrir autrui, à condition qu'on s'en donne la peine !

Activité se pratiquant généralement au contact d'autres personnes. Permet de rencontrer des gens sans nécessairement se lier étroitement à eux.

Activité permettant expressément de rencontrer des gens et offrant l'opportunité de développer des liens d'amitié intimes avec eux.

Degré d'aventure

Activité facile à pratiquer, accessible aux voyageurs débutants. Les situations sont en général planifiées et sous contrôle. Ne demande pas de compétences ou de connaissances particulières.

Activité dont la pratique demande une certaine préparation matérielle, physique ou mentale. Les moyens pour la pratiquer peuvent être difficiles à trouver. Situations parfois imprévisibles permettant la découverte de soi et d'autrui. Niveau de risque variable mais demandant déjà d'avoir un peu la fibre aventurière !

Activité dont la pratique demande beaucoup de préparation matérielle, physique ou mentale ainsi que des compétences ou des connaissances particulières. Il est parfois difficile de mettre en place les ressources pour la pratiquer. Implique une constante vigilance car beaucoup de paramètres imprévisibles. Demande une excellente connaissance de soi. Technique réservée aux aventuriers aguerris !

Covid-19

La pandémie de Covid-19 apparue fin 2019 a brutalement chamboulé le monde du voyage. À l'heure où nous écrivons ces lignes, la première vague de vaccination est en cours et les frontières de nombreux pays sont toujours fermées. Personne ne peut prédire les conséquences de cette crise sanitaire mais une chose est sûre, réinventer le voyage est devenu une nécessité et une urgence dans la plupart des esprits.

Comment voyager dans un monde post-Covid ?

Dans un monde qui se réchauffe, plus des deux tiers des maladies émergentes et presque toutes les pandémies connues sont causées par des agents pathogènes d'origine animale, phénomène accéléré par la rapide perte de biodiversité. Sont pointés du doigt un commerce, une production et une consommation non soutenables. C'est un rappel que notre santé, notre richesse et notre bien-être dépendent de la santé, de la richesse et du bien-être de notre environnement. Il est probable que la Covid-19 ou d'autres virus virulents continuent de faire partie du paysage à l'avenir. À quoi pouvons-nous nous attendre ?

Changement des habitudes

Voyager proche : Sans surprise, la popularité du voyage local explose, voire même les microaventures (voir l'encadré p. 95). Une étude de 2020 révèle que 80% des passagers aériens ont prévu de changer leurs habitudes de voyage à cause de la Covid-19, 41% d'entre eux prévoyant même de voyager moins, quel que soit le moyen de transport utilisé.

Voyager en conscience : La pandémie a mis en lumière des problèmes préexistants comme les différences d'immunité de certains peuples isolés et la rapidité des contaminations liées à l'intensification des déplacements humains, la dépendance de l'économie de certains pays aux revenus liés au tourisme ou encore l'impact de la réduction de la biodiversité. Le voyageur prend conscience de son empreinte sociale, économique et écologique, ce qui engendre de nouveaux comportements.

La diminution des risques pour les autres

Le consentement : La pandémie a mis en évidence la profondeur de l'interdépendance humaine et l'écrasante responsabilité que nous partageons tous : nos comportements ont une incidence sur la vie des autres, que nous le voulions ou non. Heureusement, ici comme partout, tout est question de consentement éclairé. Rester vigilant aux besoins et aux convictions de l'autre est une forme de respect, et une communication efficace permettra de choisir quelles règles sociales adopter dans chaque espace commun, sans oublier que personne n'a jamais de contrôle absolu sur les situations.

Les gestes barrières : Comme chez les soignants, les gestes barrières pourraient bien devenir une habitude et un "nouveau normal" dans certaines circonstances. Comme c'est déjà le cas dans plusieurs pays d'Asie, il est possible que le port du masque reste en vigueur pour longtemps dans certaines zones à forte densité ou à risque élevé.

L'acceptation des risques pour soi

Risques physiques : Les voyageurs aventuriers avaient généralement une plus grande conscience des risques infectieux, et ont fréquenté des zones où les maladies mortelles sont une réalité du quotidien. La Covid-19 ne change pas la donne car les mêmes règles s'appliquent : limiter les risques tout en acceptant ses limites et sa vulnérabilité.

Risques psychiques : Une enquête de 2020 révèle une explosion des consultations psychologiques liées aux conséquences de la pandémie : le contact et le mouvement sont vitaux pour l'être humain. Un nouvel équilibre et de nouveaux codes sociaux seront sûrement à inventer entre notre besoin de contact et notre volonté de protéger l'autre. Adieu la bise, le *check* s'installe !

Heureusement, comme nous le rappelons à maintes reprises dans ce guide, l'essence du voyage est faite de réinventions. Des nouvelles contraintes naissent la créativité et l'intelligence collective. Cela tombe bien, n'est-ce pas ?

Préparer le grand départ

"Veux-tu vivre heureux ? Voyage avec deux sacs, un pour donner, l'autre pour recevoir."
Johann Wolfgang von Goethe

Faire son sac

Qu'emporter avec soi ? Le philosophe américain Henri David Thoreau disait : "Les possessions matérielles sont comme des pierres attachées autour de notre cou." Une des motivations d'un voyage est le lâcher-prise des habitudes, des cadres mais aussi des possessions matérielles. S'encombrer d'objets n'aurait alors pas de sens et le poids vous handicaperait. Le contenu de votre sac à dos doit vous permettre d'être à la fois polyvalent et autonome, tout en étant léger et passe-partout.

Tout dépend de votre manière de voyager : si votre programme est serré et que vous prévoyez un tas d'activités, votre sac sera fourni en conséquence. Cependant, la philosophie du voyage alternatif se tourne davantage vers le voyage lent, non planifié, ouvert aux rencontres et aux opportunités. Si vous prenez le temps de créer des liens solides tout au long de votre route, vos nouveaux amis se feront la plupart du temps un plaisir de vous prêter le matériel dont vous aurez besoin, comme vous le feriez vous-même. Enfin, n'hésitez surtout pas à échanger ou à donner le matériel que vous utilisez peu, vous allégerez ainsi non seulement votre sac mais aussi votre esprit !

Bien sûr, la composition de votre sac dépendra du lieu, du climat, des activités que vous faites, de votre degré de contact avec la civilisation, etc. C'est pourquoi nous détaillerons chaque cas avec les extensions possibles à ajouter à votre équipement de base.

Quel sac choisir ?

La qualité prime !

Outre le poids, la forme et la taille qui sont propres à chaque type de voyage, il y a des règles de base dans le choix d'un sac. Gardez à l'esprit que votre sac est l'élément matériel le plus important de votre voyage. Vous l'aurez tout le temps sur le dos et il contiendra presque tout ce que vous possédez. Faites la fine bouche : **choisissez un sac de qualité !** Essayez-le, mettez-y du poids, comparez-le avec d'autres sacs, prenez tout votre temps pour faire le bon choix !

CHECK-UP

Vous avez intérêt à choisir un sac robuste. Voici un rapide check-up des points de faiblesse à vérifier :

Tissu résistant aux endroits s'usant rapidement comme la base et le devant du sac. En général, il s'agit de nylon enduit 420 ou de tissu Cordura.

Coutures Vérifiez-les en tirant sur les sangles à l'endroit où elles sont cousues sur le sac. Les points devraient être à peine visibles.

Coutures intérieures bordées c'est-à-dire protégées par un tissu pour en freiner l'usure.

Enduit résistant aux intempéries (comme l'uréthane), bien que tous les sacs à dos finissent par laisser passer l'eau aux coutures, d'où l'utilité d'une housse de protection imperméable amovible.

Glissières robustes

Testez le portage avec une charge supérieure à ce que vous prévoyez de porter (15 à 20 kg).

QUALITÉ, OUI, MAIS ÉCONOMIQUE ET ÉCOLOGIQUE

Pour ne pas négliger la qualité de votre sac, il faut donc y mettre le prix. Quelques pistes permettent toutefois de faire des économies.

Avant d'acheter votre sac ou votre matériel, renseignez-vous sur le lieu de fabrication et favorisez un sac fabriqué près de votre lieu d'achat, si possible de manière responsable d'un point de vue du choix des matériaux et de la politique environnementale et sociale de l'entreprise.

Vous trouverez des méthodes pour fabriquer une partie de votre matériel de voyage dans les chapitres *Camping en milieu naturel* (p. 300) et *Cuisiner sur la route* (p. 262). Pour le reste, tentez de récupérer des articles inutilisés ou d'acheter d'occasion.

Quelques sites intéressants pour l'**achat d'occasion** ou la récupération d'objets en France (et même ailleurs) :

» www.leboncoin.fr

» www.ebay.fr

» www.recupe.net

» fr.freecycle.org

Les **vide-greniers**, **marchés d'occasion** et **groupes Facebook de revente** sont également de bons plans. Si vous êtes sur la route, informez-vous auprès de la population locale, il y a peut-être un petit journal avec des annonces, un site en ligne plus connu localement ou bien des boutiques de charité.

Confort

Il existe différentes structures pour la partie en contact avec le dos : avec gel, filet, armatures en aluminium, en fibres, etc. Les plus confortables sont souvent les plus simples, mais le mieux reste de les tester, car cela varie d'une morphologie à l'autre.

Les deux éléments essentiels d'un sac adapté sont :

Le format Choisissez la taille de votre sac en fonction de la taille de votre dos (et non votre taille). Pour la connaître, demandez à quelqu'un de mesurer l'espace entre la première vertèbre dorsale (celle qui ressort sous votre cou) et le coccyx. Ensuite, comparez-la aux tailles proposées pour les différents modèles et favorisez ceux dont la taille est la plus précisément adaptée à la vôtre plutôt que ceux qui s'adaptent à une grande variété de tailles. Vous y gagnerez en simplicité, en poids, en confort et en robustesse.

Le harnais et la ceinture Réglez le sac à dos lors de l'essai afin de le tester dans une situation la plus proche possible de la réalité (voir la section *Régler son sac à dos*, p. 24).

Certains modèles favorisent l'aération du dos, ce qui est intéressant si vous avez tendance à beaucoup transpirer Ces systèmes transfèrent cependant la charge davantage vers l'arrière, ce qui peut s'avérer inconfortable.

Privilégiez un sac dont la taille de la **partie en contact avec le dos** est **non réglable**, c'est-à-dire dont le fabricant a créé une taille de sac adaptée à chaque gabarit. C'est un gage de qualité car les systèmes de réglage de la taille ne servent à rien une fois réglés et alourdissent inutilement le sac.

Certains sacs sont spécialement adaptés à la morphologie féminine, ce qui optimise les réglages : bretelles plus rapprochées et adaptées au haut du corps féminin, ceinture adaptée à la forme des hanches et dos plus court.

Volume

La taille d'un sac à dos s'exprime en **litres**. Les sacs sont parfois extensibles : il s'agit alors d'une "rallonge" simple et légère, intégrée au sac et pouvant se déployer en cas de besoin (ex. : 50 l + 10 l). Les poches latérales sont pratiques pour accéder à des objets à usage fréquent, mais rendent le sac plus encombrant, ce qui est gênant lorsque vous êtes dans un endroit étroit ou si vous devez le ranger souvent, comme lorsque vous faites du stop. Le compromis est un sac avec des poches pouvant se plier à plat sous les sangles de compression.

Les puristes voyageant **ultraléger et sobrement** opteront pour un sac avoisinant les **30 l**, généralement sans poche sur les côtés pour réduire l'encombrement.

Les **voyageurs classiques** opteront pour un sac d'environ **50 à 60 l**. Dans ce cas, notre exemple du sac 50 l + 10 l est parfaitement adapté.

Ceux qui aiment avoir plein de choses avec eux et qui pensent ramener des objets de leur voyage prendront des **gros litrages** comme un **60 l + 15 l** mais le sac sera lourd et pénible à porter à la longue.

D'un point de vue plus physiologique, le poids total de votre sac ne devrait pas dépasser 15 à 20% de votre poids, soit 12 kg maximum si votre poids est de 60 kg.

Apparence

De manière générale, nous vous conseillons la **sobriété** tant dans l'aspect technique que visuel. Un sac orange fluo ne fera qu'attirer l'attention des gens. Vous serez directement catalogué comme touriste et donc plus exposé au vol. Mieux vaut rester discret ! Choisissez aussi des couleurs plutôt foncées car moins salissantes. Enfin, les gadgets sont généralement inutiles : donnant l'illusion de l'innovation, ils ne font qu'alourdir votre sac tout en étant susceptibles de casser.

Sécurité

Choisissez un sac dans lequel il y a la possibilité d'avoir des **"poches secrètes"** (compartiment de mousse sur la partie en contact avec votre dos ou vos hanches, doublure de tissu à l'intérieur, passage d'une cordelette de serrage, etc.). Cette poche pourra vous être utile pour y cacher de l'argent, vos papiers ou autres (voir le chapitre *Assurer sa sécurité*, p. 356).

Comment "faire son sac"

Avant toute chose, il est important de bien **répartir le poids** à l'intérieur du sac pour avoir un bon équilibre, réduire le poids ressenti et ne pas gêner le mouvement. La règle est de placer les objets lourds près de votre centre de gravité, situé à hauteur de votre nombril.

Outre la répartition du poids, n'oubliez pas que l'aspect fonctionnel de l'organisation du sac est **primordial !** Quels sont les objets que vous allez utiliser en premier ? En cas de pluie, pouvez-vous accéder facilement au matériel nécessaire ?

Enfin, veillez à ce que votre sac soit bien équilibré. Pour en être sûr, posez-le verticalement sur le sol : il devrait rester droit.

Voici quelques astuces pour répartir au mieux le poids dans le sac :

Dans le bas du sac, mettez le matériel léger et celui auquel vous voulez accéder facilement si vous possédez une ouverture par le bas (sac de couchage, paire de chaussures).

Dans le milieu (région du dos), mettez les objets plus lourds, comme l'eau, les aliments, la tente.

Sur le dessus et le devant, vous placerez les objets de poids moyen ou volumineux.

Au-dessus du sac et dans les poches latérales, placez le matériel de la journée.

ASTUCE

Afin de gagner de la place et du temps, pensez aux sacs de rangement. De petits sacs légers feront parfaitement l'affaire, surtout s'ils sont dotés d'une cordelette de serrage (comme les sacs de compression pour les sacs de couchage). Il s'agit de constituer des sacs par catégories d'affaires : vêtements, vêtements chauds, sous-vêtements, pharmacie, nourriture, objets divers, etc. Ainsi tout est organisé et facile à sortir et à remettre dans le sac. En plus, si les sacs de rangement sont imperméables, c'est un bon moyen de garder vos affaires propres et à l'abri de l'humidité.

Régler son sac à dos

Le but du réglage est de transférer la charge depuis le dos et les épaules vers le bassin. Si le réglage est efficace, le bassin supportera environ **80% de la charge** totale. Avant de commencer les ajustements, réglez, s'il y a lieu, la taille de la structure dorsale en fonction de la taille de votre dos. L'os de votre hanche devrait arriver au milieu de la ceinture.

Procédure d'ajustement :

Desserrez toutes les sangles et mettez le sac sur vos épaules.

Attachez la ceinture ventrale (1) sur le haut des hanches, puis serrez-la.

Serrez ensuite les bretelles (2), mais pas trop fort ! Un serrage trop fort ferait remonter le sac, transférant la charge vers les épaules.

Tirez sur les sangles de rappel de charge (3) pour rapprocher le sac de votre dos et éviter le ballant. L'idéal est qu'elles décrivent un angle de 45° : vous y gagnerez en stabilité.

Ajustez les bretelles de la sangle pectorale (4) (si votre sac en est doté) de façon à vous sentir confortable. Celle-ci permet d'éviter que les bretelles ne glissent vers vos épaules.

N'hésitez pas à renouveler l'opération chaque fois que vous changez la composition de votre sac.

Entretien du sac à dos

La première règle est de **préserver votre sac de l'usure et des salissures**, en prenant d'abord soin de ne pas le laisser

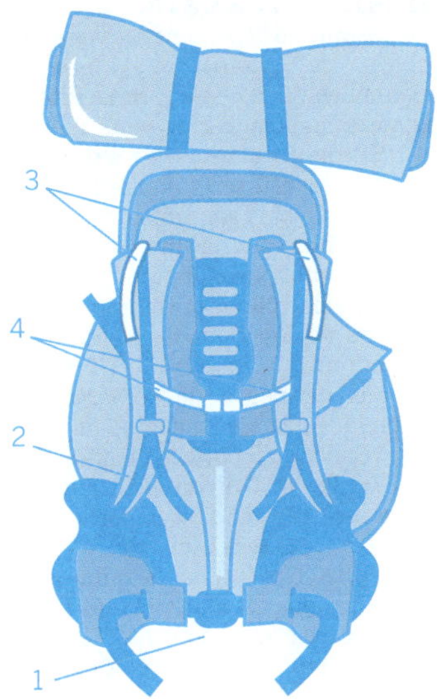

traîner n'importe où. Aussi, essayez d'utiliser au maximum la **housse de protection imperméable** souvent fournie avec le sac. Si vous devez la changer, elle ne coûte que 10 €, ce qui est bien inférieur au prix d'un sac.

Pensez à nettoyer votre sac de temps en temps car les petits grains de sable accumulés dans les fibres des tissus font des microcoupures qui avec le temps risquent d'affaiblir la toile et de la déchirer. Pour cela, il suffit d'utiliser de l'eau et du savon et de frotter avec une brosse à poils souples. Évitez les lessives qui peuvent affaiblir les fibres et affecter l'imperméabilité de la toile. Une fois le sac propre et sec, vous pouvez le réimperméabiliser à l'aide d'un produit aérosol approprié.

Compléments au sac à dos

SAC À BANDOULIÈRE

En plus de votre sac à dos, il est très pratique d'avoir un sac à bandoulière simple et léger dont la fonction est de **garder à portée de main l'essentiel** pour la journée, comme un livre, un livret illustré pour se présenter, un sac à cadeaux, un peu de nourriture, un carnet, des stylos, etc.

SACOCHE-CEINTURE

Les sacoches se portant près du corps sont très pratiques. Vous y mettrez : portefeuille, passeport, livre, carnet de notes, couteau, petit appareil photo, cartes, etc. L'avantage de ce type de sacoche est que le poids ne vient pas s'ajouter sur vos épaules, mais sur vos hanches et donc vous ne le sentez pas.

Attention néanmoins dans les endroits "à risques" comme les zones touristiques : méfiez-vous des pickpockets ! Si votre sacoche est facilement ouvrable, le mieux est de la ranger dans un endroit plus sûr ou de la retourner pour que les poches en soient moins accessibles.

La ceinture d'une telle sacoche vient parfois s'ajouter à l'épaisseur de la ceinture du pantalon, ce qui peut devenir inconfortable : choisissez-la fine.

Voici quelques types de sacoches se portant près du corps :

Sacoche ventrale Pratique mais présente quelques inconvénients : peu pratique à porter avec la ceinture ventrale du sac à dos ; gênante si elle se balance trop d'avant en arrière, notamment pour les hommes ; vous catalogue comme touriste, surtout conjuguée à l'appareil photo.

Sacoche porte-documents Plus petite que la banane et extra-plate (comme une grosse ceinture), cette sacoche est bien connue des voyageurs car elle permet de garder les documents importants et l'argent à l'abri sous ses vêtements. C'est un bon moyen d'éviter le vol dans des lieux fréquentés. Très fine et très discrète, elle peut se porter tout le temps en plus de tous les types de sacs et sacoches décrits jusqu'ici. Face au risque de braquage, sachez cependant qu'elle est maintenant connue de tous. Pour plus d'informations sur les manières de protéger son argent liquide et ses papiers importants, consulter le chapitre *Assurer sa sécurité* (p. 357).

Sacoche se fixant à la ceinture Cette sacoche se fixe directement sur la ceinture du pantalon grâce à ses boucles au dos. Avantageux si vous portez toujours une ceinture, il suffit alors d'y ajouter des sacoches. Pas toujours pratique à porter avec la ceinture ventrale du sac à dos car si on baisse la ceinture, on baisse également le pantalon.

Sacoche de hanche Similaire à la banane, elle se porte cependant sur le côté, voire sur les deux côtés (sacoche double). Elle peut être allongée et descendre le long de la jambe. Il existe même des modèles avec une lanière venant se fixer autour de la cuisse pour éviter le balancement. Ce type de sacoche présente les mêmes avantages que la banane mais sans les inconvénients : se portant plus bas qu'une banane, la sacoche de hanche ne gêne pas le fait d'avoir une ceinture ventrale sur son gros sac ; se portant sur le côté et reposant

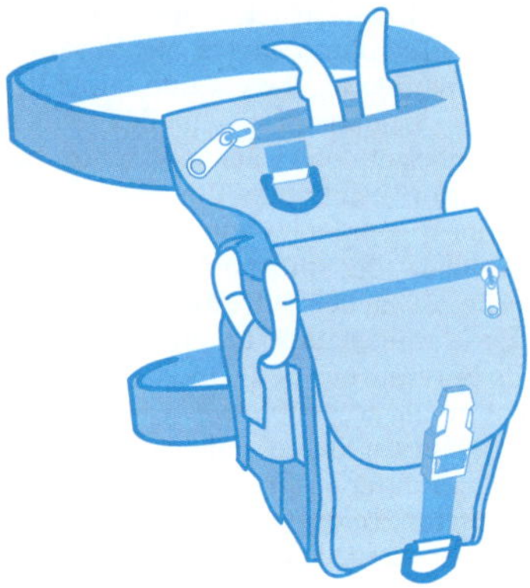

contre l'axe de rotation de votre fémur, la sacoche de hanche ne se balance pas quand vous marchez ou courez.

Contenu du sac

Le contenu du sac est aussi important que son organisation. Du contenu découlera votre façon de vous déplacer et réciproquement.

Quelques accessoires

BIEN CHOISIR SES CHAUSSURES

Les chaussures les plus polyvalentes pour voyager sont les modèles de type *trail*, c'est-à-dire celles utilisées pour pratiquer la course à pied en chemin. Elles ont l'avantage d'être légères, solides et de bien adhérer même sur sol boueux grâce à une semelle assez technique. On choisira en général entre deux types : les ultralégères, pas du tout imperméables, mais séchant rapidement, adaptées aux pays chauds, ou celles équipées d'une membrane imperméable (type Gore-Tex), plus chaudes mais moins respirantes et un peu plus lourdes.

Si vous prévoyez de marcher beaucoup et que vos chevilles sont fragiles, optez alors pour des chaussures de randonnée à tige haute ou semi-haute.

Pour ne pas se tromper dans la taille des chaussures de marche : une fois chaussées mais sans serrer les lacets, vous devez être capable de glisser sans peine votre index entre votre talon et la tige arrière de la chaussure.

En complément à la paire de chaussures fermées et dans les pays chauds, il est agréable d'avoir une paire de nu-pieds.

MATÉRIEL INFORMATIQUE

Si vos besoins ne dépassent pas vos e-mails, stockage de photos et informations personnelles, nous vous conseillons de seulement emporter avec vous **quelques clés USB** ou un **disque dur externe** que vous pourrez utiliser sur n'importe quel ordinateur. C'est la solution la plus simple, la plus économique, la moins risquée, la plus légère et la plus adaptée.

Si votre smartphone et vos appareils USB sont dotés de fonctions de charge rapide, optez pour un **chargeur multi-USB** adapté. Cela vous permettra de recharger votre smartphone intégralement en 45 minutes ou moins. Vérifiez qu'il porte la mention Quick-Charge ou Power Delivery (PD). En termes de puissance, plus elle est importante, plus efficace et rapide sera la charge.

Pour plus d'infos sur les moyens de communication et le matériel informatique à emporter avec vous, consulter le chapitre *Outils de communication* (p. 100).

SAC À CADEAUX

On reçoit tellement en voyage que l'on ressent le besoin de donner en retour. Déjà, il y a l'échange de services, les histoires de voyage, la possibilité de faire un repas, ou encore, de réaliser des objets de ses mains comme des origamis. Mais quand on fait de l'auto-stop ou que l'on rencontre quelqu'un dans la rue, il est parfois difficile d'improviser quelque chose. C'est pourquoi nous vous suggérons de vous confectionner un sac à cadeaux, un petit sac dans lequel il y a toujours un petit cadeau qui attend la prochaine rencontre. Il peut être alimenté en permanence avec de belles cartes pour laisser un petit mot, des menus achats, ce que vous recevrez, trouverez ou fabriquerez avec des matériaux naturels ou de récupération. Vous serez rapidement accro au sac à cadeaux et ne pourrez plus vous empêcher d'offrir sans compter...

Check-list de sac

Afin de vous aider dans la préparation de votre sac, voici plusieurs propositions de listes de matériel (voir les tableaux pages suivantes), établies selon trois scénarios :

» **Cas 1 = Extrêmement léger** (le strict minimum)

» **Cas 2 = Passe-partout** (poids et encombrement moyens)

» **Cas 3 = Complet** (prêt à toute éventualité, mais limitant les temps de portage)

Nous vous détaillons le poids et le prix de chaque objet afin de calculer le poids et le prix total à titre indicatif (prix du marché français). Les listes incluent cependant les vêtements portés pendant la journée, lesquels ne contribueront pas au poids total du sac.

Bien sûr, rien ne vous oblige à demeurer dans une catégorie pour toute la durée d'un voyage. Bien souvent le voyageur s'allège avec le temps en délaissant ce qui ne lui est pas utile. **Adaptez en permanence votre sac** en fonction de vos besoins et **ne transportez rien "en prévision de"**, vous trouverez tout ce qu'il vous faudra quand il vous le faudra.

Le prix final est une approximation haute : jamais vous ne devriez débourser autant d'argent pour vous équiper. Vous possédez déjà certainement une bonne partie des objets ou bien vous pouvez vous les procurer à des prix plus intéressants, notamment dans les marchés d'articles de sport d'occasion ou dans d'autres pays où ils sont parfois meilleur marché qu'en France. Le poids est toutefois calculé de manière précise et vous donnera une idée assez claire du poids final de votre sac.

Pour aller plus loin

Sites Web

» **www.randonner-leger.org** – Tous les conseils pour s'alléger au maximum et bricoler pas mal de choses.
» **upl.codeq.info** – Site (en anglais) proposant de générer sa "packing list" automatiquement, selon un certain nombre de critères (lieu, moyens de transport, activités, etc.).
» **herpackinglist.com** – Des conseils pour voyager léger, seule ou avec des enfants (en anglais)

Livres techniques

» SKURKA, Andrew. *The Ultimate Hiker's Gear Guide : Tools and Techniques to Hit the Trail.* (National Geographic, 2017)

» FOSTER, Susan. *Smart Packing for Today's Traveler* (Smart Travel Press, 2008)

» GILFORD, Judith. *The Packing Book : Secrets of the Carry-on Traveler* (Ten Speed Press, 2006)

LES DIFFÉRENTS TYPES DE SAC (POIDS ET PRIX)

	Cas 1 L'extrêmement léger avec le strict minimum		**Cas 2 Le sac passe-partout** avec un poids et un encombrement moyen		**Cas 3 Le sac complet** prêt à toute éventualité mais limitant les temps de portage	
	Poids (kg)	**Prix (€)**	**Poids (kg)**	**Prix (€)**	**Poids (kg)**	**Prix (€)**
Matériel de base	4,28	870	8,62	1 643	11,20	2 333
+ Cuisiner	2,75	36	3,5	50	3,5	50
+ Camper en milieu naturel	1,4	167	1,2	120	2,9	360
+ Par temps froid	2,35	369	2,1	393	2,1	417
+ Climat tropical et chaud	0,4	32	0,5	42	0,7	57
+ Excursion de plusieurs jours	3,2	11	3,2	11	3,2	11
+ À vélo	N/D	2 050	N/D	2 675	N/D	3 525

LISTE DES OBJETS	Poids (g)	Prix (€)	Cas 1 QTÉ	Cas 2 QTÉ	Cas 3 QTÉ
SUR LE DOS					
Sac 30 l super léger et sobre, sans poche de côté et avec housse imperméable.	800	90	1	0	0
Sac 50 l + 10 l léger et sobre, avec poches latérales rétractables et housse imperméable.	1300	140	0	1	0
Sac 60 l + 15 l léger et sobre, avec poches latérales volumineuses et housse imperméable.	1800	190	0	0	1
Sac à bandoulière	300	30	0	1	1
Sacoche-ceinture	200	25	1	1	1
Sacoche antivol	20	10	1	1	1
CHAUSSURES					
Paire de chaussures légères Chaussures de marche de type *trail*	350	80	1	1	1
Paire de sandales tout-terrain	250	50	0	0	1
Paire de tongs Plus discrètes que les sandales et pouvant servir de chaussons.	200	20	0	1	0
SOUS-VÊTEMENTS					
2 paires de chaussettes Permet de faire la rotation en lavant chaque soir à la main ce que vous avez porté pendant la journée et en le faisant sécher pendant la nuit, voire la journée suivante. Privilégiez des chaussettes en laine et/ou polyester et polyamide pour limiter la transpiration et faciliter le séchage. (Prenez un mix de chaussettes légères et de randonnée.)	100	8	1	2	3
2 sous-vêtements Même logique de rotation quotidienne. Pour les hommes, prenez-les en Lycra (séchage rapide, et léger). Pour les femmes, privilégiez le coton (limite les risques d'infections).	100	10	1	2	1
VÊTEMENTS					
De manière générale, privilégiez les vêtements légers aux couleurs non salissantes (vert, marron, gris) et en matières synthétiques pour favoriser un séchage rapide.					
Pantalon convertible en short qui sera votre pantalon passe-partout pendant les périodes de transit et les différentes activités.	200	60	1	1	1

LISTE DES OBJETS	Poids (g)	Prix (€)	Cas 1 QTÉ	Cas 2 QTÉ	Cas 3 QTÉ
Pantalon ou robe en tissu léger permettant de faire habillé.	300	50	0	1	1
Maillot de bain Hommes : short de bain léger et discret afin de pouvoir l'utiliser comme short de tous les jours. Femmes : maillot de bain sport une ou deux pièces (selon votre style). Le deux-pièces peut être modulable : le bas est utilisable comme sous-vêtement (pour dépanner) et le haut comme soutien-gorge ou haut léger, selon la coupe et votre style.	100	30	0	1	1
T-shirt ou haut léger en tissu synthétique pour les périodes de transit et les activités. Une chemise présente l'avantage de pouvoir être ouverte pour faire circuler l'air.	100	20	1	1	2
T-shirt, haut ou chemise à manches courtes pour le confort et faire habillé.	180	10	1	1	1
Chemise à manches longues ou haut plus couvert pour faire habillé et pour les soirées fraîches.	220	30	0	1	1
Veste polaire légère	300	30	1	1	1
Veste imperméable légère ou poncho (les super-légers utiliseront leur bâche pour la transformer en poncho, tel que décrit dans *Camping en milieu naturel*, p. 307).	400	200	0	1	1
Collant thermique et respirant	240	10	0	1	1
ÉQUIPEMENT DE BASE					
Couteau simple et léger (type Opinel)	50	15	1	0	0
Couteau multi-outils avec cran de sécurité	200	100	0	1	1
Bougie pour s'éclairer et se réchauffer.	30	2	0	1	1
Lampe frontale à DEL	45	25	1	1	1
Serviette de voyage ultralégère et absorbante. Les lavettes éponges ultra-absorbantes comme celles que l'on utilise pour nettoyer la table (20 x 20 cm) sont encore plus efficaces et légères, en plus d'être à un prix incomparable.	10	1	1	1	1
Lunettes de soleil	30	25	1	1	1
Fil et aiguilles pour recoudre et repriser.	10	2	1	1	1
Briquet	10	1	1	1	1

Suite du tableau page suivante

LISTE DES OBJETS **Suite du tableau**	**Poids (g)**	**Prix (€)**	**Cas 1 QTÉ**	**Cas 2 QTÉ**	**Cas 3 QTÉ**
Sacs plastique et sacs hermétiques avec fermeture "Zip" de différentes tailles	30	2	1	1	1
Gourde en plastique souple légère et au volume dépendant de la quantité d'eau	20	10	0	1	1
Cordelette 2 mm de diamètre (qté en m)	2,4	0,4	3	5	10
SÉCURITÉ-SANTÉ					
Trousse de secours et de soins minimale (voir p. 394)	150	50	1	0	0
Trousse de secours et de soins passe-partout (voir p. 394)	500	100	0	1	1
Couverture de survie robuste (doublée de plastique) pour se protéger du froid, de la chaleur, du vent, en cas d'accident ou de bivouac extérieur imprévu. Peut également servir de réflecteur de lumière pour être vu. Très pratique pour s'isoler du sol si on dort à l'extérieur.	200	5	0	1	1
Cadenas à combinaison	50	5	0	1	1
DORMIR					
Sac de couchage léger (5 à 10°C confort) Très utile même si on ne fait pas de camping. ATTENTION, il existe de nombreux modèles de sac de couchage, le rapport poids/prix proposé ici est une moyenne (voir p. 308).	600	80	0	1	1
Drap de soie Évite de salir l'intérieur du sac et permet de gagner quelques degrés. Permet aussi de dormir dans un drap propre et de se couvrir avec ce que l'on trouve.	110	25	1	1	1
Bouchons d'oreilles	-	1	1	1	1
HYGIÈNE					
Papier toilette Pour ne pas prendre un rouleau complet, mettre quelques feuilles dans un sac étanche et renouveler le stock dès que nécessaire.	50	1	1	1	1
Trousse de toilette Le contenu peut varier selon vos besoins. Voici le minimum : savon de Marseille ou d'Alep, écologique et multi-usage (détachant, antiseptique, shampoing, mousse à raser...) ; brosse à dents de voyage et dentifrice.	300	20	1	1	1

LISTE DES OBJETS	Poids (g)	Prix (€)	Cas 1 QTÉ	Cas 2 QTÉ	Cas 3 QTÉ
Lingettes nettoyantes biodégradables ou **mouchoirs lavables**	100	5	0	1	1
Gel hydroalcoolique	75	3	0	1	1
DOCUMENTS, INFORMATION ET DIVERTISSEMENT					
Guide touristique de la région (sac à bandoulière)	400	20	0	0	1
Carte de la région (sac à bandoulière)	80	10	1	1	1
Jeu de cartes	80	1	0	1	1
Livre de poche (sac à bandoulière) ou liseuse électronique, plus compacte et légère	200	8	0	1	1
Journal personnel	250	10	1	1	1
Carnet de notes (sac à bandoulière)	100	1	1	1	1
Livret de présentation illustré (sac bandoulière)	150	5	1	1	1
MATÉRIEL INFORMATIQUE ET ÉLECTRONIQUE					
Smartphone*	200	200	1	1	1
Appareil photo (compact) avec chargeur et batterie de rechange	300	300	0	0	1
Batterie externe**	200	20	0	0	1
Clé USB	-	7	1	1	1
Disque dur externe***	200	80	1	1	0
Ordinateur portable léger	1 300	400	0	0	1
Chargeur USB Il existe des chargeurs universels fonctionnant à l'énergie solaire. Pratique si l'on n'a pas facilement accès à l'électricité.	150	10	1	1	1
Lecteur MP3 et écouteurs pour économiser la batterie de votre smartphone. Peut servir de clé USB.	20	30	0	1	1
Adaptateur de prise type international	50	5	1	1	1
Multicâble USB pour n'avoir à emporter qu'un seul câble.	-	10	1	1	1

* **Burner phone** Un vieux téléphone portable (non tactile) bien plus robuste qu'un smartphone peut être intéressant pour voyager dans des zones reculées. La durée de vie de sa batterie en fait un très bon téléphone de secours (poids 100 g, prix environ 50 €).

** Une batterie USB de 10 000 mAh vous permettra de recharger votre smartphone ou tout autre appareil USB intégralement 2 à 3 fois. Pensez au chargeur multi-USB si vos appareils sont adaptés (voir p. 26).

*** Les SSD résistent mieux aux chocs et variations de températures.

Cas particuliers

En fonction de vos destinations, vous trouverez dans les guides de voyage et sur les forums Internet spécialisés des listes de bagages spécifiques à chaque destination. Voici tout de même certains cas particuliers, à titre indicatif.

SI VOUS CUISINEZ

LISTE DES OBJETS	Poids (g)	Prix (€)	Cas 1 QTÉ	Cas 2 QTÉ	Cas 3 QTÉ
Tout est rangé dans la casserole et le bol, en particulier les sacs contenant les ingrédients, pour les protéger des déchirures.					
Casserole légère en aluminium avec traitement de type Teflon® et son couvercle	300	20	1	1	1
Bol en plastique (1 l) avec couvercle hermétique (type Tupperware®)	150	5	1	1	1
Réchaud en canette recyclée + quantité d'alcool nécessaire (80 ml par repas)	100	1	1	1	1
Cuillère en bois	40	1	1	1	1
Éplucheur à légumes	30	1	0	1	1
Fourchette et cuillère légères mais solides (bois ou plastique)	20	1	1	1	1
Huile d'olive 200 ml	220	2	0	1	1
Vinaigre 50 ml	70	1	0	1	1
Moutarde (petite boîte hermétique)	30	1	0	1	1
Farine 200 g (petit sac en plastique avec fermeture hermétique)	200	1	0	1	1
Sel 50 g (petit sac en plastique)	50	0	1	1	1
Sucre 100 g (petit sac en plastique)	100	0	0	1	1
Épices et herbes aromatiques selon ses goûts (petits sacs en plastique)	100	8	0	1	1
Eau et aliments à cuisiner (pâtes, soupes en sachets, aliments séchés)	2 000	5	1	1	1
Petits sacs de congélation avec fermeture hermétique zippée, différentes tailles	30	2	1	1	1
Chiffons et serviettes en papier	50	1	1	1	1

SI VOUS CAMPEZ

LISTE DES OBJETS **Pour un camping en milieu naturel avec une température minimale de 5°C**	**Poids (g)**	**Prix (€)**	**Cas 1 QTÉ**	**Cas 2 QTÉ**	**Cas 3 QTÉ**
Hamac	400	30	0	1	1
Bâche légère et imperméable avec points d'attache	350	40	1	1	0
Matelas gonflable	600	60	0	0	1
Scie pliable	200	20	0	0	1
Cordelette 2 mm (en supplément de l'équipement de base) (qté en m)	2,4	0,4	6	10	15
Piquets en aluminium pour ancrage au sol	9	1	4	6	4
Tente tunnel 2 places	1 200	200	0	0	1
Sac de couchage en plumes (ou synthétique si utilisé avec un hamac). En cas de camping, vous remplacerez votre sac de couchage 600 g (liste générale, section *Dormir*) par un sac de couchage plus performant et donc plus lourd (1 000 g). Nous faisons donc seulement apparaître pour les cas 2 et 3 le surplus de poids (400 g) et le surplus de prix (40 €).	1 000 +400	120 +40	1 -	- 1	- 1

PAR TEMPS FROID

LISTE DES OBJETS	**Poids (g)**	**Prix (€)**	**Cas 1 QTÉ**	**Cas 2 QTÉ**	**Cas 3 QTÉ**
T-shirt thermique	50	25	1	1	1
Collant thermique	240	10	1	1	1
Veste polaire sans manches	280	30	1	1	1
Veste chaude et légère en plumes	550	130	1	1	1
Bonnet	30	10	1	1	1
Gants en laine polaire et **coupe-vent**	50	30	1	1	1
Chaussettes en laine plus chaudes, qui ne gardent pas la transpiration et ne créent pas d'odeurs (remplacent les chaussettes d'origine, donc pas de poids supplémentaire).	-	12	2	4	6
Chaussures chaudes et imperméables à la place des chaussures légères *trail* (afin de pouvoir calculer au final le poids total de votre sac, le poids indiqué ici correspond seulement au surplus de poids par rapport aux chaussures *trail*).	850	100	1	1	1
Foulard Peut servir d'écharpe, de bonnet ou protéger le visage.	50	10	1	1	1

LISTE DES OBJETS	Poids (g)	Prix (€)	Cas 1 QTÉ	Cas 2 QTÉ	Cas 3 QTÉ
Moustiquaire de tête* En couplant la moustiquaire de tête avec un drap de soie sarcophage lui-même aspergé de répulsif, vous obtenez une protection totale.	25	5	1	1	1
Moustiquaire de lit imprégnée de perméthrine (régions à risque de paludisme) Elle doit être réimprégnée à une fréquence pouvant varier de six mois à cinq ans, selon le modèle. Ne l'utilisez que s'il y a de gros risques de maladies transmissibles par piqûres d'insectes ou si vous ne supportez pas d'avoir un drap sur vous. L'insecticide est toxique, mais son utilisation est moins risquée que l'infection malarienne.	170	35	-	-	-
Traitement antipaludique (voir le chapitre *Santé du voyageur*, p. 378)	-	-	-	-	-
Chapeau	50	10	0	1	1
Crème solaire FPS 30 minimum	100	7	1	1	1
Lotion répulsive (voir le chapitre *Santé du voyageur*, p. 370)	80	5	1	1	1
Haut à manches longues ultraléger pour vous protéger du soleil et des piqûres d'insectes.	200	15	1	1	2

* Pour la douche : la moustiquaire de tête non imprégnée peut aussi servir de "fleur de douche" (éponge de filet) pour économiser le savon et nettoyer plus efficacement.

EXCURSION DE PLUSIEURS JOURS

LISTE DES OBJETS En autonomie complète	Poids (g)	Prix (€)	Cas 1 QTÉ	Cas 2 QTÉ	Cas 3 QTÉ
Kit de cuisine (détaillé p. 266)	-	-	-	-	-
Combustible* 15 ml d'alcool pur : quantité nécessaire pour faire bouillir 600 ml d'eau, soit l'équivalent d'un repas.	15	1	2	2	2
Nourriture sèche et lyophilisée* détaillé dans le tableau *Si vous cuisinez* : quantité représentant un repas.	200	4	2	2	2
Eau* (si indisponible sur le parcours prévu, donc non incluse dans le poids final) : quantité représentant une journée de marche et ses deux repas, ainsi que de l'eau pour des boissons chaudes (à savoir : 1 l = 1 000 g).	3 000	1	1	1	1

* Les quantités des trois dernières colonnes de droite sont par personne, pour un jour complet comprenant deux repas.

À VÉLO

LISTE DES OBJETS	Poids (g)	Prix (€)	Cas 1 QTÉ	Cas 2 QTÉ	Cas 3 QTÉ
Puisqu'il n'est pas essentiel d'obtenir le matériel le plus léger possible lors d'un voyage à vélo, les poids moyens ne sont pas indiqués dans ce tableau.					
Vélo d'occasion réaménagé pour le voyage	-	1 000	1	0	0
VTT de qualité aménagé pour le voyage	-	1 500	0	1	0
Vélo de voyage fabriqué sur mesure ou vélo couché	-	2 000	0	0	1
Casque	-	50	1	1	1
Chaussures + pédales automatiques	-	150	0	0	1
Cuissard	-	50	2	2	2
Compteur	-	25	0	1	1
Pièces de rechange	-	500	1	1	1
Outils de base	-	100	1	1	1
Outils spécifiques (en plus des outils de base)	-	100	0	1	1
Sacoches	-	300	1	1	0
Remorque	-	500	0	0	1

> *"Administration : mot femelle qui commence comme admiration et finit comme frustration."*
> *Georges Elgozy*

Formalités administratives et bancaires

Explorer des cartes, lire des récits de voyages et éplucher des guides sont des parties excitantes de la préparation d'un voyage, mais faire une demande de visa, choisir une assurance et se mettre à jour dans les formalités administratives et bancaires le sont beaucoup moins. Pourtant, ce sont des étapes essentielles pour éviter de mauvaises surprises sur la route.

Nous vous présentons ici les grandes lignes d'une bonne préparation et une base pour vous permettre de mieux vous informer par la suite. Pour obtenir des informations propres à chaque destination (visa requis, vaccins recommandés, sécurité, etc.), consultez le site Internet du ministère des Affaires étrangères de votre pays (ou son équivalent).

Passeport et visa

Passeport

Le passeport est le principal document de circulation utilisé par les voyageurs au long cours. Il est quasiment essentiel dès que l'on passe une frontière, mis à part certaines exceptions comme les pays de l'espace Schengen et de l'Union européenne ainsi que certains pays visés par des accords bilatéraux permettant aux citoyens de voyager dans un pays voisin muni seulement d'une carte d'identité.

Les normes relatives à la sécurité des passeports ont beaucoup évolué dans les dernières décennies. Les passeports sont maintenant **à lecture optique**, c'est-à-dire qu'ils contiennent une ligne de caractères pouvant être reconnus une fois scannés, et **biométriques** : la photo est numérisée et enregistrée sur une puce qui renferme des données personnelles.

La plupart des pays exigent que le passeport soit valable 3 voire 6 mois après la date prévue de sortie du pays.

Pour tout document officiel, les normes relatives aux photos d'identité sont très précises. En cas de doute, adressez-vous à un photographe professionnel agréé.

Assurez-vous de présenter votre demande de passeport suffisamment à l'avance. Les délais varient selon votre pays d'origine et le nombre de demandes : prévoyez de deux semaines à deux mois. Bien qu'il soit possible de renouveler son passeport à l'étranger, il est plus prudent qu'il couvre la totalité du voyage.

En cas de perte ou de vol à l'étranger, faites immédiatement une déclaration auprès des autorités locales puis rendez-vous au consulat de votre pays de citoyenneté.

⚠ Votre passeport est essentiel, ne le perdez JAMAIS ! Si vous voyagez dans un lieu où il y a un risque élevé de vol, laissez-le autant que possible en lieu sûr et conservez sur vous et en ligne des photocopies des sections utiles (identité, visa et tampon d'entrée). Si votre passeport original est indispensable, comme pour le passage d'une frontière, conservez-en alors une copie avec votre argent et gardez l'original en sécurité dans un autre emplacement (comme une poche secrète).

PASSEPORT D'URGENCE

Il est possible d'obtenir un passeport d'urgence sous certaines conditions, celles-ci variant selon votre pays de citoyenneté. À titre indicatif, la France délivrera un passeport non biométrique (ne permettant donc pas l'entrée aux États-Unis) valide un an sur présentation d'un justificatif de l'urgence de la démarche (ordre de mission, acte de décès, attestation d'hospitalisation, justificatif de perte ou de vol de votre passeport, etc.). En Belgique et au Canada, la procédure d'obtention du passeport peut être accélérée jusqu'à un délai de 24h à condition de s'acquitter des frais associés. Enfin, les citoyens helvétiques peuvent retirer un passeport provisoire non biométrique dans leur bureau cantonal des passeports moyennant des frais – il doit cependant être remis aux autorités au retour.

Visa

Le visa est une vignette ou un tampon apposé par les autorités compétentes dans le passeport d'un étranger sollicitant le droit d'entrer dans un pays dont il n'est pas citoyen. Il est une condition nécessaire pour entrer sur le territoire, mais ne donne aucun droit : les autorités frontalières peuvent tout de même refuser l'entrée à son titulaire. En fonction de votre pays de citoyenneté, il est possible que vous soyez exempté de visa pour certains pays ou que les conditions d'obtention soient relativement flexibles.

Les visas sont obtenus **soit préalablement au voyage**, c'est-à-dire auprès des autorités consulaires du pays que vous souhaitez visiter dans votre pays d'origine ou dans un pays tiers, **soit à l'entrée du pays** sur présentation des documents appropriés ou sur paiement des frais.

DOCUMENTS POUR UN VISA

Les documents à fournir pour l'obtention d'un visa sont variables. Les plus couramment exigés sont :

- Photos d'identité
- Billet ou justificatif de retour
- Relevé bancaire ou déclaration assermentée de possession de fonds suffisants
- Extrait de casier judiciaire
- Justificatif de séjour (lettre de l'université pour les étudiants, de l'employeur pour un visa de travail, etc.)
- Lettre d'invitation au pays
- Relevé d'identité bancaire (en cas de refus et de remboursement des frais)

Les conditions de délivrance et la durée de validité sont variables : renseignez-vous sur les possibilités avant d'en faire la demande. Certains visas permettent de longs séjours ou de multiples entrées sur une période de plusieurs mois, d'autres ne permettent d'entrer qu'une seule fois dans le pays, etc.

Attendez-vous à vous faire questionner dans le détail sur les motifs de votre voyage, vos moyens financiers, votre itinéraire, etc. Sachez que **les autorités sont en général méfiantes face aux touristes non conventionnels**. Certaines personnes se sont vu refuser la délivrance d'un visa ou l'entrée dans un pays après avoir dévoilé leur intention de faire de l'auto-stop, de se faire héberger chez l'habitant ou de camper dans la nature. Bien que ces activités ne soient pour la plupart pas illégales en soi, elles peuvent attirer l'attention et la suspicion des autorités. Soyez discret et veillez à justifier adéquatement votre statut de touriste.

Certains pays sont en **"froid" diplomatique** et les autorités frontalières pourraient vous questionner voire vous refuser l'entrée sur le territoire si vous avez déjà visité un pays jugé "ennemi". Pour éviter ce problème et en cas de doute, demandez que l'autorisation de séjour ou le visa soit apposé sur un document séparé de votre passeport. C'est par exemple le cas de la Syrie, du Liban et de l'Iran avec Israël ou des États-Unis avec l'Irak et l'Afghanistan.

TÉMOIGNAGE

"J'ai obtenu mon visa pour le Kazakhstan à Bakou, en Azerbaïdjan, pour 20 $US. Normalement, il est délivré après deux jours d'attente, mais ils me l'ont donné plus rapidement car le ferry de la mer Caspienne quittait le port le lendemain. Ce bateau part tous les dix jours environ, lorsqu'il le veut bien... Déposer la demande de visa pour le Kazakhstan au bon moment devient alors un défi.

J'ai récupéré le visa pour le Kirghizistan à Ürümqi en Chine après cinq jours d'attente, pour 65 $US. Pour l'Ouzbékistan, les choses se sont compliquées car je n'avais pas de lettre d'invitation. J'ai fait la demande depuis Douchanbé au Tadjikistan mais j'ai dû attendre plus d'une semaine pour n'obtenir au final qu'un visa de transit de trois jours. La veille de la date de début de mon visa, j'ai passé la frontière tadjike. Le poste-frontière kirghiz était fermé et n'ouvrait que le lendemain matin. J'ai donc dû patienter dans le no man's land en attendant qu'il ouvre. Alors que je me préparais de quoi manger, le médecin militaire du poste-frontière m'a invité à manger un repas chaud et à passer la nuit avec lui. J'étais un peu nerveux d'être ainsi sous bienveillance militaire, mais tout s'est bien passé. Le lendemain matin, j'ai passé le poste-frontière kirghiz sans encombre..."

Taylor, auto-stoppeur

Si vous avez du mal à obtenir un visa, des agences spécialisées se proposent de le faire pour vous dans les plus brefs délais. Le coût varie en général entre 20 € et 50 €. C'est le cas des agences françaises Action Visas, Visa Travel et Visa Chrono.

ENTRER AUX ÉTATS-UNIS ET AU CANADA : VISA, ESTA ET AVE

Les États-Unis ont la réputation d'être exigeants en matière de passeport. La plupart des ressortissants européens sont exemptés de visa dans le cadre du Visa Waiver Program (VWP), pour une durée inférieure à 90 jours, à condition que leur passeport soit électronique et biométrique, et que le privilège d'exemption n'ait pas été révoqué auparavant.

Les citoyens exemptés de visa doivent demander une **autorisation électronique de voyage** ou **ESTA** (Electronic System for Travel Authorization) sur le site de l'**US Department of Homeland Security** (Département de la sécurité intérieure ; https://esta.cbp.dhs.gov) et s'acquitter des frais (14 $). Une fois accordée, l'autorisation est valable deux ans ou jusqu'à l'expiration du passeport.

Le 15 avril 2016, le Canada a mis en place une procédure similaire pour les personnes exemptées de visa arrivant par avion : l'**autorisation de voyage électronique** (AVE ; www.canada.ca/fr/immigration-refugies-citoyennete/services/visiter-canada/ave.htm ; 7 $).

Visas de travail

Pour travailler légalement dans un pays étranger, il faut obtenir un visa ou un permis de travail, ce qui requiert une invitation d'une entreprise avant le départ. Cette dernière doit bien souvent prouver qu'elle a pris des dispositions raisonnables pour trouver l'employé qu'elle cherche sur le marché national, sans succès. Si vous êtes qualifié et spécialisé dans un secteur en demande, cela peut jouer en votre faveur !

Une autre option consiste à être envoyé à l'étranger par une organisation de son pays d'origine, par exemple une compagnie ayant des filiales dans d'autres pays ou encore une agence de recruteurs spécialisée dans l'embauche de travailleurs étrangers.

Enfin, il est possible d'obtenir un visa de travail dans le cadre d'échanges liés à des associations professionnelles (infirmières, kinésithérapeutes, etc.), de stages rémunérés d'étudiants comme par le biais de l'association AISEC (aiesec.org) ou encore via certains accords spécifiques de mobilité des travailleurs, notamment dans l'enseignement des langues.

Si vous êtes ressortissant d'un pays membre de l'Union européenne, vous avez le droit de travailler sur tout le territoire de l'UE incluant les territoires d'outre-mer (TOM) sans nécessiter de visa ou de permis de travail.

VISA VACANCES-TRAVAIL (WORKING HOLIDAY VISA)

Les accords bilatéraux de mobilité de la jeunesse permettent aux jeunes de 18 à 30 ans (parfois 35 ans) de nombreux pays d'obtenir un **visa permettant de travailler sur place** pour financer leur voyage. Ce visa s'obtient assez facilement dans la limite des places disponibles et après étude de votre dossier. Le nombre de pays participants ne cesse d'augmenter et votre admissibilité dépend de votre nationalité. Quelques destinations parmi les plus prisées : Canada, Argentine, Brésil, Australie, Nouvelle-Zélande, Corée du Sud, Japon, France, Belgique, Pays-Bas, Danemark, Allemagne, Autriche, Royaume-Uni, Irlande, Afrique du Sud... De nombreux pays d'Amérique latine emboîtent le pas. Le site PVTistes (www.pvtistes.net) demeure la référence en la matière en plus d'être doté de forums où les voyageurs s'échangent des tuyaux.

Le VVT n'existe pas aux États-Unis. Il est possible d'obtenir une autorisation de travail similaire (Visa J-1) mais les conditions sont beaucoup plus restrictives.

VISA NOMADE NUMÉRIQUE (DIGITAL NOMAD VISA)

Plusieurs pays comme l'Estonie, La Barbade, le Portugal, le Costa Rica ou l'île Maurice ont instauré un visa adapté à cette nouvelle catégorie de nomades qui vivent et travaillent à distance dans le monde entier. Ce visa récent permet de régulariser le statut des travailleurs en mouvement qui ne sont donc plus contraints d'opter pour des visas de tourisme.

Chaque pays délivrant ces visas possède ses propres conditions. Certains permettent de faire une demande en ligne, d'autres requièrent de se rendre au consulat ou à l'ambassade. Il faut dans la plupart des cas fournir une preuve de son statut légal de travailleur indépendant et d'un revenu régulier à l'étranger. Attention, ces visas peuvent être onéreux dans certaines zones comme les Caraïbes.

Permis spéciaux

Pour des raisons économiques, écologiques, politiques ou de sécurité, certaines régions ne sont accessibles qu'aux voyageurs titulaires d'un permis spécial. C'est le cas entre autres du Tibet, du Sikkim et de nombreuses régions de l'Inde et de la Russie, de certains parcs naturels ou de massifs montagneux, etc.

Passage en douane

Il est en général interdit de voyager à l'international avec des drogues, certains médicaments, de grosses sommes d'argent ou de la nourriture. Si vous transportez des médicaments obtenus sur ordonnance, conservez-les dans leur emballage d'origine afin de faciliter leur contrôle. Il est préférable de vous munir d'une ordonnance ou d'une note d'un médecin incluant les noms génériques et commerciaux des médicaments ainsi que d'une justification de votre condition médicale.

Si vous voyagez avec des objets de valeur (appareil photo, téléphone, ordinateur, GPS, vélo, etc.), il est possible que l'on vous demande de présenter les factures ou que l'on en prenne note sur votre carte de sortie. Au moment de quitter le pays, les autorités frontalières peuvent vérifier que vous possédez encore ces objets. Si vous rentrez dans votre pays avec du matériel acheté à l'étranger, on peut vous faire payer une taxe, voire une amende si cela ressemble à du trafic (plusieurs fois le même objet alors qu'un seule suffit pour votre utilisation personnelle, par exemple). Rassurez-vous, c'est plutôt rare !

Si quelqu'un vous confie un objet à rapporter à un ami dans votre pays de destination, réfléchissez bien et assurez-vous qu'il n'y a rien d'illégal caché à l'intérieur. Vous seriez alors l'unique responsable sans possibilité qu'aucune excuse ne soit jugée valable et vous risqueriez alors une peine d'emprisonnement dans certains pays.

Preuves de vaccins et séronégativité

Certains pays demandent une preuve de vaccination contre certaines maladies comme la fièvre jaune, notamment si vous arrivez d'un pays à risque élevé. En outre, près de 66 pays contrôlent ou interdisent l'entrée, le séjour ou la résidence aux personnes atteintes du VIH. Un certificat de séronégativité est parfois requis pour l'obtention d'un visa de long séjour. Le site HIVTravel (www.hivtravel.org) répertorie l'état des restrictions dans le monde.

Pour plus d'informations sur les vaccins voir le chapitre *Santé du voyageur* (p. 368).

Autres documents utiles

Carte nationale d'identité

Un grand nombre de pays émettent une carte nationale d'identité visant à faciliter l'identification de ses citoyens à l'intérieur du pays. Les cartes d'identité plus modernes sont parfois assorties d'une puce contenant des données biométriques

CONSEIL

Imprimez une lettre que vous garderez avec votre passeport spécifiant (en anglais et dans la langue du pays où vous voyagez) : nom, nationalité, date de naissance, allergies, problèmes médicaux majeurs, médicaments utilisés et fréquence, groupe sanguin, numéro de téléphone de votre répondant en cas d'urgence médicale, assureur et numéro de police d'assurance.

comme les empreintes digitales ou la photo du porteur.

Il est parfois obligatoire d'avoir ses papiers sur soi, en cas de contrôle. Si vous voyagez à l'intérieur de votre propre pays, il est fortement conseillé de garder sa carte d'identité sur soi tout le temps.

À l'intérieur de l'Union européenne et de l'espace Schengen de libre circulation, le voyageur citoyen d'un pays de l'UE n'a pas besoin de passeport s'il peut présenter une carte nationale d'identité aux normes. En France, la carte est valable 10 ans. Prévoyez au moins trois semaines de délai pour la recevoir.

Voyager avec un mineur

Les enfants doivent disposer de leur **propre passeport** (ou carte d'identité pour les pays de l'Union européenne).

Dans le cas où l'enfant voyage avec d'autres adultes que ses parents : bien qu'il n'existe aucun document reconnu internationalement, les gouvernements recommandent toutefois à l'adulte accompagnateur d'obtenir un **justificatif de l'autorisation parentale**.

Pour la France, il est recommandé de se procurer une **autorisation de sortie du territoire**, même si ce n'est que pour se rendre dans un DROM (départements et régions d'outre-mer). Le gardien légal de l'enfant pourra l'obtenir à sa mairie sur présentation des justificatifs appropriés. Les citoyens helvétiques s'adresseront à leur commissariat, tandis que les Belges feront légaliser une déclaration de consentement auprès de leur commune. Le gouvernement du Canada recommande pour sa part de se procurer une **lettre de consentement notariée**, signée et datée par le ou les parents absents quand l'enfant voyage avec un seul de ses parents ou avec un tuteur. Vous trouverez un modèle de lettre à l'adresse suivante : www.voyage.gc.ca/lettre.

Si vous avez des questions sur les lois concernant la garde légale des enfants, n'hésitez pas à contacter l'ambassade ou le consulat de votre pays de destination.

Permis de conduire

Détenir un permis de conduire en cours de validité peut éventuellement suffire à justifier de votre identité. De plus, le permis vous donnera la possibilité de conduire et de louer une voiture à l'étranger en vertu des accords internationaux de réciprocité. Assurez-vous que c'est le cas en donnant un coup de fil à l'ambassade ou au consulat.

Pour vous faciliter la vie si vous prévoyez de conduire à l'étranger, vous pouvez vous procurer un **permis de conduire international (PCI)** à présenter en plus de votre permis. Vous pourrez l'obtenir auprès de votre préfecture (France), votre commune de résidence (Belgique), l'office cantonal approprié (Suisse) ou auprès de l'organisme CAA (Canada).

Valable uniquement en dehors de votre pays pour une durée allant de 1 à 3 ans, le PCI est valide dans tous les pays signataires de la Convention sur la circulation routière de 1949 ainsi que dans de nombreux autres pays.

Carte européenne d'assurance maladie

La carte européenne d'assurance maladie permet aux Européens (UE, Norvège, Islande, Suisse et Liechtenstein) bénéficiaires de l'assurance maladie dans leur pays de bénéficier des mêmes conditions que les ressortissants du pays visité.

La durée de validité dépend du pays où elle est émise ; en France, elle est gratuite et valable deux ans. Pour l'obtenir, adressez-vous à votre caisse d'assurance maladie au plus tard deux semaines avant votre départ (www.ameli.fr). Comptez un délai de deux semaines pour la réception.

Si vous n'avez pas demandé le remboursement de vos frais médicaux lors de votre séjour, présentez les factures et les justificatifs de paiement à votre caisse d'assurance maladie à votre retour.

Cartes de réduction

Si vous êtes étudiant, il peut être utile de disposer d'un justificatif internationalement reconnu. La carte étudiante la plus acceptée est la **carte ISIC** (International

Student Identification Card). Elle permet d'obtenir des réductions sur des produits de tourisme tels que des billets d'avion, de train, de bus, de ferries, des locations de voiture, l'entrée à des musées et sites culturels, les tarifs de certaines auberges de jeunesse, bars et restaurants, etc.

Si vous n'êtes plus étudiant mais souhaitez justifier votre statut de jeune ou d'enseignant tout en bénéficiant de réductions sur des produits de tourisme, informez-vous sur la **carte jeune internationale (IYTC)** et la **carte d'enseignant internationale (ITIC)**.

Présentez une demande en ligne ou obtenez plus d'information sur ces cartes sur leurs sites officiels : www.isic.fr et www.isic.org.

Cartes de transport

Si vous prévoyez de vous déplacer sur de longues distances à bord de trains ou de bus (sans faire de stop !), renseignez-vous sur l'existence de cartes de réduction ou de transport. Celles-ci ne sont pas toujours bien publicisées et peuvent s'avérer avantageuses pour ceux qui comptent parcourir de grandes distances en voyageant "par sauts".

Les plus connues sont :

InterRail Pass (www.interrail.eu)
Forfaits de transport par train en Europe réservés aux résidents d'Europe.

Eurail Pass (www.eurail.com) Forfaits de transport par train en Europe disponibles seulement pour les gens n'y résidant pas (excluant également la Turquie et la Russie) ; ces forfaits sont plus chers et difficiles à obtenir une fois arrivé en Europe.

Amtrak Rail Passes (www.amtrak.com/rail-passes) Forfaits de transport par train aux États-Unis.

Formalités bancaires

Avant votre départ, évaluez votre situation avec votre banquier :

» Est-ce que votre carte bancaire vous permet d'effectuer des transactions à l'étranger ? Quels sont les frais de paiement et de retrait ?

» Quel est votre plafond de retrait ? Vous faut-il l'augmenter ?

» Quel est votre découvert autorisé ? Peut-il être augmenté ? Quelles sont les conséquences en cas de dépassement ?

» Y a-t-il dans le pays des banques partenaires chez lesquelles les opérations bancaires seraient moins coûteuses ?

» Est-il possible de renégocier le prix de votre carte bancaire, voire même sa gratuité (une économie mensuelle qui peut valoir le coup) ?

» Y a-t-il des cartes haut de gamme qui pourraient réduire vos frais à l'international et faciliter vos démarches en voyage ?

» Votre carte bancaire inclut-elle des assurances de type rapatriement ou le remboursement des frais médicaux ?

» Pouvez-vous gérer votre compte à distance par téléphone ou par Internet ? Pensez aussi à faire une procuration pour qu'un ami ou un membre de votre famille puisse intervenir sur votre compte à votre place en votre absence.

⚠ Attention, les cartes bancaires **nationales** peuvent être inutilisables à l'étranger. Vérifiez qu'elles soient acceptées par un grand réseau interbancaire (Plus, Maestro ou Cirrus) ou qu'elles soient associées à un **réseau international** tel que Visa ou MasterCard. Sur www.europ-cartes.com/fr, vous pourrez obtenir les numéros d'assistance associés à votre carte bancaire européenne à partir de son numéro, ce qui est pratique en cas de vol ou de perte.

» Quelle est la procédure à suivre en cas de vol ou de perte de votre carte bancaire ? Pouvez-vous vous faire prêter de l'argent ou envoyer une nouvelle carte à l'étranger ? À combien s'élève votre responsabilité maximale en cas de vol ?

» Quelles sont les coordonnées directes de votre conseiller bancaire (téléphone, mail) ?

» Y a-t-il des options plus intéressantes dans votre banque pour votre situation ?

» Y a-t-il d'autres banques qui présentent des offres intéressantes pour votre situation ? Est-ce que ça vaut le coup d'y ouvrir un nouveau compte ?

⚠ Vérifiez la date d'expiration de votre carte bancaire et demandez au besoin un renouvellement anticipé avant votre départ.

Gérer son argent : différents outils à votre disposition

Changer de l'argent liquide

Avant votre départ, vérifiez les conditions de change de votre banque car certaines proposent ce service sans commission si l'on a un compte chez elles. À l'arrivée, il est préférable d'avoir en main de quoi tenir une semaine environ en monnaie locale.

Une fois sur place, vous pouvez retirer de l'argent dans la devise locale directement aux distributeurs automatiques. Renseignez-vous auprès de votre banque sur les tarifs appliqués à chaque retrait (pourcentage ou forfait) et sur ses partenaires à l'étranger.

Vous pouvez également changer de l'argent comptant. Comparez les prix entre les différentes banques et bureaux de change et demandez conseil aux professionnels du tourisme. ATTENTION, dans certains pays (l'Inde par exemple), les factures du bureau de change pourraient vous être demandées au moment de quitter le territoire.

Dans les grandes villes touristiques ou aux abords des frontières, il est parfois possible de changer son argent auprès de changeurs de rue. En règle générale, leurs frais sont moins élevés que ceux des banques et il y a parfois moyen de marchander la commission en faisant marcher la concurrence. Une stratégie consiste à demander le taux pour une petite somme, puis une plus grosse somme pour avoir un meilleur taux, pour ne changer ensuite que la somme voulue à ce taux. Attention tout de même aux faux billets, au vol et revérifiez tout le temps les calculs. Prenez de petites coupures pour limiter les risques de faux billets et ne donnez jamais votre argent avant d'avoir reçu le change. Certains changeurs de rue agissent légalement, mais ils exercent pour la plupart sur le marché noir : vous n'aurez alors aucun recours en cas de problème. Notez enfin que dans certains pays comme le Venezuela, le marché parallèle du change affiche des taux très différents du marché officiel – jusqu'à 10 fois supérieurs aux valeurs officielles !

ACHETER UNE CARTE DE DÉBIT PRÉPAYÉE

Dans la plupart des pays, des cartes de débit Visa ou MasterCard prépayées sont disponibles dans le commerce, souvent dans les supermarchés. Ces cartes vous permettront de faire des achats en magasin et sur Internet, ou de retirer de l'argent à un distributeur de billets. C'est un moyen facile de protéger de l'argent liquide sans devoir ouvrir un nouveau compte en banque ou effectuer de virement international, sachant qu'il vous sera toujours possible d'effectuer un paiement sur votre compte PayPal si vous souhaitez virer cet argent sur votre compte.

Il est parfois nécessaire de résider officiellement dans le pays d'achat de la carte pour bénéficier de ce service, mais vous pouvez toujours vous arranger avec un ami résident pour qu'il l'enregistre sous son nom.

Ouvrir un compte dans une banque locale

Il n'est pas toujours possible d'ouvrir un compte bancaire localement. Tout dépend des conditions nécessaires pour ouvrir un compte : être de la nationalité du pays, y travailler légalement, y être résident, etc. À noter : il y a en France obligation de déclarer tous les comptes ouverts à l'étranger. Renseignez-vous !

Les frais de gestion de compte varient d'une banque à l'autre et sont parfois même offerts. Par exemple, certaines banques vous demandent simplement de placer régulièrement de l'argent sur le compte. Vous pourrez sans doute aussi obtenir une carte de paiement locale, ce qui peut être pratique pour déposer de l'argent et vous en servir si vous travaillez sur place.

Ouvrir un compte dans une banque en ligne ou une néobanque

De nombreuses banques en ligne viennent aujourd'hui concurrencer les banques traditionnelles. Elles offrent de nombreux intérêts pour les voyageurs, comme des frais de retraits et de paiements à l'étranger souvent moins chers. Citons par exemple Monabanq, Boursorama ou HelloBank.

Les néobanques comme N26 ou Revolut, souvent basées à l'étranger, réduisent encore les frais. Revolut permet de changer et de convertir des devises instantanément (par exemple vos euros dans la monnaie locale), à un taux de change intéressant, via une application. En revanche, un inconvénient des néobanques est qu'il est souvent plus difficile d'avoir un interlocuteur en cas de problème.

Ouvrir un nouveau compte avant de partir peut s'avérer payant. En outre, cela peut vous permettre d'obtenir une carte Visa ou Mastercard en fonction de celle qui vous manque, afin d'avoir ces deux options lors de vos déplacements. Notez que vous avez l'obligation de déclarer votre compte aux impôts si la banque est étrangère.

Services de transfert d'argent à l'international

Depuis quelques années, les services de transferts d'argent en ligne remplacent avantageusement Paypal ou les virements bancaires internationaux traditionnels. Ils sont particulièrement recommandés si vous recevez un salaire ou facturez dans des devises étrangères (visa vacances-travail, freelance sur place...) car le taux de change est très compétitif. Les références en la matière sont Wise (wise.com) et Transfermate (www.transfermate.com).

PayPal

PayPal (www.paypal.com) est un service de paiement sécurisé en ligne permettant de payer, de recevoir des dons ou des paiements ou encore de transférer de l'argent. Pratique et populaire, il est néanmoins recommandé pour les petites sommes car ses frais sont élevés. C'est en quelque sorte un "compte bancaire" en ligne, mais avec des avantages particuliers :

Payer en ligne De plus en plus de commerçants permettent de régler la note en ligne à l'aide d'un compte PayPal. Il vous suffit d'y transférer de l'argent depuis votre compte bancaire. Cette formule vous permet d'avoir des fonds à votre disposition en cas d'urgence ou de perte de votre carte bancaire.

Vendre en ligne Être titulaire d'un compte PayPal permet de vendre en ligne. Avec un peu d'imagination et en s'inspirant des idées indiquées au chapitre *Financer son voyage* (p. 48), il est possible de se faire un petit revenu de cette manière. Des frais sont prélevés sur chaque vente. Ils varient dans le temps et en fonction du pays d'enregistrement du compte. Pour vous donner un ordre d'idées, les frais appliqués en France en 2021 étaient de 3,4% du montant total + 0,35 € par transaction. Tous les tarifs sont présentés sur leur site Web.

Faire des transferts d'argent Option intéressante pour le voyageur en l'absence d'autres moyens de paiement. Si vous travaillez pour quelqu'un, vous pouvez recevoir une paie via un transfert d'argent sur votre compte PayPal ou vice versa. Vous pouvez aussi simplement transférer l'argent à un ami pour qu'il retire cet argent et vous le donne (si vous n'avez plus de carte bancaire par exemple). Bien entendu, la personne recevant l'argent doit avoir un compte PayPal, ce qui n'est pas obligatoire pour la personne l'envoyant. En cas de change de devises, les frais de change représenteront entre 0,3 et 1% en plus du taux en vigueur selon les pays, mais ces tarifs sont sujets à modification. Vous avez la possibilité de conserver les sommes reçues dans leur devise pour usage ultérieur ou de les convertir dans votre devise. Seule cette dernière option vous permet cependant de transférer cet argent vers votre compte bancaire.

LES PAIEMENTS PAR RÉSEAU MOBILE

» **WeChat et Alipay** Il n'est désormais plus rare de se voir proposer de payer un commerçant au fin fond de la Chine en utilisant les applications mobiles Alipay ou WeChat Wallet (associé au réseau social WeChat, Weixin en chinois). Cette tendance est tellement forte qu'elle tend à raréfier les transactions en argent comptant ! S'il vous faut toujours un compte bancaire chinois pour utiliser Alipay, WeChat permet désormais l'ajout de cartes de crédit Visa ou MasterCard étrangères sous certaines conditions.

» **Lydia** L'application Lydia (lydia-app.com) est une référence pour les télépaiements entre proches.

» **GooglePay et ApplePay** Ces services de paiement sans contact vous permettent de payer directement via votre téléphone portable. Ils sont disponibles dans près de 70 pays autour du monde. Pensez à tester et vous familiariser avec ces services avant de partir si vous souhaitez les utiliser sur la route.

Déposer de l'argent gagné en route

Si vous travaillez à l'étranger sans y avoir de statut de résident ni de visa de travail, il sera difficile d'ouvrir un compte bancaire. Si vous êtes payé en argent comptant, vous trouverez peu pratique et même risqué de garder sur vous de grosses sommes, notamment si vous quittez le pays et changez de devise courante.

Il existe heureusement des alternatives au transport de grosses sommes d'argent liquide :

Virement depuis un compte bancaire Il faudra trouver un ami acceptant de le faire. Vous lui donnez l'argent liquide qu'il dépose sur son compte, puis il effectue un virement international. En général, les frais sont fixes (une vingtaine

IDÉE ORIGINALE

Les agences postales nationales proposent généralement un **service de mandat postal** afin de faciliter l'envoi et le transport d'argent. Si vous travaillez et voyagez à l'intérieur d'un même pays (ou de l'Europe), les mandats s'avèrent être une façon intéressante de transporter de l'argent sans avoir beaucoup de liquide sur soi. Le mandat sera libellé au nom de quelqu'un (cela peut être vous) qui pourra ensuite se rendre dans une poste muni de son passeport (ou de sa carte d'identité) pour y récupérer l'argent liquide. Conservez toutefois vos talons séparément des mandats afin de faire opposition en cas de vol.

d'euros). Si la banque émettrice est partenaire de votre banque, les frais seront sans doute plus bas.

Western Union Service permettant d'envoyer ou de recevoir instantanément de l'argent liquide dans le monde entier, entre deux points Western Union ou depuis Internet vers un point Western Union, où la personne de votre choix peut recevoir l'argent. C'est très pratique mais très cher, soit de 5 à 20% suivant le montant. Vous pouvez donc l'envoyer à une personne de confiance dans votre pays d'origine. Avec un peu d'organisation, cette même personne pourra ensuite mettre l'argent sur votre compte en banque si besoin. Attention tout de même, ce genre d'opérations bancaires successives peut diminuer significativement le montant initial.

Mandat postal international Le principe est décrit dans l'encadré ci-dessus. Vérifiez que les services postaux de votre pays le reconnaissent. Si le courrier les contenant tarde à arriver, faites opposition et récupérez l'argent.

Ouvrir un compte dans une banque locale Tel que mentionné précédemment, il est parfois possible de créer un compte sur place depuis lequel vous pouvez faire des virements vers votre compte principal ou simplement en utiliser la carte bancaire localement, voire à l'étranger si elle le permet, évitant ainsi les frais associés à certains virements bancaires internationaux. Si vous souhaitez fermer votre compte local et transférer vos devises vers un autre pays, utiliser un service de transfert d'argent à l'international (voir plus haut) revient moins cher qu'un virement bancaire international standard.

Si vous n'avez pas le choix, répartissez l'argent dans plusieurs endroits comme des poches secrètes dans vos habits, la semelle de vos chaussures ou votre sac à dos (voir le chapitre *Assurer sa sécurité*, p. 356). Protégez toujours votre argent de l'humidité dans une pochette fermant hermétiquement. Constituez-vous un faux portefeuille contenant un peu d'argent, des photocopies de vos pièces d'identité, une vieille carte de crédit ou une imitation, des cartes de visite diverses, etc. Gardez vos papiers officiels et votre argent hors de portée.

Assurances

L'assurance de voyage n'est pas à prendre à la légère. Une hospitalisation dans certains pays – comme les États-Unis – vous sera facturée jusqu'à plusieurs milliers de dollars la journée. Les assurances vous permettent d'avoir l'esprit tranquille en assumant une partie du risque que vous prenez en voyage. Elles sont utiles, mais peuvent coûter cher, ce qui est souvent un casse-tête pour le voyageur.

Faire le point

Avant de vous mettre en quête de la formule d'assurance idéale, faites le point sur vos besoins réels :

» Quelles sont vos **destinations**, la **durée** de votre voyage et les **conditions** dans lesquelles vous l'effectuerez ?

» Êtes-vous couvert par un régime d'assurance maladie, une assurance responsabilité civile, accident, habitation, automobile, etc. ? Est-ce que ces assurances sont **effectives lors d'un séjour à l'étranger** ? Si oui, quelles sont les exclusions ?

» Dans quelle mesure et dans quelle limite votre assurance maladie couvre-t-elle les frais engagés à l'étranger ? Couvre-t-elle seulement **une partie des frais** ? Renseignez-vous auprès de l'organisme approprié (www.ameli.fr en France, www.ramq.gouv.qc.ca au Québec).

» Est-il possible d'**étendre votre assurance** afin qu'elle soit valable à l'étranger en prévenant simplement votre assureur ?

» Si vous avez une **carte de crédit internationale, est-elle assortie d'une assurance voyage** (la plupart des cartes le sont) ? Si oui, vérifiez-en les conditions et voyez s'il est judicieux de la prolonger. Cette assurance débute le jour où vous quittez votre pays ou votre province de résidence et dure jusqu'à 90 jours selon votre carte. Attention, pour la France, si vous habitez en métropole, les territoires d'outre-mer ne comptent pas comme votre "pays de résidence".

» Pouvez-vous obtenir la **carte européenne d'assurance maladie** (voir p. 40) ?

» Dans le cadre d'une assurance complémentaire (voyage, accident, maladie), êtes-vous prêt à payer une **franchise**, c'est-à-dire à payer une partie des frais en cas d'incident, le reste étant pris en charge par l'assureur ?

» Prévoyez-vous de faire des **activités à risque** comme la pratique d'un sport de compétition, la course automobile, les sports de voile, le rafting, le kayak, la plongée sous-marine, les sports de grimpe, le saut en parachute ou à l'élastique, etc. ?

En adhérant à certaines associations/fédérations de voyages ou de sports et loisirs, vous pouvez parfois bénéficier d'accords spécifiques avec une compagnie d'assurances vous offrant un contrat adapté à votre pratique à un prix intéressant. C'est le cas entre autres de l'association ABM (Aventure du bout du monde), de la FFCT (Fédération française de cyclotourisme). Vérifiez que vous n'êtes pas déjà couvert !

Choisir une formule adaptée

Une fois toutes les données en main, il faut jongler entre les différentes formules offertes.

La première chose est de s'assurer que vous êtes éligible à la formule car les packs sont souvent offerts aux résidents ou nationaux d'un ou de quelques pays, assortis d'un âge minimal ou maximal, etc.

Il vous faudra ensuite vérifier qu'il n'y a pas de trou ou de zone grise dans votre couverture, c'est-à-dire que vous êtes bel et bien couvert pour toute la durée de votre voyage en fonction des activités auxquelles vous prévoyez de participer.

Voyez si la police d'assurance qui vous intéresse couvre :

» les régions où vous vous rendez, si certaines sont exclues car considérées zones de risques aggravés (guerre civile, émeutes, etc.) ;

» l'évacuation sanitaire, l'escorte médicale, le transport d'urgence et, le cas échéant, le rapatriement ;

» les frais d'hospitalisation en cas de blessure ou maladie et permet l'avance de ces frais ;

» les visites chez un médecin ainsi que les médicaments obtenus sur ordonnance ;

» les frais dentaires d'urgence ;

» les frais d'urgence, d'hospitalisation ou de rapatriement liés à la santé mentale ;

» l'aggravation de problèmes de santé ou de condition préexistante (à déclarer à l'assureur) ;

» les risques liés à la grossesse, s'il y a lieu ;

» l'invalidité ou le décès suite à un accident ou une maladie à l'étranger, incluant la préparation et le retour de la dépouille.

COMPRENDRE LES ASSURANCES OFFERTES AU VOYAGEUR

» **Responsabilité civile :** couvre les dommages causés à autrui.

» **Santé :** remboursement des frais médicaux, pharmaceutiques et d'hospitalisation.

» **Assistance rapatriement :** transport vers un lieu médicalisé en cas d'accident ou votre pays d'origine en cas d'accident grave, en fonction des soins disponibles sur place.

» **Assistance juridique :** défense juridique devant les tribunaux, versement de caution pénale.

» **Bagage et matériel :** assurance générale de bagages, excluant souvent le matériel spécifique et de valeur (matériel informatique, vélo, etc.). Ces assurances sont valables surtout si vous prenez l'avion, mais aussi parfois contre le vol ou les dégâts (vérifiez les conditions de votre assurance).

» **Trajet et annulation :** permet de recevoir un dédommagement en cas d'annulation de voyage, d'assurer les risques liés à la location d'un véhicule, etc. L'option la plus intéressante est le remboursement du billet d'avion en cas de perte ou de vol du passeport. Les clauses sont souvent très restrictives – lisez avec la plus grande attention les clauses en petits caractères !

» **Voiture :** lorsqu'on utilise une voiture pour se rendre à l'étranger, il peut être judicieux de le préciser à votre assureur car une extension à l'assurance sera en général nécessaire, bien que parfois gratuite et incluse dans votre police. Vérifiez par contre les conditions d'assistance en cas d'accident ou de panne. Les assurances voyage couvrent en général tout incident survenant avec une voiture de location.

REMARQUE

Si vous quittez votre territoire de résidence pour une longue période, il est possible que vous perdiez les privilèges associés à la couverture d'assurance maladie universelle. Les règles de détermination sont parfois complexes.

Par exemple en France il faut répondre à un statut (employé, demandeur d'emploi, etc.) pour être couvert. Il est aussi possible de prolonger vos droits en faisant une demande auprès de la CPAM et en expliquant votre situation. Parfois votre statut d'étudiant peut être prolongé un an de plus après vos études si vous n'avez pas travaillé. Vous pouvez aussi obtenir un statut d'auto-entrepreneur pour bénéficier d'une couverture sociale sans que cela ne vous coûte de l'argent, car dans ce cas, si vous ne gagnez rien, vous ne payez rien.

Si vous n'êtes plus couvert, songez à contracter une assurance privée ou à vous inscrire à la Caisse des Français de l'Étranger (www.cfe.fr), un organisme d'État qui permet de bénéficier de vos droits en France en cas de rapatriement.

Pour le Québec, les bénéficiaires de la carte Soleil doivent être présents dans la province au moins 183 jours par année en excluant les séjours hors province de moins de 21 jours. Une exception peut être faite une fois tous les 7 ans ou si vous acceptez un contrat de travail temporaire à l'étranger, s'il s'agit d'un échange étudiant, etc.

En général, le plus simple et le plus économique est de choisir une assurance globale, adaptée au voyageur. L'assurance Cap Aventure de Chapka (www.chapkadirect.fr) et Marco Polo de AVI (www.avi-international.com) sont les références en la matière.

Le portail Ariane (pastel.diplomatie.gouv.fr/fildariane) est un service gratuit permettant au voyageur français à l'étranger d'être contacté par le service consulaire en cas d'urgence. Il suffit de vous inscrire et de fournir des informations sur votre voyage prévu et la façon de vous joindre. Grâce à ce service, vous recevrez en outre avant le départ des recommandations de sécurité par courriel si la situation dans le pays le justifie.

Une fois sur la route...

Gardez sur vous toutes les informations concernant vos assurances. Pour plus de sûreté, laissez également les coordonnées de votre assureur et les détails de votre police à un parent, à un proche resté au pays ou à votre compagnon de voyage.

En cas d'incident ou d'accident, prévenez votre assureur le plus rapidement possible. C'est la garantie d'une bonne prise en charge et c'est souvent lui qui vous indiquera la marche à suivre. N'engagez jamais de frais sans le prévenir.

Exigez de l'hôpital ou du prestataire de soins de santé qu'il vous fournisse une facture détaillée des soins reçus avant de quitter le pays. Envoyez les originaux à votre compagnie d'assurances mais gardez-vous des copies.

Les frais de santé sont parfois remboursés seulement en complément de votre assurance maladie de base. **Dans tous les cas, soyez sûr d'être toujours couvert par une assurance santé dans votre pays** et par une complémentaire si besoin. Prenez le temps de vérifier les conditions de chaque assurance pour anticiper toutes les situations.

Dernières vérifications

Avant votre départ, assurez-vous que vous avez pensé à tout :

» Votre **passeport** est en règle et valide au moins six mois après la date prévue de fin de voyage.

» Vous avez obtenu ou êtes en mesure d'obtenir tous les **visas** requis pour vos destinations dans les délais prévus.

» Vous avez fait un **bilan de santé**, renouvelé vos ordonnances et obtenu un stock suffisant de médicaments avant le départ. Vous avez sur vous un mot du médecin comprenant le nom de la molécule et la raison pour laquelle vous prenez ce médicament, justifiant ainsi la possession d'un tel médicament (l'ordonnance du médicament n'est pas toujours suffisante).

» Vous avez fait vos **vaccins** et les rappels recommandés en fonction de vos destinations.

» Vous avez en main une **copie de votre ordonnance de lunettes** ou de lentilles de contact.

» Vous avez prévu vos besoins financiers pour la durée de votre voyage (p. 48) et obtenu des devises étrangères, une **carte bancaire internationale**, etc. Celle-ci est valide pour toute la durée de votre voyage, voire plus.

» Vous avez fait le bilan de votre situation d'assurances, vérifié que vous conservez votre **assurance santé de base** (on peut perdre sa couverture après une certaine période à l'étranger) et souscrit à une **assurance voyage complémentaire**. Vous devez toujours être couvert pour les soins généraux dans votre pays en cas de rapatriement !

» Vous avez obtenu un **permis de conduire international**, s'il y a lieu.

» Vous avez **pris note de vos numéros** de passeport, visa, cartes de débit ou de crédit, réservations, police d'assurance sur un document accessible en ligne ou imprimé et caché à part de vos originaux.

» Vous avez photographié et sauvegardé sur votre boîte e-mail tous vos **documents importants** en cas de vol sur la route ou si vous avez besoin d'un document resté à la maison, comme un diplôme (attention cependant à ne pas laisser les photos sur votre smartphone !).

» Vous avez **réparti votre argent et vos pièces d'identité** en différents points de vos bagages afin d'avoir au moins une preuve d'identité et une petite somme d'argent en cas de vol ou de perte.

» Un membre de votre famille ou un proche est votre **relais administratif**. Il conserve vos documents, médicaments et tout matériel pouvant vous être utile. Il a en main des procurations afin de relever vos courriers et colis, voter à votre place, intervenir sur votre compte en banque ou auprès de votre assurance, etc.

» Vous avez **payé vos factures** et averti les différents organismes de votre absence. Au besoin, vous avez trouvé des solutions vous permettant d'être en règle via Internet ou par prélèvement automatique.

» Vous vous **êtes inscrit auprès de votre gouvernement** comme citoyen à l'étranger et avez pris les mesures nécessaires pour remplir vos **obligations citoyennes** (vote, déclaration d'impôts, etc.).

» Si vous voyagez avec des enfants, vous avez en main un **justificatif du consentement parental**.

Vous voilà prêt et l'esprit libre pour partir à l'aventure !

Pour aller plus loin

Sites gouvernementaux d'information aux voyageurs

» **France** www.diplomatie.gouv.fr rubrique "Conseils aux voyageurs"

» **Belgique** diplomatie.belgium.be rubrique "Voyager à l'étranger"

» **Canada** voyage.gc.ca

» **Suisse** www.eda.admin.ch rubrique "Conseils aux voyageurs"

Autres sites Web

» www.abm.fr – Site de l'association Aventure du bout du monde contenant beaucoup d'informations sur toutes les démarches administratives liées au voyage.

» www.tourdumondiste.com – Comparateurs d'assurances type "Tour du monde" et de cartes bancaires sans frais à l'étranger (destinés au marché français).

» www.theprofessionalhobo.com – Blog de Nora Dunn, nomade numérique depuis 12 ans, qui donne des techniques pour gérer son argent sur la route (en anglais).

Livres techniques

» PAILHÈS, Robert. *Le Globe-rêveur – Tous les pays du monde – Bien choisir, bien partir* (Éd. du Globe-rêveur, 2015)

» COLLECTIF – *Partir autour du monde* (ABM, 2020)

"Les rêves donnent du travail."
Paulo Coelho

Financer son voyage

Les questions d'argent reviennent fréquemment en voyage : Combien doit-on prévoir ? Comment faire sponsoriser son voyage ? Est-il possible de travailler sur la route ? En voyage comme ailleurs, un peu de préparation, d'audace et de créativité peuvent vous emmener loin ! Ne laissez pas l'argent et le travail être des freins à vos projets.

Avant le départ

Budget prévisionnel

À partir de votre itinéraire, vos choix matériels et votre profil de voyageur, le budget prévisionnel permet de déterminer grossièrement la somme à collecter avant le départ. Nous vous recommandons de majorer votre estimation finale de 10 à 20% pour les imprévus car il y en a toujours.

Frais fixes

Les frais fixes sont les frais qui ne varient pas ou peu en fonction de la durée globale de votre voyage : billets d'avion ou de cargo, assurance voyage, passeport, visas, vaccins, sac à dos, tente, duvet, ordinateur portable, trousse de secours, lentilles de contact de rechange, etc.

Le budget consacré aux frais fixes peut également comprendre des activités que vous tenez absolument à réaliser lors de votre voyage : saut en parachute, trek, cours de langues ou de plongée sous-marine, stage de yoga, etc.

Référez-vous à la section *Check-list de sac* du chapitre *Faire son sac* (p. 26) pour une estimation de certains coûts relatifs à l'équipement.

Frais variables

Les frais variables sont des postes budgétaires qui varient selon la durée et la ou les destinations de votre voyage : nourriture, logement, assurances, cadeaux, communications (Internet, téléphone, courrier), guides de voyage, loisirs, etc.

VOUS ÊTES	A	B	C	D
ÉCONOME*				
Vous vivez avec le minimum, mangez ce que vous trouvez, dormez chez l'habitant et ne prenez pas de transport payant.	2 €	4 €	6 €	8 €
RAISONNABLE				
Vous vous faites plaisir de temps en temps, payez la nourriture pour vos hôtes et prenez les transports en commun si le stop ne fonctionne pas.	8 €	12 €	30 €	60 €
DÉPENSIER				
Vous êtes en voyage pour vous faire plaisir ! Vous allez souvent en auberge de jeunesse, sortez souvent le soir et aimez manger au restaurant. Vous n'hésitez pas à prendre les transports en commun et à vous payer des excursions.	20 €	30 €	100 €	200 €

A, **B**, **C**, **D** : budget journalier (nourriture + transport + hébergement)

A Pays ou régions où le coût de la vie est très bas comme l'Inde ou l'Asie du Sud-Est

B Pays ou régions où le coût de la vie est bas comme l'Amérique du Sud, l'Amérique centrale ou l'Afrique

C Pays ou régions où le coût de la vie est élevé comme l'Europe, l'Amérique du Nord ou l'Australie

D Pays ou régions où le coût de la vie est très élevé comme la Scandinavie, la Suisse, le Japon, la Russie, l'Islande ou les régions éloignées comme les îles du Pacifique

* Dans les pays où le coût de la vie est élevé, il est paradoxalement plus facile de se procurer de la nourriture gratuitement. L'alimentation est le seul poste budgétaire indispensable si on voyage en stop et que l'on dort chez l'habitant, ce qui explique que le budget de l'économe varie moins que les autres.

Le tableau ci-dessus permet d'estimer votre **budget de fonctionnement minimal journalier** en tenant compte du niveau de vie des pays visités. Il ne tient compte ni des loisirs, ni des assurances voyage éventuelles, mais seulement du strict minimum : nourriture, transport et hébergement.

Bourses et sponsors

Se faire payer son voyage ou, mieux encore, être payé pour voyager via des bourses et des sponsors fait rêver, mais ce n'est pas chose facile. Bien que le nombre de possibilités soit important, de nombreux projets se font concurrence. Pour que le vôtre soit retenu, il devra être original mais surtout "utile" compte tenu des critères du sponsor.

Rappelez-vous que si votre voyage est en partie financé par un organisme, il faudra lui rendre des comptes. C'est donc un mode de financement à double tranchant : il offre une aide financière non négligeable tout en cadrant votre projet et en lui fixant des objectifs intéressants, mais vous perdez un peu de liberté quant au contenu du voyage et laissez moins de place à l'improvisation, à l'aventure. Votre voyage sera entièrement rythmé par ce projet.

Monter un projet

Avant de partir à la recherche de commanditaires, il faut s'attarder à votre problématique et ficeler votre projet afin que tout soit "béton".

» Quelle est votre idée, votre fil conducteur ?

» Qui partira ? Où ? Quand ? Combien de temps ? Pourquoi ? Comment ?

» Quels sont les objectifs de ce voyage : éducatif, humanitaire, journalistique, etc. ?

» Quelles sont vos compétences, vos qualités, vos lacunes ?

» Quels sont vos besoins techniques ?

Une fois ces éléments posés, inspirez-vous de projets déjà réalisés. Faites des recherches sur Internet, comme sur le site de l'association **Aventure du bout du monde** (ABM ; www.abm.fr) ou encore du **ministère chargé de la Jeunesse** (www.enviedagir.fr). Vous y trouverez des exemples de projets et de quoi vous aider à monter le vôtre. Fouinez aussi du côté des blogs de voyages et des festivals de voyageurs pour vous inspirer et entrer en contact avec des gens qui ont réalisé des projets semblables au vôtre.

Quand votre projet commencera à prendre forme, il faudra lui donner un nom ! C'est très important pour créer une identité à votre projet et qu'il soit facilement reconnaissable. Si vous êtes plusieurs, il faudra songer à répartir clairement les rôles dans l'équipe (voir le chapitre *Voyager à plusieurs*, p. 68).

Créez ensuite des liens, construisez un réseau autour de votre projet : contactez des organismes pouvant être intéressés dans votre pays et à destination, recherchez des projets similaires, etc. Mettez en place des outils de communication comme des cartes de visite, un site Web avec vos premières idées (même s'il sera amené à évoluer par la suite), une courte vidéo de présentation, la possibilité de télécharger le dossier de présentation, de faire des dons, etc.

Dossier de présentation

Le dossier de présentation établit un lien entre votre projet, le monde extérieur et vous. Il pourra être envoyé aux financeurs potentiels, à la presse, etc. N'hésitez pas à être original !

Votre dossier devra néanmoins comporter les éléments suivants :

Couverture Nom du projet, logo éventuel, texte de description très court et accrocheur, vos noms et coordonnées, l'adresse du site Web, etc.

Sommaire Optionnel – selon la taille du dossier.

Présentation claire, détaillée, aérée et organisée En paragraphes, elle doit pouvoir être lue en diagonale et répondre aux questions du lecteur dans un ordre logique. Dans cette partie, il faut transmettre votre rêve au lecteur, lui donner envie de vous aider à réaliser ce projet.

Présentation des membres du projet et de leurs rôles.

Calendrier des étapes organisationnelles Ce qui a déjà été fait, ce qui est en cours et ce qui reste à faire.

Budget prévisionnel C'est la clé de voûte du projet ! Celui-ci doit être le plus précis et organisé possible. Divisez-le en deux parties : recettes et dépenses prévisionnelles. Dans la partie recettes, indiquez combien vous pensez recevoir de chaque organisme. S'il s'agit de prestations en nature, estimez-en la valeur en indiquant qu'il s'agit d'un don en nature. Prévoyez une majoration de 10% pour pallier les imprévus éventuels (fluctuation de la monnaie, tarifs des transports, détour, etc.) et inscrivez ce montant au budget. Indiquez aussi vos apports personnels. Dans tous les cas, n'hésitez pas à estimer vos dépenses à la hausse.

Partenaires et supporteurs acquis Faites-les figurer en insérant si possible un mot de soutien de leur part pour rassurer les financeurs potentiels. Vous pouvez aussi créer un groupe Facebook ou une liste similaire et essayer de réunir le maximum d'intéressés.

Propositions de sponsoring (voir la section suivante). Section optionnelle en fonction de votre projet et du destinataire du dossier.

Stratégie de communication Présentation du site Web, de votre stratégie newsletters et

PETIT LEXIQUE

» **Sponsoring :** aide financière ou matérielle provenant d'une entreprise, d'un organisme public ou d'une association en échange d'une action publicitaire. Les dons en nature de la part d'entreprises sont beaucoup plus faciles à obtenir que de l'argent.

» **Mécénat :** subvention sans contrepartie de la part d'une personne privée ou d'une fondation. Séduit par votre projet, le mécène veut tout simplement vous aider, peut-être dans l'espoir que vous deveniez célèbre, parce que quelqu'un l'a aidé de la même manière par le passé ou simplement par pure générosité.

» **Partenariat :** une aide logistique pour ce qui a trait aux médias, à la publicité, aux lieux d'exposition, etc. Par exemple, les grandes surfaces, festivals, événements, mairies ou autres peuvent vous autoriser à installer un stand pour présenter votre voyage au public, essayer de recueillir des dons, vendre des choses, etc.

» **Patronage :** soutien moral d'une personnalité connue qui ajoutera de la crédibilité à votre projet grâce à son image. Au minimum, ce pourrait être le maire de votre commune.

TÉMOIGNAGE

"Mon voyage en Arménie se prépare. Je pars là-bas trois mois dans le cadre d'un stage universitaire pour aider une association locale à mettre en place un voyage aventure avec un tour-opérateur français. Une de mes missions sera de repérer des circuits de randonnée et de créer un topoguide sur place. Je reçois une petite indemnité pour ce stage mais c'est trop peu pour acheter le matériel technique dont je vais avoir besoin : habits de randonnée, sac à dos, GPS, etc. C'est alors qu'une idée me vient : pourquoi ne pas proposer un partenariat à un magasin de sport local ? En échange d'une réduction importante sur cet équipement, je m'engage à faire de la pub pour ce magasin sur un site Internet dédié à ce voyage et lors d'une exposition photo à mon retour.

Le magasin a accepté ma proposition et j'ai ainsi pu partir avec tout l'équipement nécessaire à ce voyage. Le site Internet a été bien visité et l'exposition photo est restée un mois dans les locaux de l'université. Le magasin de sport partenaire a été très satisfait de cet échange, et moi aussi !"

Guillaume

réseaux sociaux, des relations avec la presse, des projets de conférences, etc.

Actions post-voyage Envisagez-vous d'écrire un livre, de faire un film, de mener un cycle de conférences, de monter une expo photo ?

Le dossier de présentation servira de base pour la recherche de partenaires. C'est en quelque sorte votre lettre de motivation en plus d'être un exercice qui vous permet de faire un tour d'horizon de votre projet, de le préciser et de le rendre réalisable.

Il doit être adapté à chaque demande pour rencontrer les exigences de chaque partenaire potentiel. S'il est adressé à une grosse entreprise, vous prendrez soin de la mettre en avant et de lui donner de l'ampleur afin de retenir son attention. Auprès d'une collectivité locale, d'une petite entreprise ou d'une association, il est préférable de faire ressortir que leur participation est la dernière pièce manquante du puzzle. Soyez fin stratège !

Trouver ses partenaires et sponsors

Trouver des financeurs n'est jamais facile, mais ne vous découragez pas ! Essayez toutes les pistes, relancez vos contacts sans relâche. Veillez à **ne pas mettre en concurrence** différents financeurs et **soyez transparent**. Si vous prévoyez un financement mixte (privé et public), assurez-vous que cette solution convient à tous ou choisissez simplement l'option la plus intéressante.

Plusieurs stratégies peuvent être efficaces auprès de sponsors potentiels :

» Offre globale comme une exclusivité totale où le sponsor est seul à couvrir vos frais mais aussi à apparaître, ce qui peut être un énorme avantage pour lui. Vous pouvez aller jusqu'à inclure son nom dans le nom du projet !

» Offre à paliers : par exemple, vous pourriez trouver un sponsor principal (à 50%) et deux autres complémentaires (à 25% chacun).

À vous de tenter les combinaisons et de faire une offre alléchante à vos commanditaires potentiels. Le sponsoring ne se limite pas à coller des autocollants de la marque sur toutes vos affaires. D'autres formules peuvent très bien convenir, comme des bannières sur Internet, une exclusivité de diffusion, etc. Laissez libre cours à votre imagination !

PARTENAIRES POTENTIELS

Collectivités locales Directions régionales et départementales de la jeunesse et des sports, conseils généraux, conseils régionaux, mairies, municipalités, etc. Astuce : faites d'abord la liste de tous les territoires auxquels vous appartenez par ordre croissant de taille ou d'importance. Notez qu'il y a généralement plus de financements en France pour des projets solidaires à l'échelle régionale.

Associations Voyez toutes celles qui se rapprochent de près ou de loin à votre projet. Elles pourraient vous prêter des locaux, du matériel (ordinateur, fax, photocopieuse) ou vous mettre en relation avec les médias.

Médias Préparez un petit dossier de presse à leur attention. La presse locale et régionale est toujours en quête de sujets. Les médias spécialisés dans le voyage ou en lien avec votre thème peuvent aussi être intéressés. En France, vous trouverez leurs coordonnées dans le *Mediasig*, l'annuaire de référence des médias disponible en librairie et réactualisé chaque année (vérifiez si votre bibliothèque locale le possède).

Établissements publics Bibliothèques, centres culturels, musées, etc. Pour les étudiants : CROUS, FSDIE, bureau des étudiants, etc.

IDÉE ORIGINALE

N'hésitez pas à innover dans votre recherche de financement. Pour vous donner un exemple, deux jeunes Guatémaltèques ne pouvant financer leur projet de voyage en Europe ont eu une idée originale : chaque personne faisant un don sur leur site Internet pouvait leur demander de réaliser quelque chose : une aide pour des travaux, relever un défi, etc. Ils ont ainsi voyagé à travers l'Europe en se faisant accueillir, tout en accomplissant leurs tâches et en apprenant des choses nouvelles.

Entreprises Contactez le service marketing ou communication d'entreprises potentielles par e-mail ou courrier. Demandez à les rencontrer ou la permission de leur envoyer un dossier de présentation. Préparez-vous soigneusement afin de les "accrocher" et n'hésitez pas à les relancer par téléphone si vous n'avez pas de réponse. Un argument majeur auprès des entreprises est l'opportunité publicitaire à travers vos parutions dans la presse, vos conférences, votre site Web, etc. Attention, aux alentours du mois de février, les entreprises clôturent leurs comptes : c'est la mauvaise période pour prospecter.

Financement participatif ou Crowdfunding Le principe est simple : vous présentez votre idée sur un site Web dédié avec un texte, des photos et des vidéos. Ensuite, les visiteurs de votre page ont la possibilité de donner de l'argent pour atteindre votre objectif financier. Plusieurs sites Web et formules existent, comme Ulule (www.ulule.fr) ou Crowdsunite (www.crowdsunite.com), qui répertorie les sites anglophones les plus populaires.

BOURSES DE VOYAGE

Certains organismes proposent des bourses de voyage. Il s'agit soit de financements publics pour encourager la créativité, l'échange international et les jeunes à réaliser leurs projets de voyage, soit de financements privés liés à la stratégie de communication et à la politique de l'entreprise. Pour espérer obtenir leur aide, il faut que votre projet soit le plus en accord possible avec leurs critères. Il faudra donc constituer un dossier sur mesure !

Voici une liste non exhaustive d'organismes et de sites recensant les opportunités pour la France :

- Bourse Expé : www.bourses-expe.com
- Dotations Solidarités Nord-Sud : www.la-guilde.org
- Donation Culture actions de votre CROUS régional
- Centres d'information et de documentation jeunesse (CIDJ) : www.cidj.com
- Association ABM (Aventure du bout du monde) : www.abm.fr
- Bourses de solidarité d'AVI International : www.culture-aventure.fr/bourse/bourse-avi-international.htm
- Déclic Jeunes à la Fondation de France : www.fondationdefrance.org/fr/concours-declics-jeunes
- Mécénat : www.admical.org
- Annuaire des fondations : www.fondations.org

Sur la route

Bien qu'il soit possible de voyager sans argent, il vous en faudra tout de même un minimum vital. Ne vous inquiétez pas, il est possible de trouver des sources de revenu en voyageant. Songez un instant : vous êtes mobile, adaptable, débrouillard, vous n'avez aucune attache et votre énergie plaît aux gens. Vous avez donc l'embarras du choix !

Gagner de l'argent

Travailler sur la route, c'est l'opportunité d'avoir une approche différente du lieu, de cesser d'être spectateur pour découvrir la culture depuis l'intérieur. C'est aussi l'occasion d'apprendre un nouveau métier, de nouvelles méthodes de travail et de rajouter une expérience originale sur votre CV tout en passant du bon temps.

Reste donc à trouver ce que vous pouvez faire et surtout ce que vous voulez faire ! Pour vous y aider, nous brossons ici un tableau des manières les plus courantes de gagner de l'argent en voyage. Ne vous restreignez cependant pas à nos suggestions : les possibilités sont quasi infinies ! Inspirez-vous de ces idées pour nourrir votre imagination et trouver la solution la plus adaptée à votre situation. Ayez conscience que votre salaire sera la plupart du temps à la hauteur du niveau de vie du pays. Plus l'économie du pays est faible, plus votre salaire sera petit.

⚠ La plupart des voyageurs finissent par travailler au noir (illégalement) à un moment ou à un autre de leur voyage. Il faut être réaliste : l'économie informelle est une part essentielle de certains pays et de certains secteurs. Attention tout de même à ne pas vous faire remarquer : soyez discret sur votre intention de travailler, ne passez pas la frontière avec votre CV sur vous et ne le distribuez pas sans réfléchir.

COMMENT METTRE TOUTES LES CHANCES DE VOTRE CÔTÉ

» **Soyez motivé** C'est la chose la plus importante. Une personne motivée trouvera toujours du travail !

» **Bâtissez votre réseau** Commencez à rencontrer des gens dès votre arrivée dans le lieu où vous avez l'intention de travailler. À chaque nouvelle rencontre, essayez d'introduire dans la conversation le fait que vous êtes à la recherche d'un travail. Parlez de vos expériences de travail, de vos compétences, etc. Prenez le temps de rencontrer des gens du coin et de leur filer un coup de main dès qu'une possibilité se présente. Plus vous rencontrerez de monde et meilleures seront vos relations avec les gens, plus vous aurez de chances de trouver du travail.

» **Soyez joignable** Procurez-vous un téléphone portable assorti d'un numéro local afin que les gens puissent vous joindre aisément.

» **Ne lésinez pas sur la communication** Soignez votre CV, rendez-le attractif et adaptez-le à la culture locale. Dans certains pays, il est bien vu de joindre une photo, dans d'autres, il est inapproprié de le faire. Orientez l'information en fonction du travail recherché.

» **Allez là où il y a de l'argent** Voyez quelles sont les opportunités les plus payantes en fonction du lieu et de la saison.

» **Soyez imaginatif** Prenez le temps de réfléchir. Comment fonctionne l'économie de l'endroit où vous vous trouvez ? Quelles sont les compétences (cuisine, artisanat, langages, etc.) que vous pouvez mettre à profit ici et maintenant ? Y a-t-il des opportunités à saisir sur le moment (saison, événement spécial, mode, etc.) ? Y aurait-il une idée innovante à laquelle personne n'a jamais pensé avant et qui serait facile à mettre en œuvre ?

» **Proposez spontanément votre candidature** Allez voir directement les gens en leur proposant vos services.

Travail à distance

Nous sommes à l'ère du numérique et, grâce aux technologies de l'information et de la communication, vous pouvez à présent travailler depuis presque n'importe où dans le monde. À l'aide des outils de télétravail, vous pouvez prendre part à des réunions, partager votre écran avec votre interlocuteur pour lui présenter votre travail, transférer des données importantes, travailler à plusieurs sur des documents en ligne, postuler à des offres d'emploi, etc. Tout ce dont vous avez besoin, c'est d'un ordinateur relié à Internet et des logiciels adaptés à vos besoins professionnels.

Le télétravail se pratique généralement pour les métiers de l'information, de l'expertise ou de l'informatique. Si vous êtes spécialisé dans un de ces domaines et possédez un réseau bien établi de contacts, mettez votre organisation en place avant le départ (au moins 6 mois à l'avance, idéalement). Une fois en voyage, il est beaucoup plus difficile de se lancer. Choisissez un statut de travailleur indépendant (freelance) dans votre pays, en fonction de votre situation.

Quelques domaines de travail à distance :

Conseil (juridique, business, coaching, etc.) Si vous êtes spécialiste dans un domaine, la consultation est idéale pour le travail à distance. Il faut soit que vous soyez en contact avec un bureau d'études qui fasse appel à vos services, soit que vous soyez à votre compte et que vous ayez déjà votre réseau, vos clients, etc.

Journaliste-écrivain ou blogueur
Vous savez écrire et avez des choses à partager, que ce soit lié à votre voyage ou non. Vous pouvez alors tenter votre chance, même s'il est difficile de se faire une place dans ce domaine souvent peu lucratif.

Reporter photo/vidéo Comme pour le métier de journaliste-écrivain, la compétition est rude.

Traduction Si vous maîtrisez une langue étrangère et que votre langue maternelle n'a plus de secrets pour vous, pourquoi ne pas vous lancer dans la traduction ? Une expertise dans un domaine technique (informatique, pharmacie, industrie, etc.) augmente vos chances de trouver un travail et de faire monter le prix de vos prestations. Pour trouver des contrats, le plus simple est d'être inscrit dans une agence de traduction. Elles vous feront passer au préalable un test de traduction afin de vérifier vos compétences, souvent sur des outils de TAO (traduction assistée par ordinateur).

Relecture Relire des textes (livres, articles, etc.) pour des éditeurs et vérifier qu'il n'y a aucune faute d'orthographe, de grammaire et de sémantique. C'est un travail qui demande une parfaite maîtrise de l'écriture, une grande concentration et un regard aiguisé !

Programmation informatique et graphisme Possibilité de travailler avec votre réseau d'entreprises et de clients mais aussi de trouver des opportunités de travail sur Internet via les sites d'offres d'emploi.

Import-export Vous êtes dans un pays où le coût de la vie est bas ? Gagner de l'argent semble difficile en trouvant un travail classique ? Vous pourriez faire de l'import-export avec de l'artisanat local. Attention, ce n'est pas toujours aussi simple qu'il n'y paraît ! Il vous faudra trouver un commerçant intéressé ou tout organiser vous-même. Plus les produits sont légers et transportables, plus simple ce sera. Veillez aussi à ne pas vous placer en situation d'illégalité. Renseignez-vous notamment sur les taxes liées à ce genre de vente et sur les produits réglementés (produits rares, fortement taxés, etc.).

Nomadisme numérique

Mode de vie qui fait rêver, le nomadisme numérique consiste à gérer ses activités professionnelles en ligne pour garder la possibilité de se déplacer à volonté. On travaille alors depuis des domiciles temporaires plus ou moins luxueux (café, chambre avec vue, serviette de plage, château, canapé...).

Cependant, ce mode de vie reste exigeant, surtout si vous n'êtes pas salarié (protection sociale limitée, solitude, dépendance à Internet, horaires à rallonge, risques de burn-out...). Vous devrez adapter à la fois votre manière de travailler et de voyager. Aussi, simplifiez-vous la vie en lançant votre activité avant de partir et en faisant un galop d'essai de quelques mois sur les routes avant de vendre tous vos biens et partir à l'aventure.

Certaines villes du monde comme Berlin, Bali, Lisbonne, Portland, Chiang Mai ou encore l'île de Madère sont de célèbres enclaves à nomades numériques. Il y est facile d'y prendre ses marques et trouver des logements à court terme, des espaces de coworking... Si vous voyagez à plein temps et n'avez pas de chez-vous, ces hubs permettent de profiter d'un sentiment de communauté, d'ancrage et même de foyer. En revanche, à l'instar du tourisme de masse, la présence de nombreux travailleurs indépendants aux revenus parfois bien plus élevés que le niveau de vie local modifie profondément les conditions socio-économiques de ces villes et peut forcer les locaux à les quitter. Comme toujours en voyage, tentez de vous adapter aux coutumes locales plutôt que l'inverse et prenez conscience de votre empreinte.

TÉMOIGNAGE

Une leçon que j'ai apprise et que beaucoup de nomades numériques apprennent rapidement, c'est que développer son activité et se déplacer ne font pas bon ménage. Si vous voyagez constamment, il est impossible de travailler à temps plein (vous êtes en réalité en train de faire soit l'un, soit l'autre). Donc, si vous travaillez beaucoup et voyagez beaucoup, vous ne vivez rien nulle part et vous vous épuisez rapidement.

Il est important de réaliser qu'en tant que nomade numérique, vous êtes toujours un travailleur. Quand j'ai commencé, il n'était pas rare que je passe une quarantaine d'heures par semaine devant mon ordinateur ! Ensuite, il faut prendre soin de soi, se reposer, appeler ses amis, faire les courses et cuisiner... Alors combien de temps libre vous reste-t-il réellement dans une semaine de travail à temps plein ? Parfois c'est juste les week-ends. Transportez cela sur la route et certains ont ce sentiment idéaliste qu'ils pourront lancer leur entreprise en 3 ou 4 heures par jour et passer le reste du temps "en vacances". En général cela ne dure pas et il faut faire un choix.

Que vous souhaitiez réussir à travailler de manière productive ou découvrir une destination, vous devez y consacrer du temps. C'est pourquoi le voyage lent devient une nécessité. Je recommande de rester trois mois minimum au même endroit, c'est à mon avis assez long pour travailler à un rythme détendu tout en ayant la sensation de voyager. Après tout, l'objectif est de découvrir le monde et de profiter de ces expériences de voyage ! Pour cela, la clé c'est de ralentir.

Nora Dunn, nomade numérique depuis 2006, www.theprofessionalhobo.com

Travail sur place

VOUS AVEZ LE SENS DU COMMERCE

Marchand de rue Trouvez une niche et vous serez riche ! Si les gens ont chaud, vendez des brumisateurs ou des éventails ; s'il y a risque de pluie, vendez des parapluies ; s'il y a un thème particulier – lors d'événements, de festivals par exemple –, vendez des accessoires, etc. Bien que le commerce de rue soit interdit dans la plupart des pays, vous ne seriez pas les premiers à le faire : la concurrence est même parfois féroce. Il est crucial de trouver le bon produit : vous offrant une bonne marge potentielle, léger, facile à transporter, facile à vendre (vêtements humoristiques, bijoux originaux, etc.) et à remballer si la police venait à passer ou si les autres marchands n'appréciaient pas votre présence. Faire sa place demande du temps !

VOUS AVEZ LE SENS DU CONTACT ET SAVEZ VOUS CRÉER RAPIDEMENT UN RÉSEAU

Chasseur de têtes De nombreux organismes à l'étranger cherchent à embaucher des Occidentaux, à tel point qu'ils sont prêts à laisser une commission à qui les aidera à trouver la bonne personne. Improvisez-vous donc chasseur de têtes auprès des écoles, agence de modèles et d'hôtesses, etc. Faites marcher votre réseau et votre logique pour décrypter la psychologie des recrutés et leur capacité à répondre aux besoins de l'employeur. Ce travail peut se faire aussi bien sur place que via Internet.

Intermédiaire commercial Si vous êtes bien implanté dans un lieu, vous pouvez aider les nouveaux arrivants à trouver un hôtel, un restaurant, une agence de tourisme, etc. Il leur sera rassurant de trouver un compatriote pour les conseiller et le commerce vous sera reconnaissant de lui avoir apporté de la clientèle, ce qui peut vous valoir une commission (à définir préalablement). Traînez là où arrivent les nouveaux touristes (station de bus, gare), repérez-les rapidement, invitez-les éventuellement à aller boire un verre afin de les mettre en confiance. Vous aurez ainsi davantage le temps de les convaincre qu'en les accostant dans la rue.

VOUS AVEZ DES TALENTS ARTISTIQUES ET ARTISANAUX

Artiste de rue Vous êtes musicien, jongleur, magicien ou acrobate ? Si vous savez comment captiver un public, installez-vous sur une place fréquentée aux heures de passage (marché, etc.). En plus de vous faire un peu d'argent, vous ferez rêver et rire les gens par la même occasion. Développez votre habileté à attirer la foule et à établir un bon contact avec le public. Toute la difficulté est de regrouper rapidement une foule sans perdre les premiers arrivants, puis de jouer (environ 10 min) et enfin de garder tout le monde jusqu'à ce qu'ils donnent un petit quelque chose. Ne demandez pas un peu de monnaie, mais des chèques, des billets, des cartes bancaires ! Vous ferez ainsi rire votre public qui vous donnera plus. Tentez de trouver des assistants à qui vous reversez 5 à 10% de ce qu'ils ramènent, ils seront d'autant plus motivés et tout le monde sera gagnant. Voyez tout de même à être en règle avec les autorités locales et à ne pas perturber l'ordre public ! Si vous êtes musicien ou magicien maîtrisant quelques tours, vous pouvez plus simplement vous installer sur le bord de la rue ou passer d'une terrasse à l'autre, dans les bars et restaurants. Visez les couples et les familles et soyez divertissant ! Ayez en toujours sur vous des cartes de visite pour le cas où vous tomberiez sur quelqu'un prêt à vous engager pour des événements (mariages, anniversaires, festivals) ou des établissements (hôtels, bars, boîtes de nuit).

Vendre son artisanat Créez des bijoux, vêtements, sacs ou autre et revendez-les. Installez-vous dans la rue, où vous pourrez continuer à fabriquer en même temps que vous attendez les clients. C'est aussi une très bonne manière d'attirer le client et de lui montrer votre travail, surtout si la méthode est impressionnante (comme le verre soufflé). Attention aux réglementations locales ! Affichez des prix un peu élevés, c'est un gage de qualité qui rassure le client.

Cartes postales Faites imprimer vos photos, dessins ou peintures sur papier cartonné et vendez-les dans la rue comme cartes postales.

Décoration Si vous êtes créatif et si vous savez peindre, décorer et travailler avec des matériaux de récupération, il y aura toujours du travail pour vous. Repérez des commerces, bars, restaurants qui auraient besoin d'un relooking et proposez-leur vos services. Pour mieux vous vendre, venez avec un book (portfolio) et une proposition concrète. Ne sous-estimez pas votre travail et demandez un bon prix !

DJ Un DJ populaire peut gagner beaucoup d'argent rapidement ! Travaillez votre style, vos sélections de musique, soyez conscient de ce qui plaît aux gens et les fait danser et s'amuser. Traînez dans le milieu, observez comment fonctionnent les autres DJ. Pour vous lancer, proposez vos services gratuitement dans un premier temps et si vous êtes bon, tout s'enchaînera très vite.

Tatoueur, pierceur Le voyage est une expérience qui nous change et on souhaite souvent le marquer sur notre corps de manière indélébile. Attention, il faut apprendre cet art avant de pouvoir le vendre car les gens qui vous feront confiance seront très exigeants ! Les règles d'hygiène sont primordiales.

VOUS ÊTES SPÉCIALISÉ DANS UN DOMAINE PROFESSIONNEL

Événement Plus un événement est important, plus il y a du monde qui y travaille et plus vous avez des chances d'y trouver à faire. Suivant vos savoir-faire (électricien, charpentier, jardinier, etc.) et même sans compétences particulières, proposez vos services !

Cuisinier Si vous êtes qualifié, efficace, rapide et organisé, vous trouverez facilement du travail dans les restaurants, hôtels, bars et événements. La paie n'est pas toujours bonne, tout dépend de l'endroit. Négociez ferme et défendez vos talents ! Vous pouvez aussi travailler à votre compte en vendant dans la rue nourriture et boissons spéciales, ce qui sera plus ou moins facile selon le pays et les normes d'hygiène.

Ramassage de champignons Si vous avez de l'expérience dans le domaine et savez où les trouver, vous pourriez gagner de belles sommes en allant simplement vous promener dans les bois. Les restaurants de luxe et les particuliers fortunés seront alors vos clients.

Jardinier Si vous savez jardiner, démarchez les particuliers et les commerces disposant d'un jardin.

Construction Il faut avoir un peu d'expérience et ne pas avoir peur de travailler longtemps dans des conditions parfois pénibles. Si vous êtes spécialisé dans un domaine précis (constructions en paille, cabanes, toilettes sèches, etc.), vous pourriez trouver du travail directement chez un particulier.

Yachting Le monde des yachts (à moteur ou voilier) est bien particulier. Tentez de trouver un emploi comme hôtesse, cuisinier, mousse, etc. C'est un très bon moyen d'économiser de l'argent car vous êtes en général bien payé, recevez des pourboires et n'avez aucune dépense. Retrouvez les sites Web spécialisés dans le chapitre *Bateau-stop*, p. 216.

Massage Il y aura toujours des gens prêts à payer pour dix minutes de relaxation. Si vous connaissez les techniques de base ou, mieux encore, si vous possédez une certification, vous aurez l'opportunité de travailler sur les plages, dans les hôtels, les spas, les bureaux, là où les gens font un travail physique, etc. Il vous est même possible d'amener une chaise à massage sur un marché public et d'y offrir vos services. Posez des petites annonces et proposez vos services aux gens directement. Il est très important de se montrer propre et professionnel.

Guide de randonnée Vous avez de l'expérience, savez parfaitement vous orienter dans toutes les conditions, trouver eau et nourriture, faire face aux imprévus, apporter les premiers secours ? Dans beaucoup de pays, la profession de guide est peu réglementée. Il est possible de se faire embaucher par une agence de voyages locale ou même de démarcher vous-même des clients et d'organiser vos propres excursions. Attention, vous serez alors en charge de la sécurité d'autres personnes : ne partez que dans des zones que vous connaissez bien et prenez toutes les précautions nécessaires.

Guide ou instructeur de sports d'aventure Si le rafting, le kayak, l'escalade, le VTT ou le canyoning n'ont plus de secret pour vous, vous pourriez facilement trouver du travail dans les pays où la réglementation est peu développée et où seules comptent vos compétences. Attention, ici aussi vous êtes en charge de la sécurité d'autres personnes : ne surestimez pas vos compétences et maîtrisez l'activité à 100%.

Conducteur, mécanicien, guide touristique Ces métiers sont souvent liés car les voyagistes cherchent des employés polyvalents pouvant conduire les clients, parler leur langue et se débrouiller en cas d'imprévu. Vous serez l'homme à tout faire, ce qui peut être stressant en cas de pépin mais aussi varié et intéressant. Le fait de parler français et éventuellement anglais peut intéresser les agences de tourisme.

Guide local privé À force de barouder, vous aurez le sens de ce qui peut intéresser les touristes de passage dans la ville où vous vous êtes posé. Vous pouvez alors créer des circuits ou des expériences sur mesure et leur permettre d'approfondir cette expérience. Des sites comme MyToGu (www.mytogu.com/guides) ou Airbnb (www.airbnb.fr/host/experiences) permettent de faire la promotion de vos services auprès d'une clientèle ciblée.

Professeur de yoga, tai-chi, fitness, etc. Si vous êtes compétent, il est facile de trouver du travail auprès des hôtels, spas ou autres lieux où les gens viennent se relaxer. Vous pouvez aussi poser des annonces et organiser vos cours à l'extérieur.

Infirmière, médecin, ingénieur, etc. De nombreuses associations sectorielles favorisent les échanges entre professionnels et les séjours de solidarité "sans frontières".

Médecines alternatives Certains voyageurs préfèrent faire usage des médecines alternatives plutôt que de la médecine allopathique occidentale pour soigner leur tourista ou autre maladie du voyageur. Tentez de vous associer avec des hôtels, des centres de bien-être, etc.

Coiffeur En voyage, les voyageuses redoutent d'aller se faire couper les cheveux car c'est

QUELQUES ADRESSES UTILES

» **www.vip-stage.com** Banque de stages en ligne.
» **www.ofqj.org** (Office franco-québécois pour la jeunesse) Opportunités pour les moins de 35 ans.
» **www.teli.asso.fr** Association dotée d'un réseau pour accompagner les jeunes cherchant des stages ou jobs à l'étranger.
» **www.la-guilde.org** Guilde européenne du raid. Ce site offre beaucoup de renseignements sur les microprojets de solidarité internationale, quelques bourses VIE (Volontariat international en entreprise).
» **www.workingabroad.com** Informations sur les opportunités de travail dans plus de 150 pays, dans le secteur de l'humanitaire et de l'environnement.
» **www.autoentrepreneur.urssaf.fr** Informations sur le statut de micro-entrepreneur.
» **www.kang.fr** Plateforme française consacrée à différents types de professions indépendantes pouvant exercer en télétravail.
» **www.upwork.com** Offres d'emploi pour travailleurs indépendants, en anglais mais il existe de nombreuses missions destinées aux francophones.
» **www.codeur.com** Plateforme pour les développeurs et spécialistes du Web.
» **www.translatorscafe.com** Offres de traduction et relecture.
» **www.redacteur.com** Plateforme spécialisée dans les métiers de la rédaction Web.
» **graphiste.com** Site français dédié à toutes les prestations de création graphique.
» **www.worldteach.org** Pour enseigner l'anglais à l'étranger.
» **www.teachanywhere.com** Opportunités d'enseignement autour du monde.
» **www.cruiselinesjobs.com** Opportunités de travail sur les bateaux de croisière.

souvent un désastre ! La mode locale n'a bien sûr rien à voir avec les coupes habituelles des Occidentaux. Si vous savez couper les cheveux et disposez de matériel basique, vous aurez sans doute beaucoup de clients.

Tirer les cartes Si vous savez interpréter les cartes de tarot et autres, vous trouverez des adeptes à la recherche d'éclaircissements sur certains points de leur vie. L'idéal est de s'installer à la terrasse d'un café. Attention, dans les pays fortement religieux, tirer les cartes peut être illégal voire dangereux.

VOUS AVEZ UN PHYSIQUE QUI PLAÎT ET LE SENS DU CONTACT

Barman Métier variant beaucoup suivant les endroits. Travailler dans le lieu branché du moment n'a rien en commun avec un boulot dans un hôtel cinq étoiles ! En Europe, le métier de barman est perçu comme "ordinaire", alors qu'aux États-Unis il est très bien rémunéré grâce aux pourboires. Vous devrez peut-être connaître plein de cocktails, jongler avec les bouteilles, mettre l'ambiance et danser sur le bar enflammé, tandis que dans d'autres contextes, il vous suffira de sortir les bouteilles de bière du frigo. Dans tous les cas, votre look compte, tout comme votre capacité d'écoute. Pour être barman, il faut aimer les gens même lorsqu'ils sont saouls !

Serveur Encore une fois, ce travail peut être très bien ou très mal payé. Voyez si vous pouvez toucher des pourboires. Démarchez les hôtels et restaurants, les cafés, soyez bien habillé (inspirez-vous des tenues des serveurs travaillant sur place) et montrez que vous n'êtes pas manchot. On vous demandera parfois de faire un essai tout de suite ou dès le lendemain pour évaluer vos compétences.

Distributeur de prospectus Travail long et difficile qui peut dépanner car il y a toujours de la demande. C'est plus agréable si vous appréciez ce dont vous faites la promotion.

Figurant Les tournages de film ou d'émission de télévision ont souvent besoin de figurants. Il vaut mieux avoir un physique moyen sans traits particuliers, piercings ou couleur de cheveux artificielle, mais tous types de personnes peuvent être pris. La rémunération est généralement faible mais c'est un moyen de rencontrer du monde et qui sait, si vous ne deviez dire ne serait-ce qu'une petite phrase, ce serait le jackpot ! Vous avez plus de chances de trouver ce genre de travail dans les grandes villes comme Los Angeles, New York, Londres, Paris, Bombay, Sydney, etc.

Mannequin et modèle La plupart des offres concernent des marques d'habits communs,

IDÉE ORIGINALE

Les auberges de jeunesse sont souvent prêtes à embaucher des voyageurs de passage comme réceptionnistes, surtout s'ils parlent plusieurs langues. Vous obtiendrez par le fait même une chambre, mais ne vous attendez pas à une rémunération élevée ! C'est toutefois une bonne façon de survivre en attendant un meilleur boulot...

d'ustensiles de cuisine, d'assurances, etc. Il leur faut des gens photogéniques et charmeurs, rien de plus. Le plus simple est de contacter les agences spécialisées en leur laissant un book comprenant différentes situations et différents angles ainsi que vos coordonnées et un résumé de vos expériences. Faites faire ces photos par un professionnel, afin qu'elles soient de qualité supérieure. Ce travail est en général très bien payé et vous aurez d'autant plus de chances de trouver du travail dans les pays en développement économique où il y a encore peu d'Occidentaux.

Modèle d'art Les écoles d'art, de photographie et les artistes indépendants sont souvent à la recherche de modèles pour poser nu, homme comme femme. La rémunération est correcte et le travail facile si vous n'êtes pas pudique.

Hôtesse Vous avez un physique qui plaît ? Postulez dans les agences d'hôtesses. Vous pourrez travailler pour des événements, des salons ou des soirées privées.

VOUS ÊTES EN EXCELLENTE FORME OU TRÈS SPORTIF

Plantation d'arbres Travail typique des voyageurs de l'ouest et du nord du Canada. Il faut être en très bonne condition physique car le travail est éprouvant : il s'agit de transporter de petits arbres dans de grands paniers et de les planter en rangées. Chaque arbre vous rapporte quelques centimes, il faut être rapide et organisé pour que ce soit payant. Prévoyez une période d'adaptation afin de maîtriser les gestes et prenez de bonnes habitudes pour préserver votre dos (bons mouvements, étirements, etc.).

Ramassage de fruits Partout où il y a des fruits, il y a du travail. Dans l'hémisphère nord, la saison s'étale en général de mai à octobre suivant le lieu et le fruit. Vous serez généralement payé à la quantité.

Vendanges Dans les régions viticoles, et si votre dos est solide, renseignez-vous sur la saison des vendanges.

Vélo-taxi (rickshaws) Moins coûteux et plus amusant que le taxi, il s'agit d'un tricycle permettant de transporter une ou deux personnes. Les clients sont surtout des touristes voulant prendre un moyen de transport original ou des fêtards voulant rentrer chez eux après le dernier bus. Abordez un conducteur de ce genre d'engin pour entrer en contact avec l'entreprise qui les gère.

VOUS PARLEZ PLUSIEURS LANGUES

Enseignement Travail typique du voyageur, en particulier l'enseignement de l'anglais. Il est souhaitable d'être titulaire d'un diplôme connexe ou au moins d'expérience, mais il est possible de faire ses preuves sur place si la demande est forte. L'Asie est réputée être une région de forte demande : les écoles sont tellement à la recherche de professeurs occidentaux que le billet d'avion est parfois offert. Voici quelques programmes réputés : www.jetprogramme.org (enseignement de l'anglais au Japon pour les moins de 40 ans titulaires d'un bac +3 ou d'un bac universitaire au Canada ; contrat de 12 mois) ; www.epik.go.kr (équivalent coréen du programme Jet). Si vous êtes spécialisé dans un autre domaine (maths, chimie, informatique), proposez vos services dans les lieux éducatifs et les écoles internationales.

Traducteur Voir p. 53. Il est aussi parfois possible de trouver des opportunités sur place.

Interprète Il faut être parfaitement bilingue car la traduction devra être instantanée, parfaite et dans les deux sens. Il est fortement conseillé d'être titulaire d'un diplôme et de présenter des références. Vous trouverez du travail bien payé auprès des entreprises vivant du tourisme ou d'un business international, mais aussi dans les musées, les centres de conférences, etc.

Centre d'appels (Call Centers) Bien qu'ils soient plus développés dans les pays où la main-d'œuvre est très abordable, les salaires demeurent raisonnables face au coût de la vie. Il faut en général parler anglais, mais le français peut être un atout.

Voiturier/chauffeur Vous avez votre permis international et aimez conduire ? Allez proposer vos services dans les hôtels de luxe, les casinos, les agences de tourisme.

Racoleur de touristes Vous avez la tchatche et le contact facile ? Vous trouverez facilement du travail auprès des restaurants, hôtels et auberges de jeunesse en leur ramenant des nouveaux clients approchés dans la rue.

Réceptionniste Vous devrez accueillir les clients et répondre au téléphone dans un hôtel, un restaurant, une entreprise. En plus de maîtriser plusieurs langues et d'être organisé, vous devez bien connaître le fonctionnement de la structure pour laquelle vous travaillez.

Valoriser son voyage

CONFÉRENCES

Vous êtes bon orateur et avez des choses intéressantes à raconter ? Organisez des conférences ! Il suffit de choisir un thème accrocheur, de préparer une présentation claire et intéressante et de trouver un bar ou un centre culturel prêt à vous accueillir.

Si votre conférence a du succès, mettez en place un site Web avec des photos et éventuellement une courte vidéo. Proposez votre conférence à des festivals, des établissements d'enseignement, des entreprises ou des clubs sociaux. Envoyez des courriels et relancez les gens par téléphone. Il est difficile de démarrer, mais une conférence qui marche bien peut vous rapporter de 100 € à 500 € par présentation.

Là encore, il existe plusieurs formules : un forfait payé par l'organisme qui vous accueille, entrées individuelles des gens ou encore dons volontaires. Cette dernière méthode fonctionne très bien, permettant parfois de gagner plus d'argent que ce que vous auriez gagné en fixant un tarif à l'avance. Vous pouvez aussi trouver un "agent", un ami qui s'occupe de vendre vos services et d'organiser les détails logistiques en échange d'un pourcentage.

ÉCRIVAIN

Si vous avez une belle plume, que vos récits de voyages sont extraordinaires ou si vous avez des conseils de voyage à donner, vous pouvez toujours écrire un livre et le vendre sur la route. Identifiez un créneau clair qui intéressera les autres voyageurs. Vous pouvez ensuite le vendre dans le cadre de vos conférences, en faisant du stop, etc. Le seul hic : le poids des livres car vous devrez alors les transporter vous-même.

Une autre option est de l'éditer en ligne en faisant la promotion de votre ouvrage à l'aide de prospectus ou sur les forums spécialisés. L'éditeur Lulu (www.lulu.com) permet l'auto-édition et l'envoi des copies imprimées du livre à domicile ou la vente des versions électroniques téléchargeables. Le site s'occupe également du paiement en ligne, lequel vous est alors reversé sur PayPal.

Autres moyens

PROFITER DES ATOUTS D'INTERNET

Site Internet Créez un site Internet sur lequel vous attirerez une audience. Il peut être conçu rapidement et être dédié à votre voyage ou à quelque chose de complètement différent. Pour augmenter le trafic, améliorez le référencement de votre site, soyez actif sur les réseaux sociaux, créez le buzz avec des vidéos, ajoutez régulièrement un peu de contenu, mentionnez-le sur les forums, etc. Une fois le trafic généré, le travail est à moitié fait puisqu'il faut ensuite avoir un retour sur investissement. Pour cela, vous pouvez :

» **Vendre un produit, physique ou virtuel** sur votre site. Il faudra soigner le processus de vente : attirer le client, créer un lien entre le produit et lui, l'amener à l'acheter, etc.

» **Diffuser de la publicité** Plus vous aurez d'audience, plus les marques trouveront un intérêt à collaborer avec vous.

Vente sur eBay, Amazon ou petites annonces Vous pouvez y vendre de l'artisanat local, des objets chinés dans les brocantes, etc. L'idéal serait de pouvoir prendre l'objet en photo sans vous engager à l'acheter et de le mettre en vente sur le site. Si l'objet est vendu à un prix intéressant (couvrant le prix d'achat, l'envoi du colis et votre commission), vous l'achetez pour le revendre.

Poker en ligne Certains ne vivent que de ça.

Pour aller plus loin

Sites Web

» www.tourdumondiste.com – Calcul de budget prévisionnel

» www.jobtrotter.com – Portail francophone de l'emploi à l'étranger

» www.traverserlafrontiere.com – Le blog de Michael Pinnaton comporte de nombreuses interviews de personnes inspirantes en VDI (voyage à durée indéterminée) !

» www.matadornetwork.com – Référence anglophone en matière de blogging voyage et de vie nomade

» www.wanderingearl.com – Nomade digital depuis 1999, Earl donne une foule de conseils pour faire de même

Livres techniques

» MEULEMAN, François. *Se vendre avec succès : Les techniques marketing du CV... à l'embauche* (Dunod, 2010)

» GRIFFITH, Susan. *Work Your Way Around the World: The Globetrotter's Bible* (Crimson Publishing, 2017)

» CAPO-CHICHI, Christelle. *Travailler autrement* (Studyrama, 2010)

Inspiration

» LESAGE, Benjamin. *Sans un sou en poche. Vivre fauché mais vivre libre !* (Arthaud, 2015)

» LANDES, Nina. Nomades (Auto-édition, 2020)

*"Mettre un frein à la femme,
c'est mettre une limite à la mer."
Félix Lope de Vega*

Voyage au féminin

Il n'y a pas que les hommes qui vagabondent, les femmes aussi ! Oui, oui, malgré les risques, malgré les peurs, malgré les règles, malgré la solitude, malgré le fait qu'on ne nous laisse pas toujours la paix...

Bien souvent, les règles de sécurité du voyage au féminin sont les mêmes – ou presque – que celles qui s'appliquent aux hommes. Cette section n'aborde que les thématiques spécifiquement féminines. N'hésitez pas à consulter en complément les chapitres appropriés (Assurer sa sécurité, Communication interculturelle, etc.).

Matériel utile

Produits menstruels réutilisables

Il est parfois difficile de trouver sur la route les produits menstruels auxquels les femmes sont habituées (tampons, serviettes hygiéniques, etc.). Il existe toutefois plusieurs solutions qui répondent triplement aux besoins de l'aventurière : écologique, économique et pratique.

SERVIETTES LAVABLES ET CULOTTES DE RÈGLES

Il est assez simple de se fabriquer des serviettes lavables à l'aide de flanelle et d'un bouton-pression ou d'une pièce de Velcro. Des patrons sont disponibles sur Internet, mais si vous ne vous sentez pas couturière, vous pouvez vous procurer des serviettes lavables dans le commerce, notamment dans les boutiques de maternité à tendance écologique ou les magasins bio, ou sur Internet. Le prix varie considérablement (de 4 à 25 € par serviette), mais une voyageuse n'en requiert que deux (on les lave à la main, au fur et à mesure) et elles sont rentabilisées rapidement. Les culottes de règles sont plus volumineuses mais généralement plus absorbantes. Elles sont idéales pour la nuit.

COUPES MENSTRUELLES

Rares sont à présent les voyageuses au long cours qui n'ont jamais entendu parler des coupes menstruelles. Faites pour la plupart de silicone médical, elles s'insèrent dans le vagin et recueillent le sang menstruel. À moins d'avoir un flux très élevé, il suffit de la vider deux à trois fois par jour, la rincer et la remettre en place. Assurez-vous d'avoir les mains propres avant de la manipuler. À la fin des règles, il suffit de la laver à fond avec un savon doux sans huile, de la rincer, de la sécher et de la glisser dans sa pochette de coton. On peut la plonger dans l'eau bouillante pour la stériliser, au besoin. D'une durée de vie d'environ 10 ans, elle est un peu chère à l'achat (30 € en moyenne) mais un calcul rapide fait apparaître des économies en moins de six mois.

ÉPONGES

Beaucoup plus rarement utilisées, les éponges de mer naturelles sont lavables et réutilisables pour une durée de six à huit cycles et peuvent être taillées en fonction de l'absorption désirée. Elles doivent être rincées en profondeur toutes les trois heures, ce qui requiert une source d'eau propre et un bon sens de l'organisation. Comptez environ 2 € la pièce. Végétariennes aguerries, attention ! L'éponge de mer est techniquement un animal, pas une plante…

Pisse-debout

En camping, par -40°C, en bordure de route parmi les ronces ou les orties… qu'il serait parfois pratique de pouvoir uriner comme un homme ! Sachez qu'à présent, il existe une technologie permettant aux dames d'uriner debout. Plus besoin de vous cacher ou de baisser votre pantalon en public, il vous évitera les files d'attente interminables lors des concerts. L'innovation technologique est déclinée en une multitude de formes. Disponibles dans les boutiques d'activités de plein air et de camping, les modèles les plus connus en France sont le **Freelax** (www.freelax.fr ; 6-10 €, modèle très basique) et le **Whiz** (www.whizproducts.co.uk ; 20 €, flexible, antibactérien et hydrophobe).

En voyage à tout âge

Contraception

Sur la route, prévoyez votre contraceptif habituel en quantité suffisante ou informez-vous à l'avance sur sa disponibilité dans le pays ou la région où vous séjournerez. Si vous prenez des contraceptifs oraux, notez précisément les ingrédients médicinaux et leur dosage (la marque ne suffit pas). Sur place, en cas de pépin, un pharmacien pourra peut-être vous aider à trouver une marque équivalente.

N'oubliez pas que les vomissements, la diarrhée et la prise d'antibiotiques peuvent réduire l'efficacité des contraceptifs hormonaux par voie orale. Pensez aussi à les prendre à intervalle de 24h, malgré le décalage horaire. Gardez-les toujours sur vous dans les transports, au cas où il y aurait un problème avec vos bagages.

La vie de voyageuse est pleine de surprises, d'action et d'imprévus. Dans ces circonstances où les repères éclatent, la prise régulière d'un moyen contraceptif peut être difficile. Avant d'entreprendre un long chapitre de votre vie aventurière, pensez à réévaluer plusieurs mois à l'avance votre situation contraceptive. Certains moyens contraceptifs de longue durée (comme les stérilets modernes ou les implants intradermiques, pour ne citer que ceux-là) peuvent s'avérer adaptés à un mode de vie aussi irrégulier. Si vous prenez la pilule contraceptive, vous pourriez la prendre en continu pour éviter d'avoir vos règles en voyage : mieux vaut en discuter avec votre médecin.

Peu importe le moyen de contraception choisi, n'oubliez pas de prendre suffisamment de préservatifs avec vous, même si vous n'avez pas l'intention d'avoir de nouveaux partenaires, on ne sait jamais. C'est la seule protection efficace contre les infections sexuellement transmissibles (IST) et nous vous rappelons qu'un accident est si vite arrivé…

Pour plus d'infos sur les IST, voir la section *Santé sexuelle* du chapitre *Santé du voyageur* (p. 383).

CONTRACEPTION D'URGENCE

En cas de pépin, la contraception d'urgence est parfois disponible à l'étranger et efficace jusqu'à 5 jours après le rapport sexuel (pilule du lendemain) ou même 7 jours (pose d'un stérilet). Plusieurs femmes préfèrent obtenir une pilule du lendemain avant de partir, en expliquant leur démarche au pharmacien. Cela ne devrait jamais se substituer à une méthode de contraception appropriée. Il existe plusieurs types de contraception d'urgence : renseignez-vous auprès d'un professionnel de santé.

Hygiène intime et douleurs menstruelles

Sous le coup du stress ou en voyage, il est possible que votre cycle menstruel varie, que vous sautiez une ou plusieurs périodes de règles ou que vous ayez des petits saignements entre vos menstruations régulières. Ces symptômes sont parfaitement normaux et sans aucun danger.

Les climats chauds et humides peuvent exacerber une prédisposition aux infections vaginales. Pour les prévenir, portez des sous-vêtements amples en coton et prévoyez un traitement en cas de souci - ou informez-vous des alternatives à base de plantes (voir aussi le tableau p. 397).

Vos produits d'hygiène personnelle (savon pour la toilette intime, crèmes médicamentées, etc.) ou vos produits menstruels habituels (serviettes et tampons) peuvent ne pas être disponibles partout ou bien coûter très cher. En cas de doute, prévoyez un stock suffisant et demandez conseil à une copine sur place.

Grossesse

Les voyageuses ne sont pas à l'abri d'une grossesse sur la route... C'est une situation complexe qui dépasse le cadre de ce livre, mais rappelons tout de même quelques infos utiles et spécifiques à la voyageuse enceinte.

TEST DE GROSSESSE

Avant d'acheter un test de grossesse, s'assurer qu'il n'est pas périmé. Suivre les instructions à la lettre. Plus il est utilisé tôt, moins un test est précis car l'hormone utilisée pour la détection ne passe pas immédiatement dans l'urine. Normalement, les tests sont réputés suffisamment efficaces à partir de la première journée de retard des règles.

ASSURANCE SANTÉ

Chaque police d'assurance est différente, il n'y a pas de règle générale dans ce domaine. Vérifiez ce que vous offre la vôtre et envisagez les autres options, notamment si vous choisissez d'accoucher à l'étranger.

PRÉCAUTIONS SUPPLÉMENTAIRES

L'idéal est bien évidemment de consulter un médecin en qui vous avez confiance en expliquant votre situation. Celui-ci pourra vous donner des conseils adaptés à votre situation, notamment en ce qui concerne les mesures d'hygiène, l'alimentation et les symptômes à surveiller, en plus d'effectuer certains tests de suivi ou de dépistage s'il y a lieu. On recommande généralement un supplément d'acide folique (0,4 mg par jour, idéalement 8 semaines avant et après la conception), un bon apport en fruits, légumes, fibres et calcium. La grossesse augmente aussi le risque de caries : pensez à voir votre dentiste !

Une attention particulière doit être portée à l'hygiène puisque l'organisme s'affaiblit pendant la grossesse, occupé qu'il est à nourrir le fœtus. Consultez les chapitres *Cuisiner sur la route* (p. 262) et *Santé du voyageur* (p. 368) et redoublez de précautions avec l'eau et la nourriture. N'utilisez que de l'eau minérale en bouteille (attention aux bouchons, vérifier le sceau) et ne mangez les aliments frais que s'ils ont été nettoyés avec de l'eau aseptisée.

⚠ Attention ! Le traitement de l'eau à l'iode ne convient pas aux femmes enceintes !

Il est recommandé aux femmes enceintes de ne pas voyager dans les régions où le paludisme ou le zika sont endémiques.

GROSSESSE : BON À SAVOIR

Le gingembre (frais, confit ou en capsule) est tout indiqué pour atténuer les nausées car il ne nuit pas au fœtus. Le lait en poudre peut supplémenter aisément les besoins en calcium, notamment dans les régions où trouver du lait pasteurisé est difficile.

Sachez reconnaître les symptômes d'urgence obstétricale : saignement ou perte de liquides, contractions, migraines, douleurs abdominales, augmentation subite de poids, problèmes de vision, chevilles enflées, tension artérielle élevée. Une proportion relativement importante des grossesses se termine en fausses couches (de 15 à 20% durant le premier trimestre). Il faut alors surveiller les symptômes comme les contractions de plus en plus douloureuses ressemblant à des douleurs de règles (en plus fortes) et les pertes de sang.

Dès qu'il y a suspicion ou risque, il faut absolument se reposer. Un médecin pourra vous prescrire un médicament afin de réduire les contractions, qu'il est également possible d'obtenir et d'avoir avec soi par prévention sur avis du médecin.

Évitez les transports s'il y a risque de fausse couche ou d'accouchement prématuré.

CONTRE-INDICATIONS POUR LES FEMMES ENCEINTES

» **Certains antibiotiques :** d'autres sont permis et vous pourriez en avoir avec vous en réserve en cas d'urgence.

» **Certains antidiarrhéiques :** utilisez en premier lieu des solutions de réhydratation.

» **Produits répulsifs**, en particulier ceux contenant du DEET.

» **Altitude et plongée sous-marine :** le manque d'oxygène dans le sang peut être fatal au fœtus et provoquer une fausse couche, surtout pendant le premier trimestre.

» **Voyage en avion :** vérifiez la politique de la ligne aérienne avant de réserver un billet. La plupart des compagnies acceptent les femmes enceintes jusqu'à la 32e semaine, mais il se peut que vous deviez présenter une lettre d'un médecin confirmant votre état de santé et l'avancement de la grossesse.

» **Sports extrêmes** ou violents.

» **Iode (désinfection de l'eau) :** peut affecter le développement de la glande thyroïde du fœtus.

» **Vaccins à virus vivants :** à l'exception de la fièvre jaune, dans certains cas.

» **Huiles essentielles :** surtout pendant le premier trimestre. Leur effet est mal connu et parfois toxique pour le fœtus.

La femme enceinte est beaucoup plus sensible à l'infection par la malaria et les crises sont plus fortes, d'autant plus que le principal agent répulsif pour les moustiques (le DEET) est réputé dangereux pour le fœtus. Certains antipaludéens peuvent être utilisés pendant la grossesse, mais ils risquent ne pas être efficaces dans toutes les zones – vérifiez avec un spécialiste de la médecine des voyages.

Les femmes enceintes sont prédisposées à la formation de caillots sanguins (thromboses). Il est recommandé de ne pas faire de longues distances en gardant les jambes immobiles ; se lever fréquemment pour déplier les jambes et marcher dans les couloirs du bus, train ou avion selon le cas.

De façon générale, prévoyez un rythme de voyage plus lent, évitez la chaleur et la déshydratation. Votre organisme est très sollicité par la nutrition du bébé !

Le premier et le dernier trimestre de la grossesse sont plus critiques ; il est donc préférable de voyager entre la 16e et la 28e semaine. Il peut être rassurant d'attendre d'avoir passé la première échographie pour partir. Gardez avec vous les coordonnées de votre médecin.

Gardez vos médicaments à portée de main en tout temps et utilisez une pommade pour vos seins et votre ventre, pour préserver l'élasticité de la peau. Desserrez les chaussures aussi souvent que nécessaire et prévoyez un soutien-gorge plus grand, des protège-dessous et des vêtements amples.

Avortement

Thématique délicate s'il en est une, le contexte du voyage à long terme peut mener à des situations surprenantes et difficiles. L'interruption volontaire d'une grossesse non désirée ou à risque n'est pas une chose à prendre à la légère, et nous souhaitons aborder le sujet sans tabou.

Dans le cas de l'avortement, chaque semaine compte puisque certaines interventions ne peuvent être pratiquées qu'avant un certain stade de la grossesse (généralement la 12e semaine). Le premier pas serait de contacter une personne ou un organisme de confiance pouvant vous aider à faire votre choix et à progresser rapidement dans votre démarche. Un service d'aide en ligne en français est notamment offert par l'association **AGE-MOISE** (Maison Information Soutien Écoute ; www.age-moise.fr). Ne sous-estimez pas vos besoins en support psychologique et ne restez pas seule avec votre situation.

L'avortement n'est pas légal partout, mais ce n'est pas une raison pour prendre des risques en se tournant vers l'avortement illégal. Trop de femmes en sont mortes à travers l'histoire. N'hésitez pas à rentrer au pays ou à vous déplacer vers un pays ou l'avortement est légal plutôt que de prendre ce risque.

Ménopause

Que dire sur la ménopause sinon que l'âge n'empêche pas le voyage ? Voici quelques conseils pour rester à l'aise et en bonne santé sur la route à cet âge de la vie de la femme :

» de l'activité physique modérée régulièrement

» une alimentation variée, riche en sources de calcium et pauvre en graisses animales

» une alimentation riche en phyto-œstrogènes (soja, lin, pois chiches, oignons, etc.)

» être sexuellement active (oui, oui !) et cultiver la pensée positive

» boire beaucoup d'eau

» manger de petites collations saines entre les repas

» boire de la tisane de sauge contre les bouffées de chaleur

» s'habiller "en couches" pour pouvoir retirer ou ajouter des vêtements en fonction de son confort et des bouffées de chaleur

Rencontrer d'autres voyageuses

Un excellent moyen de planifier un voyage et de répondre à vos questions est de prendre contact avec des femmes sur place (natives du pays ou expatriées) ou d'autres voyageuses au long cours.

Parmi les réseaux les plus connus :

» **www.womenwelcomewomen.org.uk** (Women Welcome Women World Wide) Réseau d'entraide et d'hébergement pour voyageuses

» **femmexpat.com** Site d'expatriées françaises

» **www.la-voyageuse.com** Site réservé aux femmes qui voyagent seules et à celles qui les hébergent (inscription payante)

De nos jours, une multitude de communautés féminines se sont constituées sur les réseaux sociaux, principalement sous la forme de groupes Facebook. Citons notamment «Voyager au féminin en sac à dos», «La voyageuse» ou «Les voyageuses» (pour les femmes au Maroc).

N'oubliez pas d'utiliser vos autres ressources : les forums de votre communauté *hospex* favorite (voir le chapitre *Accueil organisé chez l'habitant*, p. 324) ou de toute autre communauté de voyageurs que vous fréquentez, votre réseau de contacts, les associations locales (par exemple, la communauté malgache en France si vous partez à Madagascar, etc.), un groupe de femmes local, etc.

Une fois sur place, osez parler aux femmes que vous rencontrez ! Ne soyez pas timide car pour le moins que vous respectiez la culture locale, les femmes seront pour la plupart curieuses de faire votre connaissance. Les plus jeunes ont généralement des connaissances de base en anglais et pourront vous aider à communiquer avec les femmes plus âgées.

Sécurité

Il serait utopique de traiter également des femmes et des hommes dans le contexte du voyage car les femmes sont plus souvent affectées par les différences dans les relations sociales et les croyances religieuses locales. Toutefois, l'attention que vous accorde la gent masculine ne signifie pas que la situation soit problématique en soi : vous attirez parfois les attentions masculines dans votre pays d'origine sans qu'il y ait d'atteinte à votre sécurité ! En tant que femme en voyage (seule de surcroît), il est possible que vous éveilliez plus une sincère curiosité qu'un désir sexuel. Ce n'est toutefois pas une raison pour se mettre en position de vulnérabilité – la voyageuse avertie portera une attention particulière à ses choix vestimentaires et à sa communication (verbale ou non) afin d'établir le plus clairement possible ses intentions et ses limites.

Avant d'aller plus loin, nous vous suggérons de lire les sections pertinentes du chapitre *Assurer sa sécurité* (p. 356), notamment la section *Violences sexuelles* (p. 366).

Observation

La première étape consiste à se familiariser avec la distance séparant les hommes et les femmes dans l'interaction quotidienne. Outre l'observation, n'hésitez pas à demander l'avis d'autres femmes sur ce qui est acceptable ou non et sur la réaction ou l'attitude à adopter. Travaillez à maintenir au moins cette distance entre les inconnus et vous-même puis tâchez de déterminer à quel moment la proximité ou la persistance devient problématique. Chez les Grecs ou les Italiens, par exemple, la distance sociale est très faible et les gens se touchent fréquemment en se parlant sans que cela pose problème. Observez particulièrement la manière dont les femmes s'y prennent pour maintenir cette distance et tentez de reproduire ces comportements si l'occasion se présente. Enfin, portez attention aux regards échangés. Soutenir le regard d'un homme, lui serrer la main ou lui sourire est inapproprié dans certaines cultures : vos intentions seront mal interprétées.

Si vous voyagez dans une région du monde où les droits des femmes sont restreints, informez-vous avant de pratiquer une activité qui ne semble pas commune auprès des gens du pays. Les pays du golfe Persique sont notoires en ce qui concerne les inégalités de droit : interdiction de conduire une voiture, d'aller à bicyclette, de porter un pantalon, de découvrir la tête, de s'asseoir auprès d'un homme dans un autobus ou un taxi collectif, etc. Sachez également que même si vous respectez la loi, des abus de pouvoir sont possibles et qu'il peut être difficile d'être prise au sérieux par les autorités lorsqu'un crime est commis contre vous.

Certaines régions pratiquent une ségrégation plus quotidienne des sexes. Cela peut se traduire par des infrastructures réservées aux hommes ou aux femmes, comme des cafés, hammams, taxis, etc. Dans certaines régions du monde, les menstruations sont considérées comme des périodes d'impureté et l'on vous demandera de vous abstenir de visiter certains bâtiments religieux ou de participer aux cérémonies. Vous trouverez également parfois des espaces ou des wagons réservés aux femmes dans les transports en commun afin de prévenir le harcèlement sexuel. C'est le cas en Égypte, au Mexique, au Japon ou en Corée du Sud pour ne citer que ces pays.

N'hésitez pas à demander aux autres femmes !

Prévention

L'observation vous permettra de connaître les distances, vêtements et comportements appropriés afin d'éviter les faux pas et les malentendus d'origine culturelle. Il faut garder à l'esprit que les apparences comptent et soigner l'image que l'on projette. Il y a toutefois beaucoup plus à faire pour éviter les problèmes lorsque l'on voyage seule…

L'un des plus grands défis est de trouver un équilibre entre la confiance et la méfiance. Les femmes qui dégagent une aura d'assurance et de confiance en soi sont moins perçues comme des victimes potentielles, ce qui les protège en quelque sorte des agressions. En outre, les femmes qui voyagent seules ont tendance à attirer sur elles la sympathie et même la protection des gens du coin. À qui peut-on faire confiance ?

QUELQUES ASTUCES

- Portez une alliance. Ce vieux truc fonctionne toujours, bien qu'il soit moins efficace qu'autrefois, changement de mœurs oblige…
- Le soutien-gorge à rembourrage remplace avantageusement la ceinture porte-monnaie. Enlevez le rembourrage, mettez-y vos billets ! Attention toutefois à demeurer crédible…
- Voyager léger vous rend moins vulnérable : vous serez plus apte à réagir en cas de problème et serez généralement moins ciblée comme touriste…
- Assurez-vous du sens d'une invitation avant d'accepter. Au moindre doute, refusez. Rien ne vous empêche ensuite de changer d'avis.

Déterminez à l'avance votre degré de tolérance face aux situations inattendues et aux comportements inappropriés. Manifestez clairement qu'un comportement vous paraît déplacé. Il est possible que le premier incident soit un simple malentendu, dans le doute, n'hésitez pas à formuler votre inconfort et vos limites. Il est risqué de tolérer qu'on aille répétitivement au-delà de vos limites. N'attendez pas de vous sentir vulnérable pour vous affirmer avec fermeté.

Attitude et self-defense

Si une situation inconfortable se présente, sachez ignorer le harcèlement et vous éloigner pour rejoindre un endroit fréquenté. **Marchez avec assurance, la tête haute.**

Les conseils du chapitre *Assurer sa sécurité* (p. 363) sont particulièrement appropriés pour les femmes, lisez-les ! Dites-vous bien qu'on les a mis dans une section commune pour que les hommes puissent en bénéficier aussi, mais que ce sont des conseils fréquemment adressés aux femmes.

Avant de partir, informez-vous sur la disponibilité de cours de *self-defense* destinés exclusivement aux femmes et de fait adaptés à la réalité physique féminine.

Une stratégie particulièrement efficace est de **formuler explicitement vos**

FLIRT

Le flirt est à éviter à tout prix dans une culture que l'on ne connaît pas très bien. Ce mode de communication dont l'intention est très variable utilise le regard, la communication implicite, les connotations et un niveau de langage subtil, ce qui en fait le grand champion des sources de malentendus. En plus de semer la confusion sur vos intentions, ces comportements ont, dans certaines cultures, un caractère indécent (regards, gestes, etc.).

Enfin, gardez en tête que vous n'êtes pas la seule personne à être en situation interculturelle. Les gens que vous rencontrez ont bien souvent une part de préjugés quant à votre culture, c'est le cas notamment à propos de la liberté sexuelle.

demandes en donnant une instruction claire et sans équivoque à votre interlocuteur : "Arrêtez de me parler !", "Cessez immédiatement de me toucher le bras." Dans certains cas, il peut être nécessaire de faire une scène en pointant votre agresseur : cela vous attirera la sympathie de gens autour de vous tout en clarifiant vos intentions sans aucun doute possible. Cette stratégie est notamment efficace dans les cas où vous êtes subtilement (ou même pas très subtilement) tripotée par un inconnu dans les transports en commun. Ne craignez pas d'être embarrassée publiquement : le fait d'attirer l'attention sur la situation jettera la confusion sur votre agresseur.

Si vous désirez que l'on vous vienne en aide, soyez encore une fois le plus explicite possible : adressez-vous directement à une personne et spécifiez ce que vous souhaitez qu'elle fasse (aller chercher le contrôleur, intervenir, vous amener plus loin, etc.).

Vous ne vous sentez pas suffisamment à l'aise pour voyager seule ? Le pays que vous visitez vous paraît hostile aux femmes voyageant seules ? Rien ne vous empêche de voyager à deux, avec un ou une ami(e). Notez cependant qu'il vous sera impossible de faire chambre commune sans être mariés dans des pays du Moyen-Orient, par exemple. Les contacts physiques sont aussi à éviter : dans certains cas, ils sont jugés obscènes.

Codes vestimentaires

Les codes vestimentaires sont le reflet le plus visible de la culture d'une région. Que ce soit pour des raisons religieuses ou simplement pour le maintien de l'ordre social, le choix de vêtements prend une dimension particulière pour la femme qui voyage tant au niveau de la sensibilité interculturelle que pour de simples raisons de sécurité. Les règles sociales sont parfois même encadrées par les lois, lesquelles obligent au port du voile ou d'une tenue jugée décente. On ne rigole pas avec la police des bonnes mœurs ! À titre indicatif, notez que les pays de la péninsule Arabique, l'Asie du Sud (Afghanistan et Pakistan) et l'Afrique du Nord (surtout l'Algérie et l'Égypte) sont réputés très conservateurs quant aux vêtements féminins.

Il serait long, fastidieux et rapidement obsolète de décrire les codes vestimentaires appropriés à chaque pays ou région du monde. En outre, vous devrez faire preuve de jugement : ce n'est pas parce que les jeunes filles du coin se découvrent les épaules ou portent des minijupes qu'il est approprié, respectueux ou prudent pour vous de le faire. Mais le contraire est aussi vrai, les étrangères formant alors une sorte de "troisième sexe" pour lequel certains comportements ou codes vestimentaires sont tolérés… Si peu de voyageuses se promènent seules dans la région, vous attirerez des regards curieux, même de la part des femmes !

Enfin, si vous voyagez sur une longue période, vous gagnerez à choisir quelques vêtements indispensables qui seront utiles dans la majorité des pays que vous visiterez. Il vous sera ensuite nécessaire de compléménter votre tenue avec quelques pièces achetées sur place, suivant les conseils de femmes du coin ou expatriées.

La règle d'or est de **se fondre dans le paysage** sans toutefois sombrer dans le folklore touristique. Observez les autres femmes et **adaptez votre tenue**. Sachez enfin que certains vêtements sont quasiment passe-partout (voir la liste ci-après).

Grands principes

» Observer, observer, observer ! Les normes vestimentaires varient à l'intérieur d'un même pays…

» Se vêtir humblement, sobrement, discrètement, en évitant les bijoux et les objets de valeur.

» Porter des vêtements amples qui couvrent la peau sans être transparents. Dans les pays plus conservateurs, le pantalon ne devrait pas permettre de voir les courbes.

» Couvrir les épaules et le haut des bras, idéalement jusqu'au coude (manches trois quarts).

» Mieux vaut éviter le short au-dessus du genou. Privilégier le pantacourt, une jupe longue ou un pantalon.

Les passe-partout

Foulard Grand carré ou rectangle de tissu opaque (fichu, pashmina, etc.) permettant de vous couvrir la tête si nécessaire, notamment avant de visiter une mosquée ou tout simplement pour sortir dans la rue lorsque c'est obligatoire ou plus sécuritaire. Les couleurs sombres et unies sont à privilégier. Peut servir également de châle ou de paréo.

Le port du *hijab* ou foulard est un bon prétexte pour démarrer la conversation avec une femme en lui demandant comment il se porte dans la région. Outre les bons trucs et astuces pour le mettre en place et vous mêler à la foule, vous vous attirerez ses sympathies.

Pantalon ou jupe longue en coton, ample et opaque, couvrant les chevilles. Le pantalon n'est pas toujours accepté comme vêtement féminin, mais il est généralement toléré chez les touristes. Si vous évitez les pays conservateurs, un pantalon en lin ou de type cargo fera l'affaire.

Haut à manches longues ou trois-quarts également en coton, ample et opaque, de couleur sobre et près du cou. Pour plus de modularité, optez pour une tunique longue descendant au-dessous des fesses.

Chaussures sobres et fermées, confortables, à talons plats, faciles à retirer et à remettre. Il est souvent possible de porter des sandales ou des tongs, mais ce n'est pas partout le cas au-delà de la plage ou de la salle de bains…

Sac fourre-tout à porter en bandoulière pour plus de sécurité car cela minimise le risque de vol à la tire.

À la plage Ce qui est approprié à la plage varie énormément d'un pays à l'autre. Un maillot de bain une pièce sera approprié dans un plus grand nombre de situations, tandis que le deux-pièces tanga fera fureur sur les plages brésiliennes. Dans les pays très conservateurs, les plages ne sont pas des lieux mixtes et le port du maillot de bain est à réserver aux plages privées des hôtels.

Attention au topless ! Se découvrir la poitrine est souvent inapproprié et illégal, même à la plage. Renseignez-vous avant d'enlever le haut…

Pour aller plus loin

Sites Web

» www.voyage.gc.ca/publications/woman-guide_voyager-feminin-fra.asp – Guide gratuit téléchargeable

» www.easycup.fr – Site d'information et de comparaison sur les coupes menstruelles

» mikalus.free.fr/doc/serviettes-lavables.pdf – Guide et patrons pour fabriquer ses propres serviettes réutilisables

Sélection de blogs

» www.voyagesetc.fr – Les récits d'Adeline

» www.jdroadtrip.tv/blog – Le blog de Jenny

» www.voyagesetvagabondages.com – Lucie sur la route

» herpackinglist.com – Voyager léger au féminin (en anglais)

Livres techniques

» ASTAFIEFF, Katia. *Comment voyager seule quand on est petite, blonde et aventureuse* (Éd. du Trésor, 2016)

» DEMANÉE, Nadège. *Le Guide de la voyageuse* (Femme actuelle, 2009)

» ZEPATOS, Thalia. *A Journey of One's Own: Uncommon Advice for the Independent Woman Traveler* (The Eight Mountain Press, 2003)

Récits et réflexions

» DAVID NEEL, Alexandra. *Voyage d'une Parisienne à Lhassa* (Pocket, 2008)

» REVERZY, Catherine. *Femmes d'aventure : du rêve à la réalisation de soi* (Odile Jacob, 2003)

» COLLECTIF. *Voyageuses. Partir avec…* (Livres du monde, 2012)

» SPALDING, Lavinia. *The Best Women's Travel Writing , Volume 11 : True Stories from Around the World* (Travelers' Tales, 2018)

"Quand on marche seul on va vite, mais quand on marche à deux on va plus loin." Proverbe arabe

Voyager à plusieurs

Partir seul ou à plusieurs ? Voilà bien une des premières questions à laquelle nous faisons face avant de prendre la route. Voyager à deux ou plus, c'est souvent une manière de se sentir en sécurité sur des sentiers inconnus, mais aussi une façon de partager les grands moments de sa vie avec d'autres. Enfin, comme le dit le célèbre dicton : plus on est de fous, plus on rit !

Avant le départ

Voyager à plusieurs, quels challenges ?

Si le rire et la convivialité sont une des promesses des voyages en groupe, il convient d'avoir également conscience des défis qu'ils peuvent réserver. Qui dit prendre la route ensemble dit aussi faire des choix et des compromis, s'adapter, s'ajuster et communiquer. Apparaissent alors d'autres questions : allons-nous bien nous entendre en chemin ? Comment gérer les humeurs de chacun ? Comment satisfaire le rythme et les envies de tout le monde ?

Que l'on soit amis d'enfance, en couple ou bien simples compagnons de route, le voyage à plusieurs est surtout une formidable aventure humaine et nul ne sait à l'avance ce qu'elle réserve... En ce sens, il est bon de poser quelques points en amont afin d'offrir au groupe de bonnes bases pour la suite ! Et ça tombe bien, les informations de ce chapitre traitent essentiellement du côté relationnel des voyages à plusieurs.

Constitution de l'équipe

Trouver des compagnons de route

Si vous n'avez pas trouvé d'amis ou de famille pour vous accompagner en voyage, vous pouvez faire appel à Internet pour entrer en contact avec d'autres personnes désireuses de partir en voyage, un moyen très efficace pour constituer un binôme ou un groupe.

Voici quelques adresses pour vous aider dans cette tâche :

» **www.compagnon-de-voyage.net et triptrib.fr** Sites spécialisés dans la recherche de partenaires de voyage.

» **www.voyageforum.com/forum/compagnons-de-voyage/** Forum efficace pour la recherche de compagnons de route.

» **travel-buddies.com** Site spécialisé dans la recherche de partenaires internationaux (en anglais).

S'apprivoiser

Si vous venez de vous rencontrer, passez du temps ensemble pour apprendre à vous connaître avant de prendre le large. C'est aussi vrai quand vous partez avec vos meilleurs amis ! Bien que votre équilibre puisse être stable dans un mode de vie sédentaire, la route se chargera d'y mettre un peu d'épices ! La faim, le froid, la peur, la fatigue sont des éléments qui peuvent faire apparaître des traits de caractère insoupçonnés. Pour se prémunir contre les mauvaises surprises, organisez autant que possible deux ou trois sorties de mise en condition avant le grand départ. Par exemple, si vous comptez faire un road-trip d'un an en stop chez l'habitant, partez ensemble un week-end ou plus dans votre région afin de vous préparer et de vous apprivoiser mutuellement. C'est aussi l'occasion d'affiner concrètement votre projet de voyage.

Formulation du projet et organisation du voyage

N'hésitez pas à prendre le temps nécessaire à la définition de ce projet. Laissez grandir le rêve en vous et dans le groupe pour qu'il devienne clair et évident. Un voyage fonctionne lorsque chacun y trouve son compte. Attention, l'idée n'est pas d'aplanir les envies de chacun mais bien de trouver le dénominateur commun entre toutes. Comme un cap, ce fil rouge guidera le groupe durant toute la durée du voyage, dans les hauts comme dans les bas et limitera les moments d'errance, souvent difficiles à gérer à plusieurs...

Un projet de voyage en groupe, lorsqu'il ne passe pas par un tour-opérateur, nécessite une organisation parfois complexe, qui peut devenir un véritable voyage en soi. Il y a les comptes, la répartition du matériel, l'organisation sur place, etc. La communication dans le groupe pour se mettre à jour dans la préparation peut vite devenir laborieuse. Il est alors recommandé d'utiliser les outils appropriés pour que ces préparatifs restent un plaisir.

PRÉCISIONS TECHNIQUES SELON LA TAILLE DU GROUPE

Voici quelques repères afin de vous aider à choisir le mode de groupe le plus approprié :

Transports

» **Covoiturage et auto-stop :**
2 à 3 personnes maximum

» **Bateau-stop et avion-stop :**
2 personnes maximum

Au-delà du maximum, faites des équipes et donnez-vous des points de rendez-vous. Une autre solution consiste à se tourner vers les transports en commun. Certaines compagnies ferroviaires proposent pour les groupes des offres très intéressantes, en Allemagne avec les Länder-Tickets, par exemple. Enfin, vous pouvez acheter ou louer votre propre moyen de transport ! Le rêve du road-trip en van trouve ici tout son sens...

Hébergement

» **Hébergement spontané :**
2 à 3 personnes maximum

» **Hébergement organisé :**
2 à 5 personnes maximum

» **Hébergement contre travail :**
2 à 10 personnes en moyenne (très adapté pour les grands groupes)

» **Échange de maisons :** 2 à 5 personnes en moyenne (très adapté pour les familles)

Vous retrouverez les outils de bureautique classiques en ligne grâce à GoogleDrive, par exemple. Il suffit de créer un compte Google en commun pour que tous les membres aient accès aux documents texte, aux tableurs et même aux fichiers envoyés sur le disque dur virtuel en ligne. Ainsi, vous pouvez créer, par exemple, un document répertoriant "qui fait quoi ?" et son avancement, un autre pour y stocker toutes les informations et les liens glanés sur l'Internet ainsi qu'une feuille de calcul pour tenir le budget prévisionnel (et les comptes pendant le voyage, si cela est possible).

Besoins et limites personnelles, comment les intégrer dans le groupe ?

Selon Marshall Rosenberg, auteur de la Communication NonViolente (CNV) : "Tout conflit est l'expression tragique d'un besoin insatisfait". Ce postulat a priori évident est pourtant une des clés de la réussite d'une expérience de vie ou de voyage à plusieurs. Si vous souhaitez soigner les relations dans le groupe ou dans le duo, il est donc primordial d'être attentif aux besoins et aux limites de chacun. Par besoins, on entend les nécessités communes à toutes et à tous pouvant être satisfaites avec des stratégies différentes. Par exemple, l'affection est un besoin fondamental, tandis qu'une soirée câline est une stratégie... Ça vous parle ?

Ces besoins sont universels et par définition entièrement légitimes, c'est-à-dire que tout le monde les porte en soi, à des intensités et des moments différents. Se connecter aux besoins de base permet de se comprendre plus facilement avant d'imaginer des solutions convenables pour tout le groupe. Il suffit parfois d'un seul élément à éclaircir pour s'assurer beaucoup de tranquillité pour la suite. Nous citons ci-après quelques-uns des besoins les plus souvent en jeu dans le voyage à plusieurs et quelques pistes de réflexion. À vous de juger lesquels d'entre eux vous paraissent importants à mettre au clair avant le grand départ.

BIEN-ÊTRE/SURVIE

Sécurité (affective et matérielle) – Préservation (du temps, de l'énergie, de l'argent...) – Protection – Expression sexuelle

Besoin de préservation de l'argent
Les différences de budget au sein d'un même groupe sont un exemple très fréquent de frustrations. Celui qui a un budget réduit pourra vite se sentir dans une forme de privation tandis que celui qui dispose de plus d'argent se sentira peut-être gêné de dépenser autant. Une question à se poser : se fixe-t-on une limite dans nos dépenses ? Utilise-t-on un porte-monnaie commun ?

Sécurité physique L'engagement et la prise de risque de chacun peut varier fortement d'un voyageur à un autre. Si ce point n'est pas éclairci avant le départ, il peut devenir problématique sur la route. On peut alors discuter, par exemple, du niveau d'aventure maximal en termes de moyens de transport et d'hébergement.

Exprimer sa sexualité On le sait bien, voyager c'est rencontrer ! La dimension de la sexualité sur la route n'est pas à prendre à la légère, surtout si vous voyagez en groupe. Cela peut vite générer jalousies, frustrations, exclusivité, etc. Quelle place laissons-nous à la sexualité dans notre voyage ? Quels comportements sont acceptables ? Quelle attitude prenons-nous envers notre binôme ou notre groupe en cas de rencontre ?

INTERDÉPENDANCE

Affection, amour – Reconnaissance – Appartenance – Considération – Donner et recevoir (attention, affection, amour, tendresse) – Intimité, proximité – Partage, participation

Intimité du groupe Dormir chez l'habitant, faire du stop, rencontrer... L'intimité du groupe (et encore plus pour les couples) peut être mise à rude épreuve. Pour se dégager du temps ensemble en dehors des rencontres, il peut être judicieux d'utiliser des techniques d'hébergement ou de déplacement adaptées (camping sauvage, hôtel, bus, train, etc.).

Intimité pour soi L'écriture, la marche, la lecture, la méditation, la musique, le dessin, etc. sont autant de moyens de cultiver notre intimité. Une idée souvent adoptée est de prendre du temps le matin avant de retrouver le groupe et que la journée commence. Mais peut-être préférerez-vous prendre un quart d'heure ou plus chacun de votre côté durant la journée. Au fur et à mesure que vous apprendrez à vous connaître, cela pourra même se faire naturellement.

Donner et recevoir Quel bonheur de voyager en comptant sur la générosité des personnes rencontrées sur la route ! Peut-être vous posez-vous aussi la question de ce que vous pouvez donner à votre tour ? Si tel est le cas, que mettez-vous en place pour pouvoir offrir quelque chose à vos hôtes tout au long de la route ? Prendrez-vous une boîte à cadeaux ? Apprendrez-vous une recette ou une technique artistique particulière pour régaler les sens de vos hôtes ? Voir le chapitre *Remercier sans argent* p. 146.

JEU

Récréation – Ressourcement

Récréation Enfant ou adulte, jouer nourrit votre équilibre ! Comment alors honorer cet aspect de la relation au groupe ? Connaissez-vous des jeux qui puissent être partagés avec votre/vos compagnon(s) de route ? Souhaitez-vous aussi les faire découvrir aux personnes que vous rencontrerez en chemin ? Voir le chapitre *Le jeu* p. 136.

Ressourcement Lorsque les repères changent chaque jour, il peut arriver que l'on cherche un "refuge", un lieu ou une activité pour se ressourcer et se sentir chez soi. Cela peut être, par exemple, un aliment ou une préparation culinaire de chez soi que l'on emporte pour partager avec le groupe les jours de fête. Certains utilisent un moyen d'hébergement convivial comme le tipi pour se rassembler chaleureusement le soir. D'autres prennent

VOYAGE ET INTROVERSION

Le terme "introverti" est souvent associé à une personne calme et solitaire qui évite les interactions sociales. Pourtant, l'introversion n'a rien à voir avec le fait d'aimer ou non passer du temps avec les autres, c'est simplement une différence biologique ; les introvertis sont plus facilement stimulés et ont par conséquent tendance à s'épanouir dans de plus petits groupes. Ils ont également plus souvent besoin de solitude pour recharger leurs batteries. Si c'est votre cas et que vous vous sentez parfois en surchauffe, apprenez à demander poliment de l'espace lorsque vous voyagez avec d'autres personnes :

» Faites savoir à l'avance à vos compagnons que vous êtes introverti et que vous aurez probablement besoin de temps pour vous-même pendant le voyage. Indiquez par exemple que lorsque vous faites certaines activités comme lire, courir ou dessiner, vous appréciez d'être seul.

» Insistez toujours sur le fait que votre besoin d'espace n'a rien à voir avec eux. Vous ne les détestez pas, ni ne pensez qu'ils sont ennuyeux. Vous avez simplement besoin de temps seul pour vous ressourcer.

» Quittez les conversations poliment mais simplement, sans vous justifier longuement. Un simple "Excusez-moi, mais je pense que j'ai besoin d'un peu de calme" fonctionne très bien, surtout s'il est prononcé sur un ton doux et amical.

Ne culpabilisez pas, les groupes ont besoin de toutes sortes de personnalités pour être équilibrés. En écoutant vos besoins, vous donnerez peut-être à d'autres l'envie de faire de même.

un instrument de musique. Et vous, qu'est-ce qui vous permettra de vous ressourcer en chemin ?

ACCOMPLISSEMENT

Apprentissage – Authenticité – Beauté, harmonie – Conscience – Créativité – Croissance, évolution – Expression – Inspiration – Intégrité – Paix – Réalisation – Sens, compréhension, orientation – Sincérité, honnêteté (qui nous permet de tirer des leçons de nos limites) – Spiritualité

Apprentissage Voyager ne rime pas forcément avec vacances. Pour certains, la soif d'apprendre est si grande qu'il serait insensé d'envisager le grand départ sans y intégrer cette dimension. Quels sont les domaines que vous souhaitez explorer ? Par quels moyens (lectures, rencontres, visites, etc.) ?

AUTONOMIE

Liberté – Interdépendance – Choisir ses rêves/objectifs/valeurs – Choisir les moyens de les réaliser

Liberté Bien souvent, à force de passer du temps ensemble, il peut arriver que l'on souhaite se retrouver seul pour une période. Pour que cela ne soit pas vécu comme un échec dans la relation, mieux vaut l'anticiper. Attention, ce point dépend beaucoup du pays où l'on voyage, de l'âge des personnes dans le groupe et aussi de leur sexe. Peut-on se laisser en chemin si l'envie se fait ressentir ? Temporairement ? Pour de bon ?

CÉLÉBRATIONS

Appréciation de la vie et des réalisations – Commémoration des deuils et des pertes (d'une affection, d'un rêve, etc.), ritualisation – Partage des joies et des peines

Partage des joies et des peines
En voyage, le temps se compresse et tout devient plus intense. Les émotions sont souvent exacerbées et pour l'équilibre du groupe il est bon d'entretenir le lien à ce niveau. Peut-être souhaitez-vous avoir l'opportunité d'échanger autour de ce qu'il se passe en vous et chez les autres ? Ces moments d'échanges sont précieux mais ne se mettent pas forcément en place naturellement, à vous de jouer ! Les longues pérégrinations sont souvent le théâtre d'évolutions personnelles importantes de la part des voyageurs. Ces points pourront aussi évoluer en chemin si l'envie s'en fait ressentir, et tant mieux !

Sur la route

Organisation et prise de décision

Le groupe souffre d'une double réputation, illustrée par deux expressions : "l'intelligence du groupe est égale au quotient intellectuel du moins intelligent divisé par le nombre de personnes", et "plus le groupe est grand, plus l'inertie grandit".

Est-ce réellement une fatalité ? De nombreuses expériences et recherches ont été menées autour de la question du "vivre ensemble". Dans le contexte d'une vie sédentaire, il existe différents systèmes de gouvernance autonome très efficaces. Appliqués au voyage, ces outils peuvent être également utilisés en étant adaptés aux contraintes de la mobilité afin de faire émerger l'intelligence du groupe tout en gardant une efficacité dans la prise de décision.

Les cercles de décision

À deux ou plus, il y a certains facteurs favorisant clairement la communication durant les prises de décision : la **qualité de l'écoute** et la **clarté de la parole**.

QUALITÉ DE L'ÉCOUTE

La mise en place d'un **"bâton de parole"** est très bénéfique pour la qualité de l'écoute. Seul celui qui porte le bâton est invité à parler ; il redonne ensuite le bâton à la personne qui souhaite parler. Le bâton peut être également virtuel si l'on instaure un ordre dans la prise de parole (par exemple faire le tour du groupe dans le sens des aiguilles d'une montre). Il est important que pour chaque sujet abordé, chacun se soit exprimé. Dans un premier temps donc, et pour que tout le monde puisse se voir et s'entendre correctement, il est conseillé de se placer en forme de cercle (ou l'un en face de l'autre si on est deux).

L'ÉCHANGE

Une fois le système de prise de parole établi (bâton de parole ou ordre choisi), l'échange peut commencer. Voici quelques bases pour rendre l'échange fructueux :

Intention claire Il est important pour la qualité de la réunion que l'intention soit clairement énoncée avant de commencer à discuter. Quelle est la question ou l'objet de la discussion ? Par exemple : "Quelle direction prenons-nous demain matin ?"

Animateur Pour davantage d'efficacité, une personne peut se charger d'animer la discussion. C'est elle qui va veiller à ce que le groupe puisse atteindre l'objectif de la discussion en recadrant si nécessaire et en guidant étape par étape.

Besoins Avant d'imaginer une solution à la question, il est bon de faire un tour de parole pour recueillir l'état d'esprit et les besoins de chacun par rapport à celle-ci. Par exemple : "Par rapport à cette question, moi j'ai besoin de repos et de tranquillité." "Pour ma part, j'ai envie de bouger, de faire du sport." "De mon côté, ça me tient à cœur d'apprendre encore sur le pays."

Proposition Une fois l'état d'esprit de chaque membre du groupe entendu, une personne peut formuler une proposition qui tient compte des besoins de chacun. Une proposition n'est pas une exigence, elle laisse le choix aux autres et se négocie. Si aucune solution ne convient au groupe entier, n'hésitez pas à diviser le groupe le temps d'une journée ou plus pour que chacun puisse se sentir satisfait dans son choix. Par exemple : "Je propose d'aller vers l'est puisque nous pourrons camper en bord de mer et, une fois sur place, faire deux équipes : ceux qui veulent se reposer et ceux qui veulent se promener. Qu'en pensez-vous ?"

Objections, bonifications Lorsque la proposition est lancée, c'est l'occasion pour chacun de s'exprimer dessus et de la valider ou bien d'objecter. L'objection consiste à expliquer en quoi cette proposition met en péril un de vos besoins fondamentaux et à formuler une bonification (avec l'aide du groupe si besoin), c'est-à-dire une amélioration de la proposition pour qu'elle vous convienne. Par exemple : "Moi, ça ne me va pas car je trouve dangereux d'aller camper dans cette zone. Est-ce que vous seriez d'accord pour aller vers l'est et pour trouver un hébergement chez l'habitant ?"

Ce processus peut paraître étrange ou lourd à mettre en place dans un premier temps mais petit à petit cette nouvelle grammaire s'installe et assure une communication de qualité et d'une solidité à toute épreuve !

Les jeux de hasard

Pour les décisions qui demandent une réponse rapide, il est possible de laisser le jeu décider du sort du groupe. Le jeu le plus connu est vieux comme le monde : le fameux "pierre-feuille-ciseaux". Il est particulièrement intéressant pour sa rapidité et sa facilité. En effet, tout le monde peut participer, petits et grands, et tout le monde a le même "pouvoir de décision". Celui qui gagne décide pour le groupe sur une question donnée. Un très bon moyen de répondre rapidement à la fameuse question : "On va à droite ou à gauche ?"

Certaines personnes adoptent également le jeu du pile ou face ou encore du galet. Ce dernier consiste à peindre les deux faces d'un galet plat de deux couleurs différentes. Ici, c'est le galet qui décidera pour le groupe quelle direction prendre, quelle solution choisir, etc. Une façon d'illustrer la célèbre phrase de Nicolas Bouvier : "On croit qu'on va faire un voyage mais bientôt c'est le voyage qui vous fait, ou vous défait."

L'ÉCOUTE

Rester à l'écoute dans un conflit est une chose très difficile. On se sent attaqué, on veut se défendre et notre stratégie consiste souvent à chercher à avoir raison ou à montrer à l'autre ses torts. Cela est malheureusement énergivore et peu efficace. Il existe une bonne manière de sortir de ce schéma : **la reformulation**. Elle consiste à reprendre oralement le plus fidèlement possible ce que la personne vient d'exprimer en prenant soin d'attendre qu'elle ait bien fini, puis de s'assurer auprès de la personne concernée que l'on a bien compris son propos. Par exemple : "Tu dis que ... Est-ce que c'est ça ?" Si ce n'est pas le cas, elle réexpliquera jusqu'à ce que vous reformuliez correctement ce qu'elle exprime. Cette technique a priori très simple est d'une grande efficacité car le simple fait de reformuler "sans y ajouter son grain de sel" induit une reconnaissance de ce que l'autre vit et donc bien souvent un apaisement sans même parler de solutions. De votre côté, vous pouvez aussi inviter votre interlocuteur à reformuler en demandant par exemple : "Peux-tu me dire ce que tu as compris de ce que je viens de partager avec toi ?"

Gérer un conflit

Il est tout à fait possible de n'avoir aucune tension dans le groupe durant un périple mais l'important n'est pas tant de chercher à tout prix à les éviter mais davantage à savoir comment les transformer en une discussion constructive, génératrice de solutions et non dommageable pour les relations. Pour cela, la résolution du conflit doit être placée au centre des priorités.

La gestion d'un conflit est un processus complexe que chacun s'approprie selon son éducation, ses limites, son potentiel, et peut devenir une occasion unique d'apprendre sur soi et sur les autres. Voici tout de même quelques outils pour favoriser le rétablissement de l'harmonie dans le groupe :

Prendre de la distance

Parfois, l'intensité des émotions est telle qu'elle ne laisse que très peu de place pour un dialogue constructif. Lorsque le conflit éclate, ou avant si vous le sentez monter, il peut être bon de prendre de la distance avec ses émotions. Par exemple, vous pouvez vous accorder une bonne pause, chacun de votre côté, le temps de faire descendre la pression et de retrouver une disponibilité. C'est le moment idéal pour mettre ses idées au clair avant de pouvoir prendre soin de la relation. Quelques respirations profondes, une petite marche ou bien simplement pleurer ou crier un bon coup dans son coin, histoire d'évacuer les grandes tensions.

L'intention

Une fois réunis pour commencer à parler, pensez à bien vérifier l'intention de chacun. Posez la question au groupe : "Quelle est l'intention de cette discussion ?" L'idée consiste à trouver une intention commune à tous les membres du groupe, par exemple celle "d'apaiser les tensions" ou encore "d'imaginer une solution qui convienne à tout le monde". Cela demande de mettre la relation au cœur des priorités. Le jeu en vaut la chandelle, car lorsque tout le monde marche dans la même direction, on avance forcément !

Transformer le conflit

Prenons l'exemple d'un retard, motif fréquent de frictions dans un groupe. Imaginez une réaction intense, par exemple : "T'es encore en retard, tu me fais... (à vous de choisir la fin)."

Voici un résumé des 4 étapes clés de la méthode issue de la communication non violente (CNV) pour tenter de transformer le conflit en une discussion constructive :

Étape 1 : les faits concrets "Sur quoi sommes-nous d'accord concrètement ?" En plus d'engager le dialogue, cette question incite les membres du groupe à se focaliser sur ce qui les rassemble plutôt que sur ce qui les divise. C'est également une manière de se baser sur des éléments concrets pour la suite du dialogue en évitant d'entretenir un malentendu. Il est très important à ce stade de rester totalement objectif.

» Exemple : "Nous sommes tous d'accord dans le fait que nous avions fixé un rendez-vous à midi."

Étape 2 : les émotions Il faut bien avoir en tête qu'il est quasiment impossible de régler un conflit en profondeur sans que chacune des personnes impliquées ne se sente reconnue dans sa difficulté. À partir de ce constat, assurez-vous que chacun puisse s'exprimer et écouter. Pour éviter d'alimenter le conflit lorsque l'on parle, il est essentiel de parler de soi dans ce qui est vécu. C'est une pratique délicate qui demande une grande précision. Vous allez chercher à faire part de vos sentiments en les associant à des faits concrets. Pour vous aider, vous pouvez utiliser la construction de phrase suivante : "Quand je vois/quand tu dis/quand je réalise... je me sens..." Cela vous concerne et ne devrait jamais générer davantage de conflit, de culpabilité ou d'attaque.

» Exemple : "Quand je vois que tu arrives à 13h alors que nous avions rendez-vous à midi, je me sens en colère."

Étape 3 : le besoin Pour trouver une solution à la situation conflictuelle, il convient de rechercher en soi le besoin non satisfait. Cette étape est très délicate car nous avons peu l'habitude de raisonner de cette manière. Généralement, la cause de notre malheur est d'abord notre environnement ou nous-même. Dans les deux cas, cela génère de la culpabilité ou de la violence et n'apporte pas souvent d'issues satisfaisantes. Le paradigme de cette autre voie consiste à considérer le conflit comme une invitation à satisfaire le besoin qui est en jeu.

» Exemple : "Quand tu arrives à 13h alors que nous avions rendez-vous à midi, je me sens en colère parce que j'ai vraiment besoin de confiance dans nos engagements."

Étape 4 : la demande Pour conclure la discussion, une fois que chacun est en lien avec son besoin non satisfait, il est temps de formuler une demande. La demande est là pour nourrir le besoin en question afin de soulager la personne. Ce n'est pas une exigence, elle doit être négociable, concrète, au présent, la plus courte possible et formulée positivement.

» Exemple : "Est-ce que tu serais d'accord pour t'engager maintenant à arriver à midi demain ?" Ou bien : "Est-ce que tu serais d'accord pour que l'on déplace le rendez-vous de demain à 13h ?" Ou encore : "Serais-tu d'accord pour me dire ce qu'il s'est passé pour toi ?"

Cela est le processus complet mais il est bien sûr possible de ne pas faire toutes les étapes. Parfois, le simple fait de faire part de son sentiment suffit. À d'autres moments, c'est le besoin qui apaise. L'idée n'est pas tant de se mettre à parler comme un robot mais bien de comprendre profondément en quoi consiste cette approche : c'est prendre ses responsabilités. Tout l'art consiste à reconnaître les besoins et les valeurs de chacun et à les marier avec créativité !

Entretenir la dynamique de groupe

Pour cultiver le lien et entretenir la dynamique de groupe, voici quelques idées d'activités à faire ensemble :

Météo intérieure

Chacun prend la parole pour un temps donné (entre 5 et 30 minutes) et partage avec le reste du groupe sa météo intérieure. Pensées, émotions, peines, joies, célébrations, observations, etc. avec l'unique consigne de parler à la première personne du singulier ("je"). Les autres personnes du groupe maintiennent une écoute attentive et silencieuse, sans interrompre celui qui parle. Le temps de parole peut être libre ou bien le même pour tout le monde, il convient de fixer ce point avant de commencer.

Cet exercice est un véritable cadeau mutuel à se faire le plus régulièrement possible. Il permet à chacun de s'exprimer en toute liberté dans un cadre bienveillant et silencieux. Une bonne occasion de faire le point, de mettre sur la table ce qui nous habite sur le moment et de renforcer le lien dans l'équipe. Cela peut être aussi une opportunité pour s'ajuster les uns aux autres si nécessaire, plus particulièrement avant une période de négociation ou de prise de décision. Effectué au moins une fois par semaine, ce type de réunion peut faire des miracles pour la dynamique du groupe !

Célébrations

Chacun est invité à partager trois événements marquants de la journée qu'il souhaite célébrer : les rencontres, la région traversée, les apprentissages, les nouvelles, les grands moments, les réalisations, les difficultés surmontées, les limites rencontrées, les avancées dans le voyage, etc.

Cet exercice trouve très bien sa place le soir, au moment du repas, après une bonne journée de voyage et c'est une excellente manière de faire grandir l'enthousiasme et la gratitude dans le groupe. Si vous le faites avant d'aller dormir, l'effet est garanti sur la qualité du sommeil !

Coup de théâtre

L'activité consiste à mettre en scène sa propre caricature, et si l'ambiance le permet, à caricaturer les autres. On peut caricaturer une action qui s'est passée dans la journée ou les jours d'avant, une émotion particulière, un trait de caractère très présent ou des répliques typiques.

TÉMOIGNAGE

"Nous n'étions pas athlètes, ni masochistes, simplement un groupe d'amis portés par le rêve de partir vers l'ouest découvrir le monde pour revenir trinquer au même point un peu plus tard en arrivant par l'est. À vélo, mais pas que. Soyons honnête : je n'aurais même pas daigné imaginer avoir l'audace de réaliser un tour du monde de 54 000 km à pédaler tout seul comme un forcené contre vent, grêle, neige, à travers jungles, montagnes et déserts. C'est l'amitié qui rend ce tableau noir soudainement affriolant. Envisager ensemble les contrées lointaines comme lieu d'expression de notre état d'esprit, c'est faire prendre corps au rêve dans la dimension du partage. Allez, soyons vraiment honnête : c'est vrai que nous avions le goût de l'effort, c'était pour nous un moyen de grandir, mais il est tout aussi vrai que nous n'étions pas cyclistes, encore moins au long cours. Nous roulions, à ce moment-là à quatre en plein milieu de l'outback australien, chargés de 13 litres d'eau chacun pour accomplir les 250 km entre chaque ravitaillement, sous parfois 50°C et avec 3 500 km à aligner pour atteindre l'autre bout du pays-continent, et jamais l'inventivité de la cellule que nous formions n'avait su mieux proliférer pour tacler les désagréments : l'un émit l'idée de rouler la nuit pour économiser l'eau, la lune devenait aussitôt notre nouvelle alliée pour slalomer entre les nids-de-poule dans l'obscurité ; un autre s'inquiétait du mauvais temps qui aurait pu nous clouer fatalement sur place au beau milieu du désert, l'idée émergeait de récupérer l'eau de pluie avec une bâche si cela devait arriver. Nous avions même anticipé la monotonie de l'infinie étendue pour laisser place à l'innovation : nous testions, là au plus profond de l'immense territoire désolé, une idée loufoque mûrie depuis plusieurs années : le *kitebike*, ou vélo tracté par une aile. L'excitation que nous avions à mettre en place cette idée saugrenue sublimait l'ennui terrible de traverser un morne continent, et c'était bien de l'accomplir ensemble qui rendait la chose joyeuse. Tout le monde n'a pas envie de tester le vélo tracté au beau milieu du Red Centre... En revanche, avec quelqu'un qui partage un goût commun comme la céramique, la cuisine locale ou même un penchant à picoler du vieux rhum, c'est l'assurance de contraster le monde même quand il ne veut pas l'être assez. En somme, partir à plusieurs, c'est non seulement faire vibrer les couleurs, mais aussi ouvrir un champ des possibles avec lequel on reconsidère le monde sous un nouvel angle."

Brian Mathé, pour l'équipe Solidream, solidream.net

Cet exercice permet, de façon ludique et drôle, de prendre de la distance avec l'image que l'on a de soi et des autres et ainsi d'amener davantage de fluidité et de légèreté dans les rapports. C'est aussi une bonne manière d'évacuer dans l'humour toutes ces choses que l'on pense mais que l'on ne dit jamais...

Pour aller plus loin

Communication non violente (CNV)

Communiquer de façon non violente n'est pas inné pour tout le monde. Si tel est votre cas, de nombreux ouvrages et stages existent pour acquérir quelques bases de communication, très utiles dans un groupe mais aussi dans les rencontres sur la route.

Voici quelques associations dispensant ces formations :

» www.cnvformations.fr

» www.nvc-europe.org

Sites Web

» www.sethetlise.com – Blog de voyage d'un couple de baroudeurs, esthétique et très bien fourni

» solidream.net – Blog d'un tour du monde à vélo et autres voyages entrepris par cinq amis

Livres techniques

» ROSENBERG, Marshall. *Les mots sont des fenêtres (ou bien ce sont des murs) : Introduction à la Communication NonViolente* (La Découverte, 2016)

» KELLER, Françoise. *Pratiquer la Communication NonViolente au quotidien* (InterEditions, 2011)

Récits et réflexions

» MATHÉ, Brian. *Le prodige de l'amitié : Petite équipée vers les sommets de la camaraderie* (Éd. Transboréal, 2016)

» CORTES, Edouard et Mathilde. *Un chemin de promesses* (Éd.Pocket, 2010)

"Les voyages sont l'éducation de la jeunesse et l'expérience de la vieillesse." Francis Bacon

Voyager en famille

Quand la famille s'agrandit, c'est pour certains le temps de poser le sac et de s'enraciner. Pour d'autres, le regard de l'enfant et sa curiosité naturelle renouvellent le plaisir de voyager, devenant une opportunité de coapprentissage sans limites tout en y ajoutant une dimension contemplative. Le voyage en famille requiert certes quelques ajustements, mais il ne s'agit pas seulement de restrictions, contrairement à ce que l'on pourrait penser...

Avant le départ

Planifier son périple

L'étendue de la tâche de planification d'un voyage en famille dépend bien entendu de votre expérience du voyage. Si vous avez l'habitude des voyages autonomes, alternatifs et improvisés, vous ne trouverez pas l'exercice trop difficile, hormis les adaptations au fait d'être nouveau parent. Continuez à faire des voyages à votre image, en prévoyant un peu plus de temps pour tout : l'adaptation au nouvel environnement, l'alimentation, le choix de l'hébergement et le sommeil.

Choisir une destination

Où partir ? Il vaut mieux tenir compte des envies de tous les membres de la famille. Si les bébés ne risquent pas d'exiger un détour par Katmandou, les petits seront ravis de se sentir inclus dans le processus de décision. C'est d'autant plus important avec des enfants d'âge scolaire et pour de très longs voyages. Leur opinion peut porter sur des destinations précises, mais les enfants voudront le plus souvent inclure des activités.

Certains feront rêver leurs gamins, avant de partir, avec des livres, des magazines, de la musique ou des recettes exotiques. D'autres préféreront attendre la surprise de la découverte, en préparant leur enfant à l'adaptation et au rythme du voyage plutôt qu'à une culture en particulier. La route se chargera du reste...

LES ÂGES DU VOYAGE

ÂGE	AVANTAGES	INCONVÉNIENTS POSSIBLES
Bébé **0 à 18 mois**	Se porte partout, dort souvent et n'importe où, pas d'opinion sur les destinations et activités, coûts supplémentaires peu élevés, préjugés favorables de la part des habitants.	Communique peu. Système immunitaire fragile. Bien peu de souvenirs du voyage.
Bambin **18 mois à 4 ans**	Communique un peu, phase d'apprentissage intense.	Très mobile mais pas solide sur ses pieds, peur de rien, désir d'autonomie croissant, demande une grande vigilance, manipulation enfantine et crises. Besoin d'un lit. Peut-être le moment le plus difficile pour voyager.
Enfant **4 à 12 ans**	Curiosité et innocence, beaucoup d'interaction, de joie, plus d'autonomie sous supervision, meilleur sens des situations.	Doit être impliqué dans un maximum de décisions. Travaux scolaires à suivre de près.
Ado **13 ans et plus**	Plus indépendant, plus grande gamme d'activités, peut se coucher tard, mange plus varié.	Mauvaise humeur face à l'ennui, négativité, besoin de voir d'autres adolescents et d'avoir plus d'espace personnel. Activités souvent plus dispendieuses, beaucoup de négociations.

Pour arrêter votre choix de destination, tenez compte des facteurs suivants :

Temps Tenez compte de la saison, du climat (et des activités liées à la saison – sports d'hiver/d'été…) et des périodes de vacances scolaires. Le décalage horaire et la durée du voyage sont aussi à prévoir, tout comme d'éventuelles fêtes religieuses ou nationales sur place.

Budget Une fois payés les frais fixes, combien vous reste-t-il ? Les dépenses augmentent plus vite avec des enfants. Certaines économies (de taxi, d'hébergement) ne seront plus aussi simples à réaliser avec des enfants fatigués ou malades.

Expérience Est-ce que la région est considérée comme facile ou complexe pour votre niveau d'aventure ? Par exemple, l'Inde peut être écrasante pour des voyageurs néophytes, l'Asie du Sud-Est plus simple à gérer…

Santé et sécurité Quels sont les risques sanitaires ? Géopolitiques ? Y a-t-il des maladies endémiques (paludisme, fièvre jaune) pour lesquelles la prévention est complexe ou les vaccins déconseillés ? À quelle distance se trouvent les hôpitaux les plus proches ? Quels sont les soins facilement accessibles ? Etc.

Logistique Quel genre de voyage souhaitez-vous ? Allez-vous voyager avec une autre famille ? Être hébergé chez l'habitant ? Échanger votre maison ? Quels seront vos moyens de transport ?

Énergie Êtes-vous déjà en forme ? Arrivez-vous à bien gérer les tensions de la parentalité à la maison ? Avez-vous besoin de grandes vacances ou d'une expérience de voyage ?

Latitude et altitude Des pays plus froids requièrent plus de matériel mais engendrent moins de problèmes sanitaires. Si vous pensez aller en montagne, assurez-vous que les plus jeunes supporteront bien l'altitude. Les recommandations maximales varient en fonction de l'âge : 1 200 m pour les bébés de moins d'un an, 1 800 m jusqu'à 2 ans, 2 500 m jusqu'à 5 ans et 3 000 m jusqu'à 10 ans.

Flexibilité Un voyage trop planifié pourra devenir une grosse déception en cas de maladie et d'autres soucis. Vous devriez pouvoir modifier votre itinéraire ou ralentir le rythme sans trop de difficulté au besoin. Voyager en famille, c'est aussi développer avec finesse l'art du plan B !

Documents et passage de frontières

Chaque enfant doit avoir son propre **passeport avec photo** conforme (sans sourire !) – il n'est plus possible de les faire inscrire sur le passeport des parents. En outre, mieux vaut être bien équipé pour le passage des frontières. Des problèmes peuvent survenir s'il y a le moindre doute sur l'identité de l'enfant, notamment si la photo n'est plus tellement ressemblante. Il vaut mieux avoir plus de papiers d'identité que nécessaire et des photos supplémentaires. Pour les citoyens européens, la carte d'identité (gratuite) suffit pour se déplacer dans l'Union européenne et la Turquie, mais il peut être nécessaire de prouver que vous êtes bien le parent de l'enfant ou son gardien légal ; gardez donc le **livret de famille** ou l'**acte de naissance** à portée de main.

Si vous partez en Europe, demandez votre **carte européenne d'assurance maladie** (voir p. 40). N'oubliez pas le **carnet de vaccination**, au besoin. Au niveau des **assurances**, si vous prenez une assurance annulation, veillez à ce qu'elle couvre bien toute la famille si l'un de ses membres tombe malade.

N'oubliez pas de numériser tous les documents (ainsi que des pages principales du carnet de santé de vos enfants) et d'en imprimer des copies, essentielles en cas de perte ou vol.

Le parent voyageant seul avec son enfant doit s'astreindre à encore plus de formalités administratives : **lettre de consentement** de l'autre parent confirmant que l'enfant est autorisé à voyager. Il est préférable de faire légaliser ou certifier la lettre par apposition d'un sceau par un avocat, un notaire, le greffier de la commune ou un commissaire à l'assermentation (Canada). La lettre doit être traduite dans la langue du pays d'accueil. La décision de vous laisser passer la frontière ou non est à la discrétion de l'agent d'immigration, même si vous avez avec vous les documents. Il vaut mieux conserver avec vous le certificat de naissance de l'enfant et les ordonnances du tribunal relatives à la garde ou, le cas échéant, le certificat de décès de l'autre parent.

Vêtements

Vous trouverez localement un grand choix de vêtements pour enfants adaptés au climat. Il est donc inutile d'emporter trop de choses et de se priver du plaisir des marchés en famille !

Avec un bout de savon de Marseille, vous pourrez laver les dégâts au fur et à mesure qu'ils surviennent et éviter les moisissures sur les vêtements. Pour éviter l'inconfort et les rhumes, veillez à ce que les vêtements de l'enfant ne soient jamais humides, surtout chez un bébé. Glissez dans votre sac des vêtements de rechange dans un sac hermétique, et utilisez des sacs plastique pour protéger les autres affaires du sac à dos.

Les chaussures seront sans doute l'élément le plus important de l'attirail de l'aventurier en herbe. Privilégiez des chaussures fermées en matière naturelle et respirante, qui sèchent rapidement.

Trousse à pharmacie

Pour les préparatifs de santé, reportez-vous à la rubrique *Santé*, p. 84.

Organisation des bagages

Que l'on fasse le choix de la voiture, d'un voyage sac au dos ou de type "camp de base", en rayonnant autour d'un point de départ, la présence d'un enfant demande une réorganisation en profondeur. Dans tous les cas, les parents apprécieront de compartimenter leurs bagages plus qu'à l'habitude – avec des boîtes en plastique (en voiture) ou des pochettes de type "sacansacs".

S'il n'y avait qu'une règle à retenir, c'est que l'on doit être en mesure de tout transporter soi-même ! Si vous hésitez, faites un test sur une journée avant de partir.

AVEC BÉBÉ

Il faudra penser ses bagages non seulement en fonction du matériel spécialement prévu pour le bébé, mais aussi tenir compte du **portage**. Pour des raisons de stabilité et d'ergonomie, il est préférable que le parent porteur supporte une charge moins lourde dans le sac à dos. Plutôt que d'envisager deux sacs de 50 litres, on pourra répartir la charge totale entre un sac à dos de 30 litres et un autre de 70 litres, en portant l'enfant devant. Certains objets légers (couches, langes, tissu) ou essentiels (eau, lingettes) peuvent être transportés dans un sac fourre-tout à bandoulière, à condition de ne pas trop déséquilibrer l'ensemble.

Pendant la journée, il faudra avoir sur soi, et à portée de main, **les essentiels** : gourde, biberon, gamelle et couverts, sacs plastique, comprimés de stérilisation à froid, petite trousse de premiers soins (voir les détails p. 85), mouchoirs, lingettes, gel hydroalcoolique, couteau suisse, petit bout de savon de Marseille, couches et vêtements de rechange.

Bien qu'il soit possible de porter le bébé et le sac à dos, le parent voyageant en solo choisira peut-être une valise ou un sac à roulettes assortie d'un sac ultraléger et un voyage de type "camp de base" – qui permet aussi de prévoir une poussette, si le terrain le permet.

L'ajout pratique au sac des familles : un grand morceau de tissu ! On le déploie pour le jeu, pour isoler des banquettes suspectes, pour langer bébé ; il sert aussi d'abri contre le soleil ou la pluie, d'écharpe ou de couverture pour se réchauffer, de voile pour allaiter, d'attache pour transporter l'enfant sur soi ou le stabiliser sur une chaise... Pensez à en trouver un suffisamment large, mais qui sèche rapidement lorsqu'on le lave.

À PARTIR DE 3 ANS

À partir de 3 ans, le bambin peut porter son sac à dos en journée, avec un ou deux jouets qu'il aura choisis, son doudou, une collation et sa bouteille d'eau... La règle générale pour le poids du sac : ne pas dépasser 12% du poids de l'enfant.

Hébergement

Rien ne vous empêche de camper ou de trouver un hébergement chez l'habitant. Il suffit d'être organisé et de bien communiquer, en choisissant si possible des familles avec des enfants d'un âge rapproché des vôtres. De grands sacs en plastique pourront protéger les matelas si l'enfant fait pipi au lit.

Les parcs de voyage pour bébé sont plutôt lourds et encombrants. À l'hôtel comme chez l'habitant, le lit pop-up – moins encombrant qu'un lit parapluie – pourrait vous être utile. Autrement, une bonne solution de dépannage : un tiroir aux larges bords retiré d'une commode et déposé sur le sol !

Si vous préférez louer un hébergement, privilégiez les petites pensions, souvent tenues par des couples ou des familles, qui en outre sont plus accommodants. Les auberges de jeunesse ont souvent des chambres familiales permettant à tout le monde d'être ensemble, avec salle de bains privée et, bien sûr, accès à la cuisine. Enfin, un hôtel avec un jardin intérieur vous donnera un espace de détente familial. Il n'est pas nécessaire de se trouver en centre-ville – l'essentiel est de pouvoir prendre les transports facilement avec tout son équipage !

Sur la route

Rythme de croisière

Les premiers jours vous demanderont sans doute le plus d'adaptation, le temps de prendre une routine et de se remettre du décalage horaire. Planifiez la journée de départ afin d'éviter d'y rajouter des éléments stressants. Au besoin, posez-vous quelques jours dans la ville d'arrivée, ajoutant ensuite progressivement des activités quand tout le monde se sent mieux.

Instaurez des routines : elles rassureront tout le monde dans un nouvel environnement exigeant. Le rituel solidifie les liens et favorise la détente.

Si vous partez pour une période relativement courte, vous pouvez débuter l'adaptation au décalage horaire avant le départ, en décalant progressivement les heures de sieste et de repas. Sans forcer l'enfant à manger, offrez-lui tout de même de la nourriture aux heures de la nouvelle routine. En prenant le rythme de votre destination, l'enfant s'adaptera plus aisément.

Si vous prévoyez de faire des visites touristiques, privilégiez le début de la matinée, lorsque l'enfant n'est pas encore fatigué et les sites moins bondés. Il peut être pratique et même plus économique de passer par de petites agences locales plutôt que de tenter de tout organiser soi-même (transport, logistique).

Portage

Porter bébé en voyage, c'est réguler sa température, au frais comme au chaud, en l'harmonisant à celle du porteur. C'est aussi lui offrir un contact physique rassurant, berçant et facilitant la communication, en plus de le maintenir à la hauteur des adultes, pour voir et interagir avec les gens rencontrés. Pour le père, c'est l'occasion de prendre le relais après 9 mois de portage 24h/24 par maman.

Plusieurs options de portage s'offrent à vous, parmi une pléthore de modèles, de marques et de qualités. Plus un porte-bébé est rigide et plus il faut faire de pauses pour favoriser la circulation du sang du bébé et éviter l'inconfort. Dans tous les cas, il faut impérativement les tester avant le départ et prévoir en fonction du climat. N'hésitez pas à prendre contact avec une monitrice de portage certifiée via une association : vous y verrez plus clair entre les différentes options.

Écharpe de portage

Cette option sera retenue pour ses multiples possibilités de position (portage sur le dos, le ventre, la hanche...) et son look sobre. D'une longueur de 4 ou 5 mètres environ, l'écharpe peut être utilisée de façon créative. En revanche, la mise en place sera plus fastidieuse qu'avec un porte-bébé à sangles. Il faut aussi être prudent et éviter le port en position fœtale car il y a risque d'étouffement quand le menton du bébé exerce une pression sur son cou ; mieux vaut le maintenir en position verticale ou dans la position du berceau.

Plusieurs modèles existent sur le marché (écharpe tissée, extensible, ajustable à anneau – *ring sling*, plus rapide à installer), qu'il vaut mieux tester durant quelques jours avant votre départ.

Porte-bébé à sangles (préformé)

Les porte-bébés à sangles peuvent être aussi souples et sobres que les écharpes (de type Mei Tai) ou au contraire très structurés et modernes (de type ErgoBaby® ou Manduca®). Ils peuvent être utilisés à partir de la naissance jusque vers 3 ans, selon les modèles. Le bébé peut faire face à l'adulte (ventral) ou être porté face au monde à partir du moment où il tient sa tête seul (environ 5 mois). Entre 0 et 4 mois, on ajoutera un "cocon physiologique" au porte-bébé pour emmitoufler le nourrisson et le maintenir en position tout en préservant sa colonne vertébrale.

Dans un porte-bébé ergonomique, l'assise doit être profonde, les hanches et les genoux remontés. La courbure naturelle du dos vers l'avant doit être respectée. Certains porte-bébés où l'enfant a son dos contre le ventre de l'adulte semblent pratiques car l'enfant voit devant, mais cette position est très stimulante et peut épuiser l'enfant qui n'a pas de possibilité de se replier. Ils ont aussi l'inconvénient fâcheux de le soutenir par la fourche, comprimant les parties génitales, ce qui lui est dommageable à terme.

@ Quelques marques bien appréciées des mamans voyageuses : ErgoBaby®, BabyBjorn®, Manduca®, Beco®, Storchen Wiege®, Tula® pour ne nommer que celles-là ! Envie d'en apprendre plus sur le portage de bébé avant de vous lancer ? Voici deux sites Web regorgeant d'infos : **Papotages autour du portage** (lespetitsportes.wordpress.com) et **Porter son enfant** (www.portersonenfant.fr).

Sac à dos rando-bébé

Pour la randonnée et avec des enfants un peu plus lourds (à partir de 6 mois et jusqu'à 22 kg), un sac à dos porte-bébé peut s'avérer pratique. Muni d'une armature et plus fonctionnel, il est généralement équipé d'un auvent et de petites sacoches détachables, en plus de se maintenir verticalement au sol avec bébé en place. Étant plus rigides et moins ergonomiques que les autres types de porte-bébés, il vaut mieux sortir l'enfant régulièrement pour qu'il se dégourdisse les jambes. Attention cependant, notamment si vous devez prendre l'avion : il est assez encombrant !

Poussette

Les poussettes sont moins pratiques en voyage, à moins de réaliser un voyage de type "camp de base" dans un pays où les routes sont lisses. Elles présentent l'avantage de permettre à l'enfant de s'allonger, de pouvoir être utilisées plus tardivement que les porte-bébés (jusqu'à 4 ans pour les poussettes deuxième âge), de faire parfois office de chaise pour bébé et de permettre de transporter plus de bagages, surtout lorsque l'on voyage seul avec l'enfant. Elles peuvent toutefois s'avérer encombrantes voire même dangereuses sur terrain accidenté et dans les escaliers. On prendra soin de choisir un nombre et un modèle de roues adaptés au type de terrain rencontré.

Des marques très recommandées par les mamans blogueuses : MacLaren®, Babyzen®, Peg-Pérego®. Reste le problème du transport en avion – les poussettes doivent généralement aller en soute, bien que vous puissiez utiliser la poussette de type canne jusqu'à la porte d'embarquement. Le personnel de bord vous dira où la récupérer à la sortie.

Informez-vous des modalités auprès de la compagnie aérienne.

Alimentation du bébé

Pour l'alimentation et l'hydratation des enfants, voir la rubrique *Hygiène, eau et nutrition*, p. 85.

Allaitement

L'allaitement est idéal pour le voyage car il nécessite peu d'équipement, le lait est toujours à bonne température et le bébé n'est pas exposé à la contamination extérieure. Il est possible que la fréquence des demandes de bébé augmente car il voudra se rassurer dans un environnement stressant.

Connaissez-vous les coquilles d'allaitement ? Si vous sécrétez beaucoup de lait, vous devrez sans doute nettoyer vos compresses très souvent, ce qui n'est pas toujours pratique. Les coquilles servent à recueillir le lait en cas d'écoulements spontanés du sein controlatéral pendant les tétées.

L'allaitement est toléré presque partout dans le monde à condition d'être fait avec discrétion. On utilisera un bout de tissu pour se draper (comme l'écharpe de portage ou un lange) ou des chemises amples. En cas de doute, observez les femmes locales ou informez-vous auprès d'elles.

Biberon

Le nettoyage des tétines représente une charge de travail supplémentaire et demande un peu d'organisation, mais rien n'est impossible : petite brosse pour nettoyer en profondeur, comprimés de stérilisation à froid, dosettes de lait en poudre... Un biberon avec sacs préstérilisés jetables peut vous simplifier considérablement la vie.

Grâce à la mondialisation, on retrouve de grandes marques de laits infantiles partout dans le monde. Il pest souhaitable de faire des tests avant le départ pour voir comment bébé réagit. Les chauffe-biberons de voyage n'ont pas la cote : un Thermos d'eau chaude et une bouteille d'eau froide permettront d'obtenir la bonne température en un tournemain. Si vous avez accès à de l'eau potable, préférez la poudre, mais on trouve également des préparations liquides, pratiques si vous vous déplacez en voiture.

Transports

Voiture

Pour un voyage à l'intérieur d'un même pays, il peut être avantageux de louer une voiture si les routes sont en bon état et les cartes routières bien détaillées. L'avantage est que l'on est bien plus autonome dans ses déplacements et que l'on peut transporter bien plus de matériel, mais attention, la conduite peut aussi s'avérer être un vrai calvaire !

Attention, les sièges auto ne sont pas toujours disponibles en location, ni adaptés aux normes de sécurité occidentales.

Gardez toujours une grande bouteille d'eau à bord ainsi que les essentiels pour faciliter le trajet (de quoi distraire l'enfant, de la musique, des biscuits, un oreiller gonflable...). Organisez le coffre en fonction des urgences, avec un change de vêtements toujours à portée de main.

Autant que possible, déplacez-vous aux heures où l'enfant fait habituellement sa sieste. Arrêtez-vous souvent pour qu'il se dégourdisse les jambes et pour permettre au conducteur de faire des pauses. Prévoyez si possible un pique-nique.

En cas de problème (mal des transports, grosse crise, etc.), ne vous arrêtez jamais sur la bande d'arrêt d'urgence : mieux vaut se rendre à la prochaine sortie ou aire de repos, quitte à laisser l'enfant souillé pour un court moment.

Une voiture avec chauffeur, pourquoi pas ? Si la conduite dans un pays étranger vous rebute, informez-vous des possibilités de louer les services d'un chauffeur à la journée ou la demi-journée, en négociant à l'avance le trajet, la durée, etc.

Train

Un voyage en train peut être une bonne occasion de se reposer en famille, à condition de ne pas être séparés entre différents wagons ! Mieux vaut réserver pour éviter les mauvaises surprises. Les trains sont des lieux de rencontre avec les habitants, en plus de laisser plus d'espace pour que tout le monde puisse se dégourdir les jambes.

À noter : les trains possèdent peu d'infrastructures pour les familles, mis à part parfois une table à langer. Enfin, les arrêts sont courts, ce qui demande de bien anticiper le moment de descendre avec les enfants et tout votre attirail !

Avion

PRENDRE L'AVION AVEC BÉBÉ

À partir de 7 jours bien comptés, le bébé peut prendre l'avion. Jusqu'à l'âge de 2 ans, il pourra voyager à tarif très réduit (10 à 30% du tarif normal ; parfois sans supplément bagage) sur vos genoux ou dans un couffin spécialement prévu à cet effet, selon son poids. Souvent fourni par la compagnie aérienne, le couffin ne peut toutefois pas être réservé. Les enfants de 2 à 11 ans doivent occuper leur propre siège (environ 80% du tarif normal). Les exigences et le traitement réservé aux familles par les compagnies aériennes variant beaucoup, vérifiez absolument leurs modalités avant de réserver (y a-t-il une nacelle pour le bébé ? Quels sont les services spécifiques proposés à bord ? etc.).

Si vous demeurez dans un même fuseau horaire, privilégiez les vols sans escales, car celles-ci peuvent s'avérer compliquées voire exténuantes avec un bébé, sans compter les formalités de sécurité et douanières, plus longues encore pour le parent solo. Mais pour un long trajet avec un décalage horaire important, une escale de quelques heures peut adoucir la transition et permettre de se dégourdir les jambes. Les grands aéroports disposent souvent de zones de jeu ou même d'un espace familial ("Family Center"), où l'on peut manger, se détendre, allaiter...

Votre bagage à main devra tout contenir pour l'attente, qui peut être longue, et pour le trajet (couches, lingettes, change, sacs plastique, quelques jouets, nourriture, lait...) mais aussi pour le cas où vos bagages seraient égarés. Prévoyez si possible un change pour vous et quelques médicaments, en gardant en tête les exigences de sécurité concernant les liquides. Votre bébé compte pour une personne, il a normalement droit à un bagage cabine. Vous pouvez donc prendre un sac bébé en plus de votre bagage personnel.

La plupart des compagnies permettent l'embarquement prioritaire des familles avec de jeunes enfants – arrivez tôt ! Il ne vous sera pas possible d'occuper les sièges près des sorties d'urgence – le mieux est de se retrouver en tête de section (il y a plus d'espace) ou encore près des toilettes. L'idéal est de réserver ses sièges, pour garder la famille ensemble et être placé à l'endroit le plus pratique.

Arrivez tôt à l'aéroport car les formalités administratives sont parfois plus longues avec un enfant. Une fois dans l'avion, voyez avec les agents de bord s'ils ont des packs-jouets ou s'ils peuvent vous assister pour réchauffer la nourriture (avec de l'eau chaude uniquement).

Pour soulager bébé des changements de pression, faites-le boire ou téter au moment du décollage et de l'atterrissage. L'air est très sec en cabine : faites-le boire régulièrement (gardez un biberon à portée de main).

Jouer

Votre équilibre mental et votre tranquillité d'esprit dépendront notamment de votre capacité à réinventer des jeux avec un matériel limité. On choisira donc des jouets multi-usages en fonction de la durée et du type de voyage. Voici quelques idées et recommandations :

» Lampe de poche, pour jouer et pour des soirées de contes effrayants

» Jeux de cartes, jeux de dés

» Matériel créatif : crayons de couleur, carnet, colle, ciseaux, de quoi réaliser un carnet de voyage

» Livres : à couverture souple ; si l'enfant est plus âgé, une liseuse fera des merveilles. Il existe des guides et des journaux de voyage adaptés aux enfants !

» Console de jeux, téléphone, tablette, films : pratiques pour les longs trajets en transports. Prévoir une sélection de jeux et de films, des écouteurs, des piles et un chargeur.

» Musique, contes et livres parlés

» Papier ou ardoise magique

» Boîtes en plastique emboîtables, ballons à gonfler, pâte à modeler, marionnettes, figurines...

Vous hésitez à amener un jouet ? Quelques questions pratiques pour éclaircir un choix : est-il incassable, silencieux, multi-usage, compact ? Contient-il des petites pièces détachables faciles à perdre ?

Outre le matériel, ne négligez pas de fréquenter les lieux propices aux jeux : parcs, cours d'école, espaces verts... Ce seront des moments d'échange pour vos enfants et de détente pour les adultes !

Activités

Les goûts des enfants diffèrent de ceux des adultes – préparez-vous à devoir négocier ! L'art, l'archéologie ou les musées peuvent être inscrits au programme, mais à petite dose. Privilégiez les instants de rencontre, les expériences, les moyens de transport, les activités locales comme des fêtes de quartier, les marchés, les visites d'usine, etc. L'enfant ne retire pas forcément la même chose que l'adulte d'un voyage – mais il apprend autant que vous, sinon plus !

Sur la route, les petites mains peuvent apprécier de contribuer à un journal de bord familial ou à un carnet personnel. Un vieux téléphone peut devenir un appareil photo que l'on ne redoutera pas autant de perdre et qui permettra très vite au petit d'offrir sa vision et de jouer avec les images.

Marche

Ici, le moyen de transport est à la fois synonyme d'aventure, d'éducation physique et de jeu d'orientation. Vers l'âge de 4 ans, un bambin peut randonner lentement sans trop de problèmes, mais soyez attentif aux symptômes de fatigue lors de "sorties tests". Un peu après 8 ans, l'endurance augmente et vous pourrez faire des randos d'une quinzaine de kilomètres (maximum de 4 heures).

⚠ Attention aux ampoules, elles n'épargnent pas les plus jeunes et peuvent rapidement devenir handicapantes !

La marche en famille dans les campagnes est une bonne occasion de se faire héberger spontanément (voir le chapitre *Accueil spontané chez l'habitant*, p. 318). Prévoyez tout de même l'équipement de bivouac ! Si vous préférez vous initier à la marche de façon plus encadrée, certaines agences spécialisées proposent des forfaits adaptés aux familles (notamment Terres d'Aventure et Allibert Trekking).

Vélo

Le cyclotourisme est possible à partir du moment où bébé tient sa tête seul et jusqu'à un poids de 20 kilos environ (4 ans). Deux options s'offrent à vous : le siège vélo (avec un casque !) et la remorque. Quand l'enfant devient trop lourd et tant qu'il n'est pas assez expérimenté pour conserver l'équilibre, il faut faire un choix : la barre de remorquage tandem ou encore un tandem adulte-enfant fait sur mesure. À partir de 9 ans environ, l'enfant pourra rouler sur son propre vélo, mais les distances quotidiennes et la répartition des bagages devront être adaptées en conséquence.

Animaux

Quand les animaux de la rue sont paisibles et affectueux, ils sont source de joie pour les enfants. Gardez toujours en tête qu'ils peuvent avoir des comportements imprévisibles et être porteurs de maladies, comme la rage. Au moindre doute, ne laissez pas les enfants les approcher. Sinon, voyez d'abord comment réagit l'animal puis laissez l'enfant s'approcher. Attention tout de même : nettoyez-lui les mains une fois les caresses terminées !

» **Zoos :** Un grand classique en famille. Vérifiez toutefois à l'avance la réputation et le traitement des animaux par l'établissement, afin de ne pas encourager des pratiques inacceptables ni de traumatiser les enfants.

» **Réserves animalières :** Ce qui impressionne les enfants, ce sont les gros animaux (éléphants, lions, rhinocéros...) et les troupeaux, notamment lors des grandes migrations. Apportez des jumelles adaptées aux petites mains !

» **Refuges :** Une opportunité éducative et ludique qui rassemble beaucoup d'enfants.

Plage et baignade

Moment de détente pour tout le monde, une sortie à la plage requiert toutefois une bonne dose de vigilance. En effet, la noyade représente la principale cause de décès à l'étranger, et pas seulement des enfants. Pour vous prélasser, préférez des plages entretenues (moins de risques de blessures) et surveillées. Gardez tout de même un œil sur les enfants ! Ne marchez pas pieds nus sur des plages non aménagées, ni là où vous risquez de tomber sur des scorpions et des serpents.

Dans l'eau, une seule règle : on ne touche pas à ce que l'on ne connaît pas ! Attention aux méduses, oursins, coraux et autres objets coupants. Enfin, l'eau douce, surtout stagnante, présente plus de risques sanitaires que l'eau salée.

Attention au soleil, car le sable reflète une grande partie des rayons UV – prévoyez un abri improvisé, comme un grand morceau de tissu, une tente ou un lit pop-up.

Des manches longues et un chapeau à large bord sont essentiels pour jouer au soleil. Et n'oubliez pas l'eau !

Bateau

À la fois moyen de transport, lieu de vie, apprentissage et idée sortie, le bateau est une activité pour tous les âges, mais requiert une vigilance accrue. À partir de 7 ans, l'enfant pourra même participer aux manœuvres ! Assurez-vous de pouvoir emprunter un gilet de sauvetage adapté à la taille de votre enfant, sinon vous devrez en apporter un. Attention au soleil, car l'eau reflète les rayons UV.

Camping

Camper, c'est trouver à la fois une activité et un type d'hébergement bon marché, voire gratuit (voir le chapitre *Camping en milieu naturel*, p. 300). C'est, de plus, une façon de voyager qui respecte le rythme des jeunes enfants, plus près des rythmes du soleil. Montez le bivouac de bonne heure et soufflez un peu !

Au niveau des âges, les parcs nationaux et la pleine nature colleront mieux aux intérêts des plus jeunes tandis que les pré-ados voudront un peu plus d'animation : plage, sports, activités culturelles. Le camping à la ferme, souvent tenu et fréquenté par des familles, peut être un bon compromis.

Avant un long voyage, testez le matériel et l'organisation de votre petite caravane dans un jardin ou lors d'un long week-end.

Plongée

À partir de 8 ans, vous pouvez inclure la plongée dans vos registres d'activités en famille. Faites appel à une agence réputée, membre d'une fédération et appliquant de très bonnes normes de sécurité. Elle doit proposer en location du matériel adapté aux enfants.

Le plus gros défi sera sans doute de trouver un instructeur parlant une langue que l'enfant comprend – ce qui n'est pas impossible puisque beaucoup d'instructeurs sont des expatriés et des voyageurs. Faites marcher vos contacts et vérifiez, au besoin, auprès des offices du tourisme des pays concernés ayant des bureaux en France.

Certains cours certifiants sont ouverts à partir de 10 ans, mais il faudra attendre 14 ans pour pouvoir plonger seul avec le certificat Open Water.

L'école buissonnière

Voyager avec des enfants de plus de 5 ans implique de réserver des moments pour l'étude et les travaux scolaires. En fonction de la durée de votre voyage et de la situation scolaire de votre enfant, prenez le temps de rencontrer les enseignants plusieurs mois à l'avance.

Plutôt que de voir le voyage comme des "vacances" hors du système, vous pourrez convaincre l'enseignant des aspects pédagogiques du voyage. Normalement, quelques heures tous les deux ou trois jours, dans la chambre ou dans les transports, devraient suffire à maintenir le rythme. Vous pouvez notamment proposer la tenue d'un journal de voyage, de la lecture quotidienne et des travaux spécifiques sur la matière à couvrir pendant l'absence. La "pause journal de bord" peut devenir un rituel familial produisant des souvenirs que l'on conserve et qui se partagent avec le reste de la famille ou avec la classe au retour. Pour les moins de 7 ans, l'adulte pourra aider l'enfant à consigner ses impressions, accompagnant ses dessins.

S'il vous est possible d'avoir accès régulièrement à Internet, un lien ponctuel avec la classe peut être envisagé, en partageant des photos, des textes et des petites vidéos. Enfin, sur de très longs voyages, vous pouvez envisager soit de vous charger vous-même des classes, soit de recourir aux services de l'éducation à distance (www.cned.fr en France ; www.elearning.cfwb.be en Belgique).

Santé

De façon générale, l'enfant est plus sensible au soleil, à l'altitude et à la chaleur que l'adulte. Il a besoin de plus de sommeil, son système immunitaire est plus fragile et le risque de déshydratation est plus élevé.

Les problèmes de santé de l'enfant et les symptômes à surveiller sont d'abord et avant tout les mêmes que ceux auxquels vous seriez confronté à la maison, tout en composant avec la réalité du terrain : une langue et une culture étrangères, des hôpitaux et dispensaires de qualité variable, des endroits isolés et des moyens de transport restreints. En cas d'urgence, votre ambassade pourra vous orienter sur les centres médicaux locaux.

Le top des demandes de remboursements présentées aux compagnies d'assurances pour la santé des enfants en voyage :

» Otites et problèmes ORL

» Gastro-entérites

» Chutes

Adapter sa trousse à pharmacie

Pour mieux s'occuper de la santé des plus jeunes, on veillera à adapter sa trousse de secours passe-partout (voir la liste du chapitre *Trousse de secours*, p. 394) en fonction de leurs besoins spécifiques : thermomètre, analgésique en gouttes, solution pour gencives douloureuses (homéopathie : Camélia), gel d'aloès, sels de réhydratation, pommade contre l'érythème fessier. Sans oublier : une visite avant le départ chez le dentiste, les ordonnances, une deuxième paire de lunettes (avec étui rigide), etc.

Trousse mise à part, pensez à garder toujours à portée de main les essentiels de la journée : analgésique, antivomitif, désinfectant, crème à l'arnica, pansements et compresses, crème solaire et protection antimoustiques.

Pour ce qui est des huiles essentielles, certaines sont contre-indiquées pour les enfants, l'huile de menthe et de citronnelle pour ne mentionner que celles-ci. Si vous les utilisez à des fins d'aromathérapie, évitez le contact avec la peau de l'enfant. Soyez très prudent !

Hygiène, eau et nutrition

Règles d'hygiène de base

Déjà une préoccupation majeure pour l'adulte, l'hygiène des petits est un élément critique d'un voyage en bonne santé. Prenez le temps d'expliquer à votre enfant les règles de base et l'importance du lavage des mains. Les lingettes humides sont bien pratiques, tout comme un morceau de savon de Marseille et un gel antiseptique à base d'alcool.

Alimentation

Les mêmes précautions que pour les adultes sont de vigueur (voir le chapitre *Nutrition*, p. 254), à ceci près qu'il faut être plus prudent. On privilégiera les plats bouillis ou bien cuits, on diversifiera lentement l'alimentation et l'on évitera donc les aliments à haut risque sanitaire (viandes crues, poissons marinés, fruits de mer, etc.), on fera attention aux glaces et aux yaourts artisanaux (le lait a-t-il bien été bouilli ?) et aux glaçons dans les boissons.

Pour les plats locaux qui auraient tendance à être épicés, goûtez toujours en premier. Enfin, n'introduisez pas d'aliment réputé allergène dans l'alimentation (noix, fruits de mer) si vous êtes loin d'un hôpital.

Les enfants de 3 à 12 ans étant plus sujets au mal des transports que les adultes, ayez avec vous des aliments pratiques, qui tiennent au corps sans être trop juteux : agrumes, fruits secs, pomme, banane pas trop mûre, barre de céréales, etc. à donner à l'enfant en petite quantité.

Pour éviter les fringales, une bonne stratégie est de prendre un solide petit-déjeuner et d'avoir sur soi des collations appropriées (biscuits, fruits secs, etc.), qui permettent à l'enfant de patienter en cas de fatigue ou de baisse de régime. Voyager en famille vous donne un "capital sympathie" important – n'hésitez pas à faire des demandes spéciales aux restaurateurs, au besoin !

Allergies : Pour éviter toute méprise, imprimez une carte illustrant les allergies alimentaires de l'enfant. Il est prudent de traduire quelques expressions dans la langue locale et de garder quelques portions de nourriture déshydratée dans les bagages : la prévention a bien meilleur goût !

Hydratation

Les enfants doivent boire beaucoup d'**eau** ou des boissons peu sucrées (éviter les sodas), plus encore dans les pays chauds. Sachez que la tisane de camomille peut se boire à tout âge et favorise le sommeil.

Le brossage des dents devrait se faire avec une eau potable, minérale ou traitée. Soyez méticuleux sur l'hygiène dentaire, au moins autant que vous le seriez à la maison !

Les tout-petits peuvent tout de même être affectés par la diarrhée du voyageur. Évitez l'usage d'antidiarrhéiques, privilégiez les solutions de réhydratation, l'eau de cuisson du riz (à partir de 6 mois) et les probiotiques pédiatriques. Surveillez étroitement la fièvre (supérieure à 39°C), les signes de déshydratation et la présence de sang dans les selles : autant de raisons de vous rendre à l'hôpital.

La solution de réhydratation (préconisée par l'Organisation mondiale de la santé) : mélangez un litre d'eau stérile, six cuillerées à café de sucre et une cuillerée à café de sel.

Vaccins et maladies tropicales

L'idéal est de suivre le calendrier de vaccins que vous auriez suivi à la maison. Les vaccinations spécifiques au voyage ne sont pas données avant 12 ou 18 mois, selon le cas. Le médecin du centre de santé des voyageurs est le plus apte à éclaircir ce point avec vous. Si vous vous rendez dans un pays où la fièvre jaune est endémique, sachez que cette vaccination obligatoire n'est pas délivrée avant l'âge de 9 mois. Il est donc déconseillé de visiter l'Afrique équatoriale et certains pays d'Amérique du Sud avant cet âge.

MALARIA (PALUDISME)

Pour la protection contre la malaria, l'enfant pourrait se voir conseiller un antipaludéen par voie orale. Les enfants ont un risque élevé de développer une forme aiguë de cette maladie. Privilégiez de visiter l'endroit en saison sèche, quand il y a moins de moustiques. Si vous devez tout de même traverser une région à risque, la prévention des piqûres reste la meilleure stratégie, tant pour la malaria que pour la dengue : moustiquaire imprégnée en bon état, lit pop-up avec moustiquaire et antimoustiques approprié (pas de DEET avant 6 mois, DEET 10% une fois par jour jusqu'à 2 ans et 3 fois par jour jusqu'à 12 ans), vêtements clairs et couvrants, et rester à l'intérieur à la tombée de la nuit.

Sécurité

La sécurité des enfants est sans doute la première des préoccupations lorsque l'on part en voyage en famille. Tant que l'enfant est trop jeune pour marcher, tout ira bien car il restera contre vous presque tout le temps et il ne pourra pas s'éloigner. Après, c'est une autre paire de manches, particulièrement pour les familles avec plus d'un enfant !

La sécurité est donc une combinaison d'habitudes préventives quotidiennes et d'une éducation de l'enfant aux règles de sécurité. Ne sous-estimez pas ce point : l'enfant juge et agit pour sa sécurité beaucoup plus qu'on ne pourrait le croire, à condition qu'on lui en donne les moyens.

Pour éviter les angoisses de la perte d'un enfant dans la foule, préparez-vous à cette éventualité. Si certains parents privilégient le harnais de sécurité (la "laisse", parfois habilement cachée dans un sac à dos pour bambins) pour les moins de 4 ans, l'idéal reste une bonne préparation mentale.

Voici une liste de sujets dont il faudrait discuter avec l'enfant :

» Toujours rester près du ou des parents dès qu'il y a beaucoup de monde.

» Rappel des dangers de la circulation (voitures, mobylettes, tuk-tuks !).

» Si l'on reste dans un même lieu comme un parc ou une place, définir un point de repère en cas de problème, s'ils sont en âge de comprendre.

» Poser des questions sur des scénarios possibles. "Que ferais-tu si... ?"

» Dès l'âge de 3 ans, votre enfant devrait être en mesure de mémoriser un numéro de téléphone.

» En fonction de son âge, lui donner des consignes précises : ne plus bouger et s'asseoir où il est, même si un adulte tente de l'amener ailleurs, ou encore demander de l'aide à un agent de sécurité, une caissière, une mère avec ses enfants...

» Apprendre à dire NON, à refuser, voire crier fort et tout renverser autour de soi si un adulte tente de le forcer à le suivre. Lui expliquer que les adultes ne demandent jamais de l'aide aux enfants.

» Promettre à l'enfant que vous ne l'abandonnerez jamais.

» Demander la permission avant d'accepter un cadeau.

Après une bonne discussion avec l'enfant sur les risques des foules, certains iront jusqu'à faire une **simulation contrôlée**, avec le consentement de l'enfant... ou sans ! Si certains décrient cette méthode, beaucoup de mères confessent qu'elle a servi à un moment, avec un enfant particulièrement difficile. Elle rappelle à l'enfant que la sécurité n'est pas un jeu, que c'est diablement sérieux, mais elle ne dispense pas de prendre le temps de couvrir les sujets ci-dessus !

Pour limiter les dégâts si l'inévitable devait se produire, l'enfant devrait avoir sur lui un bracelet ou une carte de contact (autour du cou ou dans un soulier) avec quelques informations comme vos nom, numéro de portable, adresse, numéro de téléphone local lorsque c'est possible. Un chapeau ou un accessoire de couleur très visible pourra vous aider à repérer l'enfant plus rapidement dans la foule.

TÉMOIGNAGE

"Tous les déserts sont différents et semblables à la fois : aucune agriculture n'y est praticable, faute de pluie. Aujourd'hui semble faire exception ; nous sommes dans le désert de Gobi, dans le sud de la Mongolie, et le ciel grisonne. Nous avons loué une camionnette russe, impossible à briser, paraît-il. Si vous n'avez jamais vu un campement se monter rapidement, mettez-y des nuages noirs menaçants, ajoutez-y quelque grondement de tonnerre et un éclair par-ci, et par-là ! En dix minutes, nos quatre tentes nous abritent. Pierre, mon époux, glisse quelques contenants pour récolter l'eau de pluie au pied du double toit. Le lendemain matin, nous constatons les dégâts : le désert est inondé. Nous sommes bloqués par une immense rivière et le débit du torrent nous empêche de circuler. Nous attendons un peu et en milieu d'après-midi nous traversons finalement à pied. La vitesse des flots nous donne le vertige, l'eau glaciale nous arrive à la taille. Charles peine, du haut de ses 12 ans, mais son frère aîné lui prête main-forte. Notre minibus à vide roule plus facilement. Il glisse, dérape et nous passons à deux cheveux de nous embourber. D'autres n'ont pas notre chance : une fourgonnette se renverse, plusieurs s'enlisent. Je filme la scène. À travers mon zoom, j'aperçois, au milieu du cours d'eau, un homme sur le toit d'un véhicule qui appelle des secours. J'avertis notre chauffeur. L'aide s'organise, mais pour intervenir, il faut attendre que le niveau des flots baisse. Quelques heures plus tard, tous sont sains et saufs."

Michèle, mère de neuf enfants, www.les11.com

Pour aller plus loin

Blogs et sites Web

» www.mamanglobetrotteuse.com – Caroline tient un blog prolifique où elle raconte entre autres des expériences d'échange de maison

» www.voyagesetenfants.com – Blog généraliste avec des conseils, récits et critiques de matériel

» www.avec-mes-enfants.fr – Famille globe-trotteuse de trois enfants, prolifique en petits guides par pays

» www.mamanvoyage.com – Plus de 70 voyages en famille et un tour du monde

» voyage.gc.ca/voyager/enfant – Site du gouvernement canadien, avec un bon modèle de lettre de consentement parental

Livres techniques

» COLLECTIF. *Voyager avec ses enfants* (Lonely Planet, 2017)

» COLLECTIF. *Voyager avec des enfants* (Ulysse, 2013)

» CHENU, Typhania Ursula. *Voyager avec un bébé : Guide pratique pour les jeunes parents* (Autoédition, 2020)

Récits de voyages

» SOUFFLARD, Thierry. *Insolents voyageurs : L'art de se faire inviter partout dans le monde avec sa tribu* (Arthaud, 2017)

» CORTES, Édouard. *En chemin vers Rome* (XO Éditions, 2013)

» TSAGALOS, Corinne. *Le Tour du monde en camping-car : 4 ans de découvertes en famille* (Aubanel, 2008)

» SOULAT, Sylvie et Alain. *Autour du monde avec Ulysse : une odyssée familiale à tandem* (Stanké, 2003)

» ARTERO, Damien. *No Man Iceland* (Éd. Arthaud, 2012)

"Il ne sert de rien à l'homme de gagner la Lune s'il vient à perdre la Terre." François Mauriac

Réduire son impact écologique

Nous abordons le voyage alternatif dans un contexte de crise écologique et humaine, marqué par le réchauffement climatique, connu pour son accélération inédite et ses effets irréversibles sur les écosystèmes.

Notre "impact écologique" et notamment "climatique" dépasse largement les limites permettant à notre société d'être durable.

Nous consommons plus que la Terre ne peut produire et polluons plus que ce qu'elle peut absorber, tant pour répondre à nos besoins (ou nos désirs) de logement, de transport, d'alimentation qu'à cause d'une consommation excessive. Nos sociétés prennent progressivement conscience de leur impact écologique et du danger que cela représente pour l'homme ; la nature a toujours su s'adapter et survivra à l'homme et à ses dégâts. Cependant, il est difficile d'imaginer des solutions concrètes et accessibles à tous sans devoir bouleverser nos habitudes, notre mode de vie.

Pour le voyageur, le même problème se pose. Alors qu'on manque de temps ou d'alternatives, l'avion reste un moyen de transport rapide et pratique, mais aussi très polluant. Peut-on se permettre de prendre l'avion ? Qu'en est-il de notre consommation de nourriture, nos hébergements, notre matériel, nos déchets ? Comment concilier le voyage et la conscience environnementale sans sombrer dans l'incohérence ? Bref, comment réduire l'empreinte écologique de ses voyages sans compromettre son désir d'aventure ?

Bien sûr, vous n'êtes pas les premiers à vous retrouver face à ce dilemme. Plusieurs moyens ont été imaginés pour soulager à la fois la Terre et votre conscience.

Prise de conscience

À la maison comme en voyage, nos choix et nos comportements ont un impact sur l'environnement. Que ce soit à travers la nourriture et l'eau que l'on consomme, les produits que l'on achète ou les déchets et le gaz carbonique que l'on rejette, notre parcours sur la Terre laisse des traces. C'est d'autant plus vrai lorsque l'on commence à se déplacer sur de grandes distances, que l'on doit se nourrir et se loger en dehors de notre univers connu tissé d'habitudes et de structures institutionnelles comme l'enlèvement des déchets, le recyclage, le compostage, etc. Un grand voyage n'est pas un prétexte pour se défiler de ses responsabilités. Au contraire, c'est l'occasion de remettre en question ses pratiques du quotidien et découvrir de nouvelles façons d'envisager ses liens avec le milieu.

Ce chapitre propose des solutions concrètes et adaptées au voyageur afin qu'il réduise son empreinte écologique et ses émissions de gaz à effet de serre. Ces solutions sont basées sur la mise en valeur d'un voyage plus lent et le changement des perspectives liées au voyage : **le chemin devient la destination**.

L'ECO_2, QU'EST-CE QUE C'EST ?

Il existe beaucoup de gaz à effet de serre (GES) : vapeur d'eau, méthane, dioxyde de carbone, etc. Le dioxyde de carbone (CO_2) est le principal GES produit par l'activité humaine. Il représente à lui seul la moitié des GES d'origine anthropique et est généralement pris comme référence. Par nature, les GES sont plus ou moins puissants. Le méthane, par exemple, contribue vingt-cinq fois plus à l'effet de serre que le CO_2, à quantité égale. Afin de simplifier le calcul, les scientifiques ont défini "l'équivalent CO_2" (écrit eCO_2), qui ramène sur une base commune tous les GES. Ainsi, pour reprendre notre exemple, 1 g de CO_2 est égal à 1 g d'eCO_2 et 1 g de méthane est égal à 25 g d'eCO_2.

Qu'est-ce que l'empreinte écologique ?

L'**empreinte écologique** est un concept apparu dans les années 1990 qui permet d'évaluer la pression qu'une population donnée exerce sur les ressources naturelles, notamment sur la capacité de la nature à se renouveler et à absorber les rejets. Ainsi, plus un mode de vie requiert de ressources et génère de déchets, plus son empreinte sera grande. Inversement, une population qui consomme peu et principalement localement laisse une empreinte faible. C'est ce calcul qui est mis en avant lorsque l'on affirme qu'il nous faudrait "plusieurs planètes" si tout le monde consommait et polluait comme on le fait dans les pays les plus industrialisés.

Par la suite, dans un contexte de changements climatiques, d'autres outils ont été développés pour analyser plus précisément l'impact de nos modes de vie, notamment l'**empreinte carbone**. Elle évalue la quantité de gaz à effet de serre relâché dans l'atmosphère par une pratique donnée. C'est un outil d'analyse particulièrement approprié pour comparer tout ce qui requiert de l'énergie (transport, production de biens de consommation, par exemple), mais ne prend pas en compte certains effets comme la toxicité des rejets, la capacité d'un milieu à absorber les déchets, etc. Elle est exprimée en équivalent carbone eCO_2 (voir l'encadré ci-contre).

Enfin, l'**analyse du cycle de vie** prend en compte l'impact environnemental d'un bien depuis sa production jusqu'à son élimination. Par exemple, l'impact de l'eau embouteillée, c'est la somme des impacts de la production du plastique, de la fabrication de la bouteille, de son transport, du pompage de l'eau, de la mise en bouteille, du transport jusqu'au point de distribution et enfin de l'élimination de la bouteille. En analysant l'ensemble du cycle de vie, on obtient une **base de comparaison** qui facilite les choix de consommation en faisant apparaître leurs impacts cachés.

Estimer son empreinte carbone

Le calcul précis des émissions de GES est un problème complexe. Prenons l'exemple du calcul des émissions liées à un trajet en voiture : on calcule la consommation d'essence en fonction du nombre de passagers, mais il faut ensuite y inclure les émissions liées au cycle de vie du véhicule (sa fabrication, son importation, son entretien et sa destruction), celles liées à la mise en place et à l'entretien de l'infrastructure routière, etc.

Un autre exemple : pour un trajet en avion, compte-t-on uniquement le CO_2 émis ou ajoute-t-on aussi l'impact des particules qui assombrissent l'atmosphère et captent ainsi davantage les rayons du soleil, participant ainsi au réchauffement de la planète sans être considérés comme des gaz ? Quelles émissions sont dues spécifiquement aux activités humaines ? Un grand nombre de paramètres sont imbriqués et il est parfois difficile de déterminer la limite à poser afin que les calculs demeurent significatifs.

Le calcul

La grille p. 91 vous permettra d'estimer vos émissions de GES en voyage.

Calculez d'abord les émissions totales de chaque poste (transport, repas, équipement) en faisant le calcul suivant : A x B = émissions totales

Une fois les totaux de chaque poste calculés individuellement, additionnez-les entre eux pour obtenir ainsi une approximation de vos émissions totales d'eCO_2.

Les données de ce tableau sont des estimations issues des informations fournies par l'Ademe. Elles peuvent varier selon le mode de production de l'électricité, le taux de remplissage des transports, etc. Par exemple, il est fort probable que les déplacements en train soient plus polluants à l'étranger, car en France beaucoup de trains utilisent l'énergie électrique d'origine nucléaire, à faible émission d'eCO_2. De même, un même repas peut présenter de grandes variations selon la saison. Ce tableau vous permet d'estimer vos émissions, mais un calcul précis demanderait une étude bien plus complexe.

Calculateurs

De nombreux calculateurs sont également disponibles sur Internet. Toutefois, selon les critères retenus pour le calcul, les résultats peuvent varier du simple au double ! Voici quelques sites pouvant vous être utiles :

www.coachcarbone.org Dernier-né des outils de l'Ademe et de la Fondation pour la Nature et l'Homme, le coach identifie pour vous des options concrètes pour réduire votre empreinte carbone en perdant des kilos d'eCO_2 !

www.bilans-ges.ademe.fr Base de données de l'Ademe, un peu complexe à naviguer et disponible sur inscription. Très utile pour réaliser vos propres grilles de calcul et comprendre comment sont calculées les valeurs d'eCO_2.

www.bonpourleclimat.org/leco-calculateur Calculateur spécifique à l'alimentation.

Réduire son impact sur l'environnement

L'eau potable

Dans certaines régions du monde, la qualité de l'eau est une préoccupation quotidienne du voyageur qui souhaite conserver la santé. Il est tentant de ne consommer que de l'eau en bouteille pour minimiser les risques alors que l'on n'en consommerait jamais à la maison. Pourtant, il est possible dans la plupart des cas d'**ajouter un traitement** pour assainir l'eau : pastilles désinfectantes, chloration, microfiltration, traitement UV (Stéripen®), paille-filtre (Lifestraw®), etc. Dans d'autres cas, l'eau peut être en bidons dans les maisons et il vous sera possible de remplir votre gourde au fur et à mesure sans avoir à racheter de bouteilles. Pour des conseils sur la purification de l'eau, voir le chapitre *Cuisiner sur la route*, p. 271.

Il faut aussi parfois tenir compte de la **disponibilité de l'eau douce** dans un endroit donné. Prendre une douche quotidiennement n'a pas le même impact en Islande qu'au Sahara ! Une bonne stratégie est d'aligner ses pratiques et sa consommation sur la population locale, quitte à laisser de côté son confort pour quelque temps. Pour des conseils sur le maintien d'une bonne hygiène du corps, voir l'encadré p. 372.

La nourriture

La façon dont on se nourrit a de multiples impacts sur l'environnement. L'agriculture occupe non seulement une grande surface mais elle consomme aussi beaucoup d'eau douce, d'énergies fossiles et bien souvent de produits chimiques comme des engrais ou des pesticides qui ont un impact durable sur les sols et sur les eaux de surface. À cela s'ajoutent la transformation, le transport et la distribution des denrées qui nécessitent bien souvent de l'eau et de l'énergie à toutes les étapes.

Par exemple, la production et la commercialisation d'un kilo de viande de bœuf dégagent environ 28,6 kg d'eCO_2, soit l'équivalent d'un peu plus d'une centaine de kilomètres parcourus en voiture, tandis qu'un kilo de poulet revient à 3,6 kg d'eCO_2. Sans compter les émissions dues à la dégradation des matières organiques dans les déchetteries si cette nourriture n'est pas entièrement consommée…

L'exploitation agricole est aussi la première cause de déforestation, notamment les pâturages pour le bétail, la production de soja, la canne à sucre, les biocarburants et les palmiers à huile. Ces produits sont largement utilisés pour l'alimentation des animaux d'élevage, la production de biocarburants et de produits alimentaires transformés. La conversion de territoires forestiers en des usages plus rentables à court terme constitue une véritable menace sur la biodiversité, les populations locales et le climat. Rappelons que les forêts sont source de nourriture et d'habitat, permettent de refroidir la Terre en contribuant aux précipitations, mais aussi de purifier l'eau à travers leurs racines et de capturer d'importantes quantités de CO_2, agissant comme des puits de carbone.

Comment réduire son empreinte écologique au niveau de l'alimentation ? En mangeant des **fruits et légumes locaux** et **de saison**, en privilégiant une alimentation **faible en viande et en poisson** (notamment

(1) TRANSPORT	(A) ÉMISSIONS DE GES EN KG ECO_2/KM/PERS	(B) DISTANCE EN KM	ÉMISSIONS TOTALES (1) EN KG/PERS
Avion 180-250 sièges vol long courrier	0,22	?	?
Avion 100-180 sièges vol moyen courrier	0,26	?	?
Train (moyenne Europe)	0,06	?	?
Voiture (par voiture)	0,26	?	?
Bus	0,16	?	?
2-roues motorisé (moyenne Europe)	0,22	?	?
(2) REPAS	(A) ÉMISSIONS DE GES EN KG ECO_2/REPAS	(B) NOMBRE DE REPAS	ÉMISSIONS TOTALES (2) EN KG/PERS
Repas avec viande rouge	4,5	?	?
Repas moyen (France)	2,3	?	?
Repas végétarien	0,44	?	?
(3) ÉQUIPEMENT (HABITS, OBJETS, TROUSSE DE SOINS, LIVRES, ETC.)	(A) ÉMISSIONS DE GES EN KG ECO_2/€ D'ÉQUIPEMENT	(B) DÉPENSE TOTALE EN € LIÉE À L'ÉQUIPEMENT (PRIX FRANÇAIS)	ÉMISSIONS TOTALES (3) EN KG/PERS
Équipement général	0,37	?	?
Équipement électronique	0,92	?	?
TOTAL (1)+(2)+(3)	?	?	?

les poissons carnivores d'élevage) et en évitant les **plats préparés et suremballés.** Enfin, on minimisera le gaspillage de nourriture en ne commandant **jamais plus que nécessaire** et en ayant toujours avec soi un contenant pour emporter les restes au restaurant.

Le secteur de l'élevage serait responsable de 14,5% des émissions humaines mondiales de gaz à effet de serre (FAO, 2013). Limiter sa consommation de viande est un engagement écologique !

Biodiversité

De nombreux épidémiologistes s'accordent à dire que l'émergence de la Covid-19 est liée à la perte de biodiversité. À moins d'alléger la pression humaine sur la biodiversité, il est prédit que de futures pandémies émergeront plus souvent et se propageront plus rapidement.

Les conséquences du passage d'un voyageur sur la biodiversité locale peuvent sembler infimes, mais c'est en additionnant les actions de tous les voyageurs que la pression sur les écosystèmes se fait ressentir. Pour minimiser notre impact, on cherchera à laisser derrière soi le moins de traces possibles de son passage, que ce soit en ne jetant pas de déchets dans la nature, en ne prélevant pas d'espèces protégées ou en respectant les consignes mises en place dans les aires protégées.

En raison des impératifs de développement local et économique, notre consommation a également un impact sur le milieu. On évitera donc les souvenirs et l'artisanat impliquant des coraux, des coquillages ou des bois exotiques rares ou d'espèces vivantes. Quant

QUELQUES CHIFFRES POUR MIEUX COMPRENDRE...

Une tonne d'eCO_2 équivaut environ à :

» 20 000 km de train
» 11 538 km en covoiturage à 3 personnes
» 6 250 km en bus
» 4 500 km en avion long courrier
» 220 repas avec viande rouge
» 2 273 repas végétariens

aux repas, on se posera des questions quant aux viandes chassées et aux poissons qui nous sont servis, en évitant notamment de consommer des espèces de poissons menacées par la surpêche à l'échelle globale ou dont la pêche pose des problèmes éthiques (chalut de fond, dragues, senne). Citons entre autres le cabillaud, le thon rouge, le saumon atlantique, l'espadon et l'aiglefin. Un rapide coup d'œil aux statistiques en temps réel sur www.planetoscope.com/biodiversite devrait suffire à vous en convaincre.

Le matériel

Le voyage sac au dos nous invite à adopter une démarche minimaliste quant à nos acquisitions de matériel de loisir. En effet, porter tout ce que l'on possède sur son dos nous amène à choisir avec soin la composition de nos bagages afin d'être le plus efficace possible. On privilégiera des objets légers mais aussi autant que possible durables, réparables, polyvalents, non toxiques, consommant peu d'électricité, produits localement et/ou de façon éthique. On peut aussi louer une partie de son équipement, donner une seconde vie à du matériel d'occasion et revendre ou donner le sien lorsque l'on ne l'utilise plus pour alléger son impact environnemental.

Pour ce qui est des produits d'hygiène, on optera pour des marques bio et non toxiques ou, pourquoi pas, des produits que l'on fait soi-même (voir *Se protéger des moustiques* p. 370 et *Hygiène du corps,* p. 372).

Enfin, notez que votre choix de matériel électronique et votre usage d'Internet a des conséquences, même si elles ne sont pas directement visibles. Pour permettre le stockage et la transmission massive de données en continu sur le réseau, l'Internet consomme des ressources en métaux et en énergie bien au-delà de la consommation individuelle. C'est la somme des milliards d'e-mails (19 g d'eCO_2 !), de requêtes dans les moteurs de recherche (10 g d'eCO_2 !) et de transferts de fichiers qui a un impact gargantuesque. Les émissions carbone d'Internet ont maintenant dépassé celles de l'industrie aérienne civile et représentent environ 2% des GES émis. Faire notre part, c'est donc rationaliser et optimiser l'usage qu'on fait du matériel électronique et d'Internet. Le choix d'un équipement durable, réparable ou de seconde main possédant une faible consommation électrique (écolabel européen ou label Energy Star) pourra minimiser ces impacts, sans oublier le recyclage de nos équipements en fin de vie ! Pour voir les chiffres en temps réel, rendez-vous sur www.planetoscope.com/developpement-durable. Attention, ça donne le tournis !

Le transport

En France, le secteur du transport compte à lui seul pour près de 33% des émissions humaines de GES. Pour le voyageur, l'avion est sans doute le moyen de transport ayant le plus grand impact climatique par passager et par kilomètre, notamment s'il est utilisé pour parcourir de courtes distances. Mais ce n'est pas tout : lorsque les moteurs d'avion tournent au ralenti, ils dégagent quantité d'autres polluants comme les oxydes d'azote (NOx), du monoxyde de carbone (CO) et des composés organiques volatiles. L'avion devrait donc être un moyen de transport de dernier recours pour l'écovoyageur qui privilégiera un transport au fil de la terre ou de l'eau. S'il n'est pas possible de faire autrement, on envisagera alors la compensation carbone (voir ci-contre) pour réduire son empreinte carbone.

Les **formes actives de transport** exercent une faible pression sur l'environnement. Autant que possible, on tentera de se déplacer à pied ou à vélo, et pourquoi pas à skis ou à cheval, ce qui permet une découverte intime du paysage et des aspects humains à travers un voyage lent. Si l'on souhaite couvrir de grandes distances, on privilégiera autant que possible les transports d'optimisation comme le covoiturage, le voyage en cargo ou les différentes formes d'auto-stop. Enfin, les transports en commun émettent moins de polluants que l'usage de l'auto solo ou de l'avion, en plus d'avoir un rôle social important auprès des populations locales.

Des panneaux publicitaires qui deviennent des cabas, des machines à laver faites à partir de pièces de vélo ? Et si la deuxième vie d'un objet passait par son usage créatif sans devoir le déchiqueter et le refondre ? C'est le défi de l'*upcycling* ou surcyclage. En plus de nécessiter peu d'énergie, le recyclage créatif est souvent créateur d'emploi localement auprès d'artisans. Raison de plus pour en soutenir les initiatives !

Les déchets

Plus de voyageurs à nourrir, à loger et à distraire, c'est aussi plus de déchets à éliminer pour des populations déjà aux prises avec leurs propres défis de gestion des matières résiduelles. À la maison comme sur la route, les voyageurs se doivent d'adopter des stratégies efficaces de réduction en s'inspirant de l'approche zéro déchet, dans cet ordre :

1) Refuser tout ce qui ne nous est pas utile, qu'on ne compte ni garder ni utiliser. S'il s'agit d'un cadeau et qu'il serait malvenu de le refuser, songer à le donner en cadeau plus loin sur la route, pour garder vivante et heureuse la chaîne du don.

2) Réduire le contenu de son sac à dos en choisissant son matériel de façon délibérée, avec des objets durables et polyvalents. Réduire aussi les emballages en se ravitaillant auprès des marchés, halles, dépôts de vrac et magasins bio. Envisager de louer ou d'emprunter un équipement plutôt que de l'acheter si on en fait un usage très occasionnel.

3) Réutiliser les contenants, bouteilles et sacs dont on n'a pas su se passer. Passer aux produits hygiéniques lavables et réutilisables (coupes, serviettes, mouchoirs). Avoir toujours sa gourde ou un gobelet avec soi. Enfin, acheter d'occasion le matériel technique lorsque c'est possible.

4) Recycler dans la mesure des infrastructures locales. Se rappeler que celles-ci diffèrent parfois fortement de celles dont on a l'habitude et valoriser les projets de surcyclage à vocation sociale.

5) Composter lorsque c'est possible ses déchets organiques.

@ Pour plus d'information sur la gestion des déchets et les stratégies de réduction, allez sur www.ademe.fr/ca-suffit-le-gachis et sur le blog de Béa Johnson, www.zerowastehome.com.

QUELQUES OPÉRATEURS

» **www.co2solidaire.org** Premier programme de compensation volontaire à avoir vu le jour en France. Allie projets de développement solidaire et compensation carbone

» **www.goodplanet.org** Association française qui invite à s'engager concrètement sur les projets de compensation

» **carboneboreal.uqac.ca** Projet québécois avec des arbres plantés localement

» **www.carbonfund.org** et **www.terrapass.com** Deux organismes internationaux de référence

Dans la nature, il est aussi parfois nécessaire d'en faire un peu plus pour contrer les effets de la présence humaine. Aussi, n'hésitez pas à prendre un sac pour ramasser des déchets lorsque vous partez à la plage ou en randonnée. N'oubliez pas vos mégots de cigarette (emportez un cendrier de poche !

Songez enfin à préserver les cours d'eau en utilisant des produits biodégradables et en rejetant vos eaux usées suffisamment loin des berges (voir p. 372).

@ L'application BULK (www.zerowastehome.com/app) permet de repérer des lieux de vente en vrac à travers le monde.

Compenser ses émissions de GES

Pour inverser la vapeur et restaurer l'équilibre climatique, il nous faut **diminuer nos émissions globales de GES**. En théorie, il est possible de compenser les 4 tonnes d'eCO_2 émises par un vol France-Pérou en plantant une forêt en Asie ou en implantant des centrales électriques à énergies renouvelables là où il n'y en a pas, le principe étant d'**agir intentionnellement en provoquant la baisse, l'annulation ou l'absorption des GES** là où, sans cette initiative, rien n'aurait été fait. La **compensation du carbone** et plus globalement l'intégration du coût du carbone dans l'économie (principe du pollueur-payeur) sont soutenues par de nombreux organismes militants.

La démarche reste souvent personnelle : on parle de **compensation volontaire**. La plupart des actions de compensation sont réalisées dans des pays en développement, sans doute pour en réduire les coûts mais aussi pour y soutenir le développement durable.

Toutes les activités consommant de l'énergie sont génératrices de GES. Les écosystèmes absorbent naturellement une partie du CO_2, notamment les plantes lors de la photosynthèse. En plus de réabsorber le carbone que ses cycles naturels produisent, la Terre peut actuellement absorber environ **500 kg d'eCO_2 par habitant**. C'est en quelque sorte le "crédit carbone" annuel de chaque être humain, la quantité maximale que la planète peut absorber compte tenu de ses cycles naturels. Cependant, notre **consommation quotidienne** génère beaucoup de GES, surtout lorsqu'il s'agit de produits importés. En France, chaque individu émet en moyenne 12,6 tonnes d'eCO_2 annuellement. C'est donc 93% des émissions de GES qui ne sont pas réabsorbées par les écosystèmes et qui viennent accélérer le réchauffement climatique ! On estime que pour limiter les conséquences désastreuses sur le climat, les pays industrialisés devraient diviser leurs émissions par quatre.

Les **organismes de compensation volontaire** (voir l'encadré p. 93) proposent à leurs clients d'acheter des kilos d'eCO_2 compensés par des projets qu'ils financent. En calculant votre consommation carbone, vous avez alors la possibilité de "racheter" le CO_2 émis. En Europe, deux marchés distincts coexistent : le marché réglementé, très encadré et destiné aux industries visées par les quotas d'émission, et le marché volontaire, indépendant des contraintes réglementaires. Tous les organismes du marché volontaire n'ont pas la même crédibilité et le prix à la tonne varie énormément d'un opérateur à un autre, allant de 0,80 à 30 € sur le marché français, avec une moyenne autour de 5,40 €. En combinant cela avec les variations liées au mode de calcul des émissions, on arrive à des écarts importants : compenser un même vol au long cours pourrait se traduire par une différence de plusieurs dizaines d'euros selon l'opérateur choisi...

Comme vous l'avez compris, il est difficile de mettre en place un projet légitime, rigoureux et efficace et de comptabiliser le carbone réellement émis, réduit ou compensé. Outre les limites liées aux calculs, il y a un risque de déresponsabilisation. **Compenser n'est pas une solution et ne doit pas nous faire oublier le vrai problème** : nous devons émettre moins de GES, individuellement comme collectivement. Les projets de compensation des GES dans les pays du Sud sont aussi parfois critiqués, car la compensation se fait souvent au mépris de la qualité du projet et du développement socio-économique local.

Avoir un impact positif sur l'environnement

Un voyage peut aussi être l'occasion de participer à des actions concrètes ayant un impact positif sur l'environnement, que ce soit en prenant part à des projets communautaires, à des activités de reforestation ou d'agriculture durable, au Wwoofing, à des actions d'éducation environnementale, etc. Vous trouverez des idées de séjours au chapitre *Accueil organisé contre travail*, p. 340. Nous vous invitons aussi à consulter les initiatives répertoriées par **Hopineo** (hopineo.org) et **Utopies Concrètes** (utopies-concretes.org), pour ne nommer que celles-là.

Vers un tourisme sobre, lent et durable

Vous l'aurez compris, le voyage et la rencontre des autres sont une opportunité de prendre conscience des défis que pose la protection de l'environnement ailleurs sur le globe et de changer certains de ses comportements de façon durable. La démarche écologique s'applique aussi au voyageur qui doit faire des choix et peut réduire son impact.

Les façons d'agir sont multiples et s'ancrent d'abord dans les gestes simples de la consommation au quotidien. L'idée n'est pas de devenir un voyageur irréprochable mais de mettre en place de petits changements de façon durable tout en portant un message qui pourra inspirer les autres. Mais pour d'autres personnes, ce sont l'ensemble des choix touristiques qui seront remis en question pour amorcer une transition vers un voyage moins consommateur et plus transformateur, moins spectateur et plus participant. Il est de notre devoir de préserver cette planète que nous aimons tant explorer et qui porte les vies de l'Humanité ; non seulement notre périple en sera plus écologique, mais il sera plus respectueux des populations locales. Il serait en effet

PARTIR EN MICROVOYAGE

Nul besoin de parcourir des milliers de kilomètres pour changer de perspective. Les microvoyages sont destinés à vous aider à expérimenter votre coin de la planète. Choisissez le vôtre selon votre humeur du moment !

Voici 6 idées pour vous lancer :

» Repoussez vos limites en tentant par exemple le glanage urbain dans votre ville (voir p. 392) ou en vous nourrissant dans la nature (voir p. 278).

» Laissez-vous guider par vos sens et baladez-vous jusqu'à trouver une odeur qui vous inspire, puis suivez-la jusqu'à sa source.

» Laissez le hasard décider de votre itinéraire ou de votre prochaine activité en les jouant aux dés.

» Invitez des proches dans l'aventure, en les laissant décider du programme de votre journée à votre place.

» Jetez une fléchette sur une carte de votre région ou une carte IGN, et partez y randonner.

» Partez "n'importe où" à vélo : demandez à chaque fois aux personnes rencontrées quelle devrait être la prochaine destination dans un rayon accessible à la journée.

Bon microvoyage !

impossible de dissocier notre impact environnemental de ses effets sociaux et sanitaires, la dégradation des milieux naturels ayant des conséquences importantes sur l'accessibilité et la qualité des ressources pour les populations locales. Réduire son impact, c'est donc aussi une question d'éthique et de solidarité humaniste.

Les stratégies de réduction de notre impact peuvent ainsi se résumer en quelques mots : lenteur, simplicité, efficacité, économie et solidarité. Finalement, adopter un comportement respectueux de l'environnement est plus que compatible avec une expérience de voyage réussie, authentique et agréable !

Pour aller plus loin

Sites Web

» www.ademe.fr – Agence de développement et de la maîtrise de l'énergie (France)

» www.info-compensation-carbone.com – Mieux comprendre les enjeux de la compensation

» www.unenvironment.org/fr – Programme des Nations Unies pour l'environnement

» www.vve-ecotourisme.com – Association des Voyageurs et Voyagistes éco-reponsables proposant notamment une charte du voyage éco-responsable

» www.planetoscope.com – La planète vue à travers l'immensité des statistiques mondiales et de leur évolution

Livres techniques

» JOHNSON, Béa. *Zéro déchet* (J'ai Lu, 2015)

» DE PERTHUIS, Christian. *Et pour quelques degrés de plus* (Pearson France, 2010)

» LEGUET, Benoît et BELLASEN, Valentin. *Comprendre la compensation carbone* (Pearson France, 2008)

» WACKERNAGEL, Mathis et REES, William. *Notre empreinte écologique* (Éd. Écosociété, 2018)

Films

» LAURENT, Mélanie et DION, Cyril. *Demain* (2015)

» GORE, Al. *Une vérité qui dérange* (2006)

» GORE, Al. *Une suite qui dérange : le temps de l'action* (2017)

"On voyage autour du monde
à la recherche de quelque chose
et on rentre chez soi pour le trouver."
George Moore

Préparation au retour

Lors de ce périple, vous êtes allé plus loin que d'habitude : vous avez découvert une ou des cultures en voyageant lentement, en apprenant une nouvelle langue, en dormant chez l'habitant... Vous avez rencontré quotidiennement des gens merveilleux dont la bonté vous a ému, dont la chaleur vous a touché. Après quelques semaines ou quelques mois sur la route, vous vous apprêtez maintenant à rentrer à la maison, à mettre fin à ce périple et à reprendre un rythme de vie plus stable...

La fin d'une période passée sur la route amène le voyageur à faire face à deux grands défis :

> Se réintégrer à un milieu familier, notamment à sa culture d'origine.

> Consolider et mettre à profit les acquis du voyage.

Une transition difficile

Aussi fluide et joyeux puisse être un voyage, ne nous leurrons pas : le retour dans la culture d'origine peut s'avérer très problématique car la personne qui revient est différente de celle qui est partie. Des changements parfois importants se sont opérés à l'intérieur, affectant ses valeurs, ses attitudes, ses actions, ses rêves et ses projets.

Ainsi, il y aura un décalage plus ou moins grand entre le souvenir de situations familières et sécurisantes et les émotions effectivement ressenties. D'intensité variable selon l'expérience vécue, ce décalage peut être vécu de multiples façons. En voici quelques-unes :

» Critiquer fortement certains aspects de son ancien mode de vie ou de celui de ses proches, surtout après avoir passé du temps dans un pays plus pauvre. Par exemple, le gaspillage vous semblera intolérable et vous choquera profondément.

» Dévaloriser son pays d'origine, en le comparant à ceux que l'on a visités.

» Ne pas trouver les mots pour expliquer ce qu'on a vécu ou ce qui a changé en nous.

» Avoir le sentiment d'être incompris par les personnes de notre entourage. Quand ces dernières posent des questions sur le voyage, elles ne semblent pas écouter attentivement la réponse et forment des jugements sur cette expérience.

» Avoir tendance à s'isoler en l'absence de certains repères qui vous rassuraient autrefois.

» Idéaliser le voyage comme mode de vie, notamment en repensant aux souvenirs positifs ou intenses vécus sur la route, à la facilité de cette vie.

» Ressentir de la déception en essayant de garder contact avec les amis rencontrés de la route. Avec le recul, on aura peut-être l'impression que ces relations nouées sur la route étaient superficielles.

» Avoir l'impression de n'avoir rien construit alors que ses proches ont obtenu un diplôme ou un poste prometteur, gagné de l'argent, acheté une maison voire se sont mariés… Les acquis intangibles du voyage semblent bien minces et surtout bien abstraits face aux réalités qui vous attendent sur le marché du travail.

» Ou au contraire : avoir l'impression que rien n'a bougé pendant son absence, l'impression de retrouver les choses, les gens tels qu'ils étaient avant de partir ; de ressentir que les gens sont mous, sans passion.

Une valeur ajoutée

Le voyage est une opportunité d'apprentissage fantastique, mais il n'est pas toujours facile de prendre suffisamment de recul pour identifier et s'approprier ce qu'on a appris.

Dans une perspective éducationnelle, on peut considérer cinq grandes catégories d'apprentissage :

Prises de conscience Meilleure connaissance de soi (sentiments, émotions, besoins, capacités, etc.), sensibilité accrue face aux autres, à sa propre culture, à celle des autres et à la diversité culturelle, aux relations interpersonnelles (affections, tensions, modes de décision, etc.), à l'environnement urbain ou naturel, etc.

Connaissances (savoirs) Informations sur les pays, les cultures, le voyage, les plantes, les techniques d'agriculture, les gestes à faire ou ne pas faire, etc.

Compétences (savoir-faire) Aptitude à faire son sac, à prendre en charge les démarches administratives, à gérer son budget, sa sécurité, ses relations, compétence de communication interculturelle, aptitudes linguistiques, résolution de problèmes, etc.

Attitudes et valeurs (savoir-être) Sentiment d'appartenance à la communauté mondiale, tolérance ou appréciation des autres cultures, envie de protéger l'environnement ou de vivre harmonieusement dans celui-ci, se remettre en question, avoir un esprit critique, connaître et choisir délibérément ses valeurs, considérer des façons alternatives de penser ou d'agir, etc.

Participation (pouvoir-faire) Agir conformément à ses valeurs, s'engager dans un apprentissage permanent, participer dans un groupe (communauté, association, organisation, etc.), s'impliquer bénévolement, mettre sur pied un projet ou y contribuer, partager de l'information sur des forums de discussion ou des sites Web contributifs comme des wikis, etc.

Préparer son retour

Le voyageur averti devrait considérer la préparation du retour comme une étape essentielle du voyage, notamment si celui-ci était de longue durée. Le retour de voyage est une transition majeure trop souvent négligée !

Il vous faudra d'abord stabiliser votre situation en prévoyant un logement et en réfléchissant à un projet pour se réinsérer socialement (études, travail, création d'entreprise, etc.).

On décrit généralement le retour comme un processus en 4 étapes : euphorie du retour, confrontation/décalage, ajustement et aisance.

Laisser le temps au temps

Au retour, on a parfois cette sensation d'être encore sur la route, ce "flottement" incertain qui donne le goût de repartir. La première stratégie consiste à anticiper ce flottement en s'accordant du temps, beaucoup de temps après un long voyage. Rien ne sert de se lancer dans des dizaines de projets alors que vous n'êtes pas totalement revenu. En laissant le temps faire son œuvre, vous vous donnerez plus de chances de retomber en équilibre sur vos deux pieds.

Au cours de cette période, osez exprimer votre inconfort et vos besoins à vos proches. C'est peut-être le moment de reprendre contact avec des gens qui ont aussi beaucoup voyagé afin de vous confier et de partager vos sentiments, idées, points de vue ou même simplement être écouté par une personne à même de vous comprendre.

Faire le bilan

Une autre stratégie est de relativiser et d'analyser votre expérience. Le retour est une opportunité de prendre du recul et de faire le bilan de votre voyage par écrit. Nous vous suggérons d'y inclure au minimum :

» **Points forts :** succès, moments agréables, découvertes, rencontres importantes, etc.

» **Points faibles :** échecs, moments désagréables, déceptions, crises, etc.

» **Apprentissages :** prises de conscience, connaissances, compétences, attitudes et valeurs, participation.

» **Perspectives :** comment ces apprentissages pourraient-ils s'insérer dans votre vie personnelle ? Dans votre vie professionnelle ?

» **Objectifs à court et à moyen terme :** que souhaiteriez-vous accomplir dans les trois mois et dans l'année suivant votre retour ? N'ayez pas peur de rêver ! Souvenez-vous que tout est possible. Servez-vous de l'énergie du voyage pour mettre en œuvre vos rêves les plus fous.

À partir de ce bilan, on peut déterminer des stratégies permettant de consolider certains acquis et éventuellement les mettre à profit. Par exemple, on peut prendre des cours d'une langue qu'on a commencé à apprendre, rédiger des articles pour un magazine spécialisé ou un journal local, organiser une expo photo, présenter une conférence, réaliser une œuvre d'art, reprendre de vieux rêves inachevés, etc.

Cette démarche d'évaluation a aussi l'avantage de donner un sens à son voyage et d'identifier les repères qui ont changé, ce qui facilite la réintégration.

On remarquera que les symptômes et les stratégies employées pour atténuer le "choc du retour" sont similaires à ceux liés au choc culturel (voir le chapitre p. 132). Il est important de se donner le temps de vivre la transition en douceur.

Enfin, quand on devient voyageur, il est rare que l'on cesse soudainement de l'être. Le voyage est avant tout un état d'esprit fluide, pleinement conscient et ancré dans le présent qui peut être vécu au quotidien, même si celui-ci est sédentaire et routinier.

Repartir ?

Il peut être tentant de repartir, surtout lorsque la transition du retour ne se passe pas très bien. Attention ! Avant de se précipiter sur le prochain voilier à destination de "n'importe où", tentez d'abord de comprendre ce qui vous pousse à repartir. S'agit-il d'un malaise généralisé ? Des problèmes face auxquels vous vous sentez impuissant ? N'y aurait-il pas d'autres stratégies pour améliorer la situation sans tout quitter brusquement ? Tenez pour acquis que ces problèmes referont immanquablement surface s'ils ne sont pas résolus, peu importe l'endroit où vous irez.

Certains envisageront le voyage comme mode de vie en travaillant à leur compte ou comme pigiste, en investissant dans l'immobilier, etc. On appelle parfois ces gens Location Independent Professionals (professionnels dont le travail ne dépend pas du lieu où ils se trouvent), technomades, "mobos" (bohémiens munis de mobiles) ou encore Digital Nomads (nomades numériques).

Si vous êtes en mesure de subvenir à vos besoins de façon durable dans ce mode de vie, pourquoi pas ? Sachez que ce n'est pas aussi facile qu'il n'y paraît, mais comme tout mode de vie, il s'agit de faire des choix et d'en accepter les conséquences.

Peu importe votre décision, dites-vous bien que sur la route ou à la maison, l'aventure continue...

Pour aller plus loin

Site Web

» www.retourenfrance.fr – Portail de retour d'expatriation, avec une communauté d'entraide et un groupe Facebook dédiés.

» retour-en-france.simplicite.fr – Informations administratives pour les Français de retour de l'étranger

Livres techniques

» CASSIN, Barbara. *La nostalgie. Quand donc est-on chez soi ?* (Autrement, 2018)

» FRÉANT, Anne-Laure. *Guide du retour en France* (Auto-édition, 2020)

» GINDRE, Florence. *De retour chez soi* (Auto-édition, 2013)

» LORD, Annie et PLAN Nagua. *Prendre le temps d'atterrir : Carnet de retour de l'étranger* (Éd. Septembre, 2007)

» STORTI, Craig. *The Art of Coming Home* (Intercultural Press, 2011)

Interagir

"Il ne sert à rien d'éprouver les plus beaux sentiments si l'on ne parvient pas à les communiquer."
Stefan Zweig

Outils de communication

La communication, pourquoi ?
"Partir, c'est mourir un peu", disait Alphonse Allais. La part qui meurt, c'est souvent les amis et la famille laissés derrière lors d'un voyage. Bien que cet éloignement fasse partie intégrante de l'aventure, il existe aujourd'hui une grande variété d'outils pour garder des liens avec nos proches et correspondre avec eux. En voyage, de bons moyens de communication peuvent aussi s'avérer utiles pour des raisons de sécurité ou professionnelles. La fréquence et la manière de correspondre varient selon le contexte, les besoins et le tempérament de chacun.

Certains font le choix volontaire de ne pas être joignables afin de s'offrir le luxe de vivre entièrement leur voyage : un crayon et un carnet de voyage sont leurs seuls outils de communication. En plus des économies de temps et d'argent, c'est aussi une certaine forme d'aventure, celle de l'imprévu et de la spontanéité. D'autres aiment pouvoir donner et recevoir des nouvelles à tout moment : messages et photos sur les réseaux sociaux, blogs et e-mails, souvent depuis leur téléphone portable. Bref, il y a autant de façons de communiquer en voyage qu'il y a de voyageurs.

Avant de vous équiper, réfléchissez bien à vos besoins réels et aux infrastructures en place pour composer le "cocktail communication" qui vous convient.

Accéder à Internet

Dans les pays où plus de 60% de la population utilise Internet comme aux États-Unis ou en Europe, la majorité des habitants ont facilement accès à un ordinateur. Pour le voyageur, l'accès à Internet se fera surtout par connexion Wi-Fi dans les cafés, les bars, les offices du tourisme, les bibliothèques et médiathèques, les hôtels ou chez l'habitant. Les cartes SIM 4G peuvent être disponibles mais sont généralement coûteuses sans abonnement.

Dans les pays où la percée d'Internet est plus lente (20-60%) comme ceux d'Amérique latine et d'Asie, l'accès à Internet se fera plus souvent dans les cybercafés ou par l'intermédiaire de cartes SIM ou clés 4G sans abonnement.

Dans les pays plus faiblement connectés (<20%) comme ceux d'Afrique subsaharienne, les cybercafés demeurent en faible nombre, situés principalement dans les grandes villes. On privilégiera donc l'accès via la téléphonie mobile.

WI-FI

Vous trouverez souvent des zones d'accès public à Internet (*hotspots*) dans les lieux fréquentés comme les parcs, cafés, aéroports, marinas, hôtels, gares ferroviaires et routières...

Des applications mobiles gratuites répertorient les points d'accès Wi-Fi à travers le monde sans toutefois être exhaustives. Vous les trouverez en cherchant "WiFi Finder" sur le Play Store ou l'Apple Store.

MISE EN GARDE

Sur les téléphones et tablettes, il est important de bien différencier le Wi-Fi du réseau utilisé par les opérateurs mobiles. En effet, la connexion Internet propre à la téléphonie mobile est le réseau 3G/3G+/4G parfois assez coûteuse mais dont la portée s'étend partout où le réseau téléphonique se rend, tandis que le Wi-Fi est une connexion à portée plus limitée (généralement un bâtiment) mais qui est beaucoup moins coûteuse (voire gratuite).

Depuis 2017, une loi oblige les opérateurs de l'Union européenne à vous permettre d'utiliser votre forfait téléphonique/vos données depuis un autre État membre de l'UE selon les mêmes conditions – ou presque – que dans votre pays d'origine.

Contactez votre opérateur afin de connaître ses options pour l'étranger. Si vous ne comptez pas les utiliser, mieux vaut désactiver la fonction d'itinérance des données mobiles afin d'éviter les mauvaises surprises car la facture peut vite devenir salée.

Certains points d'accès sont payants, il faut alors utiliser une carte bancaire ou, dans certains cas, les crédits prépayés de votre compte Skype (voir p. 102). Assez onéreuse, cette dernière solution n'est à utiliser qu'en dernier recours mais peut être pratique si vous vous connectez quelques minutes à la fois seulement. Dans ce cas, vérifiez toujours ces pages de connexion car il peut s'agir d'une tentative de hameçonnage visant à voler vos informations bancaires. Préférer les points d'accès portant les noms d'opérateurs connus du pays, du restaurant ou de l'hôtel où vous séjournez.

Sinon, il est de plus en plus rare mais encore possible de trouver des zones d'accès privées aux abords des habitations. Certains usagers ne sécurisent pas leur connexion, permettant ainsi à d'autres d'en profiter. Il reste tout de même idéal en termes de sécurité et de débit d'aller directement demander aux personnes qui vous entourent si elles consentent à partager leur code d'accès avec vous le temps d'un séjour. Une bonne manière de faire connaissance avec vos voisins !

Vous pouvez aussi envisager de vous munir d'un adaptateur USB Wi-Fi à gain élevé qui vous permettra de mieux capter un signal Wi-Fi faible.

⚠ Rappelons que les réseaux Wi-Fi publics, même dotés d'un mot de passe, sont des réseaux à risques. Des personnes mal intentionnées peuvent intercepter des données et mener des tentatives de hameçonnage ou piratage à votre encontre. Une solution simple pour s'en protéger est d'utiliser un

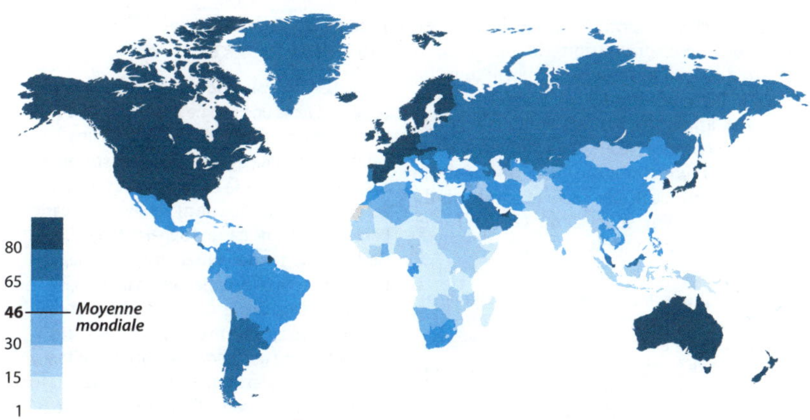

Pourcentage de la population utilisant Internet en 2016

service de VPN, ou Virtual Private Network (réseau privé virtuel). Citons par exemple les fournisseurs ProtonVPN, NordVPN, ou encore ExpressVPN. L'utilisation d'un VPN vous permet aussi d'accéder à certains sites ou services normalement soumis à des restrictions géographiques.

3G ET 4G

Dans bien des régions du monde, il est plus pratique et abordable d'accéder à Internet via la téléphonie mobile. Muni d'une carte SIM permettant le transfert de données (data), vous pouvez utiliser votre smartphone ou votre tablette n'importe où, pour peu qu'il y ait du réseau pour votre téléphone. Certains opérateurs fournissent même un modem USB (aussi appelée clé 3G ou 4G) permettant de se connecter depuis un ordinateur portable. On retrouve surtout ce type de connexion nomade en Europe, en Asie centrale, en Australie, en Amérique du Nord et au Moyen-Orient. Informez-vous auprès des plus branchés des habitants de la région ou encore sur ce Wiki anglophone dédié à la téléphonie locale et aux données prépayées à travers le monde : prepaid-data-sim-card.wikia.com

Investir dans un petit **routeur 4G** (type TP-Link M7350) peut être un bon moyen de créer son propre réseau Wi-Fi et de bénéficier d'Internet sur plusieurs appareils en même temps. L'avantage de cette solution est qu'elle vous permettra de mesurer votre consommation de données, d'éviter les hors-forfaits coûteux et de bénéficier d'un meilleur signal sur vos appareils. Insérez simplement la carte SIM dans l'appareil, et c'est parti !

Enfin, si vous souhaitez garder un œil sur votre consommation de données, il existe des logiciels qui vous permettent de paramétrer des limites de consommation sur vos appareils et de bloquer certains services comme les synchronisations en ligne (qui consomment des données en arrière-plan). Citons par exemple Lulu et TripMode sur macOS ou GlassWire et Netlimiter sur Windows.

En Europe, les opérateurs de téléphonie mobile et Internet proposent à leurs abonnés un excellent réseau de points d'accès gratuits sans fil, également appelés "hotspots communautaires". Il suffit de demander l'identifiant et le mot de passe de ce service à une bonne âme et vous pourrez vous aussi bénéficier de ces milliers de points d'accès.

Appel audio ou vidéo

D'un objet connecté à l'autre

Il est possible de communiquer gratuitement et en direct grâce à la messagerie instantanée (*chat*), à l'appel vocal et à la vidéoconférence. Pour cela, vous aurez besoin d'un appareil connecté à Internet (ordinateur, tablette ou smartphone) et d'un logiciel ou une application de communication, le même qu'utilisera votre interlocuteur.

Les logiciels gratuits les plus utilisés sont **Whatsapp**, **Signal**, **Telegram**, **Facetime** (sur Apple uniquement), **Messenger**, **Skype** et **WeChat** (Chine). Lorsque la connexion Internet est trop lente, vous pourrez au moins utiliser leur messagerie instantanée en dépannage.

Il est aussi possible de passer des appels depuis votre objet connecté vers des téléphones fixes et mobiles : il suffit d'acheter des crédits qui seront ensuite débités de votre compte au fur et à mesure. Les tarifs sont très intéressants (parfois même gratuits !) et vous permettront d'appeler n'importe où dans le monde. **Skype** (www.skype.com/fr/international-calls) propose des tarifs avantageux, à partir de 0,02 € la minute.

Attention, de nombreux logiciels de communication sont censurés en Chine (une version alternative locale est parfois disponible) et tous les logiciels VoIP sont interdits aux Émirats arabes unis. L'utilisation d'un VPN peut ici vous permettre de contourner ces censures.

Par téléphone

TÉLÉPHONE FIXE

Pour les appels locaux ou nationaux, appeler depuis une cabine téléphonique ou un taxiphone (*call shop*) reste parfois une solution économique, mais tend à disparaître avec la diffusion de la téléphonie mobile. Vous aurez besoin d'un peu de monnaie, d'une carte bancaire ou d'une carte d'appel prépayée. Certaines cartes permettent d'appeler depuis n'importe quel téléphone fixe via un numéro sans frais, ce qui vous permet d'emprunter la ligne de téléphone fixe de vos hôtes le cas échéant. Notez que certaines cartes débitent des frais de connexion par appel (désavantageux si vous faites beaucoup d'appels courts) et que les cartes les plus chères ont souvent un tarif à la minute moins élevé.

MISE EN GARDE

Il n'est pas possible d'utiliser le téléphone mobile classique pour les cas extrêmes où aucune infrastructure de télécommunication n'existe (mers, déserts, jungles, pôles, et tout espace sauvage). Les seuls appareils vous permettant de communiquer dans ces conditions sont les téléphones satellites ou connexions Internet par satellite. Mais leur coût d'achat (supérieur à 1 000 €) et le coût de la minute d'appel (1 à 2 €) en font des objets extrêmement chers que vous n'utiliserez que dans des situations très spécifiques.

Pour les appels internationaux, il faut être plus vigilant car les prix peuvent vite devenir exorbitants. Les cartes téléphoniques internationales se spécialisent souvent pour une région en particulier (le Maghreb ou l'Europe par exemple) ; demandez à consulter la liste des tarifs par pays avant d'en acheter une.

Service Pays direct En France, au Canada et dans la plupart des pays industrialisés, il existe un service "Pays direct" (France direct, Canada direct, etc.), offert par la majorité des opérateurs nationaux, qui vous permettra d'appeler votre pays d'origine au tarif interurbain en vigueur dans votre pays et non celui du pays depuis lequel vous appelez. Le principe est simple : quand vous êtes à l'étranger, vous appelez un numéro gratuit et vous êtes mis en relation avec votre opérateur national qui se charge d'établir la communication et de vous la facturer ensuite. Ce service fonctionne généralement grâce à un code ou un numéro de carte. Contactez votre opérateur de téléphonie fixe pour plus d'information.

TÉLÉPHONE PORTABLE

Voyager avec un smartphone est très pratique, tant pour effectuer des appels que pour se connecter à Internet. Assurez-vous d'abord que :

Le téléphone que vous emportez est compatible avec la norme et la bande de fréquence locales Les fréquences GSM sont différentes d'un continent à un autre. En Europe, elles sont situées dans les bandes 900 et 1 800 MHz. Sur le continent américain, les bandes de fréquence allouées au réseau GSM sont à 1 900 MHz ou 850 MHz dans les régions rurales. Pour que votre téléphone ne devienne pas "muet" en passant d'une norme à l'autre, assurez-vous qu'il soit au moins tri-bande. Un téléphone quadri-bande (GSM 850/900/1 800/1 900 MHz) fonctionnera partout.

Votre opérateur propose un service d'itinérance (*roaming*) sur la destination choisie et vous avez souscrit à cette option pour la durée de votre voyage. Sinon, lorsque vous utilisez votre abonnement à l'étranger, vous payez non seulement pour appeler, mais aussi pour recevoir un appel, ce qui peut coûter très cher. Par exemple, un appel local de 10 minutes effectué en Amérique latine avec un abonnement français vous coûtera de 4 à 14 € selon l'opérateur.

Un réseau est effectivement déployé à destination Même si la norme de téléphonie mobile GSM est présente dans 208 pays et territoires, elle n'est pas déployée partout de la même façon et à plus forte raison pour les technologies 3G/4G/LTE/5G (pour Internet). Il existe dans certains pays d'importants trous de couverture et parfois seules les grandes villes sont couvertes.

Un bon compromis est de posséder un téléphone quadri-bande débloqué, idéalement avec deux emplacements pour cartes SIM. Lorsque vous en aurez besoin, vous pourrez acheter une **carte SIM locale sans abonnement** (souvent appelée "*Pay as you go*") pour avoir du crédit, un accès Internet et un numéro de téléphone local.

Il existe aussi des **cartes SIM internationales** qui permettent d'obtenir des numéros locaux au fil du voyage et donc d'être aussi joignable qu'un résident sans jamais devoir changer de carte. Elles peuvent être pratiques, bien que leurs tarifs ne soient jamais aussi avantageux que les cartes locales. Voyez notamment www.worldsim.com et www.onesimcard.com.

Courrier électronique

E-mails et petits fichiers

Le **courrier électronique** reste une solution de correspondance fiable en voyage, d'autant plus que les boîtes de messagerie gratuites fournissent des espaces de stockage toujours plus volumineux voire illimités. Pensez à mettre à jour vos contacts et à constituer des listes ou des groupes pour pouvoir envoyer des nouvelles à plusieurs personnes en un seul clic.

SÉCURISER SES INFORMATIONS CONFIDENTIELLES

L'usurpation d'identité est l'une des premières choses à craindre en cas de vol ou de perte de vos appareils. Il y a de grandes chances que votre machine contienne des informations sensibles importantes, facilement exploitables si non protégées. Si vous voyagez avec vos appareils, il est conseillé d'utiliser un **gestionnaire de mot de passe** sécurisé. C'est **un coffre-fort numérique** dans lequel vous pouvez ranger des copies de vos documents précieux et confidentiels ainsi que vos mots de passe. Bitwarden et Keepass sont gratuits. Sur abonnement, 1Password, DashLane et LastPass sont faciles à prendre en main. En fonction des pays traversés, les agents des douanes peuvent aujourd'hui vous demander l'accès à votre smartphone/ordinateur et aux mots de passe pour y accéder. Certains gestionnaires de mot de passe comme 1Password proposent un mode "voyage" vous permettant de ne montrer que ce qui est pertinent. Enfin, activer en amont la fonctionnalité de **cryptage du disque** à l'aide des options présentes dans votre système d'exploitation (Filevault sur macOS, Bitlocker sur Windows) ajoute une couche supplémentaire de protection.

Sur l'ordinateur, le logiciel gratuit, flexible et multilingue, Irfanview (www.irfanview.com) permet de corriger couleurs et contrastes, tout en redimensionnant et en compressant ses photos. Le mode "batch" permet de modifier tout un lot de photos en même temps. Très utile quand on veut les charger ensuite sur Internet !

Éléments volumineux

PARTAGE DE PHOTOS ET VIDÉOS EN LIGNE

Si l'échange de petits documents est relativement aisé, envoyer ou recevoir de gros fichiers s'avère plus complexe. Les gros envois de photos ou de vidéos sont difficiles à gérer avec une boîte e-mail puisque la taille des fichiers joints est généralement limitée (25 Mo en moyenne). Les applications de conversation en ligne (Whatsapp, Zoom, etc.) ne permettent l'envoi direct que de petits fichiers.

Sachez tout d'abord que plus la qualité (ou définition) des photos est élevée, plus le fichier résultant sera lourd. Un smartphone ou appareil photo affichant une définition de 12 mégapixels au format compressé JPG vous donnera des photos d'environ 3 Mo chacune, ce qui peut déjà être lourd pour une connexion à faible débit. Par contre, sous format RAW (comme sur les appareils Reflex), les photos pèseront près de 50 Mo ! Il est de bonne pratique de toujours conserver les fichiers source (RAW) mais d'envoyer des versions compressées et réduites. Privilégiez l'envoi d'archives (zip, 7zip, rar) découpées à l'aide d'un logiciel de compression comme 7zip. Compresser vos données et les envoyer par morceaux sera plus efficace en cas de connexion faible et instable, vous permettant de ne pas avoir à recommencer l'intégralité du chargement à chaque coupure.

Ensuite, posez-vous la question : qu'allez-vous faire avec ces photos ? Si vous ne prévoyez pas de faire de grandes impressions, une définition de 2 mégapixels suffit (1600×1200). Vérifiez les paramètres de votre appareil photo car il est possible que vous preniez des photos beaucoup trop lourdes pour vos besoins.

Pour partager vos fichiers multimédias en dehors des réseaux sociaux habituels, vous pouvez aussi les placer sur des **albums en ligne**. Très rapides à mettre en place, ils offrent aussi la possibilité d'ajouter des commentaires pour situer le contexte ou donner plus de détails, ce qui permet de débuter un journal de bord, en quelque sorte. Pour les photos, les plus connus sont Flickr.com et 500px.com mais nous recommandons aussi photoblog.com ou imgur.com. Pour ce qui est des vidéos, les incontournables sont YouTube, Vimeo et DailyMotion.

STOCKAGE ET PARTAGE DE GROS FICHIERS

Pour sauvegarder leurs fichiers multimédias, beaucoup de voyageurs font le choix de les placer sur des clés USB ou sur des cartes mémoire amovibles de type SD telles que celles que l'on trouve dans la plupart des appareils photo numériques. Leur capacité et leur poids en font d'excellents supports de stockage à conserver avec soi ou à envoyer par courrier pour les épargner de la casse, de la perte ou du vol. Certains ordinateurs portables sont munis d'un lecteur de carte mémoire intégré ; s'ils ne le sont pas, il faudra utiliser un lecteur de carte externe. Ils sont néanmoins fragiles et leur petite taille est aussi un inconvénient puisqu'il est facile de les égarer. Envoyer régulièrement une carte SD à votre domicile par voie postale peut être aussi une idée.

Les **disques durs externes** sont une solution pertinente. Leur grande capacité de stockage et leur facilité d'utilisation en font un excellent outil pour le partage et le stockage des médias sur la route.

Privilégiez les disques SSD (Samsung T5 par exemple) : ils sont très fiables et résistent aux chutes et aux variations de température. Ils sont aussi plus légers, compacts, solides et rapides que les disques durs HDD mécaniques. Ils sont plus chers au Gigaoctet, mais la capacité n'est pas forcément le critère à privilégier en voyage. Pour indication, un disque de 500 Go peut contenir 50 000 photos en HD ou 100 films de 2h en HD.

N'oubliez pas de le formater dans un format lisible et utilisable par le plus grand nombre – comme le format EXFAT, lisible et exploitable sur macOS, Windows et Linux – si vous souhaitez partager votre disque avec diverses configurations matérielles.

Ces solutions ont l'avantage d'être simples, pratiques et indépendantes d'une connexion Internet, mais comportent aussi le risque de tout perdre d'un coup, dans le cas de la perte, du vol ou d'un bris technique.

Une bonne stratégie de sauvegarde devrait inclure une forme de **stockage en ligne** chaque fois que possible. Pour faire vos choix techniques, partez toujours du principe que vos appareils peuvent prendre l'eau (ou le café !), se faire voler ou rendre l'âme subitement. Même si cela vous donne des sueurs froides, considérer sa machine comme "jetable" est une bonne manière de ne jamais être pris de cours en cas de soucis.

À cet effet, il existe divers services dédiés au stockage et/ou au partage de fichiers volumineux en ligne, dont les plus connus sont décrits dans le tableau ci-dessous.

Si vos documents (textes, photos, vidéos...) sont copiés à la fois sur votre ordinateur et sur le Cloud, vous disposez en tout temps d'une copie de sauvegarde en ligne ainsi que d'un moyen simple de partager des fichiers volumineux avec vos amis.

Réseaux sociaux et blogs

Sur la route, nombreux sont ceux qui ressentent le besoin de conserver une trace de leurs expériences. L'écriture d'un journal de bord, l'enregistrement de sons et d'images sont autant de moyens pour immortaliser ces moments. Vient alors l'envie de partager notre vécu avec autrui. Le dramaturge Sacha Guitry disait que "les voyages, ça sert surtout à embêter les

	SITE WEB	CAPACITÉ DE STOCKAGE GRATUITE	CAPACITÉ DE STOCKAGE PAYANTE	DÉLAI DE CONSERVATION EN LIGNE
Dropbox	www.dropbox.com	2 Go	2 To (10 €/mois)	illimité
Google Drive	drive.google.com	15 Go	100 Go-1 To (2-10 €/mois)	illimité
OneDrive	onedrive.live.com	5 Go	100 Go (2 €/mois)	illimité
iCloud	www.icloud.com	5 Go	50 Go-2 To (1-10 €/mois)	illimité
Hubic	hubic.com	25 Go	500 Go-2 To (50-100 €/an)	illimité
pCloud	www.pcloud.com	10 Go	500 Go-2 To (50-100 €/an)	illimité

	WORDPRESS	SQUARESPACE	BLOGGER	WIX
Espace de stockage	3 Gb	4 Gb	illimité	500 Mb
Sans publicité	non	non	oui	oui
Insertion de code	non	oui	oui	oui
Nombre de thèmes disponibles	160	28	35 (+téléchargeables)	980+
Statistiques	oui	oui	oui	oui
Newsletter	oui	oui	oui	oui (externe)

autres une fois qu'on est revenu !" Il est maintenant possible d'embêter les autres même lorsqu'on est sur la route grâce aux blogs, réseaux sociaux et albums photos en ligne...

D'un point de vue pratique, c'est un gain de temps considérable : plutôt que de relater vingt fois la même chose par e-mail, on l'écrit une seule fois soigneusement sur son blog. Les échanges subséquents deviennent alors plus personnels, les grandes nouvelles ayant déjà été données publiquement.

WordPress propose une solution intéressante, qui consiste à bloguer par courriel. Envoyez un e-mail à une adresse prédéfinie et celui-ci se transformera en article sur votre blog automatiquement !

Réseaux sociaux

Les réseaux sociaux sont un excellent compromis entre texte et image, idéal lorsque vous n'avez pas le temps d'entretenir un site ou un blog séparé. Chaque réseau social a ses particularités. Voici les plus connus :

Facebook Le plus grand réseau social avec plus de 2,2 milliards d'utilisateurs. Interface ergonomique, idéal pour le partage de photos, la création de groupes ou de "pages" (sorte de profil associé à un projet ou une marque).

Youtube Le réseau social le plus adapté à la publication de vidéos ou de vlogs (vidéo blog).

Instagram D'abord une application mobile de partage de photos prises sur le vif, mais intègre maintenant aussi de courtes vidéos.

Twitter Réseau social dont la vocation est d'informer votre réseau (amis ou contacts d'un secteur précis) par des courts messages textes, images ou vidéos. La diffusion peut également être restreinte à un petit cercle de personnes.

Pinterest Collections de liens organisés par groupe d'intérêt. Utile pour découvrir et organiser du contenu, moins pratique pour diffuser son propre contenu.

Snapchat Application de messagerie instantanée qui permet le partage de photos et de vidéos à durée limitée.

TikTok Application de partage de courtes vidéos qui fait fureur auprès d'un public de plus en plus large.

Carnets de voyage numérique

Si vous souhaitez partager ponctuellement des voyages sans y investir beaucoup de temps, les applications de carnet de voyage sont un compromis intéressant. Sur **Memotrips** (www.memotrips.com), **Blog Trotting** (www.blog-trotting.fr) et **Polarsteps** (www.polarsteps.com), vous pouvez créer un carnet comportant les dates de séjour, les différentes destinations, une cartographie des étapes, des albums photo, du texte, etc. Vous pouvez ensuite partager votre carnet avec vos proches et éventuellement constituer un livre-souvenir imprimé (payant) une fois le voyage terminé !

Blogs

Le blog est une formule idéale si vous souhaitez partager des récits, photos, sons et vidéos. Vous pourrez partager avec le monde entier une aventure, un travail de recherche ou des interviews, pour ne citer que quelques exemples. Le grand avantage des blogs est que vous n'avez pas à vous soucier de le faire héberger ou d'obtenir un nom de domaine car plusieurs services incluent l'ensemble de la mise en route.

Les plateformes de blogs gratuites les plus performantes sont **wordpress.com**, **squarespace.com**, **blogger.com** et **wix.com** (voir le tableau ci-dessus).

BLOGS AUTO-HÉBERGÉS

L'inconvénient des blogs "tout inclus", ce sont les limites imposées par la plateforme. Si vous voulez disposer de plus de personnalisation, il existe des blogs à installer sur un hébergement Web payant, avec votre propre nom de domaine.

Un certain nombre d'hébergeurs comme PlanetHoster.com, o2Switch.fr ou Ovh.com proposent des solutions clés en main pour créer votre propre site Web facilement. Il existe également des hébergeurs spécialisés WordPress comme WP Engine, Kinsta ou WP Serveur. Vous pourrez modifier votre blog comme bon vous semble, installer des extensions, modifier son apparence et l'adapter à votre image !

Avec quel(s) appareil(s) partir ?

Comment utilisez-vous la technologie au quotidien ? Pour des coups de fil entre amis, du traitement de texte, de la retouche photo, des films en streaming ? Évaluez vos besoins réels avant de partir, en testant par exemple de n'utiliser qu'un seul appareil pendant une semaine, avec et sans réseau (en activant le mode avion), pour voir si celui-ci pourrait suffire.

Tablette : Légère, grand écran, c'est un très bon outil de consommation de médias et de messagerie. En revanche, le transfert, la capacité de stockage et la flexibilité logicielle sont ses points faibles. S'appuyant beaucoup sur des services en ligne, il est souvent peu pratique de l'utiliser en l'absence d'un accès Internet correct.

Ordinateur : C'est sans conteste l'outil le plus polyvalent, mais aussi le plus lourd et le plus volumineux : un ordinateur peut facilement atteindre 2 kg sans chargeur. Son prix peut aussi attirer les convoitises, aussi si vous ne travaillez pas sur la route, demandez-vous si un smartphone ne peut pas combler vos beso ins. Si vous optez pour un ordinateur, préférez un portable robuste et résistant avec une bonne autonomie. Attention aux Ultrabooks, ils sont certes légers mais leur finesse les rend très fragiles. Il peut être intéressant de prévoir une machine spécialement dédiée à vos voyages en investissant 100-150 € dans un ordinateur portable d'occasion datant de quelques années (5 ans maximum). Les ThinkPad de Lenovo sont réputés pour être très solides et leurs pièces de rechange à la fois répandues et abordables. Ils sont également aisément réparables, de l'Inde au Pérou !

Téléphone portable : Les smartphones sont aujourd'hui de vrais petits ordinateurs, dont certains permettent de prendre des photos d'une qualité surprenante ! Si vous emportez déjà un ordinateur, il peut être intéressant de troquer votre smartphone contre un téléphone bas de gamme non tactile dont l'autonomie peut facilement atteindre une semaine. Les principaux inconvénients du smartphone sont le stockage réduit et la faible durée de vie de la batterie, surtout dans les endroits où il y a peu de réseau. Enfin, si certains ont écrit des romans sur leur smartphone, d'autres n'aiment écrire qu'avec un clavier !

Courrier postal

Courrier léger

Le problème du courrier en voyage est surtout d'arriver à en recevoir. En effet, il est facile de poster des cartes postales, lettres ou paquets à l'étranger : les services de poste locaux se chargeront de le faire pour vous. Pour la réception, en revanche, il vous faudra gérer votre statut de "sans domicile fixe". Et pour cela, il existe plusieurs options.

ASSURER SON MATÉRIEL

Pour gagner en tranquillité d'esprit, il est possible d'assurer son matériel informatique en voyage avec une assurance multimédia, aussi qualifiée d'assurance tous mobiles ou encore d'assurance pour appareils nomades. Les tarifs varient bien sûr en fonction de la valeur de votre matériel et permettent d'assurer soit un seul appareil, sout tous vos appareils à la fois. Pour vous faire indemniser, vous aurez besoin du justificatif d'achat de l'appareil assuré ainsi que du procès-verbal en cas de vol. D'une manière générale, les appareils récents (moins d'un an), chers (matériel photo-vidéo) ou professionnels (drones, etc.) peuvent valoir la peine d'être assurés. Vous pouvez souscrire cette protection auprès des compagnies d'assurances classiques, des distributeurs lors de votre achat, des banques et de certains opérateurs téléphoniques.

RETROUVER UN APPAREIL VOLÉ OU PERDU

En cas de vol ou de perte de vos appareils, tout n'est peut-être pas perdu ! Des logiciels et technologies de "tracking" existent, que vous devez activer en amont.

» **Traceur GPS :** il maintient une connexion GPS via satellite et propose un suivi en temps quasi-réel. Il a l'avantage de ne pas être dépendant d'autres appareils mais a une faible autonomie. Cacher un petit traceur GPS dans la housse de votre ordinateur est un bon moyen de suivre la position d'un sac oublié dans un train par exemple !

» **Traceur Bluetooth :** il fonctionne dans un périmètre plus restreint qu'un traceur GPS et dépend d'une connexion à un appareil Bluetooth. En revanche, il est moins onéreux, plus léger et possède une meilleure autonomie. Les services comme Tile ou Airtags reposent sur le fait que d'autres utilisateurs du même service se trouvent à proximité de votre traceur Bluetooth. Ce traceur peut émettre un bruit pour indiquer sa présence, et les informations nécessaires pour vous recontacter peuvent être transmises à une personne située à proximité.

» **Logiciel :** des fonctions incluses dans Windows et macOS permettent de retrouver un appareil à condition d'avoir un compte Microsoft ou Apple pour pouvoir consulter sa dernière position. Sur les appareils Apple, utiliser l'application intégrée "Localiser" permet de retrouver ses appareils tant qu'ils sont allumés et connectés à Internet. D'autres logiciels comme PreyProject's Prey, Hidden ou Norton Mobile Security sont capables d'aller encore plus loin. Ils peuvent par exemple enregistrer la personne qui utilise votre appareil via sa webcam ou son micro intégrés, enregistrer ses frappes clavier et vous permettre de bloquer, faire sonner ou supprimer des données de votre machine à distance (données qui vous seront transmises en temps réel et que vous pourrez transmettre aux autorités compétentes).

COURRIER PONCTUEL

La façon traditionnelle de recevoir du courrier à l'étranger est le service de **poste restante** associé à un bureau de poste précis, généralement la poste centrale d'une agglomération. Pour cela, demandez à votre correspondant de mentionner sur l'enveloppe les informations suivantes :

» Titre (Mr pour Monsieur, Mrs pour Madame, Miss pour Mademoiselle)

» NOM en majuscules

» Prénom en minuscules

» G.P.O (abréviation de General Post Office, poste centrale)

» Nom de la ville

» Nom du pays

Pensez à vous munir d'un **passeport ou d'une pièce d'identité** lorsque vous vous présenterez au bureau de poste, car ils sont généralement exigés au moment de récupérer un courrier. Les postes gardent le courrier deux semaines minimum, parfois beaucoup plus. Des frais peuvent s'appliquer. Informez-vous auprès du service de la ville où vous prévoyez de recevoir du courrier afin de connaître ses pratiques.

Vous pouvez aussi anticiper votre arrivée dans un lieu et vous faire envoyer votre courrier chez un habitant du lieu où vous vous rendez. Si vous ne connaissez personne, il est possible de trouver un hôte pour votre courrier via les réseaux *hospex* (voir le chapitre *Accueil organisé chez l'habitant*, p. 324). En dernier recours, vous pouvez prendre des arrangements avec un hôtel ou un commerce. Attention ! Dans certains pays, le transfert de courrier (envoi et réception) peut prendre du temps (parfois plusieurs mois). Renseignez-vous auprès des gens du pays ou de voyageurs l'ayant fréquenté.

Dans tous les cas, pensez à indiquer le nom écrit sur la boîte aux lettres que vous utiliserez. Dans certains pays, si le nom inscrit sur le courrier ne correspond pas à celui de la boîte, il risque d'être retourné avec la mention "Inconnu à cette adresse". En français, on écrit habituellement a/s (aux soins de) alors qu'en anglais c'est c/o (*care of*). Si, par exemple, vous deviez recevoir du courrier chez Mr Roger Labitan, votre correspondant devrait écrire :

» Vos nom et prénom

» c/o Roger Labitan

"Poste restante" signifie que le courrier est à stocker dans le bureau de poste jusqu'à ce que son destinataire vienne le chercher. Cette expression française est connue dans le monde entier, le français étant depuis 1874 la langue de l'Union postale universelle.

COURRIER RÉGULIER

Si vous désirez recevoir votre courrier tout au long du voyage sans devoir le rediriger vers des postes restantes à chaque fois, vous pouvez aussi opter pour la **solution numérique**. Faites-le suivre vers une personne de confiance qui numérisera vos courriers et vous les enverra par e-mail. Si vous ne connaissez personne dans votre entourage acceptant de vous rendre ce service (qui peut être chronophage à la longue), il existe aussi des entreprises spécialisées dans ce domaine. Enfin, si vous vous arrêtez durant quelques mois dans un lieu sans avoir une adresse fixe, vous pouvez louer un casier postal. Renseignez-vous auprès des services postaux de la ville où vous résiderez.

Les services de numérisation du courrier suivants sont les plus connus en France : **Courrier du Voyageur** (www.courrier-du-voyageur.com) et **Ubidoca** (www.ubidoca.com). En Suisse, La Poste propose carrément la numérisation (payante) dans le cadre de son service **E-Post Office** (www.post.ch), mais on peut aussi choisir un prestataire comme **My Swiss Mail Address** (myswissmailaddress.com).

Courrier lourd

Que ce soit pour une merveille trouvée en chemin ou pour de l'équipement devenu superflu, il est pratique d'expédier des colis en voyage. Les tarifs, vitesses et moyens d'acheminement sont différents pour chaque combinaison de pays d'origine et de destination.

Vous choisirez le fret terrestre, aérien ou maritime selon vos besoins et votre budget : il vous faudra cependant effectuer des recherches localement pour trouver des fournisseurs de services. Notez que lorsque c'est possible, le fret maritime est généralement moins cher, mais plus long et plus difficile à organiser pour de petits volumes (fonctionnement par container).

Si les objets que vous mettez en colis ont une grande valeur, il peut être judicieux d'utiliser un service international spécialisé tel que **DHL**, **UPS**, **EMS** et **FedEx**. Le coût d'envoi par colis étant parfois très élevé (de 10 à 50 € le kg selon les distances et la taille), veillez à bien étudier les offres du service postal national avant. Notez que dans certains pays, la fiabilité des services postaux (et des douanes !) est douteuse : n'y placez pas d'objets de valeur.

Pour aller plus loin

Site Web

» cours-informatique-gratuit.fr – Cours d'informatique et smartphone gratuits pour tous.

» www.lafabriquedunet.fr – Portail d'aide à la création de sites Internet avec beaucoup de ressources.

» www.frandroid.com – Portail de référence tech pour s'informer, comparer et bien acheter.

Livres techniques

» AMIOT, Aurélie. *Conseils photo pour les voyageurs* (Eyrolles, 2013)

» LEVINE, John, BAROUDI, Carol et YOUNG, Margaret. *Internet pour les Nuls* (First Interactive, 2015)

» DURAND-DEGRANGES, Paul et SALMANDJEE LECOMTE, Yasmina. *Réseaux sociaux pour les nuls* (First Interactive, 2018)

"Fais tes films à ta manière. Mets-y ta marque. Prends une position et tiens-la. Tu te feras des ennemis mais tu feras de bons films."
David Wark Griffith

Filmer son road-trip

Vous vous apprêtez à partir pour quelques semaines ou quelques mois autour du monde et vous aimeriez témoigner de ce que vous allez découvrir ? Vous vous rendez rapidement compte que vous n'avez pas ou peu d'expérience dans la réalisation de films et vous vous demandez par où commencer ? Avec l'apparition des nouvelles technologies et des caméras embarquées, la réalisation d'un film semble accessible, et, pourtant, elle demande quelques préparatifs et connaissances. Voici de quoi vous donner toutes les chances de réaliser des vidéos de voyage à la hauteur de vos ambitions...

Avant de se lancer

Être réaliste

Si l'idée de relater un long voyage par la vidéo vous titille, déterminez d'abord si le média vous convient vraiment. Même si la vidéo a le vent en poupe sur l'Internet et les réseaux sociaux, peut-être n'est-ce pas le meilleur moyen pour vous de relater votre expérience. L'idéal, c'est de miser sur ce que l'on aime déjà faire au quotidien. Quel est votre rapport à la vidéo, au son et à l'image ? Êtes-vous féru de chaînes YouTube et de documentaires de voyage ? Aimez-vous apparaître à l'écran ? Prenez-vous plaisir à interrompre régulièrement votre voyage pour tourner des images ? Êtes-vous prêt à investir une quantité de temps substantielle à scénariser, tourner et monter vos projets vidéo ?

Avant le départ, testez vos habiletés techniques et organisationnelles sur une courte période. Non seulement vous ferez rapidement vos premières erreurs (et vos premiers apprentissages), mais vous aurez une meilleure idée du temps qu'il vous faut pour produire vos vidéos.

Motivations

Clarifier vos motivations profondes, c'est façonner une clé qui ouvre toutes les portes. Prenez le temps de réfléchir à vos motivations :

» **Personnelles :** être reconnu, se sentir utile, gagner de l'argent, apprendre, etc.

» **Sociales :** contribuer au monde, divertir, éduquer, transmettre, porter un message, témoigner, inspirer, partager une émotion, éveiller les consciences, etc.

Pour les identifier, posez-vous quelques questions. **À titre personnel**, qu'espérez-vous vivre en réalisant ce projet vidéo ? Qu'est-ce que ça nourrit en vous ? Qu'est-ce qui manquerait à votre voyage s'il n'était pas filmé ?

D'un point de vue social, quel impact aimeriez-vous que ce projet ait dans la vie des gens qui le visionneront ? Quelles valeurs fondamentales défend-il ? Qu'est-ce qui manquerait à vos contemporains si ce voyage n'était pas filmé ?

Il est normal de trouver cette étape déstabilisante. De notre expérience, il est très rare d'être lucide dès le début sur toutes les motivations qui nous animent. Néanmoins, ne négligez pas cette étape de clarification. Vos motivations sont le carburant qui vous permettra de tenir dans la durée et la régularité. Les connaître et les cultiver tout au long du voyage sera fondamental pour une aventure fluide et une production vivante !

Scénariser

Trouver son concept

Une fois vos motivations éclaircies, votre défi sera de trouver le fil conducteur de votre projet vidéo. Un concept original vous fera sortir du lot et permettra à votre travail d'être apprécié par une audience plus large malgré la grande quantité de films de voyage produits chaque année. Un bon concept vous amènera aussi à concentrer votre attention autour d'un thème, de faire un meilleur tri des images et de donner de la profondeur et de la cohérence à votre démarche.

Quelques exemples de concepts : témoigner de la magie des rencontres avec des inconnus, partager autour des pratiques agroécologiques en Europe, la musique autour du monde, la nourriture au Japon, la vie paysanne dans les pays d'Europe centrale et orientale, voyager sans argent, les ambiances et paysages du nord de l'Inde, etc.

Choisir son format

Une fois votre fil rouge choisi, il vous faudra décider de la forme que prendra votre projet. Souhaitez-vous réaliser un film ou plutôt une série de vidéos ? Quelle en sera la durée ? Les formats les plus courants dans le monde de la vidéo sont 3-5 minutes, 12 minutes, 26 minutes, 52 minutes, 70 ou 90 minutes. Libre à vous de choisir le format et la durée, mais il est important que vos choix correspondent au mode de diffusion que vous privilégierez. Sachez notamment que les documentaires télévisuels sont en général des 26 ou des 52 minutes. Pour un film que vous diffuserez en conférence, la longueur est moins importante, mais il est conseillé de ne pas dépasser 70 minutes pour garder du temps pour le débat ensuite. Un film plus long pourrait être refusé dans les festivals, par exemple.

En fonction de votre projet, un travail de scénarisation plus ou moins important devra être effectué en amont du voyage. Si le thème choisi vous demande de réaliser des recherches importantes ou d'enchaîner des interviews, la phase de préparation sera primordiale pour le bon déroulement du tournage. *A contrario*, certains concepts s'écrivent bien au fil des rencontres et demandent très peu de travail en amont, par exemple filmer des ambiances ou un voyage sans argent. On pourrait comparer ces situations avec le théâtre classique… et le théâtre d'improvisation !

Quelques exemples de format :

» **Courte vidéo de voyage :** quelques minutes diffusées sur Internet

» **Vlog :** blog qui utilise la vidéo comme support principal de son contenu

» **Série documentaire :** 26 minutes, diffusées à la télévision

» **Documentaire unitaire :** 52 minutes, pour la télévision et/ou les festivals

Connaître la loi

La production de vidéos est soumise à de nombreuses réglementations. Dans le cadre d'une production de vidéo de voyage amateur, vous serez principalement confronté à deux problématiques légales : le droit à l'image et le droit d'auteur.

Le **droit à l'image** est un concept de droit français constitué par la jurisprudence en matière de vie privée. Pour résumer, toute personne a un droit exclusif sur son image et peut choisir ce qui en est fait. Elle peut refuser qu'on la photographie ou qu'on la filme, ou que l'on utilise son image à des fins autres que celles auxquelles elle a consenti. Il faudra donc vous munir d'un **carnet d'autorisations** pour le droit à l'image, rédigé *a minima* dans la langue du pays. Toute personne apparaissant dans le film devrait donner son autorisation par écrit afin de vous protéger contre d'éventuelles réclamations. Plus votre visée est professionnelle et plus ce point prend de l'importance : certains festivals réclament même de consulter vos archives d'autorisations pour s'assurer que le tournage s'est déroulé selon les règles de l'art. Notez que de nombreux pays disposent d'outils législatifs équivalents qu'il faut prendre en compte si vous tournez ou diffusez vos films à l'étranger.

Le **droit d'auteur** est une protection sur une œuvre originale, qu'elle soit écrite, visuelle, audio, audiovisuelle, architecturale, sculpturale, etc. Le créateur de l'œuvre détient le droit exclusif de l'utiliser comme bon lui semble. Il peut choisir de donner la permission à d'autres personnes de l'utiliser ou de l'exploiter à des fins commerciales. Pour le vidéaste, cela signifie que sa propre création est protégée, mais aussi qu'il se doit de respecter les droits des autres créateurs. L'exemple le plus courant est l'usage de musiques pour effectuer un habillage musical des vidéos. À moins que vous n'enregistriez vous-même ces trames sonores, il vous faudra soit **obtenir le consentement des artistes-créateurs**, soit utiliser des musiques libres, c'est-à-dire des musiques diffusées par leurs créateurs avec l'autorisation de les utiliser sans avoir à payer de droits, par exemple sous licence **Creative Commons** (creativecommons.org). Les mêmes contraintes s'appliquent aux photos et aux extraits de vidéos que vous n'avez pas vous-même produits.

Enfin, comme les droits sur les créations des architectes et des sculpteurs sont aussi théoriquement protégés, il peut être délicat de filmer un bâtiment ou une sculpture iconique sans autorisation. Certains pays ont encadré cette pratique via le concept de **liberté de panorama**, notamment lorsque l'œuvre n'est pas représentée exclusivement et fait partie d'un paysage public plus large. Il vaut mieux vérifier les conditions au cas par cas, surtout si la vidéo a une vocation commerciale.

Matériel

L'équipement de vidéaste présenté ici se prête parfaitement au cadre du voyage : il est compact, léger et facile d'utilisation. Ne vous laissez pas impressionner par les technologies et leurs contraintes ; le matériel est toujours secondaire par rapport à une histoire racontée avec talent sur un thème qui vous passionne.

Prise de son

S'il y a une priorité à avoir côté matériel, c'est bien la prise de son ! En effet, on peut supporter un film avec une mauvaise image, mais on endure moins bien un film avec un son de mauvaise qualité même si l'image est bonne.

De nombreux modèles et gammes de micros peuvent répondre à vos besoins. Pour une plus grande polyvalence, il vaudra mieux se procurer un **micro de type cardioïde**. En effet, leur sensibilité est grande vers l'avant (angle de près de 180°), ce qui permettra de bien entendre ce qui est dit même si les bruits d'ambiance sont importants. Cependant, si vous comptez principalement capter des sons d'ambiance comme pour des plans contemplatifs, dans la nature, etc., ou encore des scènes de groupe, comme des débats ou des discussions autour d'une table, un **micro omnidirectionnel** positionné au milieu sera alors plus efficace.

Avant d'acheter, assurez-vous que la **connectique** (souvent un mini-jack) et la méthode de fixation sont compatibles avec votre caméra, appareil photo ou téléphone portable. Autre point à considérer : l'**alimentation électrique** du micro. S'il dispose d'une batterie autonome, celle-ci vous demandera un peu plus d'attention et de gestion afin de ne pas tomber en panne à un moment crucial !

MICRO-CRAVATE

Le micro-cravate (ou Lavalier) est particulièrement utile lorsque l'on filme avec un téléphone, notamment pour les **séquences vidéo ne comportant qu'une seule personne** (soi-même ou une tierce personne interviewée). Très léger, il peut être fixé près du col ou éventuellement sur la caméra et faire office de micro-canon. Les modèles filaires sont auto-alimentés, ce qui évite de devoir gérer une batterie séparée. Chez Røde, c'est le modèle smartLav+ qui a la cote, mais le MKE40 de Sennheiser a aussi très bonne réputation. Chez Sony, le micro-dictaphone ICD-TX650 est parfois surnommé le **"choix des youtubeurs"** en raison de ses caractéristiques techniques. Sans fil, de grande capacité et muni d'un filtre anti-bruit, c'est

TYPE DE CAMÉRA	AVANTAGES	INCONVÉNIENTS	MODÈLES RÉPUTÉS ET ACCESSOIRES
Smartphone Option polyvalente, légère pour un investissement minimum.	Budget et encombrement minimum. Facile d'utilisation, automatique.	Valeurs de plans limitées sauf sur les smartphones comportant deux objectifs intégrés. Souvent mauvais en basse lumière car leur capteur est de petite taille. Stabilisation faible sauf sur les modèles les plus récents.	Samsung (Galaxy S21) Google (Pixel 4) Apple (iPhone 12/ 12 Pro) OnePlus (9) + Kit d'objectifs (grand angle, macro, fisheye, téléobjectif) + Stabilisateur Gimbal
Caméra d'action Utile en action ou sur des scènes sportives.	Automatique, robuste, légère, bonne autonomie et qualité très satisfaisante (jusqu'à 4K).	Faible qualité en basse lumière. Impossible d'interviewer ou de faire varier les valeurs de plan (plan large ou fisheye uniquement). Son médiocre.	DJI Osmo Pocket Gopro Sony X3000 stabilisé Sony RX0 Xiaomi Yi + Stabilisateur Gimbal
Appareil photo compact Pour le vidéaste occasionnel qui voyage très léger.	Faible encombrement et investissement, qualité étonnante. Permet également la prise de photo.	Plus fragile que le Caméscope, batteries et fonctionnalités limitées.	Sony RX100 Mark IV
Appareil photo bridge ou réflex numérique Pour faire de la vidéo de très grande qualité, surtout si vous possédez déjà un appareil pour la photo.	Excellente qualité d'image, encombrement limité, entièrement paramétrable. Selon les objectifs, performant en basse lumière et effets de flou artistique sur l'arrière-plan. Permet également la prise de photo de haute qualité.	Coûteux, fragile, autonomie moyenne à rallonger avec des extensions de batterie. Prise en main complexe.	Panasonic Lumix G7, GH5, GX8 Sony A7S ou A7II + Objectifs : 24-70 ou 24-105 (équivalent capteur plein format) + Stabilisateur : Gimbal ou mécanique type FeiyuTech A2000
Caméscope classique stabilisé Option légère et polyvalente en toutes conditions de luminosité pour ne faire que de la vidéo.	Bon rapport qualité/ prix, facile d'utilisation, très maniable, excellente stabilisation et autonomie des batteries. Possibilités de plans allant du grand angle au zoom 20x-50 selon le modèle.	La qualité de l'image est un peu moins bonne et l'appareil est moins paramétrable que le réflex numérique.	Sony Handycam HDR Canon LEGRIA HF G50

sans doute le plus léger et le plus polyvalent dans sa catégorie. Le seul inconvénient est qu'il vous faudra ensuite synchroniser l'image et le son manuellement. Des modèles sans fil hauts de gamme (et plus coûteux) munis d'un émetteur-récepteur haute-fréquence (HF) permettent d'éviter l'étape de synchronisation, mais ils utilisent

CONSEIL

BONNET STYLÉ POUR UN SON CLAIR ET NET

Le seul accessoire audio qui soit vraiment utile en voyage est la bonnette anti-vent (aussi appelé *deadcat*) qui se décline pour tous les types de micros. Si elle peut vous sembler un peu trop voyante, sachez qu'elle protège aussi le micro d'éventuels chocs. Faites le deuil de la discrétion et assurez le son !

pour la plupart des connectiques XLR, ce qui restreint leur usage aux caméras milieu voire haut de gamme.

MICRO-CANON

Lorsqu'il s'agit de **capter une conversation entre des personnes se trouvant devant la caméra** ou des ambiances sonores, le micro-canon est le mieux adapté. Sa prise en main est plus complexe mais ses réglages permettent aussi d'amplifier ou d'atténuer le son en fonction des situations. Plus fragile que le micro-cravate vu sa taille, il nécessite aussi l'usage de piles ou à tout le moins d'une alimentation “fantôme”, souvent fournie par les caméras milieu et haut de gamme. Il est aussi souvent muni d'une suspension pour minimiser les clics et autres bruits d'impact. Enfin, pour les interviews durant lesquelles il faut capter du son derrière la caméra, il vous faudra retourner le micro ou utiliser un modèle bidirectionnel.

La marque Røde propose toute une gamme de micros qui donnent de très bons résultats avec une caméra ou un appareil photo, notamment les Videomic Go, Pro et Pro+. Chez Sennheiser, on regardera plutôt du côté du MKE400.

Si vous avez l'intention de tourner de la vidéo de qualité en voyage, l'idéal serait de partir avec deux micros de types complémentaires. Ainsi, vous avez la certitude de pouvoir vous adapter à un maximum de situations et de toujours en avoir un qui fonctionne si l'un des deux capte mal. Vous pouvez aussi choisir de capter plusieurs sources en même temps. Enfin, avant d'acheter un micro, prenez le temps d'éplucher les sites spécialisés pour obtenir des critiques rédigées par des experts.

Prise d'image

En fonction de vos besoins, de vos moyens et de vos contraintes, vous allez choisir le matériel le plus adapté possible. C'est une étape importante qui mérite toute votre attention.

Vous pourrez donner de la hauteur et de la perspective à vos vidéos en filmant à l'aide d'un **drone léger, stabilisé et peu encombrant** (type DJI Mavic Air). Familiarisez-vous avec le pilotage et le paramétrage de l'appareil avant le départ. Votre aisance garantira de ramener de belles images et de bénéficier pleinement de la puissance de cet outil. Prévoyez une batterie supplémentaire et éventuellement les accessoires de transport appropriés, notamment si vous devez prendre l'avion. Enfin, sachez que la législation diffère d'un pays à l'autre quant à leur utilisation et qu'ils sont parfois interdits : renseignez-vous impérativement avant le départ.

Matériel annexe

OBJECTIFS

Les **appareils photo réflex numériques** sont équipés d'objectifs aux caractéristiques distinctes. La **focale** de l'objectif détermine notamment la largeur du plan qui sera différente selon que l'on filme des paysages (grand angle) ou des personnes (angle plus faible). Un objectif en particulier pourra aussi capter de meilleures images de très loin (téléobjectif) ou des images à 180° (fisheye), des images de nuit (grande ouverture), etc. Presque toutes les règles qui s'appliquent à la photo s'appliquent lors de la prise de vue vidéo.

Pour ce qui est des **smartphones**, il existe de petits kits d'objectifs adaptables à l'aide d'une pince qui permettent une plus grande polyvalence. Les **caméras d'action** sont limitées à leur angle fisheye, effet qui peut être supprimé à l'étape de la postproduction. À ce propos, une caméra d'action 4K offrira une plus grande marge de manœuvre pour un projet final diffusé en HD puisqu'il y aura alors la possibilité de recadrer pour varier les valeurs de plan et faciliter le montage. Les **Caméscopes** ont leur propre optique intégrée et ne nécessitent pas d'objectifs supplémentaires.

STABILISATEURS ET TRÉPIEDS

Lors de la prise de vue à la main, l'humain tremble naturellement, ce qui rend l'image instable, d'autant plus lorsque l'on est en mouvement ou que l'on zoome. Si la plupart des Caméscopes sont désormais équipés d'un stabilisateur, les autres appareils nécessitent une stabilisation externe pour produire une image de qualité. Lorsque le cameraman est lui-même en mouvement, on choisira un **stabilisateur électronique trois axes** type Gimbal. Si au contraire la prise de vue est fixe, on choisira plutôt un **monopod**, un **trépied léger** ou même un **trépied flexible compact** (type Gorillapod). Pour les caméras d'action, pensez à vous procurer une **ventouse** pour l'accrocher sur les pare-brise, les vitres des maisons, etc.

BATTERIES ET RECHARGE

Prévoir au minimum 48h d'autonomie pour chaque appareil. Si vos appareils sont rechargeables, il est utile d'avoir plusieurs batteries pour pouvoir les échanger rapidement en plein milieu du tournage, le cas échéant. Une fiche multiprise compacte complétera votre kit : on a plus souvent besoin de tout recharger que l'on croit !

STOCKAGE

Les formats vidéo requièrent beaucoup plus d'espace de stockage que ceux de la photo. Vos besoins dépendent de la qualité d'enregistrement choisie. À titre indicatif, une heure de vidéo en HD (28 Mbit/s) équivaut à 12 Go tandis qu'en 4K (100 Mbit/s) ce sera plutôt 42 Go ! Avant un tournage, veillez à avoir suffisamment de cartes mémoire pour être autonome durant deux jours. À moins d'avoir un projet spécifique à caractère artistique, les images en format HD sont amplement suffisantes pour le moment et vous éviteront d'avoir à stocker des quantités mirobolantes de données : 2 cartes de 64 Go (soit plus de 5 heures de *rushes* par jour) devraient suffire par appareil utilisé.

Prévoyez aussi les lecteurs de carte appropriés ainsi que des disques durs externes d'au moins 1 To pour y conserver les *rushes*. L'idéal est d'avoir **deux stockages externes distincts pour doubler la sauvegarde en cas de perte ou vol**. Certains disques durs externes (type DJI Copilot) permettent de transférer le contenu d'une carte mémoire directement, sans passer par un ordinateur, ce qui est pratique si on ne fait pas de montage en voyage. Une autre option est de stocker les fichiers en ligne (cloud), mais cela demande d'excellentes connexions illimitées à Internet, ce qui est loin d'être le cas partout.

SAC DE TRANSPORT

Il est préférable d'avoir un **sac dédié au matériel de tournage** afin de tout centraliser au même endroit mis à part les *rushes* que vous conserverez à deux endroits différents. Non seulement vous serez plus réactif sur le terrain quand il vous faudra accéder à votre matériel, mais il sera aussi plus facile de surveiller votre équipement et d'éviter le vol. La marque Lowepro propose une large gamme de sacs à dos spécialisés pour le matériel photo/vidéo. Choisissez un modèle qui s'intègre bien avec votre matériel existant, en imaginant devoir tout transporter sur un voyage au long cours, faire des excursions de quelques jours, etc.

ORDINATEUR ET LOGICIEL DE MONTAGE

Si vous prévoyez de faire du montage vidéo sur la route, il vous faudra vous équiper d'un ordinateur portable suffisamment puissant sur lequel vous aurez déjà installé les logiciels appropriés. Les logiciels de base préinstallés sur l'ordinateur atteignent rapidement leurs limites lorsque vient le temps d'assembler le son. Aussi, nous vous conseillons d'investir dans un **logiciel de montage professionnel** (comme Adobe Premiere, Final Cut Pro X ou Sony Vegas Pro) avant le départ afin de les prendre en main et progresser rapidement. Notez qu'il existe aussi de très bons éditeurs en **version gratuite** (DaVinci Resolve) ou en **logiciel libre** (Kdenlive).

Si vous tournez tout avec un smartphone pour diffuser principalement sur le Web, sachez que vous pouvez effectuer un montage basique directement sur le téléphone à l'aide d'applications telles que PowerDirector (gratuit), FilmoraGo (gratuit) ou KineMaster (pro et payant).

Si votre priorité est de voyager léger et que votre projet le permet, vous pouvez bien entendu envoyer vos *rushes* à un monteur pendant le voyage ou bien attendre votre retour pour l'effectuer vous-même.

AUTRE MATÉRIEL

» Bloc-notes ou carnet : même si les moments que vous vivez sont forts et semblent inoubliables, prenez des notes quotidiennement pour ne rien oublier de ce que vous avez filmé.

Cet aide-mémoire précieux est ce qu'on appelle en cinéma le **listing chronologique** : la date (et l'heure si possible), une information simple sur la séquence (rencontre sur le bord de la route, plans d'illustration de la forêt…), vos notes personnelles (discussion très intéressante, problème de son…). Cet index vous simplifiera la vie au montage et vous permettra de faire le point régulièrement sur votre film et ce que vous pouvez en faire.

» **Carnet de contacts :** répertoriez les adresses mail des personnes rencontrées pendant le voyage pour pouvoir les remercier à la fin de votre aventure et au générique de votre vidéo.

» **Carnet d'autorisations de droit à l'image :** des formulaires de consentement adaptés à votre projet et prêts à l'emploi, rédigés en anglais et/ou dans la langue locale.

» **Écouteurs :** pour vérifier la qualité de la prise de son directement depuis l'appareil.

» **Gaffeur :** "cinéma-scotch" qui fait tout tenir et qui est le meilleur ami du réalisateur…

» **Peau de chamois ou chiffon :** pour nettoyer délicatement les objectifs.

» **Lampe frontale :** pratique pour filmer la nuit si votre appareil n'est pas équipé de lampe ou de vision infrarouge (*night shot*).

» **En cas de grand froid :** chaufferettes (pour le matériel), sacs de plastique hermétique pour éviter la condensation lorsque l'on rentre au chaud ensuite, batteries supplémentaires (se déchargent beaucoup plus vite au froid).

» **En cas de pluie :** dans l'idéal, des coques hermétiques pour protéger l'appareil, sinon au moins un parapluie, des bâches et du film plastique.

Passer à l'action : 10 conseils pour un tournage réussi

Vos images peuvent être très belles et votre son de qualité, votre film aura bien peu d'intérêt s'il ne parvient pas à raconter une histoire. D'ailleurs, on dit souvent dans le monde du cinéma "show, don't tell" : ce sont les images elles-mêmes qui doivent raconter en montrant ce qui se passe, ce n'est pas au narrateur d'expliquer ce qu'il voit. Pour rendre votre histoire fluide et faciliter le montage, il vous faudra varier les points de vue en filmant des plans (cadrages) variés et adaptés aux situations.

Prenez quelques secondes avant d'enregistrer

Quelques secondes d'arrêt et de prise de conscience avant de lancer le tournage vous permettront d'assurer une meilleure qualité d'image et de gagner en efficacité. Vérifiez donc rapidement ces quelques points avant de démarrer l'enregistrement :

» Quelle est l'intention de cette séquence ? Qu'est-ce que je veux filmer ?

» Quelles sont mes conditions de tournage, les sources de lumière et le niveau des bruits de fond ?

» Mes optiques sont-elles propres ?

» Ma séquence est-elle bien cadrée ?

» Puis-je stabiliser la caméra ?

» La caméra doit-elle être réglée ?

Adaptez-vous aux conditions de tournage

Assurez-vous d'abord d'obtenir des conditions favorables pour que la qualité du son et celle de l'image soient exploitables et pour préserver le matériel qui est souvent soumis à rude épreuve.

PLUIE ET HUMIDITÉ

L'humidité peut endommager votre matériel en quelques minutes si celui-ci n'est pas tropicalisé, c'est-à-dire prévu pour résister à la pluie. Lorsqu'il pleut, il est nécessaire de protéger le matériel à l'aide d'une coque, de bâches ou de film plastique. Un parapluie vous permettra d'abriter davantage le matériel, mais sera un peu encombrant. Gare aux éclaboussures sur l'objectif qui peuvent venir gâcher une séquence ! Vérifiez fréquemment la lentille et essuyez les gouttes d'eau. Enfin, utilisez vos écouteurs pour vous assurer que le bruit de la pluie ne couvre pas les conversations à la prise de son.

AJUSTER L'ÉCLAIRAGE

Dans le cadre de la vidéo de voyage, les tournages se déroulent généralement sans éclairage technique. Il faut alors composer avec la lumière naturelle et les sources de lumière ambiante. Attention aux contre-jours, ils peuvent rapidement masquer les visages ! Dans une maison, pensez à tirer parti des fenêtres et des lampes, dans une voiture, utilisez le plafonnier… Il existe des éclairages d'appoint très légers en LED qui peuvent éventuellement servir, mais, à défaut, on peut utiliser une lampe de poche, une frontale ou même la lampe de son téléphone portable.

SOLEIL

Source d'éclairage par excellence, le soleil devrait idéalement se trouver derrière la caméra afin d'éclairer la scène et d'éviter les effets de contre-jour, peu adaptés aux interviews ou aux rencontres car elles empêchent de bien voir le sujet. Lorsque le soleil est au zénith (vers midi), la lumière descend verticalement sur les objets et les visages ce qui a pour effet de les durcir, c'est-à-dire de créer de forts contrastes et des ombres gênantes. Mieux vaut profiter des lumières du matin et de la fin de l'après-midi. Si une scène en milieu de journée ne peut être reportée, placez-vous à l'ombre pour éviter l'éclairage direct du soleil. Enfin, évitez absolument de laisser votre matériel au soleil ! Les objectifs agissent comme des loupes et la chaleur peut abîmer irrémédiablement vos capteurs.

OBSCURITÉ

Comme pour le cas de la photographie, les scènes sombres ou nocturnes présentent des défis importants mais pas insurmontables, en fonction du matériel choisi. Pensez à faire des tests en amont pour évaluer la performance de votre appareil en basses lumières. Si votre projet risque de comporter beaucoup de tournages nocturnes, munissez-vous d'une option infrarouge ou, au minimum, d'une lampe pour bien éclairer les sujets.

Variez vos plans

Une première règle simple pour apprivoiser l'art du *storytelling* est de filmer au minimum trois types de plans différents. Avec des plans larges, le spectateur pourra situer la séquence dans le temps et l'espace. Les plans moyens seront réservés à des scènes d'action tandis que les détails, réactions et sentiments seront mis en valeur par des gros plans ou des plans macro.

Rappelez-vous que le spectateur ignore tout de ce qu'il se passe. Il faut donc penser à réaliser les plans lui permettant de comprendre la situation. Pensez à faire des plans d'illustration, des ambiances qui donneront du corps à votre film. Il peut s'agir par exemple de plans de nature :

» **Géographique** – paysages, plans larges de ville

» **Temporelle** – soleil levant, ciel étoilé

» **Humaine** – ambiance au marché, plan large sur les passants dans une ville

» **Naturelle** – plans macro sur fleurs, insectes, plans larges sur forêt, rivières

» **Météorologique** – pluie, soleil, neige

Quand vous ferez le montage de votre vidéo, il vous faudra alterner ces plans afin de la rendre dynamique. Il n'est pas nécessaire de laisser tourner la caméra pendant de longues secondes dans vos vidéos : trois secondes suffisent amplement pour chaque prise de vue. Cela demande néanmoins beaucoup de temps car il faut filmer une scène suivant différents angles de vue. Le jeu en vaut la chandelle ! Si vous voyagez à plusieurs et que vous avez au moins deux caméras, répartissez-vous les tâches.

Soignez la composition de l'image

Assurez-vous d'abord que l'axe horizontal de la caméra est bien aligné avec l'horizon de ce qui est filmé, comme la bulle d'un niveau : une image de travers est fort désagréable à regarder !

Si votre expérience en composition est limitée, rappelez-vous que l'œil humain trouve l'harmonie dans la règle du tiers et tentez de positionner les éléments importants du plan le long des lignes de force et

LE FACTEUR HUMAIN

Dès lors qu'apparaissent des personnages dans vos vidéos, il vous faudra prendre en compte les aspects humains du tournage. Il n'est pas forcément facile de se filmer : entraînez-vous à parler à la caméra en regardant le noir de la lentille, sans la quitter des yeux. Ce n'est pas naturel et pourtant ça fera toute la différence.

Que partager, que garder pour soi ? Vous seul pourrez porter un jugement sur ce qui relève du domaine de l'intime ou ce qui peut être diffusé dans vos images. Si vous voyagez à plusieurs, il est essentiel d'avoir cette réflexion ensemble avant le départ.

Enfin, vos personnages ont aussi leur mot à dire sur les séquences où ils apparaissent. Au-delà du droit à l'image, ayez de la bienveillance lorsque tourne la caméra. À la fin d'une séquence plus difficile ou intime, assurez-vous que la personne consent toujours à son utilisation, quitte à clarifier avec elle ce qui vous motive à la garder. Surtout, n'imposez pas un tournage à quelqu'un qui s'y refuse.

plus particulièrement sur leurs points d'intersection. Évitez de placer vos sujets au centre de l'image.

Dans tous les cas, privilégiez toujours le contenu à l'esthétique. Il vaut mieux une image pleine de vie qu'une image belle mais sans vie.

Ne vous censurez pas

Quand vient le temps de tourner, la règle d'or est de ne pas se censurer. **Gardez la sélection pour le montage**, ce n'est pas très grave d'avoir plus d'images que nécessaire pour autant que vous ayez prévu votre stockage en conséquence. Attention tout de même à ne pas rapporter 300 heures de *rushes* ! Pour vous donner un repère, essayez de garder le ratio de 1 pour 10 en tête, c'est-à-dire que pour 10 minutes de film au final, il faut veiller à ne pas dépasser 100 minutes de film au tournage.

Stabilisez vos vidéos

Une vidéo non stabilisée est vite épuisante pour le spectateur. Pour donner un aspect plus professionnel à vos vidéos, voici quelques pistes :

» Évitez de zoomer et dézoomer trop fréquemment.

» Utilisez un trépied ou un monopod ou encore posez vos appareils sur un endroit stable pour les plans fixes : escalier, chaise, frigo, table, rebord de fenêtre, etc. Une astuce simple consiste à remplir un sac alimentaire de riz ; vous pourrez ensuite poser la caméra dessus et l'orienter à votre guise.

» Pour les plans à la main, utilisez un harnais de type Steadicam ou une caméra avec stabilisation. Sinon, pensez au moins à tenir la caméra à deux mains en vous tenant droit et en écartant légèrement les jambes. Respirez lentement et appuyez-vous contre un mur si possible. Ce n'est pas l'idéal mais ça vous évitera de sortir le trépied lorsque l'action se passe juste devant vous.

Le petit écran des caméras est parfois trompeur : il n'est pas rare de découvrir une fois un tournage terminé que la mise au point que l'on croyait parfaite nous laisse en fait dans le flou artistique... Pour éviter de faire ce genre de découverte, cadrez d'abord votre plan avec la bague de zoom optique, puis agrandissez l'image sur votre écran (à l'aide de la touche +) avant de faire la mise au point manuelle ou en autofocus, sans modifier le zoom. Revenez ensuite à la taille d'image normale sur l'écran (touche -) et la mise au point demeurera bonne sur votre sujet. Attention au mode automatique pendant le tournage, les mises au point impromptues peuvent rendre le segment vidéo inutilisable !

Portez une attention particulière aux rencontres et aux interviews

Pour accompagner une séquence de rencontre ou d'interview, il faudra également songer à filmer des plans de coupe et des plans d'écoute. D'une durée de quelques secondes (7 à 14), le **plan de coupe** permet le raccord entre les séquences importantes lorsque l'on sélectionne les parties de l'interview qui seront conservées au montage. Il donne aussi des informations précieuses sur l'ambiance de la séquence : une pendule, un coucher de soleil, une montre, un plan serré sur les yeux, une bague de mariage sur l'index... Plus la discussion est longue, plus vous devrez faire de plans de coupe.

Quant au **plan d'écoute**, il permet de faire exister à l'image la personne qui écoute. Par exemple, si vous apparaissez dans votre film, vous veillerez à vous filmer en train de discuter avec la personne, de dos ou encore de face en train d'écouter et de réagir à ce qui vous est dit : un sourire, un hochement de tête, une approbation, froncer les sourcils... C'est aussi vrai pour une interview dont vous n'êtes pas acteur. Essentiels pour le montage, ces plans sont généralement tournés à la fin de la rencontre.

Lorsque vous êtes seul, n'hésitez pas à faire des plateaux en mode "confidences", c'est-à-dire des moments où vous vous filmez face à la caméra et où vous partagez votre ressenti et des informations sur le voyage. Même si ces passages ne devaient pas être utilisés dans le film, ils vous permettront d'ancrer votre ressenti et vous serviront au montage. Assumez les coups bas, les conflits, les désaccords, les peurs !

Soignez le son

RÉGLAGE ET UTILISATION DU MICRO

Contrairement aux micros omnidirectionnels, les micros cardioïdes perçoivent le son en avant et atténuent légèrement le son se trouvant sur les côtés. Pensez donc à toujours placer votre sujet devant le micro. En fonction du bruit environnant, il peut être utile de régler votre micro en mode "manuel". Pour cela, faites apparaître VU-mètre à l'écran, ajustez le volume de vos écouteurs à 50%, puis réglez le niveau sonore du micro jusqu'à entendre parfaitement et sans saturation la personne qui parle.

BATTERIE

Dans la pratique, il faut surtout s'assurer que le micro est en fonctionnement dès que l'on en a besoin ! Si le micro possède une batterie interne, prenez l'habitude de la changer tous les deux jours.

SYNCHRONISATION

Si le son et l'image ne sont pas synchronisés ou si plusieurs caméras fonctionnent en même temps, il vous faudra faciliter la synchronisation ultérieure en frappant des mains devant la caméra au moment où tous les appareils seront lancés.

BRUIT DE FOND

Même si vous parvenez à bien entendre une conversation lors d'un tournage dans un environnement bruyant, il est probable que l'enregistrement "aplanisse" en quelque sorte le son et rende la conversation inaudible. Pensez à couper la radio, la télé ou la musique lorsque vous filmez des rencontres ou des conversations. Il faut garder cela en tête même lorsque l'on est invité chez l'habitant et ne pas hésiter à demander d'arrêter la radio ou la télé. Par exemple, vous pouvez dire : "Excusez-moi, j'ai du mal à vous entendre clairement, serait-il possible d'éteindre la radio ?"

Si le bruit est issu de l'environnement proche (bruit des voitures, des outils de travail, d'une rivière, d'une foule...), il faudra s'éloigner le plus possible de la source du bruit. S'il vous est impossible de faire autrement, pensez à filmer la source du bruit (avion qui passe, chien qui aboie), ce qui justifiera le bruit si vous souhaitez néanmoins utiliser cette scène.

Veillez à votre sécurité

Se balader avec du matériel audiovisuel de pointe attire malheureusement l'attention sur soi. C'est vrai pour tous les pays du monde (même le vôtre !), mais c'est particulièrement important d'en être conscient là où les braquages sont plus fréquents : soyez prêt à donner ce que vous avez et **ne risquez pas votre vie**.

Pour prévenir les vols, **le mieux reste la discrétion** : planquer l'appareil dans un vieux sac à dos banal sur lequel on garde toujours les yeux, se fondre dans un groupe, sortir en compagnie de gens du coin et suivre leurs propres conseils de sécurité... Évitez tout ce qui permet de présumer rapidement de la valeur de votre matériel et gardez à l'esprit que pour beaucoup de gens, il s'agit de l'équivalent de plusieurs mois de salaire. Une bonne assurance couvrant le vol est essentielle si vous êtes ne serait-ce qu'un petit peu équipé. Pour plus de conseils sur la sécurité de votre matériel, consultez le chapitre *Assurer sa sécurité*, section *Protéger ses effets personnels*, p. 357.

Quant à votre travail vidéo, la meilleure prévention est d'appliquer les bonnes pratiques de sauvegarde, à savoir copier tous les *rushes* sur deux supports différents conservés à des endroits distincts. Si vous voyagez à deux, pensez à vous répartir les copies des *rushes* entre vous.

Prenez des pauses régulièrement

En marge du travail de création qui peut être assez abouti avant le départ, l'écriture

CONSEIL

AVANT UN VOYAGE

» Mettez tous vos réglages en mode automatique (balance des blancs, ISO, etc.) pour plus de réactivité sur place
» Choisissez votre format vidéo (HD, 25 images/seconde – 50 ou 60 pour les ralentis)
» Réglez la date et l'heure de votre lieu de voyage pour chacune des caméras
» Nettoyez les optiques, vérifiez que caméras et micros fonctionnent
» Chargez toutes les batteries
» Videz toutes les cartes mémoire et les disques durs

continue pendant le voyage au gré des surprises de la route. Octroyez-vous suffisamment de temps pour prendre du recul et actualiser vos choix de réalisation et de narration. Profitez du fait que vous êtes encore sur place pour filmer les plans qui pourraient cruellement manquer au montage, notamment ceux susceptibles de clôturer habilement une séquence ou encore un plateau explicatif pour les situations où la caméra est arrivée tardivement. Rappelez-vous que le spectateur doit être accompagné dans sa compréhension de la situation car il n'a rien vu de ce que vous allez lui présenter.

⚠ En voyage, le réalisateur doit faire preuve de discipline ! Voici quelques opérations à effectuer quotidiennement pour réussir vos tournages : rechargez les batteries ; sauvegardez le contenu des cartes mémoire sur vos deux supports (disque dur externe et/ou ordinateur) ; nettoyez les optiques ; dérushez tous les soirs : visionnez les séquences pour vérifier la qualité des images et du son, supprimer les séquences inutilisables et actualiser le listing ; célébrez les réussites et apprenez de vos erreurs !

10 étapes pour un montage réussi

Bien loin des joies du terrain et de l'aventure, le montage est souvent une odyssée en lui-même ! Heureusement, c'est aussi un des aspects qui s'apprend assez bien en autodidacte et l'Internet regorge de tutoriels et de ressources pour en découvrir les tenants et les aboutissants.

Configurez votre logiciel de montage

Avant toute chose, pensez à bien paramétrer votre nouveau projet au sein du logiciel. Vérifiez notamment que votre projet concorde avec les paramètres des caméras : nombre d'images par seconde, mode entrelacé ou progressif, résolution HD ou 4K, etc. Ces quelques minutes de vérification sont essentielles et peuvent vous éviter bien des ennuis...

Dérushez TOUT pour faire un bout-à-bout

Vous avez filmé tout ce que vous vouliez, il est temps maintenant de tout classer juste avant de monter. Même si le voyage et vos scènes ne sont plus frais dans votre esprit, vous avez en main votre listing, compte-rendu quotidien actualisé tout au long de votre voyage, qui vous rappelle les jolis plans ou les conversations qui ont pu vous échapper depuis.

Lors du dérushage, on visionne intégralement ce qui a été filmé en prenant des notes : le nom de la vidéo, son style (coucher du soleil / rue / conversation / nature, etc.), les secondes des passages qui vous intéressent le plus... Enlevez par le fait même les séquences inutilisables n'ayant pas été repérées lors du dérushage quotidien. Vous obtiendrez alors le bout-à-bout, une longue séquence contenant tous les plans dans l'ordre chronologique. Regardez-le d'une traite et laissez mijoter vos impressions au moins une journée pour ressentir l'histoire que vous souhaitez raconter.

Sauvegardez et resauvegardez...

Qui n'a jamais vécu la tragédie de voir plusieurs jours de travail partir en fumée après un plantage d'ordinateur ou une tasse de thé renversée ? Pour vous éviter cette angoisse, sauvegardez tous vos contenus en double : une fois sur votre ordinateur et une autre sur votre disque dur externe. Les logiciels de montage comportent souvent une option qui permet d'automatiser cette étape puisqu'elle vous sera nécessaire à toutes les étapes de la postproduction.

Pas assez de place sur l'ordinateur ? Pensez à acheter de l'espace en ligne si votre connexion Internet le permet !

Faites un plan de montage

Une fois les plans visionnés dans leur ensemble, sélectionnez les moments forts, les séquences maîtresses et leur ordre d'enchaînement. À ce stade, une technique utile consiste à organiser l'enchaînement des séquences de façon visuelle, par exemple sur un grand mur à l'aide de Post-it. Cherchez à assembler les scènes de façon à donner du sens et de la fluidité à votre histoire.

Faites un ours

Après plusieurs heures ou jours de montage, vous ressemblerez peut-être vous-même à un ursidé hirsute, mais rassurez-vous, l'ours est simplement un **premier montage grossier**, un peu plus long que le format définitif, sans transitions, finitions ou corrections de couleur et parfois même sans plans de coupe. L'ours est l'étape idéale pour prendre du recul, regarder soi-même son travail et le présenter à d'autres pour bénéficier de leurs retours frais et neutres sur ce qui a été accompli.

Favorisez les belles transitions, limitez les effets

La puissance d'un montage passe par la qualité des transitions d'une scène à une autre. Or, dans nos premiers pas dans le monde du montage vidéo, on a cette fâcheuse tendance à vouloir tester tous les effets spéciaux disponibles sur le logiciel : les fondus-enchaînés, les ouvertures en cœur... C'est une erreur courante qui masque le réel défi que représente le passage harmonieux d'une scène à l'autre.

Les transitions réussies sont des enchaînements logiques de plans qui contiennent chacun au moins une information qui nous mène à la scène suivante. Par exemple, pour une scène où la chaleur est étouffante, vous pouvez montrer le soleil, puis un plan rapproché qui montre la transpiration. Pour une transition vers une scène de discussion, vous pourriez d'abord montrer un plan large de la ville, puis celui d'une maison et enfin un plan où vous discutez avec des gens autour d'une table. Le passage d'un jour à un autre peut bien sûr être marqué par un fondu vers le noir, mais évitez d'employer ce genre d'effet à tort et à travers !

Choisissez des musiques pour booster votre montage

La musique est essentielle dans une vidéo de voyage, d'autant plus lorsque celle-ci ne contient pas de narration. Deux grandes stratégies s'offrent à vous :

» Choisir une musique avant le montage et utiliser son rythme pour définir l'ordre des moments. Cela simplifie le montage, mais ne fonctionne bien que pour de courtes vidéos.

» Effectuer d'abord votre montage et dénicher ensuite une musique au service de vos images. Vous devrez alors faire beaucoup plus de recherche ou encore composer de la musique qui s'accorde bien avec votre vidéo.

Peut-être connaissez-vous des musiciens dont les créations s'accorderaient bien avec votre idée de vidéo ? N'hésitez pas à solliciter vos réseaux et à unir vos forces et talents avec ceux d'autres artistes !

Mixez le son pour harmoniser le film

Il ne suffit pas d'accoler musique sur musique pour obtenir un beau son, il vous faudra également le mixer, c'est-à-dire égaliser les niveaux sonores sur l'intégralité du film en s'assurant que la musique

CONSEIL

MUSIQUES LIBRES POUR ARTISTES FAUCHÉS

Si vous ne parvenez pas à vous décider de jouer vous-même de la guimbarde ou du kazoo pour agrémenter vos vidéos en toute légalité, regardez du côté des banques de musiques libres comme **Musopen** (www.musopen.org) ou **Jamendo** (www.jamendo.com - banque payante). **YouTube** propose également une bibliothèque audio bien fournie pour habiller vos vidéos. Enfin, des **chaînes YouTube** (Vlog No Copyright Music, NoCopyrightSounds, Anomal Bass...) et des **compositeurs** (Joakim Karud, Bensound, TheFatRat, Wanbs...) offrent leur musique sous diverses licences libres. Dans tous les cas, assurez-vous que votre usage est en conformité avec la licence précise du morceau choisi et n'oubliez surtout pas de créditer l'artiste !

ne prend pas le dessus sur les voix, que les ambiances sonores sont cohérentes, etc. Certaines fonctions logicielles permettent de mixer et de normaliser automatiquement l'ensemble du film, mais il faut bien souvent repasser derrière et ajuster certaines parties manuellement.

Étalonnez vos couleurs pour insuffler l'ambiance

La grande différence entre un montage amateur et un montage professionnel, c'est la correction colorimétrique et lumineuse, pardi ! À cette étape du montage, vous allez au minimum équilibrer vos couleurs et la luminosité dans une même séquence, surtout si vous utilisez plusieurs caméras. Les logiciels de montage professionnels comportent tous un outil de correction colorimétrique. En vous familiarisant avec celui-ci, vous pourrez choisir vous-même les paramètres optimaux pour votre projet en changeant par exemple la balance des blancs (pour un rendu plus ou moins chaleureux) voire même l'équilibre des couleurs et des contrastes. Le confort du spectateur en sera grandement amélioré et vous pourrez même conférer une tonalité propre à vos images, une ambiance de convivialité, de suspense, de joie...

Exportez votre bébé dans le format approprié

Votre montage terminé, il faudra **exporter votre film**, c'est-à-dire produire un fichier unique incorporant toutes les informations audio et vidéo pouvant être visionnées sur un autre support que votre logiciel de montage. Les paramètres d'exportation devront être égaux ou inférieurs à la qualité de vos *rushes*. Vos choix de compression et de format de fichier dépendront de la diffusion que vous souhaitez faire de votre film. Par exemple, les plateformes type YouTube ou Vimeo donnent des instructions assez précises sur les formats appropriés, le plus souvent sous l'onglet "Importer".

Diffuser son film ou sa vidéo

Afin de faciliter la diffusion de votre travail, il vous faudra retourner une dernière fois à l'étape du montage et réaliser une **bande-annonce** de quelques minutes (généralement 2'30) qui puisse donner envie de voir la vidéo entière. Il est aussi d'usage de préparer des **teasers** (moins d'une minute) pour éveiller la curiosité d'un public plus large, au-delà de vos réseaux habituels. Cette étape est d'ailleurs fréquemment réalisée en amont du processus de montage, pour faire patienter les financeurs et mobiliser une communauté autour du projet.

Vlogs et réseaux sociaux

Suscitez d'abord la curiosité de vos fans et suiveurs à l'aide de photos, petits directs, interviews, nouvelles du tournage, teasers et bandes-annonces, etc. Puis, quand vient enfin le moment de diffuser votre film, prenez le temps d'identifier des mots-clés et de rédiger des descriptions évocatrices qui aideront d'autres personnes à trouver votre travail. Faites parvenir votre vidéo à tous les acteurs qui ont participé de près ou de loin à votre œuvre : personnes rencontrées en voyage, pages associées ou similaires, partenaires, compositeurs de la musique, etc. Demandez-leur expressément de relayer votre création auprès de leurs réseaux. Identifiez (taguez) sur les réseaux sociaux les pages qui pourraient être susceptibles de diffuser votre contenu. Enfin, faites vivre votre vidéo en répondant aux commentaires des spectateurs, en donnant des bonus et des séquences "en coulisses", etc.

FESTIVALS ET CONFÉRENCES

Présenter son film lors de festivals et de conférences permet de faire vivre ses images encore plus fortement car le débat et les questions subséquentes approfondissent d'autant la rencontre avec votre public.

Les festivals de voyage et d'aventure procèdent d'abord à une phase de sélection annuelle des prochains films qu'ils présenteront. Veillez à respecter les délais et à fournir aux organisateurs les éléments demandés pour passer cette étape : bande-annonce ou film complet, descriptif, durée, etc.

Vous pouvez également solliciter personnellement certaines structures pour y présenter votre film : associations, écoles et grandes écoles, médiathèques, maisons des jeunes et de la culture, EHPAD, associations de personnes âgées, clubs étudiants de voyage, espaces de coworking, centres socioculturels, etc.

TÉLÉVISION

Si le monde exclusif de la télévision est un outil très puissant pour diffuser vos

RÉDIGER UN BON DOSSIER DE PRÉSENTATION

ÉLÉMENT	EXPLICATIONS OU EXEMPLE
Titre et catchline	"Nus et Culottés", "Rien ne sert de courir, il faut partir à poil"
Format	Série documentaire de 6 x 52 minutes
Concept	Un paragraphe résumant efficacement votre concept (pitch)
Mécanique	Les dispositifs particuliers utilisés pour filmer
Personnages	Présentez les personnages à l'image et ceux de l'équipe technique si vous êtes accompagné
Intention	Partagez vos intentions, vos motivations et expliquez en quoi ce que vous proposez est unique

productions, la pression est grande et les opportunités sont rares. À moins d'avoir déjà une reconnaissance en tant que cinéaste, il vous faudra proposer un concept percutant.

Les chaînes de télévision étant très sollicitées, la voie la plus simple consiste à se rapprocher d'une maison de production. Celle-ci vous mettra en lien avec une chaîne si le projet l'intéresse. En plus d'un teaser et d'une bande-annonce, munissez-vous d'un **dossier de présentation** (d'une quinzaine de pages maximum) et d'un **communiqué de presse** décrivant le projet de façon percutante et complète.

Pour aller plus loin

Remerciements

Merci à nos relecteurs et conseillers pour l'aide avisée apportée sur ce chapitre :

» www.facebook.com/Mouts.Guillaume.Mouton (Guillaume Mouton)

» www.youtube.com/Partager CestSympa (Vincent Verzat – Partager c'est sympa)

» www.david-fabre.com (David Fabre – GaouProd)

» www.youtube.com/stopnous situpeux (Thomas Morelon et Quentin Dupont – Stop nous si tu peux)

Youtubeurs voyage et webséries inspirantes

» www.littlegypsy.fr – Blog et vlog de Morgane Trussardi

» www.votretourdumonde.com – Blog de Bruno Maltor

» www.youtube.com/lostintheswell – Voyage et surf autour du monde

» www.youtube.com/leonardo dalessandri – Vidéos poétiques de Leonardo Dallesandri

Site Web technique

» www.photopassion.fr – Céline et Guillaume Manceron vous aident à passer de la photo à la vidéo

Livres techniques

» BOUILLOT, René, GALÈS, Gérard et LAURENT, Gérard. *Cours de vidéo : Matériels, tournage et prise de vues, post-production* (Dunod, 2019)

» DE KEYSER, Éric. *Photographier et filmer avec un drone* (Eyrolles, 2017)

» HARDISK. *Comment devenir un pro en vidéo ?* (404 Éditions, 2017)

» MERCADO, Gustavo. *L'Art de filmer : Apprendre (et transgresser) les règles de la composition cinématique* (Pearson, 2011)

il n'est pas toujours simple de comprendre et d'être compris!

Communication interculturelle

La communication interculturelle, c'est quoi ?
La communication interculturelle est un ensemble de compétences permettant à des individus ou à des groupes de cultures différentes d'aller au-delà des difficultés de compréhension. Il n'y a pas que le langage qui peut limiter une bonne communication : c'est toute l'interprétation du monde qui peut changer d'une culture à l'autre...

Créer des ponts entre soi et l'autre

Pour arriver à comprendre l'autre, il faut d'abord éviter de faire preuve d'**ethnocentrisme**, c'est-à-dire de privilégier ou même de surestimer nos valeurs et nos attitudes face à celles de la culture qu'on observe.

Une stratégie efficace pour communiquer consiste à établir des ponts au-dessus des fossés que créent les différences. On cherchera d'abord à reconnaître et à identifier les éléments qui sont différents dans la communication de l'autre et qui sont des facteurs d'incompréhension. Puis, sans le forcer à changer sa façon de communiquer, on tentera de trouver une façon de pallier la différence (voir le tableau p. 126).

Pour cela, on peut avoir recours à un outil intéressant : la notion de **dimension culturelle**. En effet, des experts en communication interculturelle ont su identifier différents pôles qui permettent de découper la culture en éléments simples. Il s'agit d'**axes sur lesquels les différentes cultures du monde peuvent se positionner et être comparées**. Il est alors plus simple de déterminer la stratégie à employer pour faire le pont entre soi et l'autre.

Rapports hommes-femmes

Lors d'un voyage, les différences liées à la condition féminine et aux rapports hommes-femmes sont parmi les principales sources de bouleversement culturel. D'un point de vue strictement légal, de nombreux pays proclament l'**égalité constitutionnelle** des hommes et des femmes, bien que ce ne soit pas toujours mis en application. Les droits civiques de la femme varient de l'infantilisation juridique à l'égalité totale en droit. En voici quelques exemples : discrimination au niveau de l'héritage, acquisition automatique de la citoyenneté de l'époux, impossibilité de divorcer, code vestimentaire strict, etc.

Il existe un fossé plus ou moins grand entre la société (le peuple) et l'État. Ne sautez pas aux conclusions et sachez discerner l'aspect légal de l'aspect culturel, les deux étant liés mais ne se recoupant pas complètement. Sur certains sujets, les lois peuvent être plus conservatrices que la société ne l'est, mais dans d'autres cas c'est l'État qui se veut plus progressiste.

Certaines pratiques comme l'accès à la contraception ou le droit à l'avortement sont généralement considérés comme des progrès de la condition féminine puisqu'ils permettent aux femmes de mieux gérer ce qui se passe dans leur corps. Le droit à l'avortement ne fait cependant pas l'unanimité, que ce soit pour des raisons éthiques ou religieuses. Un autre sujet à polémique est la polygamie, légale ou tolérée dans presque tous les pays à forte population musulmane ou certains pays animistes africains. La polygamie est-elle synonyme de misère, de violence conjugale ou sexuelle, de dégradation de la femme ? Il semblerait que non. Comme dans toutes les cultures, il y a des abus dont les femmes sont victimes, mais c'est loin d'être systématique. Ces familles s'insèrent dans leur contexte culturel et leurs réalités sont aussi différentes que peuvent l'être les familles de notre société d'une génération à une autre.

Enfin, reconnaître et accepter les différences dans les relations hommes-femmes ou dans la condition féminine d'un pays **ne signifie pas qu'il ne faille jamais juger des traditions au nom du relativisme culturel**. Le meurtre des petites filles à la naissance (lié à la dot faramineuse requise au moment du mariage), les crimes d'honneur, la défiguration à l'acide, les mutilations génitales, les mariages forcés, la lapidation pour adultère et autres violences faites aux femmes sont des pratiques profondément dérangeantes et choquantes.

L'aspect le plus visible des relations hommes-femmes est la variation des codes vestimentaires d'une culture à l'autre. C'est aussi ce qui est le plus ressenti par les voyageuses, celles-ci devant très souvent adapter le contenu de leur sac à dos aux exigences légales du pays ou aux impératifs de la sécurité. Pour des conseils sur le sujet, voir le chapitre *Voyage au féminin* (p. 66).

Pendant le voyage, gardez à l'esprit que vous n'êtes pas en mesure de changer ces traditions, et dans certains cas, les critiquer ouvertement **pourrait vous mettre en danger**. Vous avez cependant des yeux pour voir et des oreilles pour entendre. Plutôt que de réagir fortement sur place, ayez conscience de ces phénomènes et attardez-vous à partager vos observations et vos découvertes au retour. Songez également à vous impliquer auprès d'associations

LA CULTURE : UN ICEBERG

Dans un contexte d'échange interculturel, la culture pourrait être représentée comme un iceberg. La pointe de l'iceberg, ce sont les comportements **observables** : les institutions, les lois, les rituels, la langue, les coutumes, l'univers politique, etc.

Cachés sous la surface se trouvent les **pensées** d'un peuple : ce qui est acceptable et ce qui ne l'est pas, les croyances, le bon sens populaire, la philosophie, les relations entre les gens, etc. Quand on demeure plusieurs semaines au même endroit, on a l'opportunité de plonger un peu sous l'eau et de comprendre le raisonnement, la logique derrière les actes. C'est d'ailleurs lorsque l'on maîtrise cet échelon que l'on commence à aller au-delà du choc culturel (voir le chapitre *Choc culturel*, p. 134).

Enfin, la plus grande partie se trouve bien plus profondément enfouie et c'est elle qui prend le plus de place : les valeurs, l'identité, les rêves, les symboles, la dimension mythique, la mémoire collective. C'est au niveau du **ressenti** que la culture prend ses racines et que le fossé interculturel peut être vraiment comblé.

Mieux vaut ne pas sauter aux conclusions à partir de ce que l'on voit. C'est lorsque l'on prend conscience de l'immense partie cachée d'une culture qu'on peut comprendre la logique derrière les comportements apparents.

ATTITUDE OBSERVÉE DANS LE PAYS (facteurs d'incompréhension culturelle)		ATTITUDE DU VOYAGEUR
D'UN EXTRÊME…	… À L'AUTRE !	Stratégie pour faire le pont
Individualiste : accorde une grande importance à l'ambition personnelle, à l'autonomie et au sens de la responsabilité individuelle. Ex. : États-Unis, Canada	**Collectiviste :** préfère l'harmonie, la loyauté, la solidarité du groupe, la stabilité et le sens du devoir. Ex. : Chine, Amérique latine	Reconnaître que les deux points de vue sont valables et importants pour l'autre. Quand il faut prendre une décision, s'assurer d'inclure l'autre en clarifiant ce qui est important pour lui.
Équité : structures de décision décentralisées. Le leadership se démontre par le mérite, le charisme et non par les titres. On tend à diminuer les écarts, à éliminer les titres et les privilèges. Ex. : Allemagne et pays scandinaves	**Hiérarchie :** beaucoup de distance entre les différentes positions sociales. Les titres, les égards et le respect de l'ordre social sont très importants. Ex. : Chine et Russie	Observer le degré de formalité employé entre les différents rangs ou groupes et tenter de s'y conformer le plus possible. Si on doit rencontrer quelqu'un de haut placé, vérifier de quelle façon il est préférable de se comporter.
Vision à court terme : le temps est une ressource limitée, séquentielle, linéaire. On accorde une grande importance à la ponctualité et à l'efficacité. On encourage l'innovation plutôt que la tradition. Après tout, "le temps c'est de l'argent !" Ex. : Pays-Bas, Canada, États-Unis	**Vision à long terme :** on y encourage la persévérance voire la persistance et l'obstination. On peut interrompre les activités et il est difficile de planifier. Il est important de préserver l'image et la tradition car on s'insère dans un continuum, une dynastie. Ex. : Chine, Japon, pays africains	S'informer sur les habitudes locales de ponctualité au moment de se donner rendez-vous. Emporter un livre, de la musique ou son journal de voyage avec soi pour meubler les périodes d'attente. Respecter le rythme des gens.
Anxiété face à l'incertitude : on préfère que les règles soient claires dès le départ. Ce qui est différent est perçu comme dangereux, subversif. Chaque individu a une place définie dans la société, il y a un label sur chaque type de personne rencontrée. Ex. Japon	**Flexibilité face à l'inconnu :** les situations inhabituelles ne sont pas perçues comme étant une agression, les lois et les règles sont plus flexibles, plus lâches. Les tâches ne sont pas nécessairement très définies ou centralisées. Ex. : Inde, Chine	Observer les coutumes locales sans sombrer dans le folklore. Assumer sa position d'étranger avec humilité. Dans le doute, mieux vaut éviter les surprises jusqu'à bien connaître la culture d'accueil. Accepter que certaines propositions puissent vous paraître farfelues ou inappropriées.

ATTITUDE OBSERVÉE DANS LE PAYS (suite)		ATTITUDE DU VOYAGEUR
D'UN EXTRÊME...	... À L'AUTRE !	Stratégie pour faire le pont
Implicite : préfère s'exprimer par des allusions indirectes. Dire les choses directement peut être offensant pour l'autre. "Oui" peut vouloir dire "peut-être", "peut-être" est souvent une manière indirecte de dire "non". La manière de dire a plus d'importance que ce qui est dit. Le silence a un sens au même titre que la parole. Ex. : pays arabes et asiatiques	**Explicite :** apprécie que tout soit reformulé, clarifié et transparent. On dira tout en détail, même ce qui est évident. On peut sortir une phrase de son contexte sans trop prendre de risques tant elle contient d'informations particulières. Ex. : Allemagne, pays scandinaves	Écouter avec tous ses sens, c'est-à-dire en observant attentivement. Reformuler indirectement ce qu'il nous dit et prendre le temps de faire des pauses. Se rappeler que certaines choses ne se traduisent pas, même si on connaît bien la langue.
Règles universelles : "Personne n'est au-dessus de la loi !" Les procédures sont rassurantes et tout est prévu dans le contrat, tous les cas sont traités de façon semblable. Faire exception, c'est ouvrir la porte aux abus et aux inégalités. Inutile de tenter de négocier avec le policier lorsqu'il s'apprête à vous rédiger un procès-verbal pour excès de vitesse... Ex.: États-Unis, Allemagne Royaume-Uni	**Relations particulières :** les règles servent de ligne directrice et peuvent être adaptées selon le contexte. La sagesse conjuguée à une relation de confiance permet de trouver des solutions adéquates aux problèmes. Il est important de discuter : "Ne connaîtriez-vous pas mon beau-frère, qui travaille à la gendarmerie voisine ? J'allais un peu vite, mais j'allais rendre visite à sa mère à l'hôpital..." Ex. : Russie, Afrique, Amérique latine	Éviter de porter un jugement sur ce qui peut sembler inéquitable ou lorsqu'on fait face à la corruption dans le quotidien. Observer la façon dont les gens résolvent les problèmes ou interagissent avec les autorités.
Honte : l'individu qui dévie de la norme est perçu comme indigne si les faits inacceptables sont connus. Il "perd la face" et sa honte est parfois portée par toute la famille ou toute la communauté. L'honneur ne peut être restauré qu'à grands frais. Ex. : cultures arabes et asiatiques	**Culpabilité :** sentiment d'avoir mal agi, parfois accompagné de la peur d'être puni ou du sentiment de mériter de l'être. Un acte inacceptable demeuré secret engendre tout autant de culpabilité que s'il était dévoilé au grand jour. Ex. : cultures occidentales basées sur le christianisme	Faire la différence entre ce qui est dit et ce qui est fait. Accepter que certaines choses soient acceptables si accomplies en cachette mais qu'elles ne doivent être rendues publiques.

TÉMOIGNAGE

"Nous venions tout juste d'arriver en Amérique centrale. Le stop marchait plutôt bien et l'ambiance était très chaleureuse à ce détail près que certains conducteurs nous passaient devant en voiture en nous faisant le signe suivant : ils nous montraient leur main avec leurs doigts réunis vers le haut comme pour nous dire que l'on devait payer pour monter à bord.

Nous étions mal à l'aise à l'idée que des gens insistent tant alors que nous n'avions pas un sou sur nous. Ce n'est que plus tard que nous avons compris que ce que nous interprétions comme une demande d'argent signifiait en fait qu'ils étaient nombreux dans la voiture... Il n'y a pas que la langue locale à apprendre, il y a aussi les gestes !"

Nans et Guillaume

qui soutiennent les femmes ou militent en faveur de changements légaux et sociétaux dans ces pays. Vous aurez ainsi plus de poids qu'en réagissant de façon émotive sur place.

Apprendre la langue

Apprendre la langue du pays visité est bien sûr la meilleure solution pour pouvoir communiquer.

À chacun sa façon de procéder, mais nous recommandons les méthodes orales et intuitives telles que la méthode d'apprentissage rapide Michel Thomas. Participez également à des échanges de langues : une heure de français contre une heure de la langue choisie ; regardez des films et des séries, d'abord sous-titrés en français puis en VO non sous-titrée ; apprenez des chansons.

En pratique

Les théories de la communication interculturelle ont surtout été développées pour aider les gens d'affaires et les coopérants internationaux à être rapidement efficaces hors de leur culture d'origine. Les domaines du marketing et de la publicité l'utilisent également pour le bénéfice des compagnies transnationales. Cependant, de plus en plus de voyageurs sont conscients du fossé les séparant des populations qu'ils visitent. Il ne s'agit plus d'aller voir les sept merveilles du monde et de se faire prendre en photo, mais bien de comprendre comment les gens vivent et de partager leur quotidien. Il est donc crucial de "savoir communiquer".

Les principes suivants peuvent sembler difficiles à appliquer au quotidien, surtout si vous n'en avez pas du tout l'expérience. Cela ne devrait pas vous décourager – chaque essai est un apprentissage. Vous gagnez déjà énormément par la simple prise de conscience des difficultés rencontrées. C'est la patience et la persévérance qui vous permettront de progresser. N'hésitez pas à relire cette section chaque fois que nécessaire !

Se connaître et se positionner

Avant de pouvoir évaluer l'autre, il convient de **faire un bilan** de sa propre culture. Suis-je plutôt individualiste ou collectiviste ? Est-ce que je communique plutôt de façon implicite ? Est-ce que les lois et la hiérarchie sont importantes pour moi ? Quelle est la place de la femme dans ma culture ? Quel est mon rapport avec le temps ? Etc.

Se définir ainsi permet de mieux saisir l'angle, le biais culturel avec lequel on observe les autres cultures. On reconnaît notre culture pour ce qu'elle est : un cadre de référence, un point de départ pour évaluer l'autre, non un idéal à atteindre !

Découvrir l'autre

L'étape suivante consiste à se donner suffisamment de temps et d'espace pour observer l'autre culture. L'attitude à cultiver est celle du **débutant**, de celui qui ne connaît rien à la culture afin de se départir de ses préjugés. C'est la **phase d'observation** où l'on se permet de poser des questions tout en tentant d'analyser ce qui se passe, ce qui peut amener à trouver plusieurs interprétations possibles d'une même situation.

Quelques stratégies pour bien vivre cette phase :

» Être prêt à apprendre de l'échange.

» S'assurer que nos demandes sont bien interprétées.

» Reformuler pour s'assurer que l'on a compris, clarifier.

» S'abstenir de jugement tant que l'information est insuffisante.

» Obtenir des conseils de quelqu'un qui connaît les deux cultures.

» Éviter les généralisations, ne pas sauter aux conclusions.

La religion, la langue, la militarisation, les rivalités ethniques et le nationalisme ne sont que quelques exemples de sujets pour lesquels il faut éviter de sombrer dans le préjugé et l'amalgame. Sachez observer, relativiser et obtenir une vue d'ensemble avant de tirer vos propres conclusions.

Communiquer et négocier

Une fois que l'on a commencé à saisir les codes de l'autre culture, on peut prendre le temps d'améliorer la communication entre soi et les autres. C'est une **phase d'apprentissage dynamique** où l'on fait des essais, des erreurs, et où on développe sa **compétence interculturelle** en profondeur.

On portera d'abord une attention particulière à sa propre communication :

» Illustrer ses idées par des exemples, des schémas, des anecdotes.

» Éviter le jargon, les expressions familières, les métaphores.

» Prendre le temps d'organiser sa pensée et de la formuler clairement.

» Faire usage de la communication non verbale.

» Adapter son message au contexte, expliquer.

» Reconnaître l'influence de l'accent et de l'intonation sur l'intelligibilité du message.

Puis, on s'attardera à faire de la communication une **négociation** ayant pour but la satisfaction des deux parties :

» Prendre son temps, faire preuve de patience, laisser aux gens suffisamment de temps pour réfléchir et formuler leur réponse.

» Souligner les similitudes dans les points de vue et s'en servir comme point de départ.

» Chercher le compromis.

» S'assurer que le mode et le rythme de communication conviennent à l'autre.

PARLER UNE LANGUE RAPIDEMENT

Les linguistes et polyglottes ont de nombreuses techniques pour se débrouiller dans une langue en un temps record. Voici quelques astuces pour vite comprendre et être compris :

» Concentrez-vous sur le message et non sur la forme. Utilisez dès le premier jour quelques mots pour compléter vos gestes. Votre but est d'être de mieux en mieux compris et les mots vont vous y aider. Facilitez-vous la vie ! Par exemple, apprenez les verbes au présent et accompagnez-les de "hier" ou "demain" pour les "conjuguer". Si le message est passé, c'est gagné !

» Utilisez l'association d'idées (mnémotechnie). Cherchez une image pour l'associer à un mot car le cerveau retient mieux les concepts visuels. Faites fonctionner votre imagination : plus les associations sont drôles et ridicules, plus vous avez de chance de les retenir. L'application Memrise (www.memrise.com) propose cette technique.

» Faites traduire les 13 phrases suivantes (en phonétique si besoin), astuce de linguiste pour connaître les structures grammaticales d'une langue : 1. La pomme est rouge. 2. C'est la pomme de Jean. 3. Je donne la pomme à Jean. 4. Nous lui donnons la pomme. 5. Il la donne à Jean. 6. Elle la lui donne. 7. Est-ce que la pomme est rouge ? 8. Les pommes sont rouges. 9. Je dois lui donner la pomme. 10. Je veux la lui donner. 11. Je mangerai demain. 12. Je ne peux pas manger la pomme. 13. J'ai mangé la pomme.

» Apprenez les 100 mots les plus utilisés de la langue cible (disponibles par exemple sur 1000mostcommonwords.com). À titre d'exemple, les 10 mots les plus utilisés en français sont : comme, je, son, que, il, était, pour, sur, son, avec. Apprenez en priorité les verbes et autres concepts que vous ne pouvez pas mimer ou pointer du doigt.

» Utilisez la répétition espacée, à l'aide de cartes de vocabulaire. Parcourez-les à intervalle régulier pour que les mots s'impriment dans votre mémoire. Faites vos propres cartes ou utilisez une application qui fonctionne sur ce principe, comme Anki (apps.ankiweb.net) ou Mosalingua (www.mosalingua.com).

» Amusez-vous ! Le pire ennemi de l'apprentissage est l'autocensure. N'ayez pas peur de commettre des erreurs, de dire des bêtises, de faire des essais. Oui, vous parlerez comme un enfant, mais la plupart des gens trouveront ça courageux si vous assumez (à éviter tout de même avec les autorités qui n'ont pas toujours le sens de l'humour).

ESPACE ET DISTANCES

La conception de l'espace et la distance acceptables entre les personnes diffère considérablement selon les cultures et les circonstances (contact intime, espace familial, espace public, etc.). Par exemple, les voyageurs arrivant en Inde pour la première fois disent souvent se sentir "agressés" par la proximité des autres, qui donne une impression de perpétuelle bousculade. Autre exemple : un Français déstabilisera un Norvégien s'il tente de lui faire la bise plutôt que de lui donner une poignée de main...

Il n'est pas nécessaire d'aller bien loin pour s'exercer à la communication interculturelle. Vous trouverez une multitude d'opportunités de pratique à l'intérieur de votre pays et même de votre ville.

Se présenter

À chaque rencontre, quel que soit le pays ou la culture, il y a une première phase de présentation. **Un petit livret illustré** de type *Point it*, *ICOON*, *G'palémo* (Guide du Routard) ou *Me No Speak* **peut faciliter le contact**. Vous pouvez y expliquer à l'aide d'illustrations (cartes, photos, dessins) d'où vous venez, qui est votre famille, quel est votre projet de voyage, etc. C'est un très bon moyen de faciliter la communication mais aussi d'arriver à vos fins lors de demandes spéciales, notamment lorsque l'on fait du stop.

Mime, dessin, musique, expression corporelle... Les possibilités du langage non verbal sont énormes et mènent souvent à un échange spontané et authentique.

Formuler une demande

Le voyageur est souvent appelé à formuler des demandes aux gens qu'il rencontre, que ce soit pour un renseignement, un transport en auto-stop ou pour se faire accueillir pour la nuit. Il est important de disposer d'une base structurelle pour la formulation d'une demande claire et efficace. Cette base pourra ensuite être appliquée à différentes situations. Quelques stratégies pour faciliter votre approche :

Dans le cas où vous sollicitez directement une personne (frapper à la porte d'une maison, solliciter le capitaine d'un voilier, etc.), il est préférable d'aborder les gens le plus simplement possible sans passer par des détours complexes et ambigus. C'est la règle d'or, peu importe ce que vous demandez : présentez-vous de façon rapide en deux ou trois phrases et expliquez ensuite l'objet de votre demande. Si la personne refuse après les premiers mots, elle aura une opportunité de changer d'opinion après vous avoir écouté. Au contraire, si vous ne formulez votre demande qu'à la fin de la conversation, vous n'aurez plus rien à dire si la personne refuse. Par exemple : "Bonjour, je suis français et je voyage dans votre pays à pied depuis trois mois. Est-ce que vous accepteriez de m'héberger pour la nuit ? J'ai un duvet et je n'ai besoin que d'un lieu à l'abri. Je suis de passage en direction de..., etc."

Dans le cas des rencontres fortuites (dans un bus ou un café par exemple), donnez-vous le temps de parler et d'échanger pour "ressentir" la personne et lui laisser le temps de vous connaître aussi. Il est essentiel de ne pas vous crisper sur votre projet d'hébergement, cela n'amènera que des tensions dans la discussion. Lorsque le moment vous semble opportun, expliquez à votre interlocuteur que vous cherchez un endroit pour passer la nuit et demandez-lui explicitement s'il ne disposerait pas d'un espace pour vous loger à tout hasard. Vous ne devriez jamais forcer la main des gens, l'accueil spontané étant avant tout un moyen de rencontrer les gens et de vivre une expérience de partage. Veillez donc à ce que tout le monde se sente à l'aise du début à la fin. Dans tous les cas :

» Adressez-vous le plus possible à une personne du même sexe que vous (notamment dans les cultures que vous ne connaissez pas bien).

» Ayez en main un support visuel (outil miraculeux pour une bonne communication) comme un dossier photo, des schémas ou des cartes illustrant votre voyage.

Si vous ne parlez pas la langue :

» Ayez en main un texte préparé dans la langue de l'interlocuteur exprimant clairement votre situation et votre demande.

» Utilisez un guide de conversation de la langue locale, un dictionnaire ou un livret de conversation illustré.

S'adapter

L'échelle Bennett est utilisée par les spécialistes de l'interculturel pour mesurer le degré de **sensibilité interculturelle et d'adaptation**. Elle se divise en six degrés, d'ordre croissant, les plus élevés étant ceux qu'il est préférable d'atteindre :

1) Déni : refus de reconnaître l'existence de différences culturelles. Pseudo-tolérance déshumanisée des autres cultures. Différenciation

TÉMOIGNAGE

"Quitter ses repères pour s'en créer d'autres dans un pays dont la langue nous est totalement inconnue, c'est ce que j'ai décidé de faire en pleine adolescence en m'expatriant un an au Costa Rica.

Accueillie dans une famille costaricienne et inscrite au lycée du coin, j'ai rapidement compris que pour profiter pleinement de cette aventure, l'apprentissage de l'espagnol n'était pas une option mais une obligation ! Si en quelques mois j'ai réussi à dompter la langue, il m'aura fallu beaucoup plus de temps pour assimiler certaines subtilités costariciennes. Des faux pas, j'en ai fait, et plus d'un ! En effet, ce n'est qu'une fois de retour que j'ai compris les gros yeux du médecin qui m'a vue sortir de l'hôpital sur un "*No, muchas gracias*" alors que j'avais pris l'annonce de mon hospitalisation obligatoire pour une simple proposition... Ou l'air dubitatif de ce pauvre homme à qui j'ai hurlé haut et fort que je n'étais pas une "*gringa*" mais une Française (au Costa Rica "*gringa*" veut dire "étrangère")... Et même ma réputation de fille facile après un baiser public sur les lèvres de ce garçon qui se faufilait en douce dans le jardin pour m'embrasser en secret... Ou encore la peur de ma famille d'accueil qui me soupçonnait de trafic de drogue après ma balade dans le quartier le plus mal famé de la ville... Enfin, ma sévérité apparente car je n'ai jamais réussi à appeler les vendeuses *coco amor* ou *princesa*... Malgré mes nombreuses mini-expatriations et tous mes efforts d'adaptation, je pourrais vous dresser une liste sans fin de quiproquos interculturels. À chaque langue ses cultures, à chaque pays ses mœurs, à chaque voyage ce besoin d'observer, de comprendre et d'apprendre pour ne pas offenser, pour s'intégrer, pour s'interroger et faire valser ses paradigmes. Des faux pas, j'en ai fait, alors plutôt que de me morfondre sur ces moments embarrassants, pleins d'incompréhension, autant en rire et faire rire !"

Céline, auxiliaire de vie scolaire auprès des enfants du voyage, voyagesduneplume.com

en grandes catégories stéréotypées (les Blancs, les Noirs, les Asiatiques, les étrangers, les pauvres).

2) Défense : reconnaissance des différences culturelles qui sont alors perçues comme négatives comparativement à la sienne. Plus une culture est différente, plus elle sera perçue négativement. "Nous vs eux", très stéréotypé, la "civilisation" contre les "barbares".

3) Minimisation : acceptation de certaines différences culturelles, toujours en gardant sa propre culture comme point de référence, et en mettant l'accent sur les similitudes entre les autres cultures et la nôtre. "Nous sommes tous humains, après tout !" ou "Tout ce que les gens veulent, c'est être heureux !" Recherche de grandes vérités universelles.

4) Acceptation : les autres cultures sont reconnues comme des points de vue alternatifs sur le monde. Relativisme culturel : on comprend que certaines choses peuvent être vues comme bonnes dans une culture et mauvaises dans une autre. La diversité est vue comme facteur de créativité et on a soif d'en savoir plus long sur les autres.

5) Adaptation : développement d'aptitudes à la communication interculturelle. Le cadre de référence se déplace vers la ou les autres cultures.

6) Empathie : on sait vraiment comment l'autre peut analyser la situation, on débusque les malentendus.

7) Intégration : internalisation complète de l'autre culture ; se définir comme une personne "bi-" ou multiculturelle. N'est pas nécessairement une étape supérieure en valeur à la phase d'adaptation.

Et vous, où vous situez-vous ? Soyez honnête avec vous-même et rassurez-vous : avec l'expérience du voyage, vous progresserez naturellement sur cette échelle.

Pour aller plus loin

Livres techniques

» MEYER, Erin. *La Carte des différences culturelles : 8 clés pour travailler à l'international* (Éd. Diateino, 2016)

» GOULVESTRE, Laurent. *Les Clés du savoir être interculturel* (Éd. AFNOR, 2012)

» HOFSTEDE, Geert et MINKOV, Michael. *Cultures et organisations* (Pearson Education, 2010)

» TROMPENAARS, Fons et HAMPDEN-TURNER, Charles. *Riding The Waves of Culture: Understanding Diversity in Global Business* (McGraw Hill, 2012)

›

“Toute culture naît du mélange, de la rencontre, des chocs. À l’inverse, c’est de l’isolement que meurent les civilisations.”
Octavio Paz

Choc culturel

L’adaptation à une ou plusieurs cultures nouvelles ne se fait pas sans heurts, et le voyageur se verra tôt ou tard confronté à une période de transition difficile.

Le choc culturel est un ensemble d’émotions associées à l’arrivée dans une nouvelle culture, à la rencontre d’une culture inconnue ou au retour dans sa culture d’appartenance suite à un voyage à l’étranger (choc du retour). Il peut frapper le voyageur néophyte comme l’averti, quelques jours, quelques semaines, voire des mois après son arrivée. S’il n’existe pas encore de vaccin pour le combattre, il existe néanmoins des moyens de minimiser ses impacts négatifs et de transformer la situation en défi, en opportunité de développement personnel.

Symptômes

Physiques

» Se sentir fatigué, avoir tout le temps envie de dormir

» Manger ou boire compulsivement

» Être anxieux ou stressé

» Souffrir de nouveaux problèmes de santé

Mentaux

» Se sentir coincé, mal à l’aise

» Regarder dans le vide, ne pas pouvoir se concentrer

» Se retirer, s’isoler, s’ennuyer

» Se sentir triste, avoir le blues

» Critiquer tout

» Être irritable

» Penser constamment à sa famille, ses amis, sa vie d’avant

» Être obsédé par l’hygiène et la santé

Face à la culture d’accueil

» Stéréotyper les gens

» Manifester de l’hostilité

» Avoir l’impression que tout est faux

Les différentes phases

Les sociologues identifient généralement trois grandes phases d’adaptation face à une culture nouvelle.

On ne passe pas toujours par ces phases, et les symptômes varient grandement d’une personne à l’autre. Également, le choc peut être ressenti plus tôt si le fossé culturel est grand, et plus tard si on est dans une culture qui se rapproche de la nôtre.

TÉMOIGNAGE

"Nous sommes en 2003, j'ai 22 ans. J'arrive à Dakar, au Sénégal. C'est la première fois que je quitte l'Europe.

Au débarquement, pas le temps de souffler ou de s'imprégner de l'ambiance : je suis pris dans un tourbillon. Je suis sollicité, pour ne pas dire harcelé, par des myriades d'inconnus avant même d'avoir pu récupérer mes bagages. Taxis, porteurs, change d'argent, vendeurs à la sauvette... Ce premier contact est quelque peu bouleversant.

Je me faufile tant bien que mal jusqu'au car rapide qui me conduira aux parcelles assainies, dans la banlieue nord de la capitale, car je vais rejoindre une petite ONG locale pour donner un coup de main et surtout découvrir une nouvelle culture.

À peine installé dans une salle de classe, j'entends le bruit assourdissant des djembés et sabars qui font vibrer les murs, juste devant l'école. Ils s'installent pour toute la nuit. Ce sont des Baye Fall. Leur rituel religieux consiste à danser au rythme d'une musique répétitive et transcendante. Après un certain temps, ils sortent d'énormes rondins de bois qu'ils se jettent violemment sur le dos, inlassablement. Impressionnant ! Les passants médusés sont invités à donner quelques francs en échange d'un café *touba*, leur boisson traditionnelle. Et ça ne fait que quelques heures que je suis au Sénégal... Quelle belle claque culturelle !"

Sébastien, éducateur à l'environnement, lesglobeblogueurs.com

La lune de miel À l'arrivée, tout est beau, tout est fascinant, tout est à découvrir. On est dans une phase d'observation et l'on fait le plein de nouveauté ! Nourriture, musique, architecture, nouvelle langue, etc. On tend à négliger les différences entre la culture locale et la nôtre ! On l'interprète de façon romantique.

La détresse (ou la négociation) Après quelques semaines, on commence à ressentir les symptômes du choc. Frustration, anxiété, colère. Ce qui nous semblait d'abord charmant nous semble soudain inacceptable ! La nourriture, le bruit, les conditions d'hygiène, etc. On est déçu, on se sent trahi, on se sent étranger. Les différences culturelles deviennent flagrantes dans chaque détail de la vie quotidienne. On s'ennuie de la maison, des amis, de certains plats typiques de chez soi. On est fatigué de devoir faire des compromis dans un monde qui nous semble incohérent.

L'ajustement et l'adaptation Après quelques mois, on finit par s'y faire ! On développe des routines, des stratégies pour résoudre ses problèmes et pour communiquer avec la population locale. La nouveauté s'estompe et l'on intègre des habitudes locales à son quotidien. On se surprend même à penser comme les locaux, à utiliser leur logique, celle qui nous semblait si incohérente auparavant. C'est l'adaptation, la réponse constructive au changement.

⚠ Les voyageurs itinérants ne restent pas toujours assez longtemps dans une même culture pour ressentir l'effet franc du choc culturel. Attention ! Cela ne veut pas dire que vous ne ressentirez aucun choc ; peut-être prendra-t-il une forme plus sournoise ! Il est d'autant plus important de prévoir du temps pour s'adapter au quotidien dans les pays traversés.

En pratique

Se préparer

Peut-on prévenir le choc culturel ? En fait, la question se pose autrement : **doit-on prévenir le choc culturel ?** Si vous avez bien saisi les différentes phases de l'adaptation, vous aurez remarqué qu'à la fin du processus, le résultat est positif. On intègre des éléments de l'autre culture, on y devient à l'aise, on arrive à communiquer avec les autres, on se connaît mieux soi-même... Les plus grandes révélations du voyage se font souvent lorsqu'on est dans cet état instable où l'on s'attend à tout et à rien à la fois. Ainsi, plutôt que de tenter de prévenir le coup à tout prix, il vaut mieux tenter d'atténuer les effets négatifs de cette période de crise.

Le premier atout est de connaître et de comprendre le processus de transition. Les symptômes étant vagues et diffus, il n'est pas rare qu'on se sente mal, déstabilisé ou frustré sans vraiment en comprendre la cause. Reconnaître les émotions associées au choc permet de relâcher la pression, de se donner du temps et d'élaborer une stratégie pour la suite.

C'est un processus normal ! Ne tentez pas de le minimiser, de le cacher dans un coin ! Il risque fort de vous attendre au tournant.

Stratégies de prévention

PRENDRE LE TEMPS DE S'INFORMER SUR SA DESTINATION

Prenez connaissance de la géographie, des conditions météo, de la langue, de la situation politique, de la réputation qu'ont les étrangers, des risques et des dangers propres à la région, des marques de politesse, des règles de savoir-vivre, des relations hommes-femmes, de la vie privée, de l'espace personnel, des règles vestimentaires, de la religion, des traditions...

Plus vous en saurez, plus rapide sera l'adaptation. Prenez le temps de regarder des films (fictions ou documentaires) et des photos en lien avec votre destination. Si vous connaissez quelqu'un qui a voyagé dans votre région de destination, profitez-en pour lui poser quelques questions.

SE PRÉPARER MENTALEMENT

Cultivez l'empathie et l'ouverture d'esprit, deux aptitudes propres à la communication interculturelle. Imaginez ce que sera votre vie ou votre passage là-bas. Analysez votre propre culture et les difficultés auxquelles les étrangers font face à leur arrivée dans votre pays. Tentez de vous ouvrir à la culture d'accueil avant de partir, en rencontrant des gens de là-bas, etc. Acceptez que toutes les cultures soient différentes ! Il est relativement facile de rencontrer des personnes d'origine étrangère et de leur poser des questions sur leur culture. Portez attention à leur point de vue et écoutez en vous retenant de sauter aux conclusions. Découvrez leurs différentes façons d'aborder la vie et posez vos questions tout en gardant un esprit ouvert.

PRÉVOIR DE RESTER EN CONTACT

Demandez à vos amis de vous écrire régulièrement. Apportez des photos avec vous, de la musique... Tenez un journal ! C'est utile pour se rappeler pourquoi on est parti, se recentrer sur soi-même, et pour visualiser les phases de notre adaptation.

Le voyage lent à pied ou à vélo permet de faire du chemin sa destination en observant l'évolution des paysages, des saisons, des climats. La douce transition des cultures amenuise bien souvent le choc car les facultés d'adaptation sont sollicitées en permanence. La transition d'une culture à l'autre est plus progressive et cela minimise l'impact des changements au quotidien.

Y faire face

Quand viendra le moment où vous aurez envie de critiquer, tentez de rationaliser et de vous détacher de la culture. Prenez le temps d'observer, d'écouter et de poser des questions. Sachez tolérer les différences, voir les choses différemment en évitant de juger ou de ridiculiser la culture dans laquelle vous vous trouvez. Abordez les situations nouvelles avec curiosité, posez des questions chaque fois que c'est nécessaire. Acceptez les incompréhensions, relativisez, remettez les conflits en perspective et faites bon emploi de votre sens de l'humour en apprenant à rire de vous-même. Immergez-vous dans la culture locale en suivant les actualités et en participant à des manifestations culturelles. Combattez le repli sur soi en ayant plusieurs groupes d'amis et en les voyant régulièrement. Gardez-vous en forme physique et mentale ! Mangez bien, bougez, dormez bien, relaxez-vous !

Le mal du pays

Bien qu'il soit lié au choc culturel par certains de ses symptômes, le mal du pays est bien distinct. Il s'agit d'un sentiment de détresse, de solitude, de manque, de retrait, de dépression ou d'anxiété causé par la séparation d'avec un environnement familier tel que la maison ou le pays d'origine. Il peut être exacerbé par le fossé culturel vécu au quotidien, mais est toujours lié à la façon dont la séparation est vécue.

Le mal du pays est ressenti plus fortement par les enfants envoyés en colonie de vacances ou les adolescents en échange à l'étranger, car l'âge et l'expérience du voyage sont des facteurs déterminants. Des circonstances particulières peuvent amplifier le syndrome, telles qu'un événement important affectant la famille (naissance, mariage, maladie ou décès) ou un attachement très fort à un de ses proches (époux, parent, enfant ou même animal de compagnie). Certaines cultures seraient plus disposées au mal du pays que d'autres par la manière dont l'attachement et la séparation sont vécus traditionnellement. Les personnes fortement ancrées dans une routine au moment du départ sont aussi généralement plus affectées par le mal du pays.

Prévention et traitement

Ulysse lui-même se roula sur le sol et versa des sanglots en pensant à ceux qui lui manquaient au loin ! Sachez que ressentir le mal du pays est normal et que vous pouvez

LE SYNDROME DU VOYAGEUR

Lorsque Stendhal se rendit à Florence en 1817, les œuvres des grands maîtres de la Renaissance provoquèrent en lui une série de symptômes physiques et psychiques qu'il décrivit comme "ce point d'émotion où se rencontrent les sensations célestes données par les Beaux-Arts et les sentiments passionnés". États délirants, hallucinations, anxiété, vertiges, tachycardie, sueurs... Les hôpitaux florentins sont très familiers de cet étrange "syndrome de Stendhal". Mais le syndrome du voyageur ne frappe pas que les amateurs d'art. En Inde, le "choc indien" parfois ressenti par les Occidentaux au contact de la pauvreté extrême, de la mort et du mysticisme ambiant est bien connu. Le consulat français sur place va même jusqu'à offrir un service d'intervention psychiatrique à ses ressortissants. À Jérusalem, une quarantaine de pèlerins et de touristes sont hospitalisés chaque année pour délires et obsessions religieuses pathologiques. Les Japonais quant à eux sont les plus touchés par le syndrome de Paris, idéalisant la Ville Lumière puis entrant en dissonance face à la saleté et au fossé culturel. Les gens ayant déjà souffert de troubles mentaux seraient plus enclins à développer des symptômes. Heureusement, les stratégies de prévention de ce mal étrange sont globalement les mêmes que pour le choc culturel.

diminuer l'intensité des symptômes en adoptant une stratégie d'adaptation active et consciente.

Vivre ses émotions Il s'agit de reconnaître les symptômes du mal du pays et de s'accorder consciemment un moment de faiblesse. Il faut savoir que ces sentiments font partie d'un processus normal de séparation qui fait grandir et rend plus autonome.

Partager ses émotions Les recherches montrent que verbaliser ses émotions soutient le processus d'adaptation et permet de relativiser sa situation. C'est aussi une opportunité d'approfondir ses relations lorsqu'on est sur la route. Il est aussi possible de partager ses émotions avec soi-même ! Pour cela, il est recommandé de le faire avec un support (l'écriture, par exemple) pour se maintenir concentré et éviter de se perdre dans ses pensées.

Communiquer avec les êtres chers Prévoir une stratégie de communication (lettres, courriels, appels réguliers) afin de se sentir rassuré.

Adopter une attitude constructive Il est faux de croire qu'il n'y a rien à faire et que la situation ne peut pas s'améliorer. Faire le choix de vivre la situation avec optimisme permet de sortir du cycle de dépression et d'anxiété. Attention, il ne s'agit pas d'ignorer le problème ni de le repousser, mais plutôt de reconnaître qu'il s'agit d'une phase transitoire et d'adopter délibérément une attitude positive en se forçant à intégrer des activités, en évitant l'isolement et le repli.

Jouer, se distraire, s'impliquer dans un projet Le jeu permet de diriger l'attention vers le présent tout en rendant l'environnement plus rassurant. Sans enjeu sérieux, il permet de développer de l'attachement pour le lieu dans lequel on se trouve et de faire un contrepoids au retrait et à l'évitement, qui sont des réflexes de protection ayant des effets négatifs à moyen terme. Par exemple, vous pourriez explorer le quartier muni d'une caméra et partir à la recherche de graffitis ou de façades décorées. Plus simplement, vous pourriez jouer dans un parc et profiter du grand air en retrouvant l'enfant qui est en vous...

Se rassurer Avoir avec soi des objets de transition, des petites choses qui rappellent la maison. Les Québécois connaissent bien l'effet du sirop d'érable sur le cœur, et un camembert peut faire des merveilles pour un Français au milieu de l'Asie. Autres stratégies : musique de chez soi, cartes postales, photos, aromathérapie relaxante, chanter à tue-tête, méditer, écrire un journal,...

S'impliquer dans le voyage Participer à toutes les étapes de la planification permet de visualiser les phases du voyage et d'éviter de "subir" celui-ci.

Commencer par de courts temps de séparation Si on est prédisposé à ce malaise, augmenter progressivement la durée des séparations et éviter à tout prix de couper court au voyage car ce serait s'empêcher de tirer un apprentissage de cette étape du voyage.

Pour aller plus loin

Livres techniques

» AIRAULT, Régis. *Fous de l'Inde* (Petite Bibliothèque Payot, 2016)

» CERDIN, Jean-Luc. *S'expatrier en toute connaissance de cause* (Eyrolles, 2007)

» GOKUN SILVER, Margarita. *L'e-manuel de la boîte à outils du choc culturel* (Amazon Media, 2013)

"Chaque homme cache en lui un enfant qui veut jouer."
Friedrich Nietzsche

Le jeu

Objectif : développer un outil de communication universel
La parole est le moyen de communication le plus commun mais ce n'est pas le seul et, parfois même, pas le plus pertinent. En effet, les barrières culturelles et linguistiques que nous rencontrons et celles que nous érigeons nous-mêmes sont des freins qui nous empêchent parfois d'aller en profondeur dans la rencontre. Quelquefois, des difficultés de communication et de compréhension surgissent aussi avec notre entourage ou nos compagnons de voyage. Il est alors possible de se découvrir par d'autres moyens, comme les jeux. Ils se passent de mots mais restent toujours universels car ils parlent le langage du rire et des cinq sens, de quoi ouvrir sur de beaux moments de partage.

Un peu de théorie

Qu'est-ce que le jeu ?

Depuis toujours, le jeu fait partie de l'équilibre de l'homme, comme de celui de beaucoup d'animaux. Il peut être organisé ou spontané : jouer avec des poupées, à la guerre, à la classe, etc. Ces jeux, peu organisés, ne permettent ni de gagner, ni de perdre, mais comme tous les jeux ils représentent le monde et entraînent ainsi le joueur à la vie réelle, dans un cadre où une erreur n'a pas de conséquence. Le jeu permet de se rencontrer mais aussi de rencontrer les autres.

Différents types de jeux

Il y a des jeux de société, d'adresse, de hasard, de construction, de patience, de plein air… On utilise parfois des jouets, des accessoires, ou simplement son corps et son esprit. On peut être en compétition ou, à l'opposé, en coopération. Quelles que soient les catégories, de nombreux recoupements sont possibles car beaucoup de jeux restent transversaux.

Nous vous proposons une classification pratique afin de faciliter le choix de tel ou tel jeu suivant la situation rencontrée (voir le tableau ci-contre). Pour affiner cette classification, nous avons pris en compte un certain nombre de critères, notés de 1 à 3, pour indiquer leur importance dans chaque jeu.

	1	2	3
Nombre de participants	Nous indiquerons à chaque fois le nombre de joueurs.		
Sportif	Non sportif	Mouvements simples	Sportif
Communication verbale	Ne nécessite pas de communication verbale pendant le jeu.	Nécessite peu de communication verbale pendant le jeu.	Communication verbale indispensable pendant le jeu.
Intimité	Faible : pas de contact physique et/ ou d'échange sur des choses personnelles.	Moyenne : peu de contact physique et/ ou d'échange sur des choses personnelles.	Élevée : beaucoup de contact physique et/ ou d'échange sur des choses personnelles.
Coopération	Jeu de compétition	Jeu peu compétitif	Jeu sans compétition ou coopératif

En pratique

Passer à l'action

Des idées de jeux

Dans cette sélection, nous avons fait le choix de ne présenter aucun jeu nécessitant du matériel spécifique ou difficile à se procurer. Certains se jouent sans matériel du tout et d'autres sur une base très simple : du papier, un stylo, un jeu de cartes, un ballon, votre corps !

La liste qui suit est un grand éventail de jeux adaptés au voyage mais nous vous invitons à les faire évoluer, à en découvrir et à en inventer d'autres ! Il n'y a de limite que votre imagination...

Les jeux passe-temps (minimalistes)

LE DÉ

2 et +	1	2	1	3

Un participant lance le dé en en défiant un autre. Par exemple : "Sur un 3, tu chantes une chanson." Si le 3 sort, la personne défiée chante une chanson, si c'est le 1 qui sort, c'est à celui qui a lancé le dé de réaliser le défi car le gage se retourne contre lui. Si c'est un autre chiffre qui sort, il ne se passe rien. Ambiance garantie !

I SPY WITH MY LITTLE EYE

2 et +	1	3	1	2

Un grand classique ! Devant un paysage ou dans une pièce, l'un des joueurs dit "I spy with my little eye" (Je vois avec mon petit œil) "quelque chose commençant par "V"" (ou n'importe quelle autre lettre, syllabe, couleur, etc.). Le premier joueur à trouver de quoi il s'agit reprend la main et dit à son tour "I spy..."

NI OUI NI NON

2	1	3	1	2

L'objectif est de faire dire OUI ou NON à l'autre personne.

À QUOI JE PENSE ?

2 et +	1	3	1	2

L'un des joueurs pense à quelque chose de simple (un objet, une personne). Les autres doivent deviner de quoi il s'agit en ne posant que des questions fermées (réponse par OUI ou NON). Le premier à trouver pense à son tour à quelque chose.

CHAÎNE DE MOTS

2 et +	1	3	1	2

Le premier joueur dit un mot, le deuxième joueur dit un mot en rapport avec le premier, etc. Pour intensifier le jeu, on peut ajouter un rythme joué ensemble (par ex : *We Will Rock You* de Queen), qui peut progressivement s'accélérer.

Variantes :

» Remplacer les mots par des mimes

» Dire des mots qui n'ont aucun rapport (vous serez surpris de la difficulté !)

007

2	1	1	1	1

Les 2 joueurs tapent dans leurs mains, face à face, en chantant “007”. À “7”, ils ont 3 possibilités :
1) mettre les pouces au niveau de leurs épaules, ce qui donne une munition
2) simuler un pistolet qui tire sur l'adversaire
3) mettre les bras en croix pour se protéger du tir

Au départ, les joueurs n'ont aucune munition. À chaque fois que le pistolet tire, le joueur perd une munition et doit donc recharger (on peut avoir plusieurs munitions en réserve). Si les deux tirent en même temps, il faut reprendre le jeu à zéro. Le gagnant est celui qui parvient à “tuer” l'autre.

LES SYLLABES

2 et +	1	3	1	2

Choisissez à tour de rôle (ensemble ou chacun son tour) une syllabe et associez le plus de mots commençant par celle-ci (par ex : syllabe “to” : tomate, taupe, tonneau...). Le joueur qui ne trouve plus d'exemple a perdu. On peut ajouter une limite de temps (10 secondes, par exemple).
Variantes : Jouer avec la dernière syllabe ou, plus dur, la deuxième syllabe...

AUTO-STOP-PAS L'IMAGINATION

2 et +	1	3	1	2

Idéal au bord de la route en faisant du stop : trouvez des phrases qui veulent dire quelque chose à partir des lettres des plaques d'immatriculation. (par ex : IL-BGV-26 = I love la Bible du grand voyageur...)

DEVINE TÊTE

2 et +	1	3	1	2

Notez un mot (objet/personnalité/pays, etc.) sur un bout de papier et collez-le, en l'humidifiant, sur le front d'un des joueurs. Le but est de retrouver le mot écrit sur son front en posant chacun son tour une question fermée (amenant une réponse en OUI/NON).

LES TROIS CAILLOUX

2	1	1	1	1

Les deux joueurs choisissent trois cailloux chacun. À chaque manche, les mains dans le dos, chacun choisit d'en conserver le nombre qu'il souhaite dans sa main droite et stocke le reste dans sa main gauche. Les deux joueurs placent alors leur main droite l'une en face de l'autre. L'un des joueurs estime le nombre de cailloux qu'il y a au total dans les deux mains présentées. L'autre joueur doit dire s'il pense qu'il y en a “plus” ou “moins” que le nombre annoncé. On ouvre alors les mains et le gagnant (le joueur le plus proche de l'estimation) laisse tomber un de ses cailloux au sol. Le premier joueur à s'être débarrassé de tous ses cailloux a gagné.

CHAPI-CHAPEAU

4 et +	1	2	1	2

Chaque joueur écrit sur un bout de papier un mot relatif à un thème commun à tous les joueurs. Les papiers sont pliés en quatre et mis dans un chapeau. Le jeu se passe en trois tours. Lors du premier tour, chaque équipe dispose tour à tour d'une minute pour marquer des points. Un équipier pioche un mot et tente de le faire deviner sans le dire ou l'épeler. On peut sauter un mot tant que l'on n'a pas commencé à le faire deviner. Les règles sont plus restrictives aux tours suivants : au deuxième tour, on ne peut dire qu'un seul mot, enfin, au troisième tour, on ne peut que mimer le mot. L'équipe gagnante est celle qui a deviné le plus de mots sur l'ensemble des tours.

Variantes : Ajouter un tour "dessin" ou réduire le temps de chaque tour ou le nombre de tentatives pour deviner les mots.

Les jeux brise-glace, de rencontre, de présentation

LES POINTS COMMUNS

4 et +	1	3	2	3

Par binôme, isolez-vous pendant 5 minutes pour discuter. Votre objectif est de trouver un point en commun avec votre binôme. Essayez d'être précis et originaux, discutez de tout. Partagez ensuite ce point en commun avec les autres binômes. Sans enjeu, ce jeu a pour but d'apprendre à (mieux) se connaître les uns les autres.

POUR PARTIR VOYAGER...

5 et +	1	3	1	3

Assis en cercle et à tour de rôle, chaque joueur décrit une action qu'il fait avant de partir voyager, il peut éventuellement la mimer... puis la personne suivante répète toutes les actions déjà citées et y ajoute la sienne, et ainsi de suite. On peut faire plusieurs tours du cercle (le nombre de tours peut être déterminé à l'avance).

Variantes : On peut décliner ce jeu en de nombreuses autres situations : "Le matin en me levant...", "Le soir en me couchant...", "En rentrant de voyage...", "Quand je suis dans la forêt...", etc.

UN REPAS ORIGINAL

7 et +	1	3	2	1

Un organisateur est désigné, qui ne jouera pas. Il est chargé d'imaginer et de noter sur des petits papiers des actions drôles ou incongrues pouvant être réalisées durant le déroulement du jeu (le repas). Par exemple : "raconter un voyage que vous n'avez pas fait", "se gratter l'oreille avec insistance", "se lever pour arroser les plantes", etc. Chaque personne tire un papier au hasard et doit réaliser cette action avant la fin du repas.

Comptabilisation des points : Si l'un des joueurs s'aperçoit qu'un autre joueur est en train de réaliser son gage, il le signale et gagne alors un point, ou perd un point si c'était une erreur. Chaque joueur qui réalise son action sans se faire dénoncer, toutefois devant témoins, gagne alors deux points. Il devra attendre une minute avant de déclarer à tout le monde qu'il a réalisé son gage. S'il reste des gages dans le chapeau, tout joueur ayant réalisé son action peut retourner en chercher un.

DANSE DU BALLON

6 et + (nombre pair)	2	1	3	3

Danser à deux, reliés par un ballon sur le front, sur l'épaule, entre les semelles des chaussures, etc. et passer près des autres couples, voire sous les ponts formés par les autres binômes.

L'OISEAU SILENCIEUX ENCHANTEUR

6 et +	1	1	2	2

Un animateur est désigné. Les autres joueurs représentant les oiseaux ferment/se bandent les yeux. Le but est de retrouver l'oiseau silencieux, sans ouvrir les yeux. L'animateur désigne discrètement un oiseau en lui touchant le dos. Lorsqu'il est touché, l'oiseau s'annonce en faisant "cui-cui", sauf l'oiseau silencieux. Lorsqu'un joueur découvre l'oiseau silencieux, il s'y accroche et devient lui aussi silencieux. Le dernier oiseau non silencieux a perdu.

LES BOMBES

10 et +	3	1	1	2

Deux chasseurs sont désignés, les autres joueurs sont les lapins dont la moitié ont des ballons (les "bombes"). Le nombre de bombes peut varier selon le niveau. Les deux chasseurs doivent toucher les lapins sans bombe. Si un lapin sans bombe est touché, il meurt. Lorsqu'un lapin avec bombe voit un lapin sans bombe en difficulté, il doit lui faire la passe pour le protéger. Si le chasseur touche un lapin en possession d'une bombe, il explose et est éliminé. Lapins ou chasseurs, l'équipe qui supprime l'autre en premier a gagné.

ALERTE À LA BOMBE

10 et +	2	1	2	2

Chaque joueur a une étiquette collée sur le front avec une couleur qu'il ne connaît pas. Le nombre de couleurs représentées est limité (par ex : rouge, bleu, jaune). Au top départ, les joueurs ont un temps bien précis (de 10 à 20 secondes) pour se réunir dans le camp de la bonne couleur.
Variante : Il est interdit de parler.

PÔLE + / PÔLE –

10 et +	2	1	2	2

Chacun choisit en secret deux personnes : son "pôle +" et son "pôle –". Au top départ, les joueurs ont 20 secondes pour se retrouver alignés entre leur pôle + et leur pôle –.
Variantes :
» Même principe, mais il faut être à égale distance de ces deux pôles.
» Bombe/bouclier : chacun choisit sa bombe et son bouclier en secret et doit se protéger de sa bombe en se plaçant derrière son bouclier.

SPEED CACHE-CACHE

5 et +	3	1	1	1

Dans un périmètre délimité, une personne compte le plus vite possible jusqu'à 10 et désigne la première personne qu'elle voit. Cette personne devient à son tour le compteur.

MAIS QU'EST-CE QUE TU FAIS ?

5 et +	2	2	2	3

En cercle, une personne au centre mime une activité A (j'épluche des carottes). Une autre lui demande : "Mais qu'est-ce que tu fais ?". La personne au centre doit dire qu'elle fait l'activité B (Je me lave les dents). La personne venant de poser la question passe au centre, mime l'activité B (se laver les dents). La personne suivante dans le cercle lui pose la même question : "Mais qu'est-ce que tu fais ?", à laquelle la réponse doit être une nouvelle activité, autre que les activités A ou B. Il ne faut en aucun cas répéter une activité déjà citée, et surtout pas celle que l'on est en train de mimer.

TÉLÉPHONE ARABE DU RIRE

4 et +	1	1	1	3

En cercle dos à dos ou la tête sur le ventre de l'autre. La première personne rit d'une façon identifiable. Son voisin reprend son rire en le transformant légèrement. Et ainsi de suite. Fou rire garanti !

Les jeux d'action

LES LOUPS ET LES LAPINS

6 et +	2	1	1	3

Les joueurs, debout ou assis en cercle, se passent une petite balle (le lapin). On introduit un gros ballon (le loup) que les joueurs font passer dans la même direction que la balle. Le loup doit rattraper le lapin. L'un des joueurs, désigné comme animateur, peut inverser la course du loup en criant "Changez !" Il est possible de lancer les balles en travers du cercle, en sautant des joueurs, plutôt que de se les passer de main en main ; dans ce cas, le loup capture le lapin s'il peut atterrir sur la même personne en même temps que sa proie. On peut définir un temps limité pour déterminer qui du loup ou du lapin a gagné.

LES SARDINES

5 et +	2	1	1	2

Se joue dans un espace délimité, assez grand, avec de nombreuses possibilités de cachettes. Un joueur se cache et tous les autres partent à sa recherche. Dès qu'un des joueurs le trouve, il doit le rejoindre dans sa cachette sans que les autres s'en aperçoivent. Le but du jeu est de ne pas être le dernier à chercher. Le groupe des joueurs cachés (les sardines, car tous regroupés ensemble) peut se déplacer pour changer de cachette, mais seulement en groupe !

POULES, RENARDS, VIPÈRES

15 et +	3	1	1	2

Les poules doivent attraper les vipères, qui doivent attraper les renards, qui doivent attraper les poules... Les prisonniers doivent faire la chaîne dans leur camp (depuis un arbre par exemple) au fur et à mesure qu'ils sont touchés par leur prédateur. Tout prisonnier peut se faire libérer si un joueur de son camp parvient à le toucher. Chaque prisonnier doit être libéré individuellement !

JAMAIS 2 SANS 3 JAMBES...

2 et +	3	1	2	3

Par binôme, attachez-vous deux jambes ensemble et essayez de vous déplacer ainsi avec trois jambes... Vous pouvez défier un autre binôme de vous suivre ou faire la course, ajouter des obstacles...

LE BOUCHON VOLANT

3 et +	1	2	1	3

À un bouchon en liège, attachez 3 ficelles (ou plus) d'une longueur de 1 m à 1,50 m. Attachez l'autre bout de la ficelle autour de la tête des participants (en général 3 personnes par bouchon). Le but est de transporter le bouchon pour arriver à le déposer dans des endroits précis, de plus en plus étroits et inaccessibles. Vous verrez qu'il sera difficile de n'en faire qu'à sa tête !

LA CHASSE AUX TRÉSORS DE LA VIE

2 et +	2	2	3	3

Le jeu se passe dans la vie réelle. Chaque personne ou équipe, suivant comment vous voulez jouer, concocte une liste d'objets à trouver, d'actions à réaliser, etc. Donnez libre court à votre imagination ! Les listes sont déposées dans un chapeau et tirées au sort par chaque joueur/équipe. En un temps donné (plusieurs heures, voire jours), tous les moyens sont permis pour honorer au mieux la liste et le prouver aux autres lors des retrouvailles (photos ou vidéos à l'appui, par exemple).

NINJA DESTRUCTION

2 et +	2	1	2	1

Le but du jeu est d'utiliser votre main pour frapper la main de votre adversaire (paume, dos, doigts...). Les participants forment un cercle serré et le jeu débute par un compte à rebours : 3, 2, 1, NINJA ! Les joueurs font simultanément un saut en arrière et prennent une pose de ninja. Un après l'autre dans le sens contraire des aiguilles d'une montre, chaque joueur peut effectuer un mouvement : soit il attaque l'un des participants à ses côtés en essayant de frapper l'une de ses mains, soit il change de position (pas deux fois de suite !). Les joueurs ne peuvent bouger que si c'est leur tour ou pour esquiver une attaque. Quand un joueur est touché, il est éliminé. Le jeu se poursuit jusqu'à ce qu'il n'y ait qu'un vainqueur.

Les jeux d'imagination, de créativité, confiance, contact

LE REPAS DANS LE NOIR

3 et +	1	2	2	3

Il faut un organisateur qui cuisine un repas-surprise. Il essaiera de jouer avec les textures et les goûts. Ses hôtes, les yeux bandés, doivent se débrouiller pour se servir de l'eau, obtenir du pain, du sel ou du poivre, deviner ce qu'ils mangent. Une expérience surprenante !

PING-PONG VERBAL

2	1	3	2	3

Se joue en binôme (il peut y en avoir plusieurs). Dans un temps imparti (2 min, 5 min, ou plus), les deux joueurs ne doivent pas se quitter des yeux et prononcer un mot chacun leur tour (sans thème ni fil conducteur prédéfini). Un échange original et parfois très surprenant !

NEWSPAPER

2 et +	1	2	1	3

Découper des morceaux d'articles afin de créer ensemble des articles imaginaires, poèmes, histoires, etc.

OUI ET...

5 et +	1	3	1	3

En cercle, une personne commence une histoire en énonçant une phrase : sujet + verbe + complément. La personne suivante doit dire : "Oui et..." et ajouter une autre phrase du même type en s'interdisant les négations (ne pas, rien, jamais, sans, etc.). Pas facile d'être positif !

AVEC DES CHAISES

12 à 20	2	2	1	3

On détermine plusieurs groupes (en général 3 à 5 groupes de 4 personnes) et un animateur. Il faut compter autant de chaises que de personnes par groupe (3 groupes de 4 = 4 chaises). Chaque groupe reçoit secrètement de la part de l'animateur une instruction différente mais compatible avec celle des autres groupes (3 exemples d'actions compatibles : les chaises peuvent à la fois être en cercle, à l'extérieur de la pièce et avec les membres d'un groupe A assis dessus). Les joueurs n'ont pas le droit de parler entre eux pour réaliser leur consigne.

CADAVRE EXQUIS

3 et +	1	3	1	3

Chaque joueur possède une feuille et un crayon. Il plie sa feuille en 4, toujours dans le sens de la largeur – pour obtenir des lignes parallèles – et inscrit un sujet sur le premier pli. Puis il le replie de façon à le cacher et le donne à son voisin de droite. Sur le deuxième pli, chacun inscrit un verbe, etc.

Variantes :

» Avec des dessins (inscrire les repères sur le pli suivant afin de raccorder chaque morceau)

» Avec des questions-réponses : 1) Pourquoi ... ? 2) Parce que ... !

BALAI À TOUT FAIRE

3 et +	2	1	1	3

Les joueurs prennent un objet banal, comme un balai, qu'ils se passent chacun leur tour. Chacun leur tour, ils miment un autre objet que les autres doivent deviner.

LE TAPIS VOLANT

2 et +	2	1	3	3

Debout sur le tapis, les joueurs doivent arriver à le retourner sans que personne ne mette un pied en dehors de celui-ci. Plus le nombre de joueurs est élevé, plus c'est drôle !

LE VOYAGE DE L'AVEUGLE

2 et +	2	3	2	2

Se joue en binômes. Le joueur A se bande les yeux, tandis que le joueur B le guide oralement à travers un parcours déterminé, avec éventuellement des obstacles, des sauts, des passages allongés, etc. À la fin du parcours (environ 5 minutes), l'aveugle ouvre les yeux et partage ce qu'il a ressenti durant son voyage.

Variantes :

» Guider l'aveugle à travers un monde imaginaire en faisant coïncider les sens sollicités avec votre histoire.

» Réaliser un parcours des sens, pourquoi pas pieds nus ; faites marcher votre imagination !

» Le guide peut aussi emmener l'aveugle par la main ou le guider par les épaules, mais en silence.

» Le taxi-brousse : même idée mais une seule personne guide tout un groupe. Très drôle !

DES PIEDS ET DES MAINS

4 et +	3	2	3	3

Un animateur choisit le nombre de pieds et de mains qui peuvent être placés au sol (par ex : pour 8 personnes, seulement 6 pieds et 3 mains...). Pour que la position du groupe soit validée, il faut la maintenir au moins 5 secondes !

LA CORDE

3 et +	2	2	2	3

Les yeux bandés, les joueurs doivent réaliser ensemble des formes avec une corde. Quand ils pensent avoir terminé, ils se mettent d'accord et découvrent alors leur chef-d'œuvre.

JUSQU'À 10...

3 et +	1	1	1	3

En cercle, les joueurs doivent arriver à compter jusqu'à 10, sans ordre précis et sans parler en même temps, sinon le compte repart de zéro.

LA BALLE MAGIQUE

3 et +	1	1	1	3

Les joueurs se passent une balle imaginaire d'une certaine couleur en disant la couleur de la balle au moment où ils la lancent, tout en regardant le destinataire dans les yeux. Au fur et à mesure, on peut ajouter d'autres balles de couleurs différentes. On peut aussi ajouter des caractéristiques à la balle, qui peuvent changer à chaque lancer (par ex : bleu, gros et piquant). Un animateur peut déterminer la fin du jeu à un moment voulu, mais ce n'est pas obligatoire.

LA BOÎTE MAGIQUE

3 et +	1	1	1	3

Un joueur fait sortir quelque chose de la boîte magique et le mime. Les autres joueurs doivent deviner de quoi il s'agit.

ICI LES PAS

5 et +	1	1	1	2

Une personne se tient les yeux fermés au centre d'un cercle. En silence, les autres joueurs doivent s'approcher jusqu'à toucher la personne sans se faire repérer. Si celle-ci entend quelqu'un, elle dit : "ici les pas". La personne repérée doit alors retourner à son point de départ. À la fin du jeu, un volontaire passe au centre.

Variantes : En fonction de l'environnement et des participants, on peut ajouter des obstacles dans l'espace, et/ou mettre une autre personne les yeux fermés au centre.

LE CRASH D'AVION

5 et +	1	3	1	3

Votre avion vient de se crasher en plein pôle Nord (ou n'importe quel lieu de votre choix), qu'est-ce que vous gardez ? Un animateur propose une liste avec autant d'éléments que le nombre de personnes (des choses concrètes ou non). Le groupe doit parvenir à se mettre d'accord sur l'ordre d'importance des objets.

TÉLÉPHONE ARABE AMÉLIORÉ

8 et +	2	2	1	3

Sur le même principe que le téléphone arabe, le joueur passe le message à son voisin en utilisant la parole, le mime ou le dessin. Ces moyens seront utilisés chacun leur tour : parole, mime, dessin, etc.

LA PLUS LONGUE CHAÎNE

10 et +	2	1	3	3

Deux groupes composés d'autant de personnes partent chacun d'une même ligne de départ (un mur, par exemple). Ils doivent constituer la plus longue chaîne en se tenant les uns aux autres.

Variante : Les joueurs peuvent utiliser ce qu'ils ont sur eux pour allonger la chaîne.

LE NŒUD GORDIEN

6 et + (nombre pair)	2	1	3	3

En cercle, chacun pointe la main droite vers le centre et prend la main de quelqu'un d'autre, excepté celles de ses voisins. Garder les mains jointes et tendre alors la main gauche vers le centre du cercle, au-dessus des mains droites, et prendre une main, sauf celle de la personne à qui on est déjà lié, ni celles de ses voisins. Vérifier le nœud et le dénouer sans lâcher les mains.

Variante : Au bout de 5 minutes, pour dénouer facilement le nœud, il est possible d'utiliser un joker : sur concertation, deux personnes peuvent se lâcher la main et se la reprendre hors du cercle.

LES INDIENS

5 et +	1	1	1	2

Tous ensemble, assis en cercle, les joueurs tapent 2 fois sur leurs genoux et une fois dans leurs mains sur le rythme de *We Will Rock You* de Queen. Chaque "indien" possède un signe avec les mains qui lui est propre (bien faire un tour de signe avant de commencer). Le premier commence : au lieu de frapper dans ses mains, il fait son signe, puis à la place du deuxième clap, il fait le signe de la personne qu'il appelle. La personne appelée fait son signe, puis appelle quelqu'un, etc. Il y a donc un signe sur chaque clap. Le jeu s'accélère, il ne faut pas perdre le rythme !

DES CHIFFRES ET DES LETTRES

5 et +	1	1	2	3

Les joueurs se placent les uns derrière les autres. La personne la plus en arrière commence en écrivant un chiffre (ou une lettre, ou plus dur, une addition, une phrase) sur le dos de la personne de devant, qui doit le reproduire sur la personne devant elle, etc. La personne en bout de ligne doit trouver ce que c'est. On a droit à un seul essai par personne.

Variantes :

» Réaliser une course de vitesse entre deux colonnes.

» Plutôt que d'écrire, on peut jouer avec des nombres à 2 ou 3 chiffres en tapant sur chaque épaule – et éventuellement la tête – le nombre de centaines, de dizaines et d'unités. Définir à l'avance quelle épaule représente les unités, etc.

LES DESSINS PARALLÈLES !

2 et +	1	3	1	3

Par paire ou plus si cela vous dit. Dos à son binôme, une personne dessine quelque chose tout en guidant son partenaire pour qu'il réalise le dessin le plus ressemblant au sien. Les joueurs comparent leurs dessins à la fin. Communiquer, ça s'apprend !
Variante : Jouer à plus de 2 par dessin.

VITE, VITE, DES MOTS !

5 et +	1	3	1	1

Chaque joueur possède un papier et un crayon. Un premier joueur lance un thème (par ex : "les outils") et déclenche un chronomètre. Les autres joueurs ont alors 10 secondes pour marquer le maximum de mots en rapport avec le thème. À la fin des 10 secondes, tout le monde doit lever son crayon en l'air (tout mot inachevé ne sera pas compté). Chacun lit ensuite sa liste. À chaque fois que d'autres personnes ont écrit le même mot, l'ensemble de ces joueurs marque un nombre de points égal à leur nombre (3 joueurs = 3 points chacun). Le jeu s'arrête après un nombre de tours défini à l'avance.

LA TOUR DE PISE

2 et +	2	1	1	3

Trouvez de vieilles boîtes de conserve et des bidons de tailles différentes. L'objectif est d'en empiler, ensemble, le maximum sans les manipuler directement avec les mains, mais au bout de bâtons, avec seulement un bâton par personne ! Demande un vrai travail d'équipe.

Un jeu voyageur : le géocaching

Prenez part à une chasse au trésor utilisant les GPS avec pour terrain de jeu la planète entière ! Il existe par le monde plus de 2,7 millions de "caches", c'est-à-dire des contenants dans lesquels se trouvent de petits objets sans grande valeur, les "trésors". Les "géochercheurs" obtiennent les coordonnées précises des caches sur le site www.geocaching.com, puis se rendent sur le terrain pour les localiser. Ils peuvent alors prendre un trésor (pourvu qu'ils en laissent un en échange) et marquer leur passage sur le site Web ou dans le "logbook" contenu dans la cache. De nombreuses caches sont situées près de points d'intérêt locaux et vous feront découvrir la région sous un autre angle. Vous trouverez plus d'information en français sur www.france-geocaching.fr.

Jeux de cartes

Le site Internet **www.jeuxdecartes.net** regroupe une quantité incroyable de règles de jeux de cartes avec un moteur de recherche très pratique pour trouver, selon vos critères, les jeux les plus adaptés.

Pour aller plus loin

Merci à Maryline Wolf-Roy, formatrice à l'association **Coop'aire de jeux** (www.coopairedejeux.fr), pour son aide lors de la rédaction de ce chapitre.

Sites Web

Organismes ressources sur la non-violence et la coopération avec, comme outils notamment, les jeux coopératifs :

» www.universitedepaix.org

» www.lepasdecote.org

» education-nvp.org

» www.grainesdepaix.org

Livres techniques

» COLLECTIF. *Jeux coopératifs pour bâtir la paix* (Chronique Sociale, 2005)

» EARL-PLATTS, David. *Dynamisez votre groupe : 67 jeux pour instaurer la confiance* (Souffle d'Or, 2004)

» PAUL-CAVALLIER, François. *Jeux de coopération pour les formateurs : 70 jeux pour développer l'esprit d'équipe* (Eyrolles, 2015)

» DUMONTEIL-KREMER, Catherine. *Jouons ensemble autrement : améliorer nos relations par le jeu* (Éditions La Plage, 2007)

» POUYET, Marc. *Joueurs de nature : 45 jeux traditionnels en land art* (Plume de Carotte, 2010)

"La gratitude est une plénitude
de cœur qui vous déplace
de la limitation et de la peur
vers l'expansion et l'amour."
Deepak Chopra

Remercier sans argent

Le vagabond est indéniablement à contre-courant de la société, même s'il ne porte pas forcément en lui de conviction particulière, il porte l'idée d'un monde de don et d'interdépendance où le lien humain constitue la première source d'échange. La gratitude apparaît alors comme un outil précieux pour entretenir et voir fleurir cette économie du don.

Jacques Godbout disait que "la magie du don n'est susceptible d'opérer que si les règles demeurent informulées". Comprendre les règles, les mécanismes ou la psychologie derrière le cadeau permet de remercier avec toujours plus de justesse, même sans argent.

Un peu de théorie

Idées reçues et peurs autour du vagabondage

"Débrouille-toi tout seul !"

"Tu ne peux pas payer comme tout le monde ?"

"Si je voyage sans argent, je suis un parasite..."

Ces injonctions culturelles – qui font passer avant tout la solidarité et la coopération pour des coûts – détonnent avec les motivations du vagabondage. Dès lors, assumer cette démarche peut créer, au mieux, de l'incompréhension, au pire un malaise face à un mode de voyage qui semble profiter ou abuser de la générosité des autres. Avec de l'argent, on peut répondre seul à ses besoins essentiels et se faire plaisir lorsque l'on en a envie. Payer son loyer, faire le plein de sa voiture et de son caddie, rembourser un prêt, découvrir le monde. Tout se monnaye. Manger, dormir à l'abri, se déplacer, partir en vacances, cela a un coût. Certaines personnes apparaissent donc agacées à l'idée que d'autres choisissent l'interdépendance par le lien humain et le remerciement sans argent pour y répondre. En réalité, si le vagabond fait réagir, c'est principalement parce qu'il sort des conventions. En dépassant sa zone de confort, il choisit de faire davantage confiance aux gens qu'à l'argent. Le plus grand risque qu'il prend alors est celui qu'on lui dise "oui".

"Les gens à qui je vais demander vont se sentir obligés de dire oui."

"Si on me dit non, je vais me sentir rejeté."

Savoir donner, recevoir ou rendre est propre à chacun, en fonction de ses expériences et de son histoire. C'est pourquoi la même manière d'aborder deux rencontres distinctes ou deux remerciements débouchera sur des réalités très diverses. Le vagabond tisse alors du lien social principalement par l'écoute et le respect de l'autre et de lui-même, et s'adapte aux différentes situations par la spontanéité et la reconnexion à son instinct.

Si recevoir n'est pas évident au début pour le voyageur sans argent, il se rendra compte au fur et à mesure que les personnes dont il croisera la route ne se forceront pas pour l'aider si elles n'en ressentent pas l'envie. Une personne qui ne se sentira pas en sécurité ou qui ne sera pas disponible pour une rencontre ne se forcera pas. Ce syndrome de l'imposteur à la sauce voyage se dissipera donc rapidement, dès les premières voitures ou les premières rencontres. De plus, en assumant la position de personne aidée, le voyageur facilitera la relation authentique avec son hôte.

Remercier selon les cultures

Les différentes cultures autour du monde réservent parfois bien des surprises, et nombreux sont les voyageurs mal renseignés qui en font les frais (voir le chapitre *Communication interculturelle*, p. 124).

Voilà quelques exemples de la diversité des "mercis" à travers le globe :

EN CHINE :

» Avant d'accepter un présent, quel qu'il soit, il est généralement préférable de manifester plusieurs refus.

» On ne remercie pas après un compliment, on dit plutôt "ce n'est rien", l'humilité étant une notion très importante dans ce pays.

» Donner un pourboire à un serveur peut être perçu comme une manière de le rabaisser socialement.

» Dans le sud du pays, un rite lors du service du thé est de remercier en tapant sur la table du bout des doigts.

ÉVITER UN MALENTENDU

Si un doute persiste avant ou après un remerciement ou un cadeau, il est souvent bien plus simple d'expliquer clairement à son interlocuteur son intention et son geste, et de chercher son consentement en lui demandant directement ce qu'il en pense. Même si cela peut sembler rompre l'effet de surprise ou compliquer le processus du don, cette posture s'avère généralement bien plus légère car les interprétations du mental humain peuvent parfois aller très loin.

AU JAPON :

» Regarder un Japonais dans les yeux peut représenter une forme d'intimidation, surtout parmi les vieilles générations.

» Si on vous offre un cadeau, il est préférable de l'ouvrir plus tard que de le déballer directement.

EN TURQUIE :

» À la fin d'un repas, on remercie l'hôtesse (la femme la plus âgée), même si elle n'a pas cuisiné.

EN AUTRICHE :

» Si vous aviez prévu d'offrir un bouquet d'œillets rouges à quelqu'un, pensez à vous renseigner sur ses positions politiques car ces fleurs représentent le symbole du Parti social-démocrate.

EN AMÉRIQUE :

» À l'inverse de beaucoup de cultures, les Indiens d'Amérique ont plutôt l'habitude d'offrir des cadeaux à leurs invités et non pas à leurs hôtes.

AU MAROC :

» Il est recommandé de ne pas utiliser la main gauche, symbole d'impureté, pour toucher les aliments ou serrer la main.

» Refuser une invitation à prendre le thé est en général assez mal reçu.

AU ZIMBABWE :

» Il n'est pas rare de demander directement à quelqu'un un cadeau, et il est assez mal vu de refuser d'offrir.

» Les remerciements gestuels sont également plus appréciés que ceux verbalisés. Il peut s'agir de sauter verticalement, danser ou même siffler.

TÉMOIGNAGE

"Depuis quelques mois sur le continent africain, nous découvrons petit à petit les peuples, leur tradition et le passé colonial. La Namibie n'y a pas échappé, aux mains des colons allemands, puis des sud-africains, ils ont vécu l'apartheid, et puis enfin la liberté. Mais le passé laisse un goût amer qu'il est difficile d'oublier. Nous ne nous sentons pas toujours les bienvenus. Arrivés en stop dans une ville balnéaire, il est tard et nous ne savons pas encore où passer la nuit. Les gens nous conseillent d'aller voir les Blancs et les Blancs nous conseillent de ne pas rester ici sans argent... La nuit tombe et le vent est glacial, nous ne pouvons pas dormir dehors. Les rues sont vides et plus personne n'est dehors à cette heure-ci. Une pancarte d'un restaurant s'envole, il semble être le seul endroit encore ouvert dans la ville. Allons-y, peut-être qu'ils pourront nous aider... Une dame nous accueille le sourire aux lèvres.

– Ne vous inquiétez pas, je connais une dame qui pourra vous aider. Elle héberge tous les orphelins de la ville...

Quelques minutes plus tard, nous arrivons chez Carmen, elle prend soin de 32 enfants abandonnés.

– Soyez les bienvenus chez nous à Happy Land, les enfants. Vous pouvez m'appeler Mama.

Les yeux sont rivés sur nous... Nous sommes à la fois gênés et heureux d'avoir trouvé une hospitalité de la sorte. Nous tenons à les remercier absolument en leur offrant un spectacle. Nos costumes et nez rouges enfilés, nous commençons le spectacle. Les yeux brillent et les rires deviennent de plus en plus incontrôlables. Les enfants se lâchent ! Ils en veulent encore et encore. On termine en dansant, épuisés mais heureux d'avoir tout donné. Mama Carmen nous serre dans les bras.

– Mes enfants, je n'attendais rien en échange, mais vous avez rendu mes enfants heureux et ça n'a pas de prix !"

Amandine et Quentin, nezdumonde.weebly.com

AU KENYA :

» Le peuple Maasaï crache souvent sur les cadeaux en signe de bénédiction, mais également sur la tête des nouveau-nés ou dans leur main avant une poignée de main.

Sans aller au bout du monde, de nombreuses incompréhensions, voire même des conflits, peuvent être générés par une parole ou un geste de gratitude mal interprété au sein même d'une famille ou d'un groupe d'amis. Chaque individu détient son propre langage issu de sa culture et de ses expériences. Il n'est parfois pas aisé de se comprendre et de faire passer le message que l'on souhaite alors que l'on parle pourtant la même langue.

Le conseiller conjugal Gary Chapman a identifié plusieurs "langages de l'amour" qui diffèrent selon les individus : les paroles valorisantes, les moments de qualité, les cadeaux, les services rendus et le toucher physique. L'expression de la gratitude étant généralement portée par un élan d'amour profond, connaître ces différents langages s'avérera bien utile pour adapter sa posture au fil du voyage.

Les bienfaits de la gratitude

Plusieurs études montrent chez les individus reconnaissants des niveaux significativement plus élevés de bonheur et de faibles niveaux de stress et de dépression. De nombreuses autres études suggèrent également que les gens qui expriment régulièrement de la gratitude sont plus satisfaits de leur vie et de leurs relations sociales, sont moins sujets à l'utilisation de drogues et autres substances pour faire face à leurs problèmes, et disposent d'une meilleure qualité de sommeil. Même si d'autres émotions et traits de personnalité ont un impact sur le bien-être, la gratitude demeure l'élément démontrant le plus de résultats significatifs à ce sujet.

Cultiver sa gratitude : Un bon exercice pour contribuer à votre bien-être est de prendre le temps de témoigner de la gratitude 3 fois par jour. Cela peut se faire avec les personnes que vous rencontrez, avec votre compagnon de route ou bien même sur un carnet personnel.

L'art de demander

En entreprenant un périple, vous vous tenez prêt à composer avec les rencontres tout au long du chemin : c'est la "fragilité volontaire", selon l'expression développée par C. Albaret et M. Jeune dans *Lumaca*. Cette démarche consiste à assumer d'avoir besoin des autres pour avancer, en offrant en retour notre singularité et notre authenticité. En somme, à faire un saut dans l'interdépendance.

Apprendre à demander implique d'apprendre à accepter les réponses qui nous sont faites, quelles qu'elles soient. Il est essentiel de garantir à l'interlocuteur cette liberté si importante qui est celle d'accepter ou de refuser la proposition, même sans raison. Autrement dit, le voyageur sans argent souhaite avant tout s'assurer que ce qu'il reçoit lui est offert avec plaisir et non par obligation ou par pitié ! C'est d'ailleurs le sens premier de l'expression "s'il-vous-plaît".

Dans ce contexte, il peut être intéressant de formuler ses demandes différemment (voir les conseils du chapitre *Accueil spontané chez l'habitant*, p. 321) :

» "Est-ce que cela vous dirait de passer la soirée avec deux voyageurs ?"

» "Auriez-vous un fruit à nous donner s'il-vous-plaît ? Nous l'acceptons seulement si c'est un plaisir pour vous de nous l'offrir."

Plus le voyageur est bienveillant et attentif à la liberté d'autrui, plus les bases de la rencontre sont solides. Il vaut mieux patienter davantage plutôt que de forcer une rencontre dont l'élan n'est pas réciproque. Écouter revient ici à s'assurer que la personne est disponible et volontaire. Parfois, il s'agit simplement de laisser le temps à votre interlocuteur d'accorder sa confiance.

"C.A.R.E.S.S.E." : Cet acronyme est un moyen mnémotechnique pour prendre soin de chacun de ses hôtes pendant ses voyages :

C **Cadeau** Prendre le temps de concrétiser sa gratitude.
A **Action** Proposer des activités, des jeux à réaliser ensemble.
R **Respect** Rester respectueux malgré les différences.
E **Écoute** Maintenir une écoute active de l'autre.
S **Silence** Veiller à ne pas envahir l'espace sonore.
S **Services** Penser à proposer son aide.
E **Éliminer les traces** Laisser les lieux comme ils étaient avant notre passage.

Cet outil bien utile permet de maintenir une vigilance dans cette posture de gratitude et de s'assurer d'une qualité de relation au fil de la route.

Repenser nos moyens d'échange

À quel moment de la rencontre l'échange se matérialise-t-il ? Que prend le voyageur ? Que rend-il au final ? À part l'eau d'une douche et la nourriture offerte, accueillir un voyageur ne présente pas un coût matériel important. En effet, les places vacantes dans les voitures, les aliments invendus destinés à être jetés ou les lits inoccupés n'apportent pas de charge supplémentaire.

Difficile donc de quantifier l'échange non financier. Peut-on établir précisément combien de mètres de haie tailler pour remercier un habitant de nous avoir offert une nuit et un repas chez lui ? En somme, le don et le contre-don se situent davantage autour de la création puis de l'entretien du lien social naissant, notamment par un procédé d'échange de confiance.

À l'issue d'un trajet en stop ou d'un séjour chez l'habitant, il n'est pas rare que l'on s'échange les remerciements. Le conducteur a apprécié un trajet qui lui semble être passé plus vite que d'habitude, s'offrant une brèche d'imprévu et d'aventure dans son quotidien. Le voyageur a, quant à lui, avancé vers sa destination en s'ouvrant à une nouvelle altérité. Les deux parties repartent de l'échange avec quelque chose en plus. Qui a donné, qui a reçu ? Si la question ne nécessite pas de réponse à ce moment-là, c'est parce que aucun des protagonistes ne se la pose, et, là encore, le don et le contre-don se superposent.

Effectuer un don ou aider quelqu'un demeure gratifiant et valorisé. À l'inverse, considérant que le premier réflexe — dans la position de la personne aidée — est de refuser de dépendre ou de compter sur les autres, la clé d'une rencontre se situe donc dans le fait de "savoir recevoir sans se sentir contraint de rendre".

Cela ne signifie pas pour autant qu'il faille accepter tout et n'importe quoi. En connaissant ses besoins et ses limites, le voyageur favorise des dons qui requièrent sa présence, et renforce ainsi son interdépendance. Il peut même devenir le maillon d'une longue chaîne de solidarité en transmettant des cadeaux reçus auparavant, par exemple en partageant sa collecte d'aliments glanés ou en offrant des objets symboliques avec l'intention qu'ils soient transmis à nouveau.

Le rapport à la gratuité, comme acte désintéressé sans attente de retour, permet d'imaginer une autre manière de contribuer en donnant, et en prenant, librement. Des espaces de gratuité s'ouvrent alors sans qu'un rapport d'échange s'installe : repas, trajets, lits non occupés, cadeaux ou attentions. Vous laissez l'autre mettre à votre disposition ce qui ne lui sert pas ou plus et ne lui coûte pas, et vous vous laissez lui offrir ce que vous pouvez ou vous inspire sur l'instant.

Cet espace de gratuité est un moment commun avec la personne que vous rencontrez. Il délivre l'échange de la nécessité d'une contrepartie et donc de toute tentation de calcul ou d'obligation, au point de rendre caduque la notion même d'échange.

En pratique

L'intention et le temps consacré à exprimer sa gratitude suffisent généralement à susciter l'émotion et la joie de la personne que vous souhaitez remercier. Toutefois, trouver la bonne manière de le faire peut sembler complexe et difficile, surtout sans argent. Il faudra trouver quelque chose de personnalisé, en lien avec ce que vous venez de partager et ce que vous connaissez de la personne tout en représentant quelque chose qui vous ressemble !

SE PRÉPARER À OFFRIR

» Trouvez un espace pour être seul au moins pendant 5 minutes.

» Asseyez-vous et commencez par respirer calmement en prenant au moins 3 grandes inspirations et 3 grandes expirations.

» Observez vos peurs et vos pensées sans les laisser prendre trop de place, essayez de vous en détacher pour ne plus les nourrir.

» Reliez-vous maintenant à la rencontre, aux moments forts et aux ambiances de celle-ci.

» Laissez émerger le sentiment de gratitude en vous, aussi vaste et peu précis soit-il.

» Observez les mots, les symboles, les formes, les sons et toutes les idées qui vous viennent à l'esprit.

» Lorsque le thème du cadeau apparaît clairement, vous êtes prêt à passer à l'action !

Les mots comme cadeau

Quand on vous offre un toit, un repas et un espace-temps de bienveillance et de solidarité, il est difficile de trouver les mots justes pour remercier à la hauteur de ce que l'on reçoit. Dire simplement "merci" comme à quelqu'un qui vous passe le sel à table ne semble pas suffisant.

Théorisée par Marshall Rosenberg, la **communication non violente (CNV)** offre une aide précieuse pour structurer notre expression, nous permettant de mieux comprendre les mécanismes des relations humaines et les outils pratiques visant à améliorer la qualité de la communication. Elle propose trois composantes d'un remerciement pour exprimer de la reconnaissance :

» les actes concrets qui ont contribué à notre bien-être ;

» les besoins que nous éprouvons et que ces actes ont satisfait chez nous ;

» le sentiment de plaisir né de la satisfaction de ces besoins.

Dire "merci" en CNV suit ce processus : "Voici ce que tu as fait ; voici ce que je ressens ; voici le besoin qui, chez moi, a été satisfait."

En **identifiant** ce qui contribue à votre bien-être, vous affinez votre capacité à exprimer votre reconnaissance. En **formulant** ainsi vos remerciements, les émotions agréables viennent **nourrir la relation**. Par exemple, vous pourriez dire : "Ton accueil chez toi et les moments passés ensemble ont bien nourri mon besoin de partage et de chaleur humaine et j'éprouve énormément de gratitude à ton égard pour tout ça."

Créer un moment pour exprimer sa gratitude

L'expression de la gratitude peut être exprimée de manière très naturelle au fil d'une discussion. Marquer ce moment de manière plus symbolique et personnalisée transformera une petite phrase en un très beau cadeau :

» Écrire en amont les mots que vous souhaitez prononcer permet de mieux les incarner.

RÉFLEXION

LES ENJEUX ÉCOLOS DES CADEAUX

Qui ne s'est jamais senti tiraillé par le sujet des cadeaux le jour d'un anniversaire ou de Noël ? D'un côté, nous souhaitons offrir un cadeau qui fasse du bien, et d'un autre côté, nous tenons à garder une cohérence avec nos aspirations écologiques, en évitant de participer à la surconsommation. Quand ce ne sont pas les questions économiques qui entrent en jeu. Bref, cadeau peut très vite rimer avec fardeau… Ce qui est sûr, c'est que l'ingéniosité du voyageur sans argent est un bon moyen de s'en prémunir. Offrir sans argent devient alors un moyen précieux de questionner et même de s'affranchir des normes de consommation et des attentes sociales autour du cadeau et de sa valeur. La sensibilité grandissante de la population et des différents organismes face aux enjeux écologiques a pour effet de repenser les normes autour des cadeaux. On voit alors croître chaque année le nombre de cadeaux zéro-déchet, recyclés, revalorisés ou à très faible impact carbone.

» Choisissez le lieu (dans la nature ou dans un lieu important pour vous ou pour la personne) et le moment (lever ou coucher de soleil par exemple, ou juste avant votre départ).

» Installez l'ambiance en fonction de ce qui vous inspire et symbolise votre lien (décorez le lieu, mettez-le en valeur).

» Le moment venu, posez-vous ensemble et exprimez vos intentions pour ce moment (l'intention de remercier, de faire un cadeau, l'importance et la particularité pour vous de cette rencontre)

» Vous pouvez alors donner le mot, le lire, ou verbaliser comme vous le souhaitez votre gratitude.

» Offrir le mot comme souvenir à la fin, c'est aussi un beau cadeau pour que l'autre puisse relire ces mots quand il le souhaite.

» Clôturez ce temps en restant bien à l'écoute de vous-même et de l'autre pour sentir s'il est plus adapté de continuer sur un moment plus festif, ou si ce moment a été trop intense émotionnellement et qu'un temps de repos semble propice à la digestion de cet échange.

» Soyez bien conscient que vous pouvez vous trouver avec des gens qui ne seront pas forcément très à l'aise avec l'expression de la gratitude. Pensez à toujours laisser l'autre libre de s'exprimer ou non.

Certaines personnes sont également peu à l'aise avec l'idée d'être au centre de l'attention, et l'effet de surprise peut accentuer cette angoisse. Si vous sentez que c'est le cas, il est plutôt bienvenu de le préciser et de le lui demander directement avant toute préparation.

L'expression physique

Parfois, une poignée de main, un câlin (un "hug" en anglais) ou un simple regard transmettent très intensément votre élan de gratitude. Mais sans précaution ou vigilance, certains gestes peuvent parfois être perçus comme une agression, une forme de violence, une tentative de séduction, une oppression, un manque de respect ou même une violation de la loi.

Dès lors que vous entrez dans la sphère de l'intime de l'autre – qui n'est d'ailleurs pas forcément la même que la vôtre – la nécessité de chercher son consentement devient alors indispensable. La connaissance de la culture de l'autre, mais aussi de sa personnalité ou de son genre, vous permettra d'éviter des erreurs classiques, mais en demandant sa permission, vous lui offrez la possibilité de refuser ou d'accepter en sécurité.

Si la personne en face de vous n'exprime pas une autorisation claire et non ambiguë, il est alors important de considérer cela comme un "non", car il n'est pas rare qu'elle soit trop gênée pour dire non, ou qu'elle ait peur de faire de la peine (se référer aux *Facteurs d'incompréhension culturelle* du tableau p. 126 peut donner des pistes).

Veillez également à rester vigilant vis-à-vis des enjeux sanitaires, notamment en période épidémique, qui viennent parfois installer une distance physique qu'il convient de respecter tout autant (gestes barrière, distance sociale, port du masque, etc.).

FABRIQUER UN SIFFLET COULISSANT EN BOIS

» **1)** Sur un rameau de bouleau, frêne, châtaignier, noyer, noisetier ou saule, coupez juste en dessous d'un nœud une section droite et sans défaut d'environ 8 cm de longueur et 1 cm de diamètre. Ne pas déchirer l'écorce, la coupe doit être nette.

» **2)** Entaillez l'écorce en anneau au-dessus du nœud suivant, sans couper le bois. Taillez une petite encoche à travers l'écorce et le bois à environ 1 cm de l'extrémité, et coupez le bout du rameau en biseau pour le bec.

» **3)** Martelez délicatement la zone située entre l'entaille et l'extrémité pour décoller l'écorce du bois. Frappez bien sur toute la surface en faisant attention à ne pas abîmer l'écorce.

» **4)** Faites coulisser l'écorce avec une forte torsion pour la décoller du bois. Ôtez le tube et mettez-le de côté,

» **5)** Agrandissez l'encoche dans le bois.Retirez une fine épaisseur de bois entre l'encoche et l'extrémité, sans dépasser la moitié du diamètre ; l'air passera par là. Marquez un trait de scie au niveau de l'encoche et un second trait environ 2 cm plus loin, puis retirez le bois situé entre les deux encoches (cf. pointillés sur le schéma). Le bois doit être lisse et sans bavures pour que le sifflet marche bien.

» **6)** Replacez le tube d'écorce sur le bois.

Utilisation : Soufflez dans l'extrémité avec l'encoche en faisant coulisser le bois par l'autre extrémité pour ainsi faire varier le son.

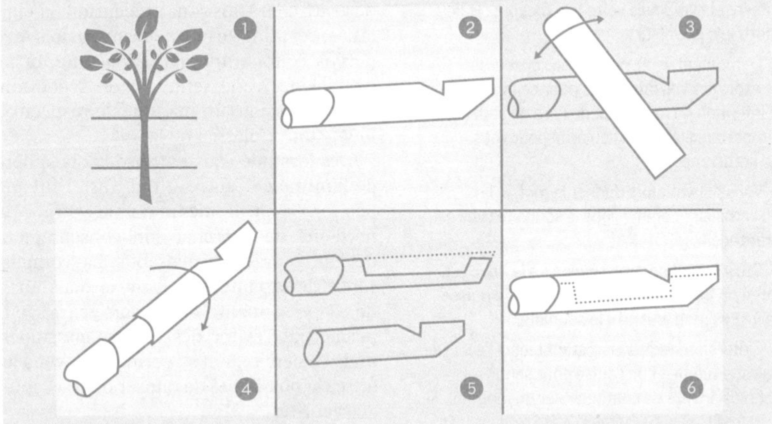

Les cadeaux artistiques

Créations musicales et littéraires

Pour ceux d'entre vous qui ont l'âme d'artiste ou qui essayent de développer leur créativité intérieure, il existe mille manière de témoigner sa gratitude !

Cela peut se faire par les poèmes, même les plus courts comme les haïkus (poèmes japonais très brefs, de 17 syllabes, à lire en une respiration ; voir l'exemple ci-contre), que cela rime ou non d'ailleurs.

Écrire un haïku : règles de base

» Un haïku est composé de trois vers.

» Le nombre de syllabes (17 au total) doit respecter le rythme 5, 7, 5.

» Il ne comporte aucune ponctuation si ce n'est une majuscule au début.

» Il n'a pas de titre, il se suffit à lui-même !

Matin de printemps
Café croissants chez Florian
Goûter au bonheur

TOUR DE MAGIE : RETROUVER LA CARTE PERDUE

Matériel : Un paquet de cartes

- Préparez votre jeu de cartes en plaçant l'as de cœur en bas du paquet et l'as de carreau en haut.
- Face à votre public, vous pouvez faire semblant de mélanger les cartes en veillant à ne pas bouger les as rouges.
- Ensuite, proposez à quelqu'un de choisir une carte et de la mémoriser.
- Coupez alors le jeu de cartes en deux avant qu'il ne la remette dans le paquet. Avec la moitié supérieure dans votre main gauche, proposez au spectateur de déposer sa carte sur le paquet, puis déposez la seconde partie du paquet au-dessus. La carte du spectateur est désormais encerclée par les deux as.
- Tout en expliquant que la carte sera bien compliquée à retrouver dans ce paquet, retournez le paquet face vers vous pour visualiser les deux as. Au milieu se trouve alors la carte du spectateur.
- Prétendez avoir du mal à la trouver ou lire la couleur de la carte dans l'esprit du spectateur, pour enfin lui dévoiler sa carte.

Cela peut aussi s'imaginer en chansons, avec des paroles inventées ou simplement adaptées d'une chanson existante, avec ou sans accompagnement instrumental en fonction de ce que la situation permet.

Certains instruments comme l'harmonica et la guimbarde sont très faciles à transporter en voyage. Le corps humain (beatbox, percussions) ou les objets du quotidien (ustensiles de cuisines, verres plus ou moins pleins, poubelle, sacs de chips, spray...) peuvent largement faire office d'orchestre improvisé. La nature peut s'avérer être une source d'instruments de musique bien vaste, que ce soit pour des percussions voire des instruments à vent (voir comment fabriquer un sifflet coulissant en bois, page ci-contre).

Faites participer l'autre et incluez-le dans cette composition musicale ou faites-lui partager une partie de votre folklore culturel personnel.

Spectacles

Créer un spectacle, aussi court et improvisé soit-il, peut alors prendre mille et une formes, que ce soit par la danse, la magie, la jonglerie, l'humour, le théâtre ou le cirque. Il est assez facile d'apprendre quelques tours de magie sur Internet avec le paquet de cartes (voir l'encadré ci-dessus) ou quelques accessoires glissés dans votre sac. Il n'y a plus qu'à vous laisser porter par votre imagination et votre élan de gratitude.

Créations manuelles

Si vous êtes plutôt du type bricoleur et manuel, vous pouvez exprimer votre reconnaissance par la confection d'un origami, d'un dessin, d'une peinture ou d'une sculpture. Pour utiliser du matériel sans encombrer votre sac, demandez du papier et empruntez des outils de base auprès de personnes rencontrées.

La nature et la récup' permettent également de créer sans limites et sans impacter l'environnement, comme des œuvres de land-art, d'origami végétal, de vannerie ou de tressage naturel. Un bouquet de fleurs sauvages, même cueillies en bordure d'une zone commerciale, reste un cadeau bien apprécié. Une autre ressource très facilement récupérable pendant le voyage, c'est le papier toilette ! Vous trouverez de nombreuses vidéos sur Internet pour réaliser des roses avec le papier ou des œuvres à partir des rouleaux en carton.

TUTO ORIGAMI TULIPE

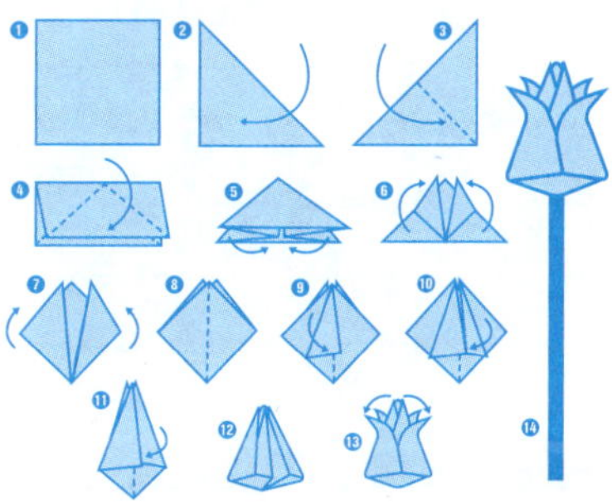

Avec du temps et un peu plus de papier, vous pouvez réaliser des origamis plus élaborés de type modulaire.

Le principe est simple : assembler des petits modules de papiers pour composer une structure en origami plus grande et complexe. Il faut alors fabriquer plusieurs dizaines voire centaines de petits modules à assembler comme des Lego (voir schéma ci-dessous). L'avantage ? La multitude de modèles et tutos disponibles en quelques clics grâce aux mots-clés "origami modulaire" et votre idée de sculpture du jour : oiseau, fleur, etc. Cette œuvre peut même être créée à plusieurs, en faisant participer les hôtes par exemple, ce qui donne des résultats impressionnants.

Organiser un moment spécial : un repas, un événement, une rencontre

Beaucoup de recettes sont facilement réalisables partout dans le monde, tant leurs ingrédients sont répandus et accessibles. Avec ces quelques denrées de base, chaque culture a su adapter ses recettes, ses cuissons et ses accompagnements, au travers de ses différents ustensiles de cuisine et de ses différentes traditions. Il est alors aisé d'adapter une recette de chez vous avec ce que vous trouverez sur la route. Certaines, comme la pizza, les crêpes, les galettes, le pain perdu ou les cookies font partie de ces recettes qu'il est très simple d'improviser à travers le monde, tout en s'adaptant à ce qui est consommé sur place.

Cependant, certaines recettes que l'on croit basiques et universelles ne le sont pas toujours et peuvent parfois entraîner des quiprocos cocasses autour de la cuisine en commun. Prenez l'exemple du porridge au Pérou : les Péruviens boivent l'eau de cuisson (*agua de quaker*) et donnent les flocons aux poules... Leur concocter du porridge reviendrait à leur faire manger la nourriture des poules !

Pour éviter toute situation malheureuse, pensez à vous renseigner sur les coutumes alimentaires, les régimes végétariens ou véganes, et les intolérances ou allergies de vos hôtes. Ce serait bien dommage de devoir

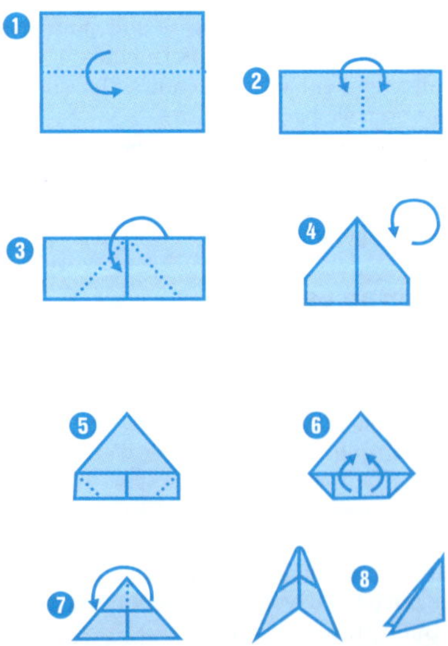

REPAS DE FÊTE AVEC DES CRÊPES

Préparation : 15 minutes
Cuisson : 20 minutes

Ingrédients (pour 4 personnes) :

- 250 g de farine
- 4 œufs (possibilité d'utiliser 4 cuillères à soupe de fécule de maïs et 8 d'eau)
- 500 ml de lait (possibilité d'utiliser du lait végétal ou de l'eau)
- 1 pincée de sel (facultatif)
- 2 cuillerées à soupe de sucre (facultatif)
- 50 g de beurre (possibilité d'utiliser de l'huile végétale : 2 cuillères à soupe)

» Mélangez tous les ingrédients solides (farine, sel, sucre).

» Versez ensuite les ingrédients liquides (œufs, lait, beurre fondu) progressivement en remuant avec un fouet pour ne pas faire de grumeaux.

» Versez une louche de pâte à crêpes dans une poêle chaude légèrement huilée.

» Faites un mouvement de rotation pour répartir la pâte sur toute la surface.

» Laissez cuire environ une minute de chaque côté ; la crêpe est prête !

» Continuez jusqu'à épuisement de la pâte à crêpes.

conduire son hôte à l'hôpital après avoir mis tant de soin à concocter ces cookies au beurre de cacahuètes.

Si vous avez encore plus la fibre d'un organisateur événementiel, vous pouvez aussi pousser votre élan jusqu'à la création d'une rencontre avec les voisins, le reste de la famille, ou même à organiser une soirée de célébration, chez votre hôte, s'il y consent, dans l'espace public, ou même en incluant la mairie ou des habitants et des associations dans la co-organisation et l'animation de cet événement.

Rendre un service, réaliser un rêve

Tentez de repérer des actions qui peuvent faciliter la vie de votre hôte et contribuer à son bien-être : faire le ménage, la vaisselle, réparer un objet, déplacer des meubles, etc. Peut-être l'exprimera-t-il directement au fil de vos discussions et une posture d'écoute s'avère précieuse. Gardez à l'esprit que ce qui semble rendre service pour vous, ne l'est pas forcément pour l'autre : un objet cassé peut avoir une symbolique particulière, réorganiser un espace privé peut engendrer du stress, etc. Dans le doute, demandez avant de vous lancer !

Réaliser (ou aider à réaliser) le rêve de quelqu'un permet de forger des liens plus intimes. Chaque rêve étant unique, c'est à vous d'identifier le degré d'implication que vous souhaitez prendre et votre capacité à y contribuer. Dans ces situations, être prêt à accueillir les émotions de l'autre est indispensable, mais sachez garder une distance saine si cela devient difficile à gérer émotionnellement pour vous. Dans ce bel et intense geste altruiste, tâchez de ne pas perdre de vue vos propres limites.

Avant et après le voyage

En préparant un minimum d'éléments avant de partir, vous pourrez parfaitement improviser sur votre trajet. Pour répéter une manière de remercier qui vous correspond, pensez à glisser dans votre sac les outils, les accessoires, les recettes ou les ingrédients nécessaires. Inutile de vous encombrer d'une hotte à cadeaux peu personnalisés, sauf pour jouer le père Noël dans une soirée déguisée !

Si au contraire, le temps vous manque lors de votre voyage ou que vous n'êtes pas pleinement satisfait dans votre manière de témoigner votre gratitude, il est toujours possible de penser à l'après en organisant un événement rassemblant les personnes qui ont marqué votre voyage ou en notant les contacts des personnes qui vous ont touché, pour leur envoyer une lettre ou une confection artistique une fois rentré chez vous. Qui sait jusqu'où ces nouvelles relations peuvent ainsi vous porter ?

TÉMOIGNAGE

"Le 3 octobre, après une semaine de voyage en stop et sans argent (sur nos 10 mois de voyage), nous arrivons à Autun. Louis s'arrête, il va à Montbéliard — presque 230 km s'offrent à nous ! Il doit simplement faire étape chez sa grand-mère à Baume-les-Dames pour le dîner, et nous y invite, tout naturellement. Sans avoir pu la prévenir au téléphone, nous débarquons donc tous les trois chez Colette, 84 ans. Pendant le repas, Colette nous demande : "Qu'est-ce que vous diriez si je vous proposais de dormir ici ce soir ?"

Nous lui proposons en échange de faire une sortie avec elle le lendemain, pour aller visiter des coins qu'elle voudrait (re)voir. Nous sommes branchés toute la journée sur Radio Colette. "Mes parents me disaient : «Tais-toi donc, tu n'auras pas assez de langue.»" Pas du tout impressionnée par notre caméra, nous en profitons pour nous "entraîner" à filmer le voyage ! Elle nous emmène au belvédère de la Roche du Prêtre à 20 km de la frontière avec la Suisse. Et nous raconte comment à 20 ans elle a eu un cancer du genou qui lui vaut sa jambe synthétique avec laquelle elle se débrouille assez bien pour marcher. "J'ai de la chance, j'ai eu 60 ans de rab de vie !". Toujours le rire au coin de la bouche, elle se livre beaucoup, nous parle de ses enfants, de son enfance. Ce soir c'est pizza et Scrabble. Il est temps pour nous de repartir et Colette nous dépose sur la route. Mais notre lien s'intensifie au fil des semaines, elle prend l'excuse de ne pas maîtriser Internet et nous appelle une fois par semaine pour prendre des nouvelles. Quel bol d'air pour nous ! Elle nous brode des écussons à partir d'un dessin que nous lui avons laissé et nous l'envoie durant le voyage pour que nous le cousions à nos sacs. Le 16 février Colette se souvient de mon anniversaire et m'appelle ! Nous rigolons bien. Je lui dit que nous reviendrons la voir le mois prochain car elle nous manque. J'ai bien fait de décrocher, car c'est la dernière fois que j'ai pu entendre le son de sa voix. Quelques jours après, une inconnue me laisse un message en sanglots : "Je suis la fille de Colette, je vous appelle pour vous dire qu'elle est décédée il y a trois jours, j'aimerais bien vous parler !". Quelle tristesse ! Nous avons l'impression d'avoir perdu notre grand-mère ! Je la rappelle dans la foulée : "Vous n'imaginez pas à quel point vous avez été le rayon de soleil de ces 5 derniers mois, elle parlait de vous tous les jours et à tout le monde, j'avais l'impression qu'elle était retournée en enfance !". D'un commun élan nous décidons de nous rencontrer. Nous avons la ferme intention d'honorer Colette et de la remercier à la hauteur de notre lien si fort ! Invités chez Catherine, nous lui proposons de réunir ses proches pour leur faire découvrir la vidéo de notre rencontre avec Colette. Nous retrouvons ainsi Louis, le petit-fils, par qui tout a commencé. Nous projetons ainsi la vidéo dans laquelle elle livre avec humour ses souvenirs sur sa vie, mais aussi son regard sur l'éducation qu'elle a donnée à ses enfants, comment elles les aime et des choses qu'elle ne leur a jamais dit, tout en nous faisant découvrir le Haut-Doubs. C'est dans les larmes de ses enfants et de ses petits-enfants que nous avons eu l'impression d'avoir pu remercier à sa juste valeur cette rencontre extraordinairement simple."

Amandine et Quentin, nezdumonde.weebly.com

Pour aller plus loin

Sites Web

» tuto-origami.fr — Tutoriels d'origamis

» kimunga.com — Tutoriels de tours de magie

Livres techniques

» DÉCAUDIN, Hervé et REVARD, Fabien. *Tôt ou tard, politique de l'autostop* (Pontcerq, 2011)

» GODELIER, Maurice. *L'Énigme du don* (Flammarion, 2008)

» CHAPMAN, Gary. *Les 5 langages de l'amour* (Leduc Éditions, 2008)

» PERRIOT, Véronique. *Gratuité, Essai à transformer* (L'Ouvrage, 2018)

» ROSENBERG, Marshall. *Les mots sont des fenêtres* (La Découverte, 2016)

» COSTA, Philippe. *Petit manuel pour écrire des haïkus* (Picquier Poche, 2010)

Vidéo

» TED (www.ted.com) — *Amanda Palmer : L'art de demander* (2013)

Se déplacer

"Le vrai miracle n'est pas de marcher sur les eaux ni de voler dans les airs : il est de marcher sur la terre." Houeï Neng

Marche

Objectif : se déplacer à pied sur une variété de formations géographiques

Intérêt économique

Intérêt écologique

Intérêt humain

Degré d'aventure

La marche, c'est quoi ?

DESCRIPTION DE LA TECHNIQUE

La marche est le moyen le plus simple de se déplacer mais aussi le plus lent. Pour garantir sa sécurité et son autonomie, le marcheur devra composer son itinéraire en fonction du relief, de la météo, des points de ravitaillement, de son équipement, de son degré d'expérience, etc. Pour faciliter le transport de la nourriture et du matériel, il est possible de se faire accompagner d'un animal.

COMPRENDRE LE CONTEXTE

Symbole de lenteur et de simplicité, la marche est le mode de déplacement du voyageur à la recherche d'une expérience lente, progressive et spirituelle, faisant du chemin la destination. Cette "quête" effectuée à travers la marche ne date pas d'hier : les pèlerins de Compostelle et du monde entier en sont témoins. Le phénomène est cependant toujours contemporain, comme on peut le voir dans les récits d'écrivains-voyageurs comme Théodore Monod et ses marches à travers le désert, Bernard Ollivier en chemin vers l'Orient ou encore le couple Poussin et son périple Africa Trek... Ce mode de déplacement nous rappelle-t-il nos origines nomades, quand l'homme devait être en mouvance permanente pour assurer sa survie ?

Un peu de théorie

Intérêt

ÉCONOMIQUE

On dit parfois que "le temps, c'est de l'argent". Si tel était le cas, la marche serait la plus coûteuse des activités proposées dans ce guide ! Marcher ne requiert pratiquement pas d'argent, seulement des jambes… et des pieds ! Bien que la marche pieds nus revête un charme indéniable en nous reliant à nos origines, elle n'est cependant pas adaptée à toutes les circonstances ni à tous les climats. Il est donc nécessaire d'investir une somme de base dans l'acquisition de chaussures ou de sandales de randonnée ainsi que dans du matériel adéquat en fonction des conditions de marche prévues (durée, intensité, climat, relief, isolement, etc.).

ÉCOLOGIQUE

La simplicité de la marche en fait un symbole de déplacement doux et écologique. Le randonneur établit un contact privilégié avec les écosystèmes qu'il traverse. L'activité a très peu d'impact sur le milieu, à condition d'être pratiquée de manière "responsable" en demeurant le plus possible sur les sentiers, en récupérant ses déchets et en ne perturbant pas la faune et la flore.

La marche est un moyen de transport actif, c'est-à-dire que l'énergie déployée est fournie par la machine humaine : pas d'énergie fossile. C'est une activité neutre quant au bilan carbone puisqu'il est nécessaire à l'être humain de s'alimenter pour vivre : on ne peut pas isoler l'énergie déployée pour la marche seulement.

HUMAIN

La marche peut se pratiquer aussi bien seul qu'en groupe, et son caractère spirituel fournit de longues opportunités d'intériorisation, de silence, de ménage intérieur. Cependant, la simplicité et la lenteur amènent le marcheur à demeurer accessible, à laisser l'espace et le temps nécessaires à la rencontre, à la découverte, au changement d'itinéraire et à la pause. Les personnes que vous rencontrerez sur le chemin seront curieuses de connaître votre histoire, votre parcours. Plus la marche sera longue, plus les gens le ressentiront et mieux vous serez accueilli.

DEGRÉ D'AVENTURE

Marcher semble simple et c'est la raison pour laquelle il y a d'autant plus de risques dans cette pratique, car on est souvent moins attentif au danger. Le marcheur est plus exposé aux difficultés du terrain, aux intempéries, aux animaux dangereux et aux mauvaises rencontres que ne le serait un cycliste ou un auto-stoppeur. Le risque augmente si le marcheur évolue dans un terrain reculé et peu accessible.

Aspects légaux

La circulation piétonne est régulée par de nombreuses législations pas toujours simples ! Cependant, notre éducation fait en sorte que nous sachions dans la majeure partie des cas s'il est permis ou non de marcher à un endroit. En effet, la plupart des contraintes imposées au marcheur sont liées à la sécurité ou au droit de la propriété privée, comme le résume le tableau ci-dessous.

CONTRAINTES LIÉES À LA SÉCURITÉ	CONTRAINTES LIÉES À LA PROPRIÉTÉ PRIVÉE (de la moins restrictive à la plus restrictive)
» Voies réservées à la circulation de véhicules motorisés » Voies ferrées » Sites industriels » Chantiers » Zones militaires » Zones temporaires de chasse » Zones et/ou périodes de risque naturel » Zones frontalières hors des itinéraires autorisés et contrôlés, etc.	» Zone de propriété privée (signalée ou non) » Zone signalée comme propriété privée » Zone clôturée signalée comme propriété privée » Zone clôturée signalée comme propriété privée à proximité d'une habitation

Ces contraintes varient cependant d'un pays à l'autre. Certains États, comme les pays scandinaves, permettent au droit de passage ou au droit d'accès à la nature d'avoir préséance sur le droit de propriété.

En France, il est autorisé de circuler sur une propriété privée à condition qu'il ne soit pas expressément indiqué qu'il s'agit d'une propriété privée ou qu'il n'y ait pas de clôture. Si le propriétaire vous informe verbalement, cela équivaut à une signalisation. Il est bien sûr interdit d'endommager ou de prélever quoi que ce soit.

En ce qui concerne les sentiers balisés, il est fréquent qu'un droit de passage ait été négocié avec le propriétaire du terrain afin de permettre au marcheur de passer sans interférer avec les animaux, les bâtiments, etc.

Certaines réglementations ont spécifiquement pour but de protéger le milieu naturel, notamment dans les parcs et réserves. Le marcheur doit alors s'en tenir aux sentiers balisés et éviter de piétiner le milieu en dehors de ceux-ci.

En pratique

Se préparer

Matériel

CHAUSSURES

S'il est une chose très importante, c'est d'être bien dans ses chaussures dès le début ! Des chaussures adaptées vous assureront un confort sur de longues distances et vous éviteront des blessures. L'idéal est de se procurer des chaussures de marche ou de type *trail*. Il faudra ensuite les "casser" un peu avant de partir, c'est-à-dire les porter et marcher plusieurs heures d'affilée afin de les assouplir et de les former. Si vous prévoyez de marcher sur des terrains accidentés ou si vous avez les chevilles fragiles, choisissez des chaussures de randonnée à tige haute.

La semelle, l'isolation, la matière et les autres caractéristiques techniques dépendront des conditions de votre voyage. Prenez le temps de poser des questions au vendeur et d'essayer les chaussures sur place. Les boutiques spécialisées ont souvent une petite surface d'essai avec des roches sur lesquelles vous pouvez marcher afin de simuler le milieu extérieur.

Quand vous choisissez une paire de chaussures, ne les prenez pas trop petites. Vous devriez être en mesure de passer votre index entre votre talon et l'arrière de la chaussure. Essayez-les avec plusieurs types de chaussettes, selon l'usage que vous comptez en faire.

Pour ce qui est du prix, comptez environ 80-100 € pour une paire de chaussures *trail* et 200 € pour une bonne paire de chaussures de randonnée montantes.

VÊTEMENTS

Pour pratiquer la marche confortablement, mieux vaut choisir des tissus aérés, perméables et qui sèchent facilement : pas de coton ! On parle en général du **système 3 couches** : évacuation, isolant, coupe-vent.

Les chaussettes devraient être de préférence en polyester, en laine pour les climats froids (la laine réduit aussi les mauvaises odeurs liées à la transpiration) ou avec un mélange laine et fibres synthétiques, mais surtout pas en coton !

Le pantalon peut éventuellement être convertible en short pour une plus grande polyvalence. Vous pouvez toujours porter un collant en dessous ou un surpantalon coupe-vent et imperméable si le climat le requiert.

Pour le haut, un T-shirt ou une chemise respirants (attention, toujours pas de coton) aideront à évacuer la transpiration.

Un chapeau vous protégera efficacement du soleil mais aussi de la pluie. Une casquette est moins encombrante mais protège moins. Par temps froid, une paire de gants, un bonnet et un foulard seront utiles.

Certains vêtements sont même imprégnés de produit répulsif pour les insectes si vous vous trouvez dans des zones à risque. Il existe aussi des vêtements protégeant des UV pour les treks en altitude ou dans les régions très ensoleillées.

Enfin, la crème solaire et les lunettes de soleil sont essentielles.

Vous trouverez plus de conseils quant au choix des vêtements dans la section *Check-list de sac* du chapitre *Faire son sac* (p. 26).

En fonction de la région où vous vous trouvez, les codes vestimentaires peuvent varier. Assurez-vous que votre tenue est appropriée : dans certains pays, le short est très mal vu voire interdit.

ACCESSOIRES

Les bâtons de marche permettent d'économiser environ 15% d'énergie tout en soulageant les genoux, notamment au moment de la descente. Il est cependant déconseillé d'utiliser un seul bâton car cela crée un déséquilibre dans la façon de marcher. Vous pouvez soit les fabriquer dans un bois léger, soit les acheter. Les bâtons télescopiques sont particulièrement pratiques car ils sont faciles à ranger et à transporter. Pour les régler à la bonne taille, sachez que votre coude devrait former un angle de 90° quand le bâton est maintenu à la verticale.

Une lampe de poche, des habits chauds et un supplément de nourriture et d'eau minimiseront les risques encourus si la nuit venait à vous surprendre.

Si vous partez pour une randonnée technique en montagne, il peut s'avérer utile d'avoir un morceau de corde pour les passages vertigineux et un piolet en cas de neige gelée, afin de vous tailler des marches dans la pente, d'avoir un point d'appui et de stopper une glissade éventuelle.

Enfin, une couverture de survie et un sifflet sont obligatoires : peu encombrants, ils peuvent vous sauver la vie. Une bougie et un briquet sont également utiles en cas d'hypothermie (voir la section *Par temps froid*, p. 167).

Attention, ne partez jamais avec des accessoires que vous ne savez pas utiliser !

TROUSSE DE SOINS ET DE SECOURS

Vous trouverez nos recommandations sur le contenu de la trousse de soins et de secours dans le chapitre *Trousse de secours* (p. 390). Vous devez toutefois adapter votre trousse en fonction de votre projet. Si vous partez pour une longue marche dans des conditions difficiles, il est nécessaire de prévoir de quoi soigner les ampoules, un bandage adhésif non élastique afin de soutenir une articulation en cas d'entorse, de quoi traiter le mal des montagnes si vous marchez en altitude, etc. Un téléphone peut s'avérer particulièrement utile si vous vous éloignez de la civilisation. Dans tous les cas, assurez-vous de toujours informer un proche de votre itinéraire pour la journée. Un accident peut vite arriver. Reportez-vous à la section *Du mythe à la réalité : risques et difficultés* (p. 166) pour prendre connaissance des blessures spécifiques à la marche à pied.

OUTILS D'ORIENTATION

Carte Pour les régions où la pratique de la randonnée pédestre est développée, il est possible de trouver des cartes à l'échelle 1/25 000 (1 cm sur la carte correspond à 25 000 cm sur le terrain, soit 250 m) ou leur équivalent local. Si vous souhaitez pratiquer la randonnée sur des chemins non carrossables, il faudra au minimum une carte d'échelle 1/50 000. Si vous restez sur les pistes et petites routes, l'échelle minimale conseillée est alors d'au moins 1/200 000, même si l'idéal reste 1/100 000.

Si vous comptez marcher dans un pays où les cartes de randonnée ne sont pas commercialisées à grande échelle, rendez-vous dans l'Institut cartographique de votre pays ou alors directement sur place. Vous pourrez ainsi choisir les cartes dont vous avez besoin (la zone, l'échelle, la légende, etc.). On vous les imprimera directement.

Les cartes s'abîment vite à force d'être dépliées et repliées. Pour éviter qu'elles ne se déchirent, pensez à les stocker dans une pochette de protection ou dans un "porte-carte" transparent prévu à cet effet.

Boussole Outil d'orientation par excellence, la boussole permet de mesurer et de viser des azimuts, c'est-à-dire de rejoindre un point A à un point B en suivant un cap plutôt que des repères paysagers. Certaines boussoles permettent également de calibrer le nord pour compenser la déviance entre le nord magnétique et le nord géographique, dont la différence est assez élevée dans certaines parties du monde.

Altimètre Couplé à une carte et une boussole, il permet d'obtenir des repères d'altitude, une donnée très utile pour l'orientation en milieu montagneux. Par exemple, il permet de suivre une courbe de niveau sur une carte topographique. En cas de brouillard, il est possible de vérifier que l'intersection rencontrée est bien celle que l'on cherchait, etc. Attention, les altimètres sont en général barométriques, ce qui signifie qu'ils utilisent la pression atmosphérique. Ils nécessitent donc un ajustement fréquent sur des points de repère connus, surtout si la météo est variable.

GPS De nos jours, il est très pratique et presque indispensable d'utiliser un GPS. En l'absence de points de repère fiables, il permet de trouver sa position sur la carte. Gardez néanmoins l'habitude d'utiliser les cartes, car vous n'êtes jamais à l'abri d'une panne. Ne devenez pas dépendant de cette technologie ; il est toujours utile d'avoir une compréhension globale du terrain.

L'application OsmAnd (www.osmand.net) permet de télécharger les cartes collaboratives gratuites d'OpenStreetMap sur son téléphone lorsque l'on a un accès Wi-Fi pour en faire un GPS sans épuiser son forfait.

ITINÉRAIRE ET HÉBERGEMENT	ITINÉRAIRE DE REPLI	EAU	NOURRITURE	TYPES DE CHEMINS / PENTE	DISTANCE (DI) ET DÉNIVELÉ POSITIF (D+)	INFOS DIVERSES
J1 : Panarachel-St Marcos, chemin le long du lac, chez l'habitant ou hôtel Backpacker	En bateau (25 Qz)	Eau à purifier ou magasins le long de la route	Magasins le long de la route	Petits sentiers bien tracés	Di : 25 km D+ : 400 m	Visiter Santa Cruz sur la route
J2 : St Marcos-Santa Clara, chemin à partir de Santa Clara ou route (plus direct), chez l'habitant ou camping	Par la route, bus (8 Qz)	Eau à purifier ou magasins à San Pablo avant la montée	Magasins à San Pablo avant la montée	Petits sentiers bien tracés ou route	Di : 15 km D+ : 1000 m	Risque de vol entre St Marcos et San Pablo, possibilité de prendre un tuk-tuk
...	...	...	...		...	...

Planifier son itinéraire

Si vous prévoyez de randonner dans des conditions difficiles, il est important de bien planifier votre itinéraire avant le départ mais aussi de l'adapter quotidiennement. La planification d'itinéraire ne remplace pas une carte, mais elle permet d'éviter de mauvaises surprises.

Les éléments à prendre en compte sont :

» les conditions climatiques (prévoir l'itinéraire général en fonction de la saison et réviser l'itinéraire au jour le jour en fonction de la météo)

» la densité de la population (pour demander de l'aide ou se mettre à l'abri en cas de problème)

» les points d'eau

» les points de ravitaillement en nourriture

» les types de chemins

» la pente et le dénivelé

» la distance

» les possibilités d'hébergement

» les zones dangereuses

» les points d'intérêt naturels et culturels

» un itinéraire de repli éventuel

» votre équipement et vos ressources

Il est pratique de consigner les données importantes sous forme de tableau récapitulatif. Voyez l'exemple ci-dessus, tiré d'une randonnée au lac Atitlán, au Guatemala.

Passer à l'action

S'orienter

CARTE

La **légende** est en général indiquée dans un des coins de la carte. Il est important de la comprendre afin de ne pas confondre un chemin avec une limite de propriété ou un cours d'eau.

Les **courbes de niveau** sont un élément important vous permettant de calculer l'altitude de tout point de la carte et ainsi de repérer votre position à l'aide de l'altimètre. L'altitude de certains points est indiquée sur la carte, puis il faut compter les courbes de niveau pour calculer l'altitude exacte du point souhaité. L'équidistance, c'est-à-dire la différence d'altitude entre deux courbes de niveau, est spécifiée dans la légende. Par exemple, sur les cartes françaises à l'échelle 1/25 000, l'équidistance standard est de dix mètres et il y a une ligne plus épaisse tous les cinquante mètres.

Dans la grande majorité des cas, **le nord** est en haut de la carte. Sur certaines cartes, vous trouverez des "lignes de nord", utiles pour l'orientation à la boussole à l'aide d'azimuts. La **déclinaison magnétique** est aussi parfois indiquée, c'est-à-dire la différence entre le nord géographique indiqué par la carte et le nord magnétique indiqué par votre boussole. Celle-ci varie de façon régulière dans le temps : elle n'est utile que si on connaît la date de publication de la carte. Attention tout de même, car la déclinaison magnétique peut parfois atteindre plusieurs degrés et sera à prendre en compte en cas d'azimuts sur de longues distances.

CROISEMENT DES INFORMATIONS

En orientation, il est essentiel de **croiser le plus grand nombre d'informations disponibles** et de ne pas se laisser influencer par son imagination. Comparez la carte avec le terrain : l'orientation des chemins, l'altitude, la pente, votre position par rapport aux éléments de la carte (relief, habitations, forêts, rivières, etc.).

Il est également utile de repérer les **alignements**, les éléments du paysage entre lesquels on peut tracer une ligne imaginaire. Si vous observez sur le terrain un alignement caractéristique, comme deux sommets de montagne, un village et un sommet, ou toute autre combinaison de repères géographiques, il est alors facile de poser une règle (ou tout objet droit) sur la carte pour vous rendre compte de l'endroit où cet alignement vient couper le chemin sur lequel vous avancez. Vous pourrez alors en déduire votre position exacte.

TRIANGULATION

La **triangulation** est une technique permettant, à l'aide d'une boussole, de retrouver où l'on se situe sur la carte en cas de doute. Cette technique consiste à repérer dans le paysage au moins deux éléments caractéristiques (sommet, col, village, etc.) que l'on situe également sur la carte.

Pour chaque élément choisi, relevez l'angle que forme cet élément avec votre boussole (0° = nord). Prenez ensuite votre carte et tracez un trait depuis cet élément, en direction de la zone dans laquelle vous vous trouvez sur la carte. Ce trait devra respecter le même angle avec le nord de la carte que celui relevé sur le terrain avec le nord réel. Par exemple, si vous avez relevé un angle à 15° entre le nord et le sommet d'une montagne, vous dessinerez un trait sur la carte ayant un angle de 15° avec le nord de la carte à partir du sommet de cette montagne. Répétez l'opération avec un second élément si nécessaire. Votre position devrait être l'endroit où se croisent les traits sur la carte. Si vous êtes sur un chemin, une crête, un col, ou encore une ligne d'altitude connue, toutes ces données sont des lignes caractéristiques repérables sur la carte et peuvent être croisées à la triangulation pour vous aider à vous positionner.

AZIMUT

L'**azimut** est une technique d'orientation permettant d'aller directement d'un point A à un point B. Vous devez être muni d'une boussole permettant de relever des azimuts : bords droits et cadran pivotant sur lui-même, ou encore mieux, avec un miroir de visée.

S'ORIENTER SANS MATÉRIEL

Certains indices présents sur le terrain peuvent aider l'orientation :

» **Le soleil :** il se lève à l'est et se couche à l'ouest. À midi, il est au sud dans l'hémisphère Nord et au nord dans l'hémisphère Sud. Il est possible de s'orienter à l'aide du soleil avec une montre à aiguilles à condition que celle-ci soit réglée à l'heure solaire (en France : une heure de plus en hiver, deux heures de plus en été) et qu'il soit entre 6h et 18h. Tenez la montre à plat dans votre main et pointez la petite aiguille vers le soleil. Le sud (ou le nord si vous êtes dans l'hémisphère Sud) est alors la direction entre le chiffre 12 et la petite aiguille. Par exemple, s'il est 16h, le sud sera à 14h.

» **La mousse :** indicateur peu fiable et qui dépend des conditions météo locales. En général, la mousse pousse davantage sur le côté à l'ombre des arbres et des rochers (soit le nord dans l'hémisphère Nord).

» **Les arbres :** si la région est venteuse, il suffit de connaître la direction du vent dominant. Si vous voyez plusieurs arbres penchés dans une même direction, c'est sans doute la direction du vent dominant qui les a déformés avec le temps.

» **L'étoile Polaire :** utile pour s'orienter de nuit, elle indique le nord mais n'est pas toujours facile à trouver car elle est de faible luminosité. La méthode la plus simple pour la retrouver est de repérer d'abord la constellation de la Grande Ourse (en forme de casserole). Prenez le bord de la casserole opposé au manche et prolongez sa longueur de cinq fois vers le haut de la casserole. Vous tomberez alors sur l'étoile Polaire, elle-même située au bout du manche d'une minicasserole : la Petite Ourse.

» **La Croix du Sud :** constellation d'étoiles visible dans l'hémisphère Sud seulement. Il s'agit d'une croix penchée vers l'horizon. Si l'on prolonge son axe, l'endroit où il croise l'horizon est le sud.

Pour **relever un azimut**, placez le zéro de la règle de la boussole sur le point A et alignez la règle dans la direction du point B (si les deux points sont trop éloignés, vous pouvez d'abord tracer cette ligne sur la carte). Tout en maintenant la boussole dans cette position, alignez ensuite le cadran de la boussole avec le nord (ou les lignes de nord) de la carte en le faisant pivoter sur lui-même. L'angle indiqué par le cadran de la boussole est l'angle de l'azimut. Il ne vous reste plus qu'à marcher en direction du point B en suivant cet angle, c'est-à-dire en vous assurant que l'aiguille aimantée de la boussole reste alignée sur la direction nord du cadran que vous venez de faire pivoter, et en avançant dans la direction du corps de la boussole (souvent indiqué par une flèche dite flèche de visée).

Pour vous déplacer précisément sans vous écarter de cet itinéraire, visez d'abord un élément (arbre, rocher, etc.) qui se trouve dans la bonne direction, rendez-vous à cet élément puis recommencez l'opération autant de fois que nécessaire jusqu'au point B.

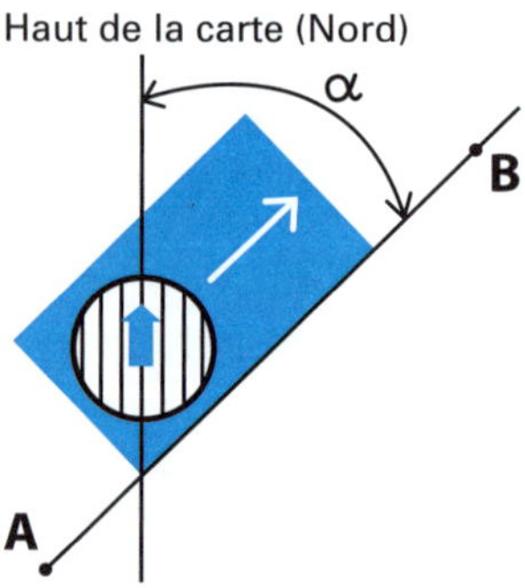

Étape 1 : sur la carte

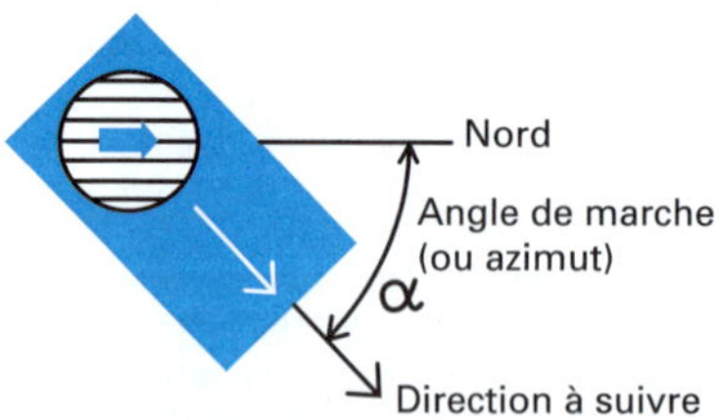

Étape 2 : sur le terrain

La distance parcourue lors d'un azimut peut être calculée en connaissant la taille de vos pas – que l'on peut mesurer avec une corde, par exemple.

Il est aussi possible d'enchaîner plusieurs azimuts. Par exemple, s'il y a une zone infranchissable entre deux points A et B (un fossé, un éboulis, un torrent, etc.), vous pouvez viser un point intermédiaire (A'). Il faudra alors vous rendre de A à A', puis renouveler l'opération de A' à B. Suivant le même principe, vous pouvez tout à fait vous déplacer un jour de brouillard en planifiant tout votre itinéraire à l'avance sur la carte et en vous déplaçant par enchaînement d'azimuts. Dans ce cas, faites en sorte que les points intermédiaires soient faciles à reconnaître !

Il est facile de se tromper en orientation. Assurez-vous de bien maîtriser les techniques d'orientation à la boussole en les pratiquant sur un terrain connu avant de vous lancer sur un territoire inexploré…

Gérer l'effort et l'avancée de la marche

En voyage, il est essentiel de se ménager en misant sur la prévention et en évitant les excès.

Manger avant d'avoir faim permet d'éviter les hypoglycémies, souvent ressenties comme un coup de fringale (symptômes : baisse soudaine d'énergie, faiblesse, sueurs, troubles de la vision, étourdissements, nausées). Lors d'un effort d'endurance, il est recommandé de grignoter toutes les deux heures environ des aliments riches en glucides (sucres lents et rapides) plutôt que de faire des repas copieux. Munissez-vous de fruits secs, barres de céréales, pain, confitures, chocolat, etc. Les boissons sucrées sont aussi recommandées car elles sont très rapidement assimilables.

La sensation de soif intervient quand le corps est déjà déshydraté. L'eau est essentielle pour l'organisme, en particulier pendant l'effort : **buvez régulièrement, avant de ressentir la soif**. On ne boit jamais assez !

Pour garder votre eau raisonnablement fraîche même par grande chaleur, prenez une grosse chaussette en laine noire et épaisse ou plus simplement un linge. Mouillez-le et entourez-en votre bouteille. Pendez le tout à votre sac à dos et renouvelez l'opération dès que le linge sèche. Tout comme la sueur vous rafraîchit en s'évaporant, l'eau de la chaussette s'évapore au soleil et rafraîchit la bouteille.

Les jours de détente, de grosse fatigue ou de mauvais temps, **pratiquez le repos actif** plutôt que le repos total : marchez un peu. Vous ferez circuler le sang dans les muscles et les nettoierez des toxines accumulées pendant l'effort. Psychologiquement, c'est aussi mieux d'avancer, ne serait-ce que de quelques kilomètres : c'est déjà ça de gagné !

TÉMOIGNAGE

"Voyager dans la Barranca del Cobre, c'est aller à la rencontre de grands espaces vierges, marcher sur des sentiers non balisés et rencontrer au hasard d'une randonnée des indigènes Tarahumaras... Ces Indiens sont réputés pour leurs incroyables compétences en course à pied. Des générations entières y ont été entraînées par un jeu traditionnel consistant à pousser une boule de bois d'une dizaine de centimètres de diamètre sur plusieurs centaines de kilomètres pendant 3 jours et 3 nuits...

Peu confiants de savoir nous orienter dans ces terres immenses et malgré les quelques cartes récupérées au service de cartographie de Mexico, nous faisons appel à un local, un vieil homme vivant dans un petit village tout près du canyon. Reyes est, paraît-il, un grand connaisseur des lieux. Peut-être pourra-t-il nous aider? Nous ne mettons pas longtemps à le trouver et lui demandons de nous aider à trouver un guide pour 5 jours de marche dans le canyon du Cuivre. À notre grande surprise, il nous répond que nous partons demain. Il prend un sac et y met sa veste et quelques tortillas. De vieilles sandales lui servent de chaussures de randonnée et une bâche en plastique remplace la veste Gore-Tex. Nous sommes un peu dubitatifs... Nous nous demandons si ce vieil homme pourra réellement nous accompagner durant cinq jours, à marcher dans un terrain accidenté au fort dénivelé. Mais en observant les lieux, Guillaume remarque à côté du lit de Reyes un trophée avec une boule de bois posée au milieu. Reyes serait donc un vrai Indien Tarahumara ! Nous comprenons que ça sera à nous de nous accrocher !

"Poco ! Poco !" nous dit Reyes, et nous choisissons de ne pas emporter de provisions : nous trouverons les vivres en route. Il n'est pas non plus inquiet pour la météo et rigole quand nous sortons la carte pour planifier l'itinéraire. C'est ainsi que nous partons sur les chemins de cette terre mystérieuse, en lui faisant 100% confiance. Les paysages sont à couper le souffle et les sentiers longeant le canyon sont parfois nichés à plusieurs centaines de mètres au-dessus du vide.

En chemin, Reyes nous enseigne que l'on peut manger le fruit des cactus. Nous nous lions peu à peu d'amitié avec lui. Il aime nous faire des blagues et sourit avec ses yeux pétillants et pleins de malice en nous parlant.

Nous croisons d'autres Indiens à qui nous achetons quelques tortillas et des fruits de saison. Notre nourriture devient très simple. Les petits affluents que nous croisons sur les bords du canyon sont de vrais petits bouts de paradis, nous glissons dans les toboggans naturels de calcaire. C'est magnifique !

Un soir, Reyes nous conduit dans un petit ranch perdu, enclavé dans un cirque de calcaire. Quelques rivières bordent les lieux et une cascade tombe gracieusement derrière les champs. "Les champs que vous voyez là-bas ne sont pas du maïs !", nous dit Reyes. Et lorsque Guillaume demande à un des Indiens à quoi lui servent ses deux gigantesques mitraillettes, ce dernier répond que c'est pour les ours...

Dans ce ranch, un homme vit seul avec quatre femmes. Ils travaillent la terre ensemble, enfin, surtout elles. Leurs regards se détournent à la rencontre des nôtres et des rires gênés sont les seules réponses que nous obtenons à nos questions. Même si l'atmosphère est bizarre, la lueur du feu la réchauffe et nous partageons avec eux une très bonne soupe aux haricots et des tortillas de maïs au feu de bois. Le repas est succulent et nous peinons à nous arrêter.

Deux jours plus tard nous sommes de retour, bien heureux de revenir au village. Reyes nous aura enseigné une autre manière de randonner, à la mexicaine..."

Nans et Guillaume

Partez doucement et trouvez votre rythme : mieux vaut marcher à un rythme lent avec peu d'arrêts que d'avoir un rythme rapide et s'arrêter fréquemment. Vous avancerez en moyenne plus rapidement. Lors d'une marche à plusieurs, il vaut mieux se mettre au rythme du plus lent et rester en groupe plutôt que de voir les plus rapides se détacher du groupe pour ensuite devoir attendre le reste du groupe.

Au cours de la marche, **suivez l'évolution** des conditions météorologiques, de vos provisions d'eau et de nourriture et de la forme physique et mentale de chaque personne du groupe. Au besoin, n'hésitez pas à modifier l'itinéraire pour en tracer un plus facile ou sur lequel vous trouverez un abri, des points de ravitaillement, etc.

Du mythe à la réalité : risques et difficultés

Risque humain

Le risque d'une mauvaise rencontre est élevé si vous vous retrouvez "au mauvais endroit", c'est-à-dire des lieux où s'organisent des activités illégales comme la production ou le trafic de drogue. Les forêts et autres zones naturelles peu accessibles ou à l'abri des regards peuvent présenter un risque. Renseignez-vous auprès de la population locale (des paysans, par exemple) avant de vous engager à pied dans une zone inconnue. N'hésitez pas à demander l'avis de plusieurs personnes.

Risque naturel

Comme développé dans le chapitre *Camping en milieu naturel* (p. 310), des espèces animales ou végétales dangereuses sont présentes dans certaines zones naturelles. Renseignez-vous auprès de la population locale avant de vous engager en terrain inconnu.

Traumatologie propre à la marche

Les traumatismes les plus fréquents lors de la pratique de la marche sont : les ampoules, la déshydratation, l'hypoglycémie, l'hypothermie, les engelures, l'insolation, les tendinites, les entorses, les fractures et les coupures. Ils ne sont pas exclusifs à la pratique de la marche et sont pour la plupart développées dans le chapitre *Santé du voyageur* (p. 370).

EN ALTITUDE

En altitude, on risque le **mal des montagnes** (MAM), qui est dû à la raréfaction de l'oxygène en altitude. Il survient à des altitudes variables, mais en l'absence d'acclimatation, les symptômes peuvent apparaître dès 2 500 m (manque de souffle, toux sèche irritante, fort mal de tête, perte d'appétit, nausées et parfois vomissements).

L'**ophtalmie des montagnes** est un autre risque lié à l'altitude. C'est une brûlure de la cornée due au rayonnement ultraviolet du soleil, plus intense en altitude. Pour s'en protéger, il faut utiliser des lunettes de soleil de protection 4 (adaptées à l'alpinisme).

Vous trouverez plus d'informations sur ces affections p. 374 et p. 376, dans le chapitre *Santé du voyageur*.

Météo

La météo est une science complexe que nous ne pouvons malheureusement pas aborder en détail dans le cadre de ce guide. Les principales sources de danger pour le marcheur sont l'orage, le brouillard et les fortes amplitudes de température. De manière générale, analysez le bulletin météo avant le départ et observez l'évolution du ciel pour anticiper les changements météorologiques. Si la météo semble incertaine, si vous avez un doute, ne prenez pas de risques et reportez votre départ.

ORAGE

On reconnaît facilement les cumulonimbus dans lesquels se forment les orages, car ce sont les plus gros nuages sur le plan vertical et dont le dernier étage est souvent plus large, en forme d'enclume ou de champignon.

Restez attentifs aux phénomènes suivants :

» Assombrissement rapide du ciel : plus le ciel est noir et plus l'orage va être fort.

» Intensification du vent, rafales.

» Si vous avez une radio, grésillement général des ondes (risque de foudre proche).

» Si vous voyez des zones lumineuses près d'objets pointus, si vous entendez un bourdonnement ou si vos cheveux se dressent sur votre tête, cela indique l'imminence d'un coup de foudre (voir l'encadré ci-contre).

BROUILLARD

Un gros brouillard peut vite devenir problématique si l'on n'est pas sur un chemin clairement délimité, si l'on est mal équipé ou si l'on ne maîtrise pas bien les techniques d'orientation. Il ne faut pas risquer inutilement de se perdre ! Anticipez l'arrivée du brouillard : ne partez pas si le temps s'y prête et si vous le voyez s'installer, trouvez rapidement un abri ou un chemin sûr. Le brouillard se forme en général quand l'air se refroidit (le soir) et que le sol est humide.

Si vous vous faites surprendre par le brouillard et que vous n'êtes pas certain de pouvoir vous orienter vers un abri, il est préférable de vous arrêter le temps que le brouillard se dissipe.

Si vous aviez prévu de bivouaquer, montez votre camp.

Si vous n'aviez pas prévu de bivouaquer, habillez-vous le plus chaudement possible et essayez de trouver un abri sans trop vous

CONSEILS

S'il y a risque de foudre :

- Éviter les points culminants.
- Si vous vous trouvez sur une pente, vous pouvez vous mettre sur un petit bloc pour éviter les courants de terre.
- Ne pas se mettre à l'abri sous un arbre isolé ou un surplomb.
- Vous pouvez vous abriter dans une grotte en vous mettant le plus au centre possible.
- S'éloigner de tout objet métallique.
- Ne pas manipuler de matériaux conducteurs (eau, métaux, carbone, piquets de tente, etc.).
- Ne pas s'adosser à une paroi.
- S'asseoir sur un matériau isolant (sac avec l'armature dorsale côté sol), poser les coudes sur les genoux et rentrer la tête entre les bras.
- Face au risque de pluie violente : s'éloigner des cours d'eau et des lieux encaissés et ne pas rester sous une pente raide et dénudée.
- Face au risque de vent : ne pas rester sous les arbres ou près des falaises. Les meilleurs abris sont : une maison, un véhicule, une grotte profonde (ne pas toucher les parois et surveiller les écoulements d'eau).

éloigner de vos repères. Asseyez-vous sur votre sac et enroulez-vous dans votre couverture de survie.

S'il est possible que d'autres personnes se trouvent dans les parages, signalez votre présence en utilisant votre sifflet ou en criant.

PAR TEMPS CHAUD

Lorsqu'il fait très chaud, l'organisme a de la difficulté à maintenir la température du corps aux environs de 37°C, température requise pour assurer le bon fonctionnement des organes. De plus, à cause de l'évaporation et de la sudation, il lui est difficile de maintenir le taux d'eau dans l'organisme à 70%.

La **déshydratation** et l'augmentation de la température corporelle peuvent rapidement poser problème. Le premier symptôme peut être l'apparition de crampes de chaleur lors de l'effort. On les fait disparaître en buvant régulièrement et en se reposant. Si le marcheur devient pâle, très faible et a la peau moite, il s'agit d'une **insolation** et il est essentiel de boire et de se reposer. Rester si possible dans le noir, appliquer une compresse d'eau froide sur les yeux et prendre de l'aspirine

Pire encore, le **coup de chaleur hyperthermique** est une situation d'urgence. La personne peut être plus ou moins consciente, épuisée, la peau sèche et chaude et souffrir de forte fièvre (39 à 41°C), de céphalée lancinante et avoir des difficultés à coordonner ses mouvements. Le coup de chaleur nécessite absolument une hospitalisation.

Surveillez votre urine ! Si vous urinez moins souvent et que votre urine est très jaune, vous êtes déshydraté.

Pour éviter le coup de chaleur et les coups de soleil :

- Bien boire avant le départ.
- S'hydrater souvent, avant de ressentir la soif.
- Emporter suffisamment d'eau en prenant en compte les points de réapprovisionnement éventuels. En marchant par temps chaud, il n'est pas rare de boire de 5 à 7 litres d'eau par jour.
- Éviter l'alcool à tout prix.
- Ajouter un peu de sel et de sucre dans l'eau pour en améliorer l'absorption.
- Marcher tôt le matin et en fin de journée. Faire une pause à l'ombre pendant les heures les plus chaudes.
- Autant que possible, choisir des parcours ombragés.
- Marcher plus lentement et sur de plus courtes distances.
- Porter des vêtements confortables, légers, aérés et couvrants, surtout si l'on a la peau blanche.
- Manger léger et régulièrement, en privilégiant des sucres rapides (pour leur digestion rapide qui évitera de trop réchauffer le corps) : fruits, fruits secs, barres de céréales. Pas de nourriture lourde et grasse !
- Porter un chapeau, des lunettes de soleil et une lotion solaire à écran total.
- Se rafraîchir aussi souvent que possible. Mouiller son chapeau et si possible ses vêtements.

En cas de fatigue anormale ou précoce, il faut renoncer à poursuivre la randonnée.

PAR TEMPS FROID

Par temps froid, le corps dépense beaucoup d'énergie pour se réchauffer et la soif est moins ressentie. On peut donc rapidement se retrouver en état d'hypoglycémie et de déshydratation. Le plus gros risque demeure cependant l'**hypothermie**

TEMPÉRATURE RESSENTIE EN FONCTION DE LA VITESSE DU VENT

VITESSE DU VENT (km/h)	TEMPERATURE (°C)								
	5	**0**	**-5**	**-10**	**-15**	**-20**	**-25**	**-30**	**-35**
5	4	-2	-7	-13	-19	-24	-30	-36	-41
10	3	-3	-9	-15	-21	-27	-33	-39	-45
15	2	-4	-11	-17	-23	-29	-35	-41	-48
20	1	-5	-12	-18	-24	-30	-37	-43	-49
25	1	-6	-12	-19	-25	-32	-38	-44	-51
30	0	-6	-13	-20	-26	-33	-39	-46	-52
35	0	-7	-14	-20	-27	-33	-40	-47	-53
40	-1	-7	-14	-21	-27	-34	-41	-48	-54
45	-1	-8	-15	-21	-28	-35	-42	-48	-55
50	-2	-8	-15	-22	-29	-35	-42	-49	-56
55	-2	-8	-15	-22	-29	-36	-43	-50	-57
60	-2	-9	-16	-23	-30	-36	-43	-50	-57
65	-2	-9	-16	-23	-30	-37	-44	-51	-58
70	-2	-9	-16	-23	-30	-37	-44	-51	-58
75	-3	-10	-17	-24	-31	-38	-45	-52	-59
80	-3	-10	-17	-24	-31	-38	-45	-52	-60
100	-3	-11	-18	-25	-32	-40	-47	-54	-61

(baisse de la température du corps). Sachez que les journées sont plus courtes en hiver, que les vêtements mouillés sèchent très mal au froid et que le vent diminue largement la température ressentie.

Quelques précautions à prendre :

» Planifier son itinéraire et gérer la marche pour pouvoir être à l'abri avant la tombée de la nuit.

» Être bien habillé : privilégier plusieurs couches de vêtements respirants plutôt qu'une grosse épaisseur. Le système "3 couches" est particulièrement efficace. De la peau vers l'extérieur, prévoir une couche qui évacue la sueur (il est vital de rester au sec), une couche isolante et une couche coupe-vent (si possible imperméable).

» Bonnet pour la tête, zone par laquelle on perd le plus de chaleur.

» Écharpe ou tour de cou.

» Moufles ou gants chauds et imperméables.

» Chaussures imperméables à membrane respirante et doublure thermique. Il faut serrer les chaussures le moins possible et ne pas superposer deux chaussettes pour favoriser la circulation du sang qui a tendance à moins se rendre aux extrémités lorsqu'il fait froid.

Si vos chaussures sont mouillées, vous pouvez mettre des chaussettes sèches et rentrer vos pieds dans des sacs en plastique avant de les remettre dans les chaussures.

» Utiliser des "chaufferettes" : ce sont de petites pochettes que l'on secoue pour déclencher une réaction chimique qui dégage de la chaleur. Certaines sont réutilisables. Vous les trouverez dans les magasins de sport.

» Boire régulièrement, si possible, une boisson chaude (thermos de thé ou de chocolat chaud) et grignoter fréquemment.

» Se nourrir préférablement de sucres lents (voir la section *Les macronutriments* du chapitre *Nutrition* pour plus de détails ; p. 255).

» Ne pas marcher trop vite pour éviter de transpirer, se déshabiller si l'on a chaud et s'habiller si l'on a froid.

» Avoir avec soi des habits de rechange chauds et secs protégés dans un sac plastique.

» Bouger vigoureusement lorsque l'on a froid afin de se réchauffer.

» En cas de froid intense aux extrémités, s'assurer que gants, chaussettes et chaussures sont bien secs. Masser énergiquement les parties gelées pour les réchauffer. Faire de grands mouvements avec les bras pour ramener le sang dans les mains.

En cas d'hypothermie, mettez-vous à l'abri. Si aucun abri n'est accessible, une bonne technique consiste à s'asseoir sur son sac, se couvrir complètement avec une couverture de survie et allumer une bougie à ses pieds. Vous allez très vite vous réchauffer !

Animaux sauvages

Il est rare de rencontrer un animal sauvage et agressif. Si vous traversez une région à risque, munissez-vous avant de partir d'un gros bâton (bâton de marche, en bois dur) et gardez quelques pierres dans vos poches. Éventuellement, procurez-vous une bombe de gaz poivre. Les émetteurs ultrasons éloignent certains animaux. Vous pouvez en trouver dans les magasins de loisirs de plein air.

Face à un animal qui vous semble dangereux (chien errant, sanglier, ours...), ne fuyez jamais en courant. Éloignez-vous plutôt dans la direction opposée sans montrer de signe de fuite, ni le regarder dans les yeux ou lui tourner le dos. Gardez votre sang-froid car l'animal ressent le stress ! N'hésitez pas à lui parler calmement ou à chantonner en vous éloignant, cela marche particulièrement bien sur les chiens errants. Si l'animal attaque, criez, faites des gestes brusques et jetez des pierres ou agitez votre bâton en direction de l'animal. Visez la tête, les yeux ou le museau. Si vous avez une autre arme de self-defense, c'est le moment de vous en servir !

Variations sur un même thème

Marcher avec un animal

La marche aidée d'un animal de bât (âne, mule, cheval, chameau, lama, etc.) demande une bonne connaissance des besoins et du comportement de l'animal en question. Il est recommandé de faire appel à une personne experte pour une première randonnée.

Néanmoins, si vous devez marcher avec un âne ou une mule pour quelques jours, voici les principaux points à surveiller :

Guider l'animal Apprenez à contrôler l'animal et à anticiper ses réactions. Secouer une petite branche derrière lui vous aidera à le faire avancer. Attention, un animal n'a pas conscience de la taille de ce qu'il porte. Ce sera à vous de le guider dans les passages étroits.

Rencontre avec d'autres animaux Contrôlez votre bête et ne vous approchez pas des troupeaux, chiens de garde, etc.

Bien charger l'animal (le bâter) Utilisez un tapis et éventuellement des sacoches. Il faut s'assurer que les charges sont bien équilibrées et qu'il n'y a pas de zone de frottement. Un âne porte en général de 40 à 50 kg tandis qu'une mule peut monter jusqu'à 100 kg.

Ferrage Certains le recommandent, d'autres non. Si vous faites ferrer la bête, il faudra alors entretenir les sabots régulièrement.

Blessures Sachez les déceler et les soigner.

Insectes Protégez l'animal avec des répulsifs en prenant les mêmes précautions que s'il s'agissait d'un humain (éviter les muqueuses, etc.).

Alimentation Assurez-vous que votre bête trouve de quoi paître et boire. Attention aux plantes toxiques ! En général, les animaux savent ce qu'ils peuvent manger ou non, mais essayez de vous renseigner sur les plantes à risque dans la région.

Pour aller plus loin

Sites Web

» www.ffrandonnee.fr – Fédération française de randonnée pédestre. Beaucoup de conseils utiles

» www.meteofrance.com – Météo France. Nombreux conseils sur la météo mais également sur la marche en général

» www.journaldutrek.com – Conseils, astuces et trucs pour la randonnée et le trek

Livres techniques

» CHARRON, Éric. *Toute la randonnée* (Mission Spéciale Productions, 2012)

» COLLECTIF. *Le Guide complet de la randonnée : Repérer - Planifier - S'équiper* (Éd. Eyrolles, 2013)

» FISCHESSER, Bernard. *La Vie de la montagne* (Delachaux et Niestlé, 2018)

» TARTOUR, Jonathan. *Randos autour du Monde* (Lonely Planet, 2017)

» VALCKE, Bruno. *Lire une carte et s'orienter en randonnée : Savoir utiliser carte et boussole* (Rando Éditions, 2005)

» VALLÉE, Jean-Louis. *Phénomènes météo* (Nathan, 2016)

Récits et réflexions

» GROS, Frédéric. *Marcher, une philosophie* (Flammarion, 2019)

» BELIVEAU, Jean. *L'homme qui marche* (Flammarion, 2013)

» OLLIVIER, Bernard. *Longue Marche* (Phébus, 2012) – Coffret de 3 livres, récit d'une marche de la Turquie à la Chine

» POUSSIN, Alexandre et Sonia. *Africa Trek* (Pocket, 2007) – Récit en deux volumes de leur extraordinaire marche à travers l'Afrique

» THOREAU, Henry-David. *De la marche* (Mille et Une Nuits, 2003) – Traduction récente d'un classique américain

"La vie, c'est comme une bicyclette, il faut avancer pour ne pas perdre l'équilibre." Albert Einstein

Vélo

Objectif : voyager à bicyclette de façon autonome sur de longs trajets

Intérêt économique

Intérêt écologique

Intérêt humain

Degré d'aventure

Le vélo, c'est quoi ?

DESCRIPTION DE LA TECHNIQUE

Voyager à vélo est la manière la plus efficace de se déplacer sur terre sans moyen motorisé. Avec une vitesse de 16 à 32 km/h environ, le vélo n'est pas un sport d'efforts intenses mais d'endurance. Il n'est pas nécessaire d'être un athlète pour faire un tour du monde à vélo : il suffit d'avoir du temps et de rouler à son rythme.

COMPRENDRE LE CONTEXTE

Depuis son apparition en Europe vers la fin du XVIIIe siècle, la bicyclette s'est rapidement modernisée (pneumatiques, dérailleur). Son utilisation a aidé et aide encore au développement des sociétés par la mobilité abordable qu'elle procure. Aujourd'hui, le vélo est le moyen de locomotion le plus utilisé au monde. Des infrastructures sont déployées spécialement pour ses nombreux adeptes : pistes cyclables, vélos en libre-service, promotion de l'utilisation du vélo en ville, adaptation des transports en commun, etc. Ce développement est inégal selon les pays, mais on reconnaît généralement l'utilisation de la bicyclette comme vecteur de tourisme durable.

Un peu de théorie

Intérêt

ÉCONOMIQUE

Voyager à vélo demande un investissement de base plus important que la marche. Pour effectuer des voyages de longue durée, mieux vaut s'équiper avec du matériel de qualité. La facture peut grimper rapidement : un bon vélo léger et résistant, des outils, des accessoires, de l'équipement de camping, des habits adaptés, etc. Ces coûts peuvent être diminués en cherchant du matériel d'occasion sans toutefois négliger la qualité.

Cependant, une fois ces dépenses initiales effectuées, le vélo devient un mode de voyage extrêmement économique. Pouvant transporter plus de poids qu'un sac à dos, le cycliste est plus autonome, tant pour son alimentation (possibilité de transporter plus de vivres) que pour les possibilités de camping.

Ivan Illich a proposé un calcul original : celui de "vitesse généralisée". Le principe est de comparer la vitesse de déplacement des différents modes de transport en incluant au temps de parcours le temps passé à gagner l'argent nécessaire à ce parcours. Ainsi, un piéton se déplace avec une vitesse moyenne de 5 km/h (aucune dépense), une automobile entre 6 et 10 km/h (coût de la voiture, assurance, carburant) et un vélo à 24 km/h (coût du vélo). En somme, le vélo est le moyen de transport le plus rapide compte tenu du temps qu'on met à travailler pour l'acquérir !

ÉCOLOGIQUE

Le vélo est un mode de déplacement non motorisé dont l'impact environnemental est seulement lié à la fabrication, l'acheminement, l'entretien et la destruction. Bien que cet impact soit a priori faible, il est encore possible de le réduire en choisissant un équipement de qualité, durable et produit localement. Entretenir correctement son vélo augmentera aussi largement sa durée de vie. Plutôt que de remplacer la chambre à air en cas de crevaison, celle-ci peut être réparée. Enfin, une grande partie des pièces du vélo est recyclable lorsque celui-ci rend l'âme !

HUMAIN

Comme tous les voyages lents, voyager à vélo est à la fois une opportunité introspective et une ouverture à la rencontre d'autrui. Vivre "physiquement" le voyage, appréhender les distances, les reliefs et les paysages nous aide à comprendre ce qui façonne les gens qui y vivent. C'est aussi le théâtre de multiples propositions d'accueil spontané de la part des habitants, pour la plupart admiratifs et curieux de connaître votre histoire. Arriver dans un lieu à vélo laisse le temps aux habitants de vous voir venir et les invite à vous rencontrer.

DEGRÉ D'AVENTURE

Le vélo peut être pratiqué dans une grande variété de conditions : terrain plat ou pentu, routes asphaltées ou sentiers campagnards, climats froids, pluie ou soleil plombant, etc. Mais l'avantage est également de pouvoir adapter le niveau de difficulté à vos compétences techniques et votre condition physique.

Le choix, la maintenance et la réparation d'un vélo et de ses pièces demandent un certain nombre de connaissances et de compétences. Il vaut mieux ne pas improviser : une panne mécanique peut entraîner beaucoup de difficultés, si elle se produit dans un lieu isolé ou dépourvu de pièces ! Une fois bien équipé et les bases de la mécanique maîtrisées, l'aventure qui vous attend est surtout limitée par votre audace, votre imagination et le temps dont vous disposez !

Aspects légaux

L'utilisation du vélo est habituellement régie par le code de la route du pays. Aucun permis n'est requis, mais des équipements individuels de sécurité sont parfois obligatoires : casque, réflecteurs, phares, sonnette. La souscription à une assurance est parfois demandée. Sachez que la plupart des assurances individuelles ou de voyage englobent la pratique du vélo : pensez à vérifier si c'est le cas pour la vôtre.

La signalisation routière et les infrastructures varient d'un pays ou d'une région à l'autre, ce qui peut avoir un impact sur le comportement cycliste. De plus, l'accès à certaines voies peut être réservé ou au contraire interdit aux cyclistes. Renseignez-vous auprès des autorités locales sur les particularités de la circulation à vélo dans le pays visité.

Afin de minimiser les soucis au moment de traverser les frontières, mieux vaut conserver une copie de toutes les factures du vélo et des équipements de valeur ; elles pourraient vous être demandées par la douane.

LES CRITÈRES POUR CHOISIR UN VÉLO

Les critères suivants devraient vous guider dans la sélection d'un vélo :

» **Confort :** le meilleur vélo est celui sur lequel vous vous sentez bien ! Lors de votre choix, portez une attention toute particulière aux trois points de contact : pédales, guidon et selle. Vérifiez également que vous pouvez y fixer un porte-bagages et des garde-boue.

» **Robustesse :** le cadre et le porte-bagages devraient être faits d'acier, facilement réparables n'importe où. Ne lésinez pas sur la qualité et la solidité de ces éléments : l'économie de poids n'est pas la priorité. Les matériaux plus légers comme l'aluminium et les composites sont utiles pour gagner de la vitesse en situation de course, mais ils ont le défaut d'être fragiles, tandis que l'acier est souple et absorbe les vibrations.

» **Simplicité :** privilégiez toujours la simplicité. Idéalement, vous devriez être en mesure de faire l'entretien et de tout réparer sur votre vélo.

En pratique

Se préparer

Préparation physique et mentale

Avant de commencer à vous équiper, imprégnez-vous de l'expérience des autres par le biais de récits de voyage afin d'acquérir les connaissances de base et de saisir ce que ce type de voyage implique. Vous pouvez en outre fureter sur les blogs, lire et poser des questions sur des forums spécialisés, assister à des conférences, etc.

La tête remplie de rêves et d'exemples, tentez d'**ébaucher votre projet**. Poser les bonnes questions vous permettra de mieux comprendre vos besoins et de trouver des solutions adéquates. À quoi ressemblera votre voyage ? Voulez-vous cuisiner en chemin ou non ? Allez-vous camper ou non ? Où irez-vous ? Pendant combien de temps ? Quelle distance parcourrez-vous ? Quand se déroulera ce voyage ? Sous quels climats ? Comment seront les routes ? Combien de personnes voyageront ensemble ? Quel matériel sera transporté ? Quel est votre budget ? Quelles expériences ou connaissances particulières sont nécessaires à la réalisation de ce projet ?

La meilleure manière de se préparer **physiquement**, **techniquement** et **psychologiquement** est de pratiquer avant de partir dans les mêmes conditions qu'en voyage (matériel, poids), si possible en montagne. L'entraînement sera plus efficace s'il est constitué d'étapes courtes mais fréquentes. Vous découvrirez ainsi vos possibilités et vos limites, celles de votre matériel et vous aurez l'esprit plus serein.

La préparation physique n'est pas la plus importante. **On s'adapte rapidement**, soit en 10 à 15 jours. Très vite, les premières douleurs disparaissent ou se stabilisent et le nombre de kilomètres parcourus quotidiennement augmente.

D'un point de vue technique, anticipez les difficultés en confrontant votre expérience et vos projets avec des personnes expérimentées, en lisant des témoignages de voyages à vélo, etc.

Psychologiquement, c'est la même chose ! Acceptez le fait que vous allez sans doute rencontrer des douleurs physiques, un sentiment d'isolement, des problèmes mécaniques, peut-être allez-vous même vous faire voler, etc. Ce n'est pas souhaitable, mais c'est possible ! Imaginez comment vous pourriez réagir à ce genre de situation, comment vous vous adapteriez. Pensez-les comme des défis : c'est une règle du jeu.

Choix du vélo

LES DIFFÉRENTS TYPES DE VÉLOS

VTT (vélo tout-terrain) : il affiche le meilleur rapport qualité/prix pour un vélo de voyage. Il est robuste et répandu dans le monde entier, mais il faudra trouver un modèle en acier allégé, équipé d'une fourche classique (non télescopique) pour gagner en légèreté et avoir la possibilité d'installer des porte-bagages à l'avant. Le principal inconvénient du VTT est la position du cycliste, souvent trop couchée pour être confortable sur de longs trajets. Ce problème peut toutefois être résolu en adaptant une potence plus courte avec un angle plus ouvert.

Vélo randonneur : parfois appelé cyclotouriste ou vélo de tourisme, il regroupe toutes les qualités nécessaires pour le voyage au long cours (cadre en acier allégé, soudures robustes mais faciles à réparer, porte-bagages avant et arrière en acier, forme un peu allongée du cadre pour optimiser le confort, etc.).

Par contre, ces vélos sont plus rares et il faut souvent les faire faire sur mesure chez un artisan vélociste. C'est la garantie du vélo idéal, mais il faudra y mettre le prix.

Vélo de route : le vélo cyclosportif n'est pas recommandé pour de longues distances dans des conditions variables. En effet, il est fragile et il n'est pas simple d'y ajouter des porte-bagages. Bien que sa tenue de route soit bonne sur les chemins asphaltés, elle est médiocre dans les autres conditions. Enfin, la position du corps sur le vélo est éprouvante à long terme compte tenu du chargement du vélo.

VTC (vélo tout-chemin) : hybride du VTT et du vélo randonneur, le VTC ou vélo trekking est une alternative économique à un vélo randonneur, pourvu qu'il soit bien équipé en fonction du type de voyage envisagé.

Vélo couché : il est encore peu répandu, mais ceux qui l'ont essayé reviennent rarement au vélo classique. Il offre en effet beaucoup d'avantages : confort accru au niveau du dos, des mains et des fesses ; meilleure efficacité puisqu'il est de 10% à 25% plus rapide pour un même effort déployé ; plus de sécurité car la tenue de route et le freinage sont meilleurs, en plus de mieux protéger le cycliste en cas de chute. Son prix élevé est un inconvénient de taille puisqu'il coûte de 1 000 € à 2 500 € selon les modèles. Plus près du sol, le cycliste est aussi moins visible, mais il suffit d'ajouter un petit drapeau sur tige pour signaler sa présence. Enfin, il est impossible de pédaler "en danseuse" dans les grandes montées – ce qui est d'ailleurs aussi quasi impossible sur un vélo classique lorsqu'il est très chargé.

Tricycle couché : ce modèle a les mêmes avantages que le vélo couché, mais l'adaptation est plus facile car il n'y a pas l'équilibre à gérer. Il peut aussi être plus lourdement chargé. C'est le modèle idéal des personnes réfractaires au vélo traditionnel – l'expérience est très différente !

Tandem : peut être de type tout-terrain, randonneur ou autre. Outre l'économie de poids et l'augmentation d'efficacité, c'est une expérience intéressante mais qui a ses limites. Le tandem est rarement retenu pour un long voyage car il est plus compliqué à ranger et à déplacer dans les lieux étroits et encombrés. Il n'est pas possible de se voir ni de se séparer et, à moins de faire la même taille, il n'est pas non plus possible de changer de place, la personne la plus petite devant s'installer à l'arrière. Sur les tandems traditionnels et les tandems couchés, il faut une entente parfaite entre les partenaires ainsi qu'un rythme et une fréquence de pédalage similaires car les deux pédaliers font partie de la même transmission, ce qui n'est pas le cas des tandems semi-couchés.

CONSEIL

» Certains pneus de VTT présentent des crampons sur les côtés avec une bande plus lisse au centre pour allier vitesse et adhérence. Ce peut être un bon compromis !

» Pour augmenter la durée de vie de vos pneumatiques, vérifiez l'évolution de leur usure et s'il y a une différence, échangez le pneu avant avec le pneu arrière. Assurez-vous aussi qu'ils sont toujours bien gonflés.

» Contrairement à ce qu'on pourrait penser, c'est souvent la partie du pneu qui est en contact avec la jante qui s'use plus rapidement et se déchire. Pour éviter ce problème, choisissez des pneus de qualité.

Les VTT de qualité des années 1990 présentent souvent toutes les caractéristiques d'un bon vélo de voyage : acier allégé, solide, pas de fourche télescopique... Faites le tour de votre entourage et des magasins d'occasion pour essayer d'en trouver un à bon prix !

On est souvent tenté d'adapter son vieux vélo pour le voyage. Attention : il faut bien évaluer sa condition et comprendre qu'à long terme, il risque d'y avoir beaucoup de pièces à changer !

COMPOSANTES DU VÉLO

Roues

Sur les roues, la partie que l'on risque de devoir changer le plus souvent est le **pneumatique**, c'est-à-dire la partie en contact avec le sol. Il est recommandé de les changer lorsqu'ils présentent des signes d'usure. Le modèle Marathon Plus de la marque Schwalbe est la référence chez les cyclotouristes : il faut rarement les changer avant d'avoir parcouru 10 000 km !

Choisissez leur taille en fonction du poids de votre chargement, du terrain envisagé et des normes en vigueur dans les pays traversés. Les indications de tailles se font en notation impériale (pouces) ou internationale (millimètres). Ainsi, un pneu noté 26" × 2" dans la notation impériale correspond à un 50-559 dans la notation internationale.

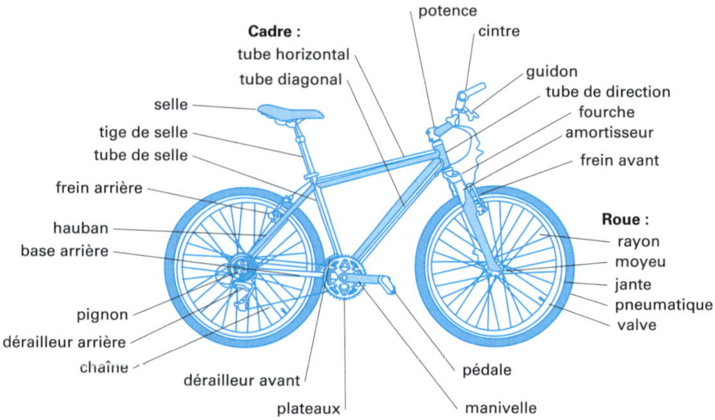

Les paramètres à vérifier sont :

» **Diamètre :** la taille la plus courante dans le monde est 26 pouces (559 mm), ce qui correspond à la taille des pneus de VTT

» **Largeur :**
– de 15 à 35 mm pour un voyage sur route goudronnée et un chargement léger
– de 35 à 45 mm sur des pistes de qualité moyenne et un chargement jusqu'à 40 kg
– supérieure à 45 mm afin de parer à toute épreuve

Portez aussi attention au dessin et à l'épaisseur du pneu. Plus le dessin sera lisse, moins il y aura de frottement et donc plus vous serez rapide, mais moins vous aurez d'accroche sur un sol de terre ou de boue. Plus le pneu sera épais, plus il résistera aux crevaisons.

Une fois les pneumatiques choisis, portez votre attention sur l'**ensemble jante/rayons/moyeu**. Choisissez des jantes acceptant les valves de chambre à air Schrader (plus grosses, comme les valves de pneu automobile) car les petites (Presta) sont parfois introuvables à l'étranger. Les jantes en Dural sont recommandées pour leur solidité. Le moyeu doit aussi être de qualité, par exemple du haut de gamme VTT ou encore les fameux moyeux Maxi-Car, réputés auprès des grands cyclotouristes mais désormais difficiles à trouver. Si vous effectuez des changements, assurez-vous que le moyeu et la jante acceptent le même nombre de rayons, en général 32 ou 36 (les plus répandus dans le monde).

Freins

Deux types de freins sont recommandés pour leur puissance, leur poids et leur simplicité : les **V-brake** et les **cantilever**. Les patins de freins sont à changer tous les 1 500 à 2 000 km environ. Les freins à disque hydrauliques offrent un confort de freinage inégalable, mais leur entretien nécessite des pièces et des outils spécifiques introuvables hors des magasins spécialisés. Un bon compromis : les freins à disque mécaniques, très efficaces et d'entretien simple.

Transmission

La transmission est l'ensemble composé du pédalier, des plateaux (à l'avant), des pignons (à l'arrière), de la chaîne et des dérailleurs avant et arrière. La marque Shimano est la plus répandue dans le monde pour tous ces éléments et les modèles VTT (XT, XTR) sont de très bonne qualité. Plus coûteux, les moyeux à vitesses intégrées sont aussi à considérer puisqu'ils nécessitent peu d'entretien et résistent fortement à l'usure.

Les paramètres à surveiller sont :

» **Pédalier :** le choisir équipé de roulements à billes (facile à entretenir) et de manivelles à embouts carré (très répandues).

» **Plateaux :** un triple plateau 22/32/42 est recommandé. Plus les plateaux sont petits, plus faciles seront les montées avec un vélo fortement chargé.

» **Pignons :** pas plus de 7 ou 8.

» **Chaîne :** les maillons doivent être solides et droits ; vérifier qu'il n'y ait pas de jeu latéral.

» **Dérailleurs :** à l'avant comme à l'arrière, il faut des dérailleurs solides, avec un corps et une chape en acier afin de pouvoir les redresser facilement en cas de choc. Privilégiez du haut de gamme VTT.

REMARQUE

Un autre type de dérailleur très apprécié des voyageurs est le dérailleur intégré au moyeu de marque Rohloff. Toutes les vitesses sont réunies dans le moyeu et protégées. Plus de problème de réglage, de dérailleur tordu, de nettoyage, de graissage, de chaîne tordue, etc. On peut même passer les vitesses à l'arrêt sans mauvaise surprise. Il faudra y mettre le prix (900 €) mais l'investissement sera apprécié car il n'y a pas plus fragile que le dérailleur sur un vélo. Celui-là, pratiquement incassable, est garanti à vie. Vérifiez néanmoins que vous ne rencontrez pas de problème pour démonter la roue arrière en cas de crevaison, certains modèles présentant des défis particuliers.

Les éléments de la transmission sont à changer tous les 2 000 à 4 000 km en fonction de l'usure. La chaîne s'use plus rapidement, notamment dans des conditions poussiéreuses, puis viennent ensuite les pignons, les plateaux et enfin les dérailleurs arrière et avant.

Jeu de direction et guidon

Le **jeu de direction** est un empilement de roulements, de cônes et de rondelles qui permet à la fourche de pivoter dans le tube du cadre. Choisissez-le facile à démonter, en acier pour plus de solidité.

Élément d'appui, le **guidon** est composé de la potence et du cintre. Choisissez-les tous deux en Dural pour qu'il n'y ait pas de différence de dureté, celle-ci étant facteur d'usure. Une potence courte avec un angle large (incliné vers le haut) ou une potence multipositions, réglable à souhait, est recommandée pour avoir une position moins penchée vers l'avant et donc plus confortable.

Un cintre multipositions augmentera votre confort en vous permettant de varier votre posture. Si vous avez le choix, il doit correspondre à la largeur de vos épaules. Pour améliorer le confort d'appui, recouvrez-le d'un ruban en mousse prévu à cet effet, puis d'un ruban autocollant toilé (guidoline), vous ne le regretterez pas !

Selle

La selle est un élément d'appui essentiel pour lequel il est difficile de donner des conseils tant l'appréciation en est subjective. Un seul conseil : partez avec une selle **testée et validée par de nombreuses heures de pédalage d'affilée**.

De manière générale, sachez que les selles sont différentes pour les hommes et les femmes pour des raisons évidentes de morphologie. Les selles femmes sont plus courtes et larges sur l'arrière. Les selles percées en long sur la partie centrale sont réputées être plus confortables tant pour les hommes que pour les femmes. Beaucoup de cyclotouristes optent aussi pour les fameuses selles Brooks en cuir. Il faudra néanmoins quelques centaines de kilomètres et de douleurs aiguës au derrière, plus une application annuelle de graisse sur la selle pour former le cuir et apprécier son choix.

Les protège-selles rembourrés permettent d'améliorer le confort d'une selle et de la protéger de la pluie. Dans tous les cas, vous devrez toujours utiliser un caleçon cycliste molletonné afin de minimiser la friction.

Deux critères à prendre en compte pour régler la selle :

» **Hauteur :** asseyez-vous bien droit sur la selle et posez le talon sur la pédale. Votre jambe doit alors être tendue. L'inclinaison de la selle doit être horizontale, voire légèrement montante vers l'avant pour les hommes et légèrement descendante pour les femmes.

» **Avancée :** assis confortablement, posez le pied sur la pédale et amenez celle-ci vers l'avant afin que le pédalier soit à l'horizontale. Dans cette position, un fil à plomb passant sur le devant de la rotule devrait tomber sur l'axe de la pédale.

Pédales

Les pédales sont le dernier élément d'appui du cycliste. Il est recommandé d'avoir au minimum des **cale-pieds** sans lanières pour garder une position adéquate sur les pédales et augmenter le rendement en tirant les pédales au lieu de seulement les pousser.

Si vous êtes à l'aise avec des cale-pieds, vous pouvez alors opter pour des **cale-pieds avec lanières** (meilleur maintien) ou des **pédales à blocage** automatique, c'est-à-dire munies d'un cale-pied s'accrochant sous une chaussure spécialement adaptée. Celles-ci fournissent un rendement optimal et permettent un dégagement du pied plus facile qu'avec des cale-pieds à lanières. Il existe des pédales avec une face automatique et une face lisse pour plus de variabilité. On trouve aussi des chaussures pour pédales automatiques dont l'accroche est insérée dans un trou, ce qui fait en sorte que le système ne dépasse pas de la semelle et ne gêne pas la marche. N'importe quel

MATÉRIEL ANNEXE

» **Casque :** indispensable !

» **Rétroviseur :** très utile en ville et sur les routes à circulation. Attention à bien le fixer !

» **Sonnette ou trompe :** très utile pour signaler sa présence, quasi essentielle dans les pays où il y a beaucoup de cyclistes.

» **Cadenas antivol :** les seuls modèles vraiment efficaces sont le modèle pour moto (très solide) et le U, mais les modèles en câble sont pratiques pour attacher les roues. Le mieux est d'emporter les deux. Assurez-vous que la serrure du cadenas soit de bonne qualité.

» **Gourde et porte-bidon :** choisir un modèle en aluminium avec un vernis alimentaire à l'intérieur.

» **Garde-boue :** les modèles VTT en plastique sont plus légers que les modèles en métal et se déforment moins, bien qu'ils puissent se casser. Pour prévenir leur usure, vous pouvez les peindre avec une peinture anti-UV.

» **Compteur :** même simple, il permet de mieux gérer les étapes et aide à se repérer en comparant les kilométrages avec la carte.

» **Béquille :** certains utilisent simplement un bâton qu'ils gardent toujours avec eux et qui sert aussi contre les chiens. Il est possible d'adapter une béquille latérale sur l'axe de la roue arrière plutôt que près de l'axe du pédalier comme d'ordinaire, afin que le vélo reste debout même lorsqu'il est très chargé.

marchand de vélos pourra vous renseigner précisément et vous présenter les différents modèles.

Éclairage

En vélo, l'éclairage sert non seulement à voir mais aussi à être vu. De nombreuses options s'offrent aux cyclistes voyageurs. L'alimentation en électricité peut provenir soit de piles (ou accumulateurs), soit d'une **dynamo**, préférable pour conserver son autonomie. Tous les modèles de dynamos ne sont pas équivalents : les plus anciens frottent sur la roue, ce qui diminue le rendement et ne fonctionne pas très bien lorsqu'il y a de la boue. Le meilleur système est sans doute celui proposé par Shimano, c'est-à-dire avec une dynamo directement intégrée dans le moyeu de la roue avant.

Pour ce qui est des **phares**, vous les choisirez à DEL pour la taille, la légèreté et l'économie d'énergie. Essayez de les placer sous les porte-bagages afin qu'ils soient protégés d'un accrochage éventuel.

Si vous prévoyez de rouler de nuit, posez le plus possible de **bandes réfléchissantes** sur votre vélo, vos sacoches, remorque, habits, casque, etc. Vous pouvez également utiliser votre lampe frontale en mode clignotant derrière la tête pour augmenter votre visibilité.

Pour éviter que les petites vis qui tiennent les accessoires ne se relâchent avec les vibrations, pensez à utiliser du "frein à filet" (sous forme liquide ou solide), bien que ce soit un peu plus difficile à démonter. Vous en trouverez dans les magasins de bricolage.

Outillage

De nombreuses pièces de vélo sont spécifiques et il est difficile de les réparer sans un outillage précis et adapté. Avant le départ, vérifiez que vous avez bien tous les outils nécessaires pour démonter les pièces importantes du vélo, en particulier les outils introuvables sur place. Il est essentiel de savoir comment s'en servir et comment votre vélo est monté. Démontez les pièces et remontez-les, testez les réglages !

Si vous voyagez à plusieurs, utiliser des vélos de même marque et de même modèle peut simplifier bien des choses car vous aurez alors besoin des mêmes outils et pièces de rechange.

OUTILS ESSENTIELS

» Kit crevaison : 3 démonte-pneus, rustine (patch), colle et papier de verre

» Pompe à vélo et adaptateurs de valve, petite valve (Presta) et grosse valve (Schrader). Certaines pompes ont un manomètre incorporé, très pratique pour vérifier la pression des pneumatiques.

» Clés plates de tailles 8, 9 et 15 (dérailleur, porte-bagages, pédales)

» Clés Allen de tailles 3, 4, 5, 6 et 8

» Petit tournevis plat

» Clé à rayon afin de dévoiler les roues, c'est-à-dire redresser une jante déformée

» Dérive-chaîne pour démonter et réparer chaîne et dérailleur

» Maillons rapides pour faciliter le montage/démontage de la chaîne

» Burette d'huile et graisse

» Chiffon

» Petite râpe/papier de verre

» De quoi bricoler : caoutchouc, visseries, fil de fer, ficelle, fil de pêche, aiguille à coudre, colle forte, ruban adhésif solide et imperméable type Duct Tape, cuir, morceau de pneu/chambre, toile cirée, cutter, pince coupante pour couper les câbles, pince multiprise pour tenir et tirer, lame de scie à métaux, petite lime, marteau, etc.

La plupart des outils présentés ici sont généralement regroupés dans des porte-outils compacts et légers très complets, les plus complets étant les modèles développés pour le VTT. Omniprésents près des axes routiers, les garages et échoppes de réparation de pneus pourront vous dépanner de certains outils, le temps de faire une réparation.

OUTILS SPÉCIFIQUES

Si vous circulez dans une zone où il ne sera pas possible d'accéder à de l'outillage ou à un service de réparation de vélos, il vaut mieux vous équiper également d'outils spécifiques :

» Démonte-cassette/démonte-pignons

» Extracteur de manivelle

» Clé à ergots réglables

» Clé à molette

» Fouet à chaîne

» Clés à cône extraplates (en fonction du vélo : 12x13 ou 13x14 ou 15x16)

PIÈCES DE RECHANGE

Les pièces de rechange sont lourdes et encombrantes. Il peut être stratégique de les renouveler au fur et à mesure avant qu'elles ne cassent, en vous les faisant envoyer. Les pièces à prévoir à minima pour un périple de longue distance :

» Chambres à air (attention à la taille et au type de valve)

» Un pneu ou un pneu de secours (pliable)

» Câbles pour les freins et le dérailleur

» Patins de frein

» Chaîne

» Rayons et têtes de rayon (dix environ)

» Dérailleur arrière

» Piles de rechange pour le compteur et les phares

» Ressorts de freins

Vous retrouverez une estimation des coûts liés à l'achat du matériel spécifique et général dans le tableau *À vélo* du chapitre *Faire son sac* (p. 35).

Bagages

Il y a trois moyens pour transporter ses bagages : sur le dos, sur le vélo, ou dans une remorque. Bien sûr, il est possible de combiner ces techniques !

Faites des essais de chargement avant le départ pour arriver à la meilleure solution. Vérifiez la résistance du matériel, la pression des pneus, la stabilité et la tenue de route. Il est important de bien répartir les charges en plaçant les objets lourds tout en bas, mais aussi de penser à l'aspect fonctionnel. Inspirez-vous du chapitre *Faire son sac* (p. 22).

Si vous voulez voyager léger, il est possible de se faire envoyer des bagages ou des pièces de rechange par colis postal, mais c'est assez cher. Pour certaines étapes difficiles, vous pouvez vous arranger avec un ami ou une personne de confiance afin qu'il les dépose dans un lieu sur son chemin (hôtel, restaurant, etc.). Un chauffeur de bus peut aussi être un bon allié...

SUR LE DOS

Cette option est sans doute la plus simple techniquement, mais elle est loin d'être la meilleure puisqu'elle fatigue le dos. Cependant, si le sac est couplé avec un porte-bagages chargé, il peut prendre appui sur ce dernier et ainsi soulager les épaules.

» **Poids maximal :** 15 kg

SUR LE VÉLO : PORTE-BAGAGES ET SACOCHES

Le transport des bagages sur le vélo est l'option la plus populaire et la plus légère, mais pas forcément la plus pratique ni la plus confortable. En effet, un vélo chargé

AVANTAGES ET INCONVÉNIENTS DE LA REMORQUE

AVANTAGES

» **Maniabilité :** des charges bien réparties rendront le vélo bien plus maniable et moins sensible aux vents latéraux. Il sera même possible de pédaler en danseuse.

» **Protection :** de vos effets contre la pluie et le vol

» **Contenance :** plus importante (jusqu'à 160 l), donc rangement plus aisé

» **Transport passager :** meilleur moyen de transporter un enfant

INCONVÉNIENTS

» **Poids :** entre 5 et 22 kg

» **Prix :** entre 400 € à 600 €

» **Encombrement :** dans les transports en commun, mais aussi pour circuler dans les passages étroits ou difficiles comme en ville. Utiliser des rétroviseurs pour faciliter la tâche.

» **Sécurité :** si la remorque est trop lourde, il faudra un système de freinage autonome, souvent un frein à tambour permettant de ralentir la remorque sans bloquer les roues.

» **Guidonnage :** comme pour une caravane attachée à une voiture, un effet de résonance peut se créer et faire "valser" la remorque. Ce phénomène sera limité en plaçant le centre de gravité le plus bas possible, notamment en fixant l'attache de la remorque sous la tige de selle.

est plus difficile à manier, que l'on soit dessus ou qu'on le déplace en le poussant.

Les **porte-bagages** peuvent être posés à l'avant et à l'arrière du vélo. Ils seront durement mis à l'épreuve avec le poids et les vibrations de la route. Voilà pourquoi il est préférable de les choisir en acier, métal solide et facile à ressouder en cas de casse. Les points de fixation doivent être très solides mais pas trop nombreux, surtout à l'avant, afin de laisser de la souplesse à l'ensemble porte-bagages-fourche. Le porte-bagages avant devra être assez bas (porte-bagages surbaissé) pour éviter le guidonnage (vibrations du vélo).

Intercaler des rondelles en caoutchouc entre le cadre du vélo et les points de fixation du porte-bagages limitera les vibrations et prolongera la vie de ce dernier.

Les meilleures **sacoches** sont en tissu imperméable et résistant aux déchirures, la marque Ortlieb étant la référence en la matière. Elles devront être bien fixées sur les porte-bagages, éventuellement à l'aide de tendeurs, pour éviter le ballottement. Les autres critères de choix seront : le volume, la fonctionnalité, la légèreté, la possibilité de les réparer facilement, la rapidité et la sûreté de montage et de démontage, l'esthétique et la possibilité de s'en servir comme sac indépendamment du vélo.

» **Poids maximal :** 30 à 50 kg de bagages au total, avec les deux tiers de la charge à l'avant

AVEC UNE REMORQUE

À moins d'avoir des charges importantes ou de vouloir transporter un enfant, la remorque mono-roue est conseillée : plus légère et plus maniable, elle se faufile partout. Pesez les pour et les contre avec l'encadré ci-dessus.

» **Poids maximal :** 30 kg à 60 kg

Certains cyclistes ont adapté leur remorque afin d'en faire une structure de tente. On peut, par exemple, se servir du plateau, l'étendre ou le déplier et en faire une base de couchage, on peut aussi dresser la remorque pour en faire un point haut sur lequel on fixerait une bâche, etc. Voyez un exemple sur www.tonystrailers.com (en anglais).

Planifier son itinéraire

S'il est vrai qu'en voyage rien ne se passe jamais comme prévu, il est important de planifier un minimum, surtout à vélo. Si vous ne planifiez pas d'itinéraire précis, affinez au moins vos connaissances des régions que vous pensez visiter afin de progresser en toute connaissance de cause, disposant d'un bagage de références (paysage, relief, conditions, cultures, etc.). Prévoyez un ou deux jours de repos par semaine, mais gardez en tête qu'il est important d'avancer chaque jour, même si ce n'est que de quelques kilomètres. Votre corps s'accoutume à l'effort et la reprise de la route n'en sera que plus facile.

PLANIFICATION GÉNÉRALE

Il est possible de parcourir de très longues distances à vélo si vous anticipez les difficultés. Pour vous donner un ordre d'idées, en moyenne et en condition de voyage (vélo chargé et routes goudronnées), vous pourrez parcourir :

» 1 000 à 1 200 km en 15 jours

» 7 500 km en trois mois

» Plus de 30 000 km en un an, soit presque l'équivalent d'un tour du monde !

Lors de votre préparation, portez votre attention sur les facteurs suivants :

Saisons et climat Choisissez soigneusement vos vêtements et votre équipement de camping. Voyez aussi quel est l'état des routes et adaptez l'équipement de votre vélo en conséquence (largeur et dessin des pneus, éclairage, garde-boue, etc.).

Relief et état des routes Restez humble car les conditions de route que vous trouverez en voyage seront souvent plus rudes que celles auxquelles vous êtes habitué.

Densité humaine Traverser une région déserte nécessitera de bien prévoir les moyens techniques d'assurer votre autonomie. Notez également les régions très densément peuplées car les voies de circulation y sont souvent moins adaptées à la pratique du vélo (densité de la circulation).

Difficultés humaines Tenez compte des conflits diplomatiques et des régions réputées dangereuses. Il est possible de les traverser, mais il faut le faire en étant bien informé et conscient des dangers réels.

Usure du matériel Si vous prévoyez de passer dans un lieu précis, vous pouvez y envoyer un colis avec le matériel à changer à ce moment-là ou encore vous assurer à l'avance que vous y trouverez le matériel de rechange adéquat. Vos contacts sur la route peuvent s'avérer utiles !

Événements ponctuels Culturels (carnaval, fête traditionnelle, festival...) ou encore naturels (période de migration, floraison, etc.), ce sont des points d'intérêt qui vous feront apprécier le voyage.

PLANIFICATION D'UNE JOURNÉE

En moyenne, un cyclotouriste peut parcourir entre 60 et 100 km par jour à une vitesse variant de 15 à 20 km/h, en fonction du relief, de l'état de la route et de sa forme physique.

Avant de planifier votre itinéraire, posez-vous les bonnes questions :

» Quelles seront les conditions météorologiques ?

» Quel est le but de la journée ? Est-ce parcourir une grande distance ? Visiter et se reposer ?

» Quels sont les points d'intérêt de la région traversée : paysagers, culturels ?

» À l'aide de la carte et des suggestions que vous aurez glanées, tracez l'itinéraire de la journée.

Attention aux variations de la température ! En hiver, on partira tard et on arrivera tôt, mais en été, au contraire, il est préférable de partir tôt le matin et de faire une pause aux heures les plus chaudes (pour faire la sieste par exemple) avant de repartir pour quelques heures.

Passer à l'action

S'orienter

CARTE

La carte est la meilleure amie du cycliste. Seulement, tous les pays ne possèdent pas un choix cartographique très développé !

La plupart des pays d'Amérique latine permettent d'accéder librement aux cartes d'état-major. Dans chaque pays, rendez-vous dans l'Institut cartographique, où vous pourrez choisir les cartes dont vous avez besoin (la zone, l'échelle, la légende, etc.). On vous les imprimera directement.

Trois situations sont à distinguer dans le choix de l'échelle de la carte :

» **Traversées :** vous utiliserez sans doute les axes principaux et une échelle allant de 1/1 000 000 à 1/3 000 000 sera suffisante.

» **Visites et petites routes :** maximum 1/200 000, voire 1/150 000.

» **Hors-piste (à pied, à VTT) :** il faudra être très précis et avoir une carte montrant le plus de détails possibles (courbes de niveau, cours d'eau, sentiers, etc.). L'échelle adéquate sera alors de 1/25 000 à 1/50 000.

L'échelle de la carte correspond au nombre de fois que le terrain a été réduit afin de le représenter sur une carte. Une échelle de 1/1 000 000 signifie qu'un centimètre sur la carte correspond à 1 000 000 cm sur le terrain, c'est-à-dire 10 km.

BOUSSOLE, ALTIMÈTRE ET GPS
Une boussole éventuellement couplée à l'altimètre permet d'optimiser l'usage des cartes. En montagne, l'altimètre permet par exemple de vérifier que l'on est à la bonne intersection, sur la bonne route ou de gérer son effort dans une longue montée. Pour plus de conseils sur l'orientation, voir la section *S'orienter* du chapitre *Marche* (p. 162).

@ De nombreux sites Web permettent de planifier son trajet à vélo à l'aide de la carte mais aussi de la coupe altimétrique du terrain. On peut ainsi visualiser son parcours du jour et gérer son énergie en fonction des côtes à monter, des cols à passer, etc. Certains sites permettent même d'exporter la carte vers son GPS. Nos favoris : OpenRunner (www.openrunner.com), AllTrails (www.alltrails.com, en anglais) et RideWithGPS (www.ridewithgps.com, en anglais).

Prévenir l'usure prématurée

Quelques conseils techniques simples couplés à un entretien fréquent des pièces de votre vélo permettront de minimiser les bris soudains et les mauvaises surprises.

Choisissez une vitesse facile Trop souvent, on choisit une vitesse trop dure, bien qu'on n'en ait pas l'impression. La puissance déployée pour faire avancer le vélo exerce des tensions plus importantes sur le matériel, ce qui lui donne du jeu et l'use prématurément. Faites aussi attention à ne jamais tordre la chaîne. Par exemple, si vous disposez de 7 pignons, utilisez seulement les 5 pignons les plus en face du plateau utilisé. Pour changer les vitesses, prenez un peu d'élan afin de ne pas avoir à forcer sur les pédales au moment de changer.

Ayez une bonne position Comme votre corps, votre vélo préfère des mouvements doux et réguliers, plutôt que des à-coups. Il faudra donc éviter la position "en danseuse" et uniformiser la pression exercée sur les pédales.

Freinez par périodes de quelques secondes Plutôt que de manière continue. Le freinage sera plus efficace, mais surtout vous préserverez les jantes et les patins de freins.

Entretien du vélo

Freins Nettoyez-les régulièrement en les ponçant avec du papier de verre et en dégageant la matière accumulée dans les petites rainures. Évitez tout contact avec de l'huile ou de la graisse !

Transmission L'ensemble dérailleurs (avant et arrière), plateaux, pignons et chaîne doit être nettoyé et huilé régulièrement, surtout s'il y a présence de sable, de saleté ou de boue. Une vieille brosse à dents peut s'avérer bien utile. Huilez la chaîne et testez-la en la pinçant et en tirant dessus au niveau des pignons. Si elle se décolle, cela signifie qu'elle doit être changée. Une chaîne usée et mal huilée risque d'abîmer toutes les autres pièces du système de transmission.

Selle Si elle est en cuir rigide, il faut la graisser annuellement avec de la graisse prévue à cet effet.

Gérer l'effort et l'avancée

Le voyage à vélo est une activité requérant un effort physique de longue distance au même titre que l'expédition de randonnée pédestre. Un grand nombre de conseils se recoupent pour ce type d'activité et c'est pourquoi nous vous invitons à lire la section *Gérer l'effort* du chapitre *Marche* (p. 164).

Choisissez une vitesse facile : comme votre vélo, votre corps souffrira du choix d'une vitesse trop dure. Les toxines s'accumulent alors dans les muscles et on se fatigue plus vite.

Du mythe à la réalité : risques et difficultés

Problèmes mécaniques

Une défaillance technique imprévue peut devenir une vraie galère si vous êtes loin de la civilisation ou si la pièce est indisponible. Suivez l'évolution de l'usure de votre matériel et apprenez à connaître votre vélo. Cela vous permettra d'anticiper une panne et de changer la pièce à l'avance ou encore de la commander et la faire livrer sur votre passage.

Dérailleur Pièce mécanique la plus fragile du vélo, surtout celui de l'arrière. Si les vitesses sautent ou craquent, il faut s'assurer que le bras du dérailleur ne s'est pas tordu à la suite d'un choc. Il faut ensuite ajuster les deux petites vis à l'arrière afin de régler les butées, c'est-à-dire la position de la chaîne pour la vitesse la plus élevée et la vitesse la plus basse. Le réglage n'est pas facile ! On peut aussi sortir le câble de sa gaine, le nettoyer, le graisser et le remettre en place pour le préserver. S'il est rouillé, il faut alors le remplacer.

Crevaisons Ayez une trousse de réparation ainsi que des chambres à air si les conditions sont difficiles. Pour trouver une perforation très fine, gonflez un peu la chambre à air et exercez une pression dessus en la passant près de vos lèvres, une des parties les plus sensibles du corps. Vous pouvez aussi l'immerger dans de l'eau (pour voir

TÉMOIGNAGE

"C'est à Pâques que nous avons décidé de suivre le chemin de la Loire à vélo pour découvrir les châteaux de la Loire, d'Orléans à Chenonceau. C'était notre première semaine en *bike trip* pour mon compagnon et moi, et nous l'avions soigneusement préparée. Nous avons pris le train de Paris à Orléans, puis avons commencé notre descente vers Chambord. 230 km plus loin et une semaine plus tard, nous sommes rentrés au bercail.

Pour moi, ce voyage pourtant peu éloigné et relativement court, c'est mon expérience d'aventurière. D'ailleurs, mes amis et connaissances contribuent à renforcer cette impression par leur étonnement devant ce choix de voyage. Pour nous, c'était beaucoup plus simple : peu d'argent et pas de permis de conduire. Le moyen de transport s'est rapidement imposé et, de ce fait, la distance à parcourir également. Les châteaux de la Loire nous attiraient tout autant que l'itinéraire de la Loire à vélo, pratique et sécurisant ; le reste est parti de là. Nous avons choisi de partager nos nuits entre camping et CouchSurfing – pour des raisons financières et parce qu'on était au mois d'avril, dans le centre de la France – en passant une nuit par ville, sauf à Amboise où nous avons campé deux nuits.

Au début, ça n'a pas été facile car même si nous faisions du vélo régulièrement, 4 à 5 heures de pédalage par jour n'avaient rien à voir avec notre pratique quotidienne. Les deux premiers jours et les 45 km pour rallier Chambord et le village où nous devions dormir ont bien mis à mal nos jambes et nos fesses. Après, tout s'est enchaîné beaucoup plus facilement et nous avons même fait l'aller-retour entre Amboise et Chenonceau dans l'après-midi !

Avec le recul, nous ne regrettons pas d'avoir choisi ce moyen de transport car il nous a permis d'évoluer en liberté au cœur des vignes en faisant des pauses au bord des lacs et des rivières, de profiter au maximum de la nature. L'itinéraire était très bien fléché, l'idéal pour un premier voyage à vélo et même si nous avons eu quelques courbatures, nous n'avons aucun regret et nous cherchons déjà l'itinéraire de notre prochain *bike trip* !"

Aurélie, professeur des écoles, www.travelingaddress.fr

des bulles) ou utiliser du liquide vaisselle. Quand vous appliquez une rustine sur la chambre à air, attendez que la colle soit sèche avant de la poser. Au moment venu, étirez bien la chambre à air autour de votre main et pressez fort la rustine. Vérifiez qu'il n'y a pas d'autres trous ni d'aiguille dans le pneu en passant votre main à l'intérieur. Lors du remontage, veillez à ne pas pincer la chambre à air entre le pneu et la jante.

Chaîne Si la chaîne casse, dérivez le maillon cassé et remplacez-le par un maillon rapide ou raccourcissez tout simplement la chaîne. Attention, il ne faut pas le faire avec plus d'un ou deux maillons sinon la chaîne sera trop courte et trop tendue.

Traumatologie propre au vélo

Vous aurez assurément des douleurs, du moins au début. Pour les éviter, assurez-vous d'abord d'avoir de bons réglages, une bonne posture et de varier celle-ci régulièrement :

» Réglez le vélo correctement.

» Appliquez une force régulière sur les pédales à chaque tour de pédale : quand un pied est en train de pousser vers le bas, l'autre doit tirer vers le haut.

» Changez régulièrement la position de vos mains sur le guidon.

Bien que la position dite "en danseuse" permette de développer plus de puissance et de solliciter de nouveaux muscles, elle est difficile à réaliser lorsque le vélo est chargé. De plus, il est recommandé de conserver au maximum la position assise, plus régulière et plus économe en énergie.

MAL DE FESSES

Les douleurs musculaires aux fesses seront en général passagères. Portez un cuissard de vélo équipé d'une "peau de chamois", directement sur la peau (sans sous-vêtement) afin de limiter les frottements.

Pour calmer les irritations, utilisez du talc ou des crèmes hydratantes telles que de la Biafine, des crèmes de type Cetavlon ou Mytosil ou des produits naturels tels que l'huile d'amande douce ou des crèmes à base de calendula. Nettoyez régulièrement les zones irritées ou les boutons afin de prévenir l'infection. En cas de doute ou de risque (bouton ouvert), utilisez une pommade antiseptique.

CRAMPES

Les crampes du cycliste sont le plus souvent des crampes du mollet. Leurs causes sont la déshydratation mais aussi la fatigue, les mauvais réglages du vélo, des efforts trop violents ou un manque de potassium et de magnésium.

Hydratez-vous correctement en buvant beaucoup d'eau avant même de ressentir la soif. Vous pouvez aussi changer de vitesse pour une plus facile, masser le mollet en l'étirant et éventuellement appliquer une crème décontractante.

COURBATURES

Les courbatures surviennent le lendemain d'un effort intense ou inhabituel.

Buvez beaucoup d'eau, massez et étirez vos muscles pendant et après l'effort. Le soir même (si vous le pouvez), prenez une douche en alternant eau chaude et eau froide. Une étape plus courte et avec un rythme moins rapide peut aussi les faire passer en faisant mieux circuler le sang. Pratiquez le repos actif en parcourant quelques kilomètres les jours de repos !

TENDINITES

Les tendinites sont aussi souvent dues à une mauvaise position (mauvais réglage) et à la répétition d'un mauvais geste. Une préparation physique inadéquate, un effort plus intense que d'ordinaire ou des températures plus froides sont autant de facteurs supplémentaires.

Il n'y a qu'une vraie solution : le repos ! Dès qu'une tendinite apparaît, appliquez de la glace dans une serviette et éventuellement une crème anti-inflammatoire. Buvez beaucoup d'eau. Quand elle sera passée, reprenez le vélo de manière très progressive et très douce.

HYPOGLYCÉMIE

Le vélo étant un effort d'endurance, il est essentiel de manger fréquemment de petites quantités. Si vous n'avez pas mangé et bu régulièrement, vous risquez de vous retrouver en hypoglycémie : faiblesse, manque d'énergie et besoin de s'asseoir ou de se coucher, troubles de la vue, sensation d'être proche de l'évanouissement.

Arrêtez-vous, couvrez-vous et mangez des sucres rapides (barres céréales, pain et confiture, miel, etc.) en mastiquant lentement.

AMPOULES

Le frottement régulier sur la peau du cycliste entraîne des ampoules aux mains ou aux pieds. Dès que vous sentez un échauffement, arrêtez-vous et couvrez-le d'un pansement à ampoules (seconde peau) et/ou d'un sparadrap élastique (de type Elastoplast). Reportez-vous à la section *Ampoules* du chapitre *Santé du voyageur* (p. 371) pour des conseils sur leur prévention.

Désagréments et dangers

ACCIDENTS DE LA CIRCULATION

Le cycliste est très vulnérable comparativement à une voiture. Ne sous-estimez pas les risques car la culture de la route fait parfois en sorte qu'il n'y a aucun respect pour les vélos. Ne prenez jamais pour acquis que vous avez la priorité. Si une voiture vous dépasse ou dépasse le véhicule venant en face de vous, ce sera souvent à vous de vous pousser sur le bas-côté. Soyez aux aguets et si vous entendez un coup de klaxon derrière vous, n'hésitez pas à vous ranger !

Pour limiter les risques, évitez les grands axes et soyez visible (couleurs vives et bandes réfléchissantes). N'hésitez pas à installer un petit drapeau pour être visible de loin et un petit bras en plastique fixé près de la roue arrière et se dépliant du côté de la route pour faire s'écarter les automobilistes. Utilisez également un avertisseur sonore pour signaler votre présence.

CHUTES

Pour prévenir les chutes, accordez-vous suffisamment de temps et d'espace pour freiner. À 30 km/h, il vous faudra 10 m sur une route sèche mais 40 m sur une route mouillée. Répartissez bien les charges sur votre vélo pour éviter d'être déséquilibré.

VOLS

Malheureusement, vous serez sans doute confronté à des tentatives de vol durant votre voyage. Votre vélo et vos sacoches sont source de tentations. Autant que possible, mettez votre vélo à l'abri (garage, maison, cour intérieure...) dès que vous devez le quitter des yeux. Tentez de vous arranger avec un habitant, un commerce, un hôtel ou le poste de police local. Si ce n'est pas possible, retirez au moins vos sacoches et verrouillez votre vélo. Enlevez tous les accessoires faciles à voler (compteur, selle...) et utilisez un second cadenas pour les roues.

AGRESSIONS

Vous avez l'avantage d'être à vélo, ce qui vous permet de fuir plus rapidement en cas de besoin. Pour savoir comment réagir à une agression, reportez-vous à la section *Se protéger : self-defense* du chapitre *Assurer sa sécurité* (p. 359).

CHIENS

Les chiens en liberté sont un des cauchemars du cycliste. Il y en a peu dans les zones urbanisées, mais le problème se pose davantage en campagne, surtout s'il s'agit d'une meute. Rassurez-vous, les sacoches protègent généralement bien vos mollets et à part aboyer, les chiens ne vous feront généralement rien. Pour les faire fuir, munissez-vous à l'avance de quelques pierres. Si vous sentez qu'un chien est agressif et qu'il ne veut pas seulement vous impressionner, lancez-lui une pierre avec force. S'il ne fuit pas, continuez. S'il s'approche, un coup de pied en plein museau devrait le calmer. Attention de ne pas tomber ! Un bâton peut également s'avérer utile. Il pourra aussi servir de béquille pour le vélo et de support pour monter une bâche ou un hamac. En dernier recours, sachez que le spray au poivre de Cayenne s'avère diablement efficace !

DOUANES

En général, plus le pays est pauvre, plus le passage en douane risque d'être compliqué. Les douaniers causent parfois des problèmes en espérant obtenir un pourboire.

La principale difficulté pour un voyageur à vélo, c'est justement le vélo et le matériel spécialisé. Les douaniers demanderont souvent la facture des objets de valeur pour s'assurer qu'il ne s'agit pas d'importation ou d'exportation illégale. Pour les mêmes raisons, ils prendront peut-être en note dans votre passeport le fait que vous entriez dans le pays avec un vélo afin de vérifier que vous sortirez bien avec. Essayez de privilégier les grands axes pour passer les frontières, c'est beaucoup plus simple !

Pour aller plus loin

Sites Web

» www.cyclo-camping.international – Association Cyclo Camping International

» www.ffct.org – Fédération française de cyclotourisme

» www.cyclonomade.net – Blog participatif maintenu par une voyageuse solo

» velo-reparation.fr – Fiches de mécanique et d'entretien, forums d'entraide vélo

» www.be-cyclette.com – Site de promotion du vélo avec un "vélo-dico" téléchargeable en 8 langues

» www.lebraquetdelaliberte.com – Blog des voyages à vélo de Bertrand Scaramal

» capvelo.free.fr – Site personnel d'un voyage à travers l'Afrique, beaucoup d'informations

Livres techniques

» COLLECTIF. *Manuel du voyage à vélo* (Cyclo-Camping International, 2017) – Disponible uniquement sur commande auprès de CCI et dans les librairies spécialisées

» DAVID, Paule et Arthur. *Voyager à vélo : guide pratique du cyclo-camping* (Artisans-Voyageurs, 2019)

» SIDWELLS, Chris. *Réparation et entretien de votre vélo* (Hachette Pratique, 2015)

» STOREY, Mark. *Le Guide du vélo : Choisir, entretenir et réparer son vélo* (Éd. Techniques pour l'Automobile et l'Industrie, 2015)

Récits de voyages

Il y a beaucoup de récits de voyages à vélo. Voici une petite sélection :

» BAFFOU-DUBOURG, Cathy et Thierry. *D'un voyage à d'autres* (Goutte de sable, 2009) – Un voyage en famille à la découverte des techniques pour construire leur future maison

» COUSIN, Christophe. *Le Bonheur au bout du guidon* (Arthaud, 2005) – 30 000 km et 833 jours d'aventures autour de la Terre

» MARTHALER, Claude. *Entre selle et terre : 3 ans à vélo en Afrique et en Asie* (Éd. Olizane, 2009)

» MARTHALER, Claude. *Le chant des roues : Sept ans à vélo autour du monde* (Éd. Olizane, 2002)

» SIRAT, Jacques. *Cyclo-nomade : Sept ans autour du monde* (Éd. du Rouergue, 2005) – Un périple avec 4 000 € en poche

"Lorsqu'elle s'enfuit, la route est la seule amante qui vaille la peine d'être suivie." Sylvain Tesson

Van et autres habitats mobiles

Objectif : expérimenter le voyage au long cours en se déplaçant à l'aide d'un habitat mobile (van aménagé, fourgon, camping-car...)

Intérêt économique

Intérêt écologique

Intérêt humain

Degré d'aventure

Le voyage en van, c'est quoi ?

DESCRIPTION DE LA TECHNIQUE

Voyager en véhicule aménagé est une manière intéressante de combiner liberté et confort, puisqu'il s'agit d'apporter avec soi sa petite maison roulante. En van, ou dans tout autre habitat mobile (camping-car, fourgon...), la lenteur fera partie intégrante de l'aventure, tout comme la sobriété.

COMPRENDRE LE CONTEXTE

Apparue dans les années 1950 aux États-Unis, la *van life* est vite devenue à la mode : des fameux Combi Volkswagen des années 1960-1970 aux véhicules tout confort d'aujourd'hui, il y a eu du chemin ! La période la plus marquante fut sans doute celle de l'essor des *Magic Bus*, qui partaient à la conquête de la *Hippie Trail*. C'est sur cette route mythique, qui reliait l'Europe à l'Asie, que des milliers de jeunes Occidentaux tentaient à l'époque de rejoindre – entre autres – Katmandou. Beaucoup quittaient alors le Vieux Continent sans le sou, et terminaient leur périple dans une situation de grande pauvreté.

De nos jours, le voyage en van est devenu un véritable phénomène de société, et en s'organisant un peu, chacun peut investir dans un véhicule aménagé, des classes populaires aux plus aisées. Cet engouement a été accentué par les réseaux sociaux, qui vendent l'image d'un voyage de rêve, il a pris encore plus d'ampleur avec la crise sanitaire.

Un peu de théorie

Intérêt

ÉCONOMIQUE

Acquérir un van qui tienne la route est un investissement certain, et aménager ce dernier double souvent la facture. L'entretien peut également chiffrer très vite, ce n'est donc pas une dépense à prendre à la légère. Cela dit, avec un peu de débrouillardise et beaucoup d'efforts, il est possible de réduire les frais. Si vous envisagez de partir longtemps, l'achat peut valoir le coup, puisque vous n'aurez plus aucun hébergement à payer, et vous pourrez cuisiner vous-même vos repas ce qui est généralement économique.

ÉCOLOGIQUE

Bien que rouler en van soit moins polluant qu'un voyage en avion, à condition d'aller lentement, ce mode de transport rejette dans l'atmosphère du CO_2 responsable du réchauffement climatique ainsi que de nombreuses particules néfastes pour l'environnement. La plupart des véhicules aménagés fonctionnent en effet avec du carburant, et on déplore beaucoup de vieux moteurs diesel.

Le véritable intérêt écologique de cette pratique réside dans le minimalisme qu'impose tout voyage en van : la consommation d'eau et d'électricité y est forcément réduite au minimum. Pour savoir comment compenser son empreinte carbone, voir le chapitre *Réduire son impact écologique*, p. 88.

HUMAIN

Sillonner les routes de France et d'ailleurs, au volant d'un véhicule aménagé, offre l'une des plus belles promesses de liberté que l'on puisse faire à un voyageur. De plus, partir en van oblige à développer une grande faculté d'adaptation, ainsi que beaucoup d'apprentissages techniques.

On pourrait craindre que le fait de s'isoler en vase clos, dans la petite bulle privée qu'est l'habitacle, réduise les possibilités de rencontres. Pourtant, les *van lifers* forment une large communauté, où entraide et convivialité sont de mise. Voyager en van est donc une expérience à part entière, une vraie philosophie de vie !

DEGRÉ D'AVENTURE

Un véhicule aménagé et confortable facilite évidemment le voyage. Cependant, les amateurs d'émotions fortes ne sont pas en reste : il leur suffit de se perdre sur certaines routes reculées et difficilement accessibles pour vivre des moments épiques ! De même, les pannes mécaniques et les conditions météorologiques pimentent souvent l'aventure.

Aspects légaux

DOCUMENTS

Dans tous les pays du monde, vous devez pouvoir présenter un permis de conduire, une carte grise du véhicule ainsi qu'un justificatif d'assurance, et avoir en votre possession vos documents d'identité habituels (voir le chapitre *Formalités administratives et bancaires*, p. 36).

En France, un véhicule doit passer un contrôle technique tous les deux ans. En plus de cela, la loi impose aux utilitaires de se soumettre à un contrôle antipollution annuel (les vans sont des utilitaires, ce contrôle leur est donc également obligatoire, sauf pour les VASP, voir l'encadré p. 187).

Toujours en France, certaines villes fonctionnent avec le système Crit'Air, qui règlemente la circulation locale à l'aide de différentes vignettes en cas de pics de pollution. Mieux vaut se renseigner avant d'entrer dans une nouvelle agglomération.

DOUANES

Le passage des frontières peut engendrer de drôles de surprises lorsque l'on voyage en van. La mauvaise réputation dont souffrent les *van lifers* n'est pas une légende, et il est recommandé de faire profil bas et d'être conciliant lors des contrôles douaniers, sous peine de rester bloqué plusieurs heures. Comme souvent, un sourire et une formule de politesse peuvent désamorcer les tensions.

Par ailleurs, n'oubliez pas que vous ne pouvez pas transporter n'importe quoi avec vous : selon les pays, certains produits sont interdits, d'autres taxés et leur importation limitée (voir le chapitre *Formalités administratives et bancaires*, p. 36).

Selon la réglementation locale en vigueur, l'inscription de l'immatriculation du véhicule sur le visa peut être obligatoire, tout comme le passage d'un contrôle sanitaire, qui comprend une fouille et une désinfection de l'habitacle.

En pratique

Se préparer

Choix du véhicule

Premièrement, posez-vous les bonnes questions. Combien de temps partez-vous ? Avec combien de personnes ? Sous quel climat ? Quel est votre budget ? Mieux connaître vos besoins vous permettra de bien choisir votre véhicule.

ACHAT OU LOCATION

Si vous partez longtemps, vous pouvez envisager d'acheter, sinon, préférez louer. L'investissement peut généralement valoir le coup, car vous pouvez tout à fait revendre votre bien après votre road trip, c'est courant entre voyageurs. Il est aussi possible de réserver un van ou un camping-car sur un site de location entre particuliers à des tarifs attractifs. Vous pourrez ainsi tester ce mode de voyage durant quelques jours, voire pendant plusieurs semaines.

Dans le cas d'un achat, attention aux mauvaises surprises. Pensez à regarder les traces de rouille éventuelles (sous le châssis...), la vétusté des joints des portes, le kilométrage, et méfiez-vous des prix trop alléchants. Par ailleurs, vérifiez la réputation du véhicule sur le marché, le nombre d'anciens propriétaires (moins il y en a, mieux c'est) et prenez possession des différentes factures, qui doivent vous être impérativement remises. Petit conseil pour éviter les déconvenues : contactez au préalable un garagiste proche du lieu de vente, afin de lui présenter le véhicule pour un contrôle général contre rémunération.

Optez pour un modèle répandu à l'étranger comme ceux des marques Mercedes, Volkswagen ou Ford. Il sera plus simple à réparer car les garagistes le connaîtront et pourront facilement lui trouver des pièces de rechange.

Si dès le départ, vous pouvez vous permettre financièrement d'acheter un véhicule qui tienne la route, vous éviterez ensuite de devoir effectuer trop de réparations coûteuses.

LES DIFFÉRENTS TYPES DE VÉHICULES

Plus les dimensions du véhicule seront grandes, plus vous serez à l'aise dans l'habitacle, mais moins vous pourrez vous déplacer facilement en ville et sur les routes étroites des montagnes ou des petits villages, ainsi que dans tout lieu difficilement accessible. Chacun doit donc trouver le juste milieu entre confort et liberté, ce qui est un équilibre très personnel.

Van : c'est la solution la plus courante, qui permet d'accéder à la plupart des parkings si on choisit un van de moins de 2 m de haut (il y a souvent des barrières fixées à 2,10 m, voire 1,80 m selon le lieu, comme dans certains parkings souterrains, empêchant l'accès des stationnements aux gros véhicules). Son volume permet de bénéficier d'un minimum de confort, mais d'une grande liberté sur la route.

Van avec toit relevable : sa hauteur limite l'accès à certaines places de parking, mais permet de se tenir debout dans l'habitacle (toits champignons) ou d'ajouter un couchage supplémentaire (grands toits relevables), ce qui n'est pas négligeable dans un espace si petit.

Camping-car : volumineux, il permet d'avoir à son bord tout le confort nécessaire, des sanitaires aux grands placards, en passant par un coin cuisine et même la télévision. Son principal inconvénient est sa taille imposante, interdisant l'accès à de nombreux stationnements, ainsi qu'aux rues étroites des centres-villes. Autre bémol, son esthétiquevpeu discrète, qui vous catégorisera d'emblée en tant que camping-cariste, ce qui n'est pas toujours bien accepté. Voyager en camping-car est l'option la plus chère (voir la section *Budget*, page ci-contre).

Fourgon : bon compromis entre van et camping-car, il est spacieux et confortable sans trop entraver la liberté d'aller et venir. Son poids ne dépasse pas les 3,5 tonnes, il se conduit avec un permis B. Il peut être équipé ou non d'un toit relevable et disposer, avec un peu de débrouillardise, de la plupart des options disponibles sur le marché.

Camion de transport : plus gros que le fourgon, son Poids Total Autorisé en Charge (PTAC) est supérieur à 3,5 tonnes, et il se conduit avec un permis poids lourd. Il permet de disposer d'un grand volume, mais il est peu maniable.

Caravane : remorque tractée par une voiture grâce à un système spécial. Elle est aménagée pour y séjourner, mais reste non motorisée. Moins pratique qu'un camping-car, elle permet tout de même de partir à la journée en voiture, en toute liberté, sans devoir tout ranger avant de prendre la route.

Voiture aménagée : option basique, discrète et économique. Dormir dans une voiture, même bien aménagée, offre très peu de confort, mais procure beaucoup de liberté dans les déplacements. Il faut bien sûr s'attendre

HOMOLOGATION EN VASP

En théorie, en France, tout véhicule possédant un aménagement complet doit être homologué VASP, sans quoi il lui sera impossible de passer le contrôle technique. De même, vous risquez une amende de 750 € si vous n'effectuez pas cette démarche.

En pratique, si votre aménagement est démontable, vous pouvez y échapper. La loi retient 5 critères qui définissent si votre véhicule doit avoir l'homologation :

» Posséder un coin cuisine

» Disposer d'une table avec sièges

» Être équipé de rangements

» Avoir un lit (convertible ou non)

» Les 4 points précédents doivent être inamovibles.

Les dossiers, parfois longs à constituer, sont à déposer à la DREAL. En plus d'être en conformité avec la loi, cette homologation vous permettra d'être certain que les normes de sécurité soient respectées, notamment au niveau des installations de gaz et d'électricité. Elle vous donnera également certains avantages concernant l'assurance, et vous exemptera du contrôle antipollution annuel.

à passer la majeure partie du temps dehors, et à devoir attendre patiemment le retour du soleil lors des intempéries pour pouvoir profiter à nouveau de l'espace extérieur.

Il est important de limiter l'électronique du tableau de bord, et de bannir fenêtres et portes électriques, si vous souhaitez éviter les pannes difficiles à réparer par vous-même.

Si vous envisagez de vous rendre régulièrement sur des routes non goudronnées, optez plutôt pour une voiture tout-terrain, qui sera mieux adaptée.

Budget

Prix du véhicule : les fourchettes de prix sont tellement larges que les informations qui suivent ne sont données qu'à titre indicatif. Comptez entre 50 € et 100 € pour la location d'un van aménagé à la journée, entre 70 € et 130 € pour celle d'un camping-car et autour de 90 € pour celle d'un fourgon. Il faut prévoir un minimum de 5 000 € pour l'achat d'un van nu et d'occasion, multipliez par 10 s'il est neuf et déjà équipé. Un camping-car sortant d'usine coûte autour de 70 000 €, voire bien plus selon ses options.

Carburant : plus vous voyagerez en prenant votre temps, moins vous consommerez de carburant. Afin de réduire encore le coût, apprenez à avoir une conduite économe et à passer les rapports de vitesse au bon moment, car comme pour tous les véhicules, si vous roulez en sur-régime, votre plein ne durera pas longtemps.

Entretien : selon le modèle et l'ancienneté du véhicule, vous devrez mettre plus ou moins la main à la poche en ce qui concerne les réparations. Ayez toujours un peu d'argent de côté, au cas où.

Autoroutes : les prix sont souvent calculés en fonction de la taille du véhicule. En France, aux péages, un van sera classé catégorie 1 tout comme une voiture, un fourgon (plus de 2 m de long mais de moins de 3 m de haut) fera partie de la catégorie 2, tandis qu'un gros camping-car (plus de 3 m de haut ou dont le poids total dépasse les 3,5 tonnes) correspondra à la catégorie 3, au même titre que les petits poids lourds. Évidemment, plus le véhicule est grand, plus la note est salée ! Aussi, plusieurs pays (Suisse, Bulgarie...) limitent l'accès à leurs autoroutes aux seuls détenteurs d'une vignette spéciale, à acheter sur place dans les stations-service. D'autres pays ont quant à eux un accès autoroutier gratuit.

Parkings : si votre véhicule est petit, vous aurez toutes les chances de trouver des stationnements gratuits. À l'inverse, les places de parking spécialement attribuées aux camping-cars sont souvent assez chères, notamment aux abords des zones touristiques. Les voyageurs à petit budget se garent donc généralement loin des sites prisés, et s'y rendent à pied.

Ces tarifs peuvent paraître élevés, mais n'oubliez pas que vous ferez des économies par la suite. Il est toutefois indispensable de prévoir une partie du budget dédiée aux imprévus, afin de ne pas vous retrouver en panne, bloqué à l'autre bout du monde.

Assurance du véhicule

Une assurance classique couvrira vos déplacements dans tous les pays listés sur votre carte verte. Il est recommandé d'assurer également votre véhicule aménagé contre le vol et la casse, en ajoutant une extension de garantie. De même, si votre van est récent et que votre budget vous le permet, préférez une assurance tous risques à un contrat au tiers.

Si vous voyagez en dehors de la zone prévue, vous devez souscrire une nouvelle assurance, c'est obligatoire. Il est souvent possible de le faire directement aux frontières.

En France, contrairement à la catégorie usuelle VP (Véhicules Particuliers), un van entrera dans la catégorie administrative CTTE (Camionnette non homologuée), ou VASP (Véhicule Automoteur Spécialement Aménagé et homologué). Cette mention notée J.1 sur la carte grise vous sera régulièrement demandée mais pas de panique, elle peut être modifiée par la suite. en France,

Aménagement

CONCEPTION

La règle d'or : à chacun son véhicule, à chacun son aménagement ! Tentez de répondre au mieux aux besoins qui vous sont propres, et n'hésitez pas à vous entourer de personnes compétentes afin d'obtenir des conseils techniques, voire du matériel de récupération.

Si vous choisissez d'effectuer vous-même la plupart des travaux, ceux-ci peuvent prendre plusieurs mois. Vous devrez être bien organisé en listant les tâches à accomplir, mais vous apprendrez beaucoup et vous serez fier d'avoir relevé le défi. Vous connaîtrez alors aussi votre van par cœur et serez plus apte à réparer tous les petits problèmes du quotidien. Vous pouvez aussi faire appel à un artisan, ce qui sera rapide et simple, mais évidemment plus cher. Autre option : vous inscrire à un stage de formation de quelques jours sur l'isolation, les circuits d'eau, de gaz et d'électricité avant de vous lancer avec de meilleures bases techniques.

Le dessin des plans à l'échelle, première étape de l'aménagement d'un van, nécessite de prendre toutes les mesures, de placer virtuellement les éléments à installer en répartissant correctement leurs charges afin d'équilibrer le tout, puis de vérifier qu'il reste suffisamment de place pour circuler dans l'habitacle. Le logiciel de modélisation 3D Sketchup (www.sketchup.com/fr, 30 jours d'essai gratuit) peut vous aider à concevoir les plans.

Le PTAC est fixé à 3,5 tonnes tout compris pour les détenteurs du permis B. Si votre véhicule dépasse cette limite, il vous faudra un permis poids lourd, c'est pourquoi vous devez impérativement choisir des matériaux légers.

N'omettez pas le côté pratique ! Pouvoir passer de l'avant à l'arrière du van sans transiter par l'extérieur est préférable, pour des raisons de confort mais également de sécurité.

OUVERTURES

Elles sont à prévoir avant tout le reste, car une fois l'aménagement de votre van commencé, vous n'accéderez plus si facilement aux différentes parois. Ainsi, anticipez la pose d'éventuelles installations futures : galerie de toit, panneau solaire, lanterneau et baie (ou toute autre aération), cheminée de combustion, ou encore coupelles de remplissage et de vidange, c'est-à-dire l'arrivée et la sortie d'eau (voir la partie *Eau*, p. 192).

Ne découpez pas n'importe quelle partie de la carrosserie : les renforts principaux sont à conserver intacts. Vérifiez bien qu'aucun élément structurel important ne sera impacté, à l'intérieur comme à l'extérieur du véhicule. D'ailleurs, si vous envisagez d'obtenir l'homologation VASP (voir l'encadré p. 187), demandez au préalable l'accord du constructeur avant de passer à l'action.

ROUILLE

C'est la hantise des *van lifers* : la rouille ronge petit à petit la tôle et peut causer des dégâts irréversibles. Mieux vaut donc prévenir que guérir.

» S'il s'agit d'éraflures ou de points de surface, il suffit de frotter la tôle avec une brosse métallique, puis de bien nettoyer la zone avant de l'enduire d'antirouille et d'une couche de peinture.

» Si la rouille est importante, vous pouvez vous aider d'une perceuse sur laquelle fixer une roue abrasive métallique. Protégez vos yeux ! Appliquez dans un second temps un destructeur de rouille, et nettoyez. Enfin, recouvrez avec de l'antirouille puis de la peinture. Si la tôle est trop endommagée, vous devrez découper la partie abîmée avant d'en souder une nouvelle.

Munissez-vous ensuite d'un gabarit en bois ou en carton, et autour de ce dernier, protégez la peinture avec du scotch, avant de découper la tôle à l'aide d'une scie sauteuse. Il est conseillé de se munir également d'une perceuse-visseuse avec un embout scie cloche pour faire les premiers trous et d'une meuleuse d'angle. Une fois cette étape effectuée, frottez la zone avec une lime à métaux, puis appliquez de l'antirouille et de la peinture. Veillez à bien aspirer les petits débris de métal tombés dans l'habitacle : ce sont de vrais pièges à rouille !

La pose d'un lanterneau au plafond est recommandée, afin de permettre une aération permanente, tout en faisant entrer de la lumière. Celle d'une ou plusieurs fenêtres aussi.

ISOLATION

Une bonne isolation est essentielle en toutes saisons. L'isolant doit avoir un coefficient de conductivité thermique faible (noté λ pour lambda, et parfois *k* ou *K*), c'est-à-dire qu'il doit emprisonner un maximum d'air pour faire barrière en empêchant la circulation des flux de température. Sa masse volumique doit être élevée - densité *p* exprimée en kg/m³ - afin d'emmagasiner la chaleur. Attention cependant à ne pas dépasser les 150kg/m³ car dans un van, le poids est compté ! Enfin, il doit permettre une bonne isolation phonique et être résistant à l'humidité (c'est la valeur *Sd* ou *µd*) ainsi qu'au feu.

Il existe de nombreuses solutions d'isolation, comme le liège projeté qui peut être une option intéressante à considérer. Référez-vous au tableau comparatif suivant pour plus d'informations : https://levanmigrateur.com/savoir-lisolation-dun-fourgon.

Attention à la toxicité des matériaux utilisés, y compris celle de la colle, car vous serez ensuite exposé à tous les solvants et les particules volatiles.

En premier lieu, vous devez isoler le sol. Protégez également celui de la cabine, pour éviter toute déperdition de chaleur, réduire les vibrations sur la route et améliorer votre isolation phonique.

Concernant les autres parois, et selon le véhicule et le type d'isolation choisi, vous devrez probablement ajouter des tasseaux, de longues pièces de bois rectangulaires servant à soutenir des planches. Ces derniers seront effectivement importants pour maintenir les matériaux en place, notamment au plafond. Pour les poser, vous pouvez :

» Fixer les tasseaux perpendiculairement au sol ce qui facilitera l'aménagement mais vous fera perdre de l'espace ;

» Fabriquer des tasseaux qui suivront la courbe des parois – et tout devra alors être conçu sur mesure et sans angle droit – sera plus compliqué mais vous fera gagner de la place.

Placé entre l'isolant naturel et le contreplaqué, la pose d'un frein-vapeur permet d'éviter la condensation. Attention à ne pas trop le tendre lorsque vous l'installerez. Ne le confondez pas avec le pare-vapeur, qui est quant à lui adapté aux isolations minérales comme la laine de verre ou de roche. Si vous avez choisi l'isolant multi-couches ou Armaflex, le pare-vapeur est déjà intégré.

Enfin, évitez à tout prix de laisser la tôle à nu ! Les ponts thermiques, espaces isolés comme les longerons, constituent le point faible de votre isolation. Apposez au besoin de l'Armaflex (un autocollant isolant) sur ces zones difficilement accessibles, bouchez les petits trous restants et les longerons avec de la fibre textile vendue en vrac, ou optez directement pour le liège projeté.

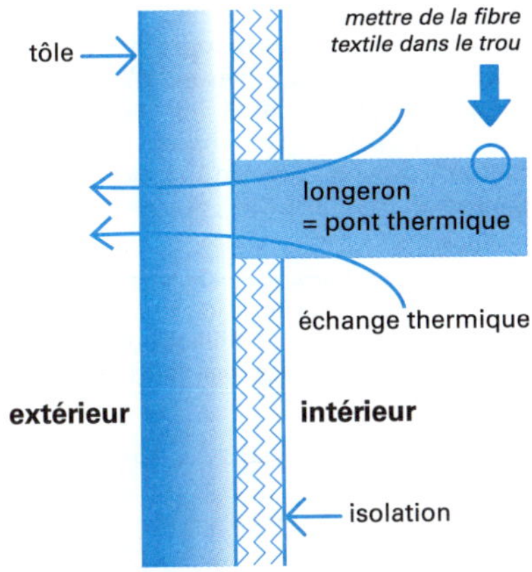

MEUBLES ET RANGEMENTS

Commencez par l'habillage, c'est-à-dire par la pose de lambris ou de contreplaqué sur des tasseaux. Attention, ces tasseaux ne doivent pas être fixés directement sur la tôle, ce qui engendrerait des trous, mais sur les renforts de la carrosserie. À cet effet, utilisez des vis autoforeuses ou du Sikaflex (une colle spéciale, efficace mais assez chère). Ensuite, posez le lambris à l'aide de pointes, mais n'oubliez pas de conserver

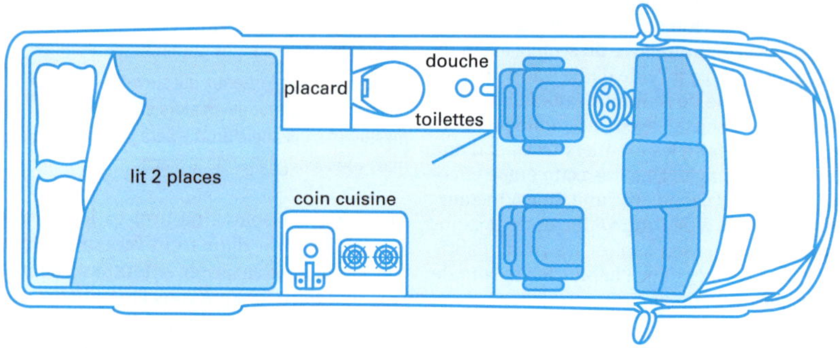

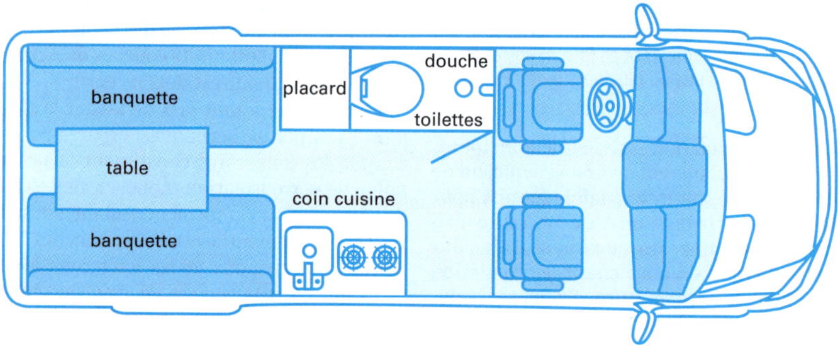

un accès sur certaines zones de la paroi qui pourraient avoir besoin d'être réparées plus tard, comme les mécanismes des serrures. Sur ces endroits spécifiques, mettez le lambris avec de simples vis, facilement démontables.

Le bois est une matière qui travaille, à cause de l'humidité. C'est pourquoi il vaut mieux prévoir un centimètre de marge sur tous les côtés, afin qu'il ne gondole pas avec le temps.

Pour le sol, choisissez entre du parquet adhésif, simple à poser mais non naturel, et du vrai parquet en bois, plus cher et plus lourd, mais esthétique. Tous les parquets en bois massif sont à proscrire, ils sont beaucoup trop lourds pour un van.

Attelez-vous ensuite à la structure de l'aménagement, autrement dit à l'ossature solide des meubles. Également bâtie avec des tasseaux, vous viendrez y clouer les planches, juste après avoir installé les gros équipements dans les espaces prévus : réfrigérateur, cuves, etc. Toutes les découpes doivent être effectuées minutieusement. Enfin, il ne vous reste plus qu'à poncer le bois et à l'enduire soit de lasure, soit de peinture et de vernis.

Avant de brandir votre scie, vérifiez bien vos mesures, car après la pose de l'isolation et celle du sol, votre habitacle aura probablement été rongé de quelques centimètres.

ÉLECTRICITÉ

L'électrification est l'étape la plus importante, l'enjeu étant l'autonomie future. Elle doit s'accompagner de précautions de sécurité indispensables : pose de fusibles ou d'un panneau de disjoncteurs, choix de matériaux et de câbles adaptés, soin particulier apporté aux soudures, et anticipation des risques potentiels. Pensez également à laisser respirer votre batterie et vos différents appareils pouvant chauffer en leur offrant une aération suffisante.

Les dangers sont réels (blessures graves, incendie du van, endommagement du matériel branché), ne prenez pas à la légère l'installation de votre circuit électrique. N'hésitez pas à déléguer cette partie du travail, du moins à la faire valider par un professionnel.

Pour faire simple, il faut comprendre que c'est l'**alternateur** qui charge la **batterie principale** (12V) quand le véhicule roule, ce qui suffit pour recharger un téléphone, ou pour faire fonctionner la radio. Si vous avez besoin de plus de courant (pour un réfrigérateur, une lampe, une pompe à eau...), il vous faudra une **seconde batterie**, sans quoi vous déchargerez la batterie moteur et ne pourrez plus redémarrer. Pour bien définir vos besoins, faites la liste de tous vos futurs équipements et notez leur puissance en watts ainsi que leur fréquence d'utilisation. Cela vous aidera à choisir le type de circuit et d'alimentation appropriés.

Bannissez les appareils trop gourmands en énergie, comme les plaques de cuisson, les cafetières électriques, les gros mixeurs...

Cinq possibilités pour avoir l'électricité :

Coupleur/séparateur ou chargeur/booster : ces deux dispositifs utilisent la force de l'alternateur pour recharger une batterie secondaire. Le premier est moins cher mais ne permet pas une charge complète (maximum 80%), le second est plus onéreux mais offre une capacité de charge totale et rapide.

Panneau solaire : il se sert de l'énergie du soleil pour donner une autonomie partielle (voire totale) au van. C'est une option coûteuse mais elle est plébiscitée par beaucoup de *van lifers*.

Chargeur de batterie : à l'aide d'une prise de secteur, on peut brancher le chargeur sur la batterie pour la recharger facilement.

Générateur : solution la moins écologique, puisqu'il s'agit d'utiliser du carburant pour faire fonctionner le générateur, qui alimente ensuite la batterie secondaire.

Convertisseur de courant : il se branche sur l'allume-cigare lorsque le véhicule roule, ou à l'arrêt sur une batterie auxiliaire. Il transforme le 12V en 230V, afin de pouvoir brancher un PC par exemple. Certains chargeurs de batterie ont l'option convertisseur, ce qui est très pratique. Attention, les convertisseurs de courant ont une capacité limitée en watts. Veillez à choisir un appareil capable d'absorber la puissance en watts de tous les appareils électriques qui seront branchés en même temps.

QUEL PANNEAU SOLAIRE ?

Bien choisir son panneau solaire est important, car c'est un investissement coûteux. Comme toujours, méfiez-vous des prix trop bas. Préférez une marque qui a déjà fait ses preuves sur le marché et qui prévoit une bonne garantie. Sachez que les **panneaux monocristallins** sont les plus efficaces, et qu'ils fonctionnent lors des journées de faible ensoleillement. Les panneaux polycristallins sont moins rentables en énergie, mais sont plus économiques et écologiques car ils sont fabriqués avec les chutes des monocristallins.

Les **panneaux solaires souples** sont parfaits pour ceux qui n'ont pas un toit plat, et ceux qui aiment rester discrets. De plus, ils n'augmentent presque pas la hauteur du véhicule, et sont faciles à poser car il suffit de les coller. Leur rendement est cependant inférieur aux panneaux classiques, et plus la courbure du toit est importante, moins ces panneaux sont efficaces. Ils se dégradent également plus vite que les **panneaux rigides**, qui se fixent quant à eux sur une galerie de toit, ou sur un support anticipé lors de la découpe des ouvertures.

Enfin, optez pour un panneau à fort voltage, et afin d'optimiser leur rendement laissez un espace d'air entre le panneau et le toit du véhicule : cela les maintient à une température optimale grâce à l'air qui circule.

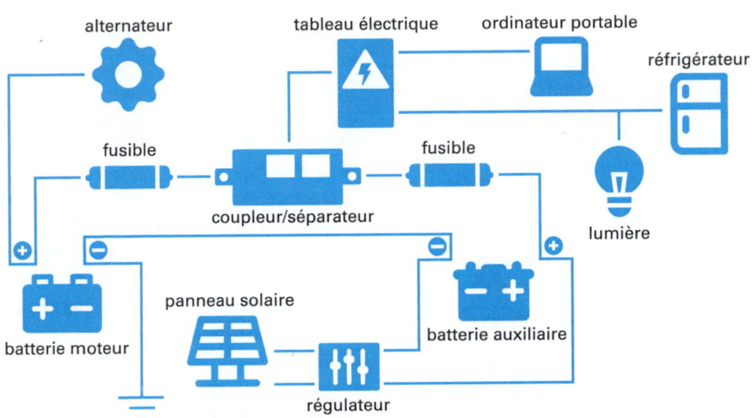

Lorsque vous stationnez, recherchez toujours le meilleur angle par rapport au soleil et fuyez l'ombre au maximum.

En plus de certains de ces équipements, vous aurez besoin du matériel suivant :

Régulateur: rattaché au panneau solaire, il vérifie l'état de charge de la batterie pour ajuster la fréquence de courant à lui envoyer.

Batteries : elles stockent l'énergie qu'elles redistribuent ensuite. La batterie moteur est reliée aux phares ou à l'autoradio, et la batterie auxiliaire (parfois appelée de servitude) alimente tous les appareils électriques.

Panneau de disjoncteurs : il est plus avantageux que de simples fusibles, car ces derniers doivent être remplacés régulièrement en cas de problème. Le panneau de disjoncteur assure quant à lui le bon fonctionnement du circuit électrique sur le long terme : une fois en place, plus besoin d'y toucher.

Battery protect : optionnel, il protège la batterie des décharges profondes, qui pourraient l'endommager.

Contrôleur de batterie : également facultatif, il surveille toute l'installation électrique en affichant la température, la tension et le niveau de charge de la batterie.

Il existe 3 principaux types de batteries. Les plus courantes sont les AGM, qui sont les moins chères mais également les moins performantes. Elles ne supportent pas les décharges profondes et résistent mal aux températures élevées. La technologie GEL est supérieure et réagit bien au froid, mais elle coûte cher. Enfin les batteries en lithium sont de loin les meilleures, mais elles restent difficilement accessibles aux petits budgets. Elles ne sont à privilégier qu'en cas d'utilisation électrique intense, par les nomades digitaux par exemple.

EAU

Pas de voyage en van sans eau : elle est nécessaire pour boire, cuisiner, se laver, faire la vaisselle ainsi qu'un minimum de ménage. La conception du circuit d'eau dépend de la complexité de l'aménagement (douche fixe ou non...). On peut retenir deux schémas principaux :

Système d'eau basique : une pompe est immergée dans un jerrican d'eau propre, et un second jerrican sert à récupérer les eaux sales.

Circuit plus complexe : même principe mais avec deux cuves fixes, l'intérêt étant de ne porter aucun bidon lors du remplissage ou de la vidange, puisqu'on peut y raccorder un tuyau. Lors de l'installation, attention à la répartition des charges : un réservoir plein pèse lourd car chaque litre équivaut à un kilo.

CIRCUIT SIMPLE AVEC JERRICAN

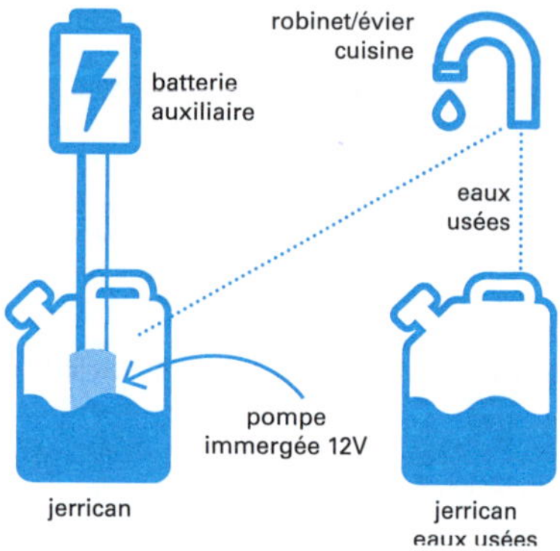

Soyez vigilant dans le choix des matériaux, il faut impérativement opter pour du **plastique alimentaire**. Si vous achetez des jerricans, préférez une contenance de 20 l maximum, sinon ils seront trop lourds à porter. Fonctionner avec plusieurs bidons de la même taille permet de les interchanger et d'avoir ainsi plus de réserve, même si cela prend de la place.

Liste des équipements à prévoir pour fabriquer un circuit d'eau :

Pompe à eau : électrique ou à activer avec le pied, elle sert à faire remonter l'eau propre depuis la cuve ou le jerrican jusqu'à l'évier.

Évier : réceptacle destiné à faire la vaisselle ou à se laver les mains. Il est équipé d'un robinet et est relié à une cuve ou à un jerrican, qui stocke les eaux usées.

Tuyaux : conduits permettant de faire circuler l'eau entre les différents équipements. Attention à prendre un tuyau alimentaire.

Clapet anti-retour : empêche l'eau de circuler dans le mauvais sens, et évite que le tuyau d'eau ne se vide à l'intérieur du van.

Vase d'expansion : régule la pression de la pompe, mais n'est pas toujours obligatoire (cela dépend du modèle de pompe à eau).

Vanne d'arrêt : retient l'eau sale contenue dans une cuve, en attendant la vidange.

Coupelle de remplissage : petite trappe par laquelle on remplit la cuve d'eau propre à l'aide d'un tuyau.

Chauffe-eau : utile pour prendre une douche bien chaude.

CIRCUIT D'EAU FIXE AVEC CUVES ET CHAUFFE-EAU

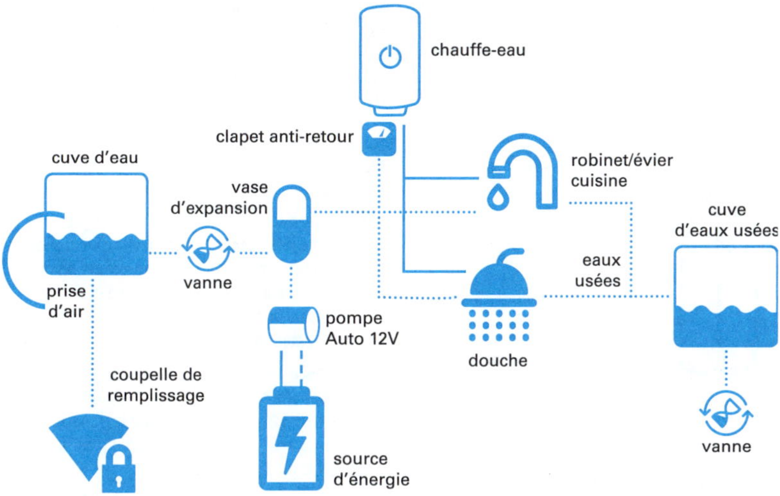

On peut rajouter un filtre à eau, permettant d'éliminer les potentielles bactéries qui se développeraient dans les cuves où l'eau stagne.

Si vous voulez faire plus simple, vous pouvez brancher une **douchette** sur l'allume-cigare. Pour se laver, il suffit ensuite de la plonger dans un jerrican rempli à moitié d'eau froide, et à moitié d'eau bouillante (chauffée à la casserole). Autre possibilité : accrocher une **douche solaire** à l'extérieur du van.

Dans tous les cas, vous devrez recharger en eau votre cuve ou votre jerrican : sur une aire de camping-cars ou d'autoroute, dans un cimetière, auprès d'une fontaine publique…

Ne vidangez pas vos eaux usées n'importe où. Les eaux dites "*noires*" issues des toilettes doivent être éliminées dans un bac prévu à cet effet, dans un camping ou sur une borne d'aire de camping-cars. Les eaux "*grises*" sont celles de votre évier et de votre douche. Elles aussi doivent être reversées dans un réceptacle spécial, disponible aux mêmes endroits, à moins d'utiliser des produits écologiques.

GAZ

Dans la majorité des cas, avoir le gaz permet de cuisiner, de se chauffer et d'actionner le chauffe-eau (sauf si vos différents équipements fonctionnent au diesel ou à l'électricité). Il est indispensable de respecter certaines mesures de sécurité lors de l'installation : prévoir en amont des aérations suffisantes, fabriquer un caisson étanche pour ranger la bouteille de gaz, vérifier la date de péremption du matériel utilisé, et mettre un détecteur de gaz. En cas de doute, faites appel à un professionnel pour vous assurer que tout est en ordre.

Il existe trois types de bouteilles de gaz. Le **butane** et le **propane** sont les plus courants dans les vans aménagés. Préférez le propane si vous voyagez l'hiver ou dans un pays froid, car le butane ne convient pas aux températures négatives. Reste le **GPL**, qui est une option pratique mais chère, car vous devrez probablement faire installer votre système par un professionnel agréé.

Liste des éléments qui composent le circuit de gaz :

Caisson étanche : enferme la bouteille de façon hermétique, c'est le garant de votre sécurité.

Passe-cloison : petit tube en inox qui permet au gaz de transiter entre le caisson étanche et le reste de l'installation.

Lyre souple : tuyau adapté aux hautes pressions qui est raccordé à la bouteille de gaz.

Détendeur : régule la pression du gaz qui sort de la bouteille.

Tuyaux en cuivre : conduisent le gaz entre les différents éléments du circuit. Il en existe deux sortes : préférez ceux en cuivre recuit plutôt qu'en cuivre écroui, ils sont plus simples à mettre en place.

Raccords à olives : raccords de plomberie étanches, faciles à poser.

Robinets de gaz : vannes d'arrêt essentielles pour pouvoir couper manuellement l'arrivée du gaz à l'entrée des équipements.

COMPOSANT D'UN CIRCUIT GAZ POUR FOURGON

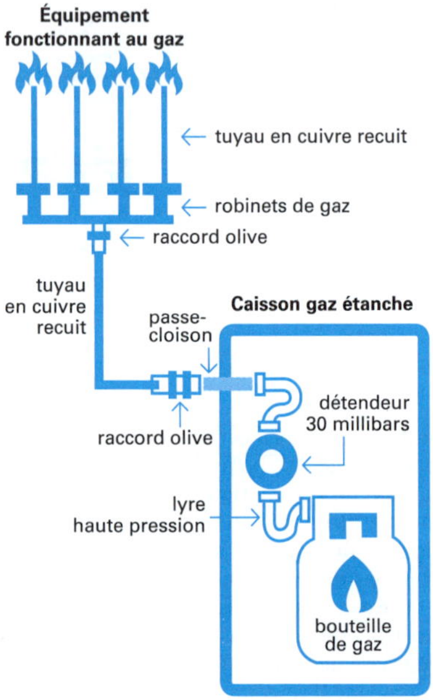

Prévoir **deux plaques de cuisson** au gaz est plus pratique. Si vous souhaitez privilégier la simplicité au confort, un réchaud avec brûleurs peut parfaitement suffire.

CHAUFFAGE

Pour augmenter la température à l'intérieur d'un van, il existe trois solutions. Tout d'abord le **chauffage au diesel**, qui puise dans le réservoir de carburant (entre 0,2 et 0,9 litre/heure), et offre un gain de place puisque aucune bouteille de gaz n'est nécessaire. Seul inconvénient, c'est parfois bruyant.

Vous pouvez aussi installer un **chauffage au gaz** (butane, propane ou GPL), qui vous donnera la possibilité de régler un thermostat. Silencieux, son fonctionnement est économique mais son installation coûte cher, car il faut faire appel à un spécialiste pour sa mise en route et pour son entretien. Tout comme pour le chauffage au diesel, certains permettent aussi de chauffer l'eau.

Enfin, vous pouvez mettre un **poêle à bois** : c'est économique mais encombrant, il faudra vous relever pour remettre du bois la nuit, et vous ne pourrez pas régler la température. Dans tous les cas, il est obligatoire d'avoir un système d'aération adapté.

RÉFRIGÉRATEUR

On retrouve deux types de réfrigérateurs sur le marché :

Modèles à compression : ce sont les plus appropriés pour voyager en van, puisqu'ils fonctionnent sur tous les terrains, même en pente. Il suffit de les raccorder au système électrique pour utiliser l'énergie de la batterie auxiliaire, et le tour est joué.

Modèles à absorption : électriques ou au gaz, ils ont une meilleure durabilité mais attention, ils ne peuvent être utilisés que sur terrain plat ! Par ailleurs, leur processus de refroidissement n'est pas le plus performant.

Si vous ne souhaitez pas investir dans un équipement coûteux, vous pouvez acheter vos produits frais au dernier moment. Quand il fait chaud, c'est l'occasion de se promener régulièrement dans les marchés locaux. Dans ce cas, ayez une **petite glacière** (certaines se branchent directement sur la prise allume-cigare). Vous pouvez aussi acheter des **pains de glace** ou des sacs de glaçons et les mettre dans une glacière classique ou un sac étanche, ce qui vous fera une glacière d'appoint capable de tenir un jour ou deux.

STORE LATÉRAL ET AUVENT

Lorsque l'on voyage l'été ou dans un pays chaud, il est important de se protéger du soleil. Installer un store latéral ou un auvent est la meilleure solution. La plupart des *van lifers* optent pour la première option et fixent un store sur un rail, lui-même rivé sur le toit. Certains modèles valent plusieurs centaines d'euros, c'est pourquoi les voyageurs à petit budget apportent avec eux une grande toile, qu'ils accrochent tout simplement sur le van, et tendent avec de longs piquets.

D'autres préfèrent mettre un auvent, capable de les abriter par tous les temps grâce à des cloisons imperméables, et doublant par la même occasion leur espace de vie : une idée à retenir pour ceux qui sillonnent les routes en famille.

PETITS DÉTAILS QUI COMPTENT

Au vu de l'espace étroit des habitats roulants, chaque chose doit avoir une place. Il est essentiel de tout **attacher** ou de **ranger** les affaires dans des placards fermés, pour des raisons pratiques mais également de sécurité : quand on prend un virage ou qu'on freine un peu fort, tout tombe !

Décorer l'habitacle rendra votre quotidien plus agréable vu le temps que l'on peut y passer. Quelques détails suffisent : photos, carte du monde, miroir...

Pensez aussi à accrocher des **rideaux occultants,** pour préserver votre intimité et la qualité de votre sommeil. Certains tissus spéciaux sont de bons isolants thermiques, ils évitent la déperdition de chaleur (sinon, coudre sur l'envers du textile une couverture de survie).

Matériel

LES INDISPENSABLES

» Boite à outils, gants de mécanique et ruban adhésif toilé (scotch américain)

» Câbles de dépannage pour la batterie

» Pièces de rechange : allumage, bougies, courroie d'alternateur, carburateur, mâchoires de freins

» Extincteur

» Liquides habituels : huile moteur, refroidissement, lave-glace, antigel pour le froid extrême

» Gilet jaune, triangle de sécurité, constats vierges, disque de stationnement

» Corde solide (très utile quand on s'embourbe) et/ou chaînes à neige

» GPS

» Douche solaire si vous n'avez pas de douche dans le van, et bâche pour bricoler une cabine avec des pinces en utilisant les portes arrière

» Raccords de tuyauterie et de robinetterie (lot avec plusieurs embouts)

» Kit d'adaptateurs pour visser le détendeur de la bouteille de gaz sur différents modèles (pour utiliser les bouteilles achetées à l'étranger)

» De quoi faire le ménage facilement : balayette, bassine, éponge, torchons

LES BONNES IDÉES ÉVENTUELLES

» Porte-vélo et vélo

» Trottinette (afin d'aller chercher le pain sans prendre le van...)

» Moustiquaire pour porte coulissante et fenêtres

» Pare-soleil

» Tente et duvet supplémentaire, c'est de l'espace en plus pour inviter quelqu'un à l'improviste

» Cales pour dormir à plat

Passer à l'action

Conduite et maniabilité

PRISE EN MAIN

Il est préférable de vous entraîner dans des lieux tranquilles avant de prendre la route pour la première fois, car le gabarit d'un van est bien supérieur à celui d'une voiture. Faites des essais avec l'aide d'un proche et allez à votre rythme : pas d'inquiétude, on prend souvent la main plus vite qu'on ne le croit !

Avant le départ, apprenez les bases de la mécanique (il existe des garages participatifs pour se former), faites un contrôle de l'état du véhicule au garage, vérifiez les différents niveaux et le gonflage de vos pneus, et pensez à télécharger la carte de votre GPS pour pouvoir l'utiliser hors-ligne. *Osmand* et *Here Maps* sont de bons outils de navigation.

MANŒUVRER

Gardez toujours en tête la hauteur de votre véhicule, vous pouvez même l'afficher sur le tableau de bord, surtout s'il s'agit d'un modèle surélevé. Idem en ce qui concerne la largeur : méfiez-vous des rues trop étroites et des virages serrés, qui sont à prendre largement afin de ne pas érafler votre portière latérale. Attention, dans les pays où l'on roule à gauche, mieux vaut commencer le voyage dans de petites villes, car il faut adopter de nouveaux réflexes et un important trafic routier n'aide pas. Vous pouvez aussi facilement ajouter un radar de recul.

CARBURANT

Évitez de rouler sur la réserve, surtout avec un diesel : si votre van tombe en panne de carburant, vous ne redémarrerez pas. Dans les régions isolées, prévoyez d'avoir avec vous un jerrican de secours, mais renseignez-vous bien au préalable : certaines législations locales interdisent le transport de carburant, même en petite quantité. Les voyageurs les plus économes utilisent un comparateur de prix des différentes stations-essence alentour, comme *Essence/Gasoil Now* ou *Wazse*.

EN CAS DE PANNE

Si votre véhicule tombe en panne, essayez tout d'abord d'identifier le problème et de le réparer si c'est simple. Appelez votre assistance, et dans le cas d'une panne prise en charge par votre compagnie, suivez les directives annoncées au téléphone. Attention, selon les clauses de votre contrat, vous ne bénéficierez pas toujours d'une aide pour une panne ayant lieu à moins de 50 km de votre domicile. Sinon, trouvez vous-même un garage dans les environs.

Si possible, restez toujours avec votre van, afin de bien comprendre les réparations effectuées par le mécanicien, et d'apprendre pour une éventuelle prochaine fois. À l'étranger, vous pouvez utiliser un outil de traduction ou vous faire aider par une personne bilingue, pour faciliter la communication car les termes sont souvent techniques.

Il arrive que le démarreur d'un van se bloque à cause de sa vétusté, et qu'il soit impossible de redémarrer. Dans ce cas, tapez légèrement dessus avec un marteau ou un petit objet métallique, pour en décoller les charbons.

Trouver un spot pour la nuit

Il est parfois difficile de trouver un endroit où garer son van pour la nuit (barrières avec limites de hauteur, interdiction de stationnement dans certaines zones protégées...). Faute de bonnes options, il arrive de devoir dormir dans des lieux de repli comme les stations-service, cela fait aussi partie du voyage. Terminer tôt la journée permet de disposer de plus de temps pour chercher un endroit agréable.

Deux applications peuvent vous aider à dénicher un spot sympa : *Park4night* et *iOverlander* (des particuliers y échangent leurs bons plans et coordonnées GPS). On peut aussi utiliser *Open Street Map* ou la vue satellite de *Google Maps* pour trouver un coin calme et reculé.

Si vous apercevez des riverains alors que vous vous installez près de chez eux, soyez avenant et demandez-leur si votre présence ne les dérange pas. Ils seront ainsi rassurés, et vous aussi ! À l'inverse, lorsque vous ressentez un mauvais pressentiment, passez votre chemin. Mieux vaut aller plus loin plutôt que de ne pas dormir de la nuit.

Cuisiner

Selon la possibilité de stockage des aliments et celle de ravitaillement, ainsi que vos habitudes, vous cuisinerez plus ou moins de produits frais, bien que ces derniers soient toujours à privilégier (plus de goût et de vitamines). Dans un van, on doit apprendre à être créatif et à improviser des recettes adaptées à un coin cuisine miniature. On fait également souvent avec ce que l'on a sous la main : produits locaux, cueillette sauvage raisonnée... Les fins gourmets s'équiperont d'un four de camping pour réchaud à gaz, voire d'un barbecue portatif !

Choisir des produits qui cuisent vite est plus commode, et économise de l'énergie. La semoule ou les lentilles corail par exemple, sont des ingrédients parfaits pour cuisiner dans un van.

Du mythe à la réalité : risques et difficultés

Hygiène

Se laver peut être un vrai défi si le van ne possède pas de sanitaires adaptés. Dans ce cas, pour rester propre, quelques idées sont à retenir : installer une douche solaire, se nettoyer avec une bassine et un gant, se rendre dans un camping ou bien dans une station-service disposant de douches pour routiers, ou s'habituer à l'eau froide des rivières, gage de bonne santé toute l'année !

L'accès aux toilettes n'est pas toujours simple : dans les lieux publics, elles sont souvent sales, et utiliser un seau dans le van peut vite décourager. Beaucoup font leurs besoins directement dans la nature, en prenant soin de ne laisser aucun papier toilette derrière eux (le mettre à la poubelle), et en enterrant ce qui doit l'être. D'autres préfèrent installer dans leur van des toilettes sèches compostables, qui sont écologiques et pratiques, ou chimiques en faisant attention à ne pas vider les eaux "*noires*" n'importe où (voir la mise en garde p. 193).

La lessive peut se faire au savon d'Alep ou de Marseille dans une bassine, ou directement dans une laverie, notamment pour le linge volumineux comme les draps.

Sécurité

Ne laissez jamais d'objets de valeur en vue, et lorsque vous devez vous absenter, garez-vous de façon bien visible de tous. Même en respectant la réglementation locale liée au stationnement, il peut arriver d'être dérangé en pleine nuit : contrôle spontané de police, riverains inquiets ou mécontents... Malgré le désagrément, restez courtois car c'est dans l'intérêt de chacun, et surtout dans le vôtre : vous ne voudriez pas vous réveiller le lendemain en ayant un pneu crevé...

Les femmes seules connaissent parfois des problèmes de harcèlement sexuel sur certains parkings. Afin d'éviter les soucis, écoutez votre feeling. Si votre intuition est mauvaise, trouvez un endroit où vous vous sentirez mieux (vous trouverez de nombreux conseils au chapitre *Voyage au féminin*, p. 60).

Météo

PAR TEMPS FROID

Outre une bonne isolation, voyager l'hiver ou dans un pays froid vous obligera à avoir certains équipements supplémentaires : des pneus adaptés, des chaînes et/ou des dispositifs antipatinage, un additif de l'antigel pour les températures extrêmes ainsi qu'un grattoir à gel et une pelle à neige. Vérifiez les recommandations locales et nationales.

Si vous possédez un circuit d'eau, protégez les conduites du gel avec un tube isolant et ne remplissez pas trop les cuves, car l'eau qui gèle se dilate. Pour la même raison, quand vous vous absentez, éteignez la pompe et vidangez le chauffe-eau.

Si vous n'avez pas installé de chauffage, apportez une bouillotte. N'oubliez pas non plus d'enfiler des chaussettes en laine, un bonnet et des chaussons : la déperdition de chaleur se fait surtout par les extrémités du corps. Investissez également dans une bonne couette en duvet synthétique ou de canard, ou dans un sac de couchage d'hiver, et prenez une couverture en plus au cas où.

MAUVAIS TEMPS

Les intempéries sont inévitables : autant prévoir suffisamment d'activités intérieures pour passer du bon temps malgré tout (livres, instruments de musique, jeux de cartes, de société...).

Si vous revenez d'une promenade avec des chaussures boueuses, pensez à les enlever et à les déposer dans un bac dédié, sans quoi vous serez de corvée de ménage !

La nuit, le bruit de la pluie sur la carrosserie peut gêner le sommeil, surtout quand on n'y est pas habitué, d'où l'importance d'une bonne isolation. Des bouchons d'oreilles peuvent être utiles.

Lorsqu'il pleut, un van s'embourbe facilement à cause de son poids. N'empruntez pas n'importe quel chemin de terre.

HUMIDITÉ

Conséquence de la condensation, l'humidité dégrade la menuiserie et l'isolation tout en permettant aux moisissures et aux odeurs désagréables de proliférer dans l'habitable. Pour éviter son accumulation, il faut :

» Installer des grilles d'aération aux fenêtres,

» S'aider d'un absorbeur d'humidité,

» Cuisiner avec un couvercle pour retenir l'évaporation, en ouvrant les portes du van,

» Laisser les placards entrouverts avec une cale ou en faisant un petit trou pour que l'air circule,

» Faire sécher le linge à l'extérieur,

» Chauffer l'habitacle progressivement.

PAR TEMPS CHAUD

Les fortes températures peuvent être rudes à affronter. Pour ne pas trop souffrir de la chaleur, il faut toujours penser à se garer à l'ombre, si possible près d'une rivière, d'un lac ou de la mer. Le soir, prévoyez où se situera l'ombre du lendemain matin (celle d'un arbre ou d'un bâtiment) et installez-vous à cet endroit précis, sans quoi vous serez réveillé dès les premiers rayons du soleil. Surtout, hydratez-vous en conséquence (voir *Santé du voyageur* qui traite des coups de chaleur, p. 375).

Pour aller plus loin

Sites Web et blogs

» park4night.com – Partage communautaire de spots où passer la nuit

» www.ioverlander.com – Même chose (en anglais), à utiliser en complément

» www.vanlifemag.fr – Conseils pratiques et tests d'équipements divers, publications trimestrielles spécialisées

» www.fourgonlesite.com – Conseils, récits, portraits de van lifers, actualités

» www.histoiresdetongs.com – Blog aventure en solo et au féminin, deux ans en Europe avec un T4, à petit budget

» lemondedetikal.com/fr – Blog nature et grands espaces, l'Amérique en Iveco Daily et l'Europe en Westfalia

» mon-fourgon-amenage.fr – Blog technique pour aménager un fourgon

Livres techniques

» HÉTIER, Lucile et LECARDEZ Pierre-François. *Le Manuel du fourgon aménagé* (Eyrolles, 2021)

Récits de voyages

» FRINDIK Elsa et LANNEAU Bertrand. *Drive your adventure, guide d'un road trip en van aux confins de l'Europe* (La Martinière, 2017)

» VISAGE, Camille et ROUXEL, Pierre. *Vanlife en France, Roadtrip Makes Me Free* (The Roadtrippers, 2020)

"Certains rêvent de lever l'ancre,
d'autres préfèrent lever le pouce..."
Voyageur

Auto-stop

Objectif : se déplacer sur le réseau routier ainsi que certains territoires non aménagés tels que les hauts plateaux et les plaines désertiques

Autres dénominations : faire du pouce (Québec), avoir une chance (Acadie), hitchhiking, hitching a ride, lifting ou thumbing (Anglais), trampen (Allemand), liften (Néerlandais), hacer dedo (Amérique latine), hacer autoestop (Espagne), pedir aventón (Mexique), pedir jalón (Guatemala et Honduras), pedir raid, raï ou ray (Mexique et Amérique centrale), uma boleia (Portugal), pedir chance (Caraïbes)

Intérêt économique

Intérêt écologique

Intérêt humain

Degré d'aventure

L'auto-stop, c'est quoi ?

DESCRIPTION DE LA TECHNIQUE

Faire de l'auto-stop, c'est solliciter un transport routier auprès d'un conducteur. Il s'agit d'un échange spontané (par opposition au covoiturage qui lui est planifié) et généralement gratuit, exception faite de certains pays où les transports en commun sont déficients. L'auto-stoppeur fait généralement un signe de la main au conducteur ou le sollicite directement en l'abordant.

COMPRENDRE LE CONTEXTE

Les années 1970 furent très certainement les meilleures années de cette pratique. Les vieux loups des routes se souviennent : "Plus de 40 auto-stoppeurs à Dreilinden (porte de Berlin-Ouest), une trentaine à la Porte d'Orléans (Paris)". Révolue, l'ère du stop ? Pas si sûr ! Malgré l'image négative véhiculée par les médias, il est encore possible de voir des dizaines d'auto-stoppeurs faire la queue après un festival de rock (comme le Roskilde au Danemark), au Vietnam (où le stop est un moyen de transport en commun comme un autre), ou lors d'une course étudiante comme Hit The Road organisée par Stop and Go Sciences Po (stopandgosp.wixsite.com/stopandgo) ou le festival d'auto-stop MadJacques (www.madjacques.fr). Qui a dit que l'on ne levait plus le pouce ?

Un peu de théorie

Intérêt

ÉCONOMIQUE

Pas besoin de vous faire un dessin : l'auto-stop est généralement un mode de transport gratuit. Cependant, dans les pays où les transports en commun sont assez peu développés et l'essence très chère par rapport au niveau de vie, on vous demandera de contribuer aux frais de bord. C'est souvent le cas en Amérique latine, et dans certains pays d'Asie, d'Afrique et d'Europe de l'Est. La somme demandée est en général bien inférieure au prix du bus, s'il y en a. Il est également possible de faire du stop dans certaines de ces régions sans payer (pas toutes !), en expliquant que l'on veut être pris gratuitement. Informez-vous à l'avance des coutumes locales.

ÉCOLOGIQUE

Il s'agit d'une technique d'optimisation, c'est-à-dire qu'elle augmente l'efficacité d'un transport motorisé en diminuant la consommation d'énergie par passager.

Souvent, les chauffeurs prennent des détours pour vous montrer un site fabuleux ou la maison de leur grand-mère, ou bien feront quelques kilomètres supplémentaires pour vous déposer à un endroit qui vous convient mieux. En pratique, l'impact écologique n'est pas nul, quoique faible pour un mode de transport motorisé.

HUMAIN

On découvre généralement la technique pour ses aspects économiques et écologiques, mais ce sont les relations humaines qui nourrissent l'auto-stoppeur endurci.

La relation entre l'auto-stoppeur et le conducteur est éphémère et quasi anonyme. Pour ces raisons, la discussion sera généralement directe, sincère et profonde. C'est ce qu'on appelle en psychologie "la rencontre du train". C'est donc une façon de connaître la culture locale à un niveau plus subtil : comment pensent les gens, comment ils vivent, quels sont leurs rêves, leurs préoccupations, leurs envies, leurs regrets...

Les personnes qui prennent en stop proviennent de toutes les couches de la société, ce qui en fait un échantillon diversifié et représentatif du territoire que vous traversez. Du routier à l'homme d'affaires, du prêtre au criminel, de la strip-teaseuse au travailleur illégal, chaque véhicule contient sa réalité distincte à découvrir, à questionner et avec laquelle partager.

L'auto-stop est un moyen idéal de pratiquer et d'apprendre les langues étrangères. Puisque l'essentiel est de communiquer, la peur de faire des erreurs disparaît au profit du désir de comprendre et d'être compris. C'est également une excellente façon de briser la glace, même si le résultat est parfois cocasse !

Pour sa sécurité, l'auto-stoppeur devra également apprendre à être attentif à l'autre, aux messages qu'il émet, et à confronter ses peurs et son comportement face à une autre culture. C'est un exercice de communication, de développement personnel et de tolérance.

DEGRÉ D'AVENTURE

Dans l'imaginaire des gens, l'auto-stop est l'image la plus concrète du voyage alternatif et d'aventure. Le voyageur s'expose au risque d'une mauvaise rencontre, d'une attente qui s'éternise, de devoir improviser un endroit où dormir sur la route, etc. En réalité, le voyage en stop est surtout affaire de probabilité et de psychologie. La pratique requiert donc une préparation mentale adéquate permettant de garder le contrôle de la conversation et de dominer ses peurs. À travers l'expérience, on développe des compétences interpersonnelles et interculturelles. C'est là que commence le plaisir... Autant vous avertir, l'auto-stop est addictif : quand on commence à lever le pouce, on tend à délaisser le bus et le train !

Aspects légaux

Dans la plupart des pays, la pratique de l'auto-stop est légale. Dans certains États des États-Unis, notamment sur certains axes routiers (autoroutes, boulevards à voies rapides), il est expressément prohibé de solliciter un transport par le biais de l'auto-stop. À notre connaissance, deux autres conditions générales peuvent rendre la technique illégale. Il est interdit de faire du stop lorsque :

» La présence de piétons est expressément prohibée, par exemple sur la bande d'arrêt d'urgence de l'autoroute.

» Il est interdit ou dangereux pour un automobiliste de s'arrêter à l'endroit où l'on se trouve. C'est la situation la plus courante – en incitant l'automobiliste à se trouver dans une situation dangereuse ou illégale, vous contrevenez vous-même à la loi et risquez d'être arrêté. Tout dépend du jugement du policier qui croise votre route à cet endroit. Si le flux des véhicules est très bas, il est cependant possible que la police y tolère votre présence.

Enfin, il va de soi que vous pouvez être contrôlé en tout temps pour une vérification d'identité (s'il y a lieu) ou pour toute offense dont on vous suspecte : transport de drogues, entrée illégale dans le pays, etc. Il importe donc de collaborer avec les autorités, d'avoir une connaissance pratique des lois locales... et d'être en règle.

Il est toutefois important de mentionner quelques autres éléments auxquels l'auto-stoppeur peut être confronté dans son rapport aux forces de l'ordre : ignorance ou abus de pouvoir des policiers, corruption, flou légal et événements de l'actualité tels qu'attentats terroristes, enquêtes en cours, présence paramilitaire, conflits armés. La règle d'or pour planifier un périple dans une région méconnue : **s'informer auprès des locaux et d'autres auto-stoppeurs expérimentés**.

En pratique

Se préparer

Comprendre les techniques de sollicitation de base

AUTO-STOP PASSIF

Posté sur le bord de la route, debout, face au trafic, vous faites un signe de la main aux voitures passant à vos côtés. Les voitures doivent avoir de l'espace pour s'arrêter sans causer d'accident. Dans la majeure partie du monde occidental, le signe du bras tendu avec le pouce levé est reconnu, mais le deuxième signal le plus répandu est de tourner la paume vers le sol en faisant un mouvement de haut en bas avec le bras (au Moyen-Orient, en Asie centrale et en Amérique du Sud, notamment). En Israël, l'auto-stop se fait en pointant vers le sol, bras tendu à 45°. Il serait difficile d'énumérer ici tous les signes et les contextes car les signes compris par les automobilistes varient d'une partie du monde à l'autre : assurez-vous surtout que le geste que vous faites ne soit pas offensant !

Vos atouts Votre sourire, vos vêtements visibles, votre apparence physique, votre regard rencontrant celui du conducteur, votre enthousiasme, un signe de la main ou plus généralement toute communication non verbale.

Avantages Cette technique est généralement nécessaire pour quitter une ville, se mettre "sur la route".

Inconvénients Pas de contact direct avec les gens, pas de possibilité de leur parler et de les "sentir", pas moyen de savoir s'ils vont vraiment dans votre direction.

AUTO-STOP ACTIF

Dans les péages, près des pompes à essence ou à un feu de circulation viré au rouge, vous prenez quelques instants pour aborder un conducteur directement, lui demandant où il va et s'il peut vous prendre avec lui.

CONSEIL

» Un arrêt d'autobus est souvent un endroit de choix pour faire de l'auto-stop passif. Cela peut dérouter un peu les automobilistes, mais au moins ceux-ci peuvent généralement s'y arrêter sans danger.

» Il est extrêmement rare que des voitures s'arrêtent lorsque l'auto-stoppeur marche sur le bas-côté de la route, même s'il se retourne à l'approche des voitures. Idem pour ceux qui sont assis... à moins que ceux-ci ne se relèvent promptement à l'approche d'une voiture !

» Une règle tacite de l'auto-stop passif est que vous établissez le premier contact en demandant au conducteur où il va. Alors qu'il vous répond, vous avez la possibilité d'évaluer brièvement la situation : aspect des passagers de la voiture, est-ce que vous "sentez" la situation ? Et vous avez alors l'opportunité de refuser : "Désolé, c'est trop loin, trop près, trop à côté, et j'ai oublié de nourrir le chien à la maison..." Un peu plus compliqué à faire lorsque vous utilisez une pancarte...

Vos atouts Votre sourire, votre apparence physique, votre attitude, vos compétences linguistiques et sociales, votre sens de l'humour et parfois votre pays d'origine.

Avantages C'est dans les aires de service que cette technique donne les meilleurs résultats. Sollicité directement, le conducteur voit l'opportunité d'aider autrui. Il peut également refuser, mais il devra généralement trouver une excuse et se justifier. Quoi qu'il en soit, il peut difficilement détourner le regard et vous ignorer. Cela vous permet de choisir non seulement les personnes que vous sollicitez, notamment la nuit où les risques sont plus élevés, mais aussi le véhicule, en fonction du confort souhaité et de la destination probable du véhicule (plaque d'immatriculation).

Inconvénients Demande une bonne dose d'audace et de confiance en soi, implique que vous sachiez vous faire comprendre efficacement. Sentiment de "forcer la main" aux gens qui prennent alors un auto-stoppeur alors qu'ils sont mal à l'aise de le faire.

Évitez de cogner aux fenêtres des voitures, c'est une forme d'agression souvent mal vécue par les automobilistes. Essayez plutôt d'attirer leur attention par des signes et un joli sourire.

Déterminer un trajet optimal

Pour déterminer le trajet optimal, il faut **analyser la route** en se posant quelques questions : Quel est le trajet le plus intuitif entre le point de départ et le point d'arrivée ? Quelles routes ont le plus grand flux de véhicules ? Le meilleur trajet d'auto-stop n'est pas toujours le plus court ni le plus rapide.

Il faut se mettre dans la tête des automobilistes qui prennent cette route. Par exemple, la rampe d'accès à l'autoroute la plus proche est peut-être utilisée par des gens voyageant localement, qui ne se rendent pas sur la portion du réseau autoroutier dont vous avez besoin.

Partir dans la "mauvaise" direction, selon la configuration routière, peut s'avérer astucieux pour se rendre à un endroit d'où le départ sera plus facile.

Repérer les nœuds autoroutiers sur le trajet peut aussi être un atout : il est parfois difficile de passer ou de ressortir des très grandes villes car elles sont la destination finale de la majorité des automobilistes.

Anticipez les endroits où vous risquez d'être bloqué : il y a sans doute une façon de les éviter. Quelles sont les aires de service à proximité ou en amont ? En prévoyant un endroit où être déposé juste avant le nœud ou la grande ville, vous pourrez alors y solliciter des gens se rendant au-delà de celle-ci, que ce soit avec un panneau approprié ou par sollicitation active. Y a-t-il des trajets alternatifs ? S'ils n'allongent pas trop votre route, sachez que la flexibilité est parfois récompensée.

Étudiez la carte routière et prenez en note les autoroutes à emprunter, les grandes villes sur le chemin et les aires de service juste avant ou juste après un nœud important.

En consignant les informations importantes par écrit, vous vous donnez une chance de faire lire à votre conducteur l'endroit où vous allez (à défaut d'arriver à le prononcer...).

Dénicher un point de départ

Pour l'auto-stop passif, le point de départ idéal est un endroit où :

» l'arrêt du véhicule et la présence de piétons sont légaux

» il y a suffisamment d'espace pour l'arrêt d'un véhicule

» l'auto-stoppeur est vu depuis une grande distance (plus de 100 m), ou pendant un long moment (feu de circulation)

» le trafic au long cours circule régulièrement vers notre destination ou une destination intermédiaire

» le flux des voitures est relativement lent et fluide (< 80 km/h), et il n'est pas trop difficile pour l'automobiliste de réintégrer la circulation

» l'éclairage est suffisant pour que vous soyez vu et puissiez établir un contact oculaire avec le conducteur

Dans certains pays, il est légal de faire du stop sur la rampe d'accès à l'autoroute, ou même directement sur l'autoroute (mais pas en France !). Choisissez de préférence une rampe droite, où l'on vous voit de loin et où un conducteur s'arrêtant ne se mettra pas dans une situation dangereuse.

Dans les grandes villes, il est généralement nécessaire de **sortir du centre** en utilisant les transports publics, voire le covoiturage (très efficace pour être déposé sur une aire d'autoroute, par exemple, depuis le centre-ville). Tentez d'imaginer le trajet le plus logique à partir du centre-ville vers la direction où vous allez. Puis, repérez les stations-service ou les rampes d'accès à l'autoroute. La plus grande difficulté est généralement de trouver un endroit où les automobilistes peuvent se ranger le temps que vous montiez. Pensez à évaluer les options à partir des gares, des aéroports et des parkings des centres commerciaux,

CONSEIL

Les sites Internet de cartes et de calculs d'itinéraires routiers peuvent vous être très utiles :

» **Visualisation** du parcours hors de la ville, de l'arrivée dans la ville et des itinéraires alternatifs.

» **Recherche des stations-service** à proximité (cibler la zone à explorer et saisir "station-service" ou sa traduction dans le champ de recherche).

» **Vue satellite** et **vue piétonne** peuvent être utiles pour dénicher un point de départ selon la configuration de la route, l'espace disponible pour s'arrêter, la présence d'un feu de circulation, etc.

» **Notre préféré ?** L'incontournable Google Maps (www.google.com/maps).

lesquels génèrent souvent un trafic vers le réseau autoroutier. Pour les agglomérations plus petites, il suffit parfois simplement de marcher dans la direction où vous allez pour dénicher un endroit approprié.

Découvrir un nouvel endroit requiert du flair, une bonne connaissance du flux des voitures et une bonne dose de chance. Trouvez les points de départ reconnus pour leur efficacité auprès des auto-stoppeurs, car non seulement ils ont été testés et approuvés, mais il y a de bonnes chances que les automobilistes locaux aient l'habitude d'y voir des auto-stoppeurs. Les auto-stoppeurs partagent leurs tuyaux sur le Web, et vous trouverez peut-être de bonnes idées pour quitter votre ville sur **www.Hitchwiki.org**. N'oubliez pas d'y ajouter vos essais et vos découvertes !

Quand partir ?

De façon générale, l'auto-stop est plus facile à pratiquer **en semaine** que le week-end. Beaucoup de gens voyagent seuls pour affaires et sont prêts à prendre un passager supplémentaire pour faire passer le temps plus rapidement. Il y a plus de camions sur la route en semaine, car dans certains pays les camions ne peuvent pas rouler le dimanche (exception faite des camions frigorifiques). Enfin, les week-ends sont également le lot des familles (voitures pleines) et des conducteurs du dimanche en balade.

Faire du stop **de jour** est plus sûr que de nuit. Plus le trajet prévu est long, plus vous risquez de devoir faire du stop dans l'obscurité ou de dormir sur la route ; prévoyez l'équipement adéquat.

Si vous devez traverser une **frontière**, pensez aux heures d'ouverture du poste de contrôle et prévoyez les délais éventuels.

En conclusion, partez le plus tôt possible : exception faite des embouteillages matinaux, votre trajet n'en sera que plus rapide.

Pensez aux variations saisonnières (jours plus courts l'hiver) et à la latitude à laquelle vous vous trouvez (variations plus importantes en Norvège qu'au Maroc).

Vitesse, distance et durée de déplacement

La rapidité du déplacement est difficile à estimer car elle dépend de plusieurs facteurs :

Le sexe et le nombre Une femme attend généralement moins qu'un homme. Faire du stop à plusieurs prend plus de temps. Pas plus de trois auto-stoppeurs ! Si vous êtes en groupe, le mieux est de se diviser en paires : garçon-fille.

La technique L'auto-stop actif (sollicitation directe) divise par deux l'attente qu'engendre l'auto-stop passif. Si vous choisissez les routiers, sachez qu'en Europe, leur vitesse est limitée à 90 km/h sur l'autoroute.

Le point de départ Il faut parfois faire plusieurs kilomètres, détours ou prendre les transports en commun pour joindre un point de départ efficace, légal et logique.

Le système routier Vous serez ralenti si le système est complexe, s'il y a beaucoup de directions possibles et si la densité de population est forte. Considérez également le type et l'état de la route à emprunter, car dans certains pays, la vitesse effective est plus basse que la vitesse maximale, notamment sur les grands axes. Enfin, des travaux ou des conditions climatiques extrêmes peuvent ralentir le flux des voitures.

Date, jour et heure Jours fériés dans le pays, festivités, manifestations, etc.

Variables personnelles Votre look, vos poils au menton, votre karma, votre approche, vos (in)compétences linguistiques, etc.

Peu importe votre niveau d'expérience, il peut arriver que vous soyez coincé quelque part ou que votre trajet se ponctue d'imprévus. Le risque est d'autant plus grand que le trajet est long et complexe. Dans la mesure du possible, prévoyez même l'imprévisible : ayez un plan B et accordez-vous du temps supplémentaire.

Éviter de fumer ou de manger pendant l'attente, car cela peut être inconvenant pour le chauffeur s'arrêtant dans les secondes suivantes. Si vous mangez, faites-le avec discrétion.

Matériel utile

Par ordre d'importance :

Vêtements adaptés Pour faire face aux éléments pendant l'attente, habillez-vous en couches, prévoyant au moins une couche coupe-vent et/ou imperméable. Une veste à haute visibilité (fluorescente) augmentera vos chances d'être vu et incitera les conducteurs à ralentir, tout en ajoutant une touche de professionnalisme à votre apparence. Avoir l'air propre est un avantage indéniable : on n'a jamais une deuxième chance de faire une bonne première impression.

Pour les femmes, se rappeler que vos vêtements doivent permettre aux conducteurs potentiels de vous classer en un clin d'œil dans la catégorie "voyageuses" et non dans celle de "prostituées" – lesquelles se trouvent souvent aux abords des routes. Afin d'éviter toute confusion fâcheuse, couvrez jambes et épaules, portez des vêtements amples et confortables.

Sac à dos compact et propre Si votre bagage est petit, il est plus facile de le conserver avec vous, ce qui diminue les risques de perte ou de vol. Le sac à dos vous identifie comme voyageur et rassure les gens. Équipez-vous d'un protège-sac imperméable – vous pouvez ainsi non seulement protéger votre sac de l'humidité, mais aussi éviter de mouiller la voiture dans laquelle vous entrez (voir le chapitre *Faire son sac*, p. 22).

Aliments et liquides Attention à l'eau ! La nourriture coûte une petite fortune sur les aires d'autoroute. Prévoyez de quoi grignoter et rester en forme, l'idéal étant de pouvoir offrir un peu de vos vivres au conducteur. Idées gagnantes : chocolat, noix, fruits secs, pain, petites douceurs qui remontent le moral. À éviter : ce qui coule, ce qui moisit rapidement, ce qui fait des miettes partout et ce qui sent fort...

Panneau Voir la section suivante.

Argent liquide Avoir du liquide vous garantit une certaine flexibilité en cas d'urgence ou pour utiliser les transports en commun.

Carte de la région L'échelle idéale dépend de votre trajet. La carte vous indiquera les aires de service (stations-service, restaurants, etc.) et les entrées d'autoroute tout en vous permettant de repérer des trajets alternatifs.

Smartphone avec GPS et carte téléphonique locale Utiles en cas d'urgence et pour trouver un plan B.

Livret de présentation, sac à cadeaux et autres Voir le chapitre *Faire son sac* (p. 22).

Pour lutter contre le froid, il existe des chaufferettes que l'on glisse dans les chaussures ou dans les moufles et qui s'avèrent efficaces de nombreuses heures. Veillez à adapter votre équipement aux conditions climatiques.

PANCARTE OU PAS PANCARTE ?

Sur ce point, non seulement les opinions divergent, mais varient également selon le pays ou les circonstances. À vous de juger !

La pancarte est généralement un bout de carton de taille A4 ou plus, suffisamment rigide pour ne pas plier au vent. Il ne doit pas nécessairement indiquer la destination finale, mais plutôt la direction la plus logique pour le conducteur. Il est utile d'avoir plusieurs pancartes, notamment s'il y a plusieurs grandes agglomérations sur l'itinéraire. Si vous parcourez de longues distances, prenez avec vous un marqueur afin de faire des panneaux au fil de la route. Vous pouvez transporter les cartons avec vous ou espérer les trouver en chemin. Pour les plus prévoyants, il est aussi possible d'investir dans un panneau blanc Velleda A4, rigide ou non. Soyez créatif !

Passer à l'action

La première fois

Si vous débutez, commencez par des trajets simples, courts (< 300 km), de jour et de points de départ connus. Au fur et à mesure que vous trouverez votre style, vous pourrez allonger les trajets en conséquence et estimer votre vitesse de façon plus efficace.

Beaucoup de débutants se trouvent un parrain ou une marraine – quelqu'un ayant de l'expérience – afin de les instruire et de limiter

POUR OU CONTRE LA PANCARTE ?

ARGUMENTS POUR	ARGUMENTS CONTRE
Lorsque le réseau routier est complexe, ou près d'une jonction importante, les gens ne peuvent pas deviner où l'on va.	Décourage les gens qui vont moins loin que la destination écrite, mais qui pourraient nous avancer efficacement.
On peut y écrire la destination même si on est incapable de la prononcer.	Les gens n'ont pas vraiment le temps de lire le panneau ; demande un peu d'organisation et peut être encombrant.
On peut y écrire quelque chose de sympa pour faire rire les gens, comme *Tokyo* ou *Paradis*, ce qui vous rend sympathique à leurs yeux.	Rend difficile le refus d'un transport sous prétexte qu'il ne va pas assez loin ou n'est pas sur le chemin (voir la section *Conseils de sécurité* , p. 206).
Dénote de l'organisation et rassure les gens.	Peu utile en sollicitation active ou la nuit.

le stress lié à la première expérience. Vous trouverez peut-être quelqu'un avec qui partager la route sur l'un des nombreux groupes Facebook et forums voyage sur ce thème – cherchez "hitchhikers" ou "hitchhiking".

Si vous choisissez de partir seul, suivez votre instinct et sachez dire non lorsque vous ne "sentez pas" le transport, ou lorsqu'il ne vous aidera pas réellement (distance trop courte, trajet incertain, pas de station-service avant la sortie de l'autoroute, etc.).

À partir du moment où la voiture se range, ne perdez pas de temps, tentez de ne pas faire attendre le conducteur. Ne vous mettez pas non plus en situation dangereuse. Soyez **alerte**, **prompt** et **courtois**.

L'art de se faire déposer

Choisissez le meilleur endroit d'où repartir Si votre conducteur ne vous amène pas à votre destination finale, tentez de repérer la dernière station-service en amont de la prochaine grande ville afin de pouvoir repartir de là. L'entrée dans une grande ville est à éviter à tout prix.

Évitez de quitter l'autoroute (s'il y a lieu) Dans certains pays, les aires de service se trouvent directement sur l'autoroute et il est possible de parcourir de très grandes distances en connaissant les aires optimales où se faire déposer. Sachez que si votre transport ne vous amène pas directement au centre de la ville que vous souhaitez rallier mais en périphérie, il est probable que vous obteniez un transport direct vers le centre à partir de la dernière station-service.

Prévoyez le minimum d'inconvénients pour le conducteur Négociez l'endroit à l'avance.

Attention à vos bagages ! Assurez-vous de ne pas oublier votre sac à dos ni de donner à votre chauffeur l'opportunité de l'oublier. Évitez lorsque c'est possible de placer votre bagage dans le coffre. Privilégiez plutôt le siège arrière. Au moment de descendre, faites en sorte qu'au moins une des portes demeure ouverte tant que vous n'avez pas récupéré votre sac, et dites à haute voix : "Je vais seulement reprendre mon sac." Ce qui semble évident ne l'est pas toujours et ce n'est pas la responsabilité de votre chauffeur de se souvenir de l'existence de votre bagage.

CONSEIL

» **Péages :** très pratiques pour l'auto-stop actif car sur le passage d'un gros flux de voitures se déplaçant souvent sur une longue distance. Ces lieux sont abrités, éclairés et les voitures s'arrêtent devant vous pour prendre leur ticket ! Le plus simple est de se placer entre les travées, près du distributeur de tickets. Attention cependant à ne pas vous mettre en danger et à ne pas perturber le trafic lorsque vous vous positionnerez. Votre présence peut être tolérée dans certains péages et refusée dans d'autres : à vous de vous renseigner ou de tenter votre chance...

» **Stations-service :** dans les villes ou aux abords des routes, ce sont les lieux les plus sûrs pour l'auto-stoppeur. On y trouve un abri, de la lumière, une présence humaine, des informations routières mais aussi des toilettes et de quoi manger. Les conducteurs sont accessibles facilement et il est possible d'attirer davantage leur attention tout en prenant le temps de les jauger. Idéal pour les débutants comme pour les plus habitués.

» **Feux de circulation :** pensez à être vif et efficace pour avoir le temps de demander au plus grand nombre de véhicules dans le temps imparti par le feu rouge. Pour cela, votre demande doit être résumée en quelques mots. Attention à déranger le moins possible la fluidité du trafic.

Du mythe à la réalité : risques et difficultés

Connaître le risque et le gérer

ACCIDENTS DE LA ROUTE

Comme pour tout transport sur le réseau routier, il s'agit du risque principal auquel l'auto-stoppeur est exposé. Sans moyen de contrôle sur la conduite, il peut tout de même réduire les risques en respectant quelques règles de base :

» Ne jamais faire de stop à un endroit dangereux pour l'arrêt du véhicule.

» Boucler sa ceinture de sécurité.

» Être attentif à la route, et aider le conducteur du véhicule à l'être en : sachant se taire aux moments critiques de la conduite ; portant à l'attention du conducteur les éléments inattendus sur la route ; clarifiant à l'avance l'endroit où il vous déposera.

» Insister pour que le conducteur vous dépose à un endroit où l'arrêt du véhicule peut se faire en sécurité.

» Si le conducteur conduit dangereusement ou abuse de l'alcool ou de drogues, mentionner votre inconfort, insister pour qu'il modifie sa conduite, lui proposer de prendre le volant ou trouver une excuse pour quitter le véhicule (voir la section *Quitter le véhicule*, p. 206).

SE PERDRE OU DÉVIER FORTEMENT DE SON ITINÉRAIRE

Il est possible que vous connaissiez mal la région où vous vous rendez alors que votre conducteur la connaît assez bien. Afin d'éviter de vous retrouver coincé dans un endroit éloigné et ne plus savoir quelle direction prendre :

» Être attentif à la route empruntée par le conducteur et clarifier rapidement toute irrégularité de parcours.

» Avoir une carte de la région (indiquant les stations-service).

» Prendre connaissance des trajets alternatifs.

» Négocier le point d'arrêt et pour éviter toute ambiguïté, le pointer sur la carte.

» Savoir être ferme si vous sentez que le point d'arrêt qu'il vous propose n'est pas adapté à votre stratégie d'auto-stop, même s'il dit bien connaître la région.

» En cas de problème, demander de l'aide !

N'hésitez pas à mentionner au conducteur s'il y a des options qui vous conviendraient mieux sans pour autant lui demander d'effort important. N'oubliez pas que votre outil principal est une bonne communication.

ÊTRE VICTIME D'UN CRIME

La nature de la technique place l'auto-stoppeur dans une position de vulnérabilité face au conducteur et aux autres passagers du véhicule. Reportez-vous à l'encadré ci-dessous pour connaître et savoir évaluer les différents risques liés au stop.

FACTEURS DE RISQUE LIÉS À L'AUTO-STOP

Il existe peu de statistiques fiables et récentes sur le niveau de risque réel lié à l'auto-stop. Les quelques chiffres disponibles décomptent le nombre de crimes rapportés sans les relier au nombre total d'expériences d'auto-stop. C'est qu'il est difficile d'obtenir des données concernant l'auto-stop : combien de personnes le pratiquent ? À quelle fréquence ? Quelle est la proportion des auto-stoppeurs de chaque sexe ? Quelle distance couvrent-ils généralement, et à quelle vitesse ? Autant de questions qui demeurent sans réponse précise... Il existe toutefois un certain consensus auprès des auto-stoppeurs quant aux grands facteurs de risque.

FACTEURS PERSONNELS

» **Sexe :** les femmes sont plus exposées que les hommes, notamment pour les crimes à caractère sexuel. Les hommes sont plus exposés au vol (avec ou sans violence).

» **Niveau d'expérience :** capacité à gérer sa relation avec le conducteur, attitude, connaissance de techniques d'autodéfense.

» **Degré de connaissance des langues :** aptitude à communiquer efficacement avec le conducteur.

» **Apparence physique :** vêtements, physique, etc.

FACTEURS LIÉS AU TRAJET

» **Nombre d'auto-stoppeurs :** la criminalité envers deux auto-stoppeurs est près de dix fois moindre qu'envers un voyageur solitaire.

» **Heure et obscurité :** la majorité des crimes ont lieu après 18h.

» **Distance :** les trajets courts et intra-urbains sont plus risqués que les longues distances.

FACTEURS RÉGIONAUX

» Taux et type de criminalité locale

» Perception de l'auto-stop

» Perception de l'étranger

» Événements d'actualité

FACTEURS HUMAINS

» Caractéristiques et intentions du conducteur et des passagers

EN CAS DE DANGER

Si vous vous sentez en danger, **ne paniquez surtout pas !** Soyez résolu dans votre décision de quitter le véhicule et n'imaginez pas le pire. Gardez votre calme et détachez-vous de la situation. Votre jugement est très important dans ces circonstances car il n'existe pas deux situations identiques.

Évitez coûte que coûte de sauter de la voiture ! Il est très difficile de ne pas être rabattu sur la voiture lors du saut, les chances de s'en sortir sont extrêmement minces et diminuent fortement avec la vitesse du véhicule. Quitter la voiture dans ces conditions est un moyen d'**ultime recours**, quand la probabilité d'être tué en y demeurant est plus grande qu'en sautant. Si toutefois vous deviez être dans cette situation un jour, essayez d'abord de tirer sur le frein à main, visez une zone où le sol est plus tendre (herbe, terre, etc.), rentrez la tête et croisez les bras près du corps afin de protéger vos zones vitales. Sautez le plus loin possible du véhicule en roulant le plus loin possible de la route.

Mais nous insistons : c'est extrêmement dangereux.

Conseils de sécurité

Les tableaux de la double page suivante recensent les conseils de sécurité généralement donnés aux auto-stoppeurs, ainsi que notre analyse de leurs avantages et inconvénients. Notez que certains d'entre eux sont à notre avis mal avisés (surtout parmi ceux donnés aux femmes), mais comme ils sont souvent évoqués, nous préférions vous laisser l'opportunité d'en juger vous-même. Consultez aussi le chapitre *Assurer sa sécurité* (p. 356) pour tout ce qui a trait à la préparation mentale et au *self-defense*. À vous de trouver votre style !

Quitter le véhicule

» Si vous êtes intimidé par votre conducteur ou si vous sentez que la situation vous échappe, il est préférable de quitter le véhicule rapidement plutôt que de laisser la situation dégénérer.

» L'idéal est d'être déposé à un endroit d'où vous pouvez repartir sans trop de difficultés. Par contre, si vous vous sentez en danger, n'hésitez pas à trouver un moyen de quitter le véhicule au plus vite.

» Dites au chauffeur que vous aimeriez descendre à la prochaine station-service, à la prochaine sortie, ou au prochain endroit où il peut s'arrêter en sécurité. Soyez très ferme, mais demeurez calme et poli.

» Si cela vous rassure, vous pouvez donner une courte explication au chauffeur : "Je ne me sens pas bien" fait très bien l'affaire ; évitez d'entrer dans les détails. Vous pouvez inventer autre chose, mais veillez à ne pas paniquer ni vous emmêler dans une histoire complexe. Restez concentré.

» Si la situation tourne vraiment au vinaigre, il peut être nécessaire de vous affirmer très fortement, menacer de sauter, ou agir. Dans tous les cas, rappelez-vous que la personne est au volant et que votre risque principal est toujours l'accident de voiture.

» Connaissez les numéros d'urgence du pays, et sachez vous en servir.

Variations sur un même thème

Avec des animaux

Faire du stop avec un chien ? Pas si compliqué si l'animal coopère ! De nombreux conducteurs ne vous auraient pas pris, mais avec le chien… c'est oui, absolument ! Selon des chiens-stoppeurs expérimentés, l'attente n'est pas plus longue avec un chien, mais les opinions sur ce point varient tout de même. Par contre, voyager avec un petit animal n'est pas plus avantageux : à vous de signaler la présence de l'animal au conducteur avant de monter, afin qu'il ait le choix d'accepter ou de refuser.

Auto-stop longue distance et auto-stop de nuit

Si vous avez déjà l'expérience de la route et que vous êtes prêt à assumer le risque, faire de l'auto-stop en continu sur de longues distances est un défi physique et mental enrichissant. La fatigue, le froid, le manque d'eau, de nourriture et d'hygiène sont ressentis plus fortement lors de longs trajets. La clé de l'auto-stop longue distance, c'est de trouver des transports de longue durée pendant lesquels vous pourrez vous reposer, et être déposé à un endroit opportun.

Voyager en continu Pratiquez l'auto-stop actif d'une station-service à l'autre et repérez l'endroit où être déposé le plus rapidement possible. Être déposé au mauvais endroit s'avère particulièrement problématique lors du stop en continu. Beaucoup de gens prennent des auto-stoppeurs pour s'aider à demeurer éveillés. Sachez vous reposer sans vous endormir, par exemple en fermant les yeux quelques minutes, mais en avertissant d'abord le conducteur. Si cela lui pose problème, il vous réveillera.

Avec les routiers Sur un itinéraire de longue distance, il devient utile de connaître les voies que prennent les routiers. Si vous êtes sur une aire de service d'autoroute, sachez que de nombreux camions de transport routier longue distance ont une cabine équipée d'une deuxième couchette (pratiquement tous dans l'Espace économique européen). Le routier est lent (vitesse maximale de 90 km/h, pause de 30 minutes à chaque tranche de 4 heures 30), mais son transport est fiable. Rappelez-vous qu'exception faite du samedi soir (car les routiers ne peuvent pas toujours rouler le dimanche), les arrêts de routiers sont généralement de bons endroits d'où repartir.

État d'esprit adéquat C'est lors de la pratique de l'auto-stop longue distance que l'aspect humain prend toute sa valeur, chaque rencontre composant la magie d'une expérience unique. Il est particulièrement important de se préparer mentalement à aller au-delà du simple moyen de transport et de se laisser porter par l'aventure.

Se faire héberger ou camper sur la route Les offres spontanées font partie des coutumes de la route, mais sont imprévisibles (voir le chapitre *Accueil spontané chez l'habitant*, p. 318). Selon les saisons et les latitudes, vous pouvez choisir de dormir à la belle étoile, accrocher le hamac, planter la tente (voir les chapitres *Camping en milieu naturel*, p. 300, et *Camping en milieu urbain*, p. 312)... Prévoyez toujours des alternatives à votre option principale.

LES ROUTIERS

Les routiers sont de grands incompris de la route et peuvent pourtant devenir vos meilleurs amis sur les longues distances. Ils passent beaucoup de temps seuls et apprécient la compagnie. Ils baragouinent souvent les langues comme ils le peuvent et partagent spontanément leur nourriture. La route est leur boulot, leur trajet est contrôlé et leur camion les associe clairement à une compagnie de transport, ce qui les identifie aisément en cas de pépin. De manière générale, il est plus sécuritaire de voyager avec un routier qu'avec un automobiliste. Osez les aborder, tout en prenant les précautions habituelles. Respectez-les. Pensez que ce sont, comme vous, des "professionnels" de la route qui endurent une réputation bien souvent injustifiée.

Il est nécessaire de comprendre l'état d'esprit d'un routier avant de choisir de faire sa route avec lui. Tout d'abord, le routier ne raisonne pas en termes de temps, mais seulement en "trajet". Il ne faut pas seulement demander où il va, mais quand il y va (peut-être est-ce dans 3 jours). Où allez-vous ce soir ? Quand sera votre prochaine pause ?

MATÉRIEL UTILE POUR LE STOP DE SOIR OU DE NUIT

» **Vêtements à haute visibilité :** veste fluorescente, bandes réfléchissantes, etc.

» **Lampe de poche :** une lampe frontale vous permettra d'avoir les mains libres.

» **Lumière intermittente de vélo :** aide à signaler votre présence pendant que vous marchez ou sollicitez les gens.

» **Équipement pour dormir à l'extérieur :** s'il y a lieu (voir les chapitres *Camping en milieu naturel*, p. 300, et *Camping en milieu urbain*, p. 312).

Pour aller plus loin

Sites Web et webséries

» www.lepouceux.com – Portail et forums québécois sur l'auto-stop

» hitchwiki.org – Site collaboratif (wiki et cartes) multilingue et très complet

» www.histoiresdetongs.com – Astrid partage ses conseils de stop sur quatre continents

» www.serialhikers.com – Jul et Gaux font le tour du monde en auto-stop

» www.youtube.com/stopnoussitupeux – Stop nous si tu peux, Thomas et Quentin font du stop et vous lancent le défi !

» www.youtube.com/qerjijnabil – Nabil voyage en stop et sans argent de Paris à Dakar

» www.squatlemonde.com – Jérôme a produit 2 webséries : Tour d'Europe en auto-stop et Direction l'Asie en auto-stop

Récits et réflexions

» BRUGIROUX, André. *La terre n'est qu'un seul pays* (Géorama, 2017)

» HUBLER, Ludovic. *Le Monde en stop : Cinq années à l'école de la vie* (Géorama, 2016)

» KEROUAC, Jack. *Sur la route : Le rouleau original* (Folio Gallimard, 2012)

» MARIE, Jérémy. *Mon tour du monde en 1980 jours* (City Éditions, 2015)

Film

» RENUCCI, Fabrice. *Paris 888* (2009) – Disponible sur www.vimeo.com/16712683 (en anglais)

QUELQUES CONSEILS DE SÉCURITÉ

CONSEILS	AVANTAGES	INCONVÉNIENTS
Ne pas tolérer qu'on aille répétitivement au-delà de vos limites. Se faire respecter et tenter de quitter le véhicule si les choses ne tournent pas rond.	Ne pas se mettre en position de victime. Éviter les situations qui peuvent mal tourner.	Plus facile à dire qu'à faire. Demande une grande préparation mentale.
Voyager léger, sans sac à dos ou seulement un petit. Garder son sac le plus près possible de soi, éviter de le mettre dans le coffre de la voiture.	Permet de sortir rapidement d'une situation délicate sans risquer de perdre ses effets personnels. On peut entrer aisément dans de plus petites voitures sans se séparer de son bagage.	Peut poser problème pour les femmes dans certains pays car les auto-stoppeuses sont confondues avec des prostituées. Si l'on ne parle pas la langue du pays, il est difficile de clarifier la situation.
Suivre son intuition : si on sent que quelque chose ne va pas, on ne monte pas. Inspecter rapidement le véhicule et son conducteur. Savoir refuser.	Utilise une forme d'intelligence qui permet d'analyser de façon subconsciente les détails que l'on ne voit pas au premier coup d'œil. En quelques secondes, c'est souvent le mieux qu'on puisse faire.	L'intuition n'est pas infaillible ; les préjugés non plus. Il est parfois très difficile de refuser, quand on n'en a pas l'habitude.
Avoir toute sa tête lorsqu'on fait du stop (ni alcool, ni drogue). Éviter de partir lorsqu'on est émotionnellement fragile ou très fatigué.	Il est important d'être alerte pour réagir rapidement en cas de problème et ne pas se présenter comme une victime potentielle.	La réalité est qu'on fait parfois la fête avant de reprendre la route, et le fait de dormir plus fait partir tard.
Contrôler la situation. Ne pas laisser la discussion dériver sur des sujets délicats : changer de sujet ou confronter le conducteur. Ne pas croire que les silences et le langage non verbal parlent d'eux-mêmes : "Non" doit être dit fermement, d'un ton assuré.	Ne pas être perçu comme une victime potentielle. Clarifie la situation et évite les malentendus.	Demande du cran et de l'expérience. Peut être perçu comme de l'impolitesse.
Repérer les possibilités de sortie d'urgence en sachant verrouiller et déverrouiller la portière.	Rassure sur les possibilités de quitter le véhicule rapidement.	La panique ou l'abus des techniques de sortie peuvent engendrer des situations délicates voire dangereuses. Peu applicable en pratique.
Demander d'abord au conducteur sa destination avant de lui annoncer la sienne.	Donne une opportunité de refuser l'offre (ne va pas assez loin, mauvaise direction, etc.) si la personne ou la voiture sont jugées suspectes.	Difficile de justifier un refus lorsqu'on fait du stop avec une pancarte indiquant sa destination...

CONSEILS LE PLUS SOUVENT DONNÉS AUX FEMMES

CONSEILS	AVANTAGES	INCONVÉNIENTS
Ne pas faire de stop seule.	Réduit le risque d'agression.	Peu de souplesse et d'autonomie, plus lent.
Évitez les voitures avec plus d'un homme à bord.	Plus facile de sortir de situations délicates lorsqu'il n'y a qu'une personne à analyser ou à confronter.	Temps d'attente plus long si on refuse systématiquement ces offres.
Être claire quant à vos intentions.	Évite la frustration ou la déception des conducteurs qui espèrent une rétribution sexuelle. Démontre une forte confiance en soi pouvant calmer les ardeurs d'un agresseur potentiel.	Demande du cran.
Poser des questions sur la famille, faire appel aux valeurs du conducteur. S'inventer un mari. Dire que l'on est attendue ce soir à destination et que l'on fera du stop avec cet ami à partir de demain.	Vous présente comme une personne respectable et non comme une fille avec qui l'on peut coucher facilement ou une prostituée.	Implique parfois de mentir.
Avoir sur soi une arme de *self-defense*, du gaz poivre, etc.	Donne de la confiance en soi. Avantage potentiel en cas d'agression physique.	Port et usage illégal dans de nombreux pays, même en cas de légitime défense. Une voiture est un espace confiné dans lequel l'arme peut rapidement se retourner contre soi. Risque d'accident de la route très élevé.
En cas de problème, menacer de sauter, de mettre le feu au véhicule, ou encore saisir le levier de vitesse ou tirer sur le frein à main.	Effet psychologique garanti.	Fort risque d'accident. Difficile de savoir si la situation justifie une action aussi dangereuse ou s'il ne s'agit pas de la projection de ses peurs dans la situation. Nous ne recommandons pas d'appliquer ce conseil, bien qu'il puisse être bon de s'y préparer mentalement.
Noter le numéro de la plaque d'immatriculation et préparer un SMS, prêt à être envoyé en cas de souci. Prendre la plaque en photo et l'envoyer à un ami.	Peut être extrêmement dissuasif en cas de problème naissant.	Difficile à appliquer car en pratique on a peu de temps entre l'arrêt de la voiture et la montée et il est difficile de mémoriser le numéro de la plaque. Force à montrer un appareil parfois coûteux.

"Je ne me demande pas où mènent les routes ; c'est pour le trajet que je pars." Anne Hébert

Covoiturage

Objectif : partager un véhicule ou joindre un conducteur moyennant une contribution pour un trajet donné

Intérêt économique

Intérêt écologique

Intérêt humain

Degré d'aventure

Le covoiturage, c'est quoi ?

DESCRIPTION DE LA TECHNIQUE

Le covoiturage est le partage organisé d'un véhicule dans le but d'effectuer un trajet commun. Contrairement au stop, les passagers et le conducteur prennent contact à l'avance afin de se mettre d'accord sur les formalités du trajet (contribution en argent des passagers, lieu de rendez-vous, permission de fumer, etc.). À la différence du taxi, c'est le conducteur qui décide de la destination, offrant les places libres qui lui restent sur un trajet dans une optique non commerciale.

COMPRENDRE LE CONTEXTE

Depuis les années 1980, le covoiturage s'est développé dans le monde occidental pour pallier l'engorgement des réseaux routiers et le prix des transports. L'arrivée de nouveaux moyens de communication comme Internet et le téléphone portable a contribué à l'émergence de cette pratique en facilitant les contacts entre conducteurs et passagers. Selon l'ADEME, l'expansion de BlaBlaCar a véritablement contribué à diffuser la pratique en France, la marque étant maintenant quasiment devenue un synonyme de covoiturage longue distance.

Ailleurs dans le monde, des moyens sont mis en œuvre pour encourager et faciliter le partage de trajets : certaines autoroutes de grandes villes de la côte californienne et de mégapoles asiatiques sont pourvues de voies plus rapides réservées aux voitures contenant au moins trois passagers, ce qui a d'ailleurs donné naissance à des formes de covoiturage spontané (*slugging*).

Un peu de théorie

Intérêt

ÉCONOMIQUE

Le covoiturage permet de réduire significativement les frais liés au déplacement, tant pour le conducteur que pour les passagers. En France, c'est le moyen de transport le moins cher devant le bus, le train et l'avion.

ÉCOLOGIQUE

Il n'y a pas que le porte-monnaie qui soit soulagé par le covoiturage, il y a aussi les réseaux routiers et les émissions de gaz carbonique. Organisée sur des trajets urbains réguliers, cette pratique est très bénéfique pour la collectivité : elle réduit le smog urbain et désengorge les voies de circulation automobile, diminuant ainsi le temps de roulement au ralenti.

HUMAIN

Pour le conducteur comme pour les passagers, le covoiturage ouvre la porte aux rencontres. Comme la voiture est un lieu intimiste et très propice à l'échange, les trajets plus longs sont de bonnes occasions de discuter, de partager et d'apprendre avec d'autres passagers. Notez que la relation de covoiturage est moins anonyme que celle de l'auto-stop, ce qui en fait une expérience très différente au niveau humain.

DEGRÉ D'AVENTURE

Le covoiturage est un excellent compromis permettant la rencontre de nouvelles personnes sans pour autant prendre beaucoup de risques. Il suffit souvent d'un coup de fil pour fixer un rendez-vous et les conditions des trajets. Bien qu'il soit impossible de filtrer toutes les rencontres un peu étranges, la pratique ne présente aucune grande difficulté. Les sites Internet spécialisés sont de plus en plus sécurisés et permettent l'affichage des profils du conducteur ou des passagers. Covoiturer n'est peut-être pas une grande aventure en soi, mais peut le devenir si votre conducteur ne se présente pas, s'il annule à la dernière minute... ou si la chimie opère entre vous !

Aspects légaux

Dans la plupart des pays, le conducteur tirant un profit monétaire du covoiturage doit être titulaire d'une licence pour le transport rémunéré de passagers. Le covoiturage peut donc être effectué sans permis ni licence à condition que le conducteur ne fasse aucun bénéfice lors d'un trajet et que l'argent payé par les passagers serve au partage des frais liés au transport (essence, péages, entretien et assurance).

Les conditions légales peuvent varier d'un État, d'une province, voire d'une commune à l'autre, certaines entités interdisant le covoiturage sous prétexte de concurrencer illégalement le transport en commun, d'autres allant jusqu'à l'encourager par la voie fiscale.

En pratique

Se préparer

Le covoiturage à travers le monde

Pour entrer en contact avec des conducteurs, mieux vaut devenir membre d'un site Web dédié au covoiturage. L'inscription est souvent gratuite et immédiate, bien que certains sites perçoivent des frais. Une fois membre, vous aurez alors la possibilité de consulter les offres de trajets et de contacter le conducteur par courriel ou par téléphone afin de discuter des modalités de l'échange.

La liste fournie dans le tableau de la double page suivante n'est pas exhaustive mais vous fournira un excellent point de départ dans vos recherches. Si vous ne trouvez pas d'offre intéressante sur les sites indiqués, vous pouvez aussi vous rendre sur les forums de voyageurs ou les groupes Facebook dédiés aux petites annonces de covoiturage par lieu géographique (ville, région, pays).

Budget

La participation aux frais se calcule le plus souvent en additionnant les coûts liés au carburant et aux péages et en les divisant par le nombre de personnes à bord. Le conducteur est parfois exempté du calcul, sa participation aux frais d'assurance et d'entretien du véhicule équivalant à sa contribution. De nos jours, les conducteurs préfèrent opter pour un tarif forfaitaire par personne. Essayez d'évaluer le coût du trajet et assurez-vous que le prix proposé corresponde raisonnablement aux frais engagés.

Ajoutez à cela la commission de certains sites de covoiturage (frais de réservation ou de service) qui peut atteindre jusqu'à 30% des frais du conducteur.

PAYS	TRADUCTION DE "COVOITURAGE"	SITES WEB RÉPUTÉS
TERRE ENTIÈRE		
		www.carpoolworld.com www.shareyourride.net
AFRIQUE		
Maghreb		www.m3aya.com
Afrique du Sud	rideshare, carpool	findalift.co.za www.jumpinrides.co.za
Tunisie	covoiturage	www.tunisiecovoiturage.com
ASIE		
Inde	rideshare, carpool	www.carpooling.in www.blablacar.in
Japon	相乗り (ainori)	www.notteco.jp www.noritomosan.com
EUROPE		
Europe entière		www.blablacar.fr www.europe-carpooling.com www.roadsharing.com www.eurostop.be www.compartir.org www.karzoo.eu
Allemagne	mitfahren	www.drive2day.de www.fahrtfinder.net
Danemark	samkørsel	www.gomore.dk
France	covoiturage	www.blablacar.fr www.freecovoiturage.fr www.klaxit.com www.laroueverte.com www.solution-covoiturage.com

PAYS	TRADUCTION DE "COVOITURAGE"	SITES WEB RÉPUTÉS
Grèce	Συνεπιβατισμός	www.carpooling.gr
Hongrie	telekocsi	www.oszkar.com
Italie	concarreggio, carpool	www.autostradecarpooling.it
Islande	samkeyrsla	samferda.is
Portugal	carpool	www.boleia.net
République tchèque	spolujízda	www.autostop.cz
Royaume-Uni	rideshare, carpool	www.liftshare.com
Russie	карпулинг (carpooling)	www.blablacar.ru
Slovénie	sopotništvo	www.prevoz.org
Suède	samåkning	www.samakning.se
Suisse	covoiturage	www.e-covoiturage.ch
AMÉRIQUE DU NORD		
Amérique du Nord entière		www.poparide.com www.craigslist.com
États-Unis	rideshare, carpool	www.erideshare.com www.rdvouz.com
Canada	rideshare, carpool	www.amigoexpress.com www.covoiturage.ca
AMÉRIQUE DU SUD		
Argentine	viajes compartidos	www.carpoolear.com.ar
Brésil	carona solidária	www.blablacar.com.br
Chili	viajes compartidos	www.nosfuimos.cl
OCÉANIE		
Australie	rideshare, carpool	www.coseats.com
Nouvelle-Zélande	rideshare, carpool	www.shareyourride.net

Si votre participation n'est pas établie dès l'annonce de covoiturage, n'hésitez pas à clarifier rapidement les attentes pour ne pas avoir de mauvaises surprises à l'arrivée !

Passer à l'action

Chercher son conducteur

Commencez les recherches quelques jours voire une semaine avant votre départ. Vérifiez chaque jour s'il n'y a pas de nouvelles opportunités affichées sur votre trajet. Ne vous contentez pas seulement de regarder les annonces, laissez aussi la vôtre si c'est possible : c'est facile et surtout gratuit ! Ne traînez pas, les propositions s'effectuant tardivement ne trouvent souvent pas conducteur.

Dans certaines régions, il existe des initiatives intéressantes de "stop participatif" ou de "covoiturage spontané", avec la mise en place d'aires de covoiturage, de signes distinctifs, etc. Ces pratiques sont gérées grâce à des règles connues et appliquées par le stoppeur comme par le conducteur, avec notamment un tarif au kilomètre. Bien que ce genre d'initiative soit encore peu développé, il peut être intéressant de s'informer auprès des gens du coin.

Itinéraire

Pour mettre les chances de votre côté, choisissez votre itinéraire intelligemment !

Taille des villes Plus les villes de départ et d'arrivée sont grosses et plus vous aurez de chances de trouver une voiture. Certaines villes de taille inférieure peuvent être aussi très en demande selon leur intérêt touristique. Il est parfois plus facile de changer légèrement sa destination pour trouver une voiture et de finir le trajet autrement.

Point de rendez-vous Monuments, cafés, sorties de métro, arrêts de bus... Choisissez des lieux précis, connus et faciles d'accès ! Évitez les entrées d'autoroute ou de nationale et les endroits où il est difficile de s'arrêter. Prenez surtout le descriptif du véhicule (type, couleur, immatriculation, etc.) et une brève description du conducteur (signes particuliers et vêtements).

Sur la route

Si vous êtes titulaire d'un permis de conduire et effectuez un long trajet, votre conducteur pourrait vous proposer de prendre le volant. Veillez alors à être en état de conduire ! On pourrait aussi vous demander de conduire sur tout le parcours mais dans ce cas la demande doit être explicite en amont et il est d'usage de ne pas demander au conducteur effectif sa participation aux frais.

Du mythe à la réalité : risques et difficultés

Relations humaines dans le véhicule

La dimension humaine du covoiturage est perçue différemment selon la façon dont la pratique a pris son envol localement. En France, les covoitureurs attachent une grande importance à la convivialité des rapports, allant jusqu'à décrire un trajet peu loquace comme une mauvaise expérience, ce qui n'est pas forcément le cas ailleurs dans le monde. Par exemple, en Amérique du Nord, il n'est pas mal vu de plonger dans un livre ou d'écouter de la musique lors d'un trajet, puisque l'accord économique se suffit à lui-même. Dans tous les cas, soyez sensibles aux besoins de votre conducteur !

Les rapports entre les personnes peuvent varier depuis la grande sympathie à la plus grande antipathie : ce sont les règles du jeu de la rencontre. En cas de vive mésentente, demeurez courtois. Si les sujets de conversation sont motifs à dispute, mieux vaut changer de sujet ou ne plus parler de rien.

Si vous voyagez dans un pays étranger, le trajet peut être une excellente opportunité de pratiquer la langue du pays. Pour fluidifier et enrichir les échanges, pensez à vous munir d'un petit dictionnaire ou d'un traducteur électronique.

Tabac, animaux, etc.

Cigarettes, animaux, allergies, bagages encombrants : ces conditions particulières doivent être précisées avant le départ pour éviter les mauvaises surprises !

Mauvaise conduite

Dans le cas rare où vous tomberiez sur un conducteur vous mettant en danger par sa conduite, n'attendez pas pour le lui faire savoir de façon ferme, voire pour lui signifier votre intention de quitter le véhicule s'il refuse de modifier son comportement sur la route. Mieux vaut devoir trouver une autre solution que de demeurer dans une situation dangereuse et hors de contrôle. Pensez ensuite à prévenir la plateforme de covoiturage de l'incident.

TÉMOIGNAGE

"J'ai souvent utilisé le covoiturage lorsque je me suis "expatriée" dans une autre région que la mienne. Bien sûr, il y avait l'aspect économique en jeu, mais le covoiturage, ça représente aussi pour moi beaucoup d'anecdotes, du pire au meilleur, du trajet de trois heures durant lequel le conducteur avait tellement de bagages que je ne voyais pas l'autre personne assise à l'arrière à celui qui m'a permis de déménager avec un énorme carton d'affaires dans le coffre.

Aujourd'hui, j'utilise moins souvent le covoiturage mais j'en garde plein d'anecdotes et d'histoires à raconter. Il faut se dire qu'un covoiturage, c'est un peu comme le début de travaux : on sait quand ça commence, mais on ne sait jamais quand et comment ça se finit ! Il faut donc être ouvert aux rencontres humaines comme aux imprévus, ne pas utiliser ce mode de transport si vous devez être à une heure précise sans prévoir de marges, savoir s'adapter, faire des concessions. Question sécurité, je n'ai jamais été embêtée, je suis toujours passée par des sites officiels et je me fie souvent aux avis, parfois aux photos, aux informations données... Si je ne le sens pas, que ce soit pour une raison logique ou juste un *feeling*, je n'y vais pas, tout simplement.

Ce n'est pas un moyen de voyager qui correspond à tout le monde, et ce n'est pas plus mal ! Chacun sa façon de bouger, mais il ne faut pas avoir peur de se lancer, en commençant pourquoi pas par de petits trajets... puis en voyant plus grand !"

Laurianne, community manager, unpieddanslesnuages.com

Variation sur un même thème

Vous souhaitez plutôt conduire votre propre véhicule sur un trajet précis, quitte à devoir attendre quelques jours ou être flexible sur les lieux de départ et d'arrivée ? Peut-être que le convoyage de voitures est pour vous. Des compagnies spécialisées permettent désormais de se porter volontaire pour rapporter des voitures de location à leur ville de départ ou encore pour livrer une voiture neuve à son nouveau propriétaire. Les tarifs sont alors dérisoires voire absents et vous ne payez que l'essence et les assurances. En France, on trouve de bonnes opportunités de convoyage sur **DriiveMe** (www.driiveme.co.uk) et **Hiflow** (www.hiflow.com), au Canada il faut plutôt voir du côté de **HitTheRoad** (www.hittheroad.ca), tandis qu'aux États-Unis le leader est **Auto Driveaway** (www.autodriveaway.com). Les agences de location internationales ont parfois des listes consultables en ligne. Voici quelques mots-clés pour la recherche en ligne : car transfer, driveaway campervan relocation...

Pour aller plus loin

Livre technique

» BU, Ludovic, FONTANES, Marc et RAZEMON, Olivier. *Les Transports, la planète et le citoyen* (Rue de l'Échiquier, 2010)

Récit

» VALLIET, Benjamin. *Les Perles du covoiturage* (Éd. Fortuna, 2017)

"Il y a trois sortes d'hommes : les Vivants, les Morts, et ceux qui vont sur la mer." Aristote

Bateau-stop

Objectif : trouver une place dans une embarcation en échangeant son aide et/ou une participation financière pour naviguer jusqu'à la destination souhaitée

Intérêt économique

Intérêt écologique

Intérêt humain

Degré d'aventure

Le bateau-stop, c'est quoi ?

DESCRIPTION DE LA TECHNIQUE

Le bateau-stop est un échange de services entre un capitaine et un voyageur désirant monter sur une embarcation pour un trajet donné. Cette technique se pratique seul ou accompagné, le plus souvent sur de petits yachts à moteurs ou à voile (charters, privés ou convoyages).

Il faut d'abord trouver un capitaine pouvant vous accepter à bord de son embarcation, ce qui peut demander du temps selon l'expérience et la stratégie utilisée. En règle générale, chacun a sa chance, expérimenté ou non. La deuxième étape est de naviguer jusqu'à destination, soit comme équipier, soit comme invité. Dans la majorité des cas, le bateau-stop consiste à échanger sa place contre des services. Lorsqu'une participation aux frais est demandée, on parle parfois de cobaturage.

COMPRENDRE LE CONTEXTE

Le voilier fut le premier moyen de locomotion permettant à l'homme de se déplacer sur de grandes distances sur les côtes, les mers et les océans. Toute une culture de la mer s'est créée autour des bateaux et des voiliers. Le bateau-stop apparaît comme une pratique avantageuse pour le voyageur comme pour le capitaine du bateau. Faire du bateau-stop, c'est devenir un peu marin intérimaire, mais c'est avant tout entrer dans une culture passionnante avec ses codes et ses règles.

Un peu de théorie

Intérêt

ÉCONOMIQUE

Le bateau-stoppeur ne paie habituellement que sa nourriture et son eau. On admet donc que le bateau-stop est un moyen de transport le plus souvent gratuit puisque, quoi qu'il en soit, on devrait de toute façon se nourrir à terre. Il est également possible de se voir demander un forfait journalier ou, à l'opposé, de se faire payer. Notez enfin que certains trajets en bateau-stop peuvent nécessiter l'acquisition d'un matériel spécifique (chaussures, pantalon, veste, etc.) à prévoir dans le budget.

ÉCOLOGIQUE

Le bateau-stop repose sur le principe du stop en général : remplir les places vacantes d'un moyen de transport non optimisé. L'empreinte écologique est donc nulle du point de vue du bateau-stoppeur.

Le bateau est un microcosme qui reproduit notre monde, avec ses ressources, ses habitants, ses déchets, sa gestion de l'énergie et le travail qu'il nécessite. C'est une manière unique de prendre conscience du monde dans lequel on vit, à une échelle réduite.

Les émissions de carbone peuvent passer d'un extrême à l'autre : empreinte nulle si le bateau est correctement équipé (panneaux solaires, éolienne, récupérateur d'eau de pluie) ou empreinte par passager de l'ordre de celle d'un avion si le moteur est utilisé en excès et que le bateau n'est pas rempli à pleine capacité.

HUMAIN

Faire un séjour sur un voilier est une occasion exceptionnelle de trouver le silence, la tranquillité (si le capitaine ne crie pas trop fort…) et :

- d'apprendre la navigation, la pêche, la cuisine, les étoiles, les nuages, la météo, une langue étrangère, un instrument de musique, etc.
- de vivre en communauté de façon intense
- de prendre du temps pour soi

DEGRÉ D'AVENTURE

On ne met pas les voiles du jour au lendemain : le bateau-stop est tout sauf une science exacte. A priori, la partie la plus difficile est de trouver un capitaine qui accepte de vous prendre sur son bateau. Beaucoup tentent de prendre le large, mais c'est une minorité persévérante et organisée qui réussit.

Une fois sur le bateau, l'aventure continue. Votre odyssée sera soumise à de nombreux paramètres : la météo, les ressources du bateau, l'expérience et l'attitude du capitaine et de l'équipage, etc. Le bateau est aussi une école de patience et de tolérance. L'expérience de confinement sur un espace réduit vous amènera à identifier vos propres besoins et à les exprimer, ce qui vous permettra de développer vos compétences interpersonnelles.

Aspects légaux

VISAS

Bien vérifier les conditions d'entrée du pays de destination. Les membres de l'équipage sont sous la responsabilité du capitaine et doivent rester dans le bateau tant qu'ils ne sont pas acceptés dans le pays.

ASSURANCE

Vérifiez votre police d'assurance (si vous en avez une) et celle du bateau. Y a-t-il une couverture en cas d'accident en mer ?

En pratique

Se préparer

Préparation physique et mentale

Comme la vie sur un bateau est loin de se limiter à la seule navigation technique, vous pourrez sans aucun doute apporter votre aide. Vous devez alors vous poser la question : "Quels savoir-faire puis-je apporter sur un bateau ?"

Dans toute embarcation se trouve un capitaine qui donne les instructions au reste de l'équipage. Les membres de l'équipage doivent ensemble effectuer les tâches pour assurer le bon déroulement du voyage : navigation, entretien, cuisine, manœuvres, mécanique, etc. D'autres compétences peuvent s'avérer utiles car elles permettent d'établir une atmosphère agréable sur le bateau : musique, jeux, médecine, massages, ménage, etc. Enfin, chaque bateau nécessite au moins une personne pour surveiller l'évolution du vent, le réglage des voiles et guetter les dangers potentiels à l'horizon. Une organisation particulière dite "en quarts", est mise en place, les veilleurs se relayant à tour de rôle jour et nuit ; plus il y a de veilleurs et plus les gardes peuvent être courtes et espacées. C'est donc sur quatre points

LES DIFFÉRENTS TYPES D'EMBARCATION

» **Yacht privé :** le yacht est un bateau de plaisance à voile ou à moteur de taille variable (de quelques mètres à plus d'une centaine de mètres). Le propriétaire du yacht est généralement le capitaine. Si le bateau est de grande taille (plus de 15 m), il peut faire appel à une équipe professionnelle extérieure (skipper + équipiers) qu'il paye pour prendre les commandes. Dans ce cas-là, vous aurez peu de chances de monter à bord. Sur des voiliers de taille moyenne, le propriétaire fait seulement appel à des équipiers, expérimentés ou non, et c'est le plus souvent de cette manière que vous trouverez votre place.

» **Charter :** le propriétaire loue son bateau à des particuliers et il est plus difficile de monter à bord car les invités ont souvent payé une somme considérable pour se retrouver en famille ou entre amis. Ici, vos opportunités de monter à bord seront d'y travailler : skipper, cuisinier, serveuse ou serveur, hôtesse, etc.

» **Convoyage :** le capitaine n'est pas à bord et demande à une équipe de mener son bateau d'un point à un autre. Dans cette situation, votre place en tant qu'équipier sera payée ou largement avantageuse, tous frais payés par exemple (voir la section *Budget* p. 222 pour plus de détails).

» **Cargo :** c'est un navire de transport de marchandises. Il est très difficile de nos jours d'y monter clandestinement ou de se faire inviter par un membre de l'équipage, mais certains d'entre eux sont équipés de cabines pour les passagers. Ces voyages sont souvent très onéreux (compter au minimum 100 €/jour) mais peuvent s'avérer utiles dans certains cas pour rester dans la philosophie du voyage alternatif (voir le chapitre *Voyage en cargo*, p. 228).

» **Péniche :** les péniches de loisir ou de marchandises parcourent les fleuves et les canaux partout dans le monde. Au niveau des écluses et dans les ports, vous pourrez rencontrer des capitaines et monter à bord de l'embarcation pour une journée, une semaine, voire plus, qui sait. La majorité d'entre elles sont très confortables et vous feront découvrir le pays à travers un point de vue tout à fait unique ! Voyage insolite et au rythme de l'eau...

qu'un capitaine recherchera votre aide : **manœuvres**, **cuisine**, **veilles** et **entretien**.

À part les manœuvres qui demandent de l'entraînement mais dont la base s'apprend très vite, les tâches sont à la portée de tous. Ni études longues ni diplôme spécial ne sont requis. Bonne nouvelle : **tout le monde peut prétendre apporter son aide sur un voilier**. Néanmoins, il faut garder à l'esprit que certains capitaines n'emploient que des équipiers ayant une bonne expérience en mer. Si tel est votre cas, très bien. Sinon, ne vous découragez pas, les "nouveaux" matelots sont aussi très recherchés pour leur motivation et leur flexibilité. Alors à vous de montrer que vous avez les qualités et les compétences nécessaires pour trouver votre place dans une embarcation !

QUALITÉS SOUHAITABLES ET UTILES

» Tolérance

» Enthousiasme

» Aisance à communiquer

» Esprit d'initiative pour les tâches quotidiennes

» Dynamisme

» Sens de l'humour

» Goût du travail bien fait

» Sens de l'organisation

» Attention et réactivité

» Capacité à rester calme en toute situation

» Connaissance de ses limites

» Toute autre qualité vous semblant utile sur un bateau

COMPÉTENCES SOUHAITABLES ET UTILES

» Navigation à la voile (évidemment !)

» Cuisine (sans forcément avoir de diplôme)

» Certificat de radiotéléphonie maritime

» Pêche

» Météorologie

» Langues (anglais en priorité, selon la région où vous naviguez)

- » Mécanique/électronique
- » Musique
- » Sport
- » Médecine
- » Animation (jeux, contes, théâtre)
- » Toute autre compétence vous semblant utile sur un bateau

EXPÉRIENCES UTILES

Faites le lien entre vos expériences et ce qui vous sera utile sur un bateau, toutes les expériences sont bonnes à mettre en valeur :

- » Les deux ans passés au club nautique de Perpignan (pour les compétences techniques)
- » Vos années de colocation à Barcelone (pour la vie en communauté)
- » Votre saison à Val-d'Isère en tant que cuisinier (pour vos talents culinaires)
- » Votre dernier job en tant que veilleur de nuit (pour votre capacité à rester éveillé la nuit)
- » Vos années d'escalade et de course d'orientation (connaissance des nœuds, lecture de cartes)
- » Toute autre expérience que vous pourrez relier aux spécificités de la vie sur un bateau

NŒUDS UTILES

Voici quelques nœuds qu'il est bon de connaître avant d'embarquer sur un voilier. Entraînez-vous à les faire jusqu'à ce que vous les maîtrisiez parfaitement.

NŒUD DE CABESTAN

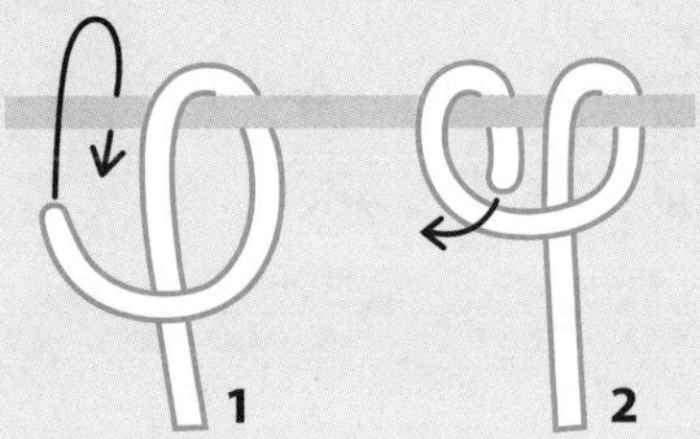

NŒUD DE CHAISE

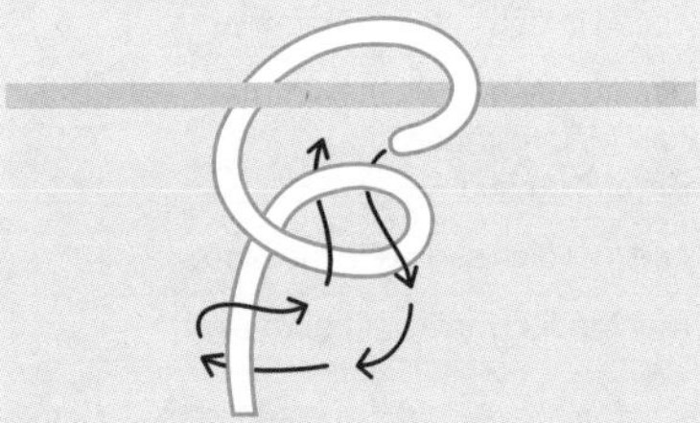

NŒUD DE MULE

DOUBLE NŒUD DE PÊCHEUR

Étape 1

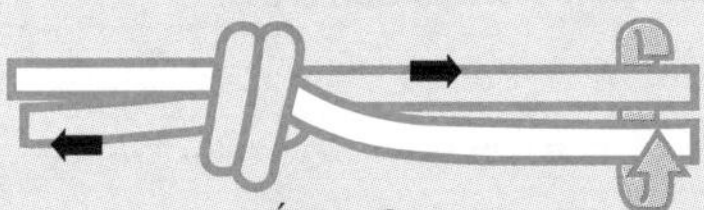

Étape 2

Étape 3

Étape 4

PÉRIODES ET LIEUX DE DÉPART DES VOILIERS

Depuis	Vers	Période
OCÉAN ATLANTIQUE **Saison des ouragans :** juin-nov		
Brésil (Salvador de Bahia)	Caraïbes	jan-mar
Panama	Caraïbes	jan-juin
Caraïbes (Saint-Martin, Antigua, îles Vierges)	Europe, côte est des États-Unis	avr-mai
Côte est des États-Unis (Newport, Floride), Bermudes, Caraïbes (Antigua), Açores (Horta)	Europe	mai-juil
Turquie (Marmaris), France (Antibes), Espagne (Majorque), Angleterre (Southampton), Suède (Stockholm, Göteborg), Gibraltar, Sénégal (Dakar), Maroc, îles Canaries, Cap-Vert (Mindelo)	Caraïbes, côte est des États-Unis	oct-jan
Côte est des États-Unis (Newport, Floride)	Caraïbes	oct-nov
Afrique du Sud (Durban, Cape Town)	Caraïbes, Brésil Europe	déc-mar
Îles Canaries	Brésil	oct-jan
Colombie (Cartagena)	Panama	nov-fév
OCÉAN INDIEN **Cyclones sud indiens :** nov-avr **Cyclones nord indiens :** avr-déc		
Afrique du Sud (Durban, Cape Town)	océan Indien	jan-mar
Thaïlande (Phuket), Sri Lanka (Galle)	océan Indien, mer Méditerranée, Afrique du Sud	jan-mar
Indonésie (Bali)	océan Indien sud	mai-août
Afrique de l'Est (Kenya/Mombasa, Tanzanie/Dar es Salaam)	mer Méditerranée	août-sept
Suez, mer Rouge	océan Indien	sept-nov
Singapour	océan Indien	oct-déc

PRÉ-REQUIS

» Vocabulaire de base : bâbord, tribord, bôme, grand-voile, foc, barre, safran, mouiller, border, géement, autres éléments du bateau

» Nœuds de base : de cabestan, de Bowline (de chaise), débrayable (de mule) ; quelques exemples de nœuds de base sont décrits dans l'encadré p. 219.

» Code maritime : indispensable. À lire avant d'embarquer pour avoir au moins une notion des codes de base en mer. S'attarder notamment sur les éléments suivants : signification des couleurs, des formes, des lumières et des sons qui sont utilisés pour signaler un autre bateau, un danger, une entrée au port, etc. ; fonctionnement des priorités ; secours en mer.

PÉRIODES ET LIEUX DE DÉPART DES VOILIERS (suite)

Depuis	Vers	Période
OCÉAN PACIFIQUE **Ouragans, cyclones et typhons :** Pacifique sud : déc-avr Pacifique nord-est : mai-oct Pacifique nord-ouest : pointe entre juil-nov, mais présence toute l'année		
Côte ouest des États-Unis	Mexique	jan-mar
Panama	Côte ouest des États-Unis, Pacifique sud	jan-avr
Caraïbes	Pacifique sud	jan-avr
Mexique (Cap San Lucas, Puerto Vallarta, Acapulco), Costa Rica (Golfito)	Pacifique sud	fév-avr
Hawaï	Côte ouest des États-Unis, Pacifique sud	fév-juin
Micronésie (îles Mariannes)	Côte ouest des États-Unis, Pacifique sud	mar-juin
Côte ouest des États-Unis (San Diego, Los Angeles, San Francisco)	Hawaï	mar-avr oct-nov
Est de l'Australie (Sydney, Brisbane)	Fidji, Tonga	avr-mai
Nouvelle-Zélande	Australie, Fidji, Tonga	avr-juin
Polynésie française (Tahiti)	Hawaï, Nouvelle-Zélande	mai-juil
Nord de l'Australie (Darwin), Indonésie (Bali)	Asie du Sud-Est	mai-août
Singapour	Thaïlande	juin-déc
Fidji, Tonga	Nouvelle-Zélande, Pacifique Nord	sept-nov
Côte ouest des États-Unis (San Diego, Los Angeles, San Francisco)	Amérique centrale, Pacifique sud	oct-nov déc-mar

Planifier sa route

LE SECRET

Le calendrier est le secret du bateau-stoppeur : **bien se positionner et au bon moment** ! Les courants marins et les vents dominants changent au gré des saisons et les départs des voiliers se calent sur les périodes où les conditions sont les plus favorables.

Pour mettre le plus de chances de votre côté, planifiez votre voyage à l'aide du tableau ci-dessus.

DISTANCES ET DURÉES

La vitesse de fond (vitesse calculée par rapport au fond marin) moyenne d'un voilier est d'environ 5 nœuds (1 mille marin/h = 1,852 km/h environ). Pour des voiliers performants et dans des conditions optimales, cette vitesse peut monter à 8 nœuds (14 km/h environ). De même, pour des voiliers peu performants naviguant dans de mauvaises conditions, cette vitesse moyenne peut descendre à 3,5 nœuds (6,5 km/h environ).

En connaissant la distance à parcourir, vous pourrez ainsi facilement prévoir la durée de votre voyage. Ces temps sont à moduler selon que le bateau navigue ou non la nuit ou qu'il fasse des escales. Pour donner un ordre d'idées, comptez de 2 à 3 semaines pour une traversée de l'Atlantique (des Canaries aux Caraïbes), et de 2 à 6 mois pour une traversée du Pacifique (du Panama à l'Australie).

Depuis quelques années, l'engouement pour le bateau-stop est tel qu'on nous rapporte des "embouteillages" de bateaux-stoppeurs aux îles Canaries. Si vous comptez tenter l'itinéraire Europe-Canaries-Caraïbes, assurez-vous de ne pas y rester coincé ou prévoyez un plan B en cas d'échec.

Équipement

N'oubliez pas de demander au capitaine s'il y a des équipements particuliers à prendre à bord en fonction du type de trajet, des conditions prévues ou du bateau lui-même.

INDISPENSABLES

» Lampe frontale

» Couteau

» Crème solaire, casquette

» Lunettes de soleil de protection 3 ou 4 avec cordon

» Médicaments personnels

» Divertissements (lecteur de musique, livres, carnet de dessin, jeux)

VÊTEMENTS

» Veste et pantalon imperméables de marin (en fonction du climat et de la durée du trajet)

» En fonction du climat : bonnet, pull, pantalon polaire ou en laine (la laine permet de rester au chaud même en étant humide)

» Maillot de bain

» Gants de protection en cuir (comme les gants de cycliste)

» Chaussures plates antidérapantes

ADMINISTRATIF

» Passeport en règle et valable au moins six mois après le départ de la dernière destination

» Visas (se renseigner auprès du service d'immigration du port ou de la marina de destination)

» Les agents d'immigration demandent parfois d'avoir en main une somme d'argent minimale ou un billet de retour en avion pour débarquer dans un pays. Une réservation ou un billet d'avion électronique peuvent être suffisants (et annulables par la suite, si besoin)

» Assurances en règle

» Vaccins en règle (pour le pays de destination)

Budget

Un des avantages du bateau-stop est le faible coût du voyage. Voici un exemple réaliste de formules, de la plus classique à la moins fréquente :

Participation à votre consommation personnelle (eau et nourriture à bord), soit environ 5 €/jour.

Participation au carburant et frais de marina soit environ 25 €/jour. Si vous avez les moyens, pourquoi pas ? Mais s'il s'agit de la première offre, prenez le temps d'étudier d'autres propositions éventuellement plus favorables...

Gratuité de l'eau et de la nourriture vous évitant ainsi tous les frais de voyage (souvent le cas sur des convoyages). Excellent !

Salaire négocié avec le capitaine souvent le cas des convoyages de voiliers ou des bateaux charters mais nécessite d'avoir de l'expérience dans une compétence de première utilité (navigation, mécanique ou cuisine)

Avant de prendre la mer, pensez à informer vos proches du trajet que vous allez effectuer : nom du bateau, modèle, nom du capitaine, date et lieu de départ, date et lieu prévus d'arrivée, itinéraire prévu (coordonnées GPS si possible), nombre de personnes à bord et notes particulières.

Passer à l'action

Trouver un bateau : quelle technique utiliser ?

FAMILLE ET RÉSEAU D'AMIS

Le monde est petit, celui de la voile l'est plus encore. Ainsi, il y a de grandes chances que vous trouviez un propriétaire de voilier en fouillant dans vos réseaux d'amis et

TÉMOIGNAGE

"Qui aurait cru que nous traverserions deux océans en moins d'un an ? Après une transatlantique puis du bateau-stop dans les Caraïbes, nous avons déjà atteint les 20 000 miles au compteur ! Pas mal pour des novices qui n'avaient jamais mis le pied sur un bateau avant de partir de France ! Pourtant, nous étions loin d'imaginer que la traversée du Pacifique nous attendait. Car oui, nous ne le savons pas encore mais notre voyage vers l'Antarctique va virer de bord dans quelques heures... Pour le moment, nous sommes toujours bloqués au canal de Panama avec l'envie de rejoindre l'Amérique du Sud. Nous le savons, le passage par les terres y est impossible à moins d'être né dans la jungle ou d'avoir des envies suicidaires. En effet, il y a ici, à la frontière, le "Darien" qui porte bien son nom car il n'y a rien, mis à part 200 km de forêt vierge, des jaguars et quelques narcotrafiquants...

Nous décidons donc de contourner cet obstacle, non pas en avion, mais en optant pour la solution la plus économique : le bateau-stop ! Il est fin juin lorsque nous arrivons déterminés dans le port de Shelter Bay et nous espérons y être au bon moment, car bien que ce ne soit pas notre première expérience, nous savons que les recherches d'un bateau peuvent être longues si la saison n'est pas la bonne.

Nous nous souvenons de notre plus longue attente, en Martinique, et de ses journées interminables de recherche sur les pontons de la marina. Pendant plus d'un mois, nous avons redoublé d'efforts et de stratégies avant de finalement embarquer sur un bateau pour la Floride. Mais, nous le savons, avoir du temps et de l'énergie sont les contreparties d'un voyage avec très peu d'argent !

Aujourd'hui, la chance va nous sourire, car c'est seulement après deux heures que nous rencontrons ce couple américain à la recherche de deux équipiers expérimentés. Comme le hasard fait bien les choses, ils ont vraiment besoin d'aide sur le bateau et sont même prêts à payer visas et nourriture pour nous avoir à bord ! Seulement, un détail nous interpelle : le nom de leur catamaran, *Aloha swim*, ne sonne pas du tout colombien. Rien d'étonnant, puisque leur destination n'est pas l'Amérique du Sud mais bien la Polynésie, avec une escale aux Galápagos en prime ! Deux destinations qui en font rêver plus d'un, alors pourquoi hésiter ? Peut-être que ce détour dans le Pacifique rallongera notre voyage d'au moins un an et que notre budget ne sera pas extensible aussi longtemps... Ou que nous risquons d'être coincés là-bas en attendant désespérément un bateau en pleine période cyclonique... Mais à cet instant, notre raison laisse vite place à l'excitation de traverser un autre océan, à l'imprévu de découvrir un endroit aussi reculé et à cette image du paradis qui nous est maintenant accessible. C'est en s'imaginant au bord d'un lagon émeraude entourés de mille fleurs colorées avec des vahinés dansant au rythme des ukulélés que nous embarquons à bord en pensant 'Pas de problème, l'Antarctique sera pour l'année prochaine !'"

Justine, manchot voyageur, sacremanchots.wix.com/sacremanchots

familiaux. S'il ne vous emmène pas deux mois sur l'océan, peut-être pourrez-vous naviguer avec lui quelques jours, être mis en contact avec d'autres capitaines ou skippers ou du moins recevoir de bons conseils pour la suite. Si vous n'avez jamais navigué, c'est l'occasion de tester votre sensibilité au mal de mer et d'apprendre les bases de la navigation à la voile.

SUR INTERNET

Les sites Internet spécialisés sont un moyen efficace pour trouver un bateau puisqu'on y retrouve des annonces postées par des capitaines cherchant à compléter leur équipage.

Les annonces contiennent généralement les indications suivantes :

» Type de bateau

» Lieu de départ et d'arrivée

» Date de départ

» Niveau requis (expérimenté ou non)

» Type de travail proposé (cuisinier, matelot...)

» Coordonnées, téléphone

» Sexe de l'équipier recherché (homme ou femme)

Les sites d'annonces gratuites sont très visités, mais la concurrence y est plus féroce.

LE CODE DU BATEAU-STOPPEUR

» **Sincérité** Être franc avec le capitaine quant à ses propres compétences et expériences afin d'éviter tout malentendu, mais surtout pour votre sécurité et celle de l'équipage. Avant d'être un moyen de transport, le bateau-stop est une aventure humaine, vivez-la bien !

» **Vie en communauté** Gardez de bonnes relations avec l'équipage tout au long de la traversée, il en va de la santé mentale de chacun ! Aidez aux tâches communes et gardez propres les espaces communs. Soyez tolérant et instaurez une bonne communication afin d'assurer le succès de votre expérience en mer.

» **Respect** Le capitaine vous précisera un certain nombre de règles. Il est très important de les respecter pour la sécurité et le bon déroulement du voyage. Certains capitaines ont de fortes superstitions (ne pas siffler à bord, ne pas prononcer certains mots pour ne pas attirer les tempêtes, etc.), et il est indispensable de les respecter. N'hésitez pas à demander ces informations en montant sur le bateau pour ne pas créer de tensions par la suite.

On en trouve désormais de nombreux en français :

» **www.bourse-aux-equipiers.com :** la plus grosse base de données dans cette catégorie

» **www.equipier.fr :** site bien fourni

» **www.co-navigation.fr :** peu d'offres, mais interface très claire et des possibilités de dernière minute

» **www.bourseauxequipiers.fr :** très simple mais régulièrement alimenté

» **www.hisse-et-oh.com/av/crews :** annonces en français

» **www.cobaturage.fr :** plus axé sur les sorties payantes à la journée, on y trouve quelques propositions honnêtes pour se mouiller en France

En anglais, on a accès à tout un autre univers de voiliers, capitaines et destinations gratuitement :

» **www.findacrew.org :** le meilleur dans cette catégorie

» **www.crewbay.com :** site international bien fourni

» **www.crew4crew.net :** enregistrement requis, recherche par poste d'équipier

» **www.couchsurfing.org/groups/couchsailing-international :** forum "Couchsailing International" de Couchsurfing

Pour les sites payants, la faible concurrence compense le coût de la consultation des annonces. De plus, la cotisation demandée pour la recherche d'un bateau représente souvent un gage de qualité pour le capitaine recherchant un équipier. Voici les plus connus :

» **www.crewseekers.org :** le meilleur dans cette catégorie, l'investissement peut en valoir la peine (abonnement 6 mois à 75 £ = environ 85 €)

» **www.vogavecmoi.com :** site plus récent, francophone mais moins fréquenté

De plus en plus d'annonces sont postées directement sur les réseaux sociaux. À vous de chercher (sur Facebook notamment) les mots clés appropriés : bourse aux équipiers, skipper, crewing, yacht, sailing...

Il y a enfin les sites de convoyages de bateaux, souvent réservés aux équipiers expérimentés mais qui sont souvent très avantageux pour le bateau-stoppeur :

» **Delivery Crew :** www.deliverycrew.net

» **Planète Mer Services :** www.planetemer.com

La demande : comment postuler ?

SUR INTERNET

Voici quelques conseils basés sur notre expérience et celle des autres bateaux-stoppeurs rencontrés sur notre route. Ce n'est pas une science exacte ; vous pouvez adapter votre demande à votre guise !

Réactivité : Vérifiez quotidiennement les nouvelles annonces et envoyez votre demande le jour même. Ayez donc sous la main un CV et une lettre déjà préparée, voire une vidéo de présentation en ligne. Pour les grandes traversées, nous vous conseillons de commencer vos recherches un ou deux mois avant votre départ puisqu'un grand nombre de capitaines commencent à placer leurs annonces à ce moment. Comme pour la recherche d'un emploi, n'hésitez pas à relancer et à réitérer vos demandes.

Formulation de la demande : Le capitaine qui recevra votre demande en aura souvent reçu des dizaines d'autres. Il faudra donc faire la différence. Il existe aujourd'hui tellement d'outils multimédias pour communiquer qu'il serait dommage de ne pas les utiliser. Du simple diaporama photo au montage vidéo en passant par le site Internet, la chanson ou la poésie vous trouverez forcément un moyen attrayant et dynamique pour vous présenter.

Contenu : Essayez de trouver l'équilibre entre quelque chose de complet et concis. Placez-y vos qualités, talents et expériences. Prenez le maximum de renseignements sur le capitaine, décryptez son annonce et son profil afin d'adapter votre demande au contexte. Un petit brin d'humour est souvent judicieux…

Si vous disposez des coordonnées téléphoniques et si vous en avez le tempérament, vous pouvez aussi prendre le premier contact en appelant directement. Dans tous les cas, vous serez ensuite invité à envoyer vos renseignements par courrier électronique.

DANS LES MARINAS

Plus une marina est grande, plus grandes sont les chances d'y trouver un voilier. Demandez à la capitainerie et aux marins que vous croiserez sur place ce qu'ils pensent de votre recherche. Peut-être vous diront-ils qu'aucun bateau de cette marina ne fait de tels voyages, ou au contraire, vous donneront-ils des indications utiles et vous encourageront-ils.

Pour trouver un bateau rapidement, placez votre annonce dans des endroits stratégiques : les panneaux d'affichage de la capitainerie et le bar de la marina, où se retrouvent marins et capitaines le soir. Pensez à préciser :

- la date d'affichage de votre annonce
- la quantité de personnes cherchant à monter à bord
- votre sexe
- votre destination
- vos coordonnées (il est utile de posséder un téléphone mobile ou un accès facile à Internet)
- votre profil : présentation, qualités, compétences et expériences

Allez à la rencontre des capitaines directement sur leur bateau et expliquez-leur votre démarche. Même s'ils refusent votre offre, peut-être connaissent-ils le capitaine que vous reherchez. L'idéal est de posséder une carte de visite ou une feuille de petit format sur laquelle vous imprimez votre annonce afin de la distribuer.

Soyez créatif ! Vous pouvez passer une annonce à la VHF (le canal radio des marins), vous faire interviewer par la radio locale, faire une conférence sur un domaine que vous maîtrisez dans un bar de marins ou faire un concert improvisé et passer une annonce au micro. Toutes les idées sont les bienvenues et vous aideront à rendre cette période de recherche agréable pour vous aussi.

Parfois, les bateaux qui solliciteront votre attention se trouveront au mouillage (accessibles seulement par l'eau). Il est possible d'emprunter une annexe (petite embarcation à moteur ou à rames) à un marin venu à quai prendre un verre en lui offrant une bière et en lui expliquant votre démarche. Passez ensuite d'un voilier à l'autre pour rencontrer les propriétaires. Les drapeaux sur les voiliers indiquent leur pays d'origine et donc parfois leur destination.

Du mythe à la réalité : risques et difficultés

Risques

De nos jours, la qualité et la sophistication des systèmes de sécurité (GPS, systèmes de prévention et de localisation d'un homme à la mer, équipement de secours, systèmes d'alerte et de sauvetage) réduisent les risques d'accident en mer. Certains facteurs affectent toutefois le niveau de sécurité :

- état du bateau
- conditions climatiques
- degré de compétence et de vigilance du capitaine et de l'équipage

Pour réduire la portée de ces dangers, soyez responsable de votre propre sécurité. Le capitaine a-t-il de l'expérience en mer ? L'équipement du bateau est-il complet et aux normes (un gilet de sauvetage pour chaque équipier, GPS, bateau de sauvetage, etc.) ? Le bateau est-il en bon état à première vue (voiles, coque, amarres, etc.) ?

Prenez le temps de rencontrer l'équipage et de vous faire une idée de l'ambiance. Posez des questions, apprenez à connaître le capitaine tant sur ses qualités humaines que techniques. Si le capitaine montre des signes d'alcoolisme ou de dépression, réfléchissez bien avant de prendre votre décision…

Difficultés

Que vous soyez équipier ou simplement invité(e), la vie sur un bateau est une expérience très particulière risquant de vous mettre à l'épreuve :

Recherche du bateau Phase pouvant prendre plusieurs jours ou plusieurs semaines. Il est décourageant de recevoir des réponses négatives dès le départ.

Mal de mer L'homme n'est pas fait pour vivre sur la mer. Rares sont ceux qui ne connaissent pas à un moment ou à un autre cette sensation en naviguant.

Vie en communauté Lorsqu'on vit dans un espace si confiné et sans aucune possibilité de fuite, la vie en communauté et la gestion de ses émotions (colère, anxiété, ennui) prennent une toute autre dimension. C'est un défi humain des plus élevés à surmonter.

Techniques utilisées Même si la connaissance de toutes les techniques n'est pas indispensable, un minimum est tout de même requis ! Nœuds, signaux, techniques, etc.

Mal de mer

Le mal de mer est déclenché par les mouvements du bateau qui perturbent les informations transmises au centre de l'équilibre, situé dans l'oreille interne. Ce conflit sensoriel peut se manifester par des étourdissements, une perte de repères ou encore de fortes nausées. Les estomacs fragiles sauront à quoi s'en tenir sur la mer !

Pour un petit nombre de personnes, cette sensation est insoutenable au point qu'un voyage en mer n'est pas envisageable. Pour d'autres, les mers les plus agitées ne parviendraient pas à leur donner plus qu'un léger picotement au ventre. Dans tous les cas, sachez que **le mal de mer disparaît le plus souvent après 4 ou 5 jours** de navigation car le corps s'amarine.

SI VOUS NE CONNAISSEZ PAS VOTRE SENSIBILITÉ AU MAL DE MER

Il est possible de monter brièvement à bord d'un voilier afin de tester vos réactions. Faites alors fonctionner votre réseau familial ou relationnel pour trouver un tel initiateur. Vous pouvez aussi demander ce service à un bateau à quai : la solidarité est réelle dans le milieu et il est probable que vous trouverez une belle âme pour vous emmener faire votre baptême de la mer.

Souvenez-vous tout de même que chaque expérience est différente et qu'il y a une période d'adaptation. En règle générale, si vous êtes facilement malade en voiture ou dans le bus, vous le serez sur le voilier.

PRÉVENTION

Il est possible de diminuer sa sensibilité au mal des transports chez un kinésithérapeute vestibulaire. Si vous y êtes très sensible, consultez l'encadré p. 374. Par contre, une fois à bord, il n'y a pas grand-chose à faire pour prévenir le mal de mer : même un marin expérimenté peut tomber malade lors de mauvaises conditions extérieures. Il est toutefois possible de mettre toutes les chances de votre côté en observant **la règle des 4F** :

» **Froid :** un excès de froid ou de chaud facilite l'apparition du mal de mer.

» **Fatigue :** être en mauvaise forme lors de la navigation est un facteur déclencheur.

» **Faim :** gardez l'estomac partiellement rempli pour ne pas être malade.

» **Frousse :** le stress et la peur amplifient le mal de mer.

Ces quatre facteurs augmentent votre sensibilité au mal de mer. À proscrire absolument : la cuite au rhum la veille du départ avec deux heures de sommeil et rien dans le ventre !

PRÉCAUTIONS

» S'installer au centre du bateau en préférant les zones ventilées.

» Monter au grand air et regarder l'horizon (sans le fixer) aux premiers signes de mal de mer.

» Se tenir occupé, être actif physiquement. Éviter de s'allonger.

» Ne pas fumer ni boire de l'alcool.

» Éviter de lire ou de fixer du regard une partie du bateau

TRAITEMENTS

Enfin, il existe des remèdes contre le mal de mer, des médicaments qui vous permettront de baisser votre sensibilité. En voici quelques-uns :

» **Sommeil :** si vous êtes légèrement malade, une longue sieste met souvent fin aux symptômes

» **Homéopathie :** Cocculus et Borax 5CH

» **Bracelet d'acupuncture :** en vente dans les magasins nautiques ou de médecines alternatives

» **Nourriture :** banane, gingembre, olives

» **Allopathie :** les antihistaminiques à base de Diphénhydramine sont efficaces mais peuvent engendrer de la somnolence. Consultez votre médecin

Sachez aussi que certains trajets figurent parmi les parcours tranquilles (vent et houle dans le dos), comme la traversée de l'Atlantique d'est en ouest. C'est le cas de toutes les traversées de mers et d'océans où les vents dominants soufflent de l'arrière du bateau.

Quelles que soient les solutions que vous choisirez, nous vous conseillons d'être sincère avec le capitaine lors de votre demande car l'ambiance risquerait d'être corsée sur le bateau en présence d'un marin qui n'a soi-disant pas le mal de mer mais qui passe le voyage allongé par terre à vomir dans un seau...

Bateau-stop au féminin

VOS CHANCES

L'équilibre des genres est très important sur un bateau, surtout sur de longues traversées car les déséquilibres sur un voilier apparaissent toujours plus grands. Pour cette raison, les capitaines essayent d'harmoniser la présence d'hommes et de femmes à bord. Cela favorise les femmes qui ont souvent plus de chances d'être prises sur un voilier.

RISQUES

Le plus grand risque pour une femme sur un voilier est de devoir gérer une situation avec un capitaine (ou un équipier) plus intéressé par une expérience romantique ou sexuelle que par ses compétences en voile. Rassurez-vous, cela n'est pas fréquent.

Sur Internet, les capitaines ayant des intentions "romantiques" sont le plus souvent explicites. La lecture des annonces vous en informe avec des intitulés comme "recherche femme aux jambes longues et sexy, expérience en mer non requise..." Si vous recherchez un voilier directement à la marina, vos chances de vivre une mauvaise expérience seront réduites en embarquant avec d'autres équipiers. Dans tous les cas, prenez le temps de rencontrer le capitaine et de passer du temps avec lui avant de monter à bord, c'est le meilleur moyen de vous assurer de son sérieux et de ses motivations réelles.

Pour aller plus loin

Sites Web

Voir la section *Passer à l'action* (p. 222).

Livres techniques

» VAN DER VEEKEN, Suzanne. *Ocean Nomad: How to Catch a Ride & Contribute to a Healthier Ocean* (Oceanpreneur, 2017)

» LE BRUN, Dominique. *Nouveau manuel du marin* (Solar, 2007)

» PONT, François. *Le Nouveau Guide des jobs à bord* (Des Visages Éd., 2008)

» MUIR BENNETT, Alison. *The Hitchhiker's Guide to the Oceans: Crewing Around the World* (Adlard Coles Nautical, 2005)

» PARDEY, Larry et Lin. *Self Sufficient Sailor* (Thomas Reed Publications, 2002)

Récits de voyages

» LE CALVEZ, Rémi. *Et si je traversais l'Atlantique en voilier* (Autoédition, 2017)

» HUBLER, Ludovic. *Le Monde en stop : Cinq années à l'école de la vie* (Géorama, 2016)

"*Homme libre, toujours tu chériras la mer.*" Charles Baudelaire

Voyage en cargo

Objectif : voyager sur l'eau en utilisant les bateaux qui servent à transporter des marchandises (cargos)

Intérêt économique

Intérêt écologique

Intérêt humain

Degré d'aventure

Le voyage en cargo, c'est quoi ?

DESCRIPTION DE LA TECHNIQUE

Il est possible de traverser les mers et les océans à bord d'un bateau-cargo. Moyennant un montant journalier, des cabines sont mises à disposition des passagers. Le service comprend en général le trajet, la chambre, trois repas par jour et l'utilisation des commodités à bord. Les types d'embarcations sont aussi divers que variés : brise-glace, navire d'expédition, paquebot, vraquier, caboteur, etc.

COMPRENDRE LE CONTEXTE

L'époque où l'on travaillait pour négocier son passage sur un cargo est bel et bien révolue. Le durcissement des lois liées à la marine marchande dans les années 1980 et surtout depuis le 11 septembre 2001 a progressivement rendu payant l'accès des passagers à ces navires. Dans le même temps, l'intensification des transports aériens a fait disparaître l'intérêt des gens pour ce moyen de déplacement.

Pourtant, on assiste depuis quelques années à un retour en force de ce mode de transport lent et doux. Des centaines de cargos offrent des places à bord, avec des listes d'attente parfois longues. Ce ne sont pas les mêmes motivations qui poussent désormais les voyageurs à s'embarquer sur un cargo : le désir de vivre une expérience forte a pris le dessus sur le besoin d'un transport efficace. Le cargo est devenu une destination à part entière.

Un peu de théorie

Intérêt

ÉCONOMIQUE

Ce n'est pas pour son aspect économique que vous choisirez de vivre cette expérience : beaucoup plus cher que l'avion, le cargo est un moyen de transport onéreux, comme vous pourrez le constater dans la section *Budget* (p. 231). Néanmoins, pour des trajets courts (un ou deux jours), comme le long d'une côte ou entre les îles d'un même archipel, ce mode de transport peut concurrencer le coût de l'avion.

ÉCOLOGIQUE

Encore aujourd'hui, 98% du fret se fait par voie maritime, soit près de 50 fois plus que les autres types de fret (routier, ferroviaire et aérien). L'efficacité énergétique du cargo compense sa lenteur. À titre d'exemple, un porte-conteneurs transportant 5 000 conteneurs équivaut à 2 500 semi-remorques collés les uns après les autres sur 40 km. Malheureusement, la teneur en soufre parfois élevée des carburants entraîne d'autres problèmes écologiques, notamment le long des côtes.

Bien que le transport de passagers ne soit pas la vocation de ces bâtiments flottants, il arrive parfois qu'une chambre non utilisée par l'équipage soit mise à disposition d'un client intéressé par le voyage. L'empreinte écologique personnelle du passager pour le transport est négligeable.

HUMAIN

Tout comme sur un voilier, l'expérience du cargo est avant tout un arrêt du temps pour quelques jours ou quelques semaines, la différence principale étant que vous n'avez pas à participer au travail nécessaire au fonctionnement du navire. En outre, vous disposez de beaucoup d'espace personnel et d'une grande diversité d'activités potentielles. Dans ce cadre serein et confortable, vous vous offrez le luxe du repos, de la lecture, de l'écriture ou de toute autre occupation à faire au calme. Vous vivez ainsi la transition géographique de façon lente et progressive tout en prenant le temps de découvrir un nouvel univers, celui de la mer.

DEGRÉ D'AVENTURE

Pour voyager en cargo, il faut sortir des sentiers battus du voyage interocéanique par avion et oser la lenteur sur les eaux. Le coût relativement élevé en temps et en argent et le fait que peu de gens sachent où s'adresser pour y prendre part en font une activité à caractère exotique. Peu nombreux sont ceux qui peuvent se vanter d'avoir franchi un océan au fil de l'eau sur l'un de ces mastodontes !

Une fois les formalités administratives remplies, la traversée devrait se faire sans heurts. Bien sûr, il n'est pas possible de quitter le bateau à tout moment, et, si ce n'était du fait de leur superficie, les cargos pourraient présenter des défis semblables au bateau-stop. Toutefois, les infrastructures n'ont rien de comparable et le voyage en cargo est un mode de transport confortable, voire luxueux.

Aspects légaux

SANTÉ ET LIMITE D'ÂGE

Lorsqu'un navire transporte moins de 12 passagers (sans compter le personnel), il n'est pas obligatoire qu'un médecin soit à bord. Comme il est rare que ce nombre excède la dizaine, il vous sera parfois demandé de fournir un certificat médical pour attester de votre bon état de santé. Pour des raisons de sécurité, des limites sont imposées sur l'âge des passagers, généralement entre 10 et 79 ans. Ces limites peuvent varier d'une compagnie à l'autre, certaines pouvant même autoriser les enfants à partir de 5 ans et les personnes âgées de plus de 80 ans. Vous obtiendrez ces renseignements par téléphone ou sur le site Web de la compagnie de cargos. Dans tous les cas, il faut pouvoir se déplacer de façon autonome et grimper au besoin des échelles et des escaliers.

VISA

Il est de votre responsabilité de connaître toutes les conditions d'entrée des pays que vous visiterez avant de monter dans l'embarcation. Veillez à prévoir les visas des escales, parfois obligatoires même lorsqu'on reste à bord (comme aux États-Unis). Selon les destinations, il peut vous être demandé d'être en possession d'un carnet de vaccination international (voir le chapitre *Santé du voyageur,* p. 368). Enfin, le passeport doit être valide pour une durée d'au moins 6 mois après la fin prévue du trajet. Notez qu'il ne sera pas toujours légalement et logistiquement possible de descendre à terre, même si le bateau fait escale. La compagnie de cargo sera généralement en mesure de vous donner les conseils appropriés.

TÉMOIGNAGE

"Nous recherchions un moyen de transport reposant et aussi lent que les 18 mois passés sur la route. Le voilier ? Il n'y en a pas à cette période de l'année et puis nous cherchions quelque chose de plus tranquille encore... Nous avons donc opté pour le cargo ! Il n'a pas été trop difficile de trouver sur Internet une compagnie de cargo proposant des voyages pour les passagers. Non, ce qui a été difficile, c'est d'accepter que nous allions payer ce trajet trois fois le prix d'un billet d'avion. Après quelques jours de réflexion, notre décision était prise : notre bonheur de voyager lentement n'a pas de prix et nous allons aller jusqu'au bout de notre expérimentation. Quelque part, pour nous la plus haute forme de liberté était de pouvoir vivre de façon cohérente avec nos idées.

Une fois arrivé au port, nous saluons notre "dernier" conducteur et le remercions pour cet ultime *lift* en stop en Amérique. Un passeport à présenter à l'entrée puis des marins viennent nous accueillir. Notre chambre nous attend et nous sommes agréablement surpris par le délicieux contraste apparent entre la qualité des installations pour les passagers et l'ambiance cambouis de l'univers des cargos. Comme il est bon de se réveiller le matin au beau milieu de l'océan, avec comme seuls soucis le menu de midi et le choix de l'activité de la journée... Sauna, ping-pong ou lecture ? Aujourd'hui, ce sera karaoké avec les marins philippins.

Le bateau est immense et après avoir visité la salle des machines, la proue du navire, la salle à manger, le bar et le salon, il nous restait le plus important à voir. Ce jour-là, c'était au tour de Rio de piloter le navire. Nous nous étions liés d'amitié avec ce Philippin au rire généreux, et il nous avait promis de nous montrer la cabine de pilotage. Imaginez notre surprise quand il nous proposa de piloter ce bâtiment naval de 150 mètres !"

Nans et Guillaume

En pratique

Se préparer

Préparation mentale

Avant de vous lancer à l'aventure, tentez d'imaginer l'univers que vous rencontrerez à bord. Cela vous évitera de passer à côté d'une grande expérience ou, a contrario, d'être déçu par une image faussée des voyages en cargo.

Quel univers vous attend ? La taille de l'équipage dépend du type de navire emprunté : elle varie en moyenne de 10 à 20 équipiers, le plus souvent des hommes. Ce n'est pas pour autant un problème pour une femme de voyager seule sur un cargo. Très respectueux et chaleureux, le mélange des nationalités rend ce milieu propice à des rencontres uniques. Une rencontre avec le capitaine vous permettra peut-être de piloter le monstre flottant. Quant au cuisinier, il vous fera apprécier les plaisirs de sa table !

En ce qui concerne les passagers, attendez-vous à être seul ou avec un petit groupe allant jusqu'à 8 personnes. Sur certaines destinations très demandées comme l'Amérique du Sud et du Nord ou encore l'Europe, ce nombre sera peut-être supérieur. Ici encore, la diversité sera très grande : anciens marins, personnes retraitées, voyageurs du tourisme éthique, amoureux de la mer, écrivains, musiciens, artistes, baroudeurs, etc.

Une des grandes richesses de cette expérience est la découverte des différentes parties du navire, ses appareils et ses machines. Dans la plupart des cargos, vous aurez accès aux infrastructures de loisirs comme la piscine, la salle de sport, la salle télé ou la bibliothèque. Certains lieux sont incontournables, comme la proue du bateau, sous laquelle vous pourrez voir et entendre la mer se déchirer à votre passage sans même entendre le bruit du moteur. Vous aurez aussi le privilège de contempler le théâtre majestueux offert par les couchers de soleil, le ballet des poissons volants et la danse des dauphins.

À cause du peu de place à bord et par souci de rentabilité, les voyages en cargo sont devenus des produits de luxe. Laissez de côté l'image de bateaux sales et pleins de cambouis, vous serez traité dans la plupart de ces embarcations comme dans un bel hôtel flottant !

Durée et itinéraire

Une excursion en mer peut durer de quelques jours à plusieurs mois, en fonction du type de bateau, des trajets, de la saison et de la compagnie.

Certaines destinations sont particulièrement adaptées à un accès en bateau, comme les pôles Nord et Sud ou les petits archipels.

La vitesse moyenne d'un cargo est de 15 nœuds (15 milles marins/h = 27 km/h environ). Connaissant la distance, vous évaluerez ainsi la durée nécessaire pour relier deux points, en ajoutant de 24 à 48h par étape. Gardez à l'esprit que les aléas climatiques et techniques peuvent modifier considérablement le déroulement du voyage. L'agence vous fournira un itinéraire prévisionnel avec une estimation assez fiable des dates.

Bagages et équipement

Le poids total de bagages autorisé varie entre 100 et 125 kg par personne, mais chaque pièce de bagage doit pouvoir être portée à la main. Assurez-vous d'emporter avec vous tout ce dont vous aurez besoin en fonction des zones climatiques traversées et de la durée du trajet. Une fois à bord, il est difficile de se procurer du matériel.

ESSENTIEL

- » Lunettes de soleil
- » Crème solaire
- » Coupe-vent
- » Vêtements chauds
- » Chaussures plates antidérapantes

CONFORTABLE

- » Livres, musique, films, jeux
- » Ordinateur
- » Caméra, appareil photo
- » Adaptateur électrique (vérifiez auprès de votre agence quel type de prise est utilisé à bord)
- » Maillot de bain
- » Jumelles
- » Argent liquide

DÉJÀ À BORD

- » Livres et DVD en anglais et dans la langue de l'équipage
- » Draps, serviettes, savon et lessive
- » Alcool et cigarettes détaxées, si permis

⚠ Pour les fumeurs : il est interdit de fumer dans les ports en raison des produits inflammables présents. À bord du bateau, la cigarette est souvent tolérée, sauf dans les cabines et les parties communes.

Budget

Compte tenu des services offerts à bord (la cabine, les trois repas par jour, le service et les commodités), le prix est donné sur une base de tarif journalier. Il faut compter de **70 à 130 € par journée à bord**. À cela peuvent s'ajouter l'alcool (détaxé) consommé à bord, lorsqu'il est permis, la souscription à des assurances déviation en cas de changement d'itinéraire causé par le passager, les taxes portuaires et les frais de douane. Renseignez-vous avant le départ pour éviter les mauvaises surprises.

À titre d'exemple, pour un départ depuis la France : comptez entre 900 et 1 500 € pour un voyage en Amérique (entre 10 et 20 jours), entre 2 000 et 3 000 € pour l'Inde (entre 20 et 40 jours).

Passer à l'action

Trouver un cargo

COMPAGNIES EN FONCTION DES DESTINATIONS

Voir le tableau page suivante.

Escales

La durée d'une escale, allant de moins de 6 heures à 72 heures pour les manœuvres les plus lentes, est souvent trop courte pour avoir le temps de découvrir le lieu. Souvenez-vous que le bateau n'attendra pas votre retour pour repartir ! Assurez-vous de pouvoir être joignable par téléphone et d'aviser le capitaine de votre intention de descendre. Certaines restrictions légales liées à la sécurité portuaire peuvent aussi faire obstacle au voyageur désireux d'explorer la ville où le bateau mouille l'ancre.

Pour prendre plus de temps dans les escales, vous pouvez aussi scinder le voyage en plusieurs étapes. Si l'embarcation effectue toujours le même trajet en aller-retour, il est judicieux de remonter sur le même bateau lors du passage suivant. Cela vous évitera toutes les complications liées à l'organisation d'un voyage avec différentes compagnies.

COMPAGNIES DE CARGO ET VOYAGISTES

FRANCE

Compagnie CMA CGM croisières et voyages
www.cma-cgm.com

Cargoship Travel
www.voyages-en-cargo.fr

Mer et voyages
www.mer-et-voyages.info

DROM (OCÉAN INDIEN, PACIFIQUE SUD)

Mauritius Shipping, Coraline Service
www.mauritiusshipping.net/coraline-services

Compagnie française maritime de Tahiti taporo@mail.pf

ALLEMAGNE

Frachtschiff-Touristik Kapt Peter Zylmann
www.zylmann.de

Hoffman Seereisen
www.frachtschiff-reisen.net

Hamburg Süd Frachtschiff Reisen
www.hamburgsued-frachtschiffreisen.de

F. Laeisz Schiffahrtsgesellschaft
www.laeisz.de

NSB Reisebüro GmbH
www.nsb-reisebuero.de

Oldendorff Carriers
www.oldendorff.com

Internationale Frachtschiffreisen Pfeiffer GmbH
www.frachtschiffreisen-pfeiffer.de

ROYAUME-UNI

The Cruise People
www.cruisepeople.co.uk

Cargo Ship Voyages
www.cargoshipvoyages.com

AUTRES COMPAGNIES EUROPÉENNES

Globoship www.globoship.ch

Eimskip www.eimskip.com

PZM (Polish Steamship Company)
www.polsteam.com.pl

Hurtigruten www.hurtigruten.fr

Grimaldi Lines
www.grimaldi-freightercruises.com

Finnlines www.finnlines.com

CANADA, ÉTATS-UNIS

Relais Nordik (CA)
www.relaisnordik.com

Marine Link Tours
www.marinelinktours.com

Maris Cruise & Freighter Travel Club, Connecticut
www.freightercruises.com

AUSTRALIE, NOUVELLE-ZÉLANDE ET PACIFIQUE SUD

Freighter Expeditions
www.freighterexpeditions.com.au

Aranui 5
www.aranui.com

Freighter Travel (NZ)
www.freightertravel.co.nz

Courrier et communication

Le navire possède une boîte aux lettres qui est relevée aux escales. L'instabilité des horaires du cargo et de l'acheminement du courrier en font un moyen de communication peu fiable. Par contre, tous les bateaux possèdent maintenant une liaison téléphone, fax, voire même l'accès à Internet. Attention, les tarifs sont parfois élevés !

Du mythe à la réalité : risques et difficultés

Intempéries

La probabilité de rencontrer de fortes intempéries en mer est d'autant plus grande que le voyage est long. Les risques en cargo restent cependant très faibles : sa taille et son poids le rendent peu vulnérable sur l'eau. Même si une forte tempête venait à se profiler, les appareils météorologiques à bord permettraient de l'anticiper et de choisir un autre cap pour l'éviter. Les accidents sur de tels navires demeurent rarissimes.

Mal de mer

Le mal de mer est moins ressenti sur un cargo que sur une embarcation de petite taille comme un voilier ou un yacht à moteur. Si vous êtes particulièrement sensible, quelques règles de base vous permettront de prévenir et, le cas échéant, d'atténuer les symptômes (voir la section *Mal de mer* du chapitre *Bateau-stop* p. 226).

Variations sur un même thème

Faire du cargo-stop

Monter sur un cargo, c'est donc possible moyennant une somme d'argent assez coquette mais est-ce possible de monter gratuitement à bord en tant que cargo-stoppeur ? Certains l'ont fait, soit parce que cette pratique se faisait encore à l'époque, soit par des méthodes illégales ou dangereuses. Rares sont ceux qui ont eu la chance de tomber sur une **invitation en règle**. Quelques histoires circulent auprès des aventuriers, dans lesquelles des voyageurs seraient montés à bord de conteneurs avec ce qu'il faut de nourriture, d'eau, de lumière et des sacs pour les excréments et l'urine... Trois semaines voire plus dans ces conditions en font une pratique absolument kamikaze. Cela est bien évidemment absolument illégal et nous ne développerons pas cet aspect.

Ce qui est possible, bien qu'extrêmement difficile à réaliser, c'est de contacter les agences ou parfois même les capitaines pour leur demander de vous accepter à bord. Dans ce cas, cinq grandes difficultés vous attendent :

Les règlements portuaires de la plupart des pays empêchent les personnes non autorisées de pénétrer dans la zone portuaire.

Pour recevoir l'autorisation de monter à bord d'un cargo et donc d'entrer dans la zone portuaire, le port doit avoir été prévenu au moins deux jours avant l'arrivée du bateau à quai.

Pour des raisons de sécurité, les règlements de la marine marchande demandent à toute personne travaillant à bord de posséder une permission de travail en mer. Ce certificat se compose d'une courte formation et d'une visite médicale. Il porte souvent le nom de STW95 mais d'autres équivalents existent.

L'organisation assez complexe du cargo rend la communication avec les différents acteurs très difficile. En effet, il est facile de se perdre dans ce labyrinthe administratif entre le propriétaire du bateau, le capitaine, l'opérateur (l'agent affrétant le bateau sur une route donnée et sur un marché donné) et les compagnies (entités gérant la navigation, l'équipage et le bon déroulement du trajet). Seules les compagnies sont en mesure de vous fournir l'autorisation de monter à bord. Elles le signalent aux agents portuaires qui vous laisseront alors passer lorsque vous vous présenterez. Sachez que même le capitaine doit passer par cette procédure pour inviter sa femme sur un trajet !

Le coût des retards, déviations et incidents en mer est extrêmement élevé. Par exemple, un retard sur un porte-conteneurs classique (5 000 conteneurs) se chiffre en milliers d'euros par heure ! Si vous tombez malade durant le trajet et que le navire se voit obligé de changer sa course, les répercussions économiques seront encore plus grandes. Cela explique pourquoi si peu de bateaux prennent le risque de faire monter des passagers à bord.

Les possibilités de monter à bord en tant que travailleur ou cargo-stoppeur sont donc très rares. Voici toutefois quelques pistes possibles :

Créez votre réseau dans les grandes villes portuaires, essayez de rencontrer un marin ou le proche d'un capitaine qui pourra vous mettre en relation avec lui avant son arrivée au port. Courriels ou téléphone, il vous faudra beaucoup de persévérance mais une belle présentation de votre projet et de votre personnalité pourrait retenir son attention. Peut-être quelqu'un acceptera-t-il de demander à sa compagnie l'autorisation de vous laisser monter à bord !

Contactez les agences de cargo

Votre projet personnel ou vos services de photographe, vidéaste ou journaliste pourraient peut-être les intéresser. N'oubliez pas qu'ils n'ont a priori pas besoin de votre aide ; au contraire, une personne de plus à gérer à bord signifie des ennuis potentiels. Il vaut mieux investir du temps dans votre relation avec eux que de faire valoir vos compétences, même si certains services pourraient les intéresser : une banque de photos ou de vidéos de la vie à bord, des articles dans la presse pour soigner leur image, le test d'un produit pour un voyagiste, un guide, etc. Un seul secret : la persévérance !

COMPAGNIES DE SMALL SHIPS

FRANCE

Compagnie des îles du Ponant
www.ponant.com

Escales polaires
www.escales-polaires.com

Grand Nord, Grand Large
www.gngl.com

Nord espaces www.nord-espaces.com

ROYAUME-UNI

Hebridean Island Cruises
www.hebridean.co.uk

Oceanwide expedition
www.oceanwide-expeditions.com

Pacific Island Travel
www.pacificislandtravel.com

Trinity House
www.trinityhouse.co.uk

ALLEMAGNE

Tall-ship Friends
www.tallshipfriends.de

Hapag-Lloyd Cruises
www.hl-cruises.com

CANADA

Fathom Expedition
www.fathomexpeditions.com

ÉTATS-UNIS

Grand Circle Cruise Line
www.gct.com

Quark Expeditions
www.quarkexpeditions.com

Lindblad Expeditions/ National Geographic
www.expeditions.com

Small Ship Travel
www.smallshiptravel.com

Star Clippers
www.starclippers.com

Un-Cruise Adventures
www.un-cruise.com

Wilderness Travel
www.wildernesstravel.com

Windstar Cruises
www.windstarcruises.com

ARGENTINE, AUSTRALIE, NOUVELLE-ZÉLANDE

Argentinian Explorer
www.argentinianexplorer.com

Aurora Explorer
www.auroraexpeditions.com.au

Heritage Expedition
www.heritage-expeditions.com

Dans les plus petites embarcations (comme les caboteurs longeant les côtes, les bananiers, les vraquiers, etc.) et sur les côtes des pays appliquant les règlements de façon plus flexible, vous pouvez trouver des ports accessibles. En discutant directement avec le capitaine, tentez de lui proposer d'échanger votre main-d'œuvre contre un bout de route à bord.

Small ships

Les *small ships* sont de petits navires pouvant accueillir de dix à plus d'une centaine de passagers. Voiliers modernes, vieux gréements, navires d'expédition, l'éventail est large ! Leur avantage se trouve dans leur capacité à se rendre dans les lieux les plus reculés et difficilement accessibles. Du pôle Nord au pôle Sud, de l'Amazone aux Galápagos, du détroit de Béring au cap Horn, les destinations sont aussi exotiques que variées : de quoi séduire les aventuriers les plus tenaces !

Bien que ces expéditions soient très intéressantes pour rejoindre des terres non fréquentées par la plupart des yachts, leur prix reste néanmoins élevé (généralement autour de 100 € par jour). Qui sait, peut-être arriverez-vous à monter à bord de ces embarcations en tant que “small ship-stoppeur” ?

Contrairement aux cargos (qui ne sont pas destinés au tourisme), l'intérêt écologique

TÉMOIGNAGE

"Par une fraîche nuit de novembre, le *Grande Lagos* quittait le port d'Anvers en partance pour Lagos. Pour ma part, je débarquerai à Cotonou au Bénin. Arrivée prévue dans deux semaines. Deux semaines pour prendre le temps du voyage, se le réapproprier enfin. Tous ces engins volants en nous téléportant d'un bout à l'autre de la planète en quelques heures ont bouté hors du voyage l'acte même de se déplacer. Ils m'ont certes rendu service plus d'une fois, mais pour cette fois, bye bye la téléportation, j'allais voguer, tanguer, chalouper. Mais je n'allais pas voguer sur un luxueux immeuble flottant dont la première mission aurait été de me distraire du fait même de naviguer. Le *Grande Lagos* n'a que très peu de divertissements à m'offrir, c'est un roulier. Sa mission est de transporter des voitures d'occasion vers l'Afrique de l'Ouest. Il m'accepte à bord, mais il convient de faire preuve d'une certaine humilité. Le désintérêt de ce monstre flottant de 235 m de long à mon égard, c'est justement ce que je suis venu chercher. Deux semaines à ne rien faire ou si peu, une éternité diront certains, un rêve en fait. Contempler les flots sous la brise et le soleil levant, suivre la lente montée du thermomètre au fur et à mesure que nous nous rapprochons de l'équateur, côtoyer la vie des officiers et des matelots et se lier d'amitié avec le second lieutenant, observer les autres navires depuis la passerelle. Le programme semble trop léger ? Les surprises sont également au rendez-vous, comme ce soir de pleine lune où la mer est parsemée de dizaines de feux de Bengale. Ce sont des pêcheurs, perdus dans la brume tropicale sur leurs frêles esquifs. Deux semaines pour vivre le voyage, mon voyage, lentement, à mon rythme, 15 nœuds. Loin d'être ennuyeux, c'est en fait addictif."

Laurent, à la recherche du Kiffistan, onechai.fr

du transport par *small ship* est discutable. C'est néanmoins une expérience lente et progressive, qui plonge le voyageur au cœur du milieu naturel qu'il traverse.

Les différentes compagnies sont indiquées dans le tableau ci-contre.

Pour aller plus loin

Sites Web

» www.seaplus.com – Informations sur les voyages en cargo et porte-conteneurs (en anglais)

» www.freightertrips.com – Communauté de passionnés de voyages en cargo, en anglais

» www.marinetraffic.com – Site multilingue de géolocalisation de navires

» www.ulysse.fr – Librairie parisienne du voyage, où se déroulent les réunions du Cargo club français (18h30 le premier mercredi du mois, sauf janvier)

Livre technique

» VERLOMME, Hugo et BOMBAIL Marc-Antoine. *Le Guide des voyages en cargo et autres navires* (Éd. des Équateurs, 2011)

Récits de voyages

» DE TAILLY, Françoise et GIARD, Mathilde. *Voyager en cargo : 25 portraits de bourlingueurs* (Éd. de la Martinière, 2015)

» GUTIERREZ, Ramon, LAMBOT, Juliette et LAURENT, Jérôme. *Tour du monde en cargo* (Éd. de Conti, 2008)

» BOUYALA, Nicole. *Cargo Solo* (Pimientos, 2008)

» LANDON, Emmelene. *Le Tour du monde en porte-conteneurs* (Nouveaux Loisirs, 2003)

» JOURNOT, Thomas. *L'Âme des cargos* (Le Fantascope, 2009)

"Le train, l'automobile du pauvre. Il ne lui manque que de pouvoir aller partout." Jules Renard

Train-stop

Objectif : monter à bord d'un train pour un trajet donné en optimisant l'espace disponible

Autres dénominations : Train-hopping, freight-hopping (pour les trains de fret)

Intérêt économique

Intérêt écologique

Intérêt humain

Degré d'aventure

Le train-stop, c'est quoi ?

DESCRIPTION DE LA TECHNIQUE

Le train-stop est la pratique consistant à monter gratuitement à bord d'un train de marchandises ou de passagers. Il est possible de monter légalement à bord de la locomotive d'un train avec l'accord du contrôleur ou du conducteur. Certaines personnes optent cependant pour le *freight-hopping*, pratique consistant à monter clandestinement dans un wagon le temps d'un trajet. De ces deux techniques, l'une est légale et sans risques, l'autre est interdite et dangereuse.

COMPRENDRE LE CONTEXTE

Dès son implantation, le train révolutionne la notion de distance, en reliant par la terre des villes très éloignées. D'abord réservé aux plus riches, il est utilisé clandestinement par les membres des classes ouvrières migrantes américaines à partir de la fin du XIXe siècle. Le phénomène s'étend ensuite à l'Europe et à la Russie puis s'amplifie durant la grande dépression des années 1930, attirant de nouvelles classes de population : Beat generation, hippies, etc.

De nos jours, cette pratique est rendue difficile par l'intensification des contrôles de sécurité antigangs et antiterroristes. Malgré tout, certaines régions du monde se prêtent bien à la négociation et quelques aventuriers contemporains continuent de profiter du trajet des marchandises pour voyager sur les trains de fret...

TÉMOIGNAGE

"Il se faisait déjà tard et nous devions trouver un moyen de rejoindre Genève. À cette heure-là et dans cet endroit, aucun moyen de faire du stop. Comment quitter cette ville déserte et lugubre ayant pour seule animation le cri strident des roues des trains sur les rails ? 'Et si justement, nous essayions de grimper sur un de ces wagons de fret ?' s'écria Kim. Le défi était lancé.

Nous étions tous trois d'accord pour tenter notre premier voyage en train-stop. Hors de question de nous mettre en danger ou de risquer l'amende ; nous optons donc pour l'option fair-play : aller voir un conducteur de locomotive et lui demander la permission de monter avec lui à bord. Le vieil homme à qui nous faisons notre demande paraît très surpris et un peu réticent à l'idée de nous faire monter clandestinement...

Après une longue hésitation, il nous informe que le dernier wagon du train est une locomotive à l'arrêt dont les portes ne sont pas verrouillées. Nous crions de joie, le remercions et, après une course le long du train, nous nous faufilons discrètement dans notre compartiment de première classe ! Le train démarre et nous restons cachés pour ne pas nous faire pincer. Après quelques minutes de vacarme, notre train trouve son allure : nous voilà partis pour Genève. À ce moment, nous sommes les vagabonds les plus heureux de la Suisse !"

Nans et Guillaume

Un peu de théorie

Intérêt

ÉCONOMIQUE

La dimension économique est souvent la raison pour laquelle les voyageurs optent pour cette technique. Il est possible de voyager sur de longues distances sans dépenser d'argent pour le transport.

ÉCOLOGIQUE

Voyager en tant que train-stoppeur est une manière d'optimiser ce moyen de transport. Ce que recherchent les train-stoppeurs, c'est aussi et surtout une rencontre unique et sauvage avec les milieux naturels le long des chemins de fer.

HUMAIN

Le train-stop se pratique de façon solitaire ou par petits groupes. Les rencontres à bord sont rares et se limitent souvent au conducteur et au contrôleur. C'est une occasion unique de découvrir le monde des cheminots depuis l'intérieur.

DEGRÉ D'AVENTURE

Scène des histoires de voyage les plus fantastiques mais aussi les plus terribles, le train-stop pratiqué à l'ancienne est la discipline mythique par excellence... Même dans sa version acceptable légalement, elle est tout à fait underground et très peu pratiquée.

Fait important à noter, l'évolution des technologies du transport a rendu impossible la pratique du train-stop dans plusieurs régions du monde, que ce soit pour des raisons logistiques ou pour assurer la sécurité des personnes et des biens. Les politiques des compagnies d'assurances de marchandises sont strictes et peu de conducteurs sont prêts à courir le risque de prendre des passagers avec eux dans la locomotive.

Aspects légaux

Si vous possédez l'autorisation du contrôleur ou du conducteur, il n'en demeure pas moins que votre présence à bord ne sera pas couverte par la police d'assurance de la compagnie en cas d'accident. Gardez à l'esprit que toute personne vous faisant monter à bord sans titre de transport prend un certain risque vis-à-vis de la loi en cas de problème, tant sur les trains de passagers que de marchandises. La faible fréquence des accidents sur les lignes de chemin de fer joue néanmoins en votre faveur et certains conducteurs ou contrôleurs de train seront prêts à prendre ce risque pour vous aider, en échange de votre discrétion, bien sûr.

Il va de soi qu'il est illégal de monter à bord d'un train de marchandises sans autorisation... Il est important de savoir que le simple fait de se trouver dans une zone de fret est interdit, seules les personnes autorisées pouvant y pénétrer. Les sanctions varient fortement en fonction du pays et des conditions de l'interpellation, pouvant aller de la verbalisation à la peine de prison.

En pratique

Se préparer

Vos chances seront plus grandes sur un train de marchandises que sur un train de passagers. Dans certains pays, le fret ferroviaire fonctionne essentiellement la nuit pour laisser place aux trains de passagers le jour ; dans d'autres, les horaires sont mixtes. À vous de vous renseigner et d'observer les heures et lieux de circulation des différents types de trains.

Dans certaines régions reculées et peu fréquentées, il n'est pas rare de voir des habitants monter dans la cabine d'une locomotive de fret pour se rendre dans la ville suivante. Le voyageur peut aussi tenter l'expérience, même dans des milieux assez urbains, du moment qu'il peut pénétrer sur la zone ferroviaire pour aller rencontrer les conducteurs.

Passer à l'action

L'approche

Les possibilités sont variées. Vous aurez la possibilité d'être pris à bord d'une **locomotive** ou alors d'obtenir "l'autorisation" de monter dans un des **wagons**.

Si le train se trouve dans une gare recevant également des passagers, veillez à vous faire discret et à ne pas attirer leur attention. Par exemple, préférez les trains des voies se trouvant le plus loin possible du terminal d'accueil. N'oubliez pas que votre demande est quelque peu inhabituelle et qu'il se peut que les premières réactions du conducteur ne soient pas en votre faveur. Mais qui sait ? Avec un peu de patience et de tact, peut-être arriverez-vous à faire valoir votre idée…

Pour cela, dirigez-vous vers une locomotive pointant dans la direction souhaitée et attachée à un train. Adressez-vous au conducteur et demandez-lui où va son train et s'il serait d'accord pour vous prendre à bord. Expliquez rapidement votre projet et ce qui vous amène là. Si vous avez une carte avec votre projet de voyage et des photos, c'est le moment de les montrer. Soyez persuasif et respectueux. Après tout, ces conducteurs de train roulent seuls pendant des heures et pourraient apprécier un peu de compagnie.

La demande

Si vous ne parlez pas la langue locale, pensez à préparer un petit texte écrit dans celle-ci et expliquant votre démarche et votre demande. De plus, si vous pouvez offrir un bon casse-croûte au conducteur, vous mettrez toutes les chances de votre côté. Le succès de cette démarche dépend étroitement du contact humain et de vos aptitudes à la négociation.

Trains de passagers

Une autre forme de train-stop se pratique dans les trains de passagers, à notre connaissance en Allemagne seulement. En effet, il existe là-bas des billets de train permettant à de petits groupes (de 2 à 5 personnes) de voyager ensemble sur un trajet en utilisant un train régional ou local. Comme il est déjà plus avantageux de prendre ce billet plutôt que deux billets séparément, il n'est pas rare de voir deux ou trois personnes voyager ensemble en utilisant ce forfait. Dans ce cas précis, le train-stoppeur peut se rendre sur le quai d'où partira le prochain train régional se dirigeant vers la destination voulue, repérer les gens voyageant en groupe de 2 à 4 personnes et leur demander s'ils voyagent en utilisant ce type de billet et s'ils accepteraient qu'il voyage gratuitement en leur compagnie. Malheureusement, la pratique connaît un déclin depuis que certains de ces billets (mais pas tous !) demandent que l'on spécifie le nombre de passagers au moment de l'achat. Vous aurez sans doute plus de succès les week-ends.

Comme toujours, expliquer votre démarche et parler de votre voyage vous feront gagner en sympathie et rendront la négociation plus aisée. Les groupes de jeunes ou d'étudiants sont plus enclins à demander une contribution en argent pour le billet…

Pour aller plus loin

Sites Web

» it4v7.interactiv-doc.fr/html/atlas_reseau_ferre_2020_web_914 – Atlas du réseau ferré en France

» www.openrailwaymap.org – Atlas du réseau ferré dans le monde

Livres techniques

» CONOVER, Ted. *Au fil du rail* (Éditions du Sous-Sol, 2016)

WAGON, OÙ VA-T-ON ?

"Le tempérament d'un guerrier exige le contrôle de soi en même temps qu'un complet abandon de soi."
Carlos Castaneda

"Je virevolte d'une bretelle d'accès où l'on m'ignore aux stations-essence où je ne croise que des locaux qui font le plein avant de rentrer chez eux. Je cherche la perle rare qui va vers le nord. Il est déjà 14h et il me reste encore 700 kilomètres avant d'arriver à Portland. Je vais avoir du mal à y être pour ce soir...

– Bonjour, excusez-moi, est-ce que...

– Va te faire enc... ! me répond un jeune sur un ton querelleur.

Prétendant ne pas avoir compris sa réponse, j'insiste, provocateur. Avec mon atlas routier dans les mains, j'ai l'air de chercher ma route.

– J'ai pas envie de parler avec toi, c'est clair ? déclare-t-il me regardant droit dans les yeux.

Arrive une jeune femme charmante dont la voiture est immatriculée dans l'Oregon, l'État où je me rends. Manque de chance, elle va dans le Sud. Cette fois, c'est un homme avec une plaque de l'État de Washington, c'est-à-dire au-delà de ma destination.

– Complet, m'annonce-t-il.

Effectivement, je vois une veste sur le siège arrière et un attaché-case sur le siège avant ! Deux vieux soixante-huitards à l'américaine arrivent là-dessus.

– Salut les gars, allez-vous vers le nord à tout hasard ?

– Oui, pourquoi ?

– Super ! Je fais le tour du pays en stop et je me dirige vers Portland. Vous pensez que je pourrais venir avec vous ?

– On est à moto.

– Re-super ! C'est pas un problème pour moi.

– Pour nous non plus, mais pour la police oui. À moins que tu n'aies un casque...

J'accumule les fausses joies et les sales coups. J'ai la bonne humeur fragile. Une employée de la station vient vers moi, d'un pas décidé. Je prends mon plus beau sourire.

– Tu demandes de l'argent ?

– Pas du tout. Je suis juste un voyageur français et je cherche un lift pour Portland.

Ça fait huit mois que je voyage sur le continent américain pour rencontrer des gens qui travaillent dans l'environnement. J'essaie de lui montrer patte blanche.

– L'un de nos clients s'est plaint. Tu ne peux pas rester ici.

Je lutte. Me retrouver en plein cagnard à faire le clown sur les bretelles d'autoroute pour avoir des lifts de vingt bornes ne m'amuse plus. Je dois sauver ma place dans cette station. Présentation de mon book : la carte de mon parcours, mes reportages, quelques photos. Je lui donne ma carte de visite. Il faut la convaincre à tout prix.

– OK, mais ne reste pas là trop longtemps.

– C'est justement ce que j'essaie de faire !

Vingt, trente, quarante demandes infructueuses et toujours la même indifférence. Je rencontre quelqu'un qui va vers le nord et à qui il reste de la place.

» LEEN, Daniel. *The Freight-Hoppers Manual for North America: Hoboing in the 1980s* (Capra Press, 1992)

» LITTLEJOHN, Duffy. *Hopping Freight Trains in America* (Sand River Press, 1993)

Films

» GEORGE, Sarah. *Catching Out* (2003)

» LOVELL, Lexy et UYS, Michael. *Riding the rails* (1998)

» MURRAY, Alison. *Train on the Brain* (2000)

– Je suis désolé, ça ne va pas être possible, s'excuse-t-il sèchement en détournant les yeux comme pour me demander de partir.

– Est-ce que je peux vous demander pourquoi ?

– Parce que ça ne va pas être possible.

Pourtant, les sièges arrière sont vides ! Comme si mon sac à dos faisait de moi un moins que rien, il se paie ma tête. Entre l'émotion des adieux de ce matin avec Claudia, Gérald et David, et la lassitude de ces attentes en stop, j'explose. Débordant de dégoût, j'incendie l'automobiliste. Celui- ci va être certainement vacciné à vie contre les auto-stoppeurs. Tant pis, il fallait que ça sorte ! Cette fois, c'est le patron de la station-service qui vient me voir : je suis sommé de partir sur-le-champ, sans quoi il appelle la police. Son ton vindicatif est comme un coup de pied aux fesses. Je ne cherche pas à négocier et me contente de le frapper d'un sarcastique :

– J'adooore votre pays !

Je hais ce pays ! Seulement, je ne peux rien espérer de lui si je suis moi-même agressif. Le stop comme exercice zen. Noyé dans ma colère, je m'en vais lever mon pouce sur la bretelle d'accès, avec en prime les gaz d'échappement. Même sentence. De toute façon, je ne serai jamais à Portland ce soir. Je me résigne tout de même à attendre encore dix voitures. Comme par miracle, le sixième véhicule s'arrête. Le conducteur fait mine de freiner de toutes ses forces, en se mordant les lèvres et en haussant les épaules. Je prends mon sac, j'ai envie de hurler de joie ! Je monte sans réfléchir, nous discuterons plus tard du point où le conducteur me laissera. Je veux absolument me sauver d'ici, même de cinq ou dix kilomètres. Hanz me raconte sa vie. Il s'est cassé le dos en tombant d'une barrière. Désormais, il ne peut plus travailler sinon le gouvernement lui coupe ses aides. Alors il vivote, avec 900 dollars par mois.

– Donc là, je me balade un peu, me confie-t-il.

Je repense au balayeur bolivien unijambiste. Je me dis que si, d'un côté, les aides sociales sont une chance inouïe, de l'autre, elles obligent Hanz à végéter alors que l'unijambiste, lui, travaille et existe socialement. Comme il n'a pas d'itinéraire précis, Hanz me propose de m'emmener plus loin dans ma direction pour deux dollars d'essence.

– Let's gooo ! s'amuse-t-il, tout aussi content que moi d'avoir trouvé un compagnon de route.

Les Cranberries, ZZtop, Queen orchestrent notre chœur à deux voix sur les routes de Californie. Quel bonheur d'avancer ! Même si ce ne sont que 25 petits kilomètres.

– Je vais te laisser à la prochaine ville, Redding. De là, il y a des trains pour Portland.

– Tu crois que je peux faire du train-stop ?

– On peut toujours demander aux employés, me sourit Hanz.

Un vieil homme dort sur une chaise du hall de gare, dans une bruyante respiration artificielle. En le saluant, nous le tirons de son sommeil. Le regard encore embrumé, Tom nous apprend qu'il est le chef de station et qu'il est seul à travailler ici. Il m'informe que le train de passagers pour Portland passe tous les jours à 5 heures du matin. Je regarde l'horloge : 17h20. Je n'ai pas la patience d'attendre demain matin, alors je lui raconte mon voyage à petit budget et ma volonté de tout parcourir en stop.

– J'ai 10 dollars par jour grand maximum si je veux tenir jusqu'à New York. Et je n'ai encore jamais fait de train-stop.

Je sens qu'il peut m'aider. Il réfléchit.

– Ils ne te laisseront pas monter, affirme Tom. Tu dois faire du *train-hopping* sur les convois de fret.

Mon regard ignorant lui demande plus de détails.

– Tu remontes de un kilomètre au sud en suivant les rails. Ensuite, tu te caches. Quand tu entends le train arriver, ne te fais pas voir de la locomotive, reste dans les buissons. Le râle de son respirateur artificiel me donne l'impression de recevoir les confidences d'un mourant quant à l'emplacement d'un trésor caché. Une fois qu'elle a passé la courbe, trouve un wagon qui a les portes ouvertes. Quand le train est arrêté, monte dedans et cache-toi bien. Ensuite, bon voyage !

Surexcité à l'idée que le chef de gare en personne me donne un cours de train-stop illégal, j'en profite pour le bombarder de questions.

– Entre maintenant et minuit, me répond-il, il devrait y avoir entre cinq à dix trains de marchandises. Ils s'arrêtent tous ici pour signer des papiers. Ensuite, ils montent dans la montagne, direction Klamath Falls. Là-bas, les conducteurs se relaient.

– Surveillent-ils les wagons pour voir s'il y a quelqu'un dedans ?

– Normalement non. Ensuite, le train va à Portland. Fais attention, certains foncent directement en Alaska !

Je déglutis. Hanz renchérit :

– Oui, on peut aller loin comme ça. J'ai un ami qui, à une époque, voyageait dans toute l'Amérique du Nord en train.

– Et pourquoi il ne le fait plus ? Il s'est fait choper ?

– Non, pas vraiment. Un jour, il est mal tombé, et les roues du train lui ont tranché net un bras et une jambe.

Je n'en crois pas mes oreilles ! Je me sens au bord du vide, poussé par Tom et par Hanz qui voudraient bien vivre par procuration l'aventure dans laquelle je m'apprête à me lancer. Je pense au héros du film *Into the Wild*, qui se fait rouer de coups par un cheminot pour avoir voyagé clandestinement dans un train, avant d'être laissé à l'abandon au milieu de nulle part. Je ne voudrais pas que cela m'arrive. Je réfléchis. La peur et l'envie font match nul. Pourtant, il va falloir désigner un vainqueur. Soupirs. Un bras et une jambe coupés...

– Bon voyage ! me provoque Tom d'un clin d'œil.

Impossible de faire marche arrière. Une petite voix me dit que je n'aurai pas deux fois la même chance. Je hoche la tête et esquisse un sourire. Hanz pousse un cri de joie.

– *Fuck that, man* ! Si j'avais 15 ans de moins, je te suivrais !

J'avance seul entre les rails, vers le sud, incapable d'avoir une démarche normale. La perspective de ce qui m'attend crispe tout mon corps. En contrebas, entre la voie de chemin de fer et la rivière, je repère un coin où me cacher. Le rythme de mon pouls s'accélère. Il n'y a pas de temps à perdre. Si un train arrive, je dois être prêt. J'enfile un T-shirt de camouflage kaki puis opte finalement pour mon pull, malgré la chaleur, afin de protéger mes bras. Je n'éviterai pas l'amputation, mais au moins quelques égratignures. Je réorganise mon sac pour faciliter l'accès aux objets de première nécessité : lampe, couverture de survie, trousse à pharmacie et eau. J'attache les sangles de cintrage de façon à ce qu'elles ne traînent pas. Il ne faudrait pas qu'elles se prennent quelque part, je pourrais y rester. Règle numéro 1 : rentrer vivant. J'attache mes lacets avec un double nœud. Non ! Sans double nœud, au cas où j'aurais besoin de retirer mes chaussures rapidement. Je garde dans ma poche de pantalon mes papiers, du liquide, ma clé USB si je dois abandonner mes affaires. J'entoure ma besace avec mon lacet de secours afin qu'elle ne s'ouvre pas au moment de monter dans le train. Mes gestes sont précis, ma préparation, méticuleuse. J'essaie de canaliser ma peur. Je suis extrêmement concentré, comme un soldat avant la bataille. Le vent se moque du silence. Planqué dans ma cachette, j'inscris le moment à jamais dans ma mémoire. Mes yeux repèrent chaque détail. Tout est calme. J'essaie de me détendre. J'expire profondément. Je pense à mes parents, mes frères, Béa, certains amis. C'est bête à dire, mais je peux mourir aujourd'hui. Le temps passe. Trop lentement. L'envie et la peur poursuivent leur mêlée. Je sens que je dois me contrôler tout en m'oubliant. Préparation schizophrénique. Je mange quelques gâteaux et bois un peu d'eau. *It's getting better.*

Soudain, un klaxon résonne au loin. Les sirènes des passages à niveau retentissent. Le train arrive ! Mon cœur s'emballe, je me cache davantage derrière un rocher. Je n'ai rien oublié ? Dernières vérifications. La locomotive approche, je jette un coup d'œil.

Merde ! J'ai vu le cheminot à l'intérieur, j'espère qu'il ne m'a pas vu, lui. La locomotive passe la courbe. Je sors de ma cachette.

– Oh non !

Ce ne sont pas des wagons avec des portes ouvertes, mais des remorques de camions posées sur un train de châssis nus. Impossible de s'y cacher ! Il va falloir attendre le prochain train. Quoique... Le serpent d'acier s'arrête. Je réfléchis. Les sirènes des passages à niveau continuent de hurler, assourdissantes. On me voit depuis les voitures arrêtées. Je dois prendre une décision. Je regarde les doubles essieux des camions. Je peux peut-être me planquer là-dessous ? C'est maintenant ou jamais. Si je prends ce convoi-là, je peux être à Portland demain matin. Et puis, on va finir par me repérer si je passe la journée ici à guetter les trains. Allez ! Je balance mon sac sur la plateforme du wagon. Puis ma besace. Je prends une grande inspiration. Je regarde devant, derrière. Personne. Je me hisse sur le plateau du train, sous la remorque d'un des camions. Je dois me cacher avant que le train ne redémarre et qu'il ne traverse Redding. Il ne faut pas qu'on me trouve. Je glisse mes sacs sous les doubles essieux et découvre que je ne rentre pas. Le train avertit qu'il va partir. Que faire ? Je descends, je reste ? Tant pis. En me tordant dans tous les sens et en embrassant les roues noires et huileuses du camion, je parviens à me dissimuler.

Le train redémarre, très doucement. L'acier craque et se frictionne dans d'inquiétantes stridulations, comme si tout allait se rompre. Je contracte mes muscles pour former une boule qui ne dépasse pas de l'alignement des pneus. La remorque de camion danse sur ses roues et moi je suis collé à elles. J'ai plusieurs dizaines de tonnes au-dessus de mon dos. Sourire jaune. Nous dépassons la petite gare où, de part et d'autre de la voie, les passants s'arrêtent pour contempler le train, un peu comme le feraient des vaches en manque de distraction. J'imagine Tom et Hanz essayant de m'apercevoir. La locomotive fait retentir son puissant klaxon alors que nous sortons de Redding tout en prenant de la vitesse. Je fais du train-stop ! C'est un rêve qui se réalise !

Alors que le train serpente tranquillement dans la montagne, je sors de mon antre et me familiarise avec mon environnement : une plateforme munie de rebords d'une dizaine de centimètres de hauteur, qui limitent le risque de chute. Le camion sous lequel je suis installé m'offre un toit. J'aperçois loin devant, la locomotive, loin derrière, le wagon de queue. À vue d'œil, un convoi de près de deux kilomètres d'acier ! Nous rejoignons enfin un plateau. À chaque passage à niveau, je dois me planquer sous les essieux afin de ne pas être repéré. Dans la précipitation, je me cogne avant de trouver ma place. Peu à peu, je prends mes marques. Le cambouis me noircit des pieds à la tête. Au détour d'une falaise, en sortie de tunnel, la vue se dégage. Imprenable. J'en ai le souffle coupé. Une lumière orangée, chaleureuse et revigorante baigne les montagnes enneigées. Éden nordique. Il n'y a personne, pas de route, pas de village, pas âme qui vive. Comme si l'humain n'avait jamais existé. Le vent frais chatouille mes cheveux. Le train va plus vite, monte encore, la sensation de vitesse est agréable. Les roues grincent dans les virages et je m'habitue à ce camion qui danse au-dessus de ma tête. Je ne sais pas où nous allons exactement, mais nous y allons. La liberté s'unit à la confiance. Mon sourire gagne allègrement sur mon visage. Grâce béate.

La nuit s'installant peu à peu, je m'allonge sur l'acier froid. Je m'interdis de me lover dans mon sac de couchage au cas où il faudrait m'enfuir si j'étais repéré. Je mets en place tout un travail mental pour lutter contre la chute des températures. D'abord, je me concentre sur ma respiration, ce qui me permet de repousser le moment d'enfiler ma veste. Les étoiles se lèvent, je chante et m'assoupis. Chaleureuse sensation de vivre pleinement. Je me réveille quelques dizaines de minutes plus tard, frigorifié. Si je m'habille maintenant, je risque d'être gelé jusqu'au petit matin. En boule, j'arrive de nouveau à m'endormir. Le train ralentit, ce qui me tire une fois de plus de mon sommeil léger. Arrêt complet dans un éternel concert de grincements et de craquements d'acier. C'est peut-être l'heure de la relève ? Je doute. Il n'y a pas de lumière, pas de village. Tout à coup, je prends peur.

Peut-être me suis-je fait remarquer ? Peut-être viennent-ils m'arrêter ? Je sursaute. La crainte me donne un coup de fouet. Que faire ? Plongé dans le noir, je cherche à quoi m'en tenir et me prépare à toutes les éventualités. D'où vont-ils arriver ? Par où puis-je me sauver ? Bondir pour courir ? D'un côté, je devine la falaise et de l'autre, un lac ! Impossible de quitter le train, je vais devoir faire face. Inventer une histoire ? Prétendre que je ne parle pas anglais ? Implorer la pitié ? J'aviserai. Un geste devenu presque courant après plusieurs mois en Amérique latine : j'ouvre mon couteau, que je garde dans ma main.

Je reste attentif à chaque mouvement, à chaque petit bruit. J'attends, sur le qui-vive. J'attends longuement, toujours rien. Après plus de dix minutes, mes yeux tombent de fatigue. Je finis par succomber.

– BROUAAMM !

Un vacarme me réveille ! Que se passe-t-il ? Ma tête cherche des réponses. Ce bruit est celui d'un train qui vient d'en face et passe tout à côté de moi, sur l'autre voie. La puissance de son élan me fait froid dans le dos. Tout à coup, je comprends : nous nous étions arrêtés pour le laisser passer, car il n'y a probablement plus qu'une voie. Soulagement. La route reprend, le vent me glace à nouveau. Je m'enroule dans ma couverture de survie après avoir enfilé ma veste, mon imperméable et mon deuxième pantalon. Enfin au chaud, je m'endors comme une masse.

Moins d'une heure plus tard, alors que nous fonçons à plus de 100 kilomètres à l'heure, je suis tiré des bras de Morphée en sursaut par ma couverture de survie en train de se déchirer dans un bruit de papier d'aluminium froissé. Le vent s'engouffre entre les essieux des camions et bute contre mes épaules. L'onglée me cisaille les doigts et les orteils. Mon nez est douloureux. Supplice des éléments. L'acier de ma couchette vampirise toute la chaleur de mon corps, malgré les couches de vêtements. Je dois agir. En pleine tempête, j'érige mon sac à dos en paravent au-dessus de mon crâne. Je place un sac-poubelle sur ma tête pour couper le vent. J'essaie de me réchauffer en me frictionnant le corps. Infructueuses tentatives. Je dois me déshabiller pour me frotter à même la peau. Autour de moi, le paysage est couvert de neige. Rire glacé. Je comprends mon supplice ! Consacrant une minute à chaque membre, je frotte de toutes mes forces, je frotte, je frotte, hurlant contre les bourrasques, pestant contre le train, puis me rhabille et m'écroule de fatigue. C'est à ce rythme que passera la nuit. Je n'ai jamais eu aussi froid de toute ma vie ! Lorsque j'ouvre les yeux à nouveau, pour la septième ou la huitième fois, la clarté de l'aube perce un magnifique velours matinal et révèle un paysage violacé de prairies embrumées. La réponse de ma peau à la caresse de l'astre du jour ne se fait pas attendre. Le froid est toujours aussi vaillant, mais la nuit cède. Enfin. Le soleil sur ma droite indique que je me dirige bien vers le nord.

Mais où suis-je ? J'espère que je n'ai pas pris un train direct pour l'Alaska ! J'essaie de lire les panneaux sur les routes que nous croisons, mais le train roule trop vite. Défilement de lettres illisibles. La locomotive finit par ralentir : je rassemble mes affaires sous les essieux et m'y cache encore. Entre les pneus, j'aperçois le nom de la gare : Salem. Je regarde sur mon atlas, dont une rafale déchire une page. Nous sommes à une centaine de kilomètres au sud de Portland. C'est parfait ! Le train s'arrête dans son vacarme habituel. Il doit être 7h du matin. Je décide de descendre là pour continuer en stop. J'ai eu ma dose de train.

Je fais l'état des lieux de mon corps : je ne sens plus ni mes pieds, ni mes fesses, ni mon nez. Mes chevilles sont de verre. Je suis gelé. Un épais nuage de vapeur s'extrait de mes narines à chaque expiration. Petit coup d'œil pour vérifier que la zone est bien dégagée. Je dois descendre vite avant que le train ne redémarre. À pas de loup pour ne rien me casser, je rejoins la route et adresse un regard complice au convoi qui s'enfuit vers l'horizon.

– Merci !

Extrait de *EcoAmerica – Voyage en quête de solutions durables* (Géorama, 2013), de Guillaume Mouton

"Pour pouvoir voler vous devez croire à l'invisible." Richard Bach

Avion-stop

Objectif de la technique : se déplacer par avion sans passer par le système commercial

Intérêt économique

Intérêt écologique

Intérêt humain

Degré d'aventure

L'avion-stop, c'est quoi ?

DESCRIPTION DE LA TECHNIQUE

L'avion-stop consiste à embarquer sur un avion pour un trajet donné sans utiliser le système commercial classique. Comme cette pratique s'applique dans la majorité des cas sur des appareils privés et non commerciaux, l'avion-stop se pratique dans les aérodromes, les aéroclubs ou les terminaux "aviation d'affaires" aux abords des aéroports.

Souvent utilisée dans les pays où les villes sont espacées les unes des autres sans voie d'accès facile (certains pays d'Afrique, outback australien ou archipels d'îles du Pacifique, par exemple), cette technique reste néanmoins plus difficile à mettre en application dans les zones urbanisées des pays développés. Toutefois, avec un peu de patience et de persévérance, tout devient possible...

COMPRENDRE LE CONTEXTE

Pour des raisons économiques ou légales, tous les avions ne sont pas en mesure de vous accepter à bord. Par exemple, les avions de ligne (vols commerciaux classiques) ne sont accessibles en avion-stop que par autorisation spéciale de la compagnie en charge, et cela n'est possible que pour des cas extrêmement rares (accident, rapatriement, urgence...). D'autres types d'avions, tels ceux affrétés pour le transport de marchandises, ne sont pas assurés pour la sécurité de passagers à bord. Connaître les lieux de pratique et les bonnes personnes auxquelles s'adresser est une priorité pour l'avion-stoppeur.

Un peu de théorie

Intérêt

ÉCONOMIQUE

Le coût d'un trajet en avion-stop peut varier et dépendra surtout de la situation du pilote : ses moyens financiers et son statut propriétaire ou non de l'avion. D'un point de vue économique cette technique prend son sens du fait que l'avion-stoppeur se contente de remplir les places vacantes gratuitement. Il est rare que le pilote demande une contribution. Si vous deviez toutefois payer pour votre trajet, cela se résumerait souvent au partage des frais. L'intérêt économique de la technique deviendrait alors discutable, le prix variant en fonction du nombre de passagers et du type d'appareil (voir la section *Budget,* p. 247).

ÉCOLOGIQUE

L'avion-stop repose sur le principe du stop : remplir spontanément les places vacantes d'un moyen de transport non optimisé. La variation de consommation de carburant pour l'ajout d'une personne à bord est négligeable même pour des avions légers. L'avion-stop reste donc une pratique quasi neutre sur le plan des émissions carbone, comme toutes les techniques dérivées du stop.

HUMAIN

Le monde de l'aviation est très peu connu à cause des permis, des connaissances, des diplômes et des coûts qu'il nécessite, ce qui confère à l'avion-stop un caractère exceptionnel. L'intérêt humain de l'avion-stop réside non seulement dans la rencontre avec cet univers mais aussi dans la relation de confiance et d'intimité créée entre vous et le pilote.

DEGRÉ D'AVENTURE

"L'avion-stop, ça existe ça ?" C'est une réaction commune, même auprès des voyageurs les plus férus d'aventures. Eh oui, ça existe et vous pouvez même en faire l'expérience ! Il vous faudra cependant user de vos compétences de communication et de votre charisme pour convaincre les pilotes (et l'administration des aérodromes, le cas échéant) ; être prêt à essuyer de nombreux refus et à affiner votre tactique ; faire preuve d'assurance et d'humilité pour percer les mystères d'un milieu relativement fermé et trouver votre place dans le cockpit...

Une fois avec votre pilote, vous pourrez observer ce monde de l'intérieur, poser de nombreuses questions et, bien sûr, vivre une expérience que seule une minorité de voyageurs peut se vanter d'avoir vécue...

Aspects légaux

ZONES RÉGLEMENTÉES

Il est important de comprendre le fonctionnement des aéroports et des aérodromes afin de connaître les zones interdites au public.

VISA ET PASSEPORT

Bien vérifier les conditions d'entrée du pays de destination, s'il y a lieu.

En pratique

Se préparer

Préparation physique et mentale

Aucune compétence particulière n'est requise pour faire de l'avion-stop, mais vos chances de trouver un avion seront plus grandes si vous possédez de l'expérience en aviation car le contact avec un pilote sera plus aisé.

Si vous n'avez pas d'expérience, l'aptitude à capter l'attention et à sociabiliser, le charisme, ajoutés à la capacité à se faire comprendre, et une bonne dose d'enthousiasme sont les qualités qui vous seront utiles pour attirer les sympathies du pilote.

INFORMATIONS À CONNAÎTRE

Connaître certaines informations devrait faciliter vos recherches :

Parties privées des aéroports : où se trouvent les aéroclubs, les aérodromes et le terminal d'aviation d'affaires ?

Votre propre poids (sac à dos compris) : il existe sur chaque avion une masse maximale au décollage définie par le fabricant. Aussi, pour s'assurer de respecter ce paramètre, votre poids (sac à dos compris) vous sera très souvent demandé avant de pouvoir embarquer sur les avions à faible capacité (de 2 à 4 places).

Connaissance de la région survolée : connaître l'histoire des villes ou la géologie des chaînes de montagnes, par exemple, peut être un sujet intéressant pour échanger avec le pilote et l'encourager à vous prendre à bord.

Sur quel avion espérer monter ?

AVIATION LÉGÈRE

Ces avions sont le plus souvent des monomoteurs de 2 ou 4 places. Ils ne sont pas autorisés à pratiquer le vol lorsque les conditions climatiques sont mauvaises ou lorsque la visibilité du ciel est altérée. Ils ne servent donc que pour les loisirs, l'apprentissage initial du pilotage, le service (livraison

TYPE DE VOL	DURÉE DE VOL (en heures)	TYPE D'AVION
Régional (inférieur à 300 km)	Inférieure à 2	Avion léger
National	2 à 4	Avion léger, avion d'affaires
International et intercontinental	4 à 12	Avion d'affaires

spéciale ou avion médicalisé par exemple), la voltige et plus généralement les activités ne nécessitant pas le respect d'un horaire.

» ULM, planeurs

» Appareils d'école de pilotage

» Avions de voltige

» Appareils destinés au tourisme aérien mais à rayon d'action limité : avions généralement monomoteurs à hélice.

Ces avions se trouvent le plus souvent dans les **petits aérodromes** ou dans les **aéroclubs**. En théorie, tous les avions privés sont en mesure de vous prendre à bord en *backseat* (place arrière), si une place est vacante, bien sûr. Comme il y a peu de capacité bagages, soyez léger ! Faites preuve d'intérêt et de curiosité pour les pilotes et leur passion, vous aurez peut-être la chance d'essayer de piloter. Pour les autres avions (médicalisés, armée, etc.), il faut voir directement avec le pilote car cela dépend essentiellement de la politique de la compagnie pour laquelle il travaille et de la loi en vigueur dans le pays.

AVIATION D'AFFAIRES

Ces appareils sont semblables à ceux utilisés pour le transport commercial de passagers, mais n'accueillent que quelques passagers dans des conditions souvent luxueuses. Ces appareils privés, plus communément appelés **jets privés**, appartiennent à des particuliers ou à de grandes entreprises qui peuvent les utiliser à des fins différentes comme le transport personnel et professionnel ou le transport à la demande (avion-taxi, plus communément appelé charter).

» bimoteurs à hélices, afin de pouvoir voler par tous les temps, emportant moins d'une dizaine de passagers

» bi-ou triréacteurs de morphologie semblable à ceux utilisés pour le transport de passagers mais "miniaturisés"

» hélicoptères

L'aviation d'affaires se retrouve aux abords des aéroports, dans les terminaux "aviation d'affaires". Les seuls avions en mesure de vous prendre à bord sont en général les **avions charters voyageant à vide** (sans passagers à bord) ou les **avions d'entreprises**.

Un aérodrome est un terrain aménagé pour permettre l'arrivée et le départ des avions. Un aéroport est un aérodrome sur lequel il existe une activité commerciale, comme la vente de billets d'avion.

Planifier sa route

LES SECRETS

La fréquence des départs de l'aviation légère et d'affaires peut varier fortement d'une ville à l'autre et même d'un pays à un autre. L'opportunité qui se présentera ne sera peut-être pas la proposition idéale ! Être **flexible sur sa destination** et **disposer de temps** devant soi sont donc les secrets de base de l'avion-stop.

Certains pays ont bonne réputation pour l'avion-stop, notamment les États-Unis, le Canada, l'Australie ainsi que la région européenne. Pour des raisons administratives et de risques encourus par le pilote, il est plus aisé de trouver des vols intérieurs, sans passage de douanes.

Comme les avions pouvant prendre des avions-stoppeurs sont souvent de petits modèles, vos chances seront augmentées si vous êtes seul et équipé d'un sac à dos léger.

DISTANCES, DURÉES ET STRATÉGIES

L'avion-stop peut s'avérer un moyen de transport rapide si vous trouvez d'emblée un pilote prêt à vous accueillir à bord de son appareil. Cependant, le temps passé à trouver une opportunité de vol peut considérablement rallonger la durée du voyage, surtout si l'aéroport où vous vous trouvez n'accueille pas un grand trafic. La stratégie à adopter pour l'avion-stop est donc de se **donner une direction** (nord ou sud par exemple) plus qu'une destination et **de ne pas avoir d'échéances à court terme**.

Plus vous **visez loin** et plus l'avion-stop devient une solution pertinente pour la rapidité globale du déplacement car le temps passé à attendre sera compensé par la vitesse de votre trajet.

Avec un peu de persévérance et de patience, vous pourrez tenter d'effectuer plusieurs types de vols : régionaux, nationaux, internationaux et même intercontinentaux.

Dans tous les cas, n'oubliez pas que cette aventure commence dès lors que vous pénétrez dans ce monde et rencontrez ses acteurs. Soyez attentif, il y a beaucoup à apprendre et à découvrir, cela devrait suffire à vous faire patienter, le temps de prendre votre envol.

Équipement

VÊTEMENTS

Dans les milieux urbains la tenue vestimentaire est importante, d'une part parce qu'elle dénote le sérieux des acteurs (pilotes, agents, etc.) et d'autre part parce qu'elle répond à la demande des clients (cadres d'entreprises, clients de vols charters, etc.). La première des choses est donc de s'intégrer dans ce milieu en optant pour une tenue propre et adéquate. Vos chances de trouver un vol en seront augmentées !

Dans les milieux ruraux l'avion-stop pratiqué dans des contextes ruraux et éloignés reste une pratique ouverte à tous et bien plus connue. La tenue est donc moins importante, mais une apparence globale propre et soignée est toujours recommandée.

Une tenue de travail au cas où vous échangeriez votre passage contre un travail de nettoyage sur l'avion.

ADMINISTRATIF

» Papiers en règle : carte nationale d'identité, passeport, visa...

» Carte du pays assez détaillée pour avoir l'emplacement des aéroports et aérodromes.

@ Chaque pays possède un guide de ses aéroports soit en ligne, soit sous forme de livre. Une simple recherche sur le Web (ville + aérodrome) permettra déjà d'obtenir une base d'information si on ne possède pas le guide. Pour les États-Unis, le site AirNav (www.airnav.com) vous donne la liste des aéroports avec toutes les informations pertinentes (taille, capacité, horaires, adresse, etc.) pour cibler le meilleur point de départ – les statistiques du trafic sont particulièrement pertinentes. En France, le guide Delage des aérodromes n'est pas donné (60 €) mais peut s'avérer un bon investissement pour une recherche en amont.

Budget

Les possibilités varient selon plusieurs paramètres et selon l'opportunité de vol offerte :

Avion d'affaires ou jet privé
Normalement gratuit car le pilote n'est pas le propriétaire de l'appareil.

Avion léger et privé peut devenir payant si le pilote vous demande une participation aux frais généraux (carburant, entretien, stockage). Dans ce cas-là, il faut compter environ de 0,20 €/km (pour le carburant seulement) à 1 €/km (pour tous les frais). Proposer une participation pour le carburant sera toujours apprécié.

Les moteurs classiques sont à essence et leur consommation varie entre 25 et 60 l/h pour une vitesse maximale variant respectivement de 200 à 350 km/h. L'essence coûtant environ 1,50 €/l, il faut donc compter de 40 à 90 €/h environ pour le carburant. L'utilisation de plus en plus fréquente de moteurs diesel, dont la consommation moyenne est de 15 l/h, réduit le coût de l'heure de vol à environ 25 €.

Avant de partir

Avant de décoller et si vous en avez le temps, informez vos proches des caractéristiques du trajet que vous vous apprêtez à effectuer :

» Nom du pilote

» Modèle de l'avion

» Date et lieu de départ

» Date et lieu d'arrivée prévus

» Nombre de personnes à bord

» Notes particulières

Passer à l'action

Trouver un avion : quelle technique adopter ?

FAMILLE ET RÉSEAU D'AMIS

À moins que vous ne soyez très chanceux, il y a de faibles probabilités pour que vous ayez dans votre entourage un pilote d'avion effectuant le déplacement qui vous intéresse dans la période souhaitée. Mais au fil de vos recherches et rencontres, vous pourrez inclure dans votre carnet d'adresses des personnes œuvrant dans le milieu de l'aviation. Lorsque votre réseau sera suffisamment étendu, vous serez capable de contacter directement ces acteurs selon leur situation géographique. Gardez précieusement ces contacts, ils vous seront très utiles.

INTERNET

Depuis quelques années, le coavionnage, calqué sur l'envol du covoiturage, connaît une explosion en France et en Europe de l'Ouest. Des propositions de vol non commerciaux sont affichées dans une optique de partage des frais. De multiples plateformes Internet ont vu le jour : **Wingly** (www.wingly.io ; France et Allemagne), **Coavmi** (www.coavmi.com ; France, Allemagne et Royaume-Uni) et **FlytClub** (www.flyt.club ; pays germanophones).

TÉMOIGNAGE

"Pour rejoindre Reno depuis San Francisco, nous venons de parcourir 230 miles (370 km) en cinq jours. Il nous reste une semaine pour "avaler" les 2 700 miles (4 300 km) nous séparant de New York si on veut profiter un peu du temps là-bas avant la fin de notre visa. Il nous faut donc trouver une solution pour aller plus vite. Le train ? Trop lent et trop cher. Le train-stop ? Ce serait froid, mais pourquoi pas... Quoi d'autre ? Mais bien sûr, l'avion-stop ! Ça fait longtemps que l'on en rêve et c'est le moment ou jamais.

Nous nous donnons donc deux jours pour trouver un vol à Reno. L'aéroport est de taille modeste, mais des dizaines d'avions y volent chaque jour. Ça semble idéal. L'investigation commence bien car nous rencontrons John, le pilote en chef d'une compagnie proposant des charters, des vols médicalisés, etc. Nous lui présentons notre projet ambitieux et notre histoire lui plaît. Selon lui, c'est jouable, le nombre moyen de passagers par vol aux États-Unis est de 1,5 incluant les vols commerciaux. De la place dans les avions, il y en a ! Il nous propose alors de nous prendre à bord de l'un de ses vols médicalisés, mais il n'a qu'une place. Nous nous mettons d'accord : si l'un de nous deux doit partir avec John, ce sera moi puisque Nans a déjà eu son expérience d'avion-stop au pays de Galles.

John et moi sortons de l'aérogare de luxe, le casque à la main, le plan de vol en sac. Je fais partie de la maison maintenant. Nous sommes prêts à partir. J'y crois à peine ! Le patient est sanglé sur le brancard et les deux infirmiers sont à ses côtés, veillant sur lui. Je prends la place du copilote, attache ma ceinture et branche mon casque : 'Test, test !'

La procédure est simple : on demande l'autorisation de décoller, on reçoit l'autorisation, on se place et on pousse les gaz à fond. John est un pilote chevronné. Je l'observe, pour saisir le moindre de ses gestes. Il tire la manette des gaz, puis me regarde avec un sourire... étrange ! 'Guillaume', me dit-il, 'rends-moi service. J'ai la flemme aujourd'hui, alors fais décoller cet avion pour moi, tu veux bien ?'"

Guillaume

Certains aspects réglementaires sont toujours en cours de clarification, mais l'Agence européenne de la sécurité aérienne confirme que le coavionnage est légal en Europe. La situation est plus compliquée aux États-Unis où de nombreux sites ont déjà choisi de fermer leurs portes. Renseignez-vous donc au préalable.

AÉROPORTS ET AÉRODROMES

La meilleure façon de trouver un avion est d'essayer directement dans les aéroports et aérodromes. Dans ce cas, nous vous conseillons fortement d'avoir, d'une part une autre option en cas d'échec et, d'autre part, plusieurs jours à votre disposition. Avant de vous embarquer dans une telle aventure, assurez-vous au préalable de la qualité du trafic auprès de personnes qualifiées : combien d'avions en moyenne s'envolent vers votre destination chaque jour ?

Il existe généralement une carte du trafic aérien fournissant de bien précieuses informations sur la localisation des aérodromes et aéroports d'un pays ainsi que leurs caractéristiques techniques (terre, goudron, double piste, etc.) et leur fréquentation. Pour vous la procurer, adressez-vous à un aéroclub ou à la direction d'un aérodrome et demandez-leur s'ils n'ont pas conservé un ancien modèle de cette carte. Comme ils doivent la mettre à jour chaque année, une carte "périmée" leur sera inutile mais contiendra toutes les informations dont vous avez besoin. Avec un peu de tact de votre part, ils vous l'offriront avec plaisir.

AÉROCLUBS

Commencez toujours votre investigation à l'aéroclub car ce lieu est plus facilement accessible. Vous vérifierez à l'avance (si possible) que l'aéroport où vous vous trouvez n'est pas juste une aérogare pour les avions commerciaux, car ceux-ci sont sans intérêt pour l'avion-stoppeur.

Lorsque vous arriverez à l'aérogare, vous pourrez vous asseoir à la **cafétéria** ou au **bar** et y rencontrer des pilotes. Allez à leur rencontre, demandez-leur s'ils prévoient de voler à un moment dans la journée ou les jours prochains. Sachez qu'il peut y avoir jusqu'à 20 vols par jour pour les gros aéroclubs si les conditions météo sont bonnes mais que beaucoup de pilotes volent et reviennent au point de départ. Certains pilotes cherchent à faire des heures de vol supplémentaires en vue d'un examen ou d'un diplôme. Dans ce cas, ils seront certainement ravis de lier l'utile à l'agréable en vous déposant au prochain aérodrome.

Dans tous les cas il faudra être patient et chanceux. Généralement, le trafic est plus important les matins de week-end ; ces moments sont donc à privilégier. Pour les zones plus reculées, les départs d'avions peuvent avoir lieu à tout moment de la semaine.

C'est aussi ici que vous pourrez demander si des vols sont prévus dans la journée. Vous pouvez également avoir accès au planning général des vols de la journée ou de la semaine. Pour cela, adressez-vous à l'accueil du club. Comme il peut y avoir des vols non programmés, vous devrez sûrement attendre ici un peu pour vous faire une idée de vos opportunités de vol. Si vous comptez rester plusieurs jours dans les alentours de l'aéroport, n'hésitez pas à laisser une **annonce** près de l'accueil de l'aéroclub, dans un lieu visible par tous. Sur l'annonce, pensez à préciser :

» Date d'affichage de votre annonce
» Direction (cardinale de préférence)
» Vos coordonnées

L'objet indispensable est une **carte de visite**, qui donnera plus de sérieux à votre requête. Si vous voulez donner encore plus d'impact à votre demande, vous pouvez aussi préparer un **classeur vous présentant** brièvement ainsi que votre projet : photos, textes et tout autre élément pouvant créer du lien avec votre interlocuteur !

Si l'avion-stop est en théorie une pratique gratuite, rien ne vous empêche de proposer votre aide contre le trajet. Les avions nécessitent en effet un entretien quotidien pour assurer leur bon fonctionnement. Une part de cet entretien consiste simplement à laver et polir la carrosserie. Tout le monde est capable de le faire et nombre de pilotes seront ravis qu'on les aide dans une tâche parfois longue.

AÉRODROME AVEC TOUR DE CONTRÔLE

Les tours de contrôle des aérodromes sont le pain béni de l'avion-stoppeur. Il est possible d'y trouver facilement et efficacement un avion avec une grande précision sur la destination. Tous les aviateurs effectuant un trajet moyen ou long (1h ou plus de vol) y viennent pour connaître les conditions météorologiques. Il vous suffit alors de vous rendre au **service météo de la tour de contrôle** et d'y rencontrer les pilotes passant prendre leurs informations. Vous pouvez également demander gentiment au responsable du service de vous envoyer les gens s'informant de la météo pour la région que vous souhaitez atteindre… Vous n'aurez qu'à attendre dans une salle à côté.

AÉROPOSTALE

Dans la belle lignée de Mermoz et de Saint-Exupéry, l'Aéropostale a toujours fait partie de la grande famille des aviateurs et des voyageurs en tout genre. Si vous êtes déjà sur le tarmac et qu'aucun avion n'est disponible, sachez que les pilotes de la "postale" se feront souvent un plaisir de vous embarquer gratuitement. Il suffit d'aller à leur rencontre, de vérifier leur destination (souvent plusieurs étapes) et de se faire inviter à bord. Les sensations fortes sont garanties car la plupart du temps les avions sont destinés au courrier et ne transportent pas de passagers. De ce fait, il n'est pas rare que les virages aient des inclinaisons supérieures à 30° ! À l'arrivée, une collation copieuse est prévue pour les pilotes, qui ne manqueront sans doute pas de vous y inviter.

AÉROPORT AVEC TERMINAL D'AVIATION D'AFFAIRES

Si vous ne trouvez pas votre vol dans l'aéroclub ou si la distance que vous cherchez à parcourir est trop grande, rendez-vous au terminal de l'aviation d'affaires d'où partent les **jets privés** d'entreprise et les **avions-taxis**. Attention ! Selon les terminaux, il vous sera plus ou moins facile d'accéder au bâtiment pour rencontrer les pilotes.

Deux options s'offrent à vous : la première est de **vous adresser directement à l'accueil** en expliquant votre démarche et en demandant la permission de rencontrer les pilotes. Une fois cet accord établi, vous aurez accès aux salles et services proposés aux clients et au personnel de l'aviation d'affaires. Télévision, Internet, fauteuils confortables, vous ne serez pas maltraité… mais ne vous endormez pas sur vos lauriers, le travail ne fait que commencer ! Il vous faut maintenant rencontrer un pilote voyageant à vide (sans passagers), allant dans votre direction et acceptant de vous prendre à bord. Ici seront mis à l'épreuve votre enthousiasme et vos talents en communication. Ne vous laissez pas impressionner par votre nouvel environnement et souvenez-vous que malgré le décorum associé à l'aviation d'affaires, les gens que vous y rencontrerez sont avant tout des voyageurs. Pensez aussi à placer des annonces sur le tableau d'affichage du terminal avec vos coordonnées et à parler de votre projet au personnel de l'aéroport, en espérant qu'il vous donne le contact qui vous intéresse.

La seconde possibilité est d'**entrer en contact avec le responsable du ravitail-**

CODE DE L'AVION-STOPPEUR

» **Respect des règles dans les aéroports :** comme l'avion-stop n'est pas encore une pratique démocratisée, veillez à vous renseigner et à bien respecter les règlements dans les aéroports. C'est pour votre sécurité, mais aussi pour ne pas importuner le personnel et les clients. Les prochains avions-stoppeurs seront accueillis à l'image de votre passage.

» **Ne pas importuner les clients :** que ce soit dans un aéroclub ou plus encore dans un terminal d'aviation d'affaires, votre présence sera tolérée si vous ne perturbez pas la tranquillité du lieu. Certains pilotes ne seront peut-être pas enclins à vous parler, ne cherchez pas trop à forcer la discussion et respectez aussi leur volonté. Cela est important pour eux mais aussi pour vous car à la première plainte vous serez amené à quitter les lieux.

» **Ne pas déranger les pilotes durant le vol :** à bord, vous serez amené à monter près du pilote. Il est important de ne pas le déranger en lui posant trop de questions et de faire attention à vos mouvements. Laissez-le venir à vous et voyez s'il est disponible pour vous parler, notamment pendant le décollage et l'atterrissage.

» **Ne pas vomir dans la cabine de votre pilote :** si vous n'êtes pas certain de connaître votre sensibilité au mal de l'air, essayez au moins de mettre le plus de chances de votre côté : ne pas fumer, boire de l'alcool ni lire à bord. Si vous commencez à ressentir un état nauséeux, assurez-vous d'avoir un sac près de vous....

lement en carburant. En effet, selon la taille et la fréquentation de l'aéroport ou de l'aérodrome, il se peut qu'un grand nombre d'avions ne s'arrêtent que pour faire le plein avant de reprendre leur route. Dans ce cas, vous ne pouvez pas parler directement aux pilotes, mais laissez la personne en charge de la pompe à essence formuler la demande pour vous ! Cette méthode peut s'avérer très efficace et vous permettra de trouver votre avion sans remuer tout l'aéroport.

Ces stratégies pourraient vous permettre d'effectuer des vols internationaux, surtout à bord de jets privés ou de charters, s'ils volent à vide. Pour cela, soyez patient et persévérant car une telle recherche peut prendre plusieurs jours. Assurez-vous d'avoir un hébergement proche et accessible pour être disponible de l'ouverture à la fermeture du terminal.

☞ Le rayon d'action (distance maximale couverte par le vol) d'un avion léger varie entre 300 et 500 km, selon les conditions météorologiques et le type d'appareil.

Du mythe à la réalité : risques et difficultés

Risques

État de l'avion Critère difficilement évaluable par un amateur, mais un coup d'œil à l'appareil peut donner des informations sur son état : rouille, traces d'impacts sur la carrosserie, etc. En somme, méfiez-vous de tout ce qui pourra témoigner d'un mauvais entretien. De toute façon, le pilote est censé faire l'état des lieux de l'appareil juste avant de monter à bord. Cette étape incontournable dure environ trois minutes, assurez-vous qu'elle ne soit pas laissée de côté.

Conditions climatiques Les pilotes ont accès à des prévisions météorologiques très précises avant de décoller et ce paramètre est donc souvent sous contrôle. Cela dit, un coup d'œil rapide à la météo vous permettra de partir confiant (ou du moins averti).

Degré de compétence du pilote
Les permis autorisant le pilotage d'avions ou d'hélicoptères sont obligatoires et délivrés après un entraînement spécifique. Fiez-vous comme toujours à votre instinct : parlez avec lui, posez-lui des questions sur sa passion, le fonctionnement d'un avion, la météo, etc. Il sera touché par votre curiosité et vous aurez, par déduction, une idée plus précise de ses compétences.

☞ Selon leur qualification, les pilotes peuvent naviguer à vue (VFR – Visual Flight Rules) ou avec des instruments de vol (IFR – Instrument Flight Rules). La majorité des pilotes amateurs ne peuvent que voler VFR, et donc dans des conditions météorologiques suffisamment clémentes. Un pilote IFR a généralement plus d'expérience de vol car cette qualification est difficile à obtenir. De plus, certains aérodromes ont une “approche IFR”, c'est-à-dire un plan d'approche sur lequel les outils du pilote automatique peuvent se connecter. Ce type de terrain conviendra mieux à l'aérostoppeur souhaitant effectuer de longues distances ou des vols internationaux. Ces aérodromes sont plus fréquentés et le risque est moindre en cas de mauvais temps.

Difficultés

Mentalités Le plus grand frein dans cette pratique est la limite de votre imagination ! Ce milieu est souvent perçu comme impénétrable et difficilement accessible. Pourtant, il n'en est rien et beaucoup de pilotes seraient ravis de vous faire vivre cette expérience et de partager leur passion.

Recherche de l'avion La phase de recherche peut parfois prendre plusieurs jours ou semaines et se révèle être un exercice d'habileté, de tact, de communication et même de charme.

Autorisations L'accès aux bâtiments et aux zones d'embarquement des pilotes peut vous être refusé dans certains aéroports si la direction estime que votre présence peut nuire au confort de sa clientèle.

Mal de l'air et autres désagréments

Le mal de l'air se fait sentir par des nausées (parfois suivies de vomissements), des maux de tête et des vertiges.

La sécheresse de l'air peut provoquer une déshydratation et une sensation de peau sèche.

Certaines personnes peuvent se sentir ballonnées. Cela est dû à la baisse de pression barométrique, provoquant une expansion des gaz à l'intérieur... et donc, un ballonnement ! Si vous êtes très sensible au mal des transports, consultez l'encadré p. 374 du chapitre *Santé du Voyageur*.

Pour aller plus loin

Site Web

Voir les liens dans la section *Passer à l'action – Internet*, p. 247, pour les sites de coavionnage.

› Se nourrir

"Qui veut aller loin ménage sa monture." Racine

Nutrition

Avez-vous déjà écourté votre voyage après être tombé malade ? Vous sentez-vous parfois fatigué sur de longues périodes, vous empêchant ainsi de profiter pleinement de votre séjour ? Quel pourcentage de votre budget consacrez-vous à l'alimentation ? Nos choix alimentaires ont des conséquences sur notre environnement et sur nous-mêmes. En prendre conscience permet d'apprendre à mieux se nourrir dans le respect de soi-même et des autres.

La nutrition, c'est quoi ?

Les contraintes liées à la vie nomade ne laissent souvent que très peu de possibilités de choix dans l'alimentation. Pourtant, à la maison comme en voyage, la santé est très intimement liée à ce que l'on mange. "Vous êtes ce que vous mangez !" répètent les nutritionnistes. On sait aujourd'hui que l'alimentation peut modifier jusqu'à 60% l'expression des gènes. Eh oui, prendre soin de ce que vous mangez revient à prendre soin de vous. Pour cela, connaître vos besoins réels et manger de façon consciente sont les deux aptitudes à développer.

Un peu de théorie

Intérêt

ÉCONOMIQUE

En voyage, se nourrir peut représenter jusqu'à un tiers du budget. S'alimenter correctement signifie répondre simplement à vos besoins réels en minimisant le gaspillage. Bien sûr, des produits sains et de qualité peuvent parfois coûter plus cher : il faut donc adopter de bonnes habitudes alimentaires pour atténuer, voire annuler, ce surcoût. Les stratégies principales sont de réduire les quantités et de minimiser les pertes lors de la préparation, mais ce ne sont pas les seules options. Par exemple, en diminuant significativement sa consommation de viande et de produits laitiers et en leur substituant des protéines d'origine végétale, l'équilibre se rétablit sur le plan financier.

ÉCOLOGIQUE

L'assiette est le point de départ d'une industrie gigantesque. Sommes-nous seulement conscients que 70% des ressources en eau douce dans le monde sont dévolus à l'agriculture ? Savons-nous que 22% des émissions de méthane (gaz à effet de serre ou GES) proviennent du lisier, des flatulences et des éructations du bétail ? Dans notre fonctionnement actuel, 16 kg de céréales sont nécessaires en moyenne à la production d'un seul kilo de viande. Combien de personnes nourrit-on avec un kilo de viande ? Et combien de personnes avec 16 kg de céréales ? En moyenne, un repas équivaut à émettre 3 kg équivalent eCO_2 (voir le chapitre *Réduire son impact écologique*, p. 88).

Prendre conscience de tout cela nous rend quotidiennement acteur de la qualité des sols et des eaux, de l'émancipation des pays pauvres et de la lutte contre les changements climatiques.

HUMAIN

Des échanges et des liens sociaux se créent constamment autour d'une tablée. C'est aussi dans cet acte quotidien que se trouvent les grandes richesses des cultures et des rencontres. Selon la culture dans laquelle vous vous trouvez, manger peut même devenir une cérémonie ! Pour bien voyager, il faut donc mettre les pieds... dans le plat !

Comprendre la base

Pour bien comprendre les différents points d'une alimentation équilibrée, nous vous proposons d'examiner de plus près les composants d'un aliment : les nutriments. Ceux-ci sont divisés en deux catégories : les **macronutriments** (les protéines, les glucides, les lipides et l'eau) et les **micronutriments** (les vitamines et les minéraux). Ils apportent l'énergie et les éléments nécessaires au bon fonctionnement de l'organisme.

Bien sûr, il n'existe pas de régime alimentaire idéal et universel. Il s'agit avant tout d'expérimenter différents types d'alimentations et de trouver celui qui vous convient le mieux, afin qu'il soit un véritable vecteur de santé durant tout votre voyage. Pour cela, un minimum de connaissances est requis. Prenez le temps, avant votre départ, d'étudier vos propres besoins ; il vous sera ensuite plus facile de vous adapter durant le voyage.

L'énergie

Tout mouvement ou effort nécessite de l'énergie. Le corps humain a des besoins énergétiques spécifiques pour le fonctionnement du métabolisme et pour ses activités. Une alimentation adéquate répond à ces besoins sans demander à l'organisme de gérer de surplus. Par exemple, vous ne vous alimenterez pas de la même façon pour un trek en montagne ou pour une semaine d'auto-stop.

L'énergie est stockée dans les aliments et dans notre corps sous forme de **glucides** (les sucres et l'amidon), de **lipides** (les graisses) et de **protéines** (viande, graminées, légumes secs et autres). Ces composants de base sont appelés **macronutriments** et sont source de carburant pour le corps. Lors de la digestion, ils sont dégradés dans les cellules en libérant l'énergie qu'ils contiennent.

» L'unité de mesure de l'énergie alimentaire est la kilocalorie (kcal) ou en système international le kilojoule (kJ).

» 1 kcal = 4,18 kJ

Les besoins énergétiques varient selon l'âge, le poids, la taille et l'activité physique. Par exemple :

- un enfant a des besoins allant de 1 500 à 2 000 kcal/jour
- un adolescent, de 2 200 à 3 000 kcal/jour
- une femme adulte, de 1 800 à 2 200 kcal/jour
- un homme adulte, de 2 200 à 2 700 kcal/jour
- un athlète, jusqu'à 3 200 kcal/jour

Les macronutriments

Les besoins en macronutriments varient selon la morphologie, le sexe, l'âge et l'activité de chacun, mais il existe des règles de base que vous pouvez mettre en place pour les adapter ensuite à vos propres besoins. Les informations suivantes vous sont données à titre indicatif afin de vous fournir un point de départ dans vos recherches.

SUCRES (GLUCIDES)

Les glucides se divisent en deux catégories : les sucres simples (ou rapides) et les sucres complexes (ou lents).

Les **sucres simples** possèdent une saveur sucrée et fournissent de l'énergie rapidement mais de façon peu durable. Ils sont très utiles en cas d'effort physique intense et court. On les rencontre le plus souvent dans les fruits, les barres de céréales, les boissons sucrées, etc.

Les **sucres complexes** n'ont pas ce goût sucré. L'énergie qu'ils contiennent est utilisée

TABLEAU RÉCAPITULATIF DES BESOINS EN MACRONUTRIMENTS

NUTRIMENTS	SUCRES (GLUCIDES)	GRAISSES (LIPIDES)	PROTÉINES	VITAMINES ET MINÉRAUX
Besoins journaliers	En consommer à chaque repas	Équivalent de 2 poignées de fruits oléagineux par jour minimum (1)	1 à 2 portions protéiques (2)	4 crudités (fruits ou légumes)
Exemples d'aliments	**Sucres simples :** raisins, figues, cerises, groseilles, confiture, miel, oignons **Sucres complexes :** céréales (blé, orge, avoine, maïs…), pain, pâtes, riz, légumes secs, pommes de terre	**Oléagineux :** noix, noix de coco, noix de cajou, noisette, avocat **Huiles :** huile d'olive, de tournesol, de maïs, de soja, de pépins de raisin, de noix, de noix de colza, d'arachide, etc. **Autres sources :** beurre, viande, charcuterie, fromage, pâtisserie, etc.	**Protéines animales (3) :** viandes (bœuf 17%*), poissons (morue 18%) et fruits de mer, œufs, laitages, fromages type Comté (30%) **Protéines végétales (3) :** soja (37%), pistaches (20%), noix de cajou (19%), légumineuses (lentilles 24%, haricots 21%) accompagnés de féculents	**Fruits :** poire, pomme, raisin, orange, mangue, kiwi, banane, fraise, avocat, etc. **Légumes :** aubergine, poireau, navet, artichaut, radis, haricot vert, concombre, carotte, courgette, etc. **Autres sources :** œufs, céréales, viandes, poissons
Contenu énergétique	1 g de glucides = 4 kcal = 17 kJ	1 g de lipides = 9 kcal = 37 kJ	1 g de protéines = 4 kcal = 17 kJ	

* % : pourcentage de protéines du poids total de l'aliment

(1) Pour satisfaire la dose quotidienne de 2 g d'acides gras oméga-3 recommandée par l'Agence française de sécurité sanitaire des aliments (AFSSA), il suffit de 3 noix par jour.

(2) Une portion protéique : 100 g viande (contient 20% de protéines) ou un steak haché • 2 tranches de jambon • 110 g de poisson • 2 œufs • 1 assiette combinant 1/3 de légumineuses (contient 15% de protéines) et 2/3 de céréales (contient 10% de protéines)

(3) Teneur en protéines

plus lentement mais elle dure plus longtemps. Ils sont adaptés aux efforts soutenus comme la marche, le vélo ou tout autre sport de fond. On retrouve ce type de glucides principalement dans les céréales, les légumineuses ou les pommes de terre, sous forme d'amidon. Leur fonction principale est de fournir rapidement de l'énergie à l'organisme et cela durant quelques heures après leur absorption. Lorsqu'il est privé de sucre, le corps est obligé d'obtenir son énergie à partir d'autres sources, soit à partir des lipides (masse grasse corporelle), soit à partir des protéines des muscles (et d'autres sources riches en protéines comme enzymes et anticorps par exemple), limitant ainsi énormément ses possibilités.

GRAISSES (LIPIDES)

Les lipides se trouvent en quantité dans les oléagineux (fruits à forte teneur en matières grasses comme les noix, graines, olives, avocats, etc.), les huiles, le beurre et les graisses cachées dans les aliments (charcuteries, viandes, fromages, pâtisseries, fritures, etc.).

L'organisme y puise des éléments qu'il ne peut pas fabriquer lui-même : ce sont les acides gras polyinsaturés essentiels (oméga-3 et 6).

Les matières grasses animales (beurre, crème, graisse) sont à consommer en faible quantité en raison de leur fort taux d'acides gras saturés, lesquels sont liés aux maladies cardiovasculaires.

La qualité des huiles étant difficile à contrôler lorsque l'on voyage, le plus simple est de consommer les matières grasses directement à la source en mangeant le fruit oléagineux.

PROTÉINES

Les protéines sont des éléments essentiels que le corps ne peut pas fabriquer lui-même à moins de puiser dans ses réserves de muscles et de tissus. On les trouve dans la viande et le poisson bien sûr mais aussi dans les légumineuses et dans certains légumes et plantes comestibles (protéines végétales). Une carence en protéines entraînera une dénutrition et un état de fatigue, une grande fragilité, une moindre résistance aux infections ; elle peut s'accompagner d'une fonte musculaire importante.

Les micronutriments

VITAMINES ET MINÉRAUX

Il existe 13 vitamines et 16 minéraux essentiels pour le corps humain, chacun ayant ses fonctions propres. Ils sont l'équivalent du lubrifiant pour l'organisme : sans eux, aucun mécanisme biochimique ne peut se faire. On les retrouve surtout dans les fruits et les légumes.

Quand un micronutriment est absent ou en faible quantité, le corps souffre d'une carence, alors que s'il est consommé en excès, cela peut créer de lourds déséquilibres. Bien qu'il soit difficile de calculer et de maîtriser la quantité exacte de chaque vitamine et minéral nécessaire pour chaque personne et selon le contexte, il est cependant admis qu'une alimentation variée et de qualité est la clé pour favoriser l'assimilation des micronutriments. Souvenez-vous que plus votre alimentation sera fraîche, locale et biologique, plus riche elle sera en micronutriments. Les vitamines étant affectées par la chaleur de la cuisson, il est préférable de consommer des aliments crus ou cuits sans avoir baigné dans l'eau (cuisson à la vapeur, au wok, etc.).

Pour les problèmes sanitaires liés aux crudités, reportez-vous à la section *Hygiène alimentaire*, p. 260.

Un fruit importé hors saison par avion consomme pour son transport 10 à 20 fois plus de pétrole que le même fruit produit localement et acheté en saison : un kilo de fraises l'hiver peut nécessiter l'équivalent de cinq litres d'essence pour arriver dans l'assiette !

En pratique

L'alimentation en voyage

Les notions abordées précédemment ont pour but d'assurer un équilibre dans notre alimentation. Mais il est bien plus difficile de contrôler ce que l'on mange pendant un voyage. Comment garder une bonne hygiène de vie et même l'améliorer au cours du voyage sans pour autant se ruiner ? Cette question peut paraître tellement personnelle qu'il semble difficile d'imaginer une réponse valable pour tous les voyageurs. Le rapport que l'on entretient avec l'alimentation, les invitations que l'on reçoit, les goûts, les exigences, le budget sont aussi divers que les voyageurs eux-mêmes.

C'est une question d'autant plus complexe que les coutumes et les habitudes culinaires varient considérablement d'un continent à un autre, d'un pays à un autre, voire même d'une région à une autre. Pourtant, même si tout change constamment sur la route, il reste des paramètres que vous pouvez maîtriser. Voici quelques principes simples à garder en tête pour préserver la qualité de votre alimentation face aux aléas du voyage.

S'organiser pour ne manquer de rien

La nourriture

Dans la mesure du possible et surtout si vous comptez passer du temps hors d'une ville ou loin de la civilisation, organisez-vous pour ne manquer de rien. La solution idéale est de toujours avoir avec vous un petit sac dans lequel vous mélangez des fruits secs (abricots, bananes, raisin, etc.), des oléagineux (amandes, noix, etc.) et même des céréales. Vous pouvez vous procurer des barres de céréales qui regroupent ces trois familles d'aliments : vous aurez alors une excellente autonomie tout en assurant vos apports en sucre et en lipides (très énergétiques), évitant ainsi le coup de fringale tant redouté.

Vous pouvez aussi vous procurer des viandes, poissons, légumineuses et féculents séchés ou le faire vous-même (voir l'encadré p. 272). Ces en-cas vous assureront une source de protéines en toute circonstance. Un peu moins appétissant mais très pratique, il est possible ensuite d'en faire des farines avec un mixeur. Il ne vous restera plus qu'à incorporer un peu d'eau au moment du repas pour les manger sous forme de purée ou de galette.

La plupart des légumineuses à l'état cru contiennent des toxines (lectines et glucosides cyanogènes) et ne doivent pas être ingérées. La cuisson élimine ces substances tandis que la germination en réduit fortement la quantité (environ 90% après quelques jours). Il est tout de même recommandé de blanchir les germes pour éviter toute intoxication.

L'eau

L'eau est un besoin essentiel. Si l'organisme peut se passer de nourriture pendant plusieurs semaines, il ne peut pas manquer d'eau sur une période supérieure à trois jours. La sensation de soif apparaît lorsque le corps a perdu 2% de sa masse d'eau, ce qui signifie que vous êtes déjà déshydraté. Une insuffisance en eau, même légère, engendre une baisse de performance à tous les niveaux : défenses immunitaires, performances physiques, irritabilité, etc. La déshydratation use le corps, entraînant de la fatigue, des séquelles aux reins et au foie et même la perte de conscience. Il faut donc boire avant d'avoir soif ! Nous évacuons quotidiennement ces litres d'eau par la peau, les poumons, la vessie et les intestins.

Bien qu'une source importante de l'hydratation soit assurée par l'alimentation, le corps a besoin d'un apport minimal de **2 litres d'eau par jour**. Cette recommandation est valable pour une activité physique quotidienne modérée lorsque la température extérieure dépasse 20°C. Ensuite, chaque augmentation de 10°C requiert de boire 1 litre d'eau supplémentaire, un effort physique plus intense nécessitant également une meilleure hydratation.

La meilleure solution en voyage est de disposer d'une gourde et d'avoir de quoi purifier l'eau (si elle est de mauvaise qualité ; voir la section *Hygiène alimentaire*, p. 260) pour boire tout au long de la journée. Ne sous-estimez pas l'impact de la déshydratation !

Plaisir et convivialité

Si vous n'avez pas toujours le choix de ce que vous mettez dans votre assiette, vous êtes en revanche libre de la façon dont vous allez le manger.

Le système digestif est une chaîne de mécanismes très coûteux en énergie. Pour que ce processus s'accomplisse dans son intégralité et que vous puissiez bénéficier du plein potentiel de votre repas, il faut que le corps soit entièrement disposé à digérer. Évitez donc toute activité physique ou stressante une demi-heure après avoir mangé car l'énergie est monopolisée par la digestion.

La **salivation** est une étape importante de la digestion, elle commence dès que l'on est devant le plat que l'on s'apprête à manger. Bien présenter votre assiette, mettre en valeur la nourriture pour mieux l'apprécier, est la première étape d'une bonne alimentation. Il est préférable d'attendre de pouvoir manger au calme afin d'y prendre plaisir plutôt que de manger dans un mauvais contexte, le pouce en l'air et le sandwich dans l'autre main... Quoi qu'il arrive, conservez le plaisir de la table et le goût des plats !

La **digestion** continue ensuite dans la bouche avec l'action mécanique des dents et l'action chimique des sucs digestifs. En prenant le temps de mastiquer, vous "prémâchez" le travail de digestion de votre corps. Il est donc primordial de bien mastiquer et de prendre tout son temps en mangeant : mâcher plus pour manger moins !

Enfin, tout le monde s'accorde aussi à dire qu'il ne faut pas manger trop. Dans l'idéal, on devrait sortir de table (ou du banc public) en ayant encore un tout petit peu faim.

Dicton de l'île d'Okinawa (avec 50 centenaires pour 100 000 habitants, cette île détient le record mondial de longévité) : "Hara hachi bu", ce qui signifie "Éloignez-vous de la table lorsque votre ventre est plein à 80%."

Choix et adaptation

Observer la culture du pays

Pour vous orienter dans vos choix alimentaires, observez les habitudes culinaires des habitants. Les personnes âgées en bonne santé du pays auront certainement de bons conseils à vous donner ! Souvent, la nourriture typique – dite ancestrale – d'un pays est moins chère et très nutritive. Par exemple, il est possible de trouver dans chaque continent l'assortiment d'une céréale et d'une légumineuse comblant vos besoins en protéines : en Asie, les lentilles et le riz ; en Afrique du Nord, les pois chiches et la semoule ; en Europe de l'Est, les flageolets et le pain ; en Amérique centrale, les haricots rouges et le maïs. Bien moins onéreuse que notre cher bifteck, cette alimentation est aussi plus saine et plus écologique.

Il existe plusieurs pratiques ou modes d'approvisionnement permettant de s'alimenter sainement avec un budget réduit. Il y a par exemple la cueillette, la fin des marchés ou même l'achat directement à la ferme. Pour trouver de bons tuyaux, demandez aux gens du coin (chauffeurs de bus, vendeurs du marché, etc.) où ils mangent. Ces endroits offrent souvent un bon compromis entre le prix et la qualité.

Le choix des aliments en voyage

Pour soigner son budget tout en ménageant sa monture, il peut être intéressant de **remplacer les protéines animales par des protéines végétales** d'aussi bonne qualité et moins chères. Manger moins de viande, ou ne pas en manger du tout, ne présentera pas plus de danger de carence que de manger moins de prunes ou d'épinards (ou ne plus en manger du tout). L'équilibre alimentaire ne repose en effet absolument pas sur la présence de protéines animales à un repas, mais sur la combinaison régulière, harmonieuse et variée des aliments. Les protéines dont nous avons besoin ne sont d'ailleurs pas seulement d'origine animale (viande, poisson, œufs, produits laitiers) : les protéines végétales sont d'aussi bonne qualité, moins chères et moins polluantes.

La production d'un kilo de viande de veau rejette environ la même quantité de GES (gaz à effet de serre) pour son élevage et transport jusqu'au point de vente qu'un trajet automobile de 220 km ; l'agneau de lait : 180 km ; le bœuf : 70 km ; le porc : 30 km.

Le concept d'eau virtuelle associe à des biens de consommation ou intermédiaires la quantité d'eau nécessaire à leur fabrication. En moyenne, une alimentation carnée revient à consommer plus de 15 000 litres d'eau potable virtuelle par jour, alors qu'une alimentation végétarienne ne nécessite que 5 000 litres. À titre d'exemple simple, en ne mangeant pas 450 g de bœuf, on économise plus d'eau qu'en ne se douchant pas pendant 6 mois.

Privilégiez les circuits courts, en vous fournissant localement, limitant ainsi l'énergie et l'argent passés dans le transport tout en valorisant l'économie locale. Tout ce qui se trouve naturellement autour de vous est bien souvent plus adapté que la nourriture exotique des supermarchés. Les aliments récoltés dans un climat et une région donnés ont souvent tous les éléments dont vous avez besoin pour y vivre. Ce faisant, vous favoriserez surtout les échanges avec la population locale et vous rentrerez réellement dans la culture du pays !

Manger frais et de saison permet de trouver des aliments merveilleusement adaptés à vos besoins du moment en plus de réduire votre impact sur l'environnement. Prenez par exemple un pays tempéré : en hiver, le corps a davantage besoin de légumes riches en amidon pour faire face au froid (les légumes-racines comme les carottes, les pommes de terre, etc.) et ce sont exactement ceux que l'on trouve en cette saison. En été, le corps demande plus d'eau pour compenser les efforts et la transpiration ; les légumes de cette saison sont aussi idéaux : concombres, tomates, melons, etc.

Plus le produit alimentaire est transformé, plus il a des chances de contenir des éléments nocifs pour votre santé (conservateurs, colorants, etc.). Outre le coût engendré par les transformations successives, cela coûte aussi en énergie et gaz frigorigène (gaz à effet de serre puissant) pour la conservation. Mangez donc **local et le plus brut ou naturel** possible.

Avant de parvenir au domicile du consommateur, un pot de yaourt à la fraise peut parcourir plus de 9 000 km, si on prend en compte le trajet de chacune des matières premières (fraises, lait, levures, sucre, pot, couvercle, étiquettes).

Du mythe à la réalité : risques et difficultés

La peur de manquer

En voyage, il est parfois difficile de contrôler la nature, la quantité et la régularité des sources de nourriture. Aussi, il n'est pas rare d'avoir peur d'en manquer, consciemment ou inconsciemment.

LA PEUR D'AVOIR FAIM

En Occident, nous avons l'habitude de pouvoir manger ce que l'on veut quand on le veut et donc perdu l'habitude de ressentir la sensation de faim. Heureusement, notre corps est prévu pour gérer les périodes d'abondance comme de disette et il est possible d'apprendre à lui faire confiance (voir la section jeûne p. 260). Beaucoup de personnes ont peur de l'hypoglycémie mais rassurez-vous, à moins d'avoir un problème de santé préexistant (de type diabète), vous ne risquez pas le malaise parce que vous avez faim depuis quelques heures.

Pour prendre de l'assurance avant un grand départ, n'hésitez pas à expérimenter. Marina Bouchet-Skalka, coach spécialisée, recommande par exemple de décaler ses repas d'une à deux heures par rapport à l'heure habituelle puis de noter les pensées et sensations qui s'éveillent pour prendre de la hauteur par rapport à ces dernières.

LA PEUR DE L'INCONFORT

Le voyage nous met parfois face à des émotions que nous n'avons plus l'habitude de ressentir dans le confort de notre quotidien. Dans nos sociétés, il est fréquent d'utiliser certains aliments pour se donner un coup de fouet, se réconforter ou se remonter le moral. Si l'absence de ces rituels d'apaisement vous est difficile, apprenez à identifier vos besoins profonds au fur et à mesure qu'ils surviennent et à y répondre autrement que par l'alimentation. Rappelez-vous aussi que les émotions et les sensations sont passagères. Parfois, il s'agira d'apprendre à "surfer" sur son émotion (frustration, envie, solitude...) en pleine conscience, sachant que cela ne durera pas.

En outre, si vous consommez beaucoup de viande, café, alcool, sucreries, etc., pensez à les diminuer progressivement quelques jours avant votre départ, pour adoucir la transition. Notez qu'une abstinence brutale de caféine après une période de consommation quotidienne (2-3 boissons caféinées par jour) peut provoquer chez certaines personnes de forts maux de tête.

Régimes et intolérances

Il est possible que vous suiviez un régime particulier (végétarien, diabétique, sans gluten, etc.) ou que vous présentiez des intolérances face à certains aliments (par exemple le gluten ou le lait). Voici quelques propositions pour adapter votre alimentation en voyage.

Adapter vos activités Adaptez votre programme pour vous garantir un accès aisé aux aliments que vous consommez. Par exemple, vous pouvez choisir de voyager de ville en ville pour toujours disposer d'un choix de nourriture dans les magasins et les restaurants.

Adapter vos destinations Choisissez des pays ou des régions qui ne mettront pas en difficulté vos habitudes alimentaires. Par exemple, partir en Inde si vous êtes végétarien pourrait fortement faciliter vos choix alimentaires.

Compléter Des suppléments vitaminiques peuvent être utilisés lorsque vous ne pouvez satisfaire vos besoins avec l'alimentation locale. Selon les recommandations de votre médecin, vous devrez absorber régulièrement des comprimés pour compenser des carences potentielles en vitamines et minéraux. Cette solution vous permettra de garder un peu de flexibilité.

Les allergies alimentaires ne semblent pas survenir de façon plus fréquente à l'étranger ni particulièrement dans les pays chauds. Néanmoins, si vous présentez des antécédents allergiques, munissez-vous au moins d'un antihistaminique prescrit par votre médecin avant le départ.

Hygiène alimentaire

EAU POTABLE

Les maladies contractées en voyage sont liées dans 80% des cas à l'ingestion d'une eau contaminée. Lorsque la qualité de l'eau est douteuse et qu'il est difficile de l'évaluer par soi-même, ne la buvez pas : elle peut être contaminée par des germes d'origine fécale, des composants chimiques, des bactéries, des virus ou des parasites. Ne prenez pas de risques, les troubles provoqués par l'eau souillée peuvent être graves (dysenteries, typhoïde, hépatites, choléra, giardiase, intoxication aux métaux lourds, etc.).

Dans ces cas, il est conseillé de se procurer de l'eau minérale en bouteille ; veillez alors à ce que le bouchon de la bouteille soit scellé au moment où vous l'achetez pour vous assurer qu'elle n'ait pas été remplie avec l'eau du robinet, pratique courante dans certains pays. Enfin, vous pouvez aussi traiter votre eau selon les causes de pollution et les moyens dont vous disposez (voir la section *Obtenir de l'eau potable* du chapitre *Cuisiner sur la route*, p. 269).

PROBLÈMES SANITAIRES

Afin d'éviter la tourista (diarrhée du voyageur) et autres intoxications alimentaires, il est recommandé dans certains pays tropicaux de s'abstenir de manger les crudités, crustacés, laitages (lait, crème fraîche), viandes ou poissons peu cuits ainsi que la mayonnaise. La règle empirique la plus connue est la suivante: "Si ce n'est pas bouilli, cuit ou pelé, n'y touchez pas." Si vous comptez cuisiner vous-même, munissez-vous d'une solution ou d'un gel hydroalcoolique pour vous laver les mains et d'un désinfectant pour laver les fruits et légumes (voir la section *Hygiène et conservation de la nourriture* du chapitre *Cuisiner sur la route*, p. 272).

Le jeûne

Sur la route, il peut arriver que vous ne puissiez pas manger pendant plusieurs heures voire plusieurs jours. Si vous vous retrouvez un jour dans une telle situation, il ne faut pas vous inquiéter : le corps humain est bien adapté au jeûne. Vous disposez en fait de réserves vous permettant de fonctionner pendant plusieurs semaines : vos graisses et vos muscles. Avec un minimum de connaissances, cette expérience peut même être vécue agréablement et vous être bénéfique.

QUE SE PASSE-T-IL DANS LE CORPS ?
Les deux-trois premiers jours, la sensation de faim se ressent habituellement aux horaires des repas. Vous pourrez éprouver de la fatigue, des maux de tête, des vertiges, des nausées, être sujet à des vomissements de sucs gastriques : c'est la période de transition où les mécanismes de mobilisation des réserves se mettent en place mais ne sont pas encore pleinement opérationnels. Les jours suivants, la sensation de faim disparaît. La fatigue est moins présente, même s'il peut exister par moments des "coups de pompe", surtout si l'on fait des efforts trop intenses. Il faut donc **veiller à économiser votre organisme**, en faisant des efforts très modérés. Le jeûne peut alors se poursuivre pendant un certain temps.

Au-delà de 3 semaines, le jeûne peut apporter des modifications de la composition minérale du sang qui a des effets sur le tissu cardiaque, ce qui engendre plus de contre-indications. Il faut impérativement être suivi par un médecin avant d'envisager un jeûne prolongé.

QUELS SONT LES BESOINS VITAUX EN SITUATION DE JEÛNE ?
Boire, boire et boire ! Un organisme en état de jeûne produit une quantité de déchets bien plus importante que la normale. Il est aussi privé de l'eau qu'il trouve habituellement dans les aliments. Le corps ne peut éliminer les résidus que s'il est correctement hydraté. S'il y a une priorité à mettre durant le jeûne, c'est donc de boire régulièrement, jusqu'à trois litres par jour !

COMMENT SE PRÉPARER ?
N'importe qui peut se retrouver un jour en situation de jeûne involontaire et il est important d'y être préparé. Une bonne façon d'éviter la panique de la première expérience est tout simplement de se donner l'opportunité de vivre un premier jeûne de façon volontaire, dans un contexte stable. Attention, même s'il ne s'agit pas d'une pratique à risque chez un individu en bonne santé, il est tout de même conseillé de consulter un médecin avant de se lancer dans une telle aventure afin de s'assurer de ne pas présenter de contre-indications.

QUELQUES CONSEILS POUR LE JEÛNE VOLONTAIRE
Le jeûne est une merveilleuse expérience, mentalement et physiquement. Mais pour en recevoir les bénéfices, vous devrez le pratiquer dans les bonnes conditions :

» Programmez votre jeûne durant une période calme, idéalement pendant des vacances

» Hydratez-vous correctement

» Évitez les exercices physiques intenses

» Débutez et arrêtez le jeûne progressivement (avec une reprise progressive de votre alimentation) de manière logique avec une décroissance puis une croissance des aliments lourds à digérer.

Pour aller plus loin

Sites Web

» www.lanutrition.fr – Portail d'information sur la nutrition et la santé

» alimentation.gouv.fr – Portail public français de l'alimentation

» www.dietetique.lu – Site très pédagogique sur les éléments plus théoriques de la diététique

» www.legalnomads.com/gluten-free – Jodi Ettenberg a parcouru le monde avec la maladie cœliaque et a créé un guide ultra-complet pour éviter le gluten par pays (en anglais)

Livres techniques

» BASDEVANT, Arnaud, LAVILLE, Martine et LEREBOURS, Éric. *Traité de nutrition clinique de l'adulte* (Flammarion Médecine, 2004)

» KOUSMINE, Catherine. *Sauvez votre corps* (J'ai lu, 2003)

» SEIGNALET, Jean. *L'Alimentation ou la troisième médecine* (Éd.du Rocher, 2012)

» WILHEMI DE TOLEDO, Françoise. *L'Art de jeûner : manuel du jeûne thérapeutique Buchinger* (Jouvence, 2015)

Films

» CAMPBELL, Colin et CALDWELL, Esselstyn. *La Santé dans l'assiette* (2013)

» JAUD, Jean-Paul. *Nos enfants nous accuseront* (2008) – Documentaire sur les conséquences de l'alimentation sur la santé de l'homme

» SERREAU, Coline. *Solutions locales pour un désordre global* (2010) – Documentaire sur les conséquences environnementales et humaines des choix agricoles productivistes

"La nature, en cuisine comme en amour, nous donne rarement le goût de ce qui nous est mauvais."
Charles Baudelaire

Cuisiner sur la route

Objectif : cuisiner avec peu en s'adaptant aux conditions et aux aliments dont on dispose, en chemin mais aussi lorsque l'on est accueilli

Intérêt économique

Intérêt écologique

Intérêt humain

Degré d'aventure

Cuisiner sur la route, c'est quoi ?

DESCRIPTION DE LA TECHNIQUE

Cuisiner sur la route, c'est prendre en main son alimentation afin de se préparer des repas nourrissants et adaptés à la réalité du voyage. Cette technique permet de gagner en autonomie. Elle peut s'avérer essentielle dans les zones où la densité de population est faible et représente un excellent savoir-faire à troquer ou à offrir. Il est possible de cuisiner des recettes simples alliant des aliments faciles à trouver ou à transporter avec quelques condiments de base.

COMPRENDRE LE CONTEXTE

D'abord nomade, l'être humain se nourrissait en chemin. La découverte et la maîtrise du feu lui permirent d'explorer ensuite les sciences culinaires, mais la gestion des vivres en voyage demeura un défi.

Avec le développement récent des sports et loisirs de plein air, des technologies de cuisine plus adaptées au voyage ont vu le jour. Des techniques comme la lyophilisation (déshydratation) ont permis d'optimiser le rapport poids/efficacité et la conservation des aliments. Il est maintenant possible de partir en autonomie totale pendant plusieurs mois dans des conditions difficiles et de continuer à manger équilibré à chaque repas.

Un peu de théorie

Intérêt

ÉCONOMIQUE

En fonction du contexte local, du matériel à votre disposition et de votre stock d'ingrédients (huile, épices, etc.), cuisiner en chemin peut s'avérer très économique. Dans les pays où le coût de la vie est faible, les coûts liés à la main-d'œuvre le sont également et les restaurants populaires sont bon marché. Comme la nourriture y est souvent plus difficile à glaner, on ne gagnera pas beaucoup à cuisiner soi-même. Si l'on ne voyage que dans des zones peuplées, il ne vaut peut-être pas la peine de transporter son matériel de cuisine.

Dans les pays où la main-d'œuvre est plus coûteuse, cuisiner en chemin est une manière d'alléger considérablement votre budget, surtout si vous le faites régulièrement et trouvez votre nourriture grâce aux techniques de glanage (voir p. 280 et p. 278).

ÉCOLOGIQUE

Avoir la possibilité de cuisiner permet d'optimiser l'usage de la nourriture récupérée en chemin, évitant le gaspillage. On pourra ainsi consommer des aliments ne se mangeant que cuits comme les pommes de terre, cuisiner des parties normalement jetées comme les feuilles de carottes ou de radis (en soupe), utiliser des légumes un peu défraîchis et améliorer le goût de certains plats avec une sauce d'accompagnement.

HUMAIN

Cuisiner n'est pas une activité qui requiert absolument une interaction avec les gens. Elle permet même à celui qui le désire de s'isoler.

En pratique, la préparation des repas est une activité qui rassemble les gens : c'est l'occasion de passer un moment très convivial avec ses compagnons de route, de trouver ou d'inventer des recettes, d'inviter d'autres personnes à venir partager votre repas, etc. En cuisinant dans un lieu public, on suscite la rencontre.

La nourriture et les habitudes alimentaires d'un peuple sont intimement liées à son histoire, à ses croyances, à sa culture. Cuisiner avec autrui, c'est établir un pont entre sa culture et la culture d'accueil pour y découvrir des saveurs, des rituels et des légendes !

DEGRÉ D'AVENTURE

Cuisiner, c'est pas sorcier ! Il suffit de se baser sur ce qu'on sait déjà, avec quelques techniques ou recettes particulièrement adaptées au voyage. Vous ne vous sentez pas l'étoffe d'un marmiton ? Qu'à cela ne tienne, cette technique ne demande à vrai dire qu'un peu de planification. Nul besoin de se sentir très aventurier, il suffit plutôt d'être bien organisé !

Que vous optiez pour le matériel de cuisine de voyage classique ou que vous choisissiez de bricoler vos propres réchauds et marmites, la préparation de nourriture est une routine qu'il est facile d'inclure dans ses rituels de voyage. Si vous voyagez avec des enfants, il sera généralement simple de les faire participer à la préparation et de développer chez eux (et chez vous !) des compétences qui vous seront utiles partout dans le monde.

En pratique

Se préparer

Source de chaleur

RÉCHAUDS À GAZ ET À ESSENCE

Les réchauds à gaz sont les plus répandus car ils sont propres, légers et efficaces. Pourtant, il n'y a pas que des avantages : ils coûtent cher (une centaine d'euros pour un modèle léger et performant), les bouteilles de gaz sont parfois difficiles à trouver et ne peuvent être transportées par avion.

Les réchauds à essence, de type Primus, sont très pratiques en voyage car ce sont les seuls qui fonctionnent dans des conditions extrêmes de froid et d'altitude. L'essence est aussi le carburant le plus facile à trouver n'importe où.

RÉCHAUD À BOIS

Le réchaud à bois est un outil pratique et très économique, puisqu'il permet de se passer des combustibles habituels comme le gaz, l'essence ou l'alcool. À moins de se trouver en plein désert, en mer ou en altitude, on peut facilement trouver du bois ou des broussailles pour faire un feu. L'encombrement est un inconvénient et l'efficacité énergétique est quasiment deux fois plus faible que celle d'un réchaud à gaz. D'excellents modèles dernière génération, peu encombrants, existent comme le Kuenzi ou le Qvist-Bushcooker. Le plus sophistiqué dans le domaine est sans doute le Biolite®, un réchaud à matière organique boosté par une petite soufflerie auto-alimentée grâce à l'énergie produite avec la combustion. Ce dernier a même l'avantage de proposer un port USB afin de charger ses équipements électroniques, toujours grâce à l'énergie de la combustion.

RÉCHAUD CANETTE

Fabriqué à partir d'une canette en aluminium, le réchaud canette est une alternative très intéressante aux réchauds traditionnels. En plus d'être gratuit, ce réchaud est presque aussi efficace qu'un réchaud à gaz mais aussi bien plus léger. L'alcool a un ratio poids/efficacité meilleur que le gaz et surtout se trouve partout. En bref, il n'y a que des avantages pour le voyageur !

Fabriquer un réchaud canette en 20 minutes

Vous aurez besoin de : une canette d'aluminium vide, une paire de ciseaux, un couteau à lame fine et très aiguisée, une aiguille ou une épingle à nourrice, une pince, une règle millimétrée et un feutre indélébile.

» **(1)** Tracez deux lignes autour de la canette : l'une à 3 cm à partir du bas et l'autre à 2 cm à partir du haut.

» **(2)** Découpez le long des lignes à l'aide des ciseaux ou du couteau.

» **(3)** Vous obtiendrez alors trois parties : la base (A), le dessus (B) et une chute (cylindre central) (C).

» **(4)** Découpez l'intérieur de la partie (B) en prenant soin de ne pas abîmer la nervure sur le bord.

» **(5)** Découpez avec précision une bande de 1,5 cm de largeur dans (C) et faites une petite encoche de 2 mm x 2 mm sur un seul côté de la couronne, environ au milieu de la bande.

Placez cette bande en couronne sur la partie (B), à l'intérieur de la nervure (celle que vous avez pris soin de ne pas abîmer).

Pour que cette couronne se maintienne au milieu de la zone où les deux bouts de la bande se superposent, tracez un trait vertical de chaque côté. Prenez alors la bande en main et taillez une encoche faisant la moitié de la largeur de la bande sur chaque trait, l'une partant du haut, l'autre du bas. Ces encoches doivent entrer l'une dans l'autre pour maintenir la couronne fermée à la bonne taille afin qu'elle s'insère dans la nervure de la partie supérieure de la canette. Fermez la couronne.

» **(6)** Faites le montage : posez la partie supérieure de la canette sur la table, puis déposez la couronne dans la nervure en laissant bien l'encoche vers le haut. Prenez alors la base de la canette et renversez-la pour qu'elle vienne recouvrir le montage.

Au moment du montage, si vous ajoutez de la fibre de verre (ou laine de verre) le long de la couronne, elle sera alors enfermée entre les deux parois, ce qui améliorera l'efficacité du réchaud.

» **(7)** Appuyez avec la paume de la main pour que le tout s'emboîte bien.

» **(8 et 9)** Retournez le montage. Avec votre couteau, faites une entaille de 2 mm de profondeur tous les 5 mm.

» **(10)** Avec vos ongles ou une pince, repliez proprement chaque entaille vers l'intérieur. Les bords seront alors moins coupants et le montage sera maintenu.

» **(11 à 14)** Il ne vous reste plus qu'à percer : tracez une ligne à 2 cm de la base tout le long de la canette. Le long de cette ligne faites un trou avec la pointe d'une épingle à nourrice tous les 5 mm. Ne faites pas des trous trop gros, s'ils sont trop petits, vous pourrez toujours les agrandir.

Fonctionnement

» Remplissez le réchaud d'alcool à brûler jusqu'à mi-hauteur.

» Allumez le réchaud et attendez que des flammes sortent par les trous (attention, en plein jour, les flammes bleues ne se voient pas).

» Posez la casserole sur le réchaud : il faudra environ 20 minutes pour faire bouillir un litre d'eau.

» Prévoyez environ 40 ml d'alcool à brûler (3 c. à soupe) pour faire bouillir un litre d'eau. Remplissez le réchaud une première fois puis une deuxième fois en cours de cuisson, une fois la flamme éteinte.

En cas de vent, il sera utile d'avoir un pare-vent pour protéger la flamme. Vous pouvez facilement le fabriquer en découpant de longues canettes (500 ml) pour obtenir de grandes surfaces de tôle d'aluminium, et en les agrafant. La tôle d'aluminium se plie et se déplie facilement pour le rangement.

En découpant une boîte de conserve d'une hauteur et d'un diamètre plus grands que ceux de la canette (comme une grosse boîte de thon), vous pouvez fabriquer un support pour la casserole. Pensez à y faire de gros trous pour l'aération, sans quoi le feu s'étoufferait.

Si ce support est plus haut que le réchaud canette, les flammes seront plus grandes et plus puissantes, augmentant ainsi la puissance du réchaud, mais aussi sa consommation d'alcool.

@ **www.randonner-leger.org/wiki/doku.php?id=p3rs** – Explication plus complète de la réalisation de ce réchaud (avec vidéo)

FABRIQUER UN RÉCHAUD CANETTE EN 20 MINUTES

zenstoves.net – Bible des réchauds faits maison

www.randonner-leger.org/wiki/doku.php?id=kiwi_stove – Autre exemple avec une boîte de cirage

FOUR SOLAIRE

Si vous demeurez au même endroit pour un petit moment, vous pouvez construire un petit four solaire. Attention, la fabrication requiert de la minutie et il faudra une isolation parfaite et un réflecteur efficace pour obtenir de bons résultats. Plus que tout, il faudra du soleil et du temps.

La fabrication d'un four solaire dépasse le cadre technique de ce guide, mais sachez qu'il y a suffisamment de passionnés sur Internet pour trouver de l'information gratuite à ce sujet, dont de nombreux sites illustrés et vidéos vous expliquant la technique pas à pas. En voici deux à titre indicatif : www.solarcooking.org/francais/plans.htm et www.atlascuisinesolaire.com.

FEU DE CAMP

Le feu de camp demeure un très bon moyen de cuire vos aliments, que ce soit sur les flammes ou, encore mieux, sur (ou dans) les braises. Vous trouverez tous les détails nécessaires à la section *Feu de camp* du chapitre *Camping en milieu naturel* (p. 309).

Kit de cuisine

CASSEROLES

Les **casseroles de camping en aluminium** sont les plus légères. Choisissez-les avec un revêtement antiadhésif en Téflon® pour éviter que les aliments ne collent à la casserole lors de la cuisson, ce qui permet d'utiliser moins d'huile. Attention au revêtement : une cuillère en bois est indispensable. Nettoyez votre casserole avec une éponge douce ou en l'essuyant simplement avec une serviette en papier. La moindre rayure accrochera la nourriture et déchirera le revêtement antiadhésif qui peut laisser des résidus dans la nourriture, ce qui peut présenter des risques pour la santé.

Ayez avec vous le **couvercle approprié** car il permet d'accélérer la cuisson et d'économiser du carburant, mais aussi d'égoutter les pâtes ou le riz.

USTENSILES

Du côté des ustensiles, un **épluche-légumes** est pratique si vous cuisinez souvent des fruits et légumes. Un **chiffon** permet d'essuyer, de nettoyer, de tenir la casserole chaude, d'essorer la salade, de filtrer de l'eau, etc.

Enfin, des petits **sacs de congélation** équipés d'une fermeture zippée facilitent le stockage des aliments secs et des épices.

CUISSON SOUS VIDE ARTISANALE

Il suffit d'avoir de l'eau bouillante, une boîte en plastique fermant hermétiquement et des sacs alimentaires de congélation avec une fermeture zippée.

» Faites bouillir de l'eau. Pendant ce temps, découpez vos aliments en morceaux fins et réguliers.

» Placez les aliments découpés dans les sacs de congélation en utilisant un sac par type d'aliment : un sac pour les morceaux de viande/poisson, un sac pour les morceaux de légumes (carottes), un sac avec une sauce (crème fraîche). Il est possible d'ajouter des condiments dans les sacs pour en imprégner les aliments pendant la cuisson (poivre et herbes pour la viande, cumin pour les carottes, moutarde avec la crème, etc.).

» Videz les sacs de leur air avant de les fermer, puis placez-les dans la boîte en plastique.

» Remplissez la boîte d'eau bouillante et fermez-la hermétiquement avec son couvercle.

Attention aux temps de cuisson, ils sont assez courts : 3 minutes pour un filet de poisson, 5 minutes pour un steak, de 5 à 10 minutes pour les légumes. Il faudra disposer les sachets dans la boîte au fur et à mesure, en fonction de leur temps de cuisson.

L'eau bouillante qui a servi à cuire des légumes peut ensuite être utilisée pour réhydrater des nouilles chinoises ou être bue (car purifiée par ébullition) ; elle peut servir également à faire du thé, etc. Les sacs plastique peuvent, quant à eux, être nettoyés et réutilisés.

⚠ Bien qu'ils soient approuvés par les agences nationales de santé, certains matériaux sont jugés dangereux pour la santé selon d'autres sources : il y aurait une corrélation entre l'aluminium et la maladie d'Alzheimer, les plastiques interagiraient avec la nourriture lorsque chauffés, le Téflon® serait cancérigène si il est ingéré... Le principe de précaution s'applique tout particulièrement aux matériaux non destinés à un usage alimentaire. Il est de votre responsabilité de vous informer et de prendre des décisions quant à l'usage que vous faites de ces matières. En cas de doute, il est préférable de ne les utiliser qu'à des fins de dépannage.

CONTENANTS

Que vous mangiez de la nourriture cuite ou non, nous vous conseillons d'apporter au moins un récipient qui servira à tout : un **bol en plastique** d'un volume d'au moins un litre pouvant être fermé avec un couvercle hermétique. Il vous servira d'assiette (le couvercle aussi) et de bol et vous permettra de cuire les aliments selon la méthode de cuisson sous vide indiquée dans l'encadré page ci-contre, d'entreposer de la nourriture quand vous cuisinerez ou de la transporter entre les repas.

Les différents types de cuisson

En plus de donner du goût à la nourriture en favorisant la formation de molécules aromatiques, la cuisson des aliments permet de détruire certains microbes. Il existe de nombreux types de cuisson. Voici une petite sélection adaptée à la cuisine nomade :

» **Cuisson à l'eau bouillante**

» **Cuisson sautée :** à la poêle, avec un peu d'huile

» **Cuisson en papillote :** dans une feuille de papier d'aluminium

» **Cuisson en grillade :** sur braise, ou grille du four

» **Cuisson à l'étouffée ou sous vide :** dans un récipient fermé, favorisant la condensation (voir l'encadré ci-dessus)

» **Cuisson pilaf :** voir l'encadré ci-dessus

Aliments

Ce chapitre traite des aliments dont l'utilisation est pratique sur la route.

Pour des conseils concernant la gestion de l'alimentation, référez-vous au chapitre *Nutrition*, p. 254.

CUISSON PILAF

» Dans une poêle ou une casserole large, faites chauffer de l'huile puis ajoutez du riz ou du boulgour sans eau. Mélangez régulièrement jusqu'à ce que le riz devienne un peu transparent.

» Versez l'eau (si possible déjà chaude). Le volume d'eau nécessaire est de deux fois le volume de riz. Couvrez et surtout ne remuez plus !

» Surveillez de temps en temps la cuisson. Le riz est prêt quand toute l'eau a disparu et qu'on commence à l'entendre griller au fond.

» Avant de stopper la cuisson, goûtez, toujours sans remuer, et rajoutez un peu d'eau si nécessaire ou au contraire, enlevez le couvercle pour la fin de la cuisson si le riz est déjà cuit mais qu'il reste de l'eau.

FÉCULENTS ET CÉRÉALES

Pommes de terre Comptez de 2 à 3 par personne en fonction de leur taille. Elles se préparent facilement dans la casserole fermée avec un fond d'eau, à la poêle avec de l'huile et un couvercle, au four en les badigeonnant d'huile, avec peu de sel, ou encore à la braise enrobées dans du papier d'aluminium.

Pâtes Comptez environ 110 g, soit deux tiers d'un verre par personne et environ 1 verre d'eau. Les vermicelles fins (cheveux d'ange) s'ajoutent aisément aux soupes.

Riz Comptez environ 80 g par portion, soit un demi-verre par personne et environ les trois quarts d'un verre d'eau. Si vous ne manquez pas d'eau, il est préférable de laver le riz plusieurs fois avant la cuisson jusqu'à ce que l'eau ne soit plus blanchâtre, il collera moins. Vous pouvez aussi tenter la cuisson pilaf décrite dans l'encadré ci-dessus.

Les pâtes et le riz sont nettement meilleurs en rajoutant du bouillon instantané dans l'eau de cuisson.

Couscous, semoule, boulgour
Comptez environ un demi-verre par personne et trois quarts d'un verre d'eau. Tous issus du blé concassé, ces féculents sont très faciles à préparer : il suffit de les submerger d'eau préalablement bouillie et de laisser reposer

pendant vingt minutes en remuant de temps en temps. Pour accélérer le processus, vous pouvez au préalable verser du jus de citron (ou du vinaigre) et de l'huile. Vous pouvez également utiliser de l'eau tiède.

Flocons d'avoine, de riz, etc. Comptez le tiers d'un verre par personne. Délicieux dans une soupe, une sauce, une omelette ou simplement de l'eau chaude, des légumes et des épices (curry).

LÉGUMINEUSES

Lentilles, haricots, pois Comptez de deux tiers de verre à un verre entier de graines crues par personne. Pour diminuer le temps de cuisson souvent long, faites-les tremper au moins 8 heures avant de les cuire. Attention, les légumineuses doivent être cuites avant d'être consommées ou séchées afin d'éliminer les substances toxiques qu'elles contiennent.

LÉGUMES

Les légumes sont sans doute les aliments les plus faciles à consommer en voyage. Certains peuvent être mangés crus (racines, épinards, céleris, etc.). Comptez de 150 à 200 g par personne et par repas.

Il existe une multitude de manières de cuire les légumes : à la poêle, à l'eau, à l'étouffée, à la vapeur. Vous pouvez vous procurer une marguerite, sorte de passoire pliable à placer sur le fond de votre casserole. Avec seulement un peu d'eau et en couvrant la casserole, on obtient une cuisson douce à la vapeur qui préserve le contenu en vitamines des légumes.

La manière la plus simple de les cuire est sans doute en soupe : facile à préparer, rapide et optimise l'utilisation de l'eau. Les épluchures de légumes bien lavés et issus de l'agriculture biologique peuvent également être utilisées.

VIANDE ET POISSON

Comptez environ 150 g de viande ou de poisson par personne et par repas.

La viande est très facile à cuisiner. Vous pouvez la cuire à vif au-dessus de la braise (5 minutes pour le poulet, 6 pour le bœuf et 15 pour le porc) ou à la poêle (de 8 à 15 minutes selon l'épaisseur et le type de viande), assaisonnée de sel, d'herbes et d'aromates.

Le poisson est très facile à cuire en seulement quelques minutes : à vif au-dessus de la braise (sur une grille, en brochette, etc.) ou en papillotes dans du papier d'aluminium, au four à 150°C, poêlé, à l'étouffée, en morceaux dans une soupe, en plat ou même cru (plus délicat à préparer). Badigeonnez la chair d'huile d'olive et d'un peu de sel avant la cuisson.

Si vous mangez un poisson entier, il est important de le vider avant la cuisson. Faites une ouverture délicate avec la pointe du couteau depuis son anus (situé devant la nageoire ventrale) jusqu'au début de la tête.

ŒUFS

Les œufs se conservent sans problème à température ambiante. Un œuf périmé se reconnaît aisément à sa mauvaise odeur, mais on peut également faire un test de flottaison (voir p. 297). Pour la cuisson à l'eau bouillante, comptez 3 minutes pour un œuf à la coque, 5 minutes pour un œuf mollet et 8 minutes pour un œuf dur. Les œufs durs se conservent très bien à condition de les laisser refroidir dans leur eau de cuisson et non sous l'eau froide.

FROMAGES

La plupart des fromages se conservent sans problème à température ambiante et ajouteront de la saveur à vos sauces et plats.

HUILE

L'huile la plus polyvalente pour le voyageur est l'huile d'olive car en plus d'être bonne crue elle résiste bien à la cuisson.

L'huile est souvent vendue en quantités trop grandes pour le voyageur. Il est possible de trouver des petites bouteilles, mais l'idéal serait d'avoir une petite bouteille de 100 à 200 ml. Attention à ce que la bouteille soit bien étanche (bouchon vissé, joint éventuel). Entourez-la de serviettes en papier et glissez-la dans un sac plastique bien fermé afin de protéger vos effets en cas de fuite.

HUILES ESSENTIELLES COMESTIBLES

Certaines huiles essentielles sont comestibles et peuvent être utilisées dans les plats. Il est possible de les utiliser en les ajoutant en fin de cuisson pour éviter de les faire cuire. Quelques gouttes suffisent à parfumer tout un plat. Attention à ne pas dépasser les dosages recommandés, cela pourrait s'avérer dangereux pour votre santé. Renseignez-vous avant de les utiliser. Il existe aussi d'autres manières de bénéficier des vertus thérapeutiques des herbes et épices, comme de se préparer une tisane pour la journée.

En demandant dans les restaurants et en expliquant votre cas, il sera sans doute possible de trouver une bonne âme qui remplira votre bouteille. Vous trouverez au moins de l'huile d'olive et peut-être de l'huile de colza. Par contre il sera difficile de trouver de l'huile issue de l'agriculture biologique.

FARINE

La farine est un aliment de base très utile lorsqu'on cuisine en chemin. En la mélangeant simplement à de l'eau et un peu de sel, on fabrique une pâte à gâteaux ou à galettes. En y ajoutant des ingrédients simples comme du levain, du lait, de la crème, des œufs, de la levure, de l'huile ou du beurre, on peut facilement varier la texture et le goût de cette pâte.

Une pâte peut être cuite de différentes manières suivant sa constitution : au four (méthode traditionnelle), à la chaleur de la braise, à la poêle (avec de l'huile), frite, à l'eau ou à l'étouffée.

La farine peut également être utilisée comme liant pour épaissir une soupe, une sauce ou un plat et y apporter des glucides.

Procurez-vous une petite boîte hermétique en plastique pouvant stocker l'équivalent de deux à trois verres de farine. En la remplissant régulièrement dans les restaurants ou les boulangeries, vous aurez toujours à disposition de quoi assurer la base d'un repas.

PAIN OU ÉQUIVALENT

Dans la plupart des pays, vous trouverez du pain ou son équivalent local : galettes de maïs, de blé, de riz, etc. Ces aliments sont pratiques pour accompagner vos repas et vous apporter une bonne partie de vos besoins caloriques. Leur fabrication et leur utilisation sont souvent une part importante de la culture du pays, passionnante à découvrir.

CONDIMENTS

Les condiments sont des produits utilisés pour relever le goût d'un plat. Certains sont très faciles à utiliser, d'autres nécessitent plus de finesse. Ils sont en général d'origine végétale (herbes, épices, vinaigre, moutarde, huiles essentielles), mais peuvent aussi être d'origine animale, comme les bouillons. Le tableau page suivante indique une sélection minimale pour cuisiner en chemin.

Il est très facile de se procurer des condiments en vrac dans les marchés et certaines épiceries orientales. Ils y sont moins chers que dans les supermarchés. Sinon, demandez aux restaurants s'ils peuvent vous en fournir. Certains condiments (comme les herbes de Provence) seront difficiles à trouver dans certaines régions du monde. C'est l'occasion de découvrir de nouvelles herbes et épices !

Nous vous conseillons d'apprendre à reconnaître et à utiliser les épices avant votre départ afin de savoir les utiliser de façon optimale et sans effort une fois sur la route – vos plats n'en seront que meilleurs ! Il existe une multitude d'herbes, épices et autres condiments à découvrir, notamment dans les régions que vous traverserez. C'est un domaine passionnant et fabuleux à explorer !

Stockage : l'idéal est d'utiliser de petits sacs en plastique à fermeture étanche, tous stockés ensemble dans une boîte rigide et étanche. Pas besoin de grande quantité, quelques grammes suffisent.

Passer à l'action

Obtenir de l'eau potable

Il n'est pas toujours facile de trouver de l'eau potable, surtout dans les pays tropicaux, où les mesures d'hygiène laissent à désirer. Le fait que les habitants d'un lieu boivent l'eau ne veut pas dire qu'elle soit potable pour nous : notre système immunitaire n'est pas encore adapté aux micro-organismes présents dans cette eau.

TYPES DE CONTAMINATION DE L'EAU

Il existe trois types de contamination de l'eau :

» **Microbiologique :** c'est la contamination la plus courante, en particulier dans les zones pauvres et tropicales. L'eau peut contenir des protozoaires, bactéries, parasites et virus contre lesquels notre système immunitaire n'est pas en mesure de se défendre.

» **Chimique :** présence de métaux lourds, de pesticides, d'engrais, d'huiles usées ou d'autres produits chimiques toxiques dans l'eau. Certains contaminants présentent une toxicité aiguë et leur effet est rapide. D'autres contaminants ont des effets chroniques, c'est-à-dire que le risque et les effets augmentent avec la consommation régulière de l'eau contaminée. La contamination chimique peut provenir d'un site industriel à proximité, d'une agriculture intensive ou simplement d'un bidon d'huile à moteur abandonné dans les parages.

» **Radiologique :** très rare, concentrée dans les zones à forte radioactivité.

UTILISATION DES CONDIMENTS

NOM	UTILISATION	PROPRIÉTÉS PARTICULIÈRES
Poivre	Conservez à l'abri de l'humidité.	Éloigne les mouches de la viande fraîche. Aide à la digestion, cicatrisant en usage externe.
Sel	Conservez à l'abri de l'humidité. Consommez en petite quantité.	Trop de sel altère la santé, pas assez empêche l'assimilation de l'eau.
Sucre	Limitez sa consommation. Peut être remplacé par le miel, le sirop d'érable, le sirop de palmier, la stevia, etc.	Le sucre blanc (raffiné) est dépourvu de minéraux. Utilisez plutôt du sucre brun (non raffiné).
Vinaigre	Relève les plats, vinaigrettes, aide à la conservation des plats.	Le vinaigre de cidre aide à la digestion, est nettoyant et antiseptique en usage externe, antimoustiques.
Curry ou garam masala	Relève le goût des plats salés : potages, riz, poulet, légumes, sauces, etc.	Mélange de curcuma, de coriandre et d'autres épices. Excitant des fonctions digestives, vertus amaigrissantes.
Cannelle	Accompagne les plats sucrés, les fruits.	Antispasmodique, antiseptique. Soigne les troubles de l'intestin, la diarrhée.
Herbes de Provence	Accompagnent les viandes et les plats salés en général, se préparent en infusions.	Composées de différentes herbes médicinales (thym, romarin, sauge, etc.), antiseptiques.
Ail	Relève le goût de beaucoup de plats salés et salades.	Le consommer cru pour conserver ses propriétés. Puissant antiseptique local et interne.

⚠ Pourquoi l'eau du robinet n'est-elle pas propre à la consommation dans certaines régions ? Bien que cette eau soit en général traitée afin d'être potable, la désuétude des installations de distribution et le manque de pression dans les tuyaux favorisent l'infiltration des contaminants dans l'eau. Dans d'autres cas, l'eau contient des métaux lourds en quantité trop grande pour permettre l'ingestion de l'eau, mais suffisamment faible pour que cela ne pose pas de problème en usage externe (se laver, laver les vêtements, etc.). Dans ces zones, les gens ne consomment pas même l'eau bouillie et ont recours à l'eau embouteillée.

Heureusement, il existe des solutions pour obtenir de l'eau potable.

» **Eau minérale embouteillée :** solution la plus simple. Attention à ce que la bouteille soit toujours neuve (vérifiez le sceau de l'ouverture). Dans les pays à risque, les restaurants et beaucoup de foyers utilisent des fontaines à eau. C'est une solution économique pour remplir votre gourde. Attention aux glaçons et aux glaces, en général fabriqués avec l'eau du robinet.

» **Eau "naturellement propre" :** renseignez-vous auprès des habitants, peut-être connaissent-ils une fontaine ou une source réputée pour la pureté de son eau. En général, une eau de source très froide est potable car cela veut dire qu'elle arrive directement de la terre. De manière générale, évitez les rivières, on ne sait jamais ce qu'il y a en amont.

» Eau filtrée par purificateur : système de purificateur installé directement sur la tuyauterie des habitations.

PURIFIER UNE EAU POUR LA RENDRE POTABLE

Il est possible de traiter l'eau pour pallier les risques d'insalubrité. La plupart des méthodes visent la contamination microbiologique seulement : elles ne sont utiles que si vous utilisez une eau du robinet que les gens boivent après ébullition ou si vous êtes en pleine nature, loin de toute source de contamination chimique.

La seule méthode permettant de retirer les contaminants chimiques (à l'exception des métaux lourds) est la filtration fine.

» Filtration grossière : si l'eau est boueuse, laissez-la d'abord décanter naturellement puis filtrez-la grossièrement en utilisant un tissu comme un foulard ou une feuille de papier pliée en quatre pour former un filtre ou, mieux encore, un filtre à café. Vous procéderez éventuellement à une filtration plus fine, à un traitement chimique, ou porterez l'eau à ébullition.

» Ébullition : technique ne demandant que très peu de moyens et utilisée dans le monde entier. Elle fonctionne bien sur tous les types de contaminants microbiologiques (virus inclus). Une ébullition d'au moins 2 minutes (+ 1 minute tous les 300 m d'altitude) détruit ou désactive les principales sources de contamination. Pour avoir une garantie totale, prolongez l'ébullition pendant 20 minutes. Pour donner un peu de goût à l'eau, vous pouvez ensuite la boire en thé, en tisane, avec du sirop ou une tranche de citron.

» Traitement chimique : il s'agit de mettre un produit désinfectant dans l'eau et d'attendre de 30 minutes à 2 heures avant de la consommer. Le traitement chimique est bien plus efficace lorsque l'eau est d'abord décantée et filtrée grossièrement. Très efficace contre les virus et les bactéries, cette technique est d'une efficacité incertaine contre les parasites. Son coût est faible mais son utilisation est limitée aux eaux claires. Assurez-vous que le produit utilisé n'est pas périmé.

Traitements chimiques

Le bémol des traitements chimiques est l'impact sur la santé : les organismes que vous voulez éliminer dans l'eau ne sont pas différents des organismes vivants de votre corps. Le traitement chimique est donc à garder en dernier recours ou de manière exceptionnelle.

Il existe trois types de traitements chimiques :

» Pastilles et produits désinfectants : Spécifiques pour le traitement de l'eau, la chloramine (hydroclonazone) est peu coûteuse mais moins efficace que les hypochlorites (Micropur Forte) et surtout que le DCCNa (Micropur DCCNa, Aquatabs).

» Chlore (Pristine, eau de Javel) : Bon désinfectant. Vous pouvez utiliser de l'eau de Javel à usage ménager (4 ou 5% d'hypochlorite de sodium) à raison de deux gouttes pour un litre d'eau et laisser reposer pendant 30 minutes. Doubler la quantité d'eau de Javel et la durée si l'eau est froide, trouble ou sent mauvais.

» Iode : Un comprimé d'iode ou six gouttes de teinture d'iode à 2% (vendue en pharmacie) aseptisent un litre d'eau claire. Laissez reposer pendant au moins 30 minutes à 20°C ou plus avant de boire. L'iode permet de détruire toutes les bactéries dangereuses et la plupart des virus. Si l'eau est froide (5 à 15°C) ou trouble, il faut laisser agir plus longtemps ou la faire chauffer préalablement. N'utilisez l'iode qu'en dernier recours car il y a des risques pour la santé. Son usage est d'ailleurs contre-indiqué en cas de troubles de la glande thyroïde et pour les femmes enceintes ou qui allaitent.

Traitements naturels

» Extrait de pépins de pamplemousse (Grapefruit Seed Extract ou GSE) : l'extrait de pépins de pamplemousse est reconnu pour ses propriétés antibiotiques et antivirales très puissantes. L'avantage par rapport aux traitements chimiques est qu'il y a très peu de risques d'empoisonnement (jusqu'à 4 000 fois la dose d'usage, ce qui laisse de la marge). Contrairement aux antibiotiques et traitements chimiques, l'extrait de pépins de pamplemousse soutient les défenses immunitaires plutôt que de les détruire. Il faut 3 à 7 gouttes par litre d'eau pour un traitement efficace, selon le degré de contamination estimé. Laissez agir au moins 20 minutes. Attention, l'eau prend une saveur amère pas très agréable – il vaut mieux la parfumer ensuite avec du citron.

» Microfiltration : en passant sous pression à travers un filtre très fin, l'eau est nettoyée de sa pollution chimique mais aussi d'une partie des microbes. L'avantage est de ne pas avoir à transporter de l'eau avec soi si on peut en trouver sur la route et de ne pas avoir à attendre pour la consommer. L'eau doit être au préalable filtrée grossièrement pour ne pas colmater rapidement le microfiltre. La taille des pores des filtres du commerce est de l'ordre de 0,2 micron, ce qui est suffisant pour stopper les parasites et les bactéries, mais pas les virus ni les métaux lourds qui passent alors au travers. En cas de doute sur la composition de l'eau, il faut aussi la traiter chimiquement. Suivez attentivement les recommandations du fabricant pour garder le filtre en bon état de fonctionnement et changez-le régulièrement en suivant scrupuleusement les indications de la notice.

» **Paille filtre :** très légère et peu encombrante, on boit directement l'eau à la paille. LifeStraw© est la marque de référence.

» **Gourde filtre :** bon compromis efficacité/taille/légèreté. Idéale pour conserver l'eau, remplir d'autres gourdes ou cuisiner. La marque de référence est Katadyn.

» **Filtre à pompe :** pour les groupes ou si vous avez un besoin important en eau. Le rendement est plus rapide mais le matériel est plus lourd. Katadyn est ici encore la marque de référence.

» **Par exposition aux UV :** les UV ont pour effet d'inactiver les germes et bactéries présents dans l'eau. Partant de ce principe, le "stylo-lampe à UV" de la marque Steripen est une solution efficace. Il suffit de tremper dans l'eau le tube de lumière et de laisser la lumière agir pendant environ 90 secondes pour un litre et les bactéries seront inactivées. Bien sûr, ce système ne peut rien contre la pollution chimique et est beaucoup moins efficace si l'eau est trouble (présence de particules). Il faudra donc penser à filtrer l'eau grossièrement en premier. Si vous ne disposez pas d'un tel équipement, il reste la **méthode Sodis** (Solar water Disinfection ; www.sodis.ch) : après filtration grossière, laissez simplement votre bouteille d'eau transparente en plein soleil pendant environ 6 heures afin d'obtenir une eau à peu près potable. L'efficacité de cette méthode varie en fonction des conditions d'ensoleillement et de la bouteille d'eau utilisée.

Hygiène et conservation de la nourriture

Il est parfois difficile de s'arrêter pendant la journée et de prendre le temps de cuisiner. Pourtant, le repas du midi est le plus important. Il est judicieux de le préparer la veille, mais attention, qui dit transport de nourriture dit risque de développement de bactéries.

Différentes stratégies s'offrent à vous pour préserver les aliments à risque : la déshydratation, l'utilisation de marinades acides, de sucre ou de saumure, la mise en conserves, etc.

PRINCIPES DE BASE

Les germes (bactéries, microbes, ferments, etc.) sont présents partout : tous les aliments en contiennent. Le problème se pose quand la quantité de germes devient trop élevée car ils se multiplient de manière exponentielle jusqu'à rendre l'aliment toxique. Il faut donc faire attention aux conditions de stockage, c'est-à-dire à la **propreté** (ne pas augmenter la présence de germes au départ) et à la **température** (premier facteur de multiplication des germes). Avant de manipuler des aliments, se laver les mains soigneusement. Garder les ongles courts et propres.

Propreté

Une nourriture cuite de manière adéquate et conservée dans un récipient propre et

ALIMENTS SÉCHÉS : MODE D'EMPLOI

Il est possible de faire sécher presque n'importe quel type de nourriture (fruits, tomates, viande, poisson, etc.). Pour conserver au maximum les propriétés nutritives, le séchage devrait se faire à 40°C maximum. À défaut, vous pouvez utiliser un four à température minimum (70°C) et garder la porte entrouverte pour réduire la température. Comme ce processus est long (parfois plus de 48h), ce n'est pas la méthode idéale.

Plus la température ambiante est élevée et plus le défi de la conservation des aliments est grand. Il sera toutefois beaucoup plus facile de faire sécher les aliments au soleil. Vous pouvez par exemple utiliser une boîte en carton, ou faire un cadre en bois dans lequel vous disposerez des rayons (en filet, en toile, en métal ou en plastique) tout en laissant passer l'air. On peut aussi simplement enfiler les morceaux de nourriture sur un fil de fer tendu. À l'aide d'un vitrage (pour créer un effet de serre), vous devez obtenir une température entre 40°C et 50°C. Plus le vitrage sera perpendiculaire aux rayons du soleil, plus il sera efficace. Il vous faudra également prévoir une aération permanente en haut et en bas de la boîte pour favoriser le passage de l'air.

ÉQUIVALENCE POIDS ET VOLUMES DES PRINCIPAUX INGRÉDIENTS

INGRÉDIENT	POIDS ET VOLUME Système international	POIDS ET VOLUME Système impérial	MESURE PRATIQUE
Liquides	100 ml	3,5 oz liq	1/2 verre 0,4 tasse 6 1/2 c. à soupe*
Sucre	100 g	3,5 oz – 0,2 lb	1/2 verre 0,4 tasse 6 1/2 c. à soupe
Farines, graines moulues	100 g	7 oz – 0,4 lb	1 verre 0,8 tasse 13 c. à soupe
Riz, lentilles, couscous, semoule	80 g	3,5 z – 0,2 lb	1/2 verre 0,4 tasse 6 1/2 c. à soupe
Pâtes (coquillettes)	100 g	5 oz – 0,3 lb	2/3 de verre 0,6 tasse 9 1/2 c. à soupe

* 1 cuillère à soupe = 3 cuillères à café = 15 ml

sec permet de réduire considérablement le nombre de germes au départ. Attention, les aliments d'origine végétale (sauf les légumineuses) se conservent beaucoup mieux que ceux d'origine animale. En réalité, plus les quantités d'eau et de protéines – très élevées dans toutes les légumineuses comme dans les produits d'origine animale – sont élevées et plus il y a de possibilités de développement des bactéries.

Température

La nourriture doit rester à une température la plus fraîche possible après la cuisson. Si vous dormez chez l'habitant ou près d'une habitation, essayez de faire congeler une petite bouteille d'eau pendant la nuit. En chemin, vous la plaquerez contre le récipient de nourriture. Pour isoler le tout, à défaut d'un sac isotherme, vous pouvez utiliser du carton, un sac en papier, du papier journal et y ajouter votre couverture de survie, ce sont de bons isolants. Laisser votre sac à l'extérieur pendant la nuit vous fera également gagner quelques degrés : en stockant votre nourriture au milieu de votre sac, elle bénéficiera de son isolation. À chaque arrêt, essayez de trouver un endroit où rafraîchir votre nourriture (réfrigérateur, eau de rivière, etc.). Attention, ne congelez pas votre nourriture si vous ne la consommez pas tout de suite : la décongélation multiplie la quantité de germes.

DÉSHYDRATATION

Les aliments sont composés en majorité d'eau, et c'est justement ce dont ont besoin les germes pour se multiplier. La nourriture séchée se conserve donc beaucoup mieux. La déshydratation préserve la quasi-totalité des éléments nutritifs présents dans les aliments frais, y compris les vitamines lorsque le séchage est fait à basse température.

La nourriture séchée peut être conservée telle quelle ou broyée. Même si elle est beaucoup moins appétissante sous cette forme, elle présente de nombreux avantages : elle se stocke facilement, peut se manger telle quelle ou mélangée aux autres plats (réhydratée, sèche ou en poudre), etc. Pendant le voyage, stockez les aliments secs dans de petits sacs divisés par catégorie d'aliments : féculents, protéines animales ou végétales, légumes et fruits. Vous pourrez alors composer vos repas selon vos besoins, en fonction de la disponibilité des aliments frais.

Les aliments séchés se trouvent facilement dans le commerce.

ALIMENTS LYOPHILISÉS

La lyophilisation est un procédé physique permettant de retirer l'eau des aliments. Il suffit ensuite de les réhydrater avec de l'eau chaude pour les consommer. Ils sont très pratiques en chemin car très légers et ne présentant aucun problème de conservation.

TÉMOIGNAGE

"Chaque hiver, Jérôme et moi partons en Laponie chasser les aurores boréales. Les pays scandinaves sont assez chers, alors on optimise notre budget au maximum. On loue un grand véhicule qui devient notre 'chez nous' pour la semaine. Bien équipés contre le froid, on passe nos nuits dans la voiture ou parfois même dehors. Qui n'a jamais rêvé de s'endormir sous les aurores boréales ? C'est un rêve accompli pour nous et c'est magique !

Dans ces contrées blanches, il y a peu de restaurants, alors on s'organise pour cuisiner tout en essayant de manger local. Nous partons donc avec un petit réchaud et quelques ustensiles de cuisine, le minimum vital pour pouvoir manger chaud de temps en temps. On profite au maximum de ce que nous offre notre environnement. C'est ainsi que l'on se retrouve à rôtir quelques saucisses sur le gril d'une *kota* ouverte (chalet hexagonal en bois brut), en pleine nature, ou encore à griller notre pêche du jour sur un feu improvisé au bord d'un lac gelé. Ce sont souvent nos meilleurs souvenirs car en adéquation avec notre mode de voyage !"

Céline, consultante Web et blogueuse, www.je-papote.com

Il est possible de trouver dans le commerce toutes sortes de plats préparés, soupes, sauces...

CONSERVATION PAR L'ACIDITÉ

Plus votre nourriture sera dans un milieu acide, plus elle se conservera. N'hésitez donc pas à la mariner avec du vinaigre ou du citron, tous deux d'excellents conservateurs. Le lendemain, vous pourrez rééquilibrer l'acidité en mangeant votre plat avec du pain, des légumes crus, etc.

SUCRE ET SEL

Le sucre et le sel sont également des facteurs de conservation, mais ils sont plus difficiles à utiliser au quotidien. Enduite de sel, la nourriture se conserve mieux. Il suffit alors de la laver avant de la consommer. Pour le sucre, c'est plus compliqué. En cuisant les aliments avec du sucre, l'eau s'évapore ou se lie avec les molécules de glucose. Ainsi liées, elles sont inaccessibles aux bactéries. C'est l'exemple de certaines confitures (50% fruit, 50% sucre).

CONSERVES

On peut fabriquer ses propres conserves, mais on en trouve facilement dans le commerce. C'est un très bon moyen d'avoir de la nourriture à disposition sans souci de conservation. Le seul problème est le poids. Si vous le pouvez, nettoyez abondamment à l'eau avant consommation pour enlever les conservateurs.

Quelques recettes de base à faire sur la route

Bien souvent, le menu sur la route se compose de ce que vous avez à disposition suite à une sortie fructueuse en glanage urbain (p. 292) ou en nature (p. 278). Il est difficile de fournir une liste exhaustive de recettes ; votre imagination demeure la meilleure inspiration.

Voici tout de même quelques recettes faciles à réaliser :

Certains sites Internet proposent des recettes en fonction des ingrédients que vous possédez. C'est le cas notamment de www.marmiton.fr.

SALADE

La salade est souvent le repas frais idéal sur la route puisqu'elle peut être adaptée selon vos stocks de nourriture : salade verte, pommes de terre, riz, pâtes, œufs durs, tomates, olives, légumes crus ou poêlés, lardons, pois chiches, lentilles, oignons, échalotes, ail, etc.

De nombreuses herbes et plantes disponibles dans la nature sont comestibles et très bonnes en salade. Reportez-vous au chapitre *Se nourrir dans la nature* (p. 278) ou demandez conseil auprès des habitants de la région.

SAUCE VINAIGRETTE

Une bonne sauce vinaigrette est très agréable pour agrémenter vos plats un peu secs et vos salades. Dans un petit bol, mélangez vinaigre et moutarde ou vinaigre et miel. Incorporez ensuite l'huile petit à petit en mélangeant bien pour homogénéiser. Pour donner du goût à votre vinaigrette, ajoutez-y de l'ail et des échalotes hachés, des herbes, des épices, du poivre.

SOUPE

La base d'une soupe est souvent la même : faites revenir des oignons hachés dans une casserole avec de l'huile, ajoutez-y des pommes de terre coupées en cubes et faites-les dorer. Ajoutez ensuite les légumes de votre choix (coupés en cubes) et remuez régulièrement. Après quelques minutes, ajoutez de l'eau et du bouillon (en cubes ou en poudre). Ajoutez sel, poivre, herbes et épices à votre convenance avant de servir.

Une soupe est le meilleur moyen de manger du pain sec. En le récupérant dans une boulangerie, vous aurez alors un repas savoureux et bon marché.

Un mélange soupe en sachet et légumes frais est une façon astucieuse de gagner du temps et de la saveur. Un peu de concentré de tomates permet aussi d'aromatiser agréablement une soupe. La soupe est également le meilleur moyen d'optimiser sa consommation d'eau dans les endroits où il est difficile de s'en procurer puisque toute l'eau utilisée pour cuisiner est consommée !

CHAPATIS (AU FOUR, À LA BRAISE, À LA POÊLE)

En plus d'être délicieux, ce pain indien est facile à réaliser.

Ingrédients (pour une vingtaine de petits chapatis) : 2 ¼ verres de farine, ⅔ verre d'eau, 2 c. à café d'huile, sel, poivre, épices, fromage et herbes fraîches selon disponibilité

Mélangez la farine et l'eau pour obtenir une pâte et ajoutez ensuite l'huile. Pétrissez la pâte 8 minutes afin de la rendre élastique et souple. Ajoutez le sel, le poivre, les épices et les herbes. Si possible, couvrez avec un linge humide et laissez reposer pendant 1 heure à température ambiante.

Divisez la pâte en une vingtaine de petites boules : vous pouvez alors incorporer du fromage à l'intérieur. Aplatissez la pâte pour obtenir un cercle de 10 cm de diamètre environ. Si la pâte colle, ajoutez un peu de farine - le moins possible pour éviter que le chapati ne devienne trop sec. Déposez les cercles sur le fond de votre casserole chaude avec un petit peu d'huile (au four ou à la braise, cuisez-les piqués sur un bâton). Lorsque des taches brunes apparaissent sur la face en train de cuire, retournez et cuisez l'autre côté.

GALETTES DE CÉRÉALES (AU FOUR, À LA POÊLE)

Elles sont délicieuses et représentent un très bon apport en sucres lents et protéines.

Ingrédients (pour une dizaine de galettes moyennes) : 6 c. à soupe de mélange de farines selon vos possibilités (au choix : lin, sarrasin, froment, blé, riz, etc.), 2 c. à soupe de flocons de céréales (avoine, riz, quinoa, etc.), légumes râpés (petite carotte, demi-courgette crue ou pomme de terre), un oignon haché menu, un œuf, 1 c. à soupe de fromage blanc ou de crème, sel, poivre, herbes aromatiques (persil, thym, romarin) et épices si vous aimez (curry, paprika ou autre)

Mélangez les ingrédients jusqu'à obtenir une sorte de purée. Faites chauffer de l'huile dans une poêle et déposez l'équivalent d'une cuillère à soupe de pâte. Aplatissez-la afin de façon à obtenir une galette assez fine (environ un demi-centimètre). Préparez plusieurs galettes en même temps. Une fois les galettes saisies, baissez le feu pour continuer la cuisson. Lorsque les bords commencent à brunir et durcir, retournez la galette. La cuisson est prête lorsque celle-ci est bien dorée.

TABOULÉ (SANS CUISSON)

Ingrédients (pour 3 portions) :
⅔ verre de semoule (ou de boulgour), 2 tomates, 2 oignons hachés, menthe fraîche, persil, une petite poignée de raisins secs (préalablement trempés dans l'eau), un gros citron, 3 c. à soupe d'huile d'olive

Rincez la semoule pour enlever l'amidon, égouttez-la, puis mettez-la dans un saladier. Ajoutez le jus de citron, les tomates coupées en dés et remuez. Ajoutez de l'eau froide à hauteur. Laissez gonfler 20 minutes (5 minutes avec de l'eau tiède). Les grains doivent demeurer un peu fermes. Ajoutez le reste des ingrédients et remuez. Gardez une heure au frais si possible avant de servir.

BASE CRÉMEUSE

Afin de rendre un peu plus consistant un repas sauvage (fruits, herbes, champignons...), vous pouvez facilement réaliser une base de sauce épaisse, de type béchamel.

Ingrédients : beurre (ou huile), farine, eau (ou lait), sel, poivre

Dans une casserole, faites chauffer la matière grasse (huile, beurre) et ajoutez-y de la farine. Sans cesser de remuer pour empêcher que la préparation ne brûle, ajoutez une base aqueuse (eau, lait) en filet. La préparation doit rester épaisse. Si celle-ci est trop liquide, continuez de la faire cuire tout en remuant sans discontinuer, jusqu'à ce qu'elle épaississe. Ajoutez enfin sel, poivre et épices pour lui donner du goût, ou sucre et fruits pour un dessert.

Si vous n'avez pas de matière grasse, vous pouvez simplement faire brunir la farine à sec avec un peu de sel puis ajouter l'eau ou le lait.

Du mythe à la réalité : risques et difficultés

Contamination de l'eau

Une eau contaminée peut vous intoxiquer gravement ou causer des gastro-entérites très incommodantes voire mortelles. Soyez attentif à la provenance de votre eau et veillez à l'assainir au besoin par la méthode la plus appropriée selon votre situation. Reportez-vous à la section *Obtenir de l'eau potable*, p. 269.

Risques liés à la consommation de fruits et légumes

Dans la plupart des pays tropicaux, il y a de forts risques liés à la consommation de fruits et de légumes : présence de bactéries, parasites, etc. Pour limiter ces risques lorsque vous cuisinez, prenez les précautions suivantes :

» Lavez-vous les mains avec du savon ou du gel hydroalcoolique avant de manipuler de la nourriture, de cuisiner ou de manger et chaque fois que vous touchez à de la nourriture non nettoyée.

» Brossez les fruits et légumes pour enlever la terre et rincez-les à l'eau (purifiée).

» Si vous avez des doutes, épluchez-les.

Si vous ne pouvez ou ne voulez pas les éplucher, il est possible de les nettoyer en diluant dans de l'eau purifiée un tout petit peu de permanganate de potassium (une à deux pincées), de l'eau de Javel (quelques gouttes) ou de l'extrait de pépins de pamplemousse. Il est possible de trouver des produits spécifiques dans le commerce dans les pays à risque (voir p. 271 pour des conseils sur la désinfection de l'eau).

Enfin, la meilleure solution est de faire bouillir les aliments.

Autres risques alimentaires et conseils divers

POISSONS

Tous les poissons de rivières sont comestibles. Ce n'est pas le cas des poissons tropicaux qui peuvent contenir une toxine pouvant causer une intoxication neurodigestive (comme la *ciguatera*), qui provoque des démangeaisons et des chutes de tension parfois graves. Le risque d'intoxication est plus grand si le poisson est gros (au sommet de la chaîne alimentaire). De manière générale, renseignez-vous auprès des habitués (professionnels, habitants).

Les fruits de mer accumulent beaucoup la pollution, renseignez-vous avant d'en consommer.

LAITAGES

Évitez les fromages frais, yaourts artisanaux et glaces (risque de tourista).

Pour le lait, en cas de doute, faites-le bouillir pendant plusieurs minutes. On peut aussi ajouter un comprimé purificateur d'eau à base de chlore ou d'iode.

LISTE NOIRE

En cas de doute, il est préférable d'éviter les éléments de cette "liste noire" :

» Fruits de mer crus (spécialement les huîtres) ou incomplètement cuits, plats de poissons et de viandes froids ou crus (tartares...)

» Salades et légumes crus

» Fruits que vous n'avez pas épluchés vous-même

» Lait et produits laitiers

» Desserts glacés et à base de produits laitiers ou d'œufs crus

» Buffets froids

» Eau du robinet en boisson, en glaçons ou pour se laver les dents

» Essuie-mains communs dans les W-C

Consommez de l'eau minérale ou des limonades capsulées, du café ou du thé fraîchement préparés. L'eau filtrée, la bière et le vin sont généralement exempts de microbes.

Nos conseils sont donnés à titre indicatif. Si vous faites le choix de passer outre, essayez d'intégrer les aliments progressivement à votre alimentation pour que votre corps s'habitue et faites-le toujours de manière intelligente en observant attentivement les conditions dans lesquelles la nourriture est stockée et préparée. Il est de votre propre responsabilité de déterminer si un aliment peut être consommé ou non.

TÉMOIGNAGE

"Lorsque je me suis mise à réduire mes déchets pour préserver l'environnement, je me suis rapidement posé la question de comment faire pour limiter ma consommation d'emballages en voyage. La meilleure solution était de préparer un maximum de repas moi-même, afin d'éviter les contenants jetables à emporter, et de continuer à acheter ma nourriture le plus en vrac possible. Cela m'a conduit à voyager plus lentement et à privilégier des hébergements où je pourrais cuisiner (auberges de jeunesse, accueil chez l'habitant).

Armée d'un kit spécial voyage composé d'accessoires pratiques, réutilisables, sans plastique, et transportables facilement (sacs réutilisables, filets en maille, gourde en Inox, couverts en bambou, serviettes en tissu, lampe UV pour décontaminer l'eau...), j'ai pris l'habitude de repérer rapidement les marchés où je pouvais me procurer des légumes et des condiments en vrac. Quand je voyage en voiture ou en van pour de longs road-trips, je m'équipe de quelques ustensiles de cuisine en plus comme une glacière, un réchaud, une casserole, une poêle et des assiettes pour pouvoir préparer mes repas en pleine nature ou dans les campings. Dans ce cas, je fais des courses tous les 2 ou 3 jours selon le climat pour éviter que les aliments ne périssent.

En plus d'être écologique, cuisiner sur la route permet de faire de sacrées économies ! Et comme j'adore cuisiner pour plusieurs, cela permet aussi de créer du lien social avec ses colocataires ou hôtes !"

Emma, rédactrice. www.planetaddict.com

Pour plus de conseils sur l'évaluation de la condition d'un aliment, référez-vous au chapitre *Glanage urbain*, section *Lignes directrices de comestibilité*, p. 296.

Pour aller plus loin

Sites Web

» www.marmiton.org – Près de 50 000 recettes de cuisine avec une possibilité de recherche multicritère, pour ne jamais être à court d'idées.

» www.randonner-leger.org – Site contributif, véritable mine d'informations sur les sujets de la randonnée, du camping et de la cuisine en chemin, le tout ultraléger !

Livres techniques

» BEHRINGER, Rolf et GÖTZ, Michael. *Cuiseurs solaires : auto-construction et recettes* (La Plage, 2009)

» COUPLAN, François. *Vivre en pleine nature : le guide de la survie douce* (Sang de la Terre-Medial, 2020)

» DERENNE, Jean-Philippe. *La Cuisine vagabonde* (Fayard, 2012)

» LOPEZ, Caroline et LAGUERRE, Anthony. *Cuisin'situ : Cuisine aventurière sur les routes d'un tour du monde à vélo* (Alternatives, 2016)

» THORENS, Thierry. *La Cuisine des bergers et des randonneurs* (Actes Sud, 2009)

"Accepter les dépendances que nous impose la nature, c'est la sagesse ; les aimer, c'est le bonheur."
Bernard Grasset

Se nourrir dans la nature

Objectif : se nourrir des éléments sauvages et naturels en chemin

Autre dénomination : foraging (anglais)

Intérêt économique

Intérêt écologique

Intérêt humain

Degré d'aventure

Se nourrir dans la nature, c'est quoi ?

DESCRIPTION DE LA TECHNIQUE

Se nourrir dans la nature, c'est identifier, récolter et consommer sans danger des aliments trouvés à même les milieux naturels tels que des plantes (racines, fleurs, feuilles, fruits, champignons) ou des animaux (insectes, poissons, gibier). Le voyageur peut utiliser cette nourriture pour subvenir à une bonne partie de ses besoins alimentaires. La cueillette permet aussi d'obtenir des plantes médicinales dont l'usage est bien connu et de se soigner à faible coût.

COMPRENDRE LE CONTEXTE

Apparu il y a environ 200 000 ans, l'homme moderne ou *Homo sapiens* a longtemps vécu de chasse et de cueillette, le plus souvent de façon nomade, en fonction des saisons et de ses besoins alimentaires. L'émergence de l'agriculture il y a près de 10 000 ans amène l'homme à se sédentariser progressivement. Plus récemment, à l'ère industrielle, les aliments deviennent des biens de consommation de plus en plus transformés avec la production de masse et la segmentation des marchés.

De nos jours, les savoirs traditionnels liés à la cueillette semblent se perdre dans le fossé des générations. Toutefois, on cueille toujours les petits fruits et quelques plantes de saison, même si l'offre de la nature est bien plus généreuse. Pour le voyageur, retrouver ce savoir, c'est retrouver une certaine autonomie.

Un peu de théorie

Intérêt

ÉCONOMIQUE

Se nourrir à même le milieu naturel permet au voyageur d'acquérir un certain degré d'autonomie alimentaire. Selon les saisons et les lieux, la part du budget liée à l'alimentation en sera d'autant diminuée. La pratique en elle-même ne coûte rien, mais il est rare que le voyageur puisse subvenir ainsi à tous ses besoins en nourriture, notamment sur de longues périodes. Il emportera avec lui des aliments de base complétant l'apport nutritionnel.

ÉCOLOGIQUE

Se servir directement dans la nature sans intermédiaire est a priori la manière la plus écologique de s'alimenter. Les végétaux et les animaux sauvages consommés s'intègrent dans leurs écosystèmes respectifs : ils ont une empreinte écologique quasi nulle pour ce qui est du transport et de la transformation.

Le principal risque de dérive de l'alimentation sauvage est la réduction de la biodiversité, c'est-à-dire l'extinction d'espèces à certains endroits. Pour cette raison, il vaut mieux s'abstenir de consommer certaines espèces animales et végétales. Ce problème ne concerne cependant pas toute la flore ni toute la faune.

Cueillir de grandes quantités de plantes sauvages peut déséquilibrer un écosystème et menacer localement la survie de l'espèce. Il ne faut pas prendre plus que ce dont on a besoin et cueillir avec parcimonie, en laissant toujours des plants intacts sur place lors de la cueillette.

À l'échelle de la population mondiale actuelle, le glanage, la cueillette, la chasse et la pêche sauvages ne peuvent se substituer à l'agriculture et devenir un mode d'alimentation à grande échelle sans mettre en danger les espèces. Toutefois, certaines plantes laissées pour compte par le milieu agricole gagneraient à être connues ou simplement redécouvertes : elles poussent aisément, sont complémentaires à d'autres espèces et sont souvent gaspillées car perçues comme de mauvaises herbes.

À l'échelle individuelle, le glanage est un outil de survie et un vecteur de conscience environnementale. S'approvisionner à même la nature inspire le respect et le souci de conservation tout en renforçant le lien spirituel unissant l'homme et la nature.

HUMAIN

Pratiquée en solitaire, cette technique permet de découvrir le cadre naturel tel que les gens l'habitent. La nature façonne les hommes et n'est jamais indépendante de l'histoire d'un lieu : famines, guerres, mouvements de population, caractères sacrés ou territoires de chasse. Les liens entre l'humain et les plantes font l'objet d'un champ d'étude à eux seuls : l'ethnobotanique.

Lorsque l'expérience est menée à plusieurs, c'est une excellente opportunité de partager des connaissances et de créer des liens au sein du groupe. Les glaneurs sont pour la plupart heureux de partager leurs savoirs lors d'une rencontre. Chercher, cueillir et cuisiner sont aussi des activités propices à l'échange.

DEGRÉ D'AVENTURE

S'il n'est pas nécessaire d'être très équipé pour commencer à se nourrir dans la nature, on ne peut cependant s'y lancer sans une solide préparation. Repérer les plantes utiles à la survie ou propres à diversifier vos sources de nourriture demande de maîtriser les bases de botanique. Il est très dangereux de se lancer sans posséder de formation appropriée : il ne faut **JAMAIS** consommer ce que l'on ne peut identifier avec certitude. De plus, ces connaissances ne sont pas transférables d'un écosystème à l'autre car les plantes et les animaux diffèrent selon le climat, le terroir et l'emplacement géographique.

En vous intéressant aux plantes comestibles, il est probable que vous en appreniez long sur les façons de se soigner par les plantes car ces propriétés sont indissociables des usages condimentaires et alimentaires. Cet apprentissage est propice au développement personnel, vous permettant ainsi de prévenir et de soigner certains soucis de santé tout au long de votre vie. Il s'agit donc d'un investissement qui en vaut la peine !

Aspects légaux

Se nourrir dans la nature nous conduit à faire face à de nombreuses contraintes légales. En effet, certaines activités comme la chasse ou la pêche sont fortement codifiées afin de contrôler leur exercice et de protéger la faune. Il en est de même, dans une moindre mesure, pour les espèces végétales protégées à l'intérieur et parfois même hors des réserves naturelles. Outre les réglementations spécifiques abondantes et propres à chaque territoire, diverses contraintes légales s'ajoutent, telles que les variations importantes dans le droit de propriété, les droits acquis ou coutumiers, les conventions voire la réglementation communale !

La **cueillette** est la récolte d'espèces végétales et de champignons dans un écosystème en plein air à des fins de consommation. Elle est en règle générale autorisée sur des terrains qui nous appartiennent ou sur lesquels le propriétaire nous a donné sa permission. Sur les terres publiques, elle est autorisée ou tolérée à moins d'indication contraire ou d'interdiction spécifique : espèces ou aires protégées, quotas ou périodes de ramassage, zones contaminées, etc.

Le **glanage** est la collecte des produits laissés dans un champ ou un arbre après la récolte commerciale ou lorsque celle-ci n'est pas profitable. Déjà dans le droit biblique, les fermiers étaient invités à ne pas récolter dans les coins de leurs champs afin de laisser aux indigents et aux étrangers une nourriture avec laquelle subsister. De nos jours, le concept demeure dans de nombreux pays avec un certain encadrement légal : il est prudent de se renseigner.

La **chasse et la pêche** consistent à capturer des espèces animales sauvages de façon artisanale ou sportive. Ce sont des activités réglementées dans de nombreuses régions du monde. Les raisons sont diverses, allant de la conservation des espèces (surtout pour le gibier) à la régulation des armes utilisées ou à la sécurité des autres usagers de la forêt. Il n'est pas rare qu'il faille obtenir un permis et que la chasse ou la pêche ne soient permises que pour certaines espèces, à l'intérieur d'une période et de zones déterminées et par des méthodes précises. Le **braconnage** est la pratique illégale de la chasse ou de la pêche.

En pratique

Se préparer

Préparation mentale

L'agriculture ayant conquis de vastes espaces sur la planète, la nourriture dite sauvage nous semble bien moins abondante que la nourriture d'origine agricole. La première des préparations mentales est donc de prendre conscience que nos habitudes alimentaires vont être profondément modifiées et que tout changement à ce niveau entraîne des bouleversements, tant sur le plan physique que psychologique. Deux ou trois jours suffisent toutefois à s'habituer à ces modifications.

La nourriture sauvage est extrêmement nutritive. De petites quantités d'aliments variés suffisent à vous procurer l'énergie dont vous avez besoin. Leurs vitamines et minéraux permettent d'utiliser vos réserves à fond tout en vous rapprochant de vos besoins réels. Cependant, attendez-vous à perdre du poids ! Il est possible que vous ressentiez de la faiblesse, voire une sensation d'hypoglycémie mais cela est sans danger à condition d'étaler l'expérience sur de courtes périodes (une à deux semaines) et d'être en bonne santé. Dans tous les cas, allez-y progressivement et ne cherchez pas à rester dans ce mode alimentaire trop longtemps les premières fois. Quelques semaines au maximum suffisent pour vivre l'expérience sans vous mettre en danger.

Les premiers jours, vous ressentirez sans doute la faim car la quantité ingérée sera nettement inférieure à vos quantités habituelles. Réussir à identifier cette sensation et à la dépasser est un grand défi de la vie en milieu naturel. Hors du rythme de la consommation, il est possible que vous éprouviez un désir maladif de consommer vos aliments fétiches, ceux que vous auriez normalement la possibilité d'acheter dans un supermarché ou au restaurant. Dans la nature, vos repas dépendront étroitement de votre cueillette, de votre rythme, de la saison, du climat, etc. Pensez toujours à bien vous hydrater en buvant fréquemment et n'ayez crainte : votre corps possède un potentiel d'adaptation bien plus grand que ce que vous pouvez imaginer !

Le jeûne est un exercice intéressant pour qui se prépare mentalement à se nourrir dans la nature : il permet de saisir l'incroyable potentiel du corps alors qu'il fonctionne avec peu ou pas du tout de nourriture (voir p. 260).

Matériel

À moins d'être un expert en techniques de vie sauvage et de connaître parfaitement les ressources de la nature, vous aurez besoin d'un minimum d'ustensiles pour récupérer et cuisiner vos aliments sauvages :

» Couteau

» Briquet

» Réchaud

» Sacs légers pour la cueillette

» Deux récipients pouvant aller sur le feu

» Bol et couverts

» Gourde

» Désinfectant : extrait de pépins de pamplemousse, vinaigre blanc ou chlore (eau de Javel ; voir p. 271)

Si vous comptez cueillir beaucoup de petites baies, procurez-vous un outil traditionnel appelé "peigne à myrtilles" ou *blueberry comb*, lequel vous permettra d'en ramasser de grandes quantités d'un seul coup ! Vérifiez cependant que son usage ne soit pas prohibé dans la région. Si ce sont plutôt les racines qui vous intéressent, procurez-vous une petite truelle.

A priori, il serait possible de partir sans rien et de se nourrir de mûres et d'eau fraîche... Mais en fonction de vos connaissances, de vos attentes, de la saison et du lieu, il est intéressant de compléter votre kit de survie avec une base rudimentaire, légère, simple d'utilisation et non périssable :

» Farines de graminées (blé, seigle, épeautre, etc.)

» Farines de légumineuses à cuire ou précuites (pois chiches, lentilles, haricots rouges, etc.)

» Huile

» Sel

Lorsque vous ne pouvez pas utiliser de feu pour cuisiner, vous pouvez emporter avec vous des aliments crus et séchés à consommer tels quels. Ceux-ci vous apporteront une bonne sécurité s'il vous est difficile de trouver de la nourriture sauvage :

» Oléagineux (soja, sésame, tournesol, fruits à écale, etc.)

» Fruits secs

» Viande et poisson séchés

Les farines de céréales et légumineuses précuites sont obtenues en cuisant, séchant puis broyant les graines. En y ajoutant un peu d'eau, vous obtiendrez une bouillie énergétique prête à accompagner votre cueillette (voir la section *Base crémeuse*, p. 275).

Obtenir des informations

La faune et la flore d'un lieu varient en fonction du biotope, c'est-à-dire du milieu physico-chimique spécifique. C'est évident : on ne retrouve pas les mêmes espèces végétales et animales dans la toundra que dans la garrigue, on ne se nourrit pas des mêmes choses selon qu'on vive dans la forêt amazonienne, le désert de Gobi ou l'Altiplano. Or, pour arriver à se nourrir en nature, il faut approfondir sa connaissance des particularités de l'écosystème dans lequel on se trouve. Une grande partie du temps de préparation est donc passée à obtenir et à analyser de l'information sur les espèces comestibles, le cadre législatif de la chasse et de la pêche, les techniques traditionnelles, etc.

Une règle d'or : on ne doit jamais consommer ce que l'on n'a pas identifié avec certitude ! Mieux vaut bien reconnaître quelques aliments que d'avoir beaucoup de connaissances imprécises.

Si vous ne connaissez pas très bien la région que vous traversez, vous pouvez trouver ces informations dans des manuels sur la flore locale ou sur des sites Internet spécialisés. Il est relativement facile de trouver des informations en français sur les flores et faunes européennes et nord-américaines. Il vous faudra cependant passer à l'anglais, à l'espagnol ou à une autre langue locale pour trouver des informations précises sur certaines régions d'Amérique latine, d'Afrique, d'Asie ou d'Océanie.

Voici une liste de mots-clés en anglais pouvant faciliter vos recherches :

» **Wild food :** nourriture sauvage

» **Foraging :** glanage et cueillette (végétaux uniquement)

» **Bushcraft** et **survival :** ensemble de techniques de survie et de vie dans les bois

Les dénominations latines (internationales) des plantes vous permettront d'échanger avec les experts à travers le monde tout en limitant les erreurs de traduction.

Ces recherches ne seront toutefois pas suffisantes : il vous faut aller sur le terrain avec une personne ayant l'expérience du pays pour vous aider à repérer et à reconnaître les différents aliments sauvages.

Si vous vous installez dans une région pour une longue période, vous obtiendrez des informations précises auprès de l'institut national de botanique ou de son équivalent ainsi qu'auprès des facultés universitaires touchant la botanique et la recherche agricole. À défaut de vous donner directement les informations, ces institutions sauront vous aiguiller vers les personnes ou les livres appropriés.

Passer à l'action

Végétaux

⚠ Les plantes citées en exemple dans cette section n'ont pour but que de vous ouvrir à la diversité des plantes comestibles. Nous avons délibérément évité de citer certaines plantes dont la comestibilité est parfois remise en question, dont la ressemblance est grande avec une plante toxique ou dont l'usage est strictement médicinal.

Bien que simple en apparence, l'activité de cueillette ne s'improvise pas. Il est en effet nécessaire de respecter quelques règles de base afin de préserver sa santé ainsi que les ressources de l'environnement :

» Se renseigner sur les espèces protégées dans la région avant toute cueillette.

» Ne jamais consommer de plante ou de champignon qui ne soit formellement identifié.

» Ne pas mettre dans le même panier les plantes incertaines et celles qui sont identifiées (risque de contamination par contact si celles-ci sont toxiques).

» Ne pas mettre les champignons dans des sacs de plastique (risque de toxicité) mais préférer un réceptacle respirant (panier, sac en toile, etc.).

» Se renseigner sur les parasites connus dans la région et adapter sa cueillette (voir la section *Parasitoses*, p. 290).

» Ne cueillir que ce dont vous avez besoin.

» N'arracher la racine que si elle doit être consommée.

» Cueillir dans un environnement sain, loin des routes et des sites pollués car les végétaux peuvent concentrer les polluants.

» Ne jamais cueillir plus du cinquième des plantes d'une même espèce en un lieu donné. Il faut toujours en laisser suffisamment pour qu'elles puissent se renouveler l'année suivante.

» Ne cueillir qu'une seule feuille de chaque salade : cela lui permettra de vivre et de monter en graines.

Les guides de plantes comestibles spécifient en général les parties comestibles d'une plante : fleurs ou boutons floraux, fruits ou graines, feuilles, tiges et parfois même les parties souterraines comme le bulbe, la racine ou le rhizome. Attention, une partie d'une plante peut être comestible et une autre toxique. C'est le cas de l'acacia, dont seules les fleurs sont comestibles, la rhubarbe dont les tiges sont délicieuses mais dont le limbe des feuilles est dangereux ou encore la pomme de terre dont les feuilles sont toxiques voire parfois mortelles.

Les possibilités sont immenses et l'approche est différente selon le lieu et l'époque de l'année. On ne ramasse pas la même chose en hiver et en été et les écosystèmes varient d'une région à l'autre en fonction du terroir, des conditions climatiques, de l'altitude et des activités humaines.

De façon générale, vous trouverez, en fonction des saisons :

» **Printemps :** jeunes pousses, tiges, fleurs, boutons floraux et sève

» **Été et automne :** fruits, feuilles et champignons

» **Hiver :** graines, noix et racines

» **En toutes saisons :** algues, écorces

Une plante peut être comestible mais avoir un goût amer très prononcé qui la rend pratiquement immangeable. Il est utile de savoir que le lessivage, c'est-à-dire la cuisson dans plusieurs eaux successives, diminue l'amertume de certaines plantes et peut les rendre plus digestes (les glands et certains rhizomes, par exemple).

Si vous avez tendance à avoir l'estomac sensible, mieux vaut intégrer les plantes sauvages graduellement dans votre alimentation. Certaines baies sont bien tolérées si elles sont ingérées en petites quantités mais dérangent le système digestif en plus grands volumes.

⚠ L'identification d'une plante à des fins de consommation ne doit pas laisser de place au doute. Vérifiez quelle partie est comestible et si certaines autres parties sont toxiques. Assurez-vous de les apprêter correctement : il faut parfois cuire la plante d'une certaine façon pour éviter l'empoisonnement. Enfin, rappelez-vous que la toxicité dépend de la dose, c'est-à-dire que de faibles quantités peuvent être inoffensives mais qu'en consommer de grandes quantités peut présenter un danger d'intoxication, certaines substances pouvant même s'accumuler dans l'organisme.

FRUITS

Beaucoup de fruits ont une morphologie typique : il vous sera aisé de reconnaître un citron, une fraise ou un ananas ! Les fruits des bois ou baies font toutefois exception : beaucoup d'entre eux sont toxiques. Il faut donc s'assurer de les identifier scrupuleusement avant de les consommer.

TÉMOIGNAGE

"Le stop ne marche pas tous les jours comme on le voudrait. Au Costa Rica, les voitures qui s'arrêtent se font rares.Que faire ? Attendre à cet endroit idéal pour le stop mais peut-être y passer la journée ? Ou bien continuer de marcher et peut-être prendre le risque de me retrouver dans une situation où aucune voiture ne pourrait s'arrêter ? Je décide de marcher un peu. À pied, les paysages défilent bien plus doucement, et bientôt je me retrouve dans la situation tant redoutée où personne ne me prend. Ma préoccupation devient donc très vite de trouver à manger.

M'arrêter pour cueillir les fruits sur les arbres, boire le lait des noix de coco, me délecter des mangues juteuses, récolter les plantes que je connais, me baigner dans les rivières, être seul, réfléchir à la vie... Je comprends alors pourquoi tant de villes au Costa Rica portent le surnom de "ville du printemps éternel"... N'importe quel jour de l'année, la nature sauvage offre aux hommes de quoi se nourrir et de quoi se désaltérer. Je ne sais combien de jours je pourrai vivre comme ça, mais les mangues, les citrons verts, les avocats et les bananes donnent l'impression d'une telle abondance qu'il est difficile de se voir mourir de faim ici. Tout d'un coup, j'ai réalisé que ma définition de 'pays riche' avait changé. Heureux sont ces pays dans lesquels il est possible de profiter des joies du vagabondage."

Nans

Les fruits sont pour la plupart riches en fibres, en sucres, en eau et en micronutriments.

Dans les pays tropicaux, les fruits sont abondants et poussent à l'état sauvage : banane, mangue, noix de coco, avocat, citron, etc. En cas de difficulté d'approvisionnement, pensez à vous rapprocher des habitations. Vous pourrez y rencontrer un paysan qui vous invitera peut-être à cueillir dans son champ en échange d'un peu de travail.

Quelques fruits comestibles : abricot, agave, agrumes, amla, ananas, avocat, banane, caroube, citrouille et potiron, carambole, coing, datte, figue, figue de barbarie, goyave, grenade, kiwi, mangue, melon, palmier à sucre, papaye, pêche, plaquemine, poire, pomme, pomme de jacques, pomme rose (fruit du jambosier), prune, raisin, tamarin, etc.

Quelques petits fruits comestibles : airelle, arbouse, argousier, azérole, camarine, cassis, cerise à grappes, cynorrhodon (fruit de l'églantier), genévrier, girembelle, goji, groseille, épine-vinette, fraise, framboise, jujube, moringa, mûre, myrtille, physalis (amour-en-cage), ragouminier, etc.

Fruits à écale

Les fruits à écale ont une composition différente des autres fruits. Ils contiennent surtout des bons gras, des fibres et des protéines, en plus d'être riches en sels minéraux. Faciles à identifier, ils se conservent bien, ce qui en fait d'excellents aliments de survie. Ils sont cependant allergènes.

Les fruits à écale sont plus digestes et savoureux lorsqu'ils sont grillés. Certains sont très amers et demandent un traitement relativement complexe avant consommation. Par exemple, les glands doivent être concassés et lessivés avant consommation.

Certaines variétés de fruits à écale sont **très toxiques** mais leurs caractéristiques sont pour la plupart très différentes des variétés comestibles, à l'exception peut-être du marronnier d'Inde, souvent confondu avec la châtaigne. D'autres, comme les amandes amères, sont toxiques mais seulement en grande quantité et doivent être consommées avec précaution.

Quelques fruits à écale comestibles : amande, arachide, châtaigne, noix, noisette, noix de pin (pignon), noix du Brésil, noix de cajou, noix de coco, noix de macadamia, noix de pécan, pistache, etc.

CÉRÉALES ET LÉGUMINEUSES

Les graines sont de bonnes sources de protéines, de glucides, de fibres, de matières grasses et de sels minéraux. Elles sont cependant difficiles à identifier car elles s'hybrident facilement et il en existe une grande variété. Certaines sont très toxiques, d'autres le sont seulement si consommées crues. Limitez-vous donc à celles que vous pouvez identifier sans aucun doute à l'aide d'un spécialiste local.

Quelques céréales et légumineuses comestibles : amarante, avoine, blé, cacao, chanvre, cornille, dolique asperge, éleusine, fève, féverole, fonio, gourgane, haricot (ailé, azuki, de Lima, d'Espagne, velour, flageolet, mungo, sauvage, vert), lentille, lin, lotus, lupin, maïs, mil, mogette, orge, pois, pois chiche, quinoa, riz, riz sauvage, sarrasin, seigle, sésame, soja, sorgho, teff, tournesol, vesce jargeau, etc.

FLEURS

Beaucoup de fleurs sont comestibles et très parfumées, ce qui en fait des aliments de choix pour mettre un peu de couleur et de saveur dans votre diète sauvage. En plus d'être délicieuses, elles sont amusantes à récolter et à accommoder ! Il vaut mieux les cueillir tôt le matin par temps chaud après évaporation de la rosée ou encore en début de soirée. Coupez le pédoncule de la fleur et secouez la corolle afin de la débarrasser des insectes qui pourraient s'y cacher.

Il est possible de conserver les fleurs pour une consommation ultérieure en les plaçant sur un papier humide à l'intérieur d'un contenant ou d'un sac hermétique. Les fleurs se conservent mieux au frais.

Quelques exemples de fleurs comestibles : acacia, achillée millefeuille, amarante, arbre de Judée, artichaut, asclépiade, aster, bégonia, bergamote, bleuet, bourrache, bruyère, camomille, capucine, chardon, chrysanthème, ciboulette, coquelicot (pétales seulement), courge, courgette, dahlia, fraisier, fuchsia, géranium, giroflée, glaïeul, gueule-de-loup, hémérocalle, hibiscus, hosta, impatiente, lamier pourpre, lavande, lilas, lis, magnolia, marguerite, mauve, mélilot, mélisse, molène, monarde, œillet, œillet d'Inde, onagre, pavot (pétales seulement), pâquerette, pensée, phlox, pissenlit, pivoine, pommier, primevère, rose, rose trémière, seringa, souci, stellaire, tournesol, trèfle rouge, tulipe (pétales seulement), valériane, vesce jargeau, véronique, violette, etc.

⚠ Si la plante que vous cueillez est très mellifère (riche en pollen générateur de miel), veillez à ne pas déranger les insectes butineurs qui pourraient s'y trouver. Soyez attentif et regardez à l'intérieur de la fleur avant de la saisir. Les abeilles, guêpes et bourdons ne piquent que s'ils se sentent en danger, mais certaines espèces sont plus agressives que d'autres. Si vous êtes allergique ou si vous voyez une ruche dans les parages, éloignez-vous.

RACINES, RHIZOMES ET TUBERCULES

Sous la terre se cache l'un des aliments les plus consommés au monde : la pomme de terre ! On en compterait quelques milliers de variétés, pour la plupart sauvages, à travers les Amériques. En effet, la pomme de terre ne poussait pas en Eurasie avant la découverte du Nouveau Monde...

La pomme de terre est un tubercule, c'est-à-dire une réserve de nourriture pour la plante liée à la tige ou à la racine. Les tubercules sont riches en eau et en glucides, ce qui en fait de bons aliments de survie pour leur apport énergétique.

⚠ La pomme de terre crue est indigeste et, suivant les variétés, les tiges, feuilles ou graines de pomme de terre peuvent être plus ou moins toxiques.

Sous la terre, on retrouve également la racine et le rhizome, organes d'interaction entre la plante et le sol. C'est par la racine que la plante absorbe les nutriments du sol (en symbiose avec les micro-organismes). La racine descend parfois profondément dans le sol : il est pratique d'avoir avec soi une petite truelle pour la dégager sans la briser. Le rhizome se propage horizontalement dans le sol, joignant différentes tiges entre elles.

Quelques plantes aquatiques ou côtières comestibles : angélique, arrow-root, aunée, bardane, betterave, carotte sauvage, capucine tubéreuse, chou-rave, céleri-rave, cerfeuil tubéreux, chardon, chervis, chiendent, crosne, dahlia, daïkon, galanga, gingembre, guimauve, haricot ailé, hélianthi, igname, kudzu, livèche, maca, manioc, orchis mâle, oca, panais, patate douce, persil tubéreux, poire de terre, pomme de terre, radis, radis noir, raifort, rutabaga, salsifis, scorsonère, taro, topinambour, ulluco, etc.

TIGES, FEUILLES, BULBES, SALADES

Contrairement aux fruits, fleurs, rhizomes, racines, etc., les légumes ou les salades ne sont pas des catégories définies de façon botanique, mais plutôt de façon culinaire. Les salades sont des plantes se consommant crues tandis que les légumes englobent plus largement les parties comestibles des plantes potagères. Cependant, beaucoup de parties de plantes sauvages peuvent être utilisées comme légumes.

Les tiges et les feuilles sont plus tendres et moins amères lorsqu'elles sont jeunes, c'est-à-dire quand le plant est dans sa première année de vie, et surtout lorsqu'elles sont cueillies tôt dans la saison.

Quelques tiges comestibles : angélique, asperge, asphodèle, bambou (pousse), barbarée, bardane, brocoli sauvage, céleri, prêle, rhubarbe, carex (base), jonc, etc.

Quelques plantes dont le bulbe est comestible : ail, échalote, fenouil sauvage, muscari à toupet, lys, oignon, etc.

Quelques légumes-fruits : aubergine, banane plantain, calebasse, chayotte, concombre, cornichon, courge, gombo (ocra), luffa, maïs, melon amer, olive, poivron, piment, tinda, tomate, uru (fruit de l'arbre à pain), courge, etc.

Quelques plantes dont les feuilles sont comestibles : achillée millefeuille, anis, aigremoine, alchémille, amarante, ambrette, angélique, armoise, arroche, arrucat, aubépine, bégonia, blette, bourrache, bourse à pasteur, capucine, cardamine des prés et hirsute, céleri sauvage, centranthe rouge, chénopode blanc (chou gras), chicorée, chou, ciboule, clinopode, colza, consoude, cresson, dorine, doucette, égopode podagraire, endive, épinard, fausse roquette, fenouil sauvage, ficaire, ficoïde glaciale, framboisier, géranium, goji, gotu kola, guimauve, haricot ailé, houblon, kudzu, laiteron, laitue sauvage, laitue vivace, lampsane, lierre terrestre, livèche, luzerne, maceron, mâche, mauve, menthe, mouron des oiseaux, mûrier, nombril de Vénus, onagre, ortie, oseille, patience (crépue, des prés, violon), persil, pimprenelle, pissenlit, plantain, poireau, porcelle, pourpier, raiponce, renouée persicaire, roquette, rose trémière, salicaire, souci, taro, terre-grèpe, trèfle, trille blanc et rouge (jeunes pousses seulement), véronique de Perse, violette, etc.

Quelques plantes aquatiques ou côtières comestibles : châtaigne d'eau, criste marine, liseron d'eau, quenouille, roquette de mer, roseau commun, salicorne, etc.

ARBRES

Certains arbres n'ont pas que leurs fruits de comestibles : c'est le cas du baobab africain, arbre typique de l'Afrique tropicale dont les fruits, les graines, les feuilles et les jeunes pousses peuvent être consommés. Beaucoup d'arbres possèdent aussi du cambium comestible (tissu végétal se trouvant dans les tiges et les racines) comme le bouleau, le frêne, le peuplier, le tilleul, etc. Quelle chance !

Quelques arbres comestibles : épinette (aiguilles, bonne source de vitamine C en situation de survie, résine, écorce intérieure, pousses), figuier (feuilles), moringa (fruits et feuilles), sapin (écorce, pousses), vigne (feuilles), tilleul (feuilles), etc.

CHAMPIGNONS

Les champignons peuvent se manger crus ou cuits, notamment sautés avec un peu d'ail et de fines herbes. On peut aussi les faire sécher, si l'espèce le permet.

L'identification et la cueillette des champignons est un art à part puisque ce sont des aliments structurellement très différents des plantes. De plus, les champignons **toxiques** sont particulièrement foudroyants et une erreur ne pardonne pas. Un guide d'identification ne suffit pas : il vaut mieux **cueillir en compagnie d'un expert**, au moins les premières fois.

Les pieds des champignons sont prisés des vers, aussi faut-il les inspecter minutieusement au moment de la cueillette. Enfin, veillez à ne pas mettre des types de champignon différents dans le même panier.

Quelques champignons sauvages comestibles : chanterelles, certains bolets dont les cèpes, morilles (toxiques à l'état cru), pleurotes, truffes, agarics, russules, etc.

ALGUES

Les algues comestibles sont des végétaux riches en minéraux comme le calcium, le magnésium et l'iode, mais aussi en vitamine C. Elles se sèchent bien et peuvent s'utiliser comme légume, assaisonnement, en soupe ou crues (certaines variétés). Attention, l'abus d'algues a un effet laxatif...

On les retrouve surtout dans les milieux salins, mais quelques variétés d'eau douce se mangent aussi. Pour des raisons d'hygiène et de qualité, il est préférable de récolter les algues dans l'eau directement et non sur le rivage.

Quelques algues comestibles : *Alaria esculenta* (type de *Kelp*) *Durvillaea antarctica*, petit goémon (*dulse*), porphyrée pourpre (*nori*), varech, laminaire digitée, laitue de mer (*Ulva lactuca*), fougère des mers (*wakame*), mousse d'Irlande (*Chondrus crispus*) et les algues japonaises aramé, hijiki et kombu.

AROMATES

Bien qu'elles ne puissent remplir votre estomac avec leur seule partie comestible, les plantes aromatiques sauront mettre de la saveur dans votre assiette et vous faire parfois bénéficier de leurs propriétés médicinales !

Quelques plantes aromatiques : aneth, anis, basilic, cannelle, cardamome, carvi, cerfeuil, chrysanthème comestible, ciboulette, coriandre, cumin, curcuma, estragon, fenugrec, hysope, kaloupilé, laurier, lavande, livèche, marjolaine, mélisse, moutarde, origan, piment de la Jamaïque, nigelle de Damas, raifort, romarin, sarriette, sauge, tanaisie, thym, verveine citronnelle, etc.

Animaux

Végétariens et cœurs sensibles, abstenez-vous de lire la section suivante !

La chasse, la pêche et l'art de la survie sont des disciplines très développées pour lesquelles il existe une panoplie de matériel et une littérature abondante. Cette section ne saurait entrer dans les détails ; les personnes souhaitant approfondir leurs connaissances dans le domaine peuvent se reporter p. 291 pour une liste de ressources sur le sujet.

INSECTES

Nos habitudes alimentaires sont très résistantes au changement, surtout lorsqu'il s'agit de consommer des insectes. Si cette pratique nous choque et remet en cause nos préjugés, elle est pourtant très répandue dans certaines cultures d'Afrique, d'Asie et d'Amérique. Il y aurait près de 1 500 espèces comestibles !

Comme les crustacés, les insectes sont des aliments à haute valeur nutritive. Ils contiennent des protéines, des lipides, des minéraux et des vitamines. À titre d'exemple, la consommation de 100 g de termites couvrirait plus de 20% des besoins journaliers, à peu près deux fois plus énergétique qu'un kilo de maïs !

Les insectes sont généralement consommés sous forme larvaire (souvent un ver) ou pupaire (semblable à une chrysalide). Les vers, les grillons, les sauterelles et les fourmis sont souvent comestibles. La plupart peuvent se consommer crus, mais il est préférable de les cuire pour minimiser les risques. Dans les pays tempérés, tous les coprophages (qui se nourrissent d'excréments) ainsi que les vers contenus dans les galles (tumeur produite par le végétal, généralement induite par l'œuf d'un insecte pondu sous la cuticule d'une feuille ou d'une tige pour s'y développer) sont comestibles, pour autant que l'arbre ne soit pas toxique.

⚠ Certaines espèces d'insectes sont toxiques. Si vous essayez en situation de survie, ne consommez jamais d'insectes aux couleurs vives, couverts de poils ou d'épines et évitez les chenilles.

INSECTES : ATTENTION !

- Ne consommer que des insectes clairement identifiés comme comestibles.
- S'assurer de ne pas consommer d'insectes en voie d'extinction (comme de nombreuses espèces de grillons, sauterelles, abeilles ou fourmis en France).
- Ne pas les consommer en trop grandes quantités, surtout lors de vos premières expérimentations.
- S'assurer que goût et odeur sont agréables.
- Comme pour tout autre aliment, la qualité des insectes dépend de celle du milieu où ils vivent. Éviter les insectes de la ville susceptibles d'être pollués ou ceux proches d'exploitations agricoles où des pesticides sont employés.
- Laver les insectes avant de les consommer.

Quelques insectes mangés traditionnellement : araignée *Nephila pilipes*, blatte de Madagascar, *Chaoborus edulis*, chenille de *Cirina forda*, cigale, *Corisella mercenaria*, courtilière, criquet (commun, chapuline, pèlerin et nomade), grillon (champêtre, domestique), fourmi *Camponotus inflatus*, fourmi noire des montagnes (*Polyrbachis vicina Roger*), fourmi pot-de-miel, *Lethocerus indicus*, nèpe géante, punaise d'eau géante, punaises comestibles (*Tessaratomidae, Jumiles*), reines des fourmis *Atta laevigata*, sauterelle verte, tarentule *Melopoeus albostriatus* et mygale de LeBlond (enlevez d'abord la pince à venin et les poils), termite ailé, ver à soie, ver de terre, etc.

Quelques insectes dont on consomme les larves : *cerambycidae*, chenille du *Endoxyla leucomochla*, guêpes (maçonnes, *Polistes hebraeus*, *Vespa cincta*) et abeille sans dard, fourmis tisserande, œufs de fourmi *Liometopum*, *Rhynchophorus phoenicis*, papillon de nuit *Endoxyla leucomochla*, ténébrion meunier, ver de bancoule, ver mopane, ver du maguey et *gusano rojo* (téquila !), ver sago (*Rhynchophorus ferrugineus*), zendettes (larves de coléoptères), etc.

Cuisiner les insectes

Manger un insecte vivant ou mort peut rebuter une personne non habituée. Afin de profiter des bienfaits de cette nourriture sans être dégoûté par l'aspect visuel, il existe un mode de préparation tout indiqué. Pour cela, ramassez les insectes et écrasez-les en pâte. Placez la pâte sur une pierre plate au milieu d'un feu pour la cuire jusqu'à faire disparaître toute l'humidité. Ce processus cuira les protéines et détruira les germes potentiels. Réduisez enfin en poudre votre amas et mélangez-le avec une autre nourriture ou avec de l'eau pour le boire comme un médicament. Le goût disparaît, mais la valeur nutritive est en partie conservée et permet de compléter une alimentation sauvage !

ŒUFS

Les œufs comestibles les plus connus sont les œufs de poule, de cane, de caille, d'oie et d'autruche. Mais tous les œufs d'oiseaux sont comestibles, peu importe l'état du développement embryonnaire. Les Romains consommaient les œufs de paon bleu et les Chinois les œufs de pigeon, par exemple.

Pensez à bien vérifier (de préférence sans toucher l'œuf) au préalable si un petit habitant ne loge pas à l'intérieur de la coquille. Vous pouvez vérifier cela à l'aide d'une lampe de poche en éclairant l'œuf, qui révélera ou non la silhouette de l'oisillon. Pour savoir si les œufs sont frais, faites le test de flottaison (voir p. 297). Enfin, afin d'éviter tout risque de salmonellose (infection bactérienne alimentaire fréquente avec les produits animaux crus), faites cuire les œufs.

REPTILES ET AMPHIBIENS

Grenouilles

Les Français sont réputés être des mangeurs de cuisses de grenouilles, ce qui leur a valu le surnom de “frogs” par les Anglais. Envie d'honorer fièrement ce titre ? Il vous faudra d'abord trouver quelques grenouilles de taille raisonnable (des ouaouarons par exemple). Vous les trouverez surtout la nuit, c'est à ce moment qu'elles sont le plus actives. À l'aide d'une lampe de poche, éblouissez-les et vous serez en mesure de les ramasser facilement. Vous pouvez aussi utiliser une petite épuisette ou une tige munie d'un harpon à plusieurs pointes. Durant la journée, vous pourrez les attirer avec un petit tissu rouge au bout d'un fil tenu par une canne.

On ne mange de la grenouille que les cuisses, bien que tous les muscles soient a priori comestibles. À l'aide d'un couteau, séparez-les du reste du corps, coupez les pieds et retirez la peau. Il ne reste qu'à les cuire, la méthode la plus populaire étant de les paner et de les frire.

Tortues

Les tortues peuvent aussi vous fournir une viande nourrissante en cas d'ultime recours. Leur consommation n'est à envisager qu'en cas de situation de survie car près de la moitié des 310 espèces de tortues est menacée de disparition.

Certaines tortues comme les serpentines ont une mâchoire puissante qui peut gravement endommager un doigt. Il faut donc les manipuler avec précaution pour éviter d'être blessé.

FRUITS DE MER

Coquillages

Les mollusques sont une bonne source d'acides gras essentiels, de protéines et de micro-nutriments (iode, magnésium, vitamine B12). Si vous vous trouvez à proximité de la mer, vous avez là une réserve de nourriture non négligeable !

Les fruits de mer sont toutefois une grande source d'intoxications alimentaires dues à la contamination biologique ou chimique (métaux lourds). Repérez les signes de pollution à proximité comme la présence d'une industrie lourde, de grandes quantités de mollusques morts, etc. Voyez si les populations locales récoltent aussi les coquillages pour les consommer. Veillez à les récolter vivants et à les manipuler avec les mêmes précautions que la viande crue. Ne les conservez pas pour un repas ultérieur : utilisez-les dès que possible.

Sur les rochers, repérez les moules à marée basse. Vous prendrez soin de ne pas les récolter pendant leur période de reproduction. Dans l'hémisphère Nord, la règle aide-mémoire est de les pêcher seulement pendant les mois **ne contenant pas la lettre “R”**. Repérez aussi les bigorneaux et les oursins, souvent accrochés à la roche à marée basse.

Sur les côtes, vous trouverez à marée basse les coques ou les palourdes cachées dans le sable boueux. Il suffit de repérer les trous qu'elles laissent à la surface du sable, pour les dénicher. Elles se cachent à plus de 15 cm sous la surface mais s'enfouissent plus profondément lorsqu'elles se sentent menacées. Les plus agiles les attrapent simplement à la cuillère, mais la plupart des pêcheurs utilisent une pelle étroite à long manche pour les déterrer rapidement sans les briser. Les couteaux sont aussi

COMMENT PÊCHER DU POISSON ?

PÊCHE À LA MAIN
Dans une rivière à faible niveau et débit, la pêche à la truite peut être pratiquée simplement à la main. Pour ce faire, vous aurez besoin de patience et de persévérance : repérez où se cachent les poissons et tentez de les dénicher en plaçant vos deux mains dans le trou jusqu'à l'empêcher de sortir. Il ne vous restera plus qu'à les attraper en les saisissant fermement. Lorsque vous ne pouvez pas empêcher le poisson de sortir de son trou, une autre technique consiste à placer délicatement une main sous son ventre puis l'attraper subitement. Les poissons ont l'habitude d'être en contact avec les algues et vous n'aurez pas de mal à les caresser sans les effrayer. Assurez-vous que votre proie se trouve bien là où vous la cherchez pour éviter de tomber sur de mauvaises surprises (serpents, rats, etc.). L'exercice peut paraître difficile mais le plus dur est d'oser mettre ses mains sous les rochers ! Une fois cette barrière psychologique passée, ce n'est plus qu'une question de temps.

PÊCHE AU HARPON (HORS DE L'EAU)
Lorsque le courant est trop fort ou l'espace trop vaste pour pêcher à la main, on peut utiliser un harpon pour chasser. Ce dernier peut facilement être élaboré à partir d'un bâton droit et assez fin (de 2 à 3 cm de diamètre). Le principe consiste à se placer au-dessus du poisson (rocher, ponton, pont, pieds dans l'eau) et à planter l'arme dans le poisson d'un coup sec. Cette pratique demande un bon entraînement.

PÊCHE AU FILET
Que ce soit sur le littoral ou en rivière, le filet vous permet de piéger des poissons en le lançant directement ou en le plaçant à un endroit stratégique. Cette technique nécessite du matériel adapté (filet dont les mailles correspondent au type de poisson recherché) et un certain entraînement. Une variante plus accessible est l'épuisette, qui est relativement efficace dans les eaux limpides, calmes et peu profondes.

CANNE À PÊCHE
Bien qu'elle soit un peu plus élaborée, la canne à pêche est toujours accessible. Vous pouvez facilement vous confectionner la vôtre. Pour cela, vous aurez besoin d'un bâton d'au moins 1,5 m, d'un fil de pêche (résistance supérieure à 1 kg), d'un bouchon, de plombs et d'un hameçon de taille adaptée aux poissons recherchés. Vous pouvez acheter vos appâts ou les confectionner vous-même (pain, maïs, ver, etc.).

comestibles, mais ils sont plus difficiles à attraper car ils sont enfouis plus profondément. Pour les faire remonter à la surface, saupoudrez du sel dans le trou et ajoutez de l'eau de mer.

Quelques coquillages comestibles :
amande, bigorneau, buccin, bulot, coque, coquille Saint-Jacques, couteau de mer, huître, moule, mye, oursin comestible (corail/caviar seulement), palourde, pétoncle, praire, telline, vernis, etc.

Crustacés

Les crustacés les plus faciles à attraper sans équipement sont les écrevisses. Faciles à reconnaître, ils ressemblent à des homards en miniature. On les retrouve la nuit alors qu'ils sont actifs dans les étendues d'eau douce où l'on peut parfois les ramasser à la main en les attrapant derrière les pinces. On peut aussi les attraper au filet ou à l'épuisette.

Pour les préparer, il suffit de les ébouillanter une bonne dizaine de minutes, puis de les refroidir sous l'eau froide. Tordez ensuite la queue pour l'arracher et retirez la carapace. Enlevez la saleté en longeant la veine centrale avec un couteau. Préparez comme si c'était de la chair de crabe ou de homard.

Quelques crustacés comestibles :
crevette, crabe, écrevisse, langoustine, pouce-pied, etc.

CÉPHALOPODES

On consomme surtout les bras, le manteau et l'encre. Ils peuvent être préparés en beignets ou en sauce (à l'encre, à l'armoricaine…), les plus petits peuvent être frits directement. Le corps peut être farci, coupé en morceaux, en fines tranches ou en rondelles.

Quelques céphalopodes comestibles :
encornet, poulpe, seiche, etc.

POISSONS

Renseignez-vous sur les avertissements à ce sujet dans la région où vous vous trouvez. Le risque d'empoisonnement ou d'intoxication est plus grand avec les gros poissons car ils mangent les plus petits, ce qui concentre les substances toxiques (phénomène appelé biomagnification ou bioaccumulation). Enfin, fiez-vous aussi aux signes : usines au bord de l'eau ? Poissons morts échoués sur la plage ?

Très peu de poissons sont toxiques, à condition qu'ils soient en bonne santé et que l'eau ne soit pas polluée. Si l'eau est contaminée ou si une maladie particulière est présente dans le milieu maritime (la *ciguatera* par exemple), il ne faudra bien sûr entreprendre aucune pêche. Renseignez-vous et tentez de savoir s'il y a des mises en garde à ce sujet.

Lorsque vous avez clairement identifié le milieu aquatique comme sain et repéré quelques espèces comestibles, vous pouvez alors vous mettre à la recherche de poisson. La pêche peut se pratiquer de façon improvisée comme de façon très technique en fonction de votre matériel, de vos connaissances, de vos besoins et du cadre.

Pour la préparation du poisson, voir la fiche *Cuisiner sur la route* section *Viande et poisson*, p. 268.

Quelques exemples de poissons d'eau douce : brochet, gardon, goujon, loche, perche, saumon, truite, etc.

Quelques exemples de poissons de mer : bar, dorade, maquereau, sardine, etc.

PETIT GIBIER

Pour le petit gibier, le plus simple et le plus accessible reste la trappe au collet. Attention, la pose d'un collet est souvent considérée comme du braconnage et sévèrement réprimandée par la loi dans certains pays. Cette technique n'est donc à utiliser qu'en cas de **dernier recours** pour votre survie. Nous vous conseillons fortement d'éviter d'en arriver à ce point.

Quelques exemples de rongeurs pouvant être chassés : écureuils, lapins, lièvres, etc.

Quelques exemples d'oiseaux pouvant être chassés : bécasses, canards, faisans, perdrix, tourterelles, etc.

Matériel

- Couteau de chasse et pierre à aiguiser
- Cordelette
- Sacs en plastique
- Lingettes propres
- Par temps chaud, poivre noir et coton à fromage pour repousser les mouches
- Hachette (facultatif)

Technique

Il faut tout d'abord trouver du fil d'une cinquantaine de centimètres en laiton ou en cuivre. Si vous n'avez pas cela, du fil de fer fera l'affaire, mais glissera un peu moins bien.

- **(1)** Essayez d'y faire une boucle la plus petite possible. Une pince pourra être utile, mais vous pouvez y arriver à mains nues. L'idée est de serrer la boucle au plus petit diamètre en permettant au fil de circuler aisément.
- **(2)** Faites passer le fil dans la boucle pour former un lasso d'une dizaine de centimètres de diamètre environ. Il ne reste plus qu'à savoir où le placer. Pour cela, repérez les traces de pas des animaux (lapins, lièvres, etc.) dans la neige fraîche, s'il y en a, pour connaître leur passage. S'il n'y a pas de neige, regardez les autres traces que peuvent laisser les animaux (bourgeons rongés, branches cassées, excréments, etc.). Le tout est d'attacher solidement le collet à une branchette et de disposer des éléments naturels autour du piège pour inciter l'animal à passer par le piège.

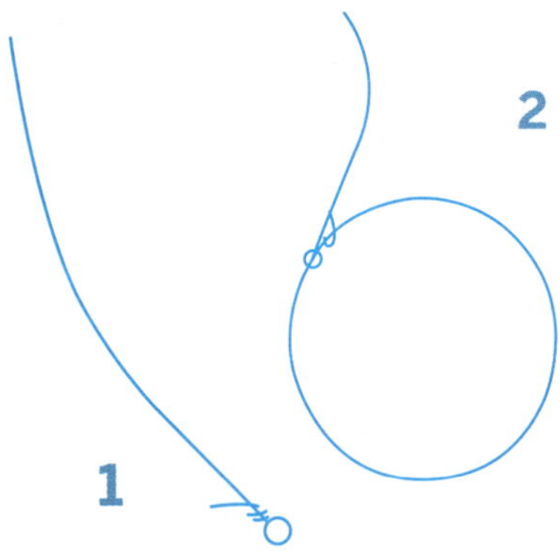

La chaleur ambiante est l'ennemi de la viande crue. L'idéal est de conserver la viande aux environs de 4°C ou de placer la carcasse dans la glace jusqu'à la cuisson. La viande crue est souvent source de contamination, aussi assurez-vous de laver et de désinfecter toutes les surfaces qui entrent en contact avec celle-ci. Lavez-vous les mains avec du savon avant et après avoir manipulé de la viande. Cuisez toujours bien les viandes sauvages.

PRÉSERVER LA VIANDE DE GIBIER

- **Salaison :** frottement des morceaux de viande sur toutes leurs faces, au sel fin et à l'alcool surtout au niveau des os pour faire pénétrer le sel. Compter environ un demi-kilo de sel pour un kilo de viande.
- **Fumage :** opération consistant à soumettre la viande encore fraîche à l'action de la fumée dégagée lors de la combustion de certains végétaux.
- **Séchage :** voir le chapitre *Cuisiner sur la route*, section *Déshydratation* (p. 273).

GROS GIBIER

Une grande variété d'animaux sauvages sont chassés traditionnellement. Parmi eux, certains géants comme les orignaux, les ours, les morses et même les baleines... Accompagner un chasseur ou un groupe de chasseurs vous permettra de découvrir des savoir-faire adaptés aux conditions climatiques locales et à chaque espèce animale. Parer une carcasse de gros gibier n'est pas chose facile : il est fortement déconseillé d'entreprendre ce travail sans l'apprendre d'abord d'une personne expérimentée : de nombreuses pratiques permettent d'éviter la contamination de la viande et en favorisent la préservation.

Quelques exemples de gros gibier :
biche, chevreuil, daim, orignal, phoque, sanglier, etc.

Du mythe à la réalité : risques et difficultés

Les principaux risques que vous encourez sont la toxicité directe des éléments ramassés et la présence de contamination par les parasites ou la pollution extérieure. Soyez très vigilant sur ces points, votre santé en dépend !

Toxicité des plantes

La toxicité varie en fonction de la dose. Pour l'oseille par exemple, les oxalates (composés chimiques acides contenus dans certaines plantes) ne sont toxiques qu'à partir d'une ingestion en grande quantité. Elle varie aussi en fonction des organes (exemple de la pomme de terre pour laquelle les feuilles sont très toxiques), du type de cuisson (les glands et certaines légumineuses sont toxiques crus) et de la sensibilité personnelle du consommateur. La sagesse consiste à n'ingérer que ce qui est parfaitement connu et identifié.

Salmonelles

La salmonellose est l'une des infections alimentaires les plus courantes et les plus répandues. Les salmonelles se rencontrent chez diverses espèces animales, la plupart pouvant aussi infecter l'homme. Le germe pénètre par voie digestive et doit être ingéré en très grand nombre pour déclencher la maladie chez l'adulte sain. On retrouve les salmonelles le plus souvent dans la viande crue et les œufs. Pour éviter tout risque de contamination :

- Lavez-vous les mains au savon et à l'eau chaude avant et après la manipulation des aliments, surtout si vous préparez de la viande crue.
- Lavez-vous aussi les mains après être allé aux toilettes, avoir touché des animaux, ou ramassé leurs excréments.
- Cuisez vos aliments pour tuer toute bactérie présente.
- Rincez et si possible pelez tous les fruits et les légumes avant de les manger.

Parasitoses

La réduction du risque de parasitose (maladie induite par un parasite) repose avant tout sur trois piliers :

- **Choix du lieu de cueillette.** Celui-ci doit être éloigné des lieux fréquentés par les chiens (échinococcoses, toxocaroses), les renards (échinococcose multiloculaire) ou les ruminants (fasciolose appelée douve du foie)
- **Lavage soigneux des végétaux.** Notez que cela n'est pas suffisant contre la fasciolose ou les échinococcoses. L'utilisation de vinaigre ou de désinfectants n'apporte rien quant aux risques parasitaires.
- **Cuisson à l'eau ou à la vapeur**, qui représente la seule solution radicale puisqu'elle permet de tuer les différents parasites, à condition qu'elle soit suffisamment longue. Dans certains cas, un simple blanchiment (immersion rapide dans de l'eau bouillante) peut suffire.
- **Ne pas cependant exagérer les risques encourus** ni les prendre pour

PLUMER UNE VOLAILLE

Pour plumer une volaille, faites-la préalablement tremper dans de l'eau bouillante, pour faciliter l'arrachage des plumes. Pour la vider, ouvrez-la en faisant une entaille de l'anus jusqu'à la cage thoracique. Enlevez l'intestin, les viscères et ne laissez que le foie, le cœur et le gésier. Attention à la petite glande verte au niveau du foie : enlevez-la avec précaution car elle contient des acides. Prenez garde à ne pas déchirer les organes et les intestins. Le gésier a la forme d'un sablier et est de consistance assez ferme. Il faudra l'ouvrir aux deux tiers pour le vider, puis le replacer dans la volaille pour la cuisson.

excuse pour éviter toute cueillette. Rappelez-vous qu'il est beaucoup plus facile de rencontrer ces parasites en fréquentant des animaux domestiques qu'en cueillant des plantes sauvages.

Pour aller plus loin

Sites Web

» www.secretsdefruit.fr – Site très informatif du botaniste Jean-Yves Maisonneuve, amoureux des fruits

» www.fao.org/home/fr – Organisation des Nations unies pour l'Agriculture et l'Alimentation. Contient une foule de données sur les nourritures consommées à travers le monde

» uicn.fr/liste-rouge-france – Liste rouge des espèces menacées en France par l'UICN

Livres techniques

» COUPLAN François. *Le Régal végétal : Plantes sauvages comestibles* (Sang de la Terre-Medial, 2020)

» COUPLAN, François. *Vivre en pleine nature : le guide de la survie douce* (Sang de la Terre-Medial, 2020)

» FESSARD, Romain et RILHAC, Yolaine. *Délicieux ! 60 recettes à base d'insectes* (Héliopoles, 2013)

» THÉMISTOCLE, Jean-Louis et l'Insectarium de Montréal. *Des insectes à croquer : guide de découvertes* (Les Éditions de l'Homme, 1997)

» WISEMAN, John. *Aventure et survie : le guide pratique de l'extrême* (Hachette Pratique, 2016)

» LIVINGSTONE, A.D. *Guide To Edible Plants and Animals* (Wordsworth Editions, 1998)

Récit

» KRAKAUER, John. *Into the Wild : Voyage au bout de la solitude* (10/18, 2008)

"L'un sème, l'autre récolte."
Aristophane

Glanage urbain

Objectif : se nourrir dans un environnement urbain ou semi-urbain

Autres dénominations : déchétarianisme (français), gratuivorisme (français), dumpster diving, dumpstering, dumpster-raiding, skip diving, urban foraging, garbage gleaning (anglais), containern (allemand), recolección urbana (espagnol)

Intérêt économique

Intérêt écologique

Intérêt humain

Degré d'aventure

Le glanage urbain, c'est quoi ?

DESCRIPTION DE LA TECHNIQUE

Le glanage urbain consiste à récupérer des biens encore utilisables jetés aux ordures. Bien que l'expression englobe toutes sortes de biens tels que meubles, papeterie, vêtements ou autres, ce chapitre aborde plus précisément la récupération de nourriture encore consommable jetée aux ordures, le plus souvent dans les poubelles de supermarchés et de centres de distribution alimentaire.

COMPRENDRE LE CONTEXTE

Les glaneurs forment un groupe d'individus très hétérogène. Dans le centre des grandes villes, il s'agit souvent de personnes sans domicile fixe ou désargentées, mais on rencontre aussi des ferrailleurs, profession de rue réapparue avec l'éclatement des cours de la bourse des métaux. Vous trouverez également des activistes anarchistes comme ceux du mouvement Food Not Bombs, servant aux gens de la rue des plats végétaliens issus de nourriture récupérée. Enfin, vous pourrez rencontrer en tous lieux des habitants du quartier conscientisés et cherchant à faire des économies ainsi que des adeptes du "gratuivorisme", le régime nutritionnel gratuit, critiquant la société de consommation et le gaspillage qu'elle génère.

Un peu de théorie

Intérêt

ÉCONOMIQUE

Le glanage est une activité totalement gratuite. Elle peut même être génératrice de revenus ou permettre d'acquérir d'autres biens ou services par la pratique du troc (fabrication de confitures, organisation de dîners communautaires, etc.). Il est même possible d'être payé par le supermarché pour repérer les produits périmés ; c'est le cas très exceptionnel de la chaîne norvégienne Kiwi.

Il est cependant plus fréquent de rencontrer le cas contraire, c'est-à-dire la vente au rabais d'aliments dont la date de fraîcheur est sur le point d'être dépassée. Certaines chaînes de supermarchés se refusent toutefois à le faire, notamment si leur clientèle-cible est économiquement aisée.

ÉCOLOGIQUE

Les aliments rescapés échappent à la route des déchets pour être consommés : la note écologique est plus que parfaite. Non seulement le parcours du produit est optimisé, mais le volume des déchets organiques enfouis – et contaminés lorsque mêlés à une multitude d'autres déchets – est réduit, exception faite des régions où les matières organiques sont recueillies pour être compostées ou transformées en biocarburant. Aux États-Unis par exemple, environ 40% de la nourriture produite finit par être jetée sans être ingérée[1].

Plus important encore, la dégradation de ces matières organiques produit du méthane, un gaz à effet de serre 23 fois plus puissant que le CO_2. On estime qu'un kilo de déchets alimentaires produit jusqu'à 4,2 kilos d'équivalent CO_2, soit l'équivalent d'une vingtaine de kilomètres parcourus en voiture (voir le chapitre *Réduire son impact écologique*, p. 88). La récupération de nourriture est donc l'une des seules activités du néonomade ayant un bilan environnemental positif à strictement parler.

L'éthique gratuivore va plus loin avec l'argument écologique, faisant du glanage urbain un acte militant contre l'aberration du gaspillage. On peut s'imaginer par exemple le choc de trouver jetés un grand nombre de fruits et légumes exotiques encore comestibles, lesquels sont souvent produits en monocultures intensives à grand coups de pesticides, puis transportés sur de très grandes distances avant d'aboutir dans les poubelles des pays industrialisés sans même être compostés.

HUMAIN

Le glanage urbain peut se pratiquer de façon solitaire, au fil des besoins, à intervalles réguliers. Par contre, c'est aussi une pratique solidaire qui nourrit certains festivals alternatifs ou écologiques, des groupes d'activistes, des communautés intentionnelles, des squats, etc. C'est une pratique associée au partage, à des valeurs de coopération et de générosité propres au contexte de l'économie du gratuit.

Sur les marchés, il est possible de développer des relations agréables et durables avec les producteurs/vendeurs qui reconnaissent l'utilité sociale et écologique de la pratique. Ils seront alors plus enclins à donner leurs invendables de main à main ou à un prix ridiculement réduit si les récupérateurs se présentent au bon moment, c'est-à-dire lorsque la vente est terminée et que les marchands plient bagages.

DEGRÉ D'AVENTURE

Aviez-vous sérieusement envisagé de fouiller dans les poubelles avant de tomber sur ce chapitre ? Nos sociétés contemporaines ont une conception très rigide de l'hygiène, et il n'est pas rare de voir un fort dédain pour tout ce qui est considéré comme étant une ordure. Les gens qui cherchent à récupérer des aliments ou des objets dans les poubelles sont souvent étiquetés de façon négative. Or, nous sommes tous conscients de l'énorme gaspillage. Pour pouvoir "glaner", il faut d'abord être prêt à aller au-delà de cette barrière mentale, de la crainte d'être étiqueté, jugé.

Le glanage urbain ne requiert qu'assez peu de compétences préalables, sinon des notions d'hygiène alimentaire basique et un certain flair quant aux lieux de glanage. Certains se réfèrent à cette recherche comme une sorte de chasse au trésor : l'expérience rend plus apte à dénicher des sources de nourriture propres et accessibles. Enfin, il ne faut pas négliger la composante de risque sanitaire inhérent à cette pratique, ce qui en fait une aventure par définition et amène à utiliser tous ses sens pour évaluer la comestibilité d'un aliment.

Aspects légaux

Le glanage de déchets est permis à moins d'être expressément interdit, notamment par une indication telle que "Propriété privée", "Défense de passer" ou si l'accès est limité par une clôture, un cadenas, etc. Dans certains pays, les déchets sont légalement considérés comme *res nullius*, c'est-à-dire des objets sans propriétaire. Dans ce cas, l'exploration peut s'effectuer sans problème.

Lorsque les déchets sont déposés dans une benne, celle-ci (et son contenu) est soit la propriété de l'utilisateur (comme les supermarchés), soit la propriété de la firme

[1] Selon les données de 2012 du Natural Resources Defense Council (NRDC).

responsable de l'enlèvement (qui peut être la commune directement). Le propriétaire légal peut ainsi décider de porter plainte contre un récupérateur sous prétexte d'entrée par effraction (notamment si un cadenas ou une clôture ont été contournés), de vol ou d'atteinte à la propriété. C'est l'une des raisons pour lesquelles l'éthique est un aspect fondamental de la technique : les propriétaires ou leurs mandataires auront plus tendance à déposer une plainte ou à faire surveiller leur benne à déchets si elles sont vidées ou vandalisées.

Le statut légal de la récupération de nourriture varie d'un pays à l'autre, parfois même d'une ville à l'autre. Toutefois, la pratique connaît généralement une acceptation sociale suffisante pour permettre au voyageur de se l'approprier. Il est important de s'informer sur les conditions légales spécifiques au pays dans lequel on se trouve.

En pratique

Se préparer

Il y a fondamentalement deux façons de pratiquer le glanage urbain. La plus accessible et la plus acceptée consiste à récupérer les invendus du marché que les marchands ne remportent pas avec eux. Dans certains cas, il est possible de les récupérer avant qu'ils ne soient jetés, mais le plus souvent il faudra les récupérer dans les poubelles du marché. L'autre façon de glaner est au niveau des bennes de supermarchés, distributeurs et détaillants. Vu la faible acceptation sociale de cette pratique, elle se fait généralement de nuit, discrètement. Les conditions variant en fonction du milieu, vous adapterez votre choix de matériel selon votre style au fil des expériences.

Matériel

ESSENTIEL

» Lampe de poche, si possible frontale (pour avoir les mains libres) ou fixée à une dragonne (pour ne pas la laisser tomber dans les conteneurs)

» Sacs de plastique (idéalement étanches) : les fruits et légumes sont parfois endommagés lorsqu'on les transporte et peuvent couler

» Vêtements vieux, confortables, sombres, pas trop amples et sans marque reconnaissable pour plus de discrétion. Le glanage est un sport salissant

PRATIQUE/FACULTATIF

» Gants solides et imperméables : protègent des objets acérés, pointus ou coupants et offrent une meilleure hygiène

» Désinfectant antibactérien ou lingettes pour les mains

» Longue tige à pointe crochue, si les bennes sont profondes

» Petit banc pour grimper sans difficulté

» Bottes de sécurité ou de randonnée antidérapantes (surtout pour grimper dans les bennes)

» Bouteille d'eau pour rincer les aliments ou vos mains

» Couteau de poche

» Petit kit de premiers soins

» Pour la préparation : sacs de congélation, récipients en plastique, vinaigre blanc, matériel pour cuisiner, faire des conserves, etc.

Passer à l'action

Où glaner ?

Recherchez des opportunités aux abords des marchés, supermarchés (surtout ceux de quartier, bien fournis et sans difficulté d'accès aux poubelles), épiceries bio ou diététiques, usines agroalimentaires, boulangeries/pâtisseries, restaurants proposant de la nourriture à emporter, bref, toute structure traitant de la nourriture (production, transformation, vente). Enfin, les gens qui déménagent laissent parfois une partie du contenu de leur frigo derrière eux... C'est une excellente source de condiments, d'aliments ou d'autres objets utiles !

Quand y aller ?

L'heure et le jour idéaux pour le glanage varient selon les pays et le type de commerce. En règle générale, il est recommandé d'y aller tard en soirée ou de nuit, après la fermeture pour ne pas attirer l'attention ni déranger les **commerçants**. C'est la pérennité du spot qui en dépend ! On peut généralement le pratiquer tous les jours. La récolte sera plus volumineuse le samedi ou le lundi en cas de fermeture le dimanche. Parfois les poubelles ne sont sorties que le jour du ramassage, voire même dans l'heure précédant la collecte. Dans certains cas, il est nécessaire de passer durant les heures d'ouverture si les poubelles ne sont accessibles que dans ces créneaux-là (cas des stationnements souterrains et des cours clôturées).

Pour ce qui est des **marchés**, soyez présent à la fermeture et attendez que le marchand cesse de vendre avant de rôder dans ses poubelles. Vous pouvez même demander à ce moment-là s'il a des invendus dont il voudrait se débarrasser (pain, pizzas, plats préparés, légumes).

Le cas spécial des boulangeries : les boulangeries commencent la production aux petites heures du matin (4h environ). Mieux vaut visiter leurs poubelles immédiatement après la fermeture, car ils jettent les invendus à la fin de la journée, et éviter de passer la nuit.

Observez les horaires de ramassage des déchets pour comprendre quand ils seront sortis et quand ils seront ramassés, notamment en été car la nourriture pourrit plus rapidement en raison de la chaleur. Même si la nourriture du dessus est relativement fraîche, celle du dessous peut grouiller de nouvelles vies... et de vieilles odeurs !

Règles d'or

» Ne forcez pas de cadenas, de clôture ou de verrou (implications légales)

» Ouvrez et fermez les sacs (évitez de les fendre), laissez toujours les lieux plus propres que vous ne les avez trouvés

» Agissez discrètement : pas de bruit, pas de lumière, pas d'éclats de voix, etc.

» Quittez les lieux lorsqu'on vous le demande, demeurez poli, souriez, témoignez de la gratitude

» Sur les marchés, n'explorez pas les poubelles situées à proximité des marchands qui vendent encore

» Ne grimpez JAMAIS dans un compacteur à déchets !

» Utilisez vos sens et votre bon sens !

Dans les centres-villes, il y a souvent d'autres personnes qui se nourrissent à même votre source de nourriture. À moins que cette poubelle vous soit connue et toujours pleine, laissez-en pour les autres... juste au cas où !

Conseils

Le glanage à deux a ses avantages : manipulation plus aisée, soutien en cas d'urgence, distribution du poids de la collecte, des tâches de nettoyage, etc.

Transférer les articles d'une benne pleine vers une benne vide en explorant les sacs au fur et à mesure ou ne rejetant que ce que l'on ne prend pas. On peut également vider partiellement la benne sur le sol, la remplissant ensuite de ce que l'on ne prend pas.

Conteneurs Si les déchets se trouvent dans un conteneur et que vous choisissez d'y plonger (surtout pas la tête première !), assurez-vous auparavant de pouvoir en ressortir.

Tri Dans certains cas (notamment les boulangeries), il peut valoir la peine de ramener tout un sac et de faire le tri une fois à la maison. C'est aussi souvent le cas en groupe, avec moyen de transport motorisé. Mais attention, en général quand on hésite sur place, c'est qu'on jettera à la maison – on se retrouve alors avec une grosse quantité de déchets. Ainsi, s'il y a beaucoup de choses, faites la fine bouche.

Attention aux couvercles trop lourds – explorez ces bennes à deux si vous avez de la difficulté à la maintenir ouverte.

Coincé par un commerçant ou des passants ? Certains glaneurs recommandent l'excuse classique : "Je déménage et je cherchais des cartons..."

Du mythe à la réalité : risques et difficultés

Hygiène et salubrité

Chaque année, des milliers de personnes meurent des suites d'une intoxication alimentaire, même dans les pays "développés" et gaspilleurs : environ 5 000 personnes aux États-Unis et 400 en France. Le risque hygiénique est d'autant plus grand pour les glaneurs : si on a jeté cette nourriture, il est possible que ce soit pour une raison valable d'hygiène !

DLC

La date limite de consommation (DLC ou date de péremption) a pour but de protéger les consommateurs. Elle est déterminée à la suite d'une analyse de risque sanitaire dans des conditions normales de transport et de stockage. C'est une information obligatoire sur certaines denrées très périssables comme la viande, le lait, les yaourts, etc. Les produits dont la DLC est dépassée sont interdits à la vente et à la distribution à des fins de consommation (même sous forme d'aide alimentaire). Il est donc risqué de consommer un produit dont la DLC est dépassée.

» **Indicateurs de DLC :** À consommer jusqu'au, Use by

DLUO

L'autre date que l'on trouve parfois sur les aliments est la date limite d'utilisation optimale (DLUO, ou date de durabilité minimale). Cette date est donnée à titre indicatif, généralement pour des considérations de qualité et de gestion des stocks. Au-delà de cette date, les propriétés organoleptiques (goût, odeur, couleur) et le contenu nutritionnel (notamment la teneur en vitamines) du produit sont altérés. Ce n'est pas strictement un critère hygiénique et aucune obligation légale n'empêche les commerçants de vendre des produits dont la DLUO est dépassée. Toutefois, la plupart des marchands se défont de produits dont la DLUO est dépassée parce que cela nuirait à leur image et parce qu'ils ne peuvent en garantir la qualité. Ce sont souvent ces produits que l'on retrouve dans les centres d'aide alimentaire aux plus démunis.

» Indicateurs de DLUO : À consommer de préférence avant, Best before, Sell by/Display until, Freshness date

Les déchétariens défient les règles d'hygiène alimentaire établies par la société en postulant notamment que dans le monde d'"hyper-hygiène" dans lequel nous vivons, ces dates sont plutôt conservatrices. Pour autant que les conditions de préservation soient favorables, le produit ne devient pas subitement impropre à la consommation une fois passée la date limite. Une règle de base est d'**utiliser ses sens et son bon sens** !

⚠ Attention ! Les défenses immunitaires varient d'un individu à l'autre, et ce qui est toléré par votre organisme ne le sera peut-être pas par un autre. C'est d'autant plus vrai s'il s'agit d'une personne dont les défenses sont affaiblies : enfant, personne âgée, malade, femme enceinte...

Si vous choisissez de pratiquer le glanage urbain, pensez à appliquer vous-même les règles élémentaires de la gestion du risque. Vous êtes **entièrement responsable des choix que vous faites**, ce qui est bien différent de l'acte d'achat où l'on peut blâmer autrui pour la qualité de ce qu'on a choisi de consommer. Comme vous avez peu d'information sur les aliments, la prudence est toujours de mise.

RAPPELS DE NOURRITURE

Il arrive parfois de trouver dans les poubelles le même produit en grande quantité alors que les DLC ou DLUO ne sont pas dépassées ! Dans ce cas, soyez très vigilant car il peut s'agir d'un rappel de nourriture, c'est-à-dire que le fabricant a découvert qu'un produit déjà distribué présente un risque élevé de contamination et est impropre à la consommation. C'est rare mais cela arrive ! Dans ce cas, le rappel de ce produit est organisé et les grandes surface le retirent et le détruisent.

Pour vous assurer que votre jackpot n'est pas l'un de ces rappels, consultez le site officiel du pays où vous vous trouvez. En France : agriculture.gouv.fr/alerte-alimentation.

Lignes directrices de comestibilité

CRITÈRES À CONSIDÉRER

Aspect visuel Évitez les aliments abîmés ou qui présentent des moisissures lors de l'inspection visuelle, notamment les aliments mous comme les tomates. Évitez également les fruits et légumes dont le nettoyage est difficile.

Emballage Protège l'aliment des sources de contamination de la benne et comprend parfois de l'information sur la date limite de consommation. Attention aux emballages percés ou abîmés.

Contenu général de la benne Évitez de glaner si la benne contient des sources de contamination comme des produits chimiques, des matériaux de construction, etc. Méfiez-vous des produits cuisinés, de la viande et du poisson frais car ils pourrissent rapidement et peuvent contaminer les autres aliments. Évitez à tout prix les bennes infestées (rongeurs, insectes). Portez une attention particulière aux sacs de déchets mixtes. Par exemple, les sacs contenant des déchets de la salle de restaurant d'un café ont plus de chances d'être contaminés que ceux en provenance de la cuisine et ne contenant que les invendus du jour.

Texture Palpez les aliments à la recherche d'une texture anormale, de zones moisies ou pourries ou de contamination par d'autres déchets. Les aliments en cours de dégradation ont tendance à se liquéfier.

Odeur Décelez les odeurs de moisissure et de fermentation ou toute odeur qui ferait penser à une contamination de l'aliment par d'autres substances.

En dernier recours, le goût Goûtez d'abord sans avaler, notamment pour les laitages, et tentez de déceler une saveur anormale. Estomacs sensibles s'abstenir !

⚠ Soyez doublement prudent si cette nourriture est vouée à être partagée avec d'autres : votre responsabilité pourrait être engagée !

En conclusion, un bon glaneur possède une bonne vue, un odorat développé, une sensibilité tactile particulière, des papilles gustatives en alerte, un estomac en béton et surtout des connexions neuronales en parfait état de marche !

Guide de récup' par type d'aliment

NOURRITURE SÈCHE OU EN BOÎTE

Vérifiez s'il y a possibilité de contamination croisée (contact avec de la viande crue, par exemple). Les boîtes de conserve doivent être encore scellées. Ne récupérez jamais de boîtes en métal si elles sont fendues ou bombées.

FRUITS ET LÉGUMES

Lavez puis inspectez les fruits et légumes. Retirez les portions abîmées, moisies ou anormalement noircies. Évaluez la texture au toucher. Pour plus de prudence, épluchez

TÉMOIGNAGE

"J'ai fait mes premières expériences de glanage urbain avec mon ami Jass à Perpignan. 'Oh, une boulangerie', me dit-il joyeux en se ruant sur la poubelle de plastique plaquée contre le mur. En deux temps trois mouvements, il en ressortit trois croissants et deux petites baguettes. Ça n'était que le début puisqu'on dégota tout ce qu'il fallait pour un repas équilibré dans les restes d'un déménagement : deux gros sacs de nourriture abandonnée parfaitement comestible, pour la plus grande partie non périssable.

Mes plus belles expériences sont toutefois celles que j'ai faites à Amsterdam avec les autres résidents d'une communauté de voyageurs. Trois fois par semaine, nous partions pour le marché munis d'immenses et robustes sacs de plastique tissé. Les marchands nous reconnaissaient, nous, les chasseurs de "trésordures". Nous ramassions les fruits et légumes abandonnés sur le sol, mais aussi ceux jetés dans les poubelles à compost du marché. Nous demandions le vieux pain aux boulangers et, de temps à autre, nous entendions 'Psst, par ici les jeunes !' et on nous donnait alors de la main à la main des caisses pleines de légumes à trier ou encore des sandwichs cuisinés le matin même.

Chargés comme des mules, nous rentrions à la "maison", où les autres voyageurs-résidents prenaient le relais en lavant et triant la "récolte" du jour. Puis suivait le rituel de la cuisine, où le plat commencé n'avait souvent rien à voir avec le plat servi à table. Nos "cueillettes" comblaient pratiquement tous les besoins alimentaires des cinq à huit résidents de cette communauté végétarienne, mis à part l'huile, les produits laitiers, la farine et les épices. Et tous les jeudis, une douzaine de personnes se joignaient à nous pour un festin de nourriture glanée !"

Anick-Marie

les aliments. Évitez les pousses de graines et légumineuses (fèves germées, luzerne, etc.) car leur contenu élevé en eau et en protéines les rend semblables à la viande crue en ce qui concerne l'hygiène.

PAIN ET PÂTISSERIES

Les poubelles des boulangeries sont généralement très propres. Le plus souvent, les invendus sont jetés en fin de journée, dans un sac ne contenant rien d'autre. Méfiez-vous s'il en est autrement. Le pain sec peut être conservé longtemps et réutilisé sous forme de pudding au pain, de pain perdu, de croûtons, etc. Une recherche rapide sur Internet vous convaincra de la multitude de manières de réutiliser le pain !

LAIT ET PRODUITS LAITIERS

Quelques infos utiles :

» Le lait pasteurisé se conserve longtemps

» Le lait tourné se détecte facilement à l'odeur

» Les fromages se conservent longtemps, retirer les parties moisies au besoin

» Yaourts et fromages frais : ne pas manger si l'emballage est percé ou gonflé

» S'il y a des mouches dans la benne, attention ! Elles ont probablement pondu des œufs dans les produits humides et protéinés (comme les viandes et les produits laitiers)

ŒUFS

Attention aux œufs ! Les œufs frais contiennent des **salmonelles** qui se multiplient et peuvent atteindre un niveau critique passé la date limite de consommation. Si la date n'est pas dépassée et qu'il y en a de grandes quantités, il peut s'agir d'un rappel en raison d'un taux élevé de salmonelles et vous ne devriez pas en consommer.

Pour déterminer si un œuf est frais, immergez-le dans un bol d'eau tiède et observez : plus il est frais et plus il tombera au fond et sera sur le côté. Un œuf au fond du bol se tenant sur la pointe n'est plus très frais (il doit être complètement cuit avant d'être consommé) et un œuf qui flotte est pourri. En cas de doute, cassez-le et sentez-le. Jetez tous les œufs craqués ou fissurés.

VIANDE, POISSON, FRUITS DE MER, PLATS CUISINÉS...

Ces produits sont à haut risque de contamination à température ambiante. Non seulement il faut être très prudent, mais il faut aussi manipuler avec soin ce qui a été en contact avec ces produits si on les soupçonne d'être contaminés. Vérifiez les dates. Même en climat froid, la viande crue peut être restée quelques heures à température ambiante avant d'être jetée. La viande cuite se conserve un peu plus longtemps, mais il faut la congeler ou la consommer rapidement !

Les boucheries/poissonneries sont de bons endroits pour oser demander les invendus du jour (voir la section *Variations sur un même thème*, p. 298). Enfin, sachez qu'en cas de doute et s'il n'y a pas d'odeur de pourriture, on peut cuire la viande et la donner aux animaux (chiens, chats, etc.).

AUTRES DANGERS

Une poubelle peut contenir tous types de matières, allant des objets métalliques acérés aux morceaux de verre coupants voire des produits chimiques ou biologiques contaminés.

Certains commerçants utiliseraient de l'**eau de Javel** ou d'autres substances toxiques afin de dissuader les charognards, qu'ils soient animaux ou humains. La pratique est marginale et **illégale**, selon la loi n°2016-138 du 11 février 2016 contre le gaspillage alimentaire, mais il faut être conscient de cette possibilité et éviter les conteneurs contaminés en étant attentif aux odeurs suspectes.

Variations sur un même thème

Prédumpster

Le "prédumpster" signifie littéralement "avant la poubelle". Cette pratique consiste à récupérer la nourriture avant qu'elle ne soit jetée. Particulièrement utile lorsqu'on souhaite éviter la dégradation des aliments dans les bennes à ordures, cette technique est surtout un moyen rapide et efficace de trouver de la nourriture lorsque l'on est sur la route. À la fermeture des magasins et des restaurants, allez parler aux commerçants pour leur demander ce qu'ils font de leurs invendus. Vous pouvez leur demander simplement : "Bonsoir, pensez-vous avoir des invendus à la fermeture ? Si vous les jetez, je serais ravi de les récupérer."

Cette demande pour le moins originale est rattachée à l'image du voyageur, du militant associatif ou social, ce qui peut motiver les gens à vous donner de la nourriture. Cuisiniers, boulangers et autres vendeurs de nourriture seront généralement contents que cette nourriture finisse dans la bouche d'un voyageur plutôt que dans une benne à ordures. Un petit mot ou tout autre cadeau de remerciement témoignera de votre gratitude et sera sans aucun doute apprécié par le vendeur.

Le prédumpster est particulièrement adapté pour les produits frais comme les fruits, les légumes, le pain, les sandwichs, les œufs, la viande et les plats préparés.

LIEUX DE PRATIQUE

» Marchés
» Boulangeries
» Pâtisseries
» Charcuteries
» Restaurants
» Stations-service
» Traiteurs
» Supermarchés

CODE DE CONDUITE

Par respect pour le commerçant et pour la pérennité de cette pratique, deux règles d'or sont à respecter absolument :

» **Attention à ne pas tomber dans la mendicité :** parfois les commerçants offrent de la nourriture qui n'était pas destinée à être jetée. À vous de juger si recevoir ce don est légitime par rapport à votre situation et à celle du vendeur (grande marque ou artisan indépendant). La limite est fine entre la pratique et la mendicité.

» **Soyez toujours très poli** et n'en veuillez surtout pas à votre interlocuteur s'il ne peut rien vous donner !

» **Évitez de revenir deux fois au même endroit :** ceci conduirait à la création de circuits parallèles et organisés amenant les commerçants à limiter le don de leurs invendus voire à le supprimer complètement.

Pour aller plus loin

Sites Web

» freegan.fr – Site d'information sur le gratuivorisme

» freegan.info – Site d'information en anglais sur le gratuivorisme (quelques pages en français rubrique "Translations")

» www.trashwiki.org – Le wiki du glanage urbain

» www.foodnotbombs.net – Food Not Bombs, mouvement militant proposant de cuisiner pour les personnes démunies avec de la nourriture récupérée

» www.discosoupe.org – Mouvement plus récent œuvrant pour la sensibilisation à la problématique du gaspillage alimentaire

Livre technique

» HOFFMAN, John. *The Art and Science of Dumpster Diving.* (Paladin Press, 1999)

Récits et réflexions

» DERAMBARSH, Arash. *Manifeste contre le gaspillage* (Fayard, 2015)

» STUART, Tristram. *Global gâchis : Révélations sur le scandale mondial du gaspillage alimentaire* (Rue de l'Échiquier, 2013)

Films

» VARDA, Agnès. *Les glaneurs et la glaneuse* (2000)

» BARLOW, Lily. *Skipping Waste* (2009)– Disponible gratuitement sur www.vimeo.com/3514257

» BROWN, David et MANN, *Greg. I Love Trash* (2008)

» THURN, Valentin. *Taste the Waste* (2010)

Se loger

"La nature est un professeur universel et sûr pour celui qui l'observe." Carlo Goldoni

Camping en milieu naturel

Objectif : dormir dans la nature en respectant le milieu, tout en optimisant son confort et sa sécurité

Autre dénomination : bivouac

Intérêt économique

Intérêt écologique

Intérêt humain

Degré d'aventure

Le camping en milieu naturel, c'est quoi ?

DESCRIPTION DE LA TECHNIQUE

Camper dans la nature, c'est dormir dehors, bien souvent dans un endroit inconnu. Dans l'herbe, en forêt, sur une plage ou dans la neige, l'essentiel est d'être confortablement installé tout en assurant sa sécurité. Bivouaquer se rapporte à un campement pour passer la nuit tandis que camper peut signifier s'installer à plus long terme.

Le camping/bivouac peut se pratiquer dans un espace réservé à cet usage (gratuit ou payant). Dans le cas contraire, on parle de camping sauvage.

COMPRENDRE LE CONTEXTE

Les premiers hommes étaient des nomades et ne dormaient qu'en plein air. Encore aujourd'hui, des populations vivent de cette manière au quotidien alors que dans les pays riches, on campe occasionnellement lors de la pratique de sports et loisirs de plein air. Cette technique s'adapte parfaitement aux besoins du voyageur en quête d'autonomie, de souplesse et d'aventure, malgré le fait qu'elle nécessite parfois un équipement qui peut s'avérer cher, lourd et encombrant.

Un peu de théorie

Intérêt

ÉCONOMIQUE

Dans l'absolu, il est difficile de faire plus économique que le camping. Seulement, il est possible d'avoir à payer un emplacement, du matériel adapté, etc. Quoi qu'il en soit, il est possible de faire du camping sauvage et de fabriquer une grande partie de son matériel de bivouac. Dans tous les cas, l'investissement sera vite rentabilisé.

ÉCOLOGIQUE
L'impact environnemental du camping sauvage peut varier de façon importante en fonction de l'éthique du campeur. En pleine nature, le moindre geste a un impact direct sur l'écosystème. En contrepartie, cette immersion dans la nature offre une opportunité de sensibilisation et d'éducation à l'environnement grâce à un contact privilégié et précieux.

HUMAIN
Camper est une bonne manière de passer un moment convivial avec ses compagnons de route, mais il est plus difficile d'entrer en contact avec la population locale. Néanmoins, dans certains cas, cela peut aussi faciliter la rencontre avec les habitants à proximité. En effet, si camper est souvent un moyen de ne pas s'imposer chez l'habitant, il arrive de se voir proposer gracieusement de planter la tente dans le jardin ou de dormir dans la grange d'une ferme. Camper fournit donc parfois une occasion de découvrir la vie locale.

DEGRÉ D'AVENTURE
Dormir à la belle étoile est un symbole d'aventure dans l'imaginaire collectif. Qu'en est-il de la réalité ? Le camping sauvage n'est somme toute pas très différent du camping sur des terrains aménagés, mis à part l'accès à l'eau, à l'électricité et aux toilettes. Toutefois, camper en sécurité implique d'être équipé un minimum et de savoir se servir de cet équipement. Le degré de risque diminue rapidement avec la maîtrise de certaines techniques (se construire un abri, faire un feu, obtenir de l'eau, etc.).

Enfin, l'isolement rend le campeur plus vulnérable à certains dangers tels que les animaux, les intempéries, les accidents, etc. Le niveau de difficulté (et d'aventure) varie donc énormément avec les conditions de la pratique.

Aspects légaux

Suivant les pays, le droit d'accès à la nature peut varier d'un extrême à l'autre. Il est difficile d'établir des généralités, mais on retrouve quand même quelques grandes tendances.

Dans certains pays, le droit de propriété privée prime. Il est parfois interdit de pratiquer le camping sauvage sur l'ensemble du territoire, à moins d'y être expressément autorisé : c'est le cas du Danemark et des Pays-Bas.

Dans d'autres pays, notamment aux États-Unis, les terrains publics sont accessibles et le camping est autorisé, sauf s'il est expressément interdit.

Enfin, dans certains cas opposés et plus rares, l'accès à la nature est vu comme un droit supérieur à la propriété privée et devient même parfois une obligation légale pour le propriétaire des lieux. Couplé au droit de stationnement, il peut donner le droit de camper ou au moins de bivouaquer. En Scandinavie, ce droit d'accéder à la nature est primordial, il est appelé *allemansrätt*.

Ces droits rencontrent bien sûr les limites du bon sens :

» Respect de la liberté d'autrui (comme celle du propriétaire d'user de son terrain)

» Respect du lieu

» Respect de certaines règles propres à la situation (proximité avec un espace habité, protégé, zone de circulation du public, etc.)

Il faut donc prendre connaissance de la loi de chaque pays avant de pratiquer le camping sauvage, en se renseignant auprès des autorités locales afin de savoir ce qu'il en est.

L'EXEMPLE DE LA FRANCE
En France, la législation est intermédiaire. Le camping sauvage est généralement toléré, mais réglementé dans certaines zones. Dans les faits, cela dépend en grande partie du bon vouloir des propriétaires et des forces de l'ordre. Selon le Code de l'urbanisme, le camping peut être "librement pratiqué [...] avec l'accord de celui qui a la jouissance du sol, sous réserve, le cas échéant, de l'opposition du propriétaire". En clair, il est permis de camper sur le domaine public partout où ce n'est pas interdit.

Certains lieux cependant sont soumis à une stricte interdiction de camper :

» Proximité des routes et des voies publiques

» Rivages de mer

» Réserves naturelles (bois, forêts, parcs)

» Sites patrimoniaux protégés ou classés ou à portée de vue de ceux-ci

» Rayon de 200 m autour d'un point d'eau captée pour la consommation

» Zones où le camping est explicitement interdit (plan d'urbanisme, arrêté municipal, etc.)

Il faut aussi faire preuve de bon sens et négocier la permission expresse de camper au préalable avec le propriétaire du terrain ou les voisins. Par ailleurs, il est probable que personne ne viendra vous embêter dans un lieu isolé si vous êtes discret, respectez l'endroit et ne faites que bivouaquer.

D'un point de vue plus subjectif (et donc non légal), le camping sauvage est mal perçu et souvent non accepté sur les propriétés privées, à proximité des lieux d'habitation, d'hébergement touristique et en général dans les lieux fréquentés. Cette situation est sans doute due à la peur de l'étranger, à un individualisme grandissant ou à une mauvaise expérience antérieure. À vous d'améliorer la situation !

En pratique

Se préparer

Choisir son matériel

Dans ce domaine, deux écoles s'affrontent : dormir à même le sol **sous une tente** ou une bâche, ou alors dormir **dans un hamac** ?

Le hamac étant souvent couplé avec l'utilisation d'une bâche, ce duo représente (par personne) un poids à peu près similaire à celui d'une tente si l'on voyage à deux. Le hamac peut être utilisé seul si le temps le permet. Sur le sol ou dans un hamac, les deux configurations ont leurs avantages et leurs inconvénients ; à vous de trouver votre style !

Il y a trois facteurs de confort à considérer dans l'acquisition du matériel :

» **Nature de la surface de couchage :** texture, humidité, température

» **Climat :** température, vent, humidité

» **Interaction avec le milieu :** hommes, faune et flore locaux

Le confort obtenu est très étroitement lié au matériel et à la manière de l'utiliser. Puisque celui-ci est cher, lourd et encombrant, l'idéal est de s'équiper le plus simplement possible. Ne choisissez que le strict nécessaire en fonction de vos besoins réels, des conditions météo, de la possibilité de vous faire accueillir chez l'habitant, de dormir à la belle étoile, etc.

TENTE

Symbole du camping, on choisira la tente seulement si :

» l'accueil chez l'habitant n'est pas possible (excursions prolongées en pleine nature, manque d'opportunités) ou si l'on ne souhaite pas dépendre d'une proposition spontanée d'accueil chez l'habitant ;

» il n'y a pas de possibilité d'utiliser un hamac à cause du manque de points de fixation ou du climat trop froid ou trop pluvieux ;

» l'on cherche un peu d'intimité.

Avantages :

» Bonne protection contre les intempéries et isolation thermique relative permettant de gagner quelques degrés

» Intimité relative par rapport au hamac ou à la belle étoile

» Protection contre les insectes et les animaux

Inconvénients :

» Poids non négligeable

» Encombrement important

» Nécessite souvent un tapis de sol pour être confortable et s'isoler du sol

Choisir sa tente

Dans tous les cas on choisira le modèle le plus léger et compact possible, en fonction du budget, mais d'autres critères sont à prendre en compte, notamment le climat et le niveau de confort recherché (voir l'encadré page ci-contre).

Il existe deux formats de tentes adaptés au voyage en autonomie : la tente autoportante et la tente tunnel. La tente autoportante, couramment appelée tente igloo, est composée de plusieurs arceaux disposés de manière croisée. On la choisira si l'on privilégie le confort à la légèreté.

Avantages :

» Résistante aux intempéries

» Grand volume intérieur

» Se tient par elle-même sans ancrage au sol, ce qui offre entre autres l'avantage de pouvoir nettoyer sa tente simplement en la soulevant et en la secouant

Inconvénients :

» Lourde et encombrante à cause du nombre d'arceaux et de la toile un peu plus grande

La tente tunnel, composée d'un à deux arceaux, a une forme allongée et plus basse. Si vous n'utilisez la tente que de manière occasionnelle, c'est le modèle que nous vous conseillons de prendre.

LES GRANDES CATÉGORIES CLIMATIQUES DE TENTES

» **Trois saisons :** tente à double paroi (protège de la condensation), aération possible, très polyvalente, légère, adaptée aussi bien à la pluie qu'aux grosses chaleurs. C'est la tente la plus couramment utilisée et vendue.

» **Quatre saisons :** double paroi épaisse, adaptée à la neige, très résistante aux intempéries et mieux isolée, plus lourde et moins aérée en cas de chaleur, souvent plus chère. C'est la tente pour les séjours dans le froid.

» **À simple paroi :** très légère, sans problème d'imperméabilité, mais favorisant la condensation à l'intérieur. C'est la tente légère, juste au cas où.

Avantages :

» Plus légère et compacte que la tente autoportante

Inconvénients :

» Fragile et moins pratique

Vous trouverez sur certains modèles de tentes un vestibule (prolongement du double toit), très pratique pour entreposer les effets personnels sales ou mouillés. Par contre, cela nécessite la plupart du temps un arceau supplémentaire, ce qui rajoute du poids.

Entretenir sa tente

Réparer une tente n'est jamais facile, mieux vaut prévenir que guérir ! Voici quelques conseils d'entretien :

» Séchez toujours les toiles et les arceaux avant de ranger la tente dans son sac, sans quoi des taches de moisissure apparaîtront rapidement et la corrosion endommagera les arceaux.

» Ne pliez pas votre tente au même endroit à chaque fois pour ne pas fragiliser le tissu à l'endroit de la pliure.

» Montez votre tente à l'ombre et ne la laissez pas exposée au soleil trop longtemps, car les toiles sont très sensibles aux UV.

» Sur un sol avec des cailloux, des racines ou des branches, il est préférable de bien nettoyer la zone avant de monter la tente. Au mieux, utilisez une bâche de protection entre le sol et la tente.

» De temps en temps et surtout en cas d'utilisation de la tente en zone littorale (air salé) ou poussiéreuse (sable, terre), nettoyez votre tente à l'eau froide et au savon doux. Pensez à brosser les glissières avec une brosse à poils souples.

» Pour protéger les glissières de la corrosion et faciliter leur utilisation, appliquez un peu de lubrifiant à base de silicone sur celles-ci.

HAMAC

Le hamac est l'un des objets préférés du voyageur vagabond, surtout s'il voyage seul. Avec un peu d'imagination, on trouve toujours un moyen de le fixer et de le rendre vraiment passe-partout, la seule limite restant le froid.

Avantages :

» Poids : aux alentours de 700 g (cordelettes de fixation comprises)

» Encombrement limité

» Confort indépendant de la nature du sol

» Possibilité d'y ajouter des accessoires : toit, moustiquaire, isolation

» Contact privilégié avec la nature

Inconvénients :

» Nécessité de disposer de deux points de fixation (ce qui est difficile à trouver en altitude ou dans les zones désertiques)

» Faible protection contre les intempéries, à laquelle on peut remédier en montant le hamac sous abri ou en le couplant avec une bâche (voir les exemples p. 304 et p. 306)

» Manque d'isolation thermique très marqué

» Difficile de dormir en couple

Comment installer un hamac

Trouvez deux points de fixation solides. Attention, la tension sur chaque point est bien supérieure à votre propre poids ! Dans le cas où la solidité d'un point de fixation serait limitée, vous pouvez l'augmenter en tendant une ou deux cordes du côté opposé pour équilibrer les tensions. Détendre le hamac libère aussi de la tension car plus le hamac est tendu, plus la force sur chaque point de fixation augmente.

Si le support est glissant, faites plusieurs tours bien serrés pour attacher la corde au préalable. Les nœuds les plus appropriés sont le nœud de mule ou le nœud de chaise (voir l'encadré p. 219).

S'il y a risque de pluie, tendez une bâche juste au-dessus de vous, dans le même

CONSEIL

Au cas où vous ne pourriez pas trouver deux points de fixation pour votre hamac, vous pourrez utiliser un bâton très solide (branche solide ou deux solides bâtons de randonnée) d'au moins un mètre de haut, de la cordelette et quelque chose pour faire deux ou trois ancrages au sol (tiges métalliques, branches solides et taillées en pointe pour s'ancrer profondément, points au sol, base d'un arbuste). Vous devez planter le bâton à quelques centimètres dans le sol pour éviter que la base ne glisse, puis y accrocher votre hamac à environ un mètre du sol. Inclinez les bâtons pour les rendre plus stables et compenser la traction que le hamac exerce latéralement. Ne tendez pas trop votre hamac afin de réduire la tension sur les points de fixation.

alignement que le hamac. Elle devra être le plus près possible du hamac afin de conserver la chaleur et bien protéger du vent et des éclaboussures (voir l'exemple ci-dessous).

Pour protéger vos effets de la pluie, vous pouvez les placer sous le hamac, les pendre sous la bâche, ou dormir avec votre sac sous les genoux.

Exemple de montage de hamac couplé à une bâche de protection

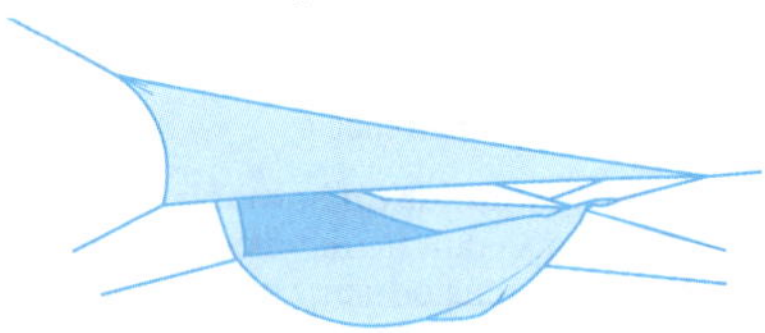

Fabriquer son hamac

Matériel :

- 1,50 x 2,80 m de tissu (toile de parachute)
- 2 cordelettes de 50 cm et de 7 mm de diamètre
- 2 cordelettes de 3 m et de 7 mm de diamètre
- machine à coudre et fil résistant

Instructions :

- Coudre le bord sur toute la périphérie du tissu en l'ayant préalablement replié deux fois sur lui-même afin d'éviter que la toile ne se déchire ou ne s'effiloche, comme un ourlet.
- Sur les petits côtés, replier la toile et coudre ce repli en laissant entre la couture et le pli un passage de 4 cm de large pour la cordelette. Insister sur la couture afin qu'elle soit bien solide, surtout vers les extrémités !
- Faire passer dans chaque repli la petite cordelette et fermer la boucle à l'aide du double nœud de pêcheur (voir l'encadré p. 219).
- Pour faire la jonction depuis ces boucles jusqu'à chaque futur point de fixation (arbre ou autre), utiliser les deux grandes cordelettes. Il faut fixer une des extrémités à la boucle réalisée juste avant avec un simple nœud de pêcheur sur elle-même ou un nœud de chaise si vous voulez pouvoir le défaire facilement. L'autre extrémité viendra se fixer sur le point de fixation (un arbre par exemple).
- Pour ranger votre hamac, procurez-vous une housse de rangement pour duvet de petite taille.

Dans le commerce

Il existe des marques proposant des produits très techniques (avec moustiquaire, abri, isolation, etc.), mais il faut compter au moins 80 € pour un hamac. Sinon, des hamacs légers et abordables sont en vente dans la plupart des magasins de sport et loisirs de plein air aux alentours de 20 €.

Les hamacs en filet sont plus fragiles et moins confortables.

Hamac et froid

L'utilisation d'un hamac quand il fait froid (en dessous de 10°C) est limitée car le sac de couchage est compressé contre la fine paroi du hamac sur trois côtés, ce qui diminue considérablement l'isolation thermique. Nous vous conseillons donc de ne pas utiliser le hamac par temps froid, mais si vous voulez le faire malgré tout, il vous faudra considérer les points suivants :

- Un sac de couchage en isolant synthétique est moins compressible que les modèles avec de la plume et conservera donc davantage son pouvoir d'isolation.
- Une simple couverture de survie entre vous et le hamac offre une isolation qui reste limitée.
- Pour plus d'efficacité, vous pouvez aussi utiliser un tapis de sol, une solution simple bien qu'elle ne soit pas idéale.
- Une autre technique consiste à installer une isolation *sous* la toile du hamac afin qu'une couche d'air soit emprisonnée entre cette isolation et le hamac. Cela peut être une couverture polaire ou *un under quilt* (couverture en duvet léger) qui viendra se coller en plusieurs points du hamac. Par contre, cette technique est difficile à réaliser soi-même et rajoute du poids et de l'encombrement à votre équipement.

Le hamac-bâche, à fabriquer soi-même, est un objet utile si on ne veut pas transporter un hamac et une bâche : quand il pleut, on ne dort pas sur son hamac mais à même le sol, sous le hamac qui devient donc une bâche. Pour cela, il faut que votre hamac soit en tissu imperméable. Il suffit ensuite d'y ajouter les 8 points de fixation (voir la section *Comment fabriquer une bâche*, p. 306). Pour les ultra-légers, il est même possible d'avoir un hamac-bâche-poncho, 3 en 1 !

BÂCHE

Appelée plus communément *tarp* (abréviation de l'anglais *tarpaulin* qui signifie bâche), la bâche est une simple toile imperméable tendue, un élément presque indispensable pour bivouaquer avec risque de pluie sans tente. On lui trouvera toujours une utilité ! C'est aussi le complément idéal du hamac, qu'il rend vraiment passe-partout. Utilisée seule, c'est une alternative simple, mais limitée, à la tente.

L'utilisation de la bâche seule est conseillée uniquement :

» si l'on recherche un poids et un encombrement minimaux

» s'il manque des points de fixation pour le hamac

» pour se protéger de la pluie, du vent et de la rosée

Avantages :

» Léger

» Peu encombrant

» Grande polyvalence d'utilisation : possibilité de l'utiliser dans les lieux sans point de fixation pour le hamac

» Pas de condensation ni de rosée matinale (en général)

» Simplicité et rusticité : sans couture ni fermeture, facile à entretenir

» Contact privilégié avec la nature

» Utilisable dans une grande variété de situations

Inconvénients :

» Manque d'isolation

» Protection limitée contre les intempéries

» Vulnérabilité aux vents forts

» Nécessite un tapis de sol pour être confortable et isolé du sol

» Ne protège pas des insectes ni des animaux

Comment monter une bâche

Il y a de nombreuses manières de monter une bâche, le but étant de tendre la toile **en pente** ou **en forme de V inversé** en se servant de l'environnement extérieur (arbres, rochers) et de tout ce qui peut nous aider, comme des bâtons de marche, des arceaux légers en aluminium, des piquets, des pierres et morceaux de bois trouvés sur place et éventuellement taillés en pointe.

Utilisée au-dessus d'un hamac, une bâche peut se monter sur les mêmes points de fixation que ce dernier. Idéalement, elle sera montée 50 cm au-dessus. Il peut être judicieux de tendre la bâche en forme de losange en diagonale au-dessus de soi pour couvrir toute la longueur du hamac.

Voici quelques montages possibles :

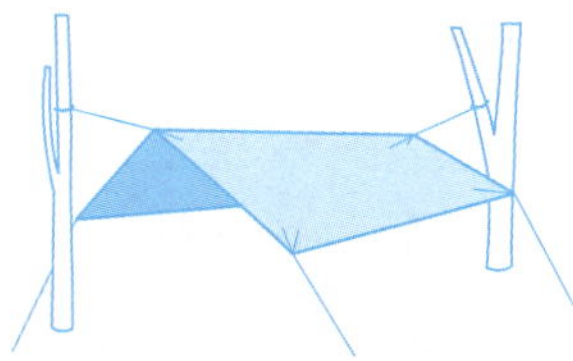

Montage classique (entre deux arbres)

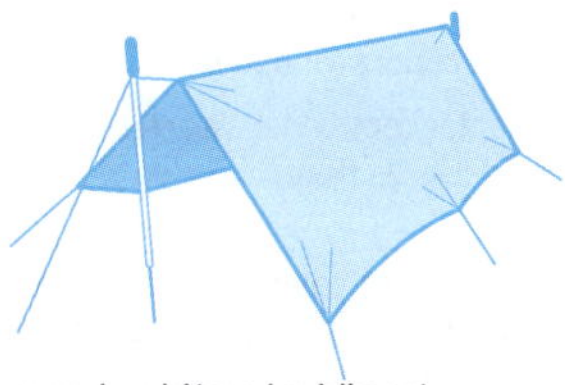

Montage avec deux bâtons (un à l'avant, l'autre à l'arrière)

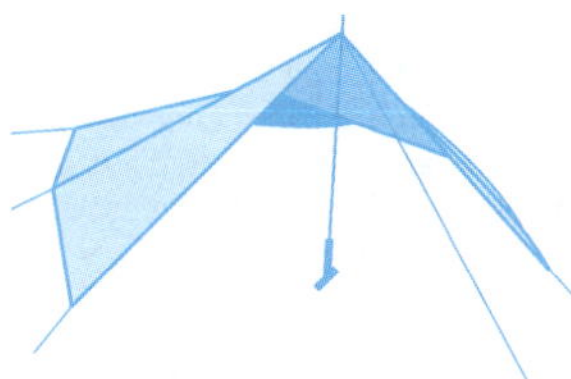

Montage avec un bâton

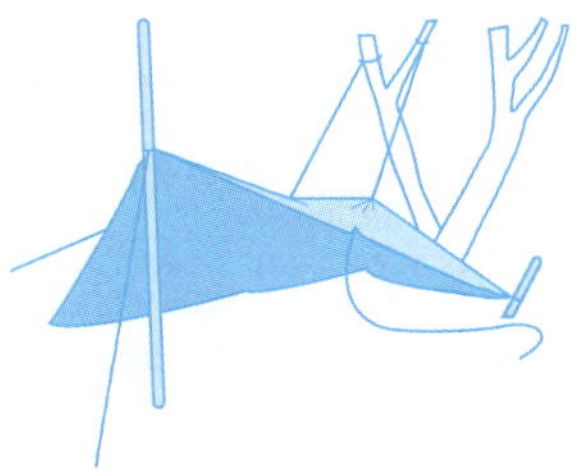

Montage avec un bâton et un arbre

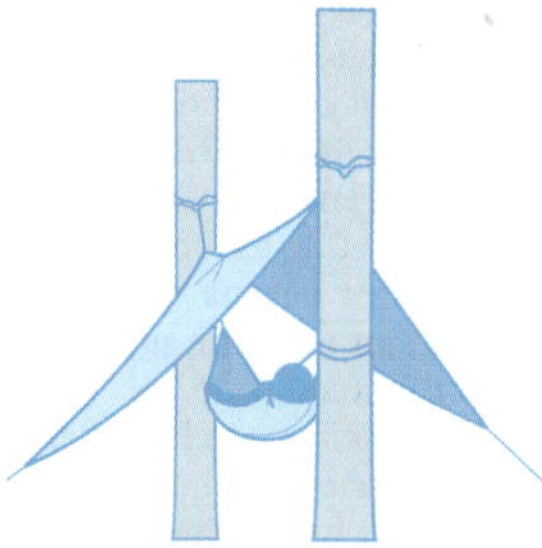

Bâche sur hamac

Comment fabriquer une bâche

Pour fabriquer une bâche, le mieux est de fouiller un peu sur Internet, de s'imprégner d'idées et d'imaginer la solution la mieux adaptée à vos besoins. Néanmoins, voici la configuration qui semble la plus conventionnelle :

Matériel :

» 2,50 x 3 m de tissu imperméable (ou plus grand si vous privilégiez le confort ; 3 x 3 m)

» 8 bandes d'élastique plat et tressé ou de sangle fine de 40 cm (pour les points d'attache)

» machine à coudre (optionnel)

» colle adaptée (optionnel) (à acheter sur Internet avec le tissu)

Vous pouvez vous procurer du tissu imperméable dans les magasins de bricolage et de voile, mais ce tissu sera généralement lourd et encombrant. Un tissu intéressant au niveau qualité et performance semble être le Silnylon (nylon ripstop siliconé). Ce tissu est à la fois solide, imperméable et très léger même si assez cher (8 € le m^2). Pour se procurer le Silnylon ou d'autres tissus techniques, la meilleure solution est de les commander sur Internet.

Instructions :

Le tissu étant livré en bandes d'une certaine taille, si vous êtes bricoleur, la solution la plus économique sera de coudre deux de ces bandes pour obtenir une toile à la bonne dimension. La couture doit s'effectuer de manière spéciale, avec pliage et collage pour assurer l'étanchéité.

Si vous ne vous sentez pas l'âme couturière, il est possible de trouver des tissus de grande taille, mais ils sont plus chers.

Vous pouvez aussi créer des points d'attache sans avoir besoin de coudre ou de percer. La technique consiste à utiliser un bouchon en plastique ou en liège coiffé par le tissu puis serré à l'aide d'une ficelle, comme illustré ci-dessous :

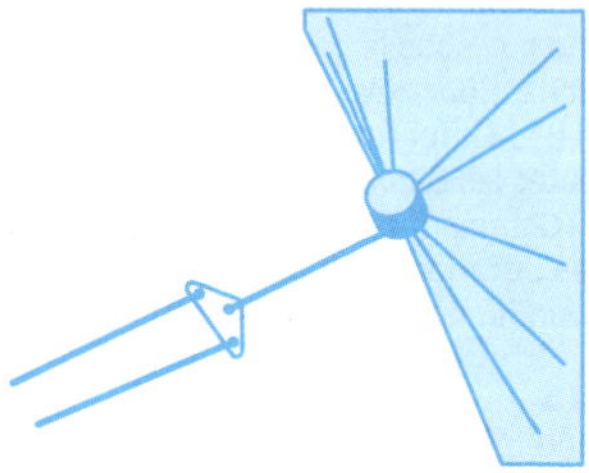

Le site Web www.randonner-leger.org abonde en conseils quant au choix des tissus, à la confection de bâches ou d'abris ultralégers, etc. Ne vous arrêtez cependant pas au site seulement puisque vous y trouverez également des forums et un wiki (collection de connaissances participatives). Utilisez leur moteur de recherche pour y trouver des astuces à l'aide de mots-clés comme bâche, abri, tissu ou encore le fameux "trashelter", abri confectionné à l'aide de sacs poubelles !

TAPIS DE SOL

Élément très apprécié si vous êtes un peu douillet ou dès que le climat est humide ou froid, il demeure cependant très encombrant et pesant. On le prendra uniquement si l'utilisation du hamac est limitée ou si l'on prévoit de bivouaquer fréquemment par temps froid.

» **En mousse :** moins cher, éventuellement doublé d'une feuille d'aluminium (permet de gagner quelques degrés en évitant la perte de chaleur par rayonnement), il est toutefois encombrant et peu performant

» **Autogonflant :** bien plus confortable, plus isolant et moins encombrant à poids égal, il est cependant beaucoup plus cher (50-80 € pour un bon tapis de sol). Si vous choisissez une bonne marque et en prenez soin, il durera longtemps – certains sont même garantis à vie !

Coupez un tapis de sol aux trois quarts pour gagner en poids et en encombrement. Pour isoler vos jambes, vous pouvez utiliser votre sac à dos en rentrant vos jambes à l'intérieur, ce qui permet aussi de gagner quelques degrés au niveau des pieds. Dans la même logique, vous pouvez couper un tapis de sol en mousse au niveau des genoux et utiliser la partie coupée pour doubler le tapis aux parties sensibles (du col du fémur jusqu'aux épaules).

LA BÂCHE/PONCHO

La bâche/poncho permet d'utiliser votre bâche comme poncho et donc de gagner du poids et de la place dans votre sac. Cette technique nécessite l'utilisation d'une bâche avec au moins un point d'attache (trou riveté, boucle, etc.) à chaque extrémité.

La bâche doit avoir des dimensions d'au minimum 2 x 2 m.

» **Étape 1 :** tendez la bâche derrière vous et remontez-la de manière à couvrir votre tête.

» **Étape 2 :** attrapez les deux coins de la bâche traînant au sol et remontez-les à hauteur de poitrine.

» **Étape 3 :** accrochez les boucles de ces coins à votre sangle pectorale.

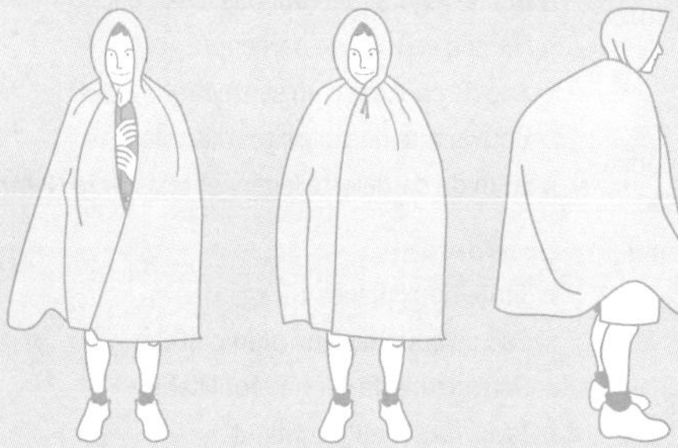

» **Étape 4 :** saisissez les côtés de la bâche à la hauteur de vos épaules et ramenez-les l'un contre l'autre de manière à fermer votre nouveau poncho.

» **Étape 5 :** pour serrer votre col, une petite ficelle avec un bouton à fermeture poussoir pourra être utile.

Vous avez ainsi un poncho très efficace contre la pluie. Vous pouvez même enlever la capuche si la pluie s'arrête. Et une fois au camp, vous pouvez vous en servir comme bâche.

COUVERTURE DE SURVIE

Élément indispensable du bivouac, la couverture de survie permet de se protéger du froid en empêchant la perte de chaleur par rayonnement et en isolant du vent et de l'humidité. Utilisez un modèle doublé d'une couche de plastique si vous voulez vous en servir régulièrement.

Pour vous réchauffer rapidement en cas d'hypothermie et de fatigue, vous pouvez vous asseoir sur votre sac, les jambes pliées contre le ventre, vous envelopper de la couverture de survie et allumer une bougie sous vos jambes. L'effet sera presque immédiat. Attention bien sûr à ne pas mettre feu à vos vêtements ou à la couverture et pensez à renouveler l'air de temps en temps !

SAC BIVOUAC

Aussi appelé sursac (*bivy bag* en anglais), le sac bivouac est un sac imperméable se mettant par-dessus le sac de couchage. Il peut être un bon complément à la bâche pour se protéger des éclaboussures et du vent.

Sac bivouac de fortune : en se roulant dans sa couverture de survie et en prenant soin de replier le bout sous ses pieds, on obtient un sac bivouac.

SAC DE COUCHAGE

Bien évidemment, il existe de nombreux modèles de sacs de couchage. Suivant votre budget et vos besoins, vous choisirez le modèle adapté.

Il existe deux types d'isolation : en plume ou synthétique.

Les plumes sont :

» plus compressibles que le synthétique et donc permettent de tenir moins de place dans le sac

» plus légères que le synthétique pour la même efficacité

La doublure synthétique est :

» plus efficace une fois mouillée : sèche plus rapidement

» plus confortable et isolante à même le sol et dans un hamac

» moins chère que les plumes

En utilisant deux sacs de couchage légers l'un dans l'autre, on obtient un très bon sac de couchage d'hiver. En utilisant un drap de soie (sac à viande, petit et léger) dans son sac de couchage, on gagne quelques degrés et on évite de salir le sac de couchage. Il est bien plus facile de nettoyer le drap de soie !

Pour augmenter la température à l'intérieur de votre sac de couchage en cas de froid, une technique simple et efficace consiste à faire bouillir de l'eau puis la verser dans votre gourde (attention : jamais dans une bouteille en plastique souple !). En conservant cette gourde dans votre sac de couchage et en prenant la précaution de l'entourer d'un tissu pour ne pas vous brûler, vous gagnerez quelques degrés et l'émission de chaleur durera une bonne partie de la nuit.

Combinaisons gagnantes

Le choix du matériel est à adapter au fil de l'évolution des conditions du voyage en fonction des besoins réels. Nous vous proposons trois listes types de matériel en fonction de votre profil. Ces listes sont adaptées à un climat tempéré descendant jusqu'à 5°C la nuit. Une liste complète et détaillée, incluant le poids et le prix de chaque élément de votre sac, matériel de camping inclus, est présentée dans le chapitre *Faire son sac* (p. 22).

Extrêmement léger :

» Bâche légère (servant aussi de poncho) et 4 piquets en aluminium

» Sac de couchage en plume 800 g

» Couverture de survie réutilisable

» 20 m de cordelette légère et résistante (2 mm) pour tendre la bâche

Passe-partout (poids moyen) :

» Bâche légère (servant aussi de poncho)

» Hamac en toile de parachute

» Sac de couchage en synthétique 1 000 g

» Couverture de survie réutilisable

» 10 m de cordelette légère et résistante (2 mm)

Confortable :

» Tente deux places 1,2 kg

» Sac de couchage en plume 800 g

» Couverture de survie réutilisable

» Tapis de sol autogonflant

» Scie à bois pliable (pour faire du feu)

» 20 m de cordelette légère et résistante (2 mm)

Passer à l'action

Installer un campement confortable

Température

Déterminez où se lèvera le soleil pour bénéficier de ses premiers rayons ou au contraire vous en protéger. Si vous dormez sur le sol, nettoyez la zone de couchage. S'il a fait chaud pendant la journée et que la nuit s'annonce froide, installez-vous à l'ouest d'un gros rocher pour bénéficier de sa masse thermique.

Intempéries

Protégez-vous du vent, même si une petite brise peut s'avérer utile pour chasser les moustiques.

En cas de risque de pluie, ne dormez pas dans une cuvette ou sur un terrain trop plat, privilégiez les sols perméables comme un sol de petits cailloux plutôt que de l'herbe abondante sur un sol dur. Pensez aussi à la rosée : dormir sous un arbre peut vous en protéger (ainsi que d'une pluie faible et courte). Vérifiez bien qu'il n'y ait pas de branche morte susceptible de tomber pendant la nuit.

Choisissez avec soin la zone de couchage : il faut qu'elle soit plate, sèche et isolée. Éventuellement, ajoutez des herbes sèches pour former un matelas naturel.

Il existe parfois des refuges ouverts à tous, souvent en montagne. Il peut s'agir d'une cabane, d'une caravane ou d'une petite maison en pierre. Ils sont gérés par des fédérations d'alpinistes, des communes ou sont parfois privés. Dans certains pays, vous trouverez des sites Internet les recensant comme www.refuges.info pour la France. Dans tous les cas, parlez avec les habitants, ils vous donneront toutes les indications.

Feu de camp

Le feu est souvent interdit, renseignez-vous absolument avant d'en allumer un. Attention, dans un espace naturel où les départs d'incendie sont surveillés, vous risquez de voir débarquer les autorités, les pompiers, voire un avion-pompier !

Voici quelques conseils :

» Bien choisir un espace à l'abri du vent et nettoyer le périmètre nécessaire.

» Creuser une cuvette et l'entourer de grosses pierres. Dans la cuvette, vous déposerez brindilles et herbes sèches.

» Évitez l'essence ou tout liquide inflammable pour faire partir le feu. Vous pouvez utiliser d'anciennes braises ou des allume-feux (ou en fabriquer à l'aide de boîtes à œufs en carton trempées dans la cire).

LA VAISSELLE

Pour faire en sorte que ce petit geste quotidien n'ait pas d'impact sur le milieu naturel, il y a quelques précautions à prendre : vous pouvez prélaver votre bol en plastique avec du sable et de l'eau. S'il est encore gras, utilisez du savon de Marseille. Pour rincer, faites-vous une petite réserve d'eau et éloignez-vous des cours d'eau et plans d'eau pour que la terre ait le temps de filtrer le savon. Votre casserole avec traitement anti-adhésif peut être simplement essuyée avec une serviette en papier ou du papier journal qui sera ensuite brûlé. Et même si elle est encore grasse, ce n'est pas très grave, vous allez sans doute remettre de l'huile à la prochaine utilisation.

» Une fois lancé, on pourra y déposer des branches un peu plus grosses. Cette cuvette pourra également servir de réchaud en déposant quelques pierres stables autour.

» De préférence, utilisez un foyer qui a déjà servi. Ne brûlez que ce qui a pu être ramassé au sol.

» Prolongez le feu pour n'obtenir que des cendres, éteignez chaque feu complètement et dispersez les cendres refroidies sur le sol.

» Utilisez dans la mesure du possible des branches mortes car elles brûlent facilement ; par la même occasion, vous nettoyez la forêt sans abîmer les arbres. Une scie pliable sera utile si vous prévoyez de faire du feu. Pour 250 g à 300 g on peut se procurer une scie de qualité.

» En cas de pluie, repérez les branches mortes encore accrochées aux arbres car elles seront plus sèches que celles au sol.

» Étalez un peu de liquide vaisselle sur l'extérieur de votre casserole avant de la poser sur le feu et elle sera plus facile à laver après usage.

Respect des lieux

Le bivouac devrait être monté juste avant la tombée de la nuit et démonté au lever du jour.

Il est impératif de respecter le lieu qui vous a accueilli pour la nuit, de le laisser propre pour les personnes suivantes et surtout de ne pas perturber l'équilibre en place avant votre passage. De façon générale, il faudra veiller à ne pas laisser de trace.

TÉMOIGNAGE

"Avec mes amis Kim et Mouts, nous nous posions la question suivante : est-il possible de partir complètement nus, sans même un caleçon, dans la nature et de passer une nuit confortable ? Comme nous étions dans les Vosges en plein mois de novembre et que le thermomètre devait descendre en dessous des 5°C pour cette nuit, cela semblait un peu fou. Derrière ce pari, l'enjeu réel était de retrouver une autonomie chère à nos yeux en satisfaisant un des besoins essentiels de notre condition animale : s'abriter et être au chaud.

Nous sommes donc arrivés dans un petit village en voiture. Mickaël, notre conducteur, récolta nos vêtements avant de nous voir disparaître dans les bois. Nous n'avions pas de temps à perdre car déjà les cimes au-dessus de nous commençaient à blanchir : la neige tombait une centaine de mètres plus haut. Ce qui voulait dire de la pluie à notre altitude. L'urgence était donc de trouver un lieu où être au sec. Il ne fallut par chance que quelques dizaines de minutes de marche rapide pour trouver notre grotte. Le vrai trésor fut de découvrir que le lieu était recouvert de feuilles sèches généreusement déposées par le vent. C'est dans ce gigantesque tas de plus d'un mètre de hauteur que nous avons pris notre premier bain végétal. Enfouis sous cette couverture naturelle, par une température qui devait avoisiner les 17°C, ce qui est très bien, mais pas assez pour y passer la nuit...

Kim se chargea de nous apporter les derniers degrés manquant à cette soirée en rapportant quelques bouts de tilleul trouvés à proximité de notre nouveau camp de base. Nous nous sommes relayés pour tailler dans ces pièces de bois, une espèce d'épée ainsi qu'un socle. L'idée était de frotter énergiquement la lame de bois contre son socle afin d'y recueillir de la poudre de bois, de la cendre puis une braise. À peine plus d'une heure plus tard, la première braise apparaissait. Nous comprîmes à ce moment la surprise et la joie qu'avait dû ressentir le premier homme ayant (accidentellement) obtenu du feu de cette façon. Quelques minutes plus tard, nous profitions tous les trois de la chaleur providentielle de ce feu de camp.

Depuis cette expérience, la peur de manquer de confort lorsque je pars camper dans la nature, avec mon duvet et mon matelas de sol, s'est envolée..."

Nans

Pour cela, ne laissez aucun déchet sur place, évitez le feu, enterrez ou cachez vos excréments et brûlez ou ramenez votre papier toilette avec les poubelles. Évitez de cracher votre dentifrice ou de verser l'eau savonneuse de la vaisselle dans les rivières et les plans d'eau (voir l'encadré p. 309). Privilégiez le filtre naturel de la terre le plus loin possible des cours d'eau. Faites-vous discret et ne venez pas perturber le fragile équilibre de l'écosystème.

Une règle d'or est de s'éloigner des points d'eau, surtout s'ils sont rares dans les environs, pour respecter la faune qui viendrait boire pendant la nuit. Aussi, essayez de rester près des lieux fréquentés par les hommes et ne vous enfoncez pas trop dans les zones sauvages.

Si vous souhaitez plus d'informations sur le sujet, le mouvement international **Leave No Trace** (Éthique sans trace) promeut cette philosophie. De l'information en français est disponible sur le site de l'organisme canadien **Sans Trace Canada** (www.sanstrace.ca).

Du mythe à la réalité : risques et difficultés

Risques naturels

Camper en plein air vous offre une proximité rare avec la nature. Cependant, il faut veiller à ce que cette proximité ne devienne pas un danger : prévenez les situations à risque.

» Sur la plage, faites attention aux marées.

» Prévenez les piqûres d'insectes et les morsures de reptiles (voir p. 377).

» Veillez à ne jamais ouvrir votre sac de couchage avant de l'utiliser.

» Vérifiez toujours vos habits et chaussures avant de les enfiler.

» Utilisez une moustiquaire intégrale en cas de risques élevés.

Insectes

Rien de pire qu'une nuit entouré de fourmis, de moustiques et d'araignées ! La première chose est de porter attention au lieu où vous décidez de passer la nuit et d'éviter les endroits à risques. Éloignez-vous de tout lieu humide ou proche de l'eau. Une petite brise éloignera également les insectes volants.

Une fois ces précautions prises, voici quelques moyens simples pour prévenir les risques.

» **Lotion répulsive :** vous trouverez une recette de lotion répulsive maison dans le chapitre *Santé du voyageur*, section *Se protéger des moustiques* (p. 370). Vous pourrez disperser un peu de ce mélange sur les cordelettes de votre hamac pour faire fuir les araignées et autres insectes rampants.

» **Diffuseurs d'odeur :** manière efficace d'éloigner les insectes. On les trouve en spirale, en bougies ou en faisant chauffer une petite coupelle avec de l'eau et quelques gouttes d'huiles essentielles de citronnelle, géranium et jojoba (ou de la lotion répulsive maison). Vous les disposerez autour de la zone de couchage, principalement du côté d'où vient le vent. S'il y a trop de vent pour que l'odeur reste, il n'y aura de toute façon pas de moustiques.

» **Moustiquaire :** il est plus simple et plus léger d'utiliser seulement une moustiquaire de tête en complément du drap. Certaines moustiquaires sont imprégnées de produits répulsifs, très efficaces mais relativement toxiques. Ils sont donc à réserver pour les régions à haut risque de maladies transmises par les moustiques. Vous pouvez également trouver du produit à imprégner sur place à un coût abordable.

Animaux

» Éloignez-vous des troupeaux.

» Ne gardez pas de nourriture près des sacs : enfermez-la plutôt dans des sacs hermétiques et pendez-les à une branche.

» Le feu est un bon moyen de garder les animaux à distance, mais à utiliser uniquement en cas de risques élevés, pour ne pas les effrayer inutilement.

» Fabriquer un muret d'épines autour du campement peut également être une solution pour garder les animaux à distance.

Conditions météorologiques

En cas d'orage :

» Évitez les arbres et les points culminants.

» Évitez également les creux, la proximité des rivières, des pentes et des falaises.

» Une grotte est un bon abri à condition de ne pas toucher les parois. Restez au centre, assis sur votre sac pour être au maximum isolé du sol et des murs.

Soyez préparé au froid. Restez sec ! Les pieds et la tête sont à protéger absolument du froid et de l'humidité. Le vent et l'humidité augmentent énormément la sensation de froid. Reportez-vous au chapitre *Marche*, section *Météo* (p. 166) pour des techniques de réchauffement par temps froid.

Humains

Une mauvaise rencontre est souvent le risque majeur à craindre dans un lieu inconnu. Le meilleur moyen de connaître les dangers et d'évaluer les risques est d'en discuter avec la population locale. Assurez-vous évidemment de ne pas camper près d'une culture de plantes destinées au marché de la drogue (cannabis, opiacées, coca), dans une propriété privée expressément signalée ou dans un lieu mal fréquenté pendant la nuit. Des signes évidents peuvent vous mettre en garde sur la fréquentation du lieu pendant la nuit, comme des bouteilles d'alcool vides jonchant le sol, des traces de feux, des graffitis, etc.

Pour aller plus loin

Sites Web

» www.randonner-leger.org – Site participatif d'information et d'échange sur les techniques de randonnée et de camping ultraléger

» www.sanstrace.ca – Organisme à but non lucratif faisant la promotion de l'usage éthique des aires naturelles

» www.arklight-design.com – Distributeur de matériel de camping spécialisé dans le bivouac ultra-léger (hamacs, tarps, sursacs)

Livres techniques

» DOUGLAS, Ed. *Guide du campeur* (Vigot, 2010)

» SAURY, Alain. *Le Manuel de la vie sauvage ou Revivre par la nature* (Marabout, 2011) – Bible de la survie en milieu naturel

» WISEMAN, John. *Aventure et survie : le guide pratique de l'extrême* (Hachette Pratique, 2016) – Manuel de survie en milieux extrêmes, pour les curieux

Récits et réflexions

» MEYER, Kathleen. *Comment chier dans les bois : Pour une approche environnementale d'un art perdu* (Édimontagne, 2018) – Ouvrage traitant de notre approche du milieu naturel

"Demain, apprendre l'espace en ville sera aussi utile que d'apprendre à conduire."
Wernher von Braun

Camping en milieu urbain

Objectif : dormir à l'extérieur de façon autonome dans une zone urbaine

Autre dénomination : sleeping on the streets (anglais)

Intérêt économique

Intérêt écologique

Intérêt humain

Degré d'aventure

Le camping en milieu urbain, c'est quoi ?

DESCRIPTION DE LA TECHNIQUE

Le camping urbain consiste à trouver un abri provisoire, confortable et sécuritaire pour y passer une, voire plusieurs nuits. Il se pratique de façons très diverses dans toutes les zones urbanisées et s'adapte en fonction des contraintes climatiques, légales, humaines et personnelles.

COMPRENDRE LE CONTEXTE

Les villes sont bien souvent des endroits plus hostiles que les milieux naturels pour qui veut s'y aventurer sans le sou. Pourtant, des circuits parallèles se sont développés pour permettre aux plus démunis et aux personnes marginalisées d'y trouver refuge. De cette culture de la rue sont nées les techniques et astuces pour dormir dehors, que l'on soit un voyageur aventurier ou en situation précaire.

Un peu de théorie

Intérêt

ÉCONOMIQUE

Les frais liés à l'hébergement traditionnel en ville peuvent atteindre près du tiers du budget total du voyageur. Lorsque l'on a épuisé les alternatives (notamment les réseaux d'hospitalité ou l'accueil spontané chez l'habitant), le camping urbain permet de remédier temporairement à la situation sans dépenser d'argent. Bien que ce soit plutôt une technique de dernier recours, il est utile de la connaître lorsque l'on se retrouve temporairement à court d'argent.

ÉCOLOGIQUE

En réutilisant et en repensant l'espace inutilisé, les possibilités du lieu sont optimisées, créant un hébergement provisoire. Cette pratique s'inscrit dans une démarche d'opportunité et sollicitera l'imagination à chacune des tentatives car les nuits et les villes ne se ressemblent pas. L'interaction avec le milieu est minime : il ne devrait rester sur place aucune trace de ce passage.

HUMAIN

Dans une zone urbaine, les lieux accessibles, isolés et abrités ne courent pas les rues... C'est pourquoi le camping urbain se pratique généralement en solitaire ou en tout petit groupe. Cependant, il n'est pas rare qu'un voyageur prêt à dormir dans la rue finisse par se faire inviter par une personne du coin à partager un squat, un canapé ou même une chambre.

DEGRÉ D'AVENTURE

Bivouaquer en ville n'a rien d'anodin, c'est même toute une aventure ! En fonction de l'endroit, le risque peut être plus ou moins élevé et il convient d'être extrêmement vigilant, de prendre tous les paramètres en considération et de faire preuve de jugement. Cette technique de voyage demande une excellente capacité d'adaptation car tous les milieux sont différents.

Pour avoir du succès, la préparation mentale et la créativité sont essentielles. Une bonne connaissance de votre matériel est un atout non négligeable. Enfin, si vous n'avez jamais fait de camping sauvage, il vaudrait mieux passer quelques nuits à la belle étoile en campagne avant de vous risquer en ville.

Aspects légaux

En dormant dans un lieu privé, le voyageur est logiquement considéré comme hors-la-loi à moins d'avoir préalablement obtenu l'autorisation du propriétaire. S'il dort dans un lieu public, c'est au délit de vagabondage qu'il s'expose, contrainte légale présente dans de nombreux pays. Cela ne laisse pas beaucoup de place au campeur urbain ! Néanmoins, cette pratique est fréquemment tolérée à condition d'être discrète, ce qui permet notamment aux sans-abri de passer la nuit dehors.

Le camping urbain oscille donc entre "toléré" et "interdit" selon les pays, les villes, les lieux, l'humeur des policiers, etc. Une seule loi universelle régit le tout : "Pas vu, pas pris !"

En pratique

Se préparer

Préparation psychologique

Dormir dans la jungle urbaine en dehors des lieux prévus à cet effet demande une excellente connaissance du milieu, une bonne préparation psychologique et une certaine dose d'insouciance. L'image de soi que renvoie l'acte de dormir dehors ou dans la rue est parfois difficile à accepter. Certains trouvent lourd à porter le manque d'intimité ou la sensation d'être observé dans son sommeil. Et pourtant, combien sont-ils, sans-abri et grands voyageurs, à avoir tenté au moins une fois l'expérience et apprivoisé le milieu urbain ?

Une fois votre peur de l'inconnu atténuée, il vous faudra débrider votre imagination et laisser libre cours à vos idées pour trouver des solutions permettant de passer la nuit en ville dans le respect, la sécurité et un certain niveau de confort (espérons-le !).

Se renseigner

À l'arrivée dans un nouvel endroit, il est d'abord nécessaire d'obtenir des infos concernant les questions suivantes : Dormir dans la rue est-il toléré ? Comment la ville est-elle organisée ? Quels sont les endroits les plus sûrs ? Y a-t-il des quartiers à éviter ? Quelles structures urbaines pourraient vous offrir un abri (toits, balcons, plateformes, etc.) ?

En fonction de l'heure à laquelle vous arrivez, il sera plus ou moins simple d'obtenir ces informations. Les gens de la rue sauront vous informer, à condition bien sûr que vous arriviez à communiquer avec eux.

L'endroit que vous choisirez pour dormir devra être adapté selon les circonstances :

» **Pratique et accessible**, notamment si la nuit tombe et que vous êtes pressé (dans l'idéal, évitez cette situation d'urgence)

» **À l'abri de la pluie et du vent**, si les conditions météo sont instables

» **Confortable et au chaud** (ou au frais selon la saison) afin de bien vous reposer

» **Sécuritaire**, propre, sans vermine ni animaux et à l'abri des regards, pour éviter vols et agressions

Matériel

ESSENTIEL

» Sac à viande

» Duvet

» Bâche (ou carton à trouver sur place)

» Cordelette

CONFORT

» Hamac ou matelas de sol

» Bouchons d'oreilles

» Masque ou foulard pour se couvrir les yeux

» Cadenas

HYGIÈNE

» Lingettes nettoyantes ou serviette

» Papier toilette

» Savon de Marseille

» Eau

Passer à l'action

Pratique et accessible

BANCS

Le banc est en quelque sorte l'auberge rustique du voyageur. Lorsque le climat et l'emplacement le permettent, il représente un premier compromis offrant une certaine propreté, à défaut de confort. Une couche de vêtements, de cartons ou de journaux placés en guise de matelas et vous voilà prêt pour la nuit. Attention tout de même : les bancs sont logiquement placés dans des endroits publics et relativement passants. Vous serez donc plus exposé au passage de la police et des autres passants au cours de la nuit. Cela pourrait jouer en votre faveur dans certains cas : votre présence est rendue visible et une personne du voisinage pourrait vous inviter à dormir chez elle par sympathie.

En revanche, dans les zones plus "sensibles", utilisez cette option avec discernement, en dernier recours absolu.

PARCS ET PLAGES URBAINES

Lorsque les nuits ne sont ni trop froides ni pluvieuses, le sol des parcs et plages urbaines peut s'avérer propre et confortable. Il est essentiel de jouer la carte de la discrétion et de trouver un endroit à l'abri des regards. Si le parc est assez vaste et dispose de zones camouflées (forêts, petites collines, etc.), pourquoi ne pas y poser la tente ? Renseignez-vous en amont auprès des gens de la ville pour connaître la réputation du lieu et éviter les mauvaises surprises. Les parcs "fermés" peuvent réduire la fréquentation du lieu. Si l'escalade est facile, cela peut être une bonne solution. Si ce n'est pas possible durant la nuit, vous pourrez sans doute le faire pendant la journée et vous reposer quelques heures.

Ce type de pratique est très répandu au Japon. Ils sont des centaines, voyageurs et sans-abri, à occuper les parcs des grandes villes et à camper à l'abri des regards derrière les buttes et les collines de ces espaces verts.

Pour les plages : prenez garde à la ligne de marée montante, les réveils les pieds dans l'eau ne sont jamais agréables ! Dans les grandes villes, ces lieux sont aussi souvent le repaire des fêtards (voire des soûlards). Pour ne pas être dérangé, il faudra trouver un endroit discret ou caché.

À l'abri de la pluie

ABRIBUS OU KIOSQUES

Si les nuages menacent ou que la pluie tombe déjà, les abris d'autobus et les kiosques peuvent vous servir de refuge. Les bancs qui s'y trouvent peuvent faire office de lit. Si l'abri ou le kiosque comporte des points d'accroche, l'idéal est d'y accrocher son hamac. Pensez tout de même à libérer l'abri tôt le matin pour ne pas gêner les utilisateurs.

PONTS

Souvent bien à l'abri des précipitations et des regards, les dessous des ponts fournissent un espace relativement confortable pour bivouaquer la nuit. Avant de vous y installer, vérifiez le degré de propreté général, comme les déchets, excréments, ou encore la présence de matelas, sacs d'effets personnels, etc. Vous aurez ainsi une idée de la fréquentation nocturne du pont. N'hésitez pas à ramener des cartons

TÉMOIGNAGE

"À la nuit tombante, dans un décor de Suisse enneigée et après quelques kilomètres d'auto-stop, il est temps de trouver où loger. Nous aimons aller dans des lieux publics à la rencontre d'habitants. Une boulangerie ? 'Avez-vous une idée d'un lieu où deux vagabonds pourraient passer la nuit en échange de services?' La boulangère n'en a aucune idée, mais elle nous offre des invendus et nous l'aidons au nettoyage. 'J'ai un rendez-vous. Je peux venir vous rechercher après et vous dormirez chez moi, ok ?' nous propose-t-elle. C'est le paradis ! Il n'y a plus qu'à attendre au chaud dans un fast-food qu'elle revienne. Celui-ci va bientôt fermer ses portes et toujours pas de nouvelles... Après quelques messages sans réponse, nous comprenons que nous ne logerons pas chez cette dame. Où dormir par -7°C ? Deux jeunes nous aident à chercher un lieu 'sauvage' dans la ville. Un squat ? Il est fermé. Un hall d'immeuble ? Les portes sont toutes closes. La gare ? Trop de courants d'air. Nous poussons une porte, elle s'ouvre. Un hall d'entrée. Des escaliers bloqués par une alarme que nous ne voulons pas déclencher... Un nom clignote. Mais où sommes-nous ? Dans une banque ! Bingo, nous passerons la nuit ici ! Le comble pour un voyageur sans argent..."

Amandine et Quentin, clowns, nezdumonde.weebly.com

et d'autres ressources disponibles en ville pour vous faire un matelas et vous isoler du sol.

BÂTIMENTS ABANDONNÉS ET CHANTIERS

De plus en plus de chantiers sont pourvus de caméras de sécurité, de chiens de garde, voire de gardiens effectuant des rondes de nuit. Investiguez un peu dans les lieux avant de vous y plonger, notamment en faisant le tour des installations, en tentant de repérer d'éventuelles caméras ou d'autres indices. Si vous avez la chance de trouver un abri non surveillé, sautez alors sur cette occasion : cette option est intéressante pour la tranquillité que l'on y trouve. Si vous vous trouvez dans un chantier, anticipez votre départ le matin, avant l'arrivée des ouvriers. Dans tous les cas, prenez garde où vous posez les pieds, il est fortement conseillé de disposer d'une lampe frontale pour vous aventurer dans de tels lieux (éclats de vitres ou d'ampoules, planches cloutées, etc.).

Les maisons abandonnées peuvent être déjà occupées par des squatteurs. Assurez-vous que votre présence ne dérange personne.

Au chaud

HALLS ET CAGES D'ESCALIER

Certaines portes d'immeubles restent ouvertes le soir et vous permettront de vous trouver un coin au chaud. Si l'invitation du lieu semble séduisante, celle des locataires pourrait ne pas être aussi gracieuse. Il va sans dire que seuls les emplacements bien isolés et camouflés feront l'affaire, au risque d'être réveillé par la police. Pour éviter les ennuis, il vous faudra aussi arriver tard et partir tôt ! Une stratégie intelligente pour allier confort et discrétion : monter sur le palier du dernier étage pour y trouver la chaleur et réduire les chances de se faire voir. Vous pouvez aussi, en croisant un des habitants du bâtiment, lui demander son accord pour passer la nuit dans le hall, dans la cage d'escalier ou mieux encore : chez lui !

PARKINGS SOUTERRAINS

Si les immeubles sont fermés ou inaccessibles, essayez les parkings souterrains. Une entrée non surveillée (gardes ou caméras) est un ticket gratuit pour une nuit au chaud à l'intérieur. De même que pour les immeubles, plus tôt vous serez parti et moins fortes seront les chances que l'on vous surprenne. Enfin, gardez à l'esprit que les parkings souterrains sont souvent des lieux isolés où l'on peut se faire agresser sans témoins... À n'explorer qu'en cas de dernier recours.

TERMINAUX D'AÉROPORTS, GARES DE TRAINS ET DE BUS

Le fin du fin ! Si vous avez la chance d'en trouver un sur votre passage, n'hésitez pas une seconde. En plus de passer inaperçu dans cette masse de voyageurs, vous bénéficierez aussi d'un cadre sûr (présence de la police) et de toilettes propres. Si vous souhaitez une bonne place, venez le plus tôt possible. C'est ici que les bouchons d'oreilles et le masque pour les yeux vous seront de la plus grande utilité. Attention, les agents de sécurité peuvent vous demander un justificatif dans certains cas. Soyez prêt à donner une bonne explication !

Emportez toujours avec vous bagages et effets personnels lorsque vous allez aux toilettes ou chercher de quoi manger. Ils pourraient être dérobés ou passer pour un colis suspect et être détruits par la brigade de déminage.

BUS ET TRAINS DE NUIT

Pour rester dans le domaine des transports en commun, les bus et trains de nuit sont d'excellents endroits pour passer une nuit, ou quelques heures du moins. Si le coût n'est pas trop élevé, vous bénéficiez alors d'un hôtel ambulant.

En sécurité

TOILETTES ET HALLS DE BANQUES AUTOMATIQUES

Pour dormir en sécurité, les toilettes sont une option à considérer sérieusement. Si l'espace est assez grand, elles peuvent même être très confortables. Bâtiments publics, stations-service, aires de repos, votre priorité sera d'en trouver dotées d'un verrou (et propres !).

Si vous disposez d'une carte bancaire, essayez aussi les halls de banques automatiques, certains sont très peu fréquentés la nuit et il y fait souvent chaud. Vérifiez là aussi qu'aucune caméra ne soit installée et que l'endroit ne soit pas trop exposé aux regards et aux passages de la police.

CHARPENTES DE TOITS ET TOITS-TERRASSES

Grimper sur les toits est un exercice réservé aux aventuriers ! Si vous levez les yeux lorsque vous marchez en ville, vous apercevrez des dizaines de refuges potentiels. Charpentes de toits et toits-terrasses sont de vraies aubaines pour le voyageur. Encore faut-il pouvoir y accéder sain et sauf ! Les moins casse-cou emprunteront les échelles de secours ou les échafaudages.

Pour éviter de tomber face à face avec l'un de vos nouveaux voisins, mieux vaut être en hauteur ou à l'intérieur d'un toit, caché dans sa charpente.

Enfin, il n'est pas rare de se voir offrir l'hospitalité d'un toit plat pour les nuits chaudes du Moyen-Orient ou d'Afrique. Les toitures étant généralement munies d'un rebord, vous y serez à l'abri des regards et des chiens. N'hésitez pas à demander la permission d'y dormir si vous arrivez suffisamment tôt dans la soirée.

ÉGLISES, MONASTÈRES ET TEMPLES

En s'adressant au prêtre, au moine ou à toute autre personne en charge d'un lieu de prière, il est possible d'y demander l'hospitalité pour la nuit. Il n'est pas rare que ces bâtiments disposent d'aménagements pour l'hébergement de quelques personnes. Ici, pas besoin de bouchons d'oreilles, tout baigne dans le silence et la tranquillité ; une bonne nuit de repos en perspective !

HÔTELS DE POLICE

Ils portent bien leur nom, pour le voyageur de passage qui est à l'aise avec les autorités du pays et qui sait parler correctement la langue locale ! Les hôtels de police sont une opportunité inusitée pour passer une nuit au chaud et en sécurité. Ils sont souvent ouverts de nuit, ce qui rend possible leur accès à toute heure. Après avoir échangé avec l'équipe présente, demandez un local pour passer quelques heures de la nuit – il y a souvent une salle d'interrogatoire, une cellule ou autre pour accueillir un voyageur de passage. Expérience insolite garantie !

@ Sur le modèle de l'économie collaborative, des sites Internet permettent parfois de mettre en lien les voyageurs munis d'une tente et les habitants prêts à partager leur terrain soit gratuitement, soit le plus souvent contre une somme modique. C'est le cas Campspace (campspace.com) et de HomeCamper (www.homecamper.com) pour des emplacements en France et partout dans le monde.

Du mythe à la réalité : risques et difficultés

Hygiène

Une des premières barrières que vous pouvez rencontrer en dormant dans la rue est le manque d'hygiène. Non seulement cela peut vous être difficile à supporter, mais il y a de fortes chances pour qu'il en soit de même pour votre entourage : odeurs et crasse ne font pas bonne impression en ville !

Néanmoins, à tout problème sa solution. Les cafés, restaurants, grands magasins et stations-service ont souvent des toilettes et de quoi faire un brin de toilette sommaire. Pour une toilette plus complète, les bonnes adresses sont les gymnases, piscines, bains publics, plages (équipées de douches), patinoires et stades, notamment si les douches et vestiaires sont accessibles à tous. Sinon, le coût est généralement minime et vous permettra de profiter par la même occasion des activités proposées.

Enfin, dans les pays où ce genre de commodités n'est pas accessible, tentez votre chance auprès des hôtels (bas de gamme) en leur demandant la permission d'utiliser leurs douches moyennant une somme modique ou tout autre arrangement.

Vols et agressions

Après la question de l'hygiène viennent les inquiétudes liées à la sécurité, aux vols, aux agressions. Si vous ne pouvez éviter de passer la nuit dans un endroit exposé au passage des gens, la règle d'or est de "ne pas avoir quelque chose à voler pour ne pas être volé".

Liez vos affaires entre elles avec de la cordelette et attachez-les à vous-même pour réduire le risque de vol à la tire et sentir si quelqu'un essaye de s'en emparer. Dormez avec vos papiers, votre argent et vos effets de valeur sur vous ou bien au fond du sac de couchage. Si vous possédez un cadenas, vous pouvez aussi tout attacher avec celui-ci. L'utilisation d'un hamac permet aussi de garder du matériel (voire un sac entier) sous les jambes.

Enfin, si vous avez un peu d'argent à investir, vous pouvez toujours placer vos bagages en consigne. Il en coûtera quelques euros par nuit mais vous vous sentirez plus léger ! Vous pouvez aussi trouver une personne de confiance dans un commerce, un restaurant ou un bar pour lui confier votre sac. Attention, ne laissez aucun objet de valeur ni documents importants.

Pour éviter de s'exposer aux agressions, il n'y a pas de solution miracle, mais se renseigner reste un moyen de limiter les mauvaises rencontres. Parlez avec les gens du quartier et renseignez-vous sur ce point. Soyez vigilant et observez les signes de présence humaine qui vous informeront sur le type de population fréquentant les lieux.

Les animaux errants peuvent aussi représenter une source de danger lorsqu'ils sont affamés, un long bâton ou quelques pierres à portée de main pourront vous rassurer et vous aider à les faire fuir en cas de besoin.

Police

Pour ne pas être arrêté, le campeur urbain doit éviter la confrontation directe (se retrouver sur le chemin d'une ronde dans un lieu public) et indirecte (plainte déposée par un particulier) avec la police. Il doit donc faire preuve d'une grande discrétion ou, au contraire, se trouver une place parmi les autres sans-abri, dans un endroit connu et toléré par les autorités. Même si une nuit au poste pourrait paraître confortable, les ennuis qui suivraient le seraient beaucoup moins...

Pour aller plus loin

Sites Web

» www.sleepinginairports.net – La référence pour dormir dans les terminaux aéroportuaires

» en.wikivoyage.org/wiki/Urban_camping_in_Japan – Article du wiki des voyages sur la version nippone du camping urbain

» www.squattheplanet.com – La référence en culture squat américaine

Livres techniques

» HEBEN, Andrew. *Tent City Urbanism: From Self-Organized Camps to Tiny House Villages* (Village Collaborative, 2014) – Étude d'urbanisme sur les habitations temporaires en milieu urbain et leur soutenabilité

» COLLECTIF. *Recipe for Disaster: an Anarchist Cookbook* (CrimethInc, 2012) – Guide anarchiste très complet muni d'une section "Squatting" d'intérêt. Disponible gratuitement en ligne sur www.archive.org/details/RecipesForDisasterAnAnarchistCookbook

"Qu'importe chemin douloureux
à qui trouve logis accueillant."
Benoît Desforêts

Accueil spontané chez l'habitant

Objectif : se faire accueillir pour la nuit en toute sécurité, de façon spontanée et non organisée

Autres dénominations : dormir chez l'habitant, homestaying

Intérêt économique

Intérêt écologique

Intérêt humain

Degré d'aventure

L'accueil spontané chez l'habitant, c'est quoi ?

DESCRIPTION DE LA TECHNIQUE

L'accueil spontané consiste à être reçu chez l'habitant et à y passer la nuit. L'accueil peut se faire dans une maison ou un appartement bien sûr, mais aussi sur un bateau, dans une caravane, une yourte ou tout autre hébergement assez grand pour vous loger. Il s'agit d'un acte non organisé et gratuit, sauf dans certaines situations où une participation financière peut être envisagée.

COMPRENDRE LE CONTEXTE

Dans l'Antiquité, lorsque les sociétés étaient encore peu régies par les lois écrites, l'hospitalité était un devoir moral fondamental et sacré. En Grèce par exemple, l'étranger demandant asile était considéré comme un envoyé de Dieu voire comme une divinité en personne. Récemment encore au Canada, les maisons possédaient un banc dans la salle d'entrée, dédié aux mendiants de passage à qui on donnait l'hospitalité pour la nuit. En Inde, les ascètes itinérants demandent l'hébergement en chantant au pas des portes et se font accueillir dans les maisons pour y passer la nuit. Dans beaucoup de pays d'Afrique, l'étranger est reçu comme un roi : on lui offre ce que l'on a de meilleur pour lui souhaiter la bienvenue.

Un peu de théorie

Intérêt

ÉCONOMIQUE

Se faire héberger de façon spontanée est une pratique gratuite. Toutefois, dans certains pays pauvres où le tourisme est développé, il est bien vu d'offrir une contribution pour le repas et la nuitée, en fonction de vos moyens et de ceux de votre hôte (voir la section *Contribution*, p. 322).

ÉCOLOGIQUE

L'intérêt écologique de cette démarche se trouve dans le partage des ressources et du matériel. L'étranger est accueilli chez l'habitant, dans une infrastructure déjà existante. De fait, il n'est pas tributaire de la construction de bâtiments et ne génère pas de déchets supplémentaires propres à l'industrie touristique.

HUMAIN

Partager une soirée dans l'intimité d'un foyer est une rencontre humaine et culturelle très enrichissante, une magnifique occasion de découvrir d'autres réalités et modes de vie. C'est aussi une manière de recevoir et de ressentir la bonté et la générosité des gens tout en donnant en échange : aider l'hôte dans ses tâches, partager des expériences, fabriquer un cadeau personnalisé, etc. Chaque échange est différent et nul ne sait où la magie d'une rencontre peut mener...

DEGRÉ D'AVENTURE

Si la démarche d'accueil spontané peut paraître un peu intimidante au début, c'est un apprentissage qui peut se faire rapidement. Ce n'est pas une pratique très répandue, mis à part dans les endroits reculés où les infrastructures touristiques sont peu développées.

A priori, il n'est pas nécessaire de maîtriser des techniques compliquées pour se faire héberger, mais pour que l'expérience se déroule bien, il est souhaitable de développer ses compétences interpersonnelles, interculturelles et communicationnelles. C'est aussi une des techniques les plus fortes symboliquement (dormir chez un inconnu) et de ce fait souvent les plus riches humainement.

Pour mieux assurer votre sécurité, il est nécessaire de demeurer vigilant et prêt à quitter les lieux en cas de problème. Il est donc recommandé d'avoir un plan B (tente, argent pour hôtel, etc.) en cas de souci.

Aspects légaux

L'hospitalité est un geste de générosité que l'hôte décide d'offrir, mais cette pratique peut être régie par des lois. En effet, bien des pays requièrent que les hôtes déclarent les personnes séjournant chez eux auprès de la police, de la mairie ou de tout autre service équivalent. Par exemple, la loi italienne exige que quiconque hébergeant un étranger chez soi le déclare à la police dans les 48 heures... Il va sans dire que cette loi est ignorée de la grande majorité des particuliers !

Il est bien rare que ces lois soient appliquées. Par prudence, renseignez-vous auprès des gens du pays et des bureaux d'information touristique locaux afin de vous assurer de vos droits et de ceux de vos hôtes.

Pour plus de perspectives légales en ce qui concerne l'accueil chez l'habitant, voir le chapitre *Accueil organisé chez l'habitant* (p. 325).

En pratique

Se préparer

Préparation mentale

HISTOIRE ET COUTUMES LOCALES

Pour chaque pays, il existe une histoire, des coutumes et des traditions particulières. Lorsqu'on est invité chez des gens, il est important d'en connaître les grandes lignes : c'est une marque de respect très appréciée qui vous évitera de vous retrouver dans des situations délicates.

Posez-vous donc les questions suivantes en arrivant dans un pays ou une région :

» Existe-t-il des faits marquants de l'histoire ou de la culture pouvant générer des souvenirs collectifs difficiles et des sujets de discussion sensibles (racisme, guerre, génocide, nationalisme, considération de la femme ou de l'homme, religion, etc.) ?

» Quelles coutumes et traditions locales est-il important de connaître ? Par exemple, la manière de manger ou de faire sa toilette, le type de nourriture, la valeur des choses, l'importance d'accepter telle ou telle offrande...

» Quelles pratiques courantes chez vous seraient à éviter sur place ? Référez-vous au chapitre *Communication interculturelle* (p. 124) pour quelques pistes.

LANGUE LOCALE

Connaître la langue locale n'est pas seulement important pour profiter pleinement de la rencontre, c'est aussi ce qui vous permettra d'établir le contact avec vos futurs hôtes. Pour demander l'accueil, il est bien plus facile de communiquer dans la langue locale, même si votre expression orale est basique. Cela créera des liens avec vos interlocuteurs et atténuera souvent la peur de l'étranger. L'effort est généralement très apprécié.

Néanmoins, il est possible de faire de très belles rencontres sans avoir de langue en commun, en communiquant autrement. À travers des gestes, des expressions, des dessins ou des photos, l'échange est une expérience formidable à condition que votre hôte et vous fassiez preuve de disponibilité et d'attention. Il est aussi possible qu'une personne du voisinage ou un adolescent parlant votre langue ou l'anglais serve d'interprète.

D'autres moyens, comme les jeux ou l'art en général (musique, théâtre, cuisine, etc.) se passent souvent de mots mais restent toujours un langage universel, de quoi ouvrir sur de beaux moments de partage avec vos hôtes (voir le chapitre *Le jeu*, p. 136).

Matériel de base

TENUE

Comme pour chaque pratique impliquant une rencontre, la tenue joue un rôle important. C'est elle qui donnera la première image de vous. Il faut se mettre à la place des personnes à qui vous demandez de vous héberger : quelles garanties ont-elles sur vos intentions ? Sur quoi vont-elles baser leur décision ?

Bien que dépendant du contexte et du lieu dans lequel vous vous trouvez, ce paramètre peut devenir primordial. Dans la mesure du possible, il faut simplement être propre, ne pas sentir mauvais et être habillé simplement et sans artifice de façon à ne pas trop attirer l'attention. Votre sac à dos donnera l'information sur votre statut de voyageur.

SOLUTION ALTERNATIVE

Lorsque l'on débute, il est bon d'emporter avec soi de quoi s'assurer une solution de repli en cas de difficulté : une tente légère, un hamac ou un tapis de sol feront l'affaire. Il est aussi plus facile de demander un bout de jardin ou de toit (grange, garage…) qu'un lit directement. Même si vous êtes le plus souvent invité à venir dormir à l'intérieur, il est bon de garder cette option.

ÉQUIPEMENT DE NUIT ET DE TOILETTE

Pour ne pas salir les draps de vos hôtes ou si vous devez dormir dehors, pensez à prendre un duvet ou un drap de soie (ou de coton) selon la saison. C'est aussi important si la propreté du lieu laisse à désirer. Il en est de même pour votre équipement de toilette : vous veillerez à être autonome sur ce point pour ne pas abuser de l'hospitalité des gens.

Passer à l'action

Où chercher un hôte ?

Comme tout commence par une rencontre, assurez-vous d'abord d'être dans un contexte favorable pour créer un contact avec un habitant. En fonction du moment de la journée et de l'environnement dans lequel vous vous trouvez (ville, campagne, montagne, etc.), voici les trois principaux scénarios pouvant aboutir à une nuit chez l'habitant.

DURANT UN TRAJET

La manière la plus facile et la plus sûre de rencontrer un hôte est de le faire durant un trajet. Dans le bus ou le train par exemple mais surtout en stop, avec la dernière voiture juste avant que le soleil se couche ("the sunset car"). Comme les personnes à qui vous vous adresserez seront souvent disponibles pour discuter, ces moments-là sont idéaux pour expliquer votre situation et demander l'hébergement pour la nuit.

EN FRAPPANT AUX PORTES DES HABITATIONS

Plus classique et très efficace, vous pouvez aussi aller frapper directement aux portes. Les habitants de fermes, maisons ou appartements peuvent être sollicités le soir, de préférence avant que la nuit soit tombée (pour ne pas les déranger, les réveiller ou les effrayer). Pour vos premières expériences, préférez les petits quartiers, villes de campagne ou hameaux aux grosses villes.

Cette démarche peut paraître difficile et stressante au début, mais il suffit de vous lancer pour comprendre que vous ne risquez pas grand chose. Pour vous rassurer, les premières fois, cherchez des signes aux abords

TÉMOIGNAGE

"Il fait nuit et les hôtels chers ne sont pas une option. L'auto-stop à cette heure tardive n'est pas envisageable, alors je marche à travers cette ville-avenue déserte à la recherche de je ne sais quoi. Une femme m'arrête dans la rue. Elle me pose des questions, puis m'invite à la suivre... Je crois qu'elle a un peu bu mais j'accepte son invitation car quelque chose en elle m'intrigue. Elle me fait asseoir sur le banc devant sa maison pour que nous admirions ensemble son arbre doré par l'automne. Amérindienne apache âgée de 48 ans, elle me parle parfois dans sa langue natale et moi je lui réponds en français. On se comprend. On rit, on danse... Dans sa jolie maison, elle me fait écouter la musique qu'elle aime, elle ne dort pas, elle chante toute la nuit... Cela paraît si peu réel et pourtant, je me retrouve bien là avec cette parfaite inconnue à partager un moment d'une rare complicité. Les rencontres surprenantes font partie de la magie du voyage."

Nans

des maisons pour vous donner une idée des gens qui y vivent (jardin fleuri, décoration particulière, etc.). Rappelez-vous cependant qu'il y a des gens généreux et extraordinaires partout : à vous de les trouver !

DANS UN LIEU PUBLIC

Dans les villes ou lorsqu'il commence à se faire tard, il est parfois plus facile de se rendre dans des lieux publics pour faire des rencontres. Rues, places, plages, marinas (voiliers), bars ou discothèques sont des endroits propices où rencontrer des personnes qui accepteront de vous héberger.

Comment aborder une personne ?

QUE DIRE ?

Dans le cas où vous solliciteriez directement une personne (en frappant à sa porte ou en l'abordant dans un lieu public), il est préférable d'aborder les gens le plus simplement possible, sans passer par des détours complexes et ambigus. C'est la règle d'or, qu'importe ce que vous demandez : présentez-vous de façon rapide en deux ou trois phrases et expliquez ensuite l'objet de votre demande. Par exemple : "Bonjour, je suis français et je voyage dans votre pays à pied depuis trois mois. Est-ce que vous accepteriez de m'héberger pour la nuit ? J'ai un duvet et je n'ai besoin que d'un lieu à l'abri."

Si la personne refuse dès les premiers mots, elle aura une opportunité de changer d'opinion après vous avoir écouté. Au contraire, si vous vous perdez en explications, vous n'aurez plus d'arguments si votre interlocuteur refuse. Cette étape nécessite parfois du temps et peut durer plusieurs dizaines de minutes, pour que le voyageur comme l'hôte puissent s'apprivoiser et se mettre en confiance. C'est un processus au cours duquel les peurs se dissolvent et laissent place à de la bienveillance. Cela demande de la clarté, de la douceur et de l'aplomb.

Dans le cas où la rencontre se ferait plus naturellement, laissez-vous le temps de parler et d'échanger pour "sentir" la personne et lui permettre de vous connaître aussi. Il est essentiel de ne pas vous crisper sur votre projet d'hébergement, cela n'amènera que des tensions dans la discussion. Lorsque le moment vous semble opportun, expliquez à votre interlocuteur que vous cherchez un endroit pour passer la nuit et demandez-lui explicitement s'il ne disposerait pas, à tout hasard, d'un espace pour vous loger.

QUELLE RÉACTION ?

L'accueil spontané est avant tout un moyen de rencontrer les gens et de vivre une expérience de partage. Vous ne devriez jamais avoir à forcer la main des gens. Veillez donc à ce que tout le monde se sente à l'aise du début à la fin. Si votre interlocuteur n'est pas à l'aise avec ce genre de pratique ou s'il ne souhaite pas vous recevoir chez lui, il vous le fera savoir rapidement. Dans ce cas, n'insistez pas et vous n'aurez qu'à conclure naturellement la discussion ; vous réitérerez votre demande à une autre personne.

Lorsque vous rencontrerez enfin quelqu'un acceptant de vous héberger, tout s'enchaînera naturellement et vous n'aurez qu'à vous laisser guider en suivant les instructions de votre hôte.

Code du voyageur hébergé

ÉTAT D'ESPRIT

En acceptant de vous recevoir, votre hôte fait preuve d'une très grande générosité. En fait, l'accueil spontané pourrait presque se résumer à partir à la recherche de personnes assez extraordinaires pour vous offrir un lit. Lorsque vous poussez la porte d'une maison, les gens qui vous accueillent vous offrent un des plus beaux cadeaux qu'un voyageur puisse recevoir : l'hospitalité. En cela, s'il y a un héros, ce n'est pas le voyageur mais bien celui qui reçoit ! Le minimum est d'être respectueux et de faire preuve de gratitude. Il est absolument primordial de garder cela en tête en honorant cette invitation, par respect pour votre hôte, pour vous et pour les voyageurs à venir.

CONTRIBUTION

Gratuit ne veut pas dire que l'on ne peut pas offrir quelque chose en retour. Au contraire, il est très agréable pour votre hôte de recevoir quelque chose de vous, matériel ou non. De l'aide pour faire à manger ou autre (menu bricolage...), de la nourriture que vous amenez ou un plat que vous cuisinez sur place, des fleurs, une photo, un objet, un cours de langue, un spectacle, une danse, un récit d'histoires ou toute autre idée pouvant vous permettre de donner un peu de vous et d'enrichir la rencontre (voir le chapitre *Remercier sans argent*, p. 146).

Lorsque la famille est très pauvre ou que l'offre d'hébergement en ville est inexistante, il n'est pas rare qu'elle vous demande une participation financière en fonction de ses moyens et des vôtres. Dans ce cas-là, si vous acceptez ce principe, essayez de vous mettre d'accord sur les termes de l'échange avant de passer la nuit afin qu'il n'y ait pas de malentendu.

DÉPART

Que vous ayez dormi dans une pièce commune, dans un fauteuil ou dans une chambre privée, portez une attention particulière au rangement et au nettoyage avant votre départ. Une façon simple de respecter votre hôte est de rendre les lieux qui vous ont été prêtés plus propres encore que vous ne les avez trouvés. En plus de diminuer la charge de travail engendrée par votre passage, vous permettrez à votre hôte de vivre une expérience agréable qu'il aura peut-être envie de renouveler.

Du mythe à la réalité : risques et difficultés

Oser dépasser notre peur de l'inconnu

La plus grande difficulté de cette pratique est d'**oser**. En effet, l'utilisation généralisée de la monnaie a peu à peu coupé les gens d'un échange direct et le plaisir d'hospitalité de l'Antiquité a été remplacé par les hôtels, les auberges et autres hébergements payants. Mais le bonheur mutuel que peut provoquer l'accueil spontané est toujours présent.

Les grandes difficultés à dépasser sont donc personnelles : c'est l'image que cela vous renvoie de vous-même (se sentir mendiant, SDF ou pauvre par exemple) et la peur de l'inconnu (sur qui vais-je tomber ? et si ça ne marchait pas ? et si je devais dormir dehors dans la rue ?). Pour dépasser ces barrières, rappelez-vous qu'en dormant chez l'habitant vous créez avant tout un lien unique et privilégié avec la population locale : la découverte de la richesse intérieure des gens et l'émerveillement devant la beauté d'une rencontre libre et spontanée. Enfin, ne négligez pas la préparation mentale et gardez votre sang-froid : cette technique est une école de la vie pour apprendre à connaître le monde et à se connaître soi-même.

Agressions et vols

Comme vous évoluez généralement en terre inconnue, il faut éviter de vous mettre en danger. Avant de dormir chez l'habitant, la première des précautions est de vous assurer que le lieu où vous vous trouvez n'est pas une zone à risques ou dite "mal fréquentée". Pour cela, le mieux est d'abord de prospecter en demandant directement aux habitants ce qu'ils pensent du quartier ou de la ville. Prenez soin de récolter plusieurs témoignages pour vous assurer une vision élargie.

Ensuite, lorsque vous vous approcherez des habitations pour demander l'hébergement, faites bien attention de ne pas pénétrer dans une propriété privée sans signaler votre présence, surtout lorsque la nuit est tombée. En effet, les propriétaires (ou leurs chiens) pourraient avoir des réactions agressives en vous prenant pour un cambrioleur.

L'instinct est un outil précieux qu'il faut savoir aiguiser et écouter : si vous ressentez une ambiance peu hospitalière, n'insistez pas, passez votre chemin.

TÉMOIGNAGE

"Nous venons d'arriver au Botswana, et ayant épuisé notre budget 'visites touristiques' depuis longtemps, nous décidons de traverser le pays de façon aléatoire. Nous levons le pouce le long de l'autoroute A1 et demandons aux conducteurs : 'Où allez-vous ? Pouvons-nous vous accompagner ?' Au gré des destinations de nos héros du jour, nous atterrissons dans une boîte de nuit de Phikwe, où nous célébrons inopinément la fête nationale. Je m'écroule quelques heures plus tard sur l'un des canapés de la discothèque, et nous finissons la nuit chez de véritables anges-gardiens : Kingston et Kuda. Retour sur la poussiéreuse A1 le lendemain matin. Blondie nous conduit un peu plus au Sud, laissant ensuite place à Tony et Mustafa : 'Hé ! Ça ne serait pas toi, la fille qui dormait en boîte hier soir ? Tu vas où comme ça ?' Leur annonçant que nous n'allons nulle part en particulier, ces derniers nous font monter à bord de leur berline flambant neuve et nous conduisent tout droit à Gaborone, petite mais suffocante capitale. Après une agréable soirée en compagnie de leurs amis, les garçons nous tendent la clé de leur appartement et refusent catégoriquement que nous partagions l'espace tous les quatre, trop petit selon eux pour nous accueillir confortablement. D'une générosité sans artifice, d'une pudeur sans faille, ils nous souhaitent bonne nuit avant de disparaître dans la pénombre. Nous passons alors un long moment à rédiger un mot de remerciement, que nous glisserons au petit matin sous leur porte, en quittant les lieux. Le lendemain, l'un de leurs amis nous fait la surprise de venir nous chercher, afin de nous déposer dans le centre-ville. Comment ne pas être profondément touchées face à tant de bienveillance et d'attention ? Une heure plus tard, nous nous installons à la terrasse d'un café et rencontrons Anton, jeune Sud-Africain venu pour affaires, ainsi qu'un prétendant aux prochaines élections municipales. Le premier n'attendra pas plus de trois minutes pour nous proposer le gîte : ce soir, nous dormirons sur de gros édredons faisant office de matelas de fortune, au sein du plus bel établissement de la capitale. Le second nous offrira le couvert : estomac de vache bouilli et dégustation de vin, à la suite d'une agréable promenade dans les faubourgs éloignés de la ville. Au Botswana, nous n'avons pas admiré la beauté des parcs nationaux, frémi face aux lions, ni savouré de délicieux *seswaa* (plat de viande). Nous y avons pourtant trouvé notre bonheur, en plongeant au cœur d'une humanité sans faux-semblant. Sur la route, on découvre vite que sans confiance, nulle rencontre ne serait possible. Et sans rencontre, l'aventure serait sûrement bien fade..."

Astrid, Histoires de Tongs, www.histoiresdetongs.com

Enfin, une fois arrivé dans les lieux et installé, ne tentez pas vos hôtes en exhibant des richesses ou des appareils de valeur. En cas de doute pour votre sécurité, vous pourrez toujours faire le choix de ne demander l'hébergement qu'à des familles ou à des couples, réduisant ainsi le risque de vol ou d'agression.

Il est important de rester vigilant en tout temps mais cela ne doit pas vous empêcher d'apprécier les rencontres au gré du moment.

Pour aller plus loin

Récits de voyages

» DE MAXIMY, Antoine. *J'irai dormir chez vous, carnets d'un voyageur taquin* (La Martinière, 2011)

» POUSSIN, Alexandre et TESSON, Sylvain. *La Marche dans le ciel : 5 000 kilomètres à pied à travers l'Himalaya* (Pocket, 2006)

Séries télévisées

» *J'irai dormir chez vous* (MK2 Vidéo, 2008-2011) – Antoine de Maximy, master ès accueil spontané !

» *Nus et Culottés* (Bonne Pioche, 2012-2021) – Nans et Mouts se font héberger en appliquant les techniques de ce chapitre

Film

» *J'irai dormir à Hollywood* (2008) – version longue des aventures du globe-trotteur en chemise rouge

"Ce ne sont pas les pierres qui bâtissent la maison, mais les hôtes."
Proverbe indien

Accueil organisé chez l'habitant

Objectif : prévoir un hébergement gratuit chez l'habitant par le biais d'un réseau d'hospitalité

Autres dénominations : Hospitality Exchange, Hospex, Couchsurfing

Intérêt économique 

Intérêt écologique 

Intérêt humain 

Degré d'aventure 

L'accueil organisé chez l'habitant, c'est quoi ?

DESCRIPTION DE LA TECHNIQUE

L'accueil organisé chez l'habitant, plus souvent appelé échange d'hospitalité, c'est profiter de la force d'un réseau de personnes prêtes à héberger gratuitement (ou à prix modique) des voyageurs dans une optique d'échange interculturel et d'entraide entre voyageurs. Contrairement à l'échange de maisons, il n'est pas nécessaire d'avoir la possibilité d'héberger réciproquement car il est postulé que l'hôte trouve son compte directement dans l'échange avec le voyageur.

COMPRENDRE LE CONTEXTE

Fondé comme mouvement de paix visant à renforcer la bonne entente des peuples à l'issue de la Seconde Guerre mondiale, Servas Open Doors (1949) fut le premier des réseaux d'hébergement. Vinrent ensuite les jeunes espérantistes en quête d'autres locuteurs – Pasporta Servo (1973) – qui s'unirent pour constituer des "bottins" de personnes désireuses de partager leur passion linguistique. C'est cependant avec la puissance déployée par l'Internet que ce "tourisme intimiste" s'est démocratisé, rassemblant aujourd'hui plus de huit millions de personnes sur de multiples sites.

Un peu de théorie

Intérêt

ÉCONOMIQUE

L'échange d'hospitalité est accessible à toutes les bourses, même les plus vides ! L'accès à certains réseaux est totalement gratuit tandis que d'autres demandent une cotisation avant de pouvoir accéder à leur bottin. L'hébergement à la nuitée est généralement gratuit et les parties sont invitées à négocier toutes les autres conditions, notamment en ce qui concerne la nourriture. Il n'est toutefois pas recommandé d'arriver les mains vides : objet, nourriture ou boisson typiques de son pays, chocolats ou autre présent à partager sont les bienvenus et participent à briser la glace.

Autre avantage non négligeable, vos hôtes sont en quelque sorte des experts de leur ville et de leur région. Ils vous donneront toutes les astuces pour économiser sur le transport local, les musées ou tout simplement pour trouver des produits à bas prix. Vous aurez également la possibilité de cuisiner sur place et de partager votre nourriture.

ÉCOLOGIQUE

D'un point de vue écologique, l'accueil organisé chez l'habitant s'inscrit dans une logique de partage des ressources et du matériel. Étant accueilli chez l'habitant, les infrastructures d'accueil existent déjà et vous êtes intégré au quotidien des gens qui vous hébergent. Dans les faits, votre empreinte écologique sera affectée par les habitudes de consommation locales ainsi que leur système de gestion des déchets.

Pour minimiser votre impact, vous profiterez de cette opportunité pour échanger des conseils sur la récupération ou la consommation et adapterez votre rythme de vie à celui de votre famille intérimaire.

HUMAIN

Que la personne qui vous reçoit soit un pur autochtone ou un étranger expatrié, se faire héberger par autrui est une opportunité d'en apprendre plus long sur les perceptions et les cultures de chacun. Cette rencontre désirée et acceptée à l'avance permet de prendre le temps de poser des questions à des gens qui ont souvent une certaine expérience des rencontres interculturelles.

Vous êtes amené à intégrer temporairement un milieu dans lequel on vous accorde un certain degré de confiance et à fraterniser autour d'une passion commune : le voyage. C'est un environnement "sécuritaire" qui laisse suffisamment d'espace et de temps pour comprendre vos propres réactions et croître à un niveau personnel.

Enfin, il est possible de solliciter délibérément des gens qui parlent une langue que l'on ne maîtrise pas encore, ce qui en fait également une authentique opportunité d'apprentissage des langues.

DEGRÉ D'AVENTURE

Si vous cherchez à faire quelque chose d'aventureux, mais "pas trop", l'hébergement organisé est tout à fait indiqué pour vous. Bien que la grande majorité des membres de sites *hospex* soient âgés de 20 à 30 ans, la pratique se démocratise et de plus en plus de familles et de personnes âgées y prennent part, ce qui témoigne de l'accessibilité de la pratique.

Pour tirer parti de l'expérience en minimisant les risques il convient de peaufiner ses compétences communicationnelles et de prendre le temps de clarifier les conditions de l'hébergement à l'avance. C'est une expérience avant tout humaine : faire preuve de flexibilité pour accepter l'autre et bien se connaître soi-même sont des moyens de prévenir les conflits, mais aussi des compétences qui vous seront utiles dans toute votre vie. À cet effet, prêtez attention aux histoires que racontent les participants expérimentés : vous tirerez vous aussi parti des apprentissages qu'ils ont fait lors de malentendus culturels.

GLOSSAIRE

Hôte : personne qui en héberge une autre en la recevant dans son logement
Invité : voyageur, personne hébergée, en général après avoir sollicité un hôte
Hospex : de l'anglais *hospitality exchange*, terme englobant toutes les organisations visant à permettre à des voyageurs de se faire héberger gratuitement

Aspects légaux

L'hospitalité organisée chez l'habitant est soumise aux mêmes lois que l'hospitalité spontanée, c'est-à-dire qu'elle présente des contraintes légales dans certains pays, notamment s'il est interdit d'héberger des étrangers ou s'il est obligatoire de déclarer leur présence. Ce n'est pas un fait rare – quelques recherches nous ont permis de découvrir que c'est le cas en Italie, en Chine et en Russie, pour ne citer que ces pays. Des problèmes peuvent également émaner du seul fait d'être fréquemment vu avec des étrangers – c'est un problème connu au Maghreb et en Égypte, notamment. Bien que cela ne soit pas interdit en soi, cela peut attirer l'attention des autorités et il est bon d'en être conscient.

Dans la pratique, il est très rare que cela pose problème, que ce soit parce que les gens ignorent les détails de la loi, parce qu'elle est peu appliquée ou parce que les membres des réseaux choisissent délibérément de ne pas s'y soumettre. Le risque légal peut être à la charge de l'hôte comme de l'invité : à vous de vous renseigner sur les conditions qui s'appliquent à votre séjour.

UNE UTILISATION NON COMMERCIALE

L'offre d'hébergement commerciale est soumise à des normes particulières, aux taxes, à l'impôt sur le revenu, etc. Rares sont les réseaux qui invitent au paiement d'une compensation pour les frais occasionnés par la présence d'occupants supplémentaires (lavage des draps, électricité, eau chaude, nourriture du petit-déjeuner, etc.) car cela peut être vu d'un point de vue légal comme une transaction commerciale.

Pour éviter les dérapages, les réseaux *hospex* exigent généralement la gratuité de la nuitée d'hébergement. Les membres ont alors la tâche de clarifier les termes de l'échange et de partager à la mesure de leurs moyens.

UNE RESPONSABILITÉ TOTALE

Lorsque vous prenez contact avec une autre personne via un réseau d'hébergement, vous portez la totale responsabilité quant à vos interactions. L'organisation facilitant cette rencontre ne peut être tenue responsable pour les dommages subis, par exemple dans le cas où des gens utiliseraient la structure du réseau de façon malveillante, pour la fraude, le vol, des actes de violence, etc. Il est donc primordial de comprendre les bases du fonctionnement des systèmes de sécurité mis en place sur le réseau et de prendre ses responsabilités tant d'un point de vue moral que légal. Nous verrons par la suite comment vivre pleinement cette expérience en évitant les situations à risque.

Sachez que vous êtes également imputable quant au contenu que vous placez en ligne, s'il y a lieu. La plupart des réseaux en ligne ont des critères d'acceptabilité précis quant au contenu : photos, informations personnelles, textes, messages sur les forums, etc. Le but est d'éviter le contenu à caractère violent, érotique ou diffamatoire, la propagande haineuse ou, plus généralement, le contenu illégal dans le pays d'enregistrement du réseau.

Les règles de base sont la tolérance, l'ouverture et le discernement. Dans tous les cas, veillez à prendre connaissance des règlements et recommandations précis du réseau choisi.

En pratique

Se préparer

Gestion de la confiance

Comment des gens peuvent-ils ainsi ouvrir leur porte régulièrement à de parfaits inconnus ? Ne craignent-ils pas d'être volés ou agressés ?

La grande force des *hospex* est qu'ils sont pourvus de systèmes permettant de choisir d'accorder sa confiance à des gens que l'on ne connaît pas directement. Vous connaissez Diane, qui est l'amie de Jakob, qui fait confiance à Maria, et c'est ainsi que vous frapperez à sa porte et dormirez sur vos deux oreilles. Bien sûr, votre sécurité ne pourra jamais être assurée à 100% avec ce système : Maria n'a jamais posé de problème à Jakob, mais il est possible qu'elle passe par une période difficile affectant la qualité de son accueil. La confiance ne se vit pas de façon binaire mais demande plutôt d'exercer un jugement ; c'est la juste contrepartie du risque.

Certains éléments peuvent cependant augmenter le niveau de confiance que vous accordez à une personne : l'information contenue dans son profil, la réputation qu'elle a dans le réseau, la force du lien vous unissant et la vérification de l'identité et/ou de l'adresse. À vous de choisir le cocktail de critères qui vous semble le plus pertinent.

RÉPUTATION ET RÉFÉRENCES

La réputation est l'ensemble des opinions données sur une personne à l'intérieur d'une communauté. Ces opinions :

» **permettent de juger** de la confiance que l'on peut accorder à cette personne

» **encouragent** les gens à être dignes de confiance

» **découragent** la participation des gens à qui on ne peut faire confiance

Les *hospex* les plus populaires disposent d'au moins une fonctionnalité permettant de jauger de la réputation d'une personne.

Sur le site de Couchsurfing par exemple, l'expérience vécue avec un autre membre est relatée dans une "référence". Chacune de ces références est composée d'une appréciation quantitative (recommanderait, ne recommanderait pas) et d'une autre qualitative, librement rédigée. Les références sont datées et nominales, c'est-à-dire que vous avez tout le loisir de juger de la crédibilité des expériences relatées. Libre à vous de vous faire votre propre opinion d'après les commentaires laissés par les gens et l'étude de leur profil.

FORCE DU LIEN
Les *hospex* s'apparentant à des réseaux sociaux, ils sont parfois pourvus d'une fonction permettant d'établir des liens entre notre profil et ceux de nos amis. Il est alors possible de voir rapidement si une personne est en fait l'amie d'un ami. C'est un **facteur de rapprochement** qui augmente le niveau de confiance.

VÉRIFICATION D'IDENTITÉ
À défaut de nous rassurer sur les intentions ou le caractère d'un autre membre, la vérification d'identité permet au moins de valider son nom ou son adresse, information précieuse si l'on devait porter plainte auprès des autorités, par exemple. Celle-ci peut être faite entre les membres ou encore directement par les gestionnaires du réseau à l'aide d'un passeport numérisé ou présenté à des bénévoles du site via une webcam, d'une carte de crédit (validation auprès de la banque) ou de toute autre pièce d'identité pertinente.

Vie privée et confidentialité

Lorsque vous fournissez vos données personnelles à un réseau *hospex*, celles-ci peuvent être gérées de plusieurs manières. Dans le cas d'un bottin envoyé aux membres, elles seront partagées avec tous les membres du réseau. Sur Internet, une grande partie de vos informations seront partagées sur votre profil, lequel peut être public ou consultable par les membres seulement. Les options de confidentialité varient énormément d'un réseau à un autre : à vous de choisir avec soin les informations que vous souhaitez partager.

Une caractéristique particulière des *hospex* est l'archivage d'informations. En effet, comme la confiance s'accorde avec le temps, il est crucial que les membres n'aient qu'une seule identité sur le réseau. Les réseaux conservent généralement en archives une copie de tous les profils supprimés, lesquels peuvent être réactivés sur simple demande. Il est ainsi beaucoup plus difficile de "repartir à neuf" sur le réseau et de court-circuiter les systèmes de gestion de la confiance.

À qui s'attendre ?

À tout ! Étudiants, familles, retraités, voyageurs... Vous trouverez une grande variété de personnes sur les *hospex*. Bien que vous soyez ouvert d'esprit, il est possible que certains styles de vie ou certains comportements vous choquent. Si vous êtes très prude, passer la nuit chez un naturiste peut être un réel défi ou se terminer en malentendu. Pensez que certains de vos comportements sont également déstabilisants ou inappropriés pour d'autres. Le militant végétarien ne voudra pas de viande dans le périmètre de son appartement, le maniaque de l'hygiène vous pointera prestement la douche...

Pour éviter les malentendus, prenez le temps de lire le profil de votre hôte car c'est l'endroit où seront normalement regroupées les informations importantes, les "règles" de la maison. Avec l'expérience, vous saurez vous-même détecter ce qui vous rend inconfortable et l'exprimer plus clairement.

Notez que si vous choisissez de devenir membre d'un réseau *hospex* en ligne, les gens auront au moins en commun l'accès régulier à Internet. Cela peut être un problème dans les parties du monde où l'accès à Internet est encore restreint. Dans des régions comme le Sahara ou l'Asie centrale, il est difficile de trouver des autochtones sur les réseaux : dans ce cas, mieux vaut tenter de se faire héberger spontanément (voir le chapitre *Accueil spontané chez l'habitant*, p. 318).

Remplir son profil

Le profil est le principal outil des *hospex* en ligne car avant même d'avoir une réputation, vous pouvez le remplir de sorte qu'il inspire la confiance. Remplissez-le honnêtement, même si ce n'est que sommairement : c'est une question de respect pour votre hôte potentiel qui peut alors faire un choix éclairé. De plus, c'est une première façon d'éviter les malentendus en clarifiant ses intentions, son style de vie, de voyage, etc.

Sur certains réseaux, avoir un profil incomplet peut bloquer votre envoi de messages aux membres – il s'agit d'une mesure freinant le courrier indésirable envoyé depuis des profils à peine remplis.

L'ajout d'une photo claire de votre visage multiplie vos chances d'être hébergé : votre image inspire une certaine confiance. Sachez également que dans plusieurs cas de fraude, les profils incriminés n'avaient pas de photo de la personne représentée. Il est bien normal que les gens se méfient : ne pas avoir de photo de soi revient un peu à porter une cagoule au moment de solliciter un hébergement...

Passer à l'action

Choisir son réseau

COUCHSURFING

Couchsurfing (CS ; www.couchsurfing.org) est le plus célèbre des *hospex*. Multilingue, il est composé d'environ quatorze millions de membres, dont la moitié se trouve en Europe et le quart en Amérique du Nord. On y retrouve des "groupes" de nature géographique (Paris, Shanghai, etc.) ou centrés sur des intérêts communs (auto-stoppeurs, familles, végétariens, vélotouristes, plus de cinquante ans, etc.).

Les rencontres collectives ("*Events*") sont fréquentes et encouragées. C'est une excellente façon de s'initier à ce type d'hébergement car cela permet de rencontrer d'autres membres, de répondre à ses questions et de partager des expériences.

La confiance est gérée par le biais de commentaires nominaux datés, de vérification du nom et de l'adresse lors d'un paiement (via les données bancaires) et d'une photo d'une pièce d'identité ainsi que des liens d'amitié entre les membres.

BEWELCOME

Réseau de convaincus, **BeWelcome** (BW ; www.bewelcome.org) n'affiche que 100 000 membres mais est surtout organisé différemment : si vous êtes partisan des logiciels libres, militant anti-hiérarchie et féru de droits intellectuels alternatifs, ce *hospex* est conçu spécialement pour vous ! Fondé par une poignée d'ex-bénévoles d'Hospitality Club (voir plus bas), le réseau continue d'attirer des passionnés en quête d'une gestion plus démocratique.

La confiance y est gérée par le biais de commentaires nominaux datés et de liens entre membres. Le site possède une traduction française.

TRUSTROOTS

Petit dernier des réseaux gratuits, **TrustRoots** (TR ; www.trustroots.org) est un réseau d'hébergement pour et par les auto-stoppeurs et nomades contemporains comptant un peu plus de 29 000 membres. Les fonctions de sécurité sont limitées pour le moment aux liens entre les personnes, mais le site est passé récemment en mode semi-privé, nécessitant une invitation pour le joindre. Porté par les fondateurs de plusieurs wikis voyageurs (Hitch-Wiki, TrashWiki, NomadWiki), le site Web évolue rapidement. Développeurs recherchés !

SERVAS OPEN DOORS

Si l'idée de joindre un réseau basé uniquement sur Internet vous donne le tournis, peut-être que **Servas** (www.servas-france.org) est pour vous. Le plus ancien des *hospex* est toujours bien actif : plus de 15 000 portes sont ouvertes aux voyageurs à travers le monde. Il n'est pas nécessaire de pouvoir accueillir pour se faire héberger, mais sachez que vous ne pourrez joindre Servas que sur entrevue suivie du paiement d'une cotisation annuelle. C'est que l'association se fait un point d'honneur de ne pas être une organisation de voyageurs, mais bien un organisme de promotion de la paix et de la compréhension interculturelle. Les interactions entre l'hôte et l'invité sont capitales ; aussi il n'est pas recommandé d'avoir un horaire serré de visites touristiques. L'organisation met particulièrement l'emphase sur les responsabilités du membre voyageur : échange culturel, partage, dialogue, etc.

Attention ! Il est nécessaire de joindre Servas avant de partir en voyage. Les hébergements potentiels vous seront communiqués sous forme de liste par pays. Vos responsabilités ne s'arrêteront pas au seuil de la porte le jour du départ. Il sera attendu que vous rédigiez un rapport sur votre voyage et que vous signaliez tout changement dans les coordonnées de vos hôtes ou toute irrégularité à votre coordinateur local au retour car c'est de cette façon personnalisée que se gère la confiance.

Les avantages ? Un réseau tissé plus serré, une clientèle plus âgée et généralement plus calme, une participation, un encadrement et une sécurité accrus.

Pour obtenir les coordonnées de votre coordinateur local, il vous faudra d'abord passer par le site Internet de la branche de votre pays, mais il sera ensuite rapidement possible d'établir un contact téléphonique (et humain !).

» www.servas-france.org
Branche française

» www.canadaservas.org
Branche canadienne

» servasingang.blog Branche belge

» www.servas.ch Branche helvétique

STAYDU

Communauté de 17 000 inscrits fondée en 2011, **Staydu** (www.staydu.com) diffère légèrement des autres au sens où il permet à ses membres de négocier les termes précis de l'échange : hébergement gratuit, contre travail ou contre compensation monétaire. Il est donc possible d'y faire des rencontres, de négocier une pension complète avec les

AUTRES RÉSEAUX HOSPEX

» **Global Freeloaders**
globalfreeloaders.com – Gratuit

» **Belodged**
belodged.com – Gratuit

» **Horizon**
horizonapp.co – Gratuit, options payantes

repas ou d'y apprendre des compétences via un travail (voir le chapitre *Accueil organisé contre travail*, p. 336). Ses adhérents viennent surtout d'Europe, d'Amérique du Nord et d'Australie. Le site n'est disponible qu'en anglais pour le moment.

HOSPITALITY CLUB

Plus ancien que son concurrent Couchsurfing, **Hospitality Club** (HC ; www.hospitalityclub.org) semble à présent plafonner autour du demi-million de membres, principalement en Europe. Difficile de dire combien sont vraiment actifs aujourd'hui. De design plus ancien et plus simple, il a peu évolué depuis sa mise en service et son ergonomie est limitée.

RÉSEAUX À CLIENTÈLE SPÉCIFIQUE

Si vous souhaitez joindre un réseau propre à une sous-culture, tels que les cyclistes ou les enseignants, vous serez ravi d'apprendre qu'il en existe quelques-uns. Reportez-vous au tableau p. 331 pour une liste des plus connus.

Chercher un hébergement

Dans le cas des bottins, la recherche est plutôt simple ; il s'agit de lire les descriptions et de solliciter les personnes qui vous intéressent.

Sur Internet, les *hospex* sont pourvus de moteurs de recherche permettant de trouver des hébergeurs potentiels en fonction du lieu (ou de la distance par rapport à un lieu). Dans certains cas, il est même possible de trier les résultats en fonction de certains critères : âge, langue parlée, date de dernière connexion au site, etc.

Prenez le temps de relire les profils qui vous intéressent en portant une attention particulière aux conditions d'hébergement proposées et aux différents systèmes de gestion de la confiance mis en place. Un élément ne devrait pas être évalué isolément, mais plutôt mis en perspective. Cette personne est-elle active sur le réseau ? Quand s'est-elle connectée pour la dernière fois ? Quand a-t-elle reçu son dernier commentaire ? Prenez le temps d'en lire quelques-uns, notamment les plus étoffés ou ceux qui pourraient porter à controverse. Tentez de lire entre les lignes et, en cas de doute, rappelez-vous que rien ne vous oblige à la contacter.

Dans les grandes villes, les gens les plus actifs (nombre d'amis ou de commentaires) sont trop souvent surbookés et il n'est pas rare de devoir envoyer plus d'une dizaine de demandes avant d'obtenir une réponse positive. Tentez de dénicher les hôtes potentiels moins actifs ou hors du centre et par conséquent, moins sollicités.

Formuler sa demande

QUAND ?

Il est recommandé d'envoyer des messages au moins une semaine à l'avance (pour laisser aux gens le temps de répondre), mais pas plus d'un mois avant la date d'arrivée car il est rare que les hôtes connaissent leurs disponibilités avec suffisamment de précision.

Sur les *hospex* dotés de forums, il est parfois possible de poster un message de type “appel à tous” si vous n'avez pas réussi à obtenir d'hébergement en envoyant des messages personnalisés.

Couchsurfing possède maintenant un système de recherche inversée : les hébergeurs peuvent ainsi regarder la liste des voyageurs en quête d'hébergement et les inviter directement. Cette fonctionnalité peut s'avérer pratique, pour peu que vous fassiez l'effort d'expliquer rapidement votre voyage dans l'espace prévu à cet effet. Attention, il faut indiquer des dates précises pour chaque lieu !

QUOI ?

Une demande n'a pas besoin d'être longue pour être utile et agréable. Précisez au moins les **dates** pour lesquelles vous sollicitez l'hébergement, le **nombre de personnes** voyageant ensemble et les **détails concernant votre arrivée**. Ajoutez une phrase ou deux sur les **raisons qui vous ont fait choisir cette personne** et les **activités que vous prévoyez de faire**. Certains hôtes ont des attentes spécifiques qu'ils précisent sur leur profil; veillez à adapter votre requête en conséquence. Enfin, ne négligez pas de mentionner tout besoin particulier (allergies, accès Internet, etc.).

Si vous voyagez avec quelqu'un d'autre, veillez à fournir à votre hôte potentiel un maximum de détails à son sujet ou si possible un lien vers son profil. Évitez de mentionner "un ami" vous accompagnant comme si ce n'était qu'un bagage de plus...

Comment ça se déroule ?

Si la communication s'est bien passée, vous aurez convenu avec votre hôte d'un point de rencontre, le plus souvent directement chez lui. La porte s'ouvre... et vous voilà à la maison pour quelques nuits !

Le contact commence bien souvent par une présentation et une visite des lieux. Si l'hôte ne vous les présente pas de lui-même, songez à lui demander quelles sont les règles de la maison.

Et si la porte demeurait fermée ? Des imprévus peuvent surgir à tout moment. Le voyageur prudent les aura anticipés en ayant d'autres ressources à portée de main : adresse d'une auberge de jeunesse, numéro de téléphone d'un autre contact local, etc. Le baroudeur plus aguerri saura sans doute s'en passer, prêt à rebondir en cas de pépin (accueil spontané, camping urbain, etc.).

Le reste du séjour dépendra bien sûr de chaque situation. Certains hôtes préfèrent vous considérer comme des colocataires temporaires, d'autres vous démontreront une hospitalité impeccable et vous empêcheront de lever même le petit doigt.

Il est tout de même recommandé de s'impliquer le plus possible dans son séjour en contribuant à sa mesure aux tâches de la maison : laver la vaisselle, passer un coup de balai, garder les espaces propres, faire quelques courses, cuisiner un repas, etc. N'attendez pas que l'on vous demande de l'aide : proposez-vous spontanément (voir le chapitre *Remercier sans argent*, p. 146).

Les partisans du budget zéro prévoiront des cadeaux récupérés et s'efforceront d'être des invités particulièrement agréables. La ligne est malheureusement très mince entre l'échange et l'abus. Sachez clarifier dès le départ les limites de votre budget et les activités prévues afin d'éviter tout malentendu. La personne que vous sollicitez aura alors le choix de vous héberger ou non sous ces conditions.

Planifiez votre propre programme mais de manière souple afin de pouvoir vous adapter aux propositions que vous fait votre hôte. Demandez-lui comment se déroulera sa journée et tentez de voir s'il est possible de passer du temps avec lui – il s'agit après tout d'apprendre à le connaître !

Étant l'invité dans l'univers d'autrui, pratiquez l'art de la conversation en évitant de porter des jugements rapidement ou de poser des questions indiscrètes. Jaugez les réactions de votre interlocuteur et sachez vous adapter à ses limites. Cela ne veut certainement pas dire être hypocrite, mais plutôt être attentif et flexible, voire même versatile. Sachez être différent et authentique sans être provocateur !

Avant de repartir

Veillez d'abord à tout ranger et à nettoyer l'espace qui vous a été octroyé. Puis, songez à écrire un petit mot de remerciement à l'égard de vos hôtes : certains ont d'ailleurs un livre d'or à cet effet. Un petit cadeau est également bienvenu, mais une petite attention suffit : un poème, un dessin, une recette...

Une fois parti

Il est d'usage que les invités fassent les premiers l'effort de relater leur expérience par l'ajout d'un commentaire au profil de leurs hôtes. Ce commentaire n'a cependant pas pour but de les remercier, mais plutôt d'aider les autres membres du réseau à se forger une opinion sur la confiance qu'ils peuvent leur accorder. Veillez donc à fournir des informations utiles !

» **Contexte :** dans quel cadre avez-vous rencontré cette personne ? Avez-vous passé beaucoup de temps ensemble ? Il s'agit ici de donner la portée de votre commentaire. Passer 1 heure à discuter dans une fête, être hébergé pour une semaine ou choisir de partir après la première nuit n'ont pas les mêmes conséquences.

» **Éléments importants :** y a-t-il des choses à savoir concernant cette personne ou son offre d'hébergement ? Par exemple, vous pourriez mentionner sa grande passion, des colocataires fêtards, un comportement jugé déplacé, l'éloignement de la ville, un animal domestique envahissant, bref, toute information pertinente pour un prochain invité.

» **Appréciation :** quel est votre sentiment général après cette expérience ? Y retourneriez-vous ? Conseillez-vous aux autres voyageurs de rendre visite à cette personne ?

RÉSEAUX SPÉCIFIQUES

NOM ET ADRESSE	POUR QUI ?	LANGUE(S)
Warmshowers www.warmshowers.org	Cyclistes	Multilingue
Cyclo-Accueil-Cyclo www.cyclo-camping.international	Cyclistes	Français
Women Welcome Women Worldwide www.womenwelcomewomen.org.uk	Femmes et leur famille qui les accompagne	Anglais
Pasporta Servo www.pasportaservo.org	Espérantistes	Esperanto
LGHEI www.lghei.org	Gays, lesbiennes, bisexuels et transgenres	Anglais, quelques textes en français, espagnol, allemand et italien
Route des SEL route-des-sel.org	Membres d'un Système d'échange local (SEL)	Français
Teacher Travel Web www.teacherstravelweb.com	Enseignants	Anglais
Swap & Surf www.swapandsurf.com	Surfeurs	Anglais
Hostwriter www.hostwriter.org	Écrivains	Anglais
TeachSurfing teachsurfing.org	Enseignants	Anglais
Moto Stays www.motostays.com	Motards	Anglais

Proposer un hébergement

Si vous séjournez quelque part pendant quelque temps, pourquoi ne pas proposer vous-même un hébergement ? C'est une bonne façon de laisser venir à soi le voyage et d'en apprendre sur soi-même et les autres avant d'oser le grand départ ou le retour sur la route.

Les gens qui accueillent fréquemment ont souvent une liste de consignes précises sur leur profil ou dans leur chambre d'invité. Prenez le temps de détailler le plus possible vos attentes et consignes pour vos futurs invités !

Du mythe à la réalité : risques et difficultés

Les mauvaises expériences sont très rares (moins de 1%) et sont dans la grande majorité des cas des malentendus, des conflits de personnalité ou des non-dits. En d'autres termes, ce sont des problèmes évitables pour peu que l'on prenne sa propre sécurité en main et que l'on sache quitter une situation dès que ça dérape.

Voici toutefois un rapide panorama des risques les plus courants et des manières de les éviter. Vous constaterez qu'il s'agit surtout de demeurer vigilant. L'expérience de la générosité et de l'échange est très grisante, très émouvante. Face à tant de bonté, on en vient à oublier que les difficultés peuvent survenir ou que certaines personnes pourraient exploiter le système pour arnaquer les voyageurs. C'est souvent à ce moment que l'on devient vulnérable; une attention saine et constante est donc de rigueur.

Malentendus

Il serait impossible de détailler tous les malentendus possibles, mais certains domaines sont des sources de malentendus notoires : différences culturelles, ponctualité, argent, intentions romantiques, partage de la nourriture, degré de rangement/propreté, interaction minimale attendue, usage d'Internet, niveau d'autonomie, respect de l'intimité et de l'espace personnel. Nous vous donnons ici quelques conseils pour les éviter et vous invitons à lire le chapitre *Communication interculturelle* (p. 124) pour approfondir le sujet.

Relisez le profil de votre hôte avant d'arriver, au cas où il y aurait des consignes importantes.

Soyez honnête Si vous pensez qu'un petit mensonge ne fait pas de mal, sachez que c'est bien souvent un petit accrochage qui engendre un grand carambolage.

Ne prenez rien pour acquis et en cas de doute, demandez ! Clarifiez les incertitudes, demandez la permission avant de toucher à quelque chose, avant d'utiliser la salle de bains ou le lave-linge, pour ne donner que ces exemples.

Ne sous-estimez pas le fossé culturel ou linguistique ! Certains mots ont des sens différents lorsqu'on les traduit littéralement ou même simplement d'une région du monde à une autre. Pire encore, certains signes ou comportements ne sont pas du tout acceptables.

Posez vos limites Beaucoup de malentendus naissent de limites franchies inconsciemment. Comment l'autre personne peut-elle deviner ce qui ne va pas si vous ne le lui dites pas ?

Soyez proactif dans vos communications N'attendez pas que la coupe soit pleine pour rectifier la situation. Par exemple, reformulez quand vous n'êtes pas certain d'avoir bien compris.

Soyez flexible Sachez vous fondre dans le décor de la maison ou vous caler sur les habitudes locales.

⚠ Beaucoup de gens questionnent la pertinence de l'*hospex* pour les gens voyageant en auto-stop, moyen de transport à efficacité aléatoire s'il en est. C'est que l'heure d'arrivée du voyageur peut être source de malentendus, surtout si votre hôte aménage son emploi du temps en fonction de votre arrivée. Mieux vaut dire clairement dès le début que vous ne pouvez donner une heure ou même une journée avec certitude. Prévoyez des trajets relativement courts et faites en sorte que si quelqu'un doit attendre l'autre, ce soit vous. Si vous ne pouvez pas vous déplacer jusqu'à lui dans les délais que vous avez fixés, tentez de le prévenir le plus rapidement possible.

Dragueurs

Comme dans pratiquement tous les environnements sociaux, il est possible de se retrouver nez à nez avec des gens dont les intentions sont plus romantiques ou sexuelles qu'interculturelles. Les hommes peuvent être touchés tout autant que les femmes et les offres peuvent être hétéro- ou homosexuelles.

Les profils "de drague" sont pour la plupart simples à "décoder", tout comme les messages envoyés. Il est recommandé d'ignorer ces offres et de les signaler comme courrier indésirable auprès du réseau (s'il y a lieu).

Lors de la rencontre même, les systèmes de confiance mis en place sont tels qu'en règle générale les gens sont prudents et évitent de se trouver dans une situation qui pourrait entraîner un commentaire négatif sur leur profil. Il y a cependant des exceptions ; en voici quelques exemples :

CONFLITS INTERCULTURELS

Cas classique de malentendu culturel, la drague ou le flirt ne sont pas interprétés ni gérés de la même façon d'une culture à l'autre. L'exemple suivant semble caricatural, mais est bien réel : une rencontre entre une Américaine et un Italien qui tourne mal.

Peu attentif aux aspects culturels de son comportement, l'Italien a beaucoup de contact physique avec son invitée, lui passant le bras autour des épaules, la complimentant et lui offrant sans cesse à boire. Soucieuse d'être polie et très mal à l'aise, l'Américaine interprète le tout comme des avances et s'efforce de ne pas lui donner de signe d'encouragement, se disant "qu'il va bien finir par comprendre". Sans réaction négative de la part de son invitée, celui-ci ne comprend pas et continue tout bonnement. L'Américaine évite la confrontation, le remercie de son hospitalité et le quitte en vitesse, pas rassurée. Au retour, elle rédige un commentaire négatif bien salé "afin de prévenir les femmes seules". L'Italien, abasourdi et humilié publiquement, rédige alors en retour un commentaire négatif plein d'insultes...

S'il avait été plus attentif culturellement et si elle avait été plus claire quant à son inconfort, tout l'incident aurait pu être évité !

LOURDAUDS DE NATURE

Les *hospex* n'excluent que les personnes présentant des risques pour la sécurité, non ceux dont la personnalité est extravagante, marginale ou dont les aptitudes sociales sont limitées. Il faut donc s'attendre à en croiser quelques-uns au fil de nos rencontres. Les conseils restent toujours un peu les mêmes : bien signaler ses limites, tenter de faire comprendre à la personne ce qui nous semble acceptable ou non, donner une opportunité de rectifier la situation et partir ou faire une scène si l'on a épuisé toutes les autres options. Jugez s'il y a lieu de rédiger un commentaire sur cette personne, compte tenu de votre propre expérience.

FÊTES BIEN ARROSÉES

Les environnements où l'alcool coule à flots sont souvent le théâtre d'événements désagréables. Pour mettre le dragueur en fuite, il ne faut pas hésiter à lui faire comprendre que son comportement dépasse les bornes. Personne ne souhaite être humilié publiquement, mais l'alcool ne doit jamais être une excuse pour un comportement déplacé.

Avant de commencer à voyager, que vous demeuriez chez l'habitant ou non, il est bon de vous préparer mentalement à une situation désagréable. Pratiquez devant une glace différents niveaux d'urgence : "Je suis mal à l'aise avec ce type de comportement. Est-ce que tu pourrais respecter cette limite s'il te plaît et m'éclairer sur tes intentions ?", "Ceci n'est pas acceptable, arrête ou je pars." Soyez réellement prêt à partir ! Pour plus de conseils, voir le chapitre *Assurer sa sécurité* (p. 356).

Arnaques

S'il est vrai que l'immense majorité des utilisateurs des réseaux *hospex* sont des routards qui n'ont que faire de votre télévision (elle alourdirait leurs bagages), il ne faut cependant pas être naïf. Après le courrier électronique et les sites d'annonces classées, les réseaux d'hospitalité sont maintenant aussi ciblés par les arnaqueurs. Bonne nouvelle cependant, de tous les désagréments auxquels vous serez confronté, ce sont les plus facilement évitables. Quelques scénarios classiques :

SCAM NIGÉRIEN

Cette arnaque prenait originellement la forme d'un courrier électronique d'une personne prétendant être l'unique héritière en détresse d'un riche roi africain ayant besoin de votre aide pour récupérer son héritage. Sur les réseaux *hospex*, c'est d'abord l'amour pur et vrai qu'ils recherchent en vous invitant à leur envoyer un e-mail à leur adresse personnelle. Après de longs échanges, ils vous convainquent de leur envoyer une somme d'argent importante.

Pour l'éviter : ces messages sont relativement uniformes et faciles à détecter ; signalez-les comme courrier indésirable auprès du réseau (si c'est possible) et ignorez-les simplement.

VOYAGEUR EN DÉTRESSE

Il vous appelle directement car il a trouvé votre numéro en ligne ou encore il vient tout juste de s'inscrire car quelqu'un lui a parlé de ce réseau en l'entendant raconter ses malheurs. Lors de son dernier voyage en train, on lui a tout volé : ses papiers d'identité, son passeport, son argent. Il vous demande de l'aider en l'hébergeant le temps qu'il fasse les démarches car il n'a même plus assez d'argent pour se faire héberger en auberge de jeunesse. Une fois qu'il est chez vous, il se montre un excellent invité et vous lui faites confiance. Le lendemain, vous partez pour le travail et au retour vous remarquez que tout ce qui avait de la valeur a disparu...

Pour l'éviter : fixez-vous des critères de sécurité minimaux et maintenez-les. Demandez toujours à voir le profil de la personne et à vérifier les commentaires laissés par d'autres. S'il n'y en a pas, soyez conscient du risque que vous prenez et modulez votre offre d'hospitalité en conséquence, par exemple en exigeant que la personne ne reste pas chez vous quand vous n'y êtes pas vous-même. Si vous n'êtes pas à l'aise, refusez.

RÉSERVATIONS

Vous êtes de passage à Munich pour l'Oktoberfest ou à Rio pour le carnaval. Ce sera bien sûr impossible de trouver un hébergement *hospex* alors vous cherchez à louer une chambre. Quelle chance, vous tombez sur un membre du réseau qui vous aide à en trouver une. Il suffit de confirmer la réservation au plus tôt en envoyant la moitié de l'argent requis pour la location...

Variantes : on vous offre de voyager à deux en partageant les coûts puis on vous incite à vous joindre ensemble à un groupe organisé pour une partie du séjour, à acheter des billets à l'avance pour un événement ou à faire des activités plus coûteuses comme un safari, du rafting, etc.

Pour l'éviter : les bons comptes font les bons amis, mais l'inverse est aussi vrai. N'envoyez jamais d'argent par Internet à des inconnus, même s'ils vous semblent connus du réseau.

TÉMOIGNAGE

"Nous sommes un couple de seniors voyageant au gré de nos envies et à notre rythme. Pour différentes raisons dont le besoin de confort, d'échange et d'économie, nous logeons très souvent chez l'habitant. Quels sont les avantages ? En dehors du coût, nous le faisons pour échapper à l'anonymat des hôtels et entrer en contact avec des locaux qui sont souvent ravis de nous conseiller, de nous orienter vers des activités ou des visites auxquelles nous n'aurions pas pensé ou qui sont oubliées par les guides de voyages. Nous échangeons avec eux sur leur mode de vie, sur leur culture et ils répondent à toutes nos questions. Ce sont eux qui nous procurent nos meilleurs souvenirs. Ils nous interrogent aussi sur la France et remettent en question nos éventuels acquis. Souvent, ils connaissent plus de choses sur la France et son actualité que nous sur leur pays et nous permettent de la regarder avec un œil neuf.

Chez Karine et Fabrice en Nouvelle-Calédonie, nous avons découvert la culture kanake et son devenir, ainsi qu'une cuisine italienne à tomber. À la place des visites prévues, une amitié durable est née, doublée d'une expérience sans prix. Puis, chez Kathleen à Wellington, en Nouvelle-Zélande, nous avons pu échanger sur la culture maorie, leur histoire, leurs difficultés et leurs moyens de les résoudre avec une personne intéressée, intéressante et très bien placée sur ce sujet captivant. Avec Nina à Singapour, parler de déforestation et de mise en danger des orangs-outans reste un grand moment pour nous. L'huile de palme ne passera plus par nous !

Quand nous logeons chez l'habitant, nous partageons plus qu'un logement. Nous échangeons sur ce que nous sommes, nos croyances, notre culture, nos difficultés aussi, sans oublier notre façon de cuisiner. Voyager, c'est apprendre et échanger, et loger chez l'habitant en est un moyen privilégié."

Solange et Bernard, seniors en vadrouille, seniors-en-vadrouille.fr

D'une manière générale, tentez de détecter les faux profils : images floues, petites et prises de loin, attitude simpliste et bidon. Il est bon de rappeler que contrairement à Paypal, Amazon ou eBay, les *hospex* ne sont pas pourvus de systèmes de gestion de la confiance adaptés aux transactions commerciales.

Gros problèmes

Il y en a peu, mais ils arrivent ; les *hospex* sont tellement gros à présent qu'il serait surprenant qu'on n'y trouve absolument aucun crime sérieux. Il est donc possible (mais peu probable) que vous soyez victime de violence, harcèlement sexuel, chantage, vol, viol…

Si cela vous arrive, vous devez avant tout vous mettre en sécurité, c'est-à-dire sortir au plus vite de la situation de danger. Ensuite, il est recommandé de contacter les autorités au plus tôt (police, ambassade, banque, etc.) et de déposer une plainte.

Une fois les formalités remplies, allez chercher un soutien moral auprès de personnes de confiance, puis contactez les administrateurs pour signaler le problème. Ceux-ci ont des protocoles relativement précis et sauront vous guider à travers la procédure. Sachez cependant que si vous choisissez de ne pas porter plainte auprès de la police, il est peu probable qu'ils puissent faire quoi que ce soit.

Variations sur un même thème

Accueil organisé chez l'habitant contre rémunération

Trouver un logement gratuit chez l'habitant n'est pas toujours aisé. La percée des réseaux *hospex* auprès des populations locales est parfois lente pour des raisons culturelles, technologiques, économiques, légales ou sécuritaires. Dans certains cas, il est tout de même possible de loger chez l'habitant et de bénéficier d'un échange interculturel, moyennant une contrepartie monétaire raisonnable. Les offices du tourisme locaux et les agences reconnues de tourisme équitable ou solidaires transigent directement avec les habitants ou passent par le biais de coopératives touristiques locales. C'est une façon de s'assurer des retombées locales de votre démarche locative.

Ces dernières années ont vu éclore des sites Web d'économie collaborative permettant la mise en contact de personnes pour une offre d'hébergement payante – parfois au sein d'un foyer ou, le plus souvent, des locations plus traditionnelles. Les intérêts principaux de ce système sont l'autonomie et le confort. Les systèmes de gestion de la confiance de ces sites sont similaires à celui des *hospex* gratuits présentés dans ce chapitre. Les plus connus sont **Airbnb** (www.airbnb.com), **Wimdu** (www.wimdu.fr), **Bedycasa** (fr.bedycasa.com), **HouseTrip** (www.housetrip.fr), **9flats** (www.9flats.com), **Abritel** (www.abritel.fr) et **HomeStay** (www.homestay.com). Une variante intéressante, **Evergreen Club** (www.evergreenclub.com), propose des hébergements pour les personnes de 50 ans et plus au tarif maximal de 20 $ la nuitée.

En dépit de leur caractère pratique et de leur grande popularité, ces systèmes **n'ont pas que des retombées positives sur les populations locales**. Il faut savoir, par exemple, qu'une grande partie des annonces sont postées par des groupes qui gèrent de nombreux appartements. Il y a souvent un vide juridique (et parfois une franche illégalité) autour des locations entre particuliers, lesquelles font une concurrence déloyale au secteur hôtelier sans avoir à se conformer aux normes de sécurité et aux impôts locaux. De plus, la grande popularité de ces sites accélère le phénomène de spéculation immobilière et de gentrification tout en favorisant la flambée du marché locatif.

S'il n'y a pas de mal à louer une chambre chez l'habitant, la location de logements entiers pousse les propriétaires de logements des centres-villes à expulser leurs locataires pour les louer aux touristes, diminuant le taux d'occupation des logements et fragilisant le tissu social urbain. Le site **InsideAirbnb** (www.insideairbnb.com) invite à consulter les statistiques publiques de certaines grandes villes pour s'en rendre compte.

Échanges linguistiques

Les sites et organisations d'échanges linguistiques ont parfois un volet "Hébergement" dont les membres font venir à eux des locuteurs de la langue qui les intéresse. En échange de l'hébergement, on vous demande alors de converser avec vos hôtes. Quelques exemples : **TalkTalkBnb** (www.talktalkbnb.com), **GoCambio** (www.gocambio.com) et **Myhostpitality** (www.myhostpitality.com).

Pour aller plus loin

Sites Web

Voir la section *Choisir son réseau* (p. 328).

Livres techniques

» PICARD, David. *Couchsurfing Cosmopolitanisms: Can Tourism Make a Better World?* (Transcript-Verlag, 2021)

» HEGRON, Jean-Yves et PAGÈS, Jean-Louis. *Voyager presque gratuit : guide des réseaux d'hospitalité* (Solilang, 2009)

Récits et réflexions

» BRITTEN, Fleur. *On the Couch* (HarperCollins Publishers Limited, 2009)

» THACKER, Brian. *Sleeping Around: A Couch-Surfing Tour Of The Globe* (Allen & Unwin, 2009)

›

"Il faut apprendre à rester serein au milieu de l'activité et à être vibrant de vie au repos." Gandhi

Accueil organisé contre travail

Objectif : prévoir un hébergement gratuit en échange de quelques heures de travail

Intérêt économique

Intérêt écologique

Intérêt humain

Degré d'aventure

L'accueil organisé contre travail, c'est quoi ?

DESCRIPTION DE LA TECHNIQUE

Travailler en échange du gîte, et bien souvent du couvert, est une façon économique de voyager et d'élargir ses horizons. Le logement fourni diffère d'un lieu à l'autre, allant de la tente à la maison meublée. Le travail peut également varier de quelques heures à des journées complètes.

COMPRENDRE LE CONTEXTE

Contrastant avec l'époque des grandes guerres, la seconde moitié du XXe siècle aura été féconde en opportunités de voyages interculturels. Chantiers internationaux, volontariat humanitaire, séjours de jeunes filles au pair, bénévolat dans des fermes bio ou dans des communautés, les occasions ne manquent pas, surtout pour les jeunes adultes ! Et comme si ce n'était pas suffisant, l'Union européenne a vu naître le Service volontaire européen (SVE) en 1998, permettant à environ 2 000 jeunes de faire une expérience de bénévolat dans l'un des 50 pays participants. À présent, il n'y a plus d'excuse pour rester chez soi...

Un peu de théorie

Intérêt

ÉCONOMIQUE

L'hébergement contre travail permet de voyager et vivre à un endroit autre que son lieu de résidence à peu de frais ou même tous frais payés. Les conditions varient considérablement d'une formule à l'autre. Il est parfois possible d'obtenir un peu d'argent de poche en plus du paiement des dépenses essentielles. D'autre part, l'intérêt est variable car un grand nombre d'entreprises proposent maintenant des opportunités de bénévolat "tout compris" qui peuvent somme toute coûter assez cher.

ÉCOLOGIQUE

Ce type de voyage revient à devenir nouveau résident d'un lieu, ce qui n'engendre que peu d'impact écologique directement lié au voyage. Les infrastructures ne sont pas celles qui sont utilisées par l'industrie du tourisme et, compte tenu du caractère rural de certains placements, la charge écologique est décentralisée. En résumé, l'empreinte écologique de cette technique est très variable selon les conditions d'hébergement, les infrastructures allouées aux bénévoles, la gestion des ressources et des déchets, etc.

HUMAIN

Travailler signifie bien souvent s'intégrer dans une famille, un groupe de voyageurs ou une communauté locale. L'intérêt humain de cette pratique dépend bien sûr du degré d'interaction que l'on a avec les autres, lequel peut être faible dans le cas du gardiennage de maison mais très élevé dans le cas du travail au pair ou du volontariat international : des liens durables sont alors tissés et la culture d'accueil laisse une forte impression au participant.

DEGRÉ D'AVENTURE

L'encadrement lié à cette pratique en fait une option de choix pour les voyageurs débutants. De nombreux organismes proposent de l'information et du support aux personnes voulant travailler au pair ou proposent des programmes de bénévolat à l'étranger. En somme, il est possible de payer plus cher et d'être très accompagné dans la procédure administrative, ou de se lancer à peu de frais et de façon complètement autonome dans l'aventure.

Les possibilités d'hébergement contre travail ne demandent en général pas de qualification préalable, mais plutôt un bon sens des responsabilités. Les tâches à effectuer sont simples et souvent répétitives, mais en demeurant assez longtemps sur place, il est parfois possible de varier les tâches et les apprentissages !

ATTENTION

Lorsque vous cherchez l'accueil contre du travail, restez vigilant quant aux ramifications éthiques de votre présence (surtout dans les structures organisées). Votre aide est parfois réelle et bienvenue, mais guettez :

- La marchandisation et/ou exploitation de bénévoles motivés et en quête de sens.
- La déstabilisation des équilibres culturels et socio-économiques locaux par la venue d'étrangers (même bien intentionnés).
- L'accaparement par des bénévoles étrangers de tâches qui devraient pouvoir procurer un travail rémunéré à des populations locales souvent pauvres et au chômage.

Renseignez-vous et accompagnez votre démarche d'une véritable et profonde réflexion politico-éthique. Qu'est-ce que "développement" signifie pour vous, et œuvrez-vous en accord avec vos valeurs profondes ?

Aspects légaux

Les statuts et conditions de l'accueil contre travail étant variables, les aspects légaux seront traités au fil du texte. Il est toutefois utile de noter qu'il est techniquement interdit de travailler sans visa de travail et qu'il est compliqué voire impossible de changer de statut une fois sur place. Le bénévolat n'a souvent pas de statut propre et est assimilé à du travail. Enfin, les visas touristiques ou l'entrée dans un pays avec un passeport (sans visa) ne donnent a priori pas l'autorisation de travailler ni même de faire du bénévolat à temps plein.

En pratique

Volontariat international

Le thème du volontariat international est vaste et dépasse largement le cadre de ce guide, d'autant plus que les programmes varient à travers les pays de la francophonie. Voici cependant une petite introduction vous permettant de vous familiariser avec les concepts propres au volontariat.

QUELQUES ACRONYMES ET DÉFINITIONS

Chantiers internationaux : travail manuel de volontaires au sein de petites structures associatives locales, sans soutien de l'État. Les chantiers ont souvent pour but la restauration de sites patrimoniaux et la rencontre entre jeunes adultes d'origines diverses.

Peace Brigades International – Volontaires pour la paix : envoi d'équipes de volontaires sur les zones de conflits pour offrir un accompagnement protecteur aux membres d'associations menacés par la violence politique. www.pbi-france.org

QSF – Québec sans frontières : envoi de jeunes volontaires (18-35 ans) pour des missions courtes (environ deux mois) avec des organismes de solidarité accrédités. www.mrif.gouv.qc.ca/qsf

SCV – Service civique volontaire : ce programme français pour les 18-25 ans (jusqu'à 30 ans pour les personnes en situation de handicap) propose quelques missions à l'international sur www.echanges-partenariats.org. Existe aussi en version belge (www.scibelgium.be) et suisse (www.scich.org).

SVE – Service volontaire européen : mission d'intérêt général de 2 semaines à 12 mois dans des associations ou des collectivités. Accessible aux Européens de 18-30 ans. site.erasmusplus-jeunesse.fr

UNV – Volontaires des Nations unies : envoi de volontaires professionnels avec allocations sur une durée de 6 à 12 mois, principalement dans les domaines de l'humanitaire et du développement. www.unv.org

VIA – Volontariat international administratif : volontariat pour les 18-28 ans dans le service public français à l'international, mais le réseau propose aussi des offres d'emploi de la part d'entreprises privées. www.civiweb.com

VIE – Volontariat international en entreprise : mission auprès d'une entreprise française à l'étranger. export.businessfrance.fr/vie

VSI – Volontaire pour la solidarité internationale : missions de 1 à 6 ans avec statut de volontaire, formations au départ, prise en charge, etc. Accessible en France aux 18 ans et plus. On retrouve la liste des associations agréées en France sur www.clong-volontariat.org. Voir aussi www.servicevolontaire.org

Destinations usuelles

Le volontariat peut être effectué partout dans le monde, pour peu qu'il soit légal pour un étranger de le pratiquer et que les visas appropriés soient accessibles. Il est facilité par la présence d'organisations non gouvernementales (ONG) ou de programmes mis en place par l'État.

Éligibilité

Les programmes de volontariat international ont souvent pour cible les jeunes travailleurs, soit les personnes âgées de 18 à 28 ans, parfois même jusqu'à 30 ou 35 ans.

Par ailleurs, certains programmes de coopération internationale ou d'aide humanitaire favorisent l'envoi de travailleurs bénévoles qualifiés et expérimentés : administrateurs, psychologues, infographistes, enseignants, médecins, kinésithérapeutes, travailleurs sociaux, etc. Les programmes sont souvent restreints aux personnes titulaires de la nationalité ou de la résidence permanente du pays qui les offre.

Payer pour être bénévole ?

Dans les pays anglo-saxons, il n'est pas rare de prendre une année pour voyager et partir à la quête de soi-même entre deux grandes étapes de la vie, par exemple entre le lycée et la formation supérieure ou encore avant l'entrée sur le marché du travail. C'est ce qu'on appelle le *gap year*, l'équivalent de l'année sabbatique. Les jeunes sont encouragés à obtenir une expérience de travail bénévole ou à voyager, et beaucoup préfèrent combiner les deux.

Si ce secteur était à l'origine la chasse gardée des ONG et des gouvernements, ce n'est plus le cas aujourd'hui. Une grande partie de l'offre est gérée par le secteur privé à but bel et bien lucratif. Les organisations se font donc à présent concurrence sur le marché des opportunités de bénévolat caritatif, offrant des packs tout inclus à qui veut aider à construire des écoles en Afrique, à creuser des puits au Pakistan ou sauver des tortues au Mexique…

Est-il logique de payer pour être bénévole ? Parfois. Il y a en effet un coût important à faire venir des bénévoles de l'étranger. Entre les différentes procédures pour les visas, les transports sur place, l'hébergement, la nourriture et l'encadrement à fournir, il faut aussi considérer que l'inexpérience, les difficultés d'adaptation et le peu de maturité de la grande majorité des participants en font une main-d'œuvre peu efficace. Au fond, le grand bénéficiaire de l'expérience de volontariat, c'est le participant qui en sort grandi, sensibilisé, mûri, parfois même émancipé. Le volontariat international "organisé" répond à une demande du marché, un public qui a besoin de plus d'encadrement pour partir à l'étranger et se sentir utile.

Loin de nous l'idée de regarder avec dédain ces opportunités de voyage. Toutefois, si vous êtes arrivé jusqu'ici dans la lecture de ce guide, vous avez probablement la fibre du voyageur indépendant. Sur ce point, nous aimerions vous rassurer : **il existe de nombreuses possibilités de travailler bénévolement pour un coût minime ou nul**. Il faut prendre le temps de les débusquer, assumer la responsabilité de son transport et des procédures administratives et s'armer de beaucoup de patience.

Par où commencer ?

Évaluez vos besoins :

» Où voulez-vous partir ?

» Quand ?

» Pour quelle durée ? Les missions peuvent durer de deux semaines à deux ans.

» Quel domaine vous intéresse ? Dans quoi avez-vous des expériences pertinentes ? Santé et hygiène, microcrédit, commerce équitable, chantiers, médias, informatique, théâtre, conservation, écotourisme, environnement, agriculture, éducation, orphelinats, etc.

» Cherchez-vous un stage à incorporer dans vos études ou bien seulement à titre personnel ?

» Êtes-vous prêt à apprendre ou perfectionner une autre langue ?

» De combien d'argent disposez-vous ? Une certaine somme peut être requise pour les formalités administratives, votre argent de poche, le transport, etc.

» Souhaitez-vous vivre une expérience de groupe ou plutôt en solo ? La vie de groupe est très formatrice sur le plan humain, mais aussi épuisante...

» Êtes-vous spécialisé dans un domaine particulier ? Les diplômés des secteurs de

TÉMOIGNAGE

"Installée cette année-là à Rimouski, au Québec, j'effectuais un retour à la terre, loin de Montréal et des capitales. Ma petite erreur cependant était de penser qu'une ville de 45 000 habitants et une chambre d'étudiante de 10 m² avec vue sur le parking feraient de moi la prochaine José Bové. Je feuilletai donc l'annuaire de Wwoof Canada et cherchai à compléter la formation d'herboristerie entamée par correspondance. Je choisis la ferme Viv-Herbes, à deux heures de route au fond d'un bois. Chantal, herboriste-propriétaire et mère monoparentale de quatre enfants, m'accueillit avec sa tribu. Je plantai ma tente à côté de la maison.

Le lendemain vers six heures du matin, lors d'une promenade matinale, je tombai sur Alain, le stagiaire saisonnier qui m'expliqua la routine du jour : 'Le matin on bine, l'après-midi on cueille.' J'allais devoir manier la bêche, m'agenouiller dans la terre et me vider la tête. 'Les mauvaises herbes ont aussi leur utilité', me dit Chantal en travaillant trois fois plus vite que moi, 'Prends l'exemple du mouron aux oiseaux que tu arraches en ce moment, c'est aussi une plante médicinale.'

Après un succulent repas végétarien en famille, je retournai aux jardins l'esprit léger. 'On cueille l'après-midi car les fleurs sont grandes ouvertes, gorgées de soleil. Commençons aujourd'hui par les mauves de Mauritanie', me dit-elle avec tendresse. 'Elle sont très mellifères alors les abeilles les visitent. Pour ne pas te faire piquer, évite de les surprendre et cueille du bout des doigts, sans vraiment empoigner la fleur.'

'Sois attentive à tes émotions quand tu cueilles. Ça affecte la qualité des fleurs, et tu remarqueras que ton attitude change d'une plante à l'autre.' Ses paroles semblaient fantaisistes, mais je ne compris leur portée qu'en jouant avec les enfants dans le carré de framboises, en m'endormant entre deux rangées de camomille allemande et en m'isolant pour cueillir des roses. En dix jours, je me fis des amies pour la vie : des dizaines de plantes que je connais par leur nom et reconnais dans les jardins."

Anick-Marie

LE WWOOFING EST POUR VOUS SI :

» Vous aimez travailler de façon autonome sans vous plaindre, même si le travail est long, répétitif et parfois ennuyeux.

» Vous avez un bon sens de l'observation, de l'initiative, une bonne faculté d'adaptation et le sens des responsabilités.

» Vous comprenez que vos hôtes sont aussi des êtres humains en situation d'apprentissage et qu'ils peuvent faire des erreurs ou être incohérents.

» Vous vous adaptez aux habitudes de consommation d'eau potable et d'électricité (s'il y en a !) de la famille.

» Vous aimez cuisiner et donner un coup de main pour nettoyer.

» Vous êtes proactif dans vos communications, notamment si quelque chose ne va pas.

» Vous êtes capable de vous arrêter au beau milieu d'une envolée philosophique parce qu'il est déjà plus que l'heure d'aller dormir pour pouvoir bien travailler le lendemain.

» Vous êtes prêt à tout, flexible et disposé à apprendre de la situation, même si elle ne semble pas à la hauteur de vos attentes.

la santé, de la communication et des technologies de l'information sont souvent très recherchés.

Faites l'inventaire de vos possibilités :

» Demandez à vos proches de vous suggérer des programmes ou de vous référer à des amis qui ont participé à des programmes de volontariat.

» Informez-vous auprès de votre ministère des Affaires étrangères ou des Relations internationales. Leurs sites Web contiennent pour la plupart de l'information sur les stages de coopération au développement international. Renseignez-vous aussi du côté des institutions européennes.

» Faites une recherche sur Internet avec quelques mots-clés : bénévolat, volontaire coopération internationale, humanitaire, échange, chantier, stage, jeunesse ou tout autre mot-clé pertinent.

» Si vous êtes étudiant, informez-vous des possibilités offertes par votre établissement d'enseignement.

» Consultez un guide de voyage spécialisé dans le voyage utile.

» Vérifiez votre éligibilité aux programmes nationaux et régionaux les plus connus.

Travail bénévole dans une ferme : Wwoof et HelpX

Que sont le Wwoof et HelpX ?

WWOOF

Le Wwoof est un réseau international d'associations nationales indépendantes dont le concept fut développé au Royaume-Uni dans les années 1970. C'est de nos jours un mouvement international d'envergure regroupant des milliers de fermes dans près d'une centaine de pays.

L'acronyme Wwoof signifie Travailleurs bénévoles sur des fermes biologiques (Willing Workers On Organic Farms) ou encore plus récemment Opportunités sur des fermes biologiques à travers le monde (World Wide Opportunities on Organic Farms), les deux termes coexistant dans le réseau. Le principe reste cependant le même : sur paiement d'une cotisation, les travailleurs bénévoles se voient remettre un annuaire leur permettant de prendre contact avec une ferme membre du réseau (voir la liste page ci-contre). Une fois sur place, le travailleur est nourri et logé en échange d'un travail sur la ferme.

Le "Wwoofing" (action d'être bénévole Wwoof) est aussi une opportunité d'en apprendre plus long sur les réalités de l'agriculture biologique ou sur les modes de vie alternatifs. En effet, il n'est pas rare que les fermes soient liées à des projets d'écoconstruction, de santé alternative, de transformation alimentaire, d'écotourisme ou d'agrotourisme et le "Wwoofer" (bénévole Wwoof) peut être appelé à participer à ces activités selon la saison, son intérêt et les termes de l'offre de bénévolat.

La liste officielle de toutes les associations nationales est disponible sur le site Web de la Fédération des organisations de WWOOF (FoWO) : **www.wwoof.net**

@ Le terme WWOOF est protégé. Il existe cependant des initiatives indépendantes similaires dédiées à la transmission de connaissances dans le monde agricole. Citons notamment Stewards of Irreplaceable Lands (SOIL Canada ; www.soilapprenticeships.com) et les stages d'apprentissage de l'ATTRA aux États-Unis (attra.ncat.org/attra-pub/internships).

Dans certains pays, le Wwoofing n'est pas très développé. Les quelques fermes que vous y trouverez sont alors membres de l'une des trois associations internationales indépendantes à laquelle vous devez adhérer pour obtenir la liste des fermes :

» **www.wwooflatinamerica.com**
Wwoof indépendants d'Amérique latine

» **www.wwoofindependents.org**
Wwoof indépendants

» **www.wwoofinternational.org/independents** Autres Wwoof indépendants

Cet autre site sera utile dans la préparation d'une expérience de Wwoofing :

» **www.wwoof.fr** Association Wwoof France

Les objectifs du Wwoofer doivent être liés à l'apprentissage de l'agriculture biologique et à une certaine sensibilité environnementale plutôt qu'au désir de voyager à faible coût. Interrogez-vous sur vos intentions avant le départ : qu'attendez-vous de cette expérience ? Êtes-vous prêt à vous plier à des aléas éventuels ?

HELPX

HelpX est une abréviation d'Help Exchange qui signifie "échange d'aide". C'est un site Web (www.helpx.net) offrant un répertoire de fermes (bio ou non), ranchs, auberges de jeunesse et autres infrastructures touristiques ou culturelles disposés à accueillir des travailleurs bénévoles pour de courtes périodes en échange du gîte et du couvert. L'objectif principal est l'échange et l'immersion culturelle, mais cela n'exclut pas l'apprentissage de compétences particulières.

De nouveaux sites ont par la suite vu le jour, proposant des variations sur ce concept. Les plus connus sont Workaway (www.workaway.info), Worldpackers (www.worldpackers.com), Staydu (www.staydu.com) et GoCambio (www.gocambio.com).

Les bénévoles doivent généralement s'acquitter d'une cotisation auprès de l'administration du site Web afin de pouvoir créer un profil, contacter les hôtes et lire les commentaires laissés à leur effet par les autres participants. Les termes de l'échange sont à préciser au moment de la prise de contact.

Destinations usuelles

Le travail dans les fermes bio peut se faire n'importe où dans le monde, pourvu que l'on s'acquitte de sa cotisation auprès de l'association appropriée. Chaque année de nouvelles fermes s'ajoutent, diversifiant l'offre notamment en Amérique latine, en Afrique et en Asie centrale même si le mouvement Wwoof y reste timide. De plus, bien que le concept même du Wwoof exclue la transaction en argent, la réalité est telle que certaines fermes des pays les plus pauvres demandent une petite contribution pour la nourriture.

HelpX et ses compétiteurs sont sur-tout actifs en Europe, en Australie, en Nouvelle-Zélande et au Canada.

Éligibilité

Toute personne majeure et sincèrement intéressée par l'agriculture biologique peut adhérer à une association nationale de Wwoof. Certaines associations acceptent les adolescents de plus de 16 ans sur accord écrit des parents. HelpX est cependant limité aux 18 ans et plus, à moins qu'un parent n'y participe également.

Il n'est pas nécessaire d'avoir de l'expérience, seulement la volonté de travailler dur. Mis à part dans les pays francophones et hispanophones, les opportunités Wwoof ou Helpx se déroulent généralement en anglais. Il y a beaucoup moins d'offres de Wwoofing durant l'hiver : sachez varier les hémisphères !

N'hésitez pas à mentionner sur votre profil HelpX les expériences que vous avez en jardinage, travail de ferme, cueillette de fruits, construction, navigation, travail avec les animaux... Votre profil, c'est un peu votre CV en abrégé !

Conditions de travail

L'opportunité Wwoof requiert généralement un travail minimal de 5 heures par jour, 5 jours par semaine pour une durée allant de 1 à 4 semaines, mais les parties peuvent en décider autrement en fonction de la saison et du travail disponible.

La ferme hôte doit en principe fournir un hébergement propre et sec, comme un petit logement à part, une chambre ou un camping-car, mais en pratique il n'est pas rare que les Wwoofers campent simplement à proximité. Il vous faudra demander si vous devez apporter un duvet ou si la literie vous est fournie. Les repas sont ordinairement pris en commun avec la famille. Certaines sont strictement végétariennes, d'autres ne cuisinent au contraire jamais sans viande. À vous de voir !

Sur HelpX, on recommande une journée de travail de 4 heures en échange du gîte et du couvert, ou de 2 heures si le bénévole fournit sa propre nourriture.

Vous avez la responsabilité de prendre contact avec les hôtes qui vous intéressent et de vous mettre d'accord sur les dates, la durée du séjour, vos intérêts personnels, les conditions d'hébergement, les tâches à effectuer, un régime particulier, etc. C'est aussi l'occasion de discuter de votre arrivée, de la possibilité que l'on vienne vous chercher à la gare, etc. Les fermes sont parfois situées dans des endroits très reculés et relativement difficiles d'accès. Préparez-vous à cette réalité et voyez quelles seront les journées où il ne vous sera pas requis de travailler et ce qu'il y a à faire dans les environs. Demandez également s'il y a un accès à Internet sur place et s'il vous sera possible de l'utiliser.

Essayez d'avoir à votre disposition des vêtements adéquats pour le travail de ferme, des bottes solides et des gants de travail. Si ce n'est pas possible, mentionnez-le à l'agriculteur lors de la prise de contact.

Certaines fermes ne verront pas d'objection à ce que vous y travailliez accompagné de vos enfants ou de votre chien, mais il est essentiel de clarifier la situation au moment de contacter l'hôte potentiel. La présence d'enfants n'est pas une chose anodine ni très simple à gérer. Une option : pratiquer le Wwoofing à deux adultes, en se relayant pour s'occuper des enfants. Les fermiers qui ont eux-mêmes des enfants seront plus enclins à accepter des Wwoofers qui en ont.

Comment trouver une opportunité Wwoofing ?

Pour obtenir la liste des fermes Wwoof, vous devez tout d'abord verser une cotisation annuelle (de 20 à 50 €) à l'association nationale du pays qui vous intéresse (voir les sites Internet p. 341). Celle-ci vous remettra alors l'annuaire des fermes membres comprenant une description des activités des fermes et le moyen de les joindre. Vous vous engagez à ne pas partager les coordonnées contenues dans l'annuaire avec des non-membres. Dans certains cas, vous ne serez accepté que sur présentation de l'annuaire de l'année en cours ou de votre numéro de membre. Cette pratique tend à se généraliser avec l'informatisation des systèmes.

Plusieurs fermes bio écoulent leur production selon un modèle d'Agriculture soutenue par la communauté (ASC ou CSA) aussi appelé **AMAP** en France (Association pour le maintien d'une agriculture paysanne ; www.reseau-amap.org) ou plus généralement **paniers bio**. Il s'agit d'un partenariat entre une ferme et des consommateurs, lesquels s'engagent à racheter une partie de la récolte, qu'elle soit bonne ou mauvaise. Les paniers contenant la récolte sont livrés chaque semaine aux adhérents. Cette formule évite que l'agriculteur ne s'endette au début de la saison, au moment où les coûts sont les plus élevés, et renforce le lien de proximité entre le producteur et le consommateur puisqu'il élimine les intermédiaires.

Les fermes adhérant au Wwoof ne sont pas toutes titulaires d'une certification bio, mais s'engagent à pratiquer l'agriculture bio et à employer des méthodes de travail écologiques.

La prise de contact

PAR TÉLÉPHONE

Certains hôtes n'ont pas accès à Internet (ou du moins pas à haut débit) et préfèrent être contactés par téléphone. Ce sont souvent ceux qui ont le plus de places disponibles.

Pensez à contacter les gens à des heures raisonnables : le rythme de vie sur une ferme est tel que les gens se couchent généralement de bonne heure. Prenez en considération le décalage horaire et tentez de les joindre à l'heure des repas ou du moins entre 12h et 20h. Au téléphone, parlez lentement et le plus clairement possible. La langue que vous utiliserez sera probablement l'anglais, deuxième langue de la plupart des gens, et le niveau de maîtrise de la langue varie grandement d'un agriculteur à l'autre.

PAR COURRIER ÉLECTRONIQUE

Si vous préférez les contacter par mail, veillez à vous y prendre suffisamment à l'avance. Il est préférable d'écrire à l'hôte dans sa langue ou dans un anglais simple et soigné.

Ne vous présentez jamais sur une ferme sans avoir d'abord contacté les fermiers ! Confirmez votre arrivée une semaine à l'avance et profitez-en pour préciser le point de rencontre, le transport, etc.

Formalités et visas

Le Wwoofing étant un travail strictement bénévole, certains pays permettent au touriste de passage de le pratiquer sans nécessiter de visa ou de titre de séjour particulier. Il suffit simplement de satisfaire les exigences d'entrée et de séjour touristique du pays souhaité.

Toutefois, les agents d'immigration ne sont pas tous au courant des subtilités de la loi en regard du Wwoofing. Il s'avère judicieux d'imprimer et de garder sur soi l'information fournie par l'association nationale, s'il y a lieu, afin de la fournir à la frontière en cas de difficultés. Dans d'autres cas, il est pratiquement impossible de pratiquer le Wwoofing de façon légale, l'administration requérant un permis de travail quasi impossible à obtenir. Dans ce cas, il vous sera suggéré de venir au pays en tant que touriste et de passer sous silence votre intention d'effectuer du travail bénévole sur une ferme durant votre séjour. Vous trouverez ces informations sur les sites Web des organisations nationales, généralement sous l'intitulé "Visas".

Difficultés

Un travailleur bénévole qui se désiste sans prévenir est source de frustration pour la ferme hôte. Celle-ci doit souvent refuser d'autres bénévoles et se retrouve alors à court de main-d'œuvre face à des travaux parfois importants. Honorez vos engagements ! Si un imprévu se présente, ayez la courtoisie de contacter la ferme pour avertir les hôtes.

La plainte la plus courante de la part des Wwoofers est le sentiment ingrat d'être traité comme de la main-d'œuvre gratuite à qui l'on donne des tâches quelconques ne leur permettant pas d'apprendre. Tentez donc de clarifier les tâches attendues de vous et qui vous intéressent auprès de la personne responsable, avant votre arrivée.

Les organisations nationales ne visitent pas les fermes et se bornent à les répertorier dans l'annuaire qu'elles publient. Elles ne peuvent être tenues responsables en cas de désaccord entre le travailleur et les fermiers. Cependant, si vous êtes face à un problème insoluble ou majeur avec un hôte, quittez les lieux et mettez-vous en sécurité au plus tôt. N'hésitez pas à contacter l'organisation pour l'avertir et relater votre expérience. Elle peut prendre des mesures concrètes pour éviter que d'autres voyageurs ne vivent une expérience similaire.

Travail au pair et garde d'enfant

Qu'est-ce qu'être "au pair" ou nanny ?

AU PAIR

Être au pair, c'est s'intégrer dans une famille étrangère et effectuer un travail domestique, notamment la garde d'enfants, pour une période donnée (de trois mois à deux ans) en échange de nourriture et de logement avec une faible rémunération (argent de poche), en profitant de l'opportunité pour apprendre une autre langue et gagner de l'expérience de travail. Traditionnellement, les travailleurs au pair étaient des jeunes filles provenant de pays étrangers et, encore aujourd'hui, on parle de "fille au pair". De nos jours, le travail au pair est également ouvert aux garçons, lesquels sont parfois très sollicités.

IDÉE ORIGINALE

LES COMPÉTENCES DANS LE SAC À DOS

La start-up française Pack Your Skills (www.packyourskills.com) propose à des voyageurs de s'investir dans des projets à impact positif (start-up sociales ou associations) pour faire une mission basée sur leurs compétences en échange de l'hébergement. Une façon de gagner de l'expérience et de tisser des liens en voyageant sans forcément passer par le statut de stagiaire.

NANNY

Le travail de nanny ou aide familiale résidante n'est pas limité par l'âge comme l'est le séjour au pair. Par contre, la nanny est considérée comme une employée de la famille et les règles d'obtention des visas et des permis de travail sont alors les mêmes que pour tout autre type de travail. Il s'agit plutôt d'une profession que d'une simple expérience de travail à l'étranger, et des diplômes sont souvent exigés.

Destinations usuelles

Les pays offrant du travail au pair sont traditionnellement les pays anglo-saxons et les pays d'Europe de l'Ouest. Il est possible de trouver des opportunités ailleurs, mais elles sont rares et il est fort probable que le pays n'ait pas de statut légal prévu pour le travail au pair.

Les États-Unis sont le seul pays où il est obligatoire de passer par une agence pour être en règle et les coûts sont souvent faramineux pour les familles (6 000-9 000 $US). Pour les autres pays, il est possible de faire l'ensemble des démarches conjointement avec la famille d'accueil. Enfin, dans les pays anglo-saxons, la notion de travail au pair n'est pas toujours reconnue, mais les pays possèdent alors des programmes équivalents appelés parfois "aides familiaux résidants" ou simplement "jeunes travailleurs".

TÉMOIGNAGE

"Voilà que je me retrouve dans le désert de Wadi Rum en Jordanie. La terre d'un rose orangé est digne d'un décor martien. Ma journée de travail commence après le petit-déjeuner, les touristes ayant quitté le camp dans des Jeep d'une autre époque. Avec mon collègue norvégien venu passer un mois avec les Bédouins, nous entamons notre tournée des tentes pour secouer les paillasses qui servent de matelas. Nous avons ensuite toute la journée pour partir en randonnée, lire, dessiner ou simplement écouter le profond silence du désert. Je me suis également liée d'amitié avec trois Bédouins de la capitale venus passer quelques jours au calme. Ils m'invitent à partager un repas de foie de dromadaire qu'ils font cuire sur des oignons avec une généreuse portion d'huile. Plus attirée par la rencontre de ces joyeux personnages que par le repas qu'ils m'offrent, je me joins à eux pour découvrir le rire facile et le grand sens de l'humour des Jordaniens. Nous passons des après-midi entiers à siroter leur délectable thé, à rigoler de bon cœur, à s'inventer un langage des signes pour pouvoir communiquer et à créer ensemble des vidéos d'animation avec mon appareil photo.

Le soir venu, de retour au poste avec mon collègue du Nord. Nous portons main-forte à Mahmoud, le cuisinier qui est chargé de rassasier les touristes qui viendront passer la nuit au camp. Nous coupons les légumes pour la salade et les accompagnements. Mahmoud s'occupe du poulet et du riz. Nous amenons le repas préparé dans la grande tente où tous les visiteurs se sont réunis. Après s'être assurés que tous les convives ont leur portion, nous nous servons de ce chaleureux festin.

Les assiettes à peine terminées, le son des instruments et les voix des mélodies traditionnelles se mêlent au vent et au crépitement du feu. Sourire aux lèvres, tout le monde se joint à la performance en accompagnant les percussions en frappant des mains. Le moment est magique et, par chance, il se répétera à chacune de mes dix soirées passées au camp.

La journée de travail terminée, j'aime quelquefois m'isoler pour me coucher sur le sable et observer les milliards d'étoiles. Ce lieu a une énergie incroyable. Je n'en aurais pas touché les profondeurs sans m'y être posée pour plusieurs jours, sans avoir pris le temps pour ces rencontres et ces rires qui ne méritent rien de superficiel. Le petit travail que l'on me demande de faire en échange du gîte et du couvert n'est qu'un prétexte pour m'initier à la vie de ces gens du désert et la paye reçue est une fortune : la rencontre de l'humain."

Florence, artiste et éducatrice en arts visuels

Éligibilité

Les opportunités de travail au pair sont limitées aux jeunes adultes de 18 à 30 ans non mariés et sans enfants, bien que certains pays soient plus restrictifs et requièrent des participants qu'ils aient moins de 27 ans au moment de l'arrivée dans le pays. D'autres permettent la participation de jeunes d'au moins 17 ans, sous certaines conditions, comme la présence de liens de parenté au pays.

Il est souvent exigé :

» d'avoir une connaissance minimale de la langue du pays d'accueil

» d'avoir une formation scolaire générale minimale

» Avoir un casier judiciaire vierge

» d'obtenir un certificat médical et une couverture sociale adéquate (assurances)

Les conditions supplémentaires d'éligibilité varient selon les pays, certains limitant les opportunités aux personnes de sexe féminin, d'autres rendant obligatoire d'être titulaire d'un permis de conduire, d'une expérience de travail ou d'une formation dans le domaine du soin aux enfants ou de l'animation (comme le BAFA en France).

Il est préférable de prendre connaissance des exigences administratives au plus tôt car il est souvent impossible de régulariser sa situation sur place.

La situation de travailleur au pair est régie par un certain nombre d'accords ou du moins, une situation juridique précise. Si vous avez le droit de séjourner ou de travailler dans un pays, libre à vous de voir si vous préférez suivre à la lettre les processus administratifs ou vous débrouiller à l'amiable. Vous ne bénéficierez cependant pas de la protection associée à ce statut. Au niveau européen, la norme minimale est fixée par l'Accord européen sur le placement au pair de 1969.

En règle générale, il est plus facile d'obtenir un placement si l'on est non-fumeur et si l'on peut fournir des références.

Conditions de travail

Le travailleur au pair est complètement intégré à la famille d'accueil, vit sur place et prend ses repas avec la famille, bien que certaines familles préfèrent négocier un mode de fonctionnement où le travailleur a son propre logement indépendant : on ne parle alors plus d'"au pair", mais plutôt de "nounou" ou "nanny".

Le travail au pair est régi par des accords et lois distincts des lois du travail puisqu'il s'agit avant tout d'un échange culturel : le statut est à mi-chemin entre celui de l'étudiant et du travailleur. Par définition, le travailleur au pair n'est pas un employé domestique mais un membre temporaire de la famille. Il ne peut pas lui être demandé de porter un uniforme et il n'est pas reconnu comme salarié : la somme remise à la personne au pair est simplement de l'argent de poche. La plupart des pays de destination courante pour le travail au pair ont un titre de séjour spécifique à ce statut.

Les responsabilités de la personne au pair ne se limitent pas au baby-sitting et incluent un certain nombre de tâches telles qu'accompagner les enfants à l'école ou à leurs activités parascolaires, préparer des repas légers, faire la vaisselle, faire les courses et du menu ménage, aider les enfants à faire leurs devoirs, etc. Dans certains cas, la personne au pair est plutôt engagée pour enseigner l'anglais ou toute autre langue aux enfants. Les responsabilités précises varient d'une famille à l'autre, tant au niveau de l'indépendance que dans la participation aux sorties. Il est préférable de clarifier dès le départ l'intégration à la famille et aux activités familiales.

Le minimum à fournir par la famille est une petite chambre individuelle munie d'une fenêtre et trois repas par jour. En Europe, la tâche de la personne au pair est limitée à 30 heures par semaine mais elle peut aller jusqu'à 45 heures aux États-Unis. Les dépenses liées à la fonction doivent être payées par la famille, à l'exception des produits d'hygiène ou des vêtements. La personne au pair bénéficie d'au moins un jour et demi de congé hebdomadaire dont au moins un dimanche par mois et de deux semaines de vacances par an (ou l'équivalent si le séjour est plus court).

La prestation en argent varie énormément en fonction des qualifications, de l'offre et la demande locale, du coût de la vie du pays d'accueil, de l'étendue des responsabilités qui sont confiées et du degré de maturité du travailleur. Elle va de 50 à 100 € par semaine et peut aller jusqu'à 500 € par semaine pour un travail de nanny n'habitant pas chez l'employeur.

Certains pays rendent obligatoire l'inscription à un cours de langue ou tout autre type de formation dans un établissement scolaire local. Ces cours peuvent être payés par la famille d'accueil mais se font sur le temps libre de la personne au pair.

Comment travailler au pair ?

AGENCES

La façon la plus simple et la plus encadrée d'organiser un voyage au pair est de constituer un dossier auprès d'une agence spécialisée. Celle-ci aura le soin de vous mettre en contact avec une famille d'accueil compatible et de vous mettre en règle avec les autorités. L'ouverture de dossier est souvent payante mais minime pour les personnes au pair.

L'association mondiale des agences au pair, l'**IAPA** (www.iapa.org), regroupe plus de 170 organismes répartis dans 45 pays. Elle a pour objectif de protéger les droits des personnes au pair et des familles, et d'établir des normes pour les programmes de travailleurs au pair. Les agences membres s'engagent à fournir un minimum de services et à respecter ces lignes directrices. Elles s'engagent à offrir :

» du matériel d'orientation

» une assistance prédépart pour ce qui a trait aux visas, au transport et aux assurances

» de l'information sur les cours de langues

» une liste des autres au pair des environs

» un dossier de suivi des familles et des travailleurs au pair

» la possibilité d'être replacé dans une autre famille en cas de problème

» une couverture en cas d'urgence

Un questionnaire est rempli par les familles à la recherche d'un travailleur au pair détaillant les besoins, les attentes, ce qui est fourni, les exigences linguistiques, les situations particulières propres à la famille, un horaire-type et une lettre au futur travailleur au pair. Celui-ci passe d'ordinaire un entretien au téléphone ou en personne. Les agences offrent parfois un stage d'accueil et une formation à l'arrivée au pays (obligatoire aux États-Unis) qui permettent de rencontrer d'autres jeunes au pair.

Vérifiez la politique de l'agence en cas de conflit de personnalité entre la personne au pair et la famille. Il n'est pas rare que les attentes des deux parties soient très différentes et qu'une réorientation soit nécessaire.

AU PAIR : ATTENTION AUX ARNAQUES !

Comme dans toutes les interactions avec des inconnus sur Internet, le choix d'une famille au pair peut comporter un certain risque. Des individus exploitent le filon des jeunes un peu naïfs en tendant des pièges heureusement simples à débusquer. Soyez sur vos gardes si :

» on vous demande d'envoyer un paiement à l'avance pour couvrir certains frais

» on fait mine de vous envoyer de l'argent à l'avance et on vous demande ensuite de le rembourser à cause d'une urgence familiale, comme un décès

» on vous fait passer par une agence de voyages spécifique n'ayant pas pignon sur rue pour l'achat de billets d'avion en promettant un remboursement ultérieur

» on prétend vous ouvrir un compte en banque à l'avance sans que vous soyez encore dans le pays

Rappelez-vous que les arnaqueurs ont beaucoup d'imagination pour inventer des scénarios crédibles. Il n'y a pas de raison pour que l'on vous demande d'avancer de l'argent. Si on le fait, sonnez l'alarme en alertant les responsables du site Web.

SITES SPÉCIALISÉS

Il existe aussi des services de bases de données spécialisées dans les séjours au pair qui permettent aux familles et aux jeunes adultes intéressés de se mettre en contact sans passer par l'intermédiaire d'une agence. Les coûts sont d'autant diminués que le sont les avantages comme l'expertise de l'agence, la protection contractuelle et les garanties de second placement en cas de problème. C'est donc un risque à prendre si vous vous sentez à l'aise avec le processus et prêt à en accepter les responsabilités.

Les sites spécialisés répertorient beaucoup d'informations sur les titres de séjour, les programmes et les formalités. Les plus connus sont :

» www.aupairworld.com

» www.aupair.com/fr

» www.findaupair.com (en anglais)

» www.greataupair.com (en anglais)

PETITES ANNONCES

Si vous vous sentez audacieux et êtes très autonome dans votre recherche, vous pouvez aussi tenter de trouver une famille d'accueil sur les sites de petites annonces, les tableaux d'affichage des écoles de langues, les églises et librairies anglophones, les agences de voyages étudiantes, etc. Attention cependant ! Les familles qui utilisent cette voie de recrutement ont souvent plus à cœur de trouver quelqu'un pour les dépanner rapidement que d'intégrer un nouveau membre à leur famille. C'est toutefois une façon simple de trouver une opportunité de travail si vous êtes déjà dans le pays ou voulez éviter l'engagement contractuel et les formalités légales.

QUELQUES CONSEILS

» Prenez le temps de choisir une famille d'accueil qui réponde à vos besoins.

» Soyez en règle avec les autorités locales.

» Clarifiez les responsabilités, l'horaire et les attentes au plus tôt. En cas d'incertitude, n'hésitez pas à communiquer vos besoins.

» Passez un contrat écrit avec la famille d'accueil : vous serez alors protégé en cas de problème ! En cas de faute lourde ou de force majeure, chacune des parties peut mettre fin au contrat.

» Prévoyez une période d'adaptation : donnez-vous du temps à l'arrivée. Il n'est pas facile de s'intégrer dans une famille !

» Faites preuve de maturité et tentez de résoudre tout problème avec la famille d'accueil avant d'envisager de partir ou de contacter l'agence.

» Demandez à être mis en contact avec l'ancienne personne au pair de la famille pour avoir son ressenti et ses conseils, s'il y a lieu.

Gardiennage de maison et d'animaux domestiques

Qu'est-ce que le gardiennage de maison et d'animaux domestiques ?

Connu sous les termes anglais *house-sitting* et *homesitting*, le gardiennage de maison consiste à occuper une résidence pendant l'absence de ses résidents habituels. Le gardien est logé gratuitement en contrepartie de soins apportés à la propriété, au jardin, aux animaux domestiques (*petsitting*), etc. Il s'agit d'un échange de services, les deux parties en ressortent satisfaites : l'une est hébergée gratuitement et l'autre a l'assurance que certaines tâches sont effectuées régulièrement. Pas besoin de sous-louer la résidence, de déplacer les meubles et effets personnels ni de faire suivre le courrier. L'occupation de la résidence décourage les voleurs, vandales ou squatteurs potentiels, représentant un atout pour la sécurité des biens.

Il existe plusieurs variantes dans lesquelles le gardien ne réside pas sur place, mais encaisse plutôt une compensation financière pour la visite régulière de la résidence. Nous n'aborderons pas ce scénario ici.

Les arrangements de gardiennage sont souvent faits plusieurs mois à l'avance, parfois même au-delà de six mois, mais il est possible de trouver des offres de dernière minute.

Destinations usuelles

A priori, le gardiennage de maison et d'animaux peut avoir lieu dans n'importe quel pays. La pratique est toutefois plus courante dans les pays anglo-saxons et européens et il est possible de trouver des offres en basse saison dans les Départements et Régions d'Outre-Mer (DROM), les Caraïbes et autres destinations de tourisme saisonnier.

Sur les côtes ou dans les îles, nombreux sont les propriétaires de voiliers ou de yachts optant pour le gardiennage de leur bateau lorsqu'ils s'absentent durant une longue période. Vous trouverez ces offres spécifiquement à la capitainerie des marinas.

Éligibilité

Bien qu'il ne suffise que d'être majeur pour être gardien, la demande est très forte pour les retraités et les personnes âgées, notamment au sein des agences de gardiennage et à plus forte raison en France où la majorité n'accepte que les candidatures de ce groupe d'âge. Il est souvent nécessaire d'avoir la citoyenneté ou le droit de résidence dans un pays et une assurance responsabilité civile en cours de validité sur le territoire où la garde est effectuée.

Le gardiennage bénévole contre hébergement est très peu encadré par la loi : il s'agit d'un échange de services entre individus, lesquels peuvent en définir les termes par contrat à condition que leurs droits fondamentaux ne soient pas violés.

Conditions de travail

Les conditions varient énormément selon les attentes du propriétaire. De façon générale, les responsabilités du gardien sont de :

» Prendre soin de la maison (ou du bateau au port), des animaux domestiques, des plantes, des jardins, effectuer des travaux légers

» Agir rapidement en cas d'imprévu ou d'incident

» Maintenir la résidence visiblement occupée le plus souvent possible (et donc plusieurs soirs par semaine)

» Récupérer le courrier et le faire suivre s'il y a lieu

En échange, le gardien peut occuper les lieux sans s'acquitter du loyer. Pour le cas où l'occupation est de longue durée (plus d'un mois), les charges sont normalement payées par le gardien, mais cette clause est négociable selon les circonstances. Par exemple, dans les pays où l'hiver est très froid, il n'est pas rare que le propriétaire paie une partie du chauffage qui lui permet d'éviter le gel des conduits et assure le bien-être des animaux domestiques.

Le gardiennage de maison ne devrait pas requérir de longues heures de travail quotidien sans salaire, comme prendre soin d'un chenil entier ou effectuer de lourds travaux de ferme.

Il est essentiel de clarifier les rôles, les responsabilités et le partage des frais de façon détaillée avant le départ des occupants habituels, si possible par contrat écrit.

À moins d'entente contraire, il n'est pas permis de recevoir des visiteurs ou de s'absenter plus d'une dizaine d'heures. Le propriétaire peut parfois exiger une caution en cas de bris ou de vol à l'intérieur de la propriété. Il faut alors faire la liste des objets de valeur auxquels vous avez accès. Celle-ci est parfois exigée par la compagnie d'assurances du propriétaire.

Assurez-vous de savoir quoi faire en cas d'urgence : numéros de téléphone où joindre le propriétaire, numéro de l'agence, du vétérinaire, du plombier, etc.

Comment devient-on gardien ?

AGENCES

Certaines associations ou agences de prestation de services – notamment en France – embauchent des gardiens (rémunérés ou bénévoles) lesquels sont alors filtrés à l'entrée : références en règle, vérification des antécédents judiciaires, entrevue, etc. L'agence s'occupe alors de la gestion des offres, du jumelage avec les gardiens, des assurances et du contrôle de la qualité. Celle-ci fournira une liste détaillée des conditions et des tâches à effectuer quotidiennement ou hebdomadairement et il est possible que quelqu'un vienne vérifier que tout se passe bien.

Les agences permettent aux propriétaires d'avoir l'esprit tranquille, mais sont souvent coûteuses. Il peut être difficile d'être admis comme gardien, notamment si l'on n'est pas résident du pays (condition préalable à la vérification des antécédents judiciaires). En outre, rien ne garantit que le bénévole passant les premières étapes de sélection reçoive des affectations.

Quelques agences francophones, la plupart n'employant que des seniors :

» www.partirtranquille.com (seule agence française acceptant des gens de tous âges)

» www.holidaysitting.be (seule agence belge acceptant des gens de tous âges)

» www.nomador.com

» www.maisonbleucitron.com

» www.maisongardee.fr

» www.partirsanscontrainte.fr

» www.homesitting.fr

» www.ilidor.com

Pour faire face au risque d'occupation de leur bien immobilier par des squatteurs, certains propriétaires des Pays-Bas permettent d'occuper un logement à faible coût, voire gratuitement. On parle alors de gardiennage *antikraak* (antisquat). On trouve ce genre d'opportunités dans les petites annonces ou auprès des agences immobilières. À bon entendeur...

SITES SPÉCIALISÉS

Certains sites Web proposent une base de données spécialisée dont l'accès est gratuit pour les propriétaires et payant pour les gardiens bénévoles (cotisation annuelle). Il n'y a donc pas d'entrevue et les membres ne sont pas filtrés à l'entrée. Il est alors essentiel d'inspirer confiance par un profil et une annonce clairs et professionnels. Disposer de références vérifiables en anglais est un atout indéniable car la concurrence y est féroce : il y a beaucoup plus de gardiens potentiels que de propriétés à garder.

Ces sites présentent l'avantage de préserver la confidentialité car vos données personnelles ne sont pas partagées. Vous disposez d'une boîte de messagerie sur le site même et serez alerté si quelqu'un tente de vous contacter.

Les sites spécialisés doivent être de navigation simple et faciles à trouver. Si le site est complexe, il est probable que les propriétaires préfèrent être répertoriés ailleurs ! Vérifiez que les offres sont relativement récentes et fouinez du côté de la Foire aux questions (FAQ) : si elle est complète, c'est bon signe. Méfiez-vous des agences qui vous demandent une cotisation annuelle faramineuse (plus de 80 €) sans garantie de satisfaction ou encore un paiement au prorata du temps de gardiennage !

Plusieurs sites vous permettent de mettre un lien vers votre site personnel. C'est une bonne opportunité de vous mettre en avant, notamment en y ajoutant un lien vers votre blog, votre CV ou une petite présentation vidéo. Si vous avez un profil public sur réseau social connu ou un site hospex, il peut être utile de le relier à votre annonce (voir le chapitre *Accueil organisé chez l'habitant*, p. 324).

Quelques sites Web (en anglais) :

» www.trustedhousesitters.com

» www.mindmyhouse.com

» www.luxuryhousesitting.com

» www.housecarers.com

PETITES ANNONCES

Il est possible mais rare de trouver des opportunités de gardiennage de maison sur des sites locaux de petites annonces. Il est alors nécessaire de comprendre la langue du pays et de débusquer les arnaques soi-même. Soyez prudent !

» Gazette américaine payante spécialisée avec des petites annonces : www.caretaker.org

» Les forums de voyages et les sites comme www.couchsurfing.org disposent souvent d'une section pour les annonces de gardiennage entre voyageurs.

QUELQUES CONSEILS

» Souscrivez à une assurance responsabilité civile. Dans les pays anglo-saxons, il n'est pas rare d'en trouver couvrant spécifiquement le gardiennage d'animaux ; informez-vous sur place !

» Répondez rapidement aux offres de gardiennage, même si c'est pour les décliner.

» Soyez honnête quant à vos attentes, vos disponibilités et vos qualifications.

» Vérifiez avec le propriétaire ce qui est couvert par son assurance et la marche à suivre en cas d'imprévu.

» Rencontrez les propriétaires avant la date du départ afin de voir les animaux et de vous assurer que tout est clair. Vérifiez alors la liste des tâches, les numéros d'urgence, etc. Si certaines choses vous semblent imprécises ou difficiles à réaliser, n'hésitez pas à poser des questions ou à être franc quant à vos limites.

TÉMOIGNAGE

"Pour moi, les opportunités d'échanger le logement, voire la nourriture, contre ma force de travail a de nombreux avantages. Cela permet de voyager plus lentement et plus longtemps, d'économiser bien sûr, mais aussi de tisser des liens avec la culture locale et d'apprendre de nouvelles choses.

Lorsque je suis arrivée à Cozumel au Mexique, j'étais hébergée avec ma sœur dans une maison en échange de quelques heures de travail sur un projet d'éducation environnementale qui comportait plusieurs volets. Ce qui devait au départ être un séjour de trois semaines s'est transformé en une mission de quatre mois où nous avons appris les rudiments de la permaculture et de la construction de meubles, et organisé des événements et des ateliers éducatifs. Nous avons rencontré des personnes formidables et avons créé autour de nous une petite famille qui nous a incité à rester encore plus longtemps. Au total, c'est une année entière que nous serons restées sur l'île, à participer à d'autres projets en rapport avec la protection de la vie marine et le développement de projets communautaires, en échange du voyage initialement prévu dans plusieurs pays d'Amérique du Sud.

On a souvent tendance à courir partout et à explorer à vitesse grand V lorsque l'on est routard, moi la première. Faire ce type d'échanges m'aura appris à prendre plus le temps d'apprécier un lieu, une culture et une population, d'apprendre une nouvelle langue et d'expérimenter la vie locale comme jamais. Dorénavant, je jetterai toujours un œil sur le site d'HelpX, sur lequel je trouve mes missions, avant de partir quelque part au cas où il me révélerait une nouvelle opportunité d'apprentissage !

À mon sens, de la même manière qu'avec le CouchSurfing, il ne faut pas réduire l'échange d'hébergement contre travail à un moyen de voyager moins cher, voire 'gratuitement'. C'est une véritable occasion de découverte à part entière."

Emma, rédactrice, www.planetaddict.com

» Assurez-vous qu'il y ait suffisamment de nourriture pour les animaux afin de couvrir la durée du séjour.

» Traitez les lieux au moins aussi bien que s'ils vous appartenaient et respectez la vie privée des occupants habituels.

» Le jour venu, arrivez à l'heure !

» Avant le départ, nettoyez les draps et effectuez un dernier tour de la maison pour vérifier que tout est propre et en ordre.

» Lorsque vous complétez votre tâche de gardien, demandez à obtenir des références écrites. Gardez-en une copie numérisée et demandez au propriétaire la permission de fournir ses coordonnées pour vérification.

Pour aller plus loin

Sites Web

Voir également les sections *Wwoof* (p. 340), *Au pair* (p. 346) et *Gardiennage* (ci-contre).

» www.hopineo.org – Répertoire d'opportunités de travail bénévole écologique et alternatif

» www.globalhelpswap.com

» www.ritimo.org – Informations, outils, initiatives pour un monde solidaire

» www.challengesworldwide.com

» www.bankerswithoutborders.com

» www.vsointernational.org

» www.coordinationsud.org – Coordination nationale des ONG françaises de solidarité internationale

Livres techniques

» BOSEUR, Jules. *1 000 idées et adresses pour voyager engagé* (VIATAO, 2020)

» COLLECTIF. *Mon stage à l'étranger – Les clés de la réussite* (MyInternshipAbroad, 2015)

» COLLECTIF. *Partir pour être solidaire ?* (Ritimo, 2007)

» DUPONT, Laurence. *Le Tour du monde de l'éco-volontariat* (ABM, 2013)

» JOUAT, Nathalie. *Wwoofing : le guide pour des vacances solidaires, économiques et écologiques* (Yves Michel, 2013)

» COLLECTIF. *Volunteer: A Traveller's Guide to Making a Difference Around* (Lonely Planet, 2017)

» CUTCHINS D., GEISSINGER A. et MCMILLON B. *Volunteer Vacations: Short-Term Adventures That Will Benefit You and Others* (Chicago Review Press, 2012)

» RAY, Rick et Colleen. *The House Sitters How-to Handbook* (CreateSpace, 2012) – gardiennage

*"Les maisons sont faites pour
être habitées, non pour être vues."
Francis Bacon*

Échange de maisons

Objectif : échanger son logement avec une autre personne pour une période donnée

Autres dénominations : home exchange, home swapping

Intérêt économique 

Intérêt écologique 

Intérêt humain 

Degré d'aventure 

L'échange de maisons, c'est quoi ?

DESCRIPTION DE LA TECHNIQUE

L'échange de maisons permet à des locataires ou des propriétaires de logement d'échanger leur lieu de vie contre un autre pour une période donnée. La mise en relation des partenaires d'échange se fait via un organisme spécialisé (généralement une agence ou un site Web). Les modalités de l'échange sont négociées par courrier électronique puis par téléphone. Le logement échangé peut être une maison, un appartement, un studio, une résidence secondaire, une yourte, etc. Cette pratique est particulièrement adaptée pour les couples, les familles et les personnes âgées désireuses de vivre une expérience de voyage authentique avec une certaine intimité et autonomie tout en s'assurant un logement confortable et gratuit.

COMPRENDRE LE CONTEXTE

Les premiers échanges de maisons furent organisés dans les années 1950 entre des enseignants hollandais et suisses. Des organismes spécialisés dans la mise en relation de personnes échangeant leurs maisons ont ensuite vu le jour et la formule fut développée pour tous en Europe et dans le monde entier. À l'origine, les propositions d'échanges étaient publiées dans des catalogues imprimés. Avec l'avènement d'Internet, le système a progressivement migré vers des catalogues en ligne.

Un peu de théorie

Intérêt

ÉCONOMIQUE

La grande majorité des sites Internet proposant ce service ont un système de cotisation : de 40 à 140 € par an (voir le tableau des sites Internet p. 352). Le grand avantage de l'échange de maisons est qu'il n'y pas de transaction financière entre les utilisateurs. Il n'y a donc pas de coût lié à l'hébergement sur place. Comme vous pouvez utiliser la cuisine, il n'est pas nécessaire d'aller au restaurant et la nourriture vous est disponible au prix de l'alimentation locale. Enfin, l'échange de maisons est très souvent combiné à un échange de voitures, ce qui permet de réduire d'autant le budget associé au transport.

ÉCOLOGIQUE

En échangeant sa maison, on évite la création de circuits touristiques et d'infrastructures secondaires servant uniquement à l'accueil des voyageurs sur place. Le voyageur est amené à faire vivre l'économie locale en se comportant et en vivant comme les gens du pays. Pendant la durée de l'échange, l'espace de vie et le matériel de chacun des échangeurs sont partagés au lieu d'être laissés sans utilisateur. Leur empreinte écologique équivaut grosso modo à celle de la vie de tous les jours (hors voyage) et est ainsi fortement réduite par rapport au voyage traditionnel.

HUMAIN

Échanger des maisons, c'est aussi échanger son mode de vie, s'immerger dans une culture et vivre comme les gens du pays en rencontrant le voisinage, en participant aux fêtes locales et en découvrant les richesses de la région. Pour les familles, les couples et les personnes âgées, l'échange de maisons est un excellent moyen de vivre une aventure authentique et économiquement accessible tout en bénéficiant d'un vrai foyer et du niveau de confort qui y est associé.

DEGRÉ D'AVENTURE

Parmi les techniques proposées pour se faire héberger, l'échange de maisons est sans doute la plus encadrée, et donc la plus accessible aux voyageurs novices ou plus anxieux. Il est possible de bien planifier les situations et de poser des limites et il est souhaitable de bien discuter avec les gens avec qui l'on échange. Une fois chez l'autre, notre position est relativement confortable, s'apparentant à l'hébergement locatif, services hôteliers en moins.

L'échange de maisons est particulièrement adapté aux voyageurs plus âgés et aux familles puisqu'il permet d'avoir un réel pied-à-terre local sans avoir à s'adapter aux horaires et au mode de vie de son hôte. Enfin, il permet parfois de se faire temporairement "intégrer" dans le voisinage et de vivre plus à fond l'immersion culturelle.

Aspects légaux

ASSURANCES ET RESPONSABILITÉS

Comme il n'y a aucune transaction financière, l'échange de maisons ou d'appartements équivaut à inviter des amis à la maison. Les assurances – par exemple la multirisque/habitation – s'appliquent comme pour des amis. Il est cependant préférable de vous renseigner auprès de votre assurance pour en avoir la confirmation.

Assurez-vous que votre assurance responsabilité civile est valide à l'étranger et signalez vos dates de départ et de retour à votre assureur. Assurez-vous également que la personne qui séjournera chez vous est bien en règle avec sa propre responsabilité civile.

C'est la même chose pour l'échange de voitures qui est l'équivalent de prêter sa voiture à un ami. Il est de la responsabilité du propriétaire de la voiture de s'assurer que la personne qui la conduit a un permis de conduire en règle. De plus, les accidents déclarés à la compagnie d'assurances s'ajouteront à votre dossier personnel et les excès de vitesse capturés au radar seront acheminés à vos nom et adresse. Certaines compagnies d'assurances réclament un supplément de prime temporaire ; renseignez-vous.

Dans tous les cas, pensez à bien signaler à votre compagnie d'assurances tout départ car votre assurance responsabilité civile n'est pas toujours valable à l'étranger.

ÉCHANGER UNE LOCATION

Nul besoin d'être propriétaire de son logement pour l'échanger. Un grand nombre des membres d'agences sont locataires. Puisqu'il ne s'agit pas d'une sous-location, il n'y a en principe pas de restrictions légales. En revanche, vous pouvez, par courtoisie, informer le propriétaire si vous le souhaitez en lui signalant que des amis vont séjourner chez vous pendant votre absence.

SITE INTERNET	NOMBRE D'ANNONCES	LANGUE	TARIFS
www.lovehomeswap. fr	100 000	Multilingue	9-13 € par mois
www.homeexchange. com	40 000	Multilingue	À partir de 130 € par an
www.homelink.org	26 000	Multilingue	125 € la première année, 105 € les suivantes
www.echangeimmo. com	13 000	Bilingue	45 € par an* ou 84 € à vie
www.homeforswap. com	10 000	Multilingue	70-140 € par an
www.intervac.fr	3 000	Français	À partir de 99 € France uniquement, 135 € si combiné au réseau international
www.switchome.org	1 000	Multilingue	Gratuit (options payantes)
www.stay4free.com		Anglais	2-7 € par mois
peoplelikeus.world/fr	3 200	Multilingue	Gratuit

* La deuxième année est offerte si vous n'avez pas effectué d'échange durant la première

En pratique

Se préparer

Période

L'échange de maisons peut se pratiquer en direct mais aussi en différé. Il n'est pas rare de voir des personnes proposant leur résidence secondaire. Dans ce cas, l'échange peut se faire à des périodes différentes. Vous pouvez par exemple aller skier en hiver dans le chalet de votre partenaire d'échange et laisser votre maison en été pour lui permettre de profiter de la mer.

Toutes les formules sont possibles et sont à discuter avec votre partenaire d'échange. En général, l'échange de maisons se pratique sur deux ou trois semaines. Certains concluent des échanges sur plusieurs mois, voire une année entière. Il est possible de voyager à long terme en enchaînant les maisons les unes après les autres sans repasser par chez soi. Cette dernière possibilité demande une organisation particulière car vous aurez besoin d'un proche capable de venir s'occuper de votre maison entre deux échanges et d'accueillir les nouveaux occupants.

Choix de l'organisme

Prenez le temps de choisir l'agence appropriée selon vos attentes : certaines proposent des tarifs très intéressants, voire la gratuité, tandis que d'autres fonctionnent avec un abonnement trimestriel ou annuel. À vous de choisir selon la taille de la communauté (nombre d'annonces) et votre budget.

Passer à l'action

Créez votre profil

S'ouvrir un compte et créer un profil ne prend généralement pas plus de quelques minutes. Il est fortement recommandé de s'appliquer sur cette étape pour augmenter ses chances de trouver une maison à échanger. Tout comme vous, les personnes échangeant leur maison recherchent des gens de confiance et la première impression compte.

Placez des photos de qualité de l'intérieur comme de l'extérieur du bâtiment. Soyez le plus précis possible dans vos descriptions en prenant bien soin de signaler les spécificités et les points d'intérêt de votre région. En prenant le temps de détailler la situation, vous démontrez votre sérieux aux autres membres de la communauté.

Vous pouvez aussi placer dans votre profil un lien vers une vidéo commentée présentant votre habitation : c'est le top du top !

Trouver une maison

Il existe deux possibilités : vous pouvez entrer en contact avec un des membres ou l'un d'entre eux vous sollicite. Les offres de maisons peuvent venir de pays dans lesquels vous n'aviez pas songé voyager. Ne vous fermez pas à une destination... Qui sait ? Peut-être qu'une expérience magnifique vous attend là-bas !

Plus vous contactez de membres et plus vous aurez de chances de trouver quelqu'un avec qui échanger. Ne soyez pas trop pressé, car il est souvent nécessaire de se mettre à la tâche **trois mois à l'avance**, voire plus pour arriver à s'entendre sur la période, la destination et le logement. Lorsque vous avez trouvé un échange satisfaisant pour vous et votre partenaire, vous pouvez alors discuter des derniers détails (voiture, animaux, matériel spécifique, etc.) par courrier électronique ou par téléphone.

Préparez l'arrivée de vos invités

Une fois la maison rangée et nettoyée, pensez à faire de la place dans les tiroirs et les placards pour les bagages de vos hôtes.

Mettez en lieu sûr les objets vraiment précieux, par exemple dans une pièce ou un placard fermant à clé ou dans un coffre de sécurité. Placez aussi hors de la portée des enfants, s'il y a lieu, les objets fragiles. Vous aurez l'esprit tranquille et votre partenaire d'échange ne s'en offusquera pas.

Le plus souvent, chacun laisse la maison en l'état car une certaine confiance s'établit entre les deux parties.

Pour faciliter le séjour des nouveaux arrivants, il est recommandé de préparer un cahier de bienvenue en précisant les informations suivantes :

» Indications concernant le linge (draps, serviettes, etc.), les appareils électroménagers et électriques, les animaux (si votre partenaire a accepté de s'en occuper) et tout autre détail technique (piscine, sauna, etc.).

» Liste des numéros en cas de problème ou d'urgence : voisins, amis, médecins, pompiers, police ainsi qu'un moyen de vous joindre.

» Petit dossier contenant des cartes de la région, des dépliants touristiques et vos conseils (marchés locaux, vignobles, monuments historiques), éventuellement une liste des endroits à éviter.

» Papiers nécessaires à l'échange de voitures comme le certificat d'immatriculation (carte grise), l'attestation d'assurance, etc.

Il sera très apprécié d'organiser une rencontre entre vos amis et les personnes que vous accueillez. Ce sera une occasion pour les nouveaux occupants de poser leurs questions et une opportunité de découvrir le voisinage. L'échange de maisons est aussi un échange de culture et de connaissances !

Pour compléter le tout, **un petit cadeau de bienvenue** comme un bouquet de fleurs, un panier de fruits ou une bouteille de vin donnera l'impression à vos hôtes d'être accueillis par des amis.

Enfin, **les clés** peuvent être envoyées par courrier ou confiées à un ami qui les remettra à vos invités le jour de leur arrivée.

Profitez de votre séjour

Normalement, tout ce que vous avez laissé à vos hôtes vous attendra dans votre nouvelle maison : draps propres, instructions diverses, etc. En principe la consommation d'électricité n'est pas comptée, puisque vous allez également en utiliser chez eux. Par contre, pour le téléphone, les conditions varient d'un opérateur téléphonique et d'une région à l'autre : assurez-vous d'en clarifier les modalités d'utilisation avant de vous en servir. Il est conseillé de préparer un contrat d'échange, cela pourrait éviter des malentendus (facture de téléphone, accès Internet, etc.). Ce contrat pourra être envoyé par courriel avant l'échange.

Avant de repartir, assurez-vous de remettre les lieux propres et en bon état. En fait, il n'existe qu'une seule règle absolue : prendre soin du logement exactement comme si c'était chez soi et le rendre dans l'état où on l'a trouvé.

Voici une liste de choses à ne pas oublier :

» Laissez les draps et serviettes lavés, repassés et rangés là où vous les avez trouvés.

» Laissez tous les appareils éteints ou en veille, comme ils étaient à votre arrivée.

» Mettez les clés à l'endroit convenu.

» Indiquez comment vous allez régler les factures convenues lors de votre accord d'échange.

» Laissez une note avec les éventuels messages de visiteurs, incidents à signaler, etc.

» Écrivez un message de remerciements ou laissez un petit cadeau, c'est toujours apprécié...

Du mythe à la réalité : risques et difficultés

Équivalence des logements échangés

Le plus important pour les membres de ces réseaux est de vivre dans un endroit qui leur permettra de visiter la région choisie en toute sécurité. Il n'est donc pas nécessaire que les logements échangés soient équivalents. Par contre, il est vrai que si vous habitez un tout petit studio, vous aurez des difficultés à l'échanger contre une grande villa avec piscine. Par ailleurs, votre futur partenaire d'échange peut avoir une raison précise de venir dans votre région, comme la visite d'un parent ou pour des raisons d'affaires. Toutes les formules sont bonnes, à condition que les parties se mettent d'accord.

Arnaques

Attention, aucune personne échangeant son logement ne devrait vous demander d'argent ou de caution. De la même manière, vous ne devriez pas avoir à leur fournir d'indications de nature financière. Si quelqu'un vous demande de l'argent, il est fort probable que cela soit une arnaque. Comme beaucoup d'escroqueries sur Internet, les transferts de fonds avec un inconnu sont un signe qui ne trompe pas.

De plus en plus de sites offrent des garanties sous condition de passer directement par eux. Prenez le temps de lire les informations fournies afin de comprendre les particularités de chaque échange et l'implication de l'intermédiaire. Si les garanties sont inexistantes, prenez d'autant plus le temps de connaître les personnes avec qui vous voulez échanger en communiquant en amont, en faisant des vérifications et en rencontrant ces gens au préalable, à leur arrivée chez vous ou à votre arrivée chez eux.

Animaux

L'échange de maisons offre la possibilité d'inclure les animaux dans l'échange sans avoir à les laisser en garde au chenil : soit vous les prenez avec vous dans votre nouvelle maison, soit vous les laissez à vos invités en leur expliquant comment les soigner. Attention, certaines personnes pourraient être réticentes à s'occuper de vos animaux (allergies, peur, etc.) tout comme vous pourriez l'être. Mieux vaut en discuter auparavant afin de s'assurer que cela ne posera pas de problème.

Casse et autres incidents

Les partenaires d'échange sont dans le même bateau et, de fait, les mauvaises surprises sont rares. Les échanges reposent sur le principe de la confiance : du moment que l'un va chez l'autre, un respect mutuel s'installe naturellement. Si toutefois un accident survenait et que la personne échangeant avec vous était responsable des dommages (casse, incendie accidentel, etc.), c'est son assurance responsabilité civile qui entrerait en jeu. Pour cette raison, assurez-vous que votre assurance responsabilité civile est valide à l'étranger et signalez vos dates de départ et de retour à votre assureur. Les objets de valeur peuvent également être mis sous clé pour plus de sûreté.

Impondérables : inondations, cambriolage, etc.

Il peut aussi y avoir des soucis non liés à la présence d'autrui : inondation, glissement de terrain, incendie électrique ou criminel, vandalisme. Dans ces cas, c'est l'assurance habitation du propriétaire ou du bailleur de la maison concernée qui fonctionnera.

Pour aller plus loin

Sites Web

» fr.camago.com – Nombreux articles et conseils pratiques, service de comparateur et promotions sur certains sites d'échange de maisons.

» www.befrenchie.fr/travel-fr/home_exchange-fr – Blog avec de nombreux conseils et ressources par une habituée de l'échange de maisons

Livres techniques

» LECLERC, Didier. *Voyager en échangeant sa maison : tout ce que vous devez savoir pour réussir un échange de maisons* (Ouest-France, 2010)

» SENK, Pascale et RUBIO, Martin. *Échanger sa maison : le nouvel esprit du voyage* (Éd. des Équateurs, 2010)

» MENSINGER, John. *The Homeexchangeguru.com Guide to Trading Your Home* (BookSurge Publishing, 2008)

Récit

» BOUSQUET, Gérard. *J'échange ma maison 3 fois par an depuis 20 ans !* (Éd. de l'Aube, 2013)

Film

» MEYERS, Nancy. *The Holiday* (2006)

Sécurité et santé

"Il faut toujours prendre le maximum de risques avec le maximum de précautions." Rudyard Kipling.

Assurer sa sécurité

La magie du voyage fait que l'on rencontre chaque jour des gens extraordinaires qui nous veulent du bien. Notre confiance en l'humanité s'agrandit chaque jour passé sur la route... tant qu'aucun incident ne ponctue notre parcours.

Il ne faut pas se leurrer : le voyageur est tout aussi vulnérable que le sédentaire et ne peut faire fi des effets de la criminalité. Toutes sortes de désagréments peuvent survenir : harcèlement sexuel, agression, vol, enlèvement, escroquerie ou même simplement être témoin d'actes violents en se trouvant au mauvais endroit au mauvais moment. Malgré tout, il est possible de s'y préparer et de les prévenir dans de nombreux cas.

Il importe toutefois de rappeler qu'il est inutile et même dangereux de vivre dans la peur. Très peu de vrais criminels se trouveront sur votre chemin. À vrai dire, l'expérience suggère que les crimes ciblant les touristes ont pour la grande majorité lieu dans des circonstances précises et prévisibles. En gardant votre calme et en étant attentif aux circonstances, vous conserverez vos énergies afin de mieux contourner les stratégies déployées contre les voyageurs.

Approche préventive : réduire le risque

Les conseils suivants s'adressent à toute personne souhaitant diminuer le niveau de risque auquel elle s'expose, homme ou femme. Il n'est pas nécessaire de les appliquer tous et en tout temps ; tout dépend du contexte. À vous de déterminer s'il est nécessaire de les mettre en pratique.

S'informer

» Rencontrer des gens du coin, se faire conseiller par eux quant à la sécurité des environs et aux risques réels.

» Avoir plusieurs contacts sur place pour pouvoir appeler quelqu'un en cas de problème.

» Connaître les numéros d'urgence, notamment si vous avez un téléphone mobile.

» Prendre le temps de planifier les situations et les trajets d'aller et de retour (numéro de taxi, voie conseillée par vos amis locaux, trajets alternatifs), surtout si l'on se déplace la nuit.

Si vous ne parlez pas la langue du pays, demandez à des adolescents ou à de jeunes adultes de vous aider. Il y a de fortes chances qu'ils apprennent le français ou l'anglais à l'école, et ils pourraient ainsi vous servir d'intermédiaire.

Éviter les situations à risque

» Éviter les endroits isolés, comme les ruelles trop tranquilles ou mal éclairées, les parkings isolés ou autres endroits douteux, surtout après le coucher du soleil.

» De nuit, marcher dans la lumière (quitte à marcher dans la rue), face au trafic routier et en demeurant à la vue des autres passants si possible.

» Éviter de sortir ou de rentrer seul, tant à pied qu'en transport public ou en taxi.

» Aborder d'autres passants afin de marcher en leur compagnie.

» Éviter de passer près de véhicules immobiles dont le moteur tourne.

» Éviter de consommer de l'alcool ou des drogues : ils rendent vulnérable et ralentissent les réactions.

» Garder toujours un œil sur votre boisson (alcoolisée ou non) et votre nourriture.

» Éviter de retirer de l'argent au distributeur le soir lorsque vous êtes seul.

» Ne pas monter dans une voiture qui vous sollicite ou faire de l'auto-stop par dépit ou par fatigue.

» Garder une main libre en tout temps.

» Lors d'un départ en auto-stop ou en transports en commun, partir tôt en journée pour éviter de se trouver en panne de transport la nuit.

» À l'hôtel, n'ouvrir la porte que si l'on attend quelqu'un ou si c'est absolument nécessaire.

» Informer ses proches ou son hôte de ses destinations, s'il y a lieu, ou tenir un calendrier en vue de faciliter les recherches en cas de disparition.

» Prendre le temps de sélectionner son hébergement (chez l'habitant, organisé ou non) et être prêt à le quitter si l'on s'y sent mal à l'aise.

Dans les transports

» Avoir sa monnaie ou son ticket prêt pour éviter de sortir son portefeuille en public.

» Ne pas hésiter à aborder les gens, ils connaissent peut-être l'endroit où vous allez et peuvent vous aider ou vous conseiller sur les moyens de vous y rendre.

» Dans le bus, la nuit, s'asseoir le plus près possible du conducteur.

» Appeler pour solliciter les services d'un taxi et s'assurer que c'est bien celui-là que l'on prend. Il existe des applications qui permettent d'appeler un taxi ou un VTC et qui vous fournissent le numéro d'immatriculation, le nom et le numéro de téléphone du conducteur, ainsi que l'heure prévisionnelle de son arrivée.

» S'asseoir à l'arrière du taxi et éviter de donner des détails personnels au chauffeur.

» Descendre du taxi dans un endroit familier ou passant si le chauffeur vous met mal à l'aise.

» Dans les trains et les bus interurbains, garder son sac d'effets personnels le plus près possible de soi et pas dans le compartiment au-dessus des sièges.

» Ne pas hésiter à utiliser une corde ou une sangle pour attacher votre bagage à vous-même, surtout si vous voulez dormir.

» Ne pas sortir de la voiture si un autre véhicule vous heurte. Les voleurs simulent parfois un accident pour voler la voiture ou dévaliser ses occupants. Restez où vous êtes en attendant la police.

Si vous vous sentez suivi

Il vaut mieux suivre votre instinct et agir rapidement si vous sentez une présence derrière vous.

» Traverser la rue et en profiter pour regarder derrière soi.

» Ne pas cesser de se déplacer, quitte à retraverser la rue.

» Gagner rapidement un endroit plus passant et demander de l'aide aussitôt que possible auprès de vendeurs de rue, de chauffeurs de taxi, etc.

» Se rappeler qu'un piéton peut changer de direction beaucoup plus rapidement qu'une voiture.

Protéger ses effets personnels

Éviter le vol

Les voyageurs expérimentés ont chacun leurs astuces pour éviter de perdre ou de se faire voler leurs documents de première importance : argent, cartes bancaires, passeport et autres papiers d'identité. Tous les conseils du monde ne vous seront pas utiles si vous n'en faites pas l'expérience vous-même. Si vous n'êtes pas à l'aise pour manier une ceinture à argent cachée sous votre pantalon, vous risquez d'y accéder trop souvent ou de mal la refermer. N'hésitez pas à faire quelques essais avant d'acheter des articles de rangement ou de transport. Il en va de même pour les poches secrètes. Si vous les cousez vous-même, faites plusieurs essais de solidité et tentez d'y accéder rapidement et discrètement. Voyez à ce moment s'il est nécessaire de rectifier le tir.

Bien sûr, moins vous transportez de matériel, moins vous risquez d'être ciblé par les voleurs. Un gros sac à dos vous étiquette forcément comme voyageur et augmente vos chances d'être ciblé. Le but est donc

À GARDER EN POCHE...

- Votre mobile ou de la monnaie pour téléphoner
- Numéros de taxis œuvrant dans le quartier
- Numéros de votre hôte, d'amis
- Un peu d'argent
- Vos clés, un plan des environs

d'arriver à se fondre dans l'environnement en gommant tout élément pouvant rappeler que vous êtes un touriste.

Plus une chose est importante et moins elle devrait être accessible aux voleurs. Cela signifie qu'elle doit soit être cachée très loin dans vos bagages (fond du sac de couchage ou de votre sac à dos principal si vous ne vous en séparez jamais) ou très près du corps, sous vos vêtements. Enfin, plus la cachette est près du corps et moins il y a de chances que l'on vous vole sans que vous vous en rendiez compte.

Les voleurs et pickpockets travaillent généralement par paires et se trouvent dans les endroits d'affluence touristique comme les gares ferroviaires, routières, les aéroports, les marchés, les transports en commun, etc. Leur stratégie est simple : l'un d'entre eux tente de vous distraire alors que l'autre vous détrousse. Ils comptent ensuite sur la foule pour pouvoir fuir en douce.

Les voleurs professionnels cherchent rarement la bagarre, alors des réactions promptes peuvent sauver vos effets personnels. Ils veulent agir en douce sans risquer leur propre sécurité, c'est-à-dire sans que vous vous en rendiez compte.

ARGENT

Sachez répartir vos billets en plusieurs points : placez l'argent de la journée plus 30% environ en petites coupures dans une poche avant du pantalon, une somme dans votre ceinture de sécurité ou poche cachée et une autre bien au fond de votre sac à dos. De cette façon, vous risquez moins d'être pris au dépourvu !

Ne manipulez jamais de liasse de billets en public, aussi petite soit-elle !

Ne faites confiance à personne en ce qui concerne votre argent. Gardez-le en lieu sûr et évitez de payer d'avance. Dans les taxis ou dans les boutiques, assurez-vous de fixer clairement le prix des biens ou services avant de conclure une entente.

Certains cachent les billets dans leurs souliers, ce qui peut parfois être problématique (humidité, usure, odeurs !), mais il est vrai que dans certaines cultures tout ce qui a trait au pied est tabou.

Gardez toujours en un point différent de vos affaires une photocopie de votre passeport et de tout autre document important. Les autorités tolèrent généralement que vous n'ayez sur vous qu'une photocopie de votre passeport lors d'un contrôle aléatoire, à condition que vous puissiez produire votre passeport sur demande. Il est donc parfois plus prudent de laisser votre passeport chez votre hôte avec vos bagages.

Il est maintenant très simple de numériser ses documents importants afin d'en imprimer des copies au besoin. Gardez-les à portée de main dans votre boîte e-mail ou sur un site de stockage de fichiers.

Consignez à l'avance en lieu sûr vos numéros de cartes (crédit, identité, permis...) et les numéros de téléphone d'urgence à appeler pour faire opposition en cas de vol ou de perte.

SAC À DOS PRINCIPAL

Une grande part de la stratégie de protection consiste à choisir un sac à dos qui soit adapté à votre façon de voyager. On préférera un sac à dos équipé de multiples poches munies de fermetures à glissière et de compartiments intérieurs à fermeture individuelle. Pour plus de conseils sur le choix d'un sac à dos, voir le chapitre *Faire son sac* (p. 22).

Gardez toujours une main sur votre sac lorsque vous voyagez avec celui-ci. Gardez tout à portée de vue.

Certaines personnes ajoutent des clochettes à leur sac afin de faciliter le contrôle de leurs effets personnels. Si vous dormez en auberge de jeunesse ou dans un endroit qui ne vous inspire pas confiance, attachez ou verrouillez votre sac sur vous, sur le lit, à un arbre, etc.

POCHES SECRÈTES

Vous pouvez choisir de cacher vos papiers et votre argent à l'intérieur d'une poche secrète. Celle-ci est parfois déjà en place sur un sac ou un pantalon, mais vous devrez bien souvent la confectionner vous-même. Examinez d'abord votre sac ou votre vêtement pour trouver un endroit où placer la poche. Pensez à examiner les coutures, les poches intérieures, les doublures, etc. La poche secrète peut être cousue ou simplement suspendue, à condition qu'elle ne puisse se détacher ou s'ouvrir accidentellement.

LEURRE

Suivant les régions où vous voyagez et les situations, il peut être plus sûr de cacher les objets de valeur dans son gros sac que sur soi. Les pochettes que l'on met sous les vêtements sont connues des voleurs et peuvent servir de leurre si vous vous faites braquer. Gardez seulement un peu d'argent à l'intérieur et éventuellement une copie de votre passeport pour faire croire que tout est dans cette pochette (prétextant que votre passeport est à l'hôtel). De nombreux voyageurs possèdent également deux portefeuilles, dont le plus accessible ne contient pas de documents importants mais une grande quantité de pièces de monnaie et des cartes bancaires périmées. Les braqueurs ne voudront sans doute pas s'encombrer avec votre sac qui contient en réalité le reste de votre argent. Ce n'est pas une règle absolue, mais cela peut être intéressant à savoir.

Une poche très simple peut être réalisée en entaillant la ceinture d'un pantalon et en faisant une couture pour empêcher l'argent d'aller plus loin autour de votre taille.

Rappelez-vous cependant que même la pochette de sécurité la plus technique ne maintiendra pas vos effets en sécurité si vous devez vous déshabiller à moitié ou la montrer à tout le monde chaque fois que vous avez besoin d'un peu d'argent.

Souhaiter cacher sur soi des objets précieux ne date pas d'hier. Dans l'argot des bagnards, on parlera d'un "plan" à travers le XXe siècle pour désigner un étui anal de 5-6 cm de long servant à cacher clés, limes, argent ou même tabac. Cherchez-vous toujours un bon plan pour voyager serein ?!

Articles de sécurité

Velcro, épingles de nourrice, boucles, fermetures Éclair, résistance à l'eau, tant de possibilités pour protéger ses effets personnels ! À vous de déterminer vos besoins en fonction des vêtements avec lesquels vous voyagez, des activités que vous faites, de la quantité d'argent et de documents à transporter, de vos habitudes, etc.

Le tableau de la double page suivante présente une revue sommaire des objets liés à la sécurité que vous trouverez en vente dans les boutiques de voyage, de plein air et parfois même en quincaillerie. Bien entendu, rien ne vous empêche de fabriquer vous-même des articles équivalents avec les moyens du bord.

Se protéger : self-defense

Le *self-defense* ou autodéfense est un ensemble de pratiques, inspirées entre autres des arts martiaux, qui ont pour but de permettre à celui qui les pratique de protéger son intégrité physique et mentale et à venir en aide à autrui sans se mettre en danger. Il englobe également parfois l'utilisation de certains outils (ou armes) de défense, mais doit pouvoir se pratiquer sans, puisque le contexte d'une agression ne s'y prête pas toujours.

Il existe diverses approches du *self-defense*. Pour certains, il s'agit d'une pratique non violente qui consiste à maîtriser l'assaillant en utilisant son propre poids et ses articulations (comme dans la pratique de l'aïkido). Mais pour la plupart, il s'agit au contraire de tout faire pour se dégager d'une situation, quitte à blesser l'assaillant.

Suivre un cours

Un cours d'autodéfense peut générer suffisamment de confiance en soi pour impressionner les assaillants potentiels et faire en sorte qu'il y ait peu d'occasions de s'en servir. C'est lors d'un cours qu'on met en pratique la conscience d'une situation, qu'on établit ses limites et qu'on tente de désamorcer verbalement la situation.

Le contenu théorique de cette fiche ne saurait remplacer un véritable cours : c'est par la pratique avec le corps et l'esprit que l'on acquiert la conviction de ses capacités profondes à faire face à une situation.

Un bon cours doit couvrir les éléments suivants :

» **Prévention :** être prêt et garder son sang-froid, aller au-delà de la peur, travail de la voix, de la posture et de l'attitude

» **Préparation psychologique :** gestion du stress, visualisation des situations d'agression et des réflexes de défense

» **Techniques simples :** combat au sol, se dégager, points de pression, zones sensibles et coups efficaces, défense contre les attaques surprises, gestes à développer instinctivement

» **Éléments de loi** sur la légitime défense

ITEM DE SÉCURITÉ	UTILISATION	POIDS	PRIX
Lien de serrage en plastique (Ryslan ou Tyrap) En quincaillerie	Pratique lorsque nécessaire d'attacher votre sac temporairement (train, bus, auberge de jeunesse). Nécessite de l'organisation pour les recouper soi-même, peut éviter le vol opportuniste.	env. 1 g	moins de 1 € les 20
Cadenas classique à clé ou à combinaison	Pour verrouiller les fermetures Éclair de votre sac (attention au diamètre de l'anneau) ou vos effets personnels. Disponible certifié TSA*.	40 g et +	1-15 €
Câble cadenas et cadenas mousqueton avec câble	Idem, en plus fort et plus pratique, mais également plus lourd et plus cher. Peut avoir un câble rétractable. Taille 61-128 cm.	75-250 g	8-25 €
Sangles de sécurité à serrure ou à combinaison	Pour fermer de façon efficace les bagages plus rigides, ou pour attacher un sac à quelque chose. Aussi disponibles certifiées TSA*.	150 g et +	8-25 €
Filet de sécurité (type Pacsafe)	Pour recouvrir le sac et l'attacher quelque part. Intégré entre deux couches de tissu dans certains sacs de voyage.	500-680 g	45-95 € selon la taille
Cadenas pour ordinateur portable	Permet d'attacher votre ordinateur portable à une table, chaise, etc. Parfois également équipé d'une alarme.	200-400 g	10-35 €

* Certification TSA : norme de fabrication permettant aux autorités douanières des États-Unis d'accéder au contenu du sac afin de le fouiller sans briser le cadenas. Les cadenas certifiés TSA sont identifiés par le symbole d'un losange rouge.

La légitime défense est une condition de droit reconnue par la plupart des systèmes législatifs. Lorsque la fuite n'est pas possible, la légitime défense confère à une personne le droit de se défendre ou de défendre autrui d'une agression illégale immédiate ou imminente en utilisant une force proportionnelle à la menace.

Concepts de base

Les professionnels de l'autodéfense s'accordent pour dire qu'une grande part de la défense personnelle se passe avant la situation de violence physique. En ordre, on doit considérer d'abord et avant tout **l'évitement**, c'est-à-dire se soustraire au choix de l'agres-

ITEM DE SÉCURITÉ	UTILISATION	POIDS	PRIX
Ceinture banane	Garde tout près du corps tout en criant : "Volez-moi !!" Peut être pratique pour les effets de peu de valeur ou pour l'argent de la journée, ou pour détourner l'attention de votre portefeuille. Il existe aussi des ceintures bananes équipées de fonctions de sécurité supplémentaires : sangle impossible à couper, fermeture escamotable, protection de la fermeture Éclair...	100 g et +	5-25 €
Pochette portefeuille	Normalement faite de tissu respirant, parfois à fermeture hermétique (résistante à l'eau), se porte directement sur la peau, sous les vêtements, autour du cou ou sous le bras. Existe même pour la jambe ! Idéale pour transporter le passeport, certaines cartes et l'argent. Son usage est moins connu des voleurs. Format : 12 x 16 cm ou plus.	20-140 g	5-15 €
Ceinture portefeuille	Se porte sous le pantalon pour transporter les documents importants. Plus discrète que le sac banane à la taille, mais relativement bien connue des voleurs. Parfois trop étroite pour le portefeuille, vérifier avant l'achat.	40-120 g	5-20 €
Ceinture classique à compartiment caché	Ressemble en tous points à une ceinture classique et donc difficile de se douter qu'une pochette se cache à l'intérieur. Plus petite que la ceinture portefeuille (pas d'espace pour le passeport), mais utile pour ranger clés, argent, etc.	60 g et +	6-13 €

seur potentiel, puis **la gestion du conflit et la fuite**. Enfin on considérera en dernier recours **la riposte physique**.

Éviter la violence

Avant même d'en arriver à l'autodéfense proprement dite, sachez que le meilleur conseil et principe de base de tous les arts martiaux est d'éviter la confrontation et la violence pendant qu'il en est encore temps. Pour ce faire, il est conseillé d'adopter une attitude de maîtrise de soi, calme, lucide et consciente. Si vous vous faites braquer avec une arme, ne prenez pas de risque, donnez à l'agresseur ce qu'il veut, généralement votre téléphone ou de l'argent.

Si vous n'avez pas le choix, voici quelques pistes de *self-defense* à explorer. Les connaître et les maîtriser vous rendront aussi plus sûr de vous et votre agresseur le sentira.

Être prêt et conscient

Prenez conscience de votre capacité à vous défendre, peu importe votre condition physique. Des milliers de gens l'ont fait avant vous. Avant de partir à l'aventure, sachez

QUELQUES CONSEILS

» Un sac plastique placé par-dessus vos effets personnels dans le haut du sac fera du bruit si un voleur tente d'accéder au contenu du bagage.

» Attachez certains objets de valeur, comme vos papiers, vos clés ou un appareil photo à un porte-clés à cordon rétractable. Ce n'est pas infaillible mais rend le vol plus difficile.

» Lorsque vous voyagez à vélo ou à motocyclette (notamment en Asie du Sud-Est), soyez vigilant quant à votre sac car les voleurs à la tire peuvent sévir en passant rapidement à côté de vous et en l'empoignant. Il vaut alors mieux porter son sac sur le dos plutôt que de l'attacher sur le porte-bagage.

» Dans les pays où il est difficile de se repérer, une petite boussole pourra vous aider à garder le cap dans les transports en commun ou en taxi, et vous éviter de vous perdre à la sortie d'une station de bus.

jusqu'où vous seriez prêt à aller pour vous protéger. Vous en valez la peine ! Visualisez les situations dans lesquelles vous pourrez vous trouver. Tentez d'analyser le contexte et de développer un plan, des stratégies pour en sortir vivant. Où frapperez-vous votre assaillant? Quels coups lui donnerez-vous? Où iriez-vous vous réfugier? Dites-vous par exemple : “Pour me protéger j'irais jusqu'à...” et tentez d'inclure un maximum des possibilités de coups suggérés plus loin.

Entraînez-vous à effectuer les gestes de *self-defense* et découvrez ceux que vous maîtrisez le mieux. Si vous répétez suffisamment un geste, vous le mémoriserez et le ressortirez instinctivement. Préparez-vous à donner tout ce que vous avez. Tous les coups sont permis – imaginez-vous les donner, osez les utiliser !

Une fois en contexte de vulnérabilité, sachez :

» **Être en alerte :** avoir conscience de tout ce qui se passe autour de vous (éviter d'écouter de la musique à tue-tête, par exemple), balayer devant vous avec les yeux. Utiliser tous ses sens : il ne faut pas sous-estimer sa capacité à entendre des bruits, même derrière soi.

» **Garder une posture ferme**, droite, la tête haute, dégager de l'assurance, éviter de vous poser en victime.

» **Éviter de laisser entrer la personne** dans votre périmètre d'intimité (distance d'un bras tendu).

» **Suivre votre instinct, respecter vos limites et agir rapidement** lorsque vous ressentez une tension ; ne pas endurer ce qui vous fait vous sentir mal – se sortir de la situation pour retrouver le calme et la confiance.

» **Se relaxer :** plus facile à dire qu'à faire, certes ! Cependant, votre attitude pourra influencer largement les protagonistes de la situation dangereuse. Il ne s'agit pas ici de pratiquer la méditation zazen, mais simplement de se détendre consciemment et d'amener subtilement autrui à le faire. Prenez de longues respirations, expirez lentement.

Éviter la provocation

L'agression n'est pas toujours intentionnelle ou préméditée. Pour cette raison, votre attitude peut désamorcer un certain nombre de situations à caractère violent, notamment en respectant quelques principes simples :

» Respecter l'espace personnel d'autrui et mettre de la distance entre soi et les autres.

» Éviter les postures à connotations agressives : bras croisés, bras en l'air, toucher l'autre.

» Éviter de fixer la personne dans les yeux.

» Chercher à sortir de la situation au plus vite : marcher rapidement vers un endroit où il y a plus de monde, ne pas regarder derrière, ne pas paniquer.

» Parler sans crier, d'un ton calme et neutre, lentement et clairement, ne pas entrer dans le jeu de l'agression, ne pas argumenter ou chercher à se justifier. Désamorcer verbalement le conflit.

» Garder son sang-froid et ne pas pleurer. Communiquer avec l'assaillant en utilisant ses émotions non pas contre soi-même mais pour s'aider.

» Ne jamais menacer verbalement un agresseur : peut envenimer la situation, le rendre plus agressif, plus sournois et ruiner l'effet de surprise qui pourrait vous permettre de vous enfuir.

Enfin, sachez vous éclipser et prendre la fuite : même si la personne n'est pas armée, il y a toujours de gros risques d'être blessé grièvement lorsqu'une bataille éclate (chute, verre cassé, etc.).

Si vous vous trouvez en situation de vulnérabilité – par exemple ciblé par une personne mal intentionnée –, il est moins risqué de demander de l'aide rapidement plutôt qu'attendre que l'on vous en offre.

La défense physique

Dans le cas d'une confrontation physique inévitable, n'hésitez plus, car les trois premières secondes sont cruciales pour vous permettre de vous échapper.

Lors d'une attaque physique, l'assaillant a généralement déjà établi le degré de force et de violence qu'il est prêt à utiliser. Le *self-defense* postule que ce degré préétabli n'augmente pas avec la riposte physique, bénéficiant plutôt d'un effet de surprise pour agir. Mais l'agression est un acte humain imprévisible - vous seul pouvez juger de la situation et décider s'il est nécessaire d'employer la violence physique. Dans tous les cas, ce doit être la dernière option.

Le self-defense doit être simple pour être efficace. Une agression est une situation de stress élevé où il est très difficile de reproduire des procédures complexes.

Contrairement aux sports de combat, il n'y a dans la rue ni règles ni arbitre. On n'entre pas en mode de *self-defense* comme dans un combat, pas question de gagner ou d'être plus fort que son adversaire. Dans ces situations de violence, tous les coups sont permis. Votre objectif n'est pas de vaincre votre adversaire, mais de vous dégager de son emprise, de vous enfuir et de vous mettre en sûreté.

La situation vous appartient. Concentrez-vous non pas sur ce que votre agresseur peut vous faire, mais sur ce que vous pouvez ou allez lui faire. Utilisez au maximum votre instinct de survie.

Crier ou faire du bruit peut créer un état d'alerte et déstabiliser l'agresseur. C'est aussi un moyen de prendre confiance en vous tout en tendant votre région abdominale, ce qui est un réflexe de protection de vos organes vitaux.

Demandez de l'aide, s'il y a lieu, en donnant des instructions claires aux témoins : "Appelez la police !"

Distance de sécurité : plus l'assaillant est loin, plus vous avez le temps de réagir, et plus il risque de se mettre en situation de déséquilibre en tentant de vous atteindre. Dans le même ordre d'idées, la jambe est plus longue et plus forte que le bras, et il est préférable de donner des coups de pied lorsque c'est possible.

Gardez un œil averti sur votre agresseur : a-t-il ses deux mains visibles ? Une main cachée derrière le dos ou sous un bras peut dissimuler une arme. Si l'agresseur est armé, rappelez-vous que votre but n'est pas de le désarmer mais de vous protéger. L'agresseur n'a généralement pas réellement l'intention de se servir de son arme – elle sert à exercer une menace, un pouvoir pour obtenir quelque chose. Obéir à l'agresseur permet généralement de s'en sortir. Le matériel se remplace aisément, mais pas la vie ou la santé. Montrez-lui que vous avez compris, en disant ce que vous faites sans ambiguïté, et calmez-le afin de lui éviter de faire des mouvements brusques. En cas d'attaque franche à ce moment, tentez de le désarmer.

Une fois le combat engagé, donnez tout ce que vous avez, le plus rapidement possible. Frappez de toutes vos forces plusieurs fois sans donner à l'agresseur le temps de riposter. N'attendez pas la suite, comme on le voit souvent dans les films : prenez tout de suite la fuite !

Points de pression et zones sensibles

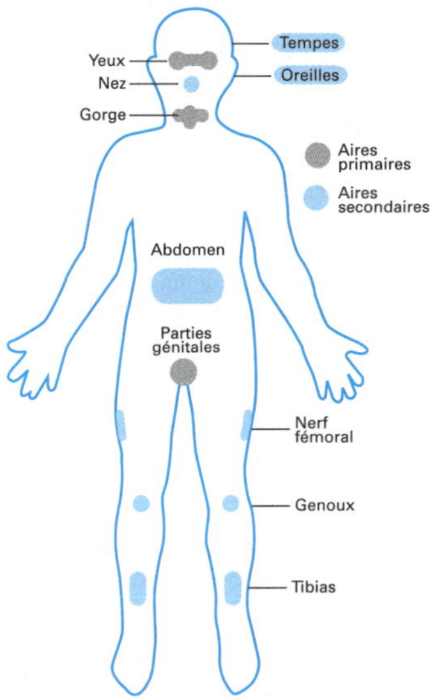

Certaines parties du corps sont particulièrement sensibles à la pression ou aux coups, notamment les articulations, certains nerfs ou les endroits dénués de muscles ou de graisse. Il est utile de connaître ces zones et de s'entraîner mentalement à les cibler de manière efficace car les frapper peut causer de la douleur, une immobilisation, de la distraction, ou même littéralement blesser l'adversaire. Cela vous permet aussi de mieux les protéger, le cas échéant.

On cherchera à atteindre en priorité la **vision**, la **respiration** et ensuite la **mobilité** de l'agresseur.

AIRES PRIMAIRES

Les zones les plus sensibles sont les **yeux**, la **gorge** et les **parties génitales** (tant masculines que féminines).

Au niveau de la gorge, plusieurs points sont très sensibles : juste sous la pomme d'Adam, la partie molle à la base du cou, de même que le creux à la base du cou, entre les clavicules, peuvent être frappés ou appuyés fortement pour repousser l'adversaire. On peut également frapper ou attraper le larynx entre le pouce et l'index.

AIRES SECONDAIRES

Parmi les autres zones sensibles qu'il est utile de connaître, le **nez** bien évidemment, les **oreilles** (siège de l'équilibre), **l'abdomen** et plus précisément le **plexus solaire** (organes internes, sensation de "souffle coupé"), le **nerf fémoral**, situé sur le côté extérieur de la cuisse, environ 15 cm au-dessus du genou, les **genoux** eux-mêmes ainsi que les **tibias**, à l'avant de la jambe.

Types de coups

En situation de *self-defense*, il est important d'agir rapidement et de frapper là où ça fait mal. Pour ce faire, un certain nombre de coups et d'attaques simples sont recommandés. Nous vous en présentons brièvement quelques-uns.

COUPS AVEC LA TÊTE

Les coups de tête sont particulièrement utiles si vos mains sont tenues par l'adversaire ou pour provoquer un effet de surprise. Fonctionnent bien pour frapper le nez, mais peuvent être douloureux pour vous et risquent de vous assommer.

Mordre peut également être efficace.

COUPS AVEC LES MAINS

Évitez les coups de poing car il est trop facile de s'abîmer les jointures et les poignets, surtout lorsqu'on frappe au niveau de la tête (très dure). Sachez que la force de votre frappe est tout aussi grande avec le bas de la paume intérieure (talon) de la main ouverte. Vous pouvez aller chercher de la force dans vos épaules et même dans vos hanches, pas seulement dans vos bras.

» Un **coup avec la main ouverte** sur le **menton** ou le **nez** est très efficace. L'impact se fait au niveau du bas de la main, à la base de l'articulation du pouce. Peut servir à repousser un assaillant (avec une pression seulement).

» Si vous frappez les **oreilles**, donnez une claque en faisant une **coupole fermée avec votre main** : la pression peut faire éclater les tympans.

» La **tranche extérieure** de la main, très tendue, permet d'asséner un coup efficace à la gorge ou aux tempes, notamment si vous avez assez d'espace pour prendre de l'élan.

» **Écartez le plus possible le pouce de l'index** et vous aurez une arme redoutable pour frapper le cou et la gorge de votre adversaire.

» **Utilisez vos doigts :** enfoncez-les dans les yeux de votre adversaire, dans son nez, griffez-lui le visage comme un tigre, agrippez ses oreilles ou ses parties génitales et tirez fortement, pincez-lui les joues en faisant des crochets avec vos doigts.

Toujours tenter de donner plusieurs coups très rapidement en les combinant afin de ne pas laisser à l'autre le temps de riposter.

COUPS DE COUDE

Imaginez le geste d'attraper la ceinture de sécurité au niveau de l'épaule et de la ramener devant votre poitrine brusquement : c'est le geste du coup de coude. Pratiquez-le à l'avance en imaginant frapper le **cou**, les **côtes** et l'**abdomen** de votre adversaire.

COUPS DE GENOU

Particulièrement utile en combat rapproché, le coup de genou atteindra les **parties génitales**, le **nerf fémoral** (côté extérieur de la cuisse) et éventuellement l'**abdomen**.

Si vous êtes impliqué dans un combat au corps à corps, vous pouvez maintenir et même attirer l'agresseur contre vous pour le faire aller à la rencontre de votre coup : ce dernier sera d'autant plus puissant et efficace.

COUPS DE PIED

À moins d'être spécialiste en arts martiaux, évitez de donner des coups de pied au-dessus du genou sauf si vous êtes déjà au sol, car il est dangereux de perdre l'équilibre, de glisser ou de voir sa jambe saisie par l'assaillant. Les coups de pied sont notamment utiles pour frapper le côté des genoux, les chevilles ou les tibias. Ils sont encore plus efficaces en combat au sol.

Combat au sol

Il faut à tout prix éviter de vous retrouver en combat au sol, notamment s'il y a plusieurs agresseurs. La tactique à adopter dépend bien sûr de la situation, mais vous voudrez sans doute tenter de déséquilibrer votre adversaire afin de renverser l'attaque. Au sol, ce sont les coups "interdits" (doigts dans les yeux, dans le nez, etc.) et les coups de pied qui sont généralement le plus efficace. Redressez-vous dès que possible en poussant avec vos pieds pour soulever votre bassin du sol, puis fuyez et mettez-vous en sécurité.

Armes et self-defense

C'est une question à laquelle presque tous les voyageurs doivent répondre un jour ou l'autre : "Mais tu te défends avec quoi ? As-tu une arme sur toi ?" Il semble qu'assez peu de voyageurs osent véritablement s'armer et nous ne saurions vous recommander de faire ce choix. Voici tout de même quelques éléments à considérer :

» **Considérations légales :** dans de nombreux pays, le port d'un objet assimilé à une arme est interdit, incluant les armes de *self-defense* (Taser®, matraque, bombe de gaz poivre...). Les règles varient d'un pays à l'autre, même à travers l'Europe, rendant difficile le choix d'une seule méthode de protection pour le voyageur. L'utilisation illégale d'une arme peut invalider une situation de légitime défense.

» **Posséder une arme, un choix à double tranchant :** l'utilisation accidentelle d'une arme peut faire de sérieux dégâts. Sans préparation ni entraînement, il y a des chances pour que l'arme se retourne contre vous assez rapidement. Par ailleurs, dans le feu de l'action, on n'aura pas spontanément le réflexe de la sortir du sac. On ne peut donc pas compter uniquement sur elle pour assurer sa sécurité.

Voici à titre informatif les outils d'autodéfense les plus populaires :

Alarme personnelle

Le cri strident d'une alarme personnelle peut décourager, distraire ou effrayer un agresseur. Les alarmes ont l'avantage d'être légales dans tous les pays et faciles à transporter, mais elles n'immobilisent pas physiquement l'agresseur et leur efficacité peut être réduite dans des circonstances bruyantes. Elles se présentent souvent en modèles porte-clés pratiques. L'alarme sonore peut être jumelée à une lumière intense ou un stroboscope pour aveugler temporairement l'assaillant.

Gaz poivre

Produit chimique appelé CS ou OC, dérivé du poivre de Cayenne, présenté sous forme de vaporisateur. Il est maintenant disponible dans toute une variété de contenants banalisés comme des tubes de rouge à lèvres, stylos, porte-clés, bagues, etc. C'est un outil populaire car il n'est pas très coûteux et immobilise efficacement l'adversaire en rendant la respiration difficile (5-15 minutes) et en l'aveuglant temporairement (15-30 minutes). Il peut être très efficace dans les situations extérieures sauf en cas de vent. Il ne doit jamais être utilisé dans un endroit confiné comme une voiture.

Le gaz poivre a l'avantage d'être facile à transporter, discret et temporaire. Par contre, il n'est pas toujours à portée de main, il est illégal pour le transport par avion (même en soute) ainsi que dans beaucoup de pays, même pour usage en légitime défense.

En France, il est permis de se servir de gaz poivre en format inférieur à 100 ml, d'une concentration inférieure à 2% de CS et d'un débit instantané à la valve inférieur à 60 g/s. Sa possession et son transport sont cependant interdits en Belgique, au Royaume-Uni et au Danemark, pour ne nommer que ces pays.

Compte tenu des problèmes de légalité du gaz poivre en Belgique et au Royaume-Uni, on trouve sur le marché des sprays à base de teinture qui, une fois pulvérisés sur l'assaillant, le transforment instantanément en Schtroumpf pour quelques jours, permettant ainsi une identification rapide du coupable ! Le produit, un cosmétique pour le moins persistant, est non toxique, et l'aérosol est donc tout à fait légal. On le retrouve notamment sous les noms X-spray, Farb Gel, Defence I.D. et StoppaRed. Ces produits sont cependant rares hors de l'Europe.

Arme à impulsion électrique

Cette arme de *self-defense* envoie un courant électrique non létal dans le but de paralyser l'agresseur pour quelques secondes ou jusqu'à quelques minutes. On la retrouve sous deux formes : *stun gun* (ou bâton choqueur) ou pistolet Taser®.

L'arme à impulsion électrique est soumise à des restrictions légales plus importantes que le gaz poivre, variant selon les États aux États-Unis, et est illégale dans la plupart des pays dont la France. Son usage, même de façon professionnelle par les forces de l'ordre, sème la controverse, notamment à cause d'un certain nombre de décès associés à son usage. L'agence Reuters a recensé plus de 1 000 décès aux États-Unis depuis une vingtaine d'années : 90% des victimes n'étaient pas armées au moment des faits.

Arme d'opportunité

Il n'est pas nécessaire d'avoir une arme sur soi pour se sentir armé. Des objets présents dans les parages peuvent également servir d'arme dans une situation de crise : porte-clés, clé, stylo, bâton, parapluie ou canne de marche, bouteille d'eau, livre, lampe de poche, journal roulé sur lui-même, ou plié en deux ou en triangle du côté de la pliure, etc.

Savoir se servir d'armes d'opportunité peut donner suffisamment de confiance en soi pour éviter d'avoir à en faire usage. Il est donc intéressant de passer en revue les effets personnels que l'on possède à portée de main et d'imaginer comment on pourrait en faire usage dans un contexte d'agression. Un peu d'entraînement et vous serez surpris par la force de votre frappe en cas d'attaque !

Une simple clé peut devenir une arme redoutable : serrez le poing en tenant la base de la clé fermement entre le pouce et l'index. Cette arme d'opportunité permettra de frapper de façon efficace et inattendue tout en minimisant vos risques de blessure à la main.

Après une agression

» Déclarez l'incident à la police et/ou à l'ambassade, à moins que la corruption des autorités locales ne vous mette dans une situation encore plus dangereuse.

» Retrouvez des amis ou des personnes de confiance.

» Tentez de refréner les sentiments de culpabilité ou de confusion qui peuvent surgir. Vous êtes en vie et ça compte.

» Concentrez-vous sur autre chose et extériorisez vos émotions en vous défoulant sur un élément extérieur.

Pour plus de conseils sur comment réagir après une agression, reportez-vous à la partie *Santé mentale*, p. 388.

Autres risques

Alcool et drogues

Il est tentant de consommer alcool et drogues en voyage. Loin de nous l'idée de prêcher contre toute consommation d'alcool et de vous priver ainsi des saveurs liées à la bière, au chhaang, au saké, à la chicha, au soju ou au raki... Il convient cependant de rappeler que la consommation et l'abus d'alcool rendent plus vulnérable au vol et à l'agression. Si vous êtes dans un endroit particulièrement fréquenté par les touristes, le risque décuple. Ne consommez donc que des quantités modérées et en présence d'une personne de confiance.

Rappelez-vous que les fêtes fortement imbibées sont des milieux à risque et que les agresseurs sont souvent connus des victimes. Après tout, l'alcool est de loin la substance la plus utilisée comme sédatif dans les cas de viols.

Drogue du viol

Les dernières décennies ont vu naître l'utilisation de la "drogue du viol" dans les boissons et plus particulièrement les boissons alcoolisées. Des substances chimiques intoxicantes telles que le Rohypnol ou le GHB peuvent être ajoutées subtilement dans votre verre et vous faire perdre conscience de la situation, faisant de vous une victime très coopérative pour un vol ou une agression.

La meilleure manière d'éviter d'en être victime est de surveiller étroitement sa boisson. Tenez-la en main ou gardez-la à portée de vue en toute circonstance. Si quelqu'un vous offre à boire, restez auprès de lui alors que la boisson est servie. Si vous avez laissé votre boisson sans surveillance pendant un moment, il vaut mieux en commander une nouvelle.

Enlèvements

Certaines régions du monde sont connues pour être des foyers d'enlèvements d'étrangers. Même si vous n'avez pas vous-même d'argent, vous pouvez être victime d'un rapt si des criminels croient que votre famille en a. Évitez de donner trop de détails sur votre situation financière ou celle de votre famille, sur votre lieu de résidence, etc. Variez vos trajets lors de vos déplacements réguliers et évitez de circuler sans être accompagné ou de nuit.

Violences sexuelles

Le harcèlement, l'agression sexuelle et le viol sont présents pratiquement partout dans le monde et **peuvent affecter n'importe qui, femmes et hommes**. C'est pourquoi, nous avons choisi d'en parler ici plutôt que dans le chapitre *Voyage au féminin,* qui contient toutefois des conseils spécifiques aux femmes en matière de sécurité (voir p. 64).

Être conscient du risque est un premier pas vers la sécurité car cela vous permettra d'être réactif si des problèmes se présentaient.

Le **harcèlement sexuel** peut être lié à une foule de facteurs allant d'éléments de culture locale au désir d'exercer un pouvoir en passant par l'image que l'on projette. Sachez vous armer pour y faire face en connaissant d'abord vos propres limites et en les communiquant clairement. Cherchez conseil auprès de locaux quant aux comportements acceptables et inacceptables. Ne faites surtout pas confiance à la communication non verbale pour résoudre les situations inconfortables : c'est une pente glissante et dangereuse.

La recherche démontre que les motivations primaires du **viol** sont d'humilier, de briser, de détruire. La règle d'or est d'aller chercher de l'aide, de briser le mur du silence auprès de

TOURISME ET TERRORISME

À peine deux semaines après les attentats de mars 2016 à Bruxelles se tenait dans la capitale belge le Salon des blogueurs de voyage. À la fois émus et impressionnés par le déploiement sécuritaire, ces passionnés du tourisme n'ont pas hésité à recommander à leurs lecteurs d'oser se rendre dans les villes touchées par les attentats. Certaines destinations ne se sont toutefois pas aussi bien remises de la menace terroriste. New York a mis 34 mois à se relever du 11 Septembre, l'Égypte a perdu 30% de ses visiteurs en cinq ans, la Tunisie peine à se relever depuis les attaques du musée du Bardo et de la plage de Sousse.

Faut-il cesser de voyager par peur du terrorisme ? À l'instar des blogueurs, nous croyons que non. Voyager dans un pays touché, c'est aussi un acte solidaire et une occasion de s'instruire sur la géopolitique. Consultez les avertissements en cours pour la région visée et appliquez les précautions d'usage. La menace terroriste est par nature aussi imprévisible que le sont les catastrophes naturelles et partout où nous nous trouvons, nous sommes exposés aux mêmes risques que la population locale. À moins de se retirer au fin fond des bois ou aux confins du désert, nul n'est complètement à l'abri.

gens de confiance ou de spécialistes. Si vous n'avez pas de ressources à portée de main, pensez à contacter votre ambassade ou une ressource anonyme en ligne.

Dans la grande majorité des pays, la recommandation en cas de viol est de ne pas se laver et de se rendre le plus rapidement possible auprès d'un médecin, à l'hôpital ou à la police. Toutefois, il est important de se rendre compte des situations propres à certains pays et de s'assurer avant tout que cela ne vous met pas plus en danger. Il peut être dangereux de contacter la police dans un cas de viol autant pour les femmes que pour les hommes dans certains pays, notamment si l'homosexualité est interdite. Il est conseillé de se rendre dans un endroit sûr, de contacter le consulat, l'ambassade ou une organisation d'aide aux victimes de violences sexuelles, et de prendre le temps d'analyser la situation avec une personne de confiance.

Messieurs, sachez qu'en cas de viol, les ressources prévues pour les femmes peuvent vous être utiles également.

Corruption des autorités

C'est un secret de polichinelle : la corruption est un fléau dans de nombreux pays encore aujourd'hui. Il est beaucoup plus facile pour un policier de vous extorquer une somme d'argent si vous êtes effectivement en tort avec la loi : possession de drogue, de biens illégaux ou issus du marché noir, etc. En évitant de vous mettre en situation irrégulière, vous éviterez d'autant l'abus de la part des forces de l'ordre.

Si le contact avec les autorités ne peut être évité, demeurez avant tout calme et poli afin de ne pas leur faire perdre la face. Vous éviterez ainsi de vous les mettre à dos.

Pour aller plus loin

Sites Web

» www.diplomatie.gouv.fr – Site de conseils aux voyageurs du gouvernement français (rubrique "Conseils aux voyageurs")

» www.voyage.gc.ca – Site de conseils aux voyageurs du gouvernement canadien (rubrique "Publications")

» www.safetravel.ch – Recommandations officielles du Comité d'experts en médecine des voyages et de l'Office fédéral de la santé publique suisses

» http://stop-violences-femmes.gouv.fr – Portail gouvernemental français de référence pour les associations de soutien pour les victimes de violences sexuelles

» www.france-victimes.fr – Anciennement INAVEM, fédération d'associations de soutien aux victimes. Appel depuis l'étranger : +33 1 41 83 42 08

Livres techniques

» ANDRE, Emile. *100 façons de se défendre dans la rue sans armes* (Autoédition, 2020)

» DAMAISIN D'ARÈS, Jean-Christophe. *Self-defense féminine : Techniques de base pour se défendre efficacement* (Chiron, 2010)

» MOREL, Guillaume et BOUAMMACHE Frédéric. *Protegor : guide pragmatique de sécurité personnelle, self-defense et survie urbaine* (Amphora, 2017)

» HABERSETZER, Roland. *Self-defense pratique : réalisme, efficacité, contrôle* (Amphora, 2008)

» HOFFER, Bruno et BÉNOLIE Pierre-Yves. *Cours de self-defense féminine* (De Vecchi, 2008)

"Existe-t-il pour l'homme un bien plus précieux que la santé ?"
Socrate

Santé du voyageur

Malgré tous vos efforts pour demeurer en bonne santé, il est fort possible que vous soyez incommodé à un moment ou à un autre de votre périple. Ampoules, coups de soleil, piqûres d'insectes, diarrhée du voyageur… Certains maux sont bénins, d'autres plus sérieux. Voyager vous conduira à être plus attentif à ce qui se passe dans votre corps. D'une part, il est utile de savoir pallier les petits soucis que la route amène, d'autre part, il est essentiel de savoir détecter une situation médicale urgente.

Il existe bien des manières de se soigner. Médecine traditionnelle (allopathique) ou alternative (phytothérapie, homéopathie,) les différentes approches sont complémentaires et il n'est pas nécessaire de n'en choisir qu'une seule. L'idéal est de connaître son corps et ce qui fonctionne bien pour soi.

⚠ ATTENTION ! Les informations contenues dans ce chapitre vous sont fournies à titre informatif. Elles ne sauraient en aucun cas se substituer aux conseils et ordonnances d'un médecin. Les auteurs déclinent toute responsabilité en cas d'accident, de lésion ou de préjudice subi par quiconque pratiquerait une automédication sur la base de ces informations.

Avant de partir : prévention

La visite médicale pré-départ est un rituel incontournable du voyageur. En plus d'évaluer votre santé, de refaire vos stocks de médicaments et d'identifier les risques auxquels vous vous exposerez, c'est également l'occasion de mettre à jour votre carnet de vaccination.

Vaccins

Lors d'un voyage, le risque est accru d'entrer en contact avec des micro-organismes totalement inconnus contre lesquels le corps n'a pas développé de défenses immunitaires. Le vaccin ne vous empêchera pas toujours d'être malade, mais augmentera vos défenses tout en diminuant la gravité de l'infection et des séquelles potentielles.

Commencez par vous rendre dans un centre de santé pour voyageurs ou dans un centre de vaccination armé d'un bon budget (300 € environ pour la totalité des vaccins les plus courants) et d'une liste des pays ou régions dans lesquels vous comptez voyager, y compris les escales aériennes. Ce rendez-vous devrait avoir lieu assez tôt, 6 à 8 semaines avant le départ et jusqu'à 6 mois pour certains vaccins et leurs rappels. Si vous avez déjà un carnet de vaccination, apportez-le avec vous, sinon demandez qu'il vous en soit délivré un lors de votre visite (carnet international de vaccination).

Pour les enfants, il est nécessaire de prévoir les rappels des vaccins de la petite enfance pour un long voyage à l'étranger.

Si vous vous y prenez à la dernière minute, n'hésitez pas à consulter un médecin spécialiste des voyages. Il existe des solutions qui vous permettront au moins d'avoir une protection de dépannage, notamment des vaccins dont la durée de protection est moins longue.

Le ministère des Affaires étrangères effectue une veille sanitaire et met régulièrement en ligne (www.diplomatie.gouv.fr/voyageurs) des recommandations concernant les vaccinations.

Vaccins recommandés

DTP (diphtérie, tétanos, poliomyélite) Ce vaccin est obligatoire pour tous, voyageurs ou non. La protection contre le tétanos est particulièrement importante. Rappel tous les 10 ans.

Fièvre jaune La vaccination est recommandée ou obligatoire pour les pays de l'Afrique sub-saharienne et du bassin amazonien de l'Amérique latine. Exigez du médecin qu'il vous fournisse le certificat de vaccination international puisqu'il est parfois requis par les services frontaliers après un voyage (même si ce n'est qu'un transit ou une escale) dans une région à risque. Bien que l'OMS considère ce vaccin comme couvrant "à vie", certains pays exigent toujours un rappel tous les 10 ans.

Hépatites A et B Le vaccin de l'**hépatite B** est recommandé pour tous. Celui de l'**hépatite A** l'est également pour les voyageurs car c'est une maladie transmise par l'eau mal désinfectée et les aliments contaminés. Le vaccin de l'hépatite A consiste en deux injections à six mois d'intervalle, mais la première injection suffit généralement avant le voyage. Pour l'hépatite B, il s'agit de trois injections dont un rappel après un mois et l'autre six mois plus tard. Il est possible d'obtenir les deux vaccinations combinées (vaccin Twinrix). La protection est ensuite assurée à vie.

Rougeole Elle fait normalement partie des vaccinations de la petite enfance. Si celles-ci ont toutes été administrées correctement, il n'est pas nécessaire de faire un rappel. Dans le cas contraire, il est recommandé au voyageur de se faire vacciner, même tardivement.

Autres vaccinations

Typhoïde Recommandé pour toutes les régions tropicales et en particulier pour l'Asie du Sud. La typhoïde se transmet par l'eau et les aliments crus. Le vaccin injectable protège pendant 3 ans, celui par voie orale (offert au Canada) est valable pendant 7 ans.

Méningite à méningocoque Vaccination de moins de trois ans obligatoire pour les pèlerinages à La Mecque (Arabie Saoudite) et recommandée pour les pays du Sahel au sud du Sahara, notamment pour des séjours longs (un mois) ou en cas d'épidémie.

CENTRES DE VACCINATION

Voici les coordonnées de quelques centres de vaccination internationales :

» **Institut Pasteur** (☎01 45 68 80 88 ; 213 bis rue de Vaugirard, 75015 Paris)

» **Centre de vaccination Air France** (☎01 43 17 22 00 ; 38 quai de Jemmapes, 75010 Paris)

» **ISBA Centre de vaccination** (☎04 72 76 88 66 ; 7 rue Jean-Marie-Chavant, 69007 Lyon)

» **Hôpital Félix-Houphouët-Boigny** (☎04 91 96 89 11 ; chemin des Bourrely, 13015 Marseille)

Il existe plusieurs vaccins contre la méningite selon le degré de risque. Le voyageur devrait se prévaloir du vaccin tétravalent (ACWY).

Méningite encéphalite à tiques Deux ou trois injections, à considérer seulement si vous êtes exposé, c'est-à-dire si vous voyagez souvent en nature dans des foyers où cette infection est endémique. Votre médecin saura vous renseigner.

Encéphalite japonaise De forte prévalence en Asie du Sud, du Sud-Est et sur le sous-continent indien, cette maladie se transmet toute l'année par les moustiques qui piquent la nuit. Le vaccin consiste en deux doses la première année et un rappel l'année suivante en cas d'exposition continue au risque.

Rage Se transmet par la salive d'animaux infectés (voir p. 377) : mortelle si elle n'est pas traitée à temps. Le vaccin à titre préventif est recommandé pour les voyageurs des pays en développement où l'accès au vaccin après morsure est incertain ou insatisfaisant. Se donne en trois doses de base (rappel une semaine puis un mois après) qui protègent pour 10-15 ans. En cas de morsure, il faut alors immédiatement administrer deux doses supplémentaires.

Grippe Vaccination saisonnière à refaire chaque année avant la saison des grippes (novembre-mars), elle n'est pas strictement liée au voyage mais à considérer si votre système immunitaire est fragilisé (personnes âgées de plus de 65 ans ou souffrant de maladies chroniques).

Choléra Parfois requise par les autorités locales, cette vaccination n'est généralement recommandée que pour les personnes à très haut risque, par exemple les infirmières en intervention humanitaire, etc.

Tuberculose Le vaccin n'est pratiquement jamais recommandé pour les adultes, seulement pour les enfants dans les pays à forte prévalence.

À l'heure où nous écrivons ces lignes, la vaccination contre la Covid-19 n'est pas obligatoire, mais il est probable qu'elle le devienne pour passer certaines frontières ou voyager librement en France. L'éventuelle mise en place d'un passeport vaccinal pourrait changer les règlementations liées aux vaccins du voyageur à l'avenir.

Se protéger des moustiques

Un grand nombre de maladies tropicales sont transmises par les piqûres de moustiques. C'est le cas notamment de la **malaria**, la **dengue**, la **fièvre jaune**, le **virus du Nil occidental**, le **chikungunya**, le **virus Zika**, etc. (voir p. 378 pour le détail de ces affections). Le meilleur moyen de prévenir ces maladies est d'éviter de se faire piquer par les insectes qui en sont les vecteurs.

Afin d'éviter les piqûres :

» Portez des vêtements clairs, amples et couvrants, serrés au niveau des poignets, de la taille et des chevilles. Imprégnez-les si possible de perméthrine (disponible en pharmacie) avant votre départ pour éviter de vous faire piquer à travers le tissu.

» Appliquez des répulsifs efficaces (voir ci-après) sur les parties découvertes du corps et sur les vêtements.

» Utilisez des insecticides ou une moustiquaire dans la pièce.

Vitamine B1 : antimoustiques ? La prise régulière de vitamine B1 quelques semaines avant le début de la période d'exposition aux moustiques est souvent citée comme pouvant empêcher les piqûres, mais cela n'a pas été établi scientifiquement.

Il est recommandé de dormir sous une **moustiquaire** à mailles fines (inférieures à 1,5 mm) préalablement imprégnée de perméthrine ou de dérivés de pyréthrinoïde. La moustiquaire devra être réimprégnée tous les 6 mois à 5 ans, selon les recommandations du fabricant.

L'air climatisé, la ventilation et la présence de moustiquaires aux fenêtres sont des facteurs de réduction de la quantité de moustiques. Il est également conseillé de s'abstenir de boire de l'alcool.

D'une manière générale, les moustiques sont plus actifs pendant la saison des pluies. Le risque de paludisme est plus élevé la nuit et en zone rurale tandis que le la dengue sévit plutôt en journée et en zone urbaine.

Répulsifs anti-insectes

Les répulsifs commerciaux recommandés dans le cadre de la prévention des maladies tropicales sont à base de **DEET** (plus de 10%), d'IR35/35 (notamment pour les femmes enceintes), de KBR (picaridine) ou de citriodiol. Ces produits sont très efficaces mais généralement toxiques pour l'humain et l'environnement. Il faut éviter au maximum le contact avec les muqueuses (et donc de porter les mains à la bouche ou aux yeux). Le contact prolongé avec la peau n'est pas recommandé non plus : ne les utilisez que si c'est vraiment nécessaire. Les mêmes précautions s'imposent avec la perméthrine et les dérivés de pyréthrinoïde.

Une **recette à base d'huiles essentielles** peut également s'avérer efficace. Il s'agit de combiner 10 gouttes d'HE de citronnelle de Ceylan, 10 gouttes d'HE de géranium odorant et 20 gouttes d'huile de jojoba, puis de compléter le mélange avec de l'huile végétale (comme l'huile de tournesol) pour obtenir 100 ml de lotion répulsive à appliquer sur les parties découvertes du corps.

D'autres HE sont réputées répulsives et peuvent être utilisées de façon similaire : l'eucalyptus, la lavande, le thym, le basilic, le cèdre, le genévrier, le pin, la myrrhe, la cataire, le romarin et le citronnier.

Pendant le voyage

Affections bénignes

Diarrhée du voyageur

De loin le problème de santé le plus courant, la diarrhée du voyageur (ou tourista) n'est pas une maladie mais le symptôme d'une intoxication par des micro-organismes présents dans l'eau bue ou utilisée pour se laver et pour cuisiner. Sa gravité dépend du type de micro-organisme mais aussi de la quantité ingérée : elle va de selles ramollies à une diarrhée liquide durant plusieurs jours avec risque de déshydratation. La prévention de la diarrhée du voyageur passe par une hygiène alimentaire irréprochable et le lavage fréquent des mains.

Une règle d'or : ne jamais boire l'eau du robinet (même sous forme de glaçons). Préférez les eaux minérales et les boissons gazeuses, tout en vous assurant que les bouteilles sont décapsulées devant vous.

Le principal risque de complication d'une diarrhée est la **déshydratation**. Si vous êtes affecté, assurez-vous de boire beaucoup de liquides dont l'origine est contrôlée (eau en bouteille ou traitée, jus, etc.). Les boissons recommandées sont notamment les bouillons de légumes et de viandes, l'eau de cuisson du riz et les boissons sans caféine. Éviter la nourriture solide qui surchargerait le système digestif, ainsi que les produits laitiers, la viande, les aliments gras ou épicés, les fruits (à l'exception de la banane) et les légumes crus.

Il est pratique de connaître les **solutions de réhydratation de base** : un litre d'eau stérile (préalablement bouillie) additionnée de six cuillerées à café de sucre et d'une cuillerée à café de sel. D'autres recettes : jus d'orange dilué avec de l'eau stérile et légèrement salé, ou encore boisson gazeuse sans caféine (pas de cola) dégazéifiée. Lorsque les symptômes s'estompent, réintroduisez graduellement le riz, les céréales puis les fruits et légumes, etc.

Retrouvez les différentes méthodes de **purification de l'eau** et les recommandations liées à la nourriture dans le chapitre *Cuisiner sur la route* (p. 271).

PRÉVENTION ET TRAITEMENT

Il est préférable de ne pas prendre de médicament et de laisser le corps guérir de la diarrhée par lui-même. Toutefois, si vous devez vous déplacer pour de longs trajets sans toilettes et que la diarrhée ne présente a priori pas de complication, vous pouvez utiliser un antidiarrhéique de type racécadotril pour éviter les dégâts (voir la section *Médicaments* du chapitre *Trousse de secours*, p. 392, pour plus de détails)

La prévention et le traitement de la diarrhée peuvent se faire à l'aide du remède **homéopathique** *Arsenicum album* (voir la section *Homéopathie*, p. 382).

Les **probiotiques** sont des compléments alimentaires contenant des bactéries bénéfiques et aidant la digestion. Les probiotiques à base de bactéries *Lactobacillus* ont démontré leur efficacité dans la prévention et le traitement de la diarrhée. Pour vous soigner, il faut qu'ils puissent d'abord se rendre là où ils sont bénéfiques, c'est-à-dire au-delà de l'estomac, dans les intestins. Il faut choisir ses probiotiques soigneusement, en privilégiant ceux qui se conservent au réfrigérateur, conditionnés dans des capsules entérosolubles, qui ne se dissolvent pas au niveau de l'estomac. La quantité totale de bactéries doit être d'au minimum 2 milliards, idéalement 10 milliards par comprimé (un comprimé par jour avant le repas en prévention ; trois par jour pour soigner). On peut aussi prendre de la levure de souche *Saccharomyces boulardii* à raison de 30 milliards d'unités par jour en prévention.

Il est possible d'obtenir à l'avance auprès de votre médecin un **antibiotique** à large spectre à utiliser pour lutter contre les diarrhées sévères (voir la section *Médicaments* du chapitre *Trousse de secours*, p. 392). Il est préférable de consulter un médecin si la diarrhée est intense (plus de dix selles par jour) et dure plus de 48 heures, s'il y a présence de sang dans les selles, si vous vous affaiblissez et si vous avez une forte fièvre ou de fortes douleurs abdominales.

Ampoules

L'ampoule n'est pas une lésion critique, mais elle est incommodante : sa fonction est de rappeler au voyageur que ce sont ses pieds qui le font avancer...

Pour prévenir son apparition, entraînez-vous à **marcher progressivement** : parcourez chaque jour ou chaque semaine des distances de plus en plus longues. Emportez des **chaussures** déjà faites ("cassées") à vos pieds et dans lesquelles vous avez suffisamment d'espace pour bouger librement les orteils. Modérez votre rythme de marche en descente car il s'agit d'un stress supplémentaire pour le pied, lequel se déplace différemment à l'intérieur de la chaussure.

Le choix des **chaussettes** est aussi important : elles doivent être de la bonne taille (pour éviter les plis) et avoir le moins de coutures possible. Deux chaussettes fines réduisent plus le frottement qu'une grosse chaussette car la double épaisseur protège la peau du pied. Reportez-vous au chapitre *Faire son sac* section *Bien choisir ses chaussures* (p. 26) pour des conseils sur ce sujet.

Taillez vos ongles proprement et gardez une bonne hygiène ! Il faut notamment garder les pieds secs en changeant de chaussettes dans la journée si elles deviennent humides. Protégez la peau sensible en la couvrant d'un pansement respirant élastique ou de type "seconde peau". Veillez à le garder propre et le changer aussi souvent que nécessaire. Afin qu'ils restent en place plus longtemps, coupez toujours les coins des pansements pour les arrondir. Une autre manière de prévenir les lésions est d'utiliser un baume antifrottement de type vaseline en prévision d'une journée particulièrement difficile. Enfin, chouchoutez vos pieds à la fin

HYGIÈNE DU CORPS

Voyager au long cours ne signifie pas pour autant qu'il faille sentir mauvais ni qu'il ne faille pas prendre soin de son corps. Maintenir un niveau d'hygiène adéquat vous permettra de réduire le risque de développer des troubles cutanés (comme l'eczéma ou les mycoses) tout en laissant à la peau la possibilité de respirer et de transpirer normalement. Enfin, se maintenir propre permet de garder les vêtements et le sac de couchage propres plus longtemps. Certaines parties du corps souffrent beaucoup d'être délaissées. C'est le cas du visage, des mains, des aisselles, des pieds et des parties génitales. Veillez à y accorder une attention particulière !

DOUCHE

Si vous êtes hébergé chez l'habitant, vous aurez sans doute accès aux mêmes infrastructures que votre hôte et nous vous conseillons de vous en prévaloir de façon régulière. Prenez l'habitude de prendre des douches très courtes afin d'économiser l'eau et ne pas occasionner de coût supplémentaire significatif à votre hôte.

La "douche de matelot" (*navy shower*) est inspirée des ressources en eau douce limitées qu'ont les navires. Il est possible de se doucher en ne consommant que 11 litres d'eau en deux minutes. Il suffit d'entrer dans la douche, de s'arroser une première fois tout le corps puis de couper l'eau, de se savonner, de se rincer et de ressortir !

SAVON

S'il est un seul objet à emporter dans sa trousse de toilette, c'est bien sûr un morceau de savon ! Peu encombrant, il vous sera aussi utile pour les cheveux, vous servira de mousse à raser, de savon à lessive ou à vaisselle, d'antiseptique, etc. Pour en assurer la polyvalence, il importe de choisir un savon simple, pur et naturel. Notez cependant que les savons naturels ne sont pas les plus doux pour la peau : leur pH est peu stable et souvent trop alcalin. Ils sont cependant non toxiques et biodégradables.

» **Savon d'Alep :** savon à l'huile d'olive et de laurier, ancêtre du savon de Marseille, il est de couleur brune à cause de l'oxydation de la chlorophylle qu'il contient.

» **Savon de Marseille :** de plus en plus difficile à trouver pur sur le marché, il est verdâtre à cause de l'huile d'olive avec laquelle il est fabriqué (minimum de 63%). Le produit vendu sous l'appellation "brut" est considéré plus naturel et plus pur. Attention aux contrefaçons à l'huile de palme !

» **Savon de Castille :** similaire au savon de Marseille, son processus de fabrication est cependant moins codifié.

Une fleur de douche ou une moustiquaire de tête non imprégnée feront mousser votre savon rapidement, économisant ainsi eau et savon.

Biodégradable ne signifie pas "à jeter n'importe où dans la nature" ! Pour éviter de porter atteinte à l'équilibre des écosystèmes, évitez de vous laver au savon dans les lacs et les cours d'eau. Il est recommandé de se débarrasser des eaux usées à au moins 30 m de distance d'un point d'eau. L'eau usée sera alors filtrée par la terre et les micro-organismes s'activeront à dégrader les molécules de savon beaucoup plus rapidement. Notez aussi que, contrairement à la croyance populaire, les mouchoirs en papier et le papier toilette contiennent des polluants et ne doivent par conséquent pas être jetés dans la nature.

de la journée en les massant longuement et en appliquant une crème si nécessaire.

Si des ampoules apparaissent néanmoins, **ne les percez pas inutilement** car la peau les protège de l'infection. Couvrez-les plutôt d'un pansement de type "seconde peau". Si toutefois l'ampoule est sur le point de crever et que vous devez continuer la marche, mieux vaut alors la drainer. Pour cela, utilisez un fil et une aiguille imbibés d'antiseptique et percez l'ampoule en laissant le fil à l'intérieur, le temps qu'elle s'assèche. Enfin, si l'ampoule est déjà crevée, nettoyez puis appliquez un antiseptique. Posez toujours un pansement propre avant de repartir. Si vous appliquez un pansement seconde peau, découpez alors la peau décollée au préalable.

Veillez à les emporter avec vous jusqu'à la prochaine poubelle ou à les jeter au feu si vous en avez la possibilité.

LINGETTES

Bien qu'elles soient particulièrement pratiques en voyage, les lingettes du commerce ont le désavantage de produire des déchets non recyclables. Certaines sont toutefois biodégradables. Une alternative pratique et écologique est d'insérer un carré de tissu en microfibre dans un sac hermétique réutilisable après l'avoir imbibé d'un liquide antibactérien : une solution d'alcool, d'huile essentielle de melaleuca diluée dans un extrait de pépins d'agrumes, etc.

PIERRE D'ALUN

La pierre d'alun est un minerai ayant des propriétés astringentes et bactériostatiques. Elle peut être utilisée, préalablement humectée, comme déodorant car elle laisse une fine couche saline sur la peau. Elle peut aussi servir à arrêter un saignement (hémostatique). C'est une option légère quoique fragile et d'efficacité limitée. Elle laisse cependant moins d'aluminium sur la peau que les antitranspirants classiques.

AUTRES POSSIBILITÉS

» **Cours d'eau sans savon :** utile pour se rafraîchir et enlever la saleté visible mais n'élimine pas les bactéries, le gras ou les odeurs fortes. Il est cependant déconseillé de se baigner dans des eaux stagnantes, surtout lorsque l'eau est douce et chaude. Si vous le faites quand même, essuyez-vous avec vigueur dès la sortie afin de déloger les parasites qui pourraient s'accrocher à la peau. Évitez de vous laisser sécher à l'air.

» **Shampooing sec :** permet d'absorber l'excès de gras au niveau des cheveux. Se fait facilement avec de la farine d'avoine, du talc ou de l'argile verte. Passer ensuite au peigne fin pour enlever le surplus.

» **Vêtements antibactériens :** permettent de diminuer la quantité de bactéries, mais ne permettent pas de supprimer complètement les odeurs. Le choix de vêtements et de chaussures en matériaux naturels permettra à la peau de respirer et d'évacuer la transpiration, évitant d'autant les mauvaises odeurs et les risques d'infection. Notez que les chaussettes en laine évacuent la transpiration et évitent davantage les mauvaises odeurs que celles en coton.

» **Gel hydroalcoolique :** pratique (surtout pour les mains avant les repas) mais parfois difficile d'approvisionnement et desséchant pour la peau. Pour qu'il soit efficace, veillez à l'appliquer sur des mains sèches et à bien frotter toute leur surface pendant 20 à 30 secondes, en n'oubliant pas le dessous des ongles et les poignets.

» **Rayons ultraviolets :** ont une action désinfectante sur le corps, mais s'y exposer n'est pas sain pour la peau, d'autant plus qu'il n'est pas toujours possible d'avoir une exposition suffisante. N'enlèvent pas les odeurs.

» **Déodorant aux huiles essentielles (HE) :** vous rendra plus tolérable socialement en l'absence d'opportunités hygiéniques, mais ne saurait remplacer le lavage. Un mélange maison à base d'huiles naturelles : quelques gouttes d'HE de melaleuca (aussi appelé *Tea Tree*), de lavande et/ou de sauge sclarée, le tout dans 10 ml d'huile de jojoba.

Mal des transports

Le mal des transports, par exemple le mal de mer, est une affection bénigne mais très incommodante causée par la différence entre le mouvement perçu par l'oreille interne et les yeux et le mouvement réel du corps. Il est caractérisé par des nausées, des vomissements, des maux de tête et une sensation de torpeur. Il est ressenti dans toutes sortes de modes de transport : avion, bateau, train, bus, voiture, chameau, etc.

Puisque ce trouble du voyageur est amplifié par les vibrations, le **choix de la place** peut fortement réduire la probabilité d'en être atteint. Asseyez-vous le plus possible vers l'avant du véhicule sauf pour le bateau, où l'important est de se tenir au milieu,

LA DÉSENSIBILISATION AU MAL DES TRANSPORTS

Comme les astronautes ou les navigateurs avant un grand départ, il est possible d'entraîner son cerveau à mieux gérer le conflit sensoriel responsable du mal des transports. Pour cela, la rééducation vestibulaire chez un kinésithérapeute spécialisé est un traitement radical mais efficace. Les séances peuvent s'effectuer dans un fauteuil giratoire, dans une salle obscure dont les effets de lumière génèrent une désorientation ou encore dans une cabine de simulation. Le but est de créer volontairement un conflit sensoriel pour que le cerveau s'habitue graduellement à mieux y répondre. Le traitement peut s'avérer long, éprouvant (nausées de rigueur !) et onéreux s'il ne vous a pas été prescrit par votre médecin. Il est à réserver donc aux personnes très affectées.

Comptez entre 10 et 25 séances de rééducation de 15 à 30 minutes selon la facilité à supporter les exercices (pour trouver un thérapeute, rendez-vous sur www.vestib.org/annuaire.html).

près de la ligne de flottaison. Évitez de lire et concentrez-vous sur un point à l'horizon. Avant un trajet, évitez l'alcool, le tabac et les mets épicés. Certains **traitements homéopathiques** sont recommandés tels que *Tabacum*, *Petroleum* et *Cocculus indicus* (voir la section *Homéopathie*, p. 382). Enfin, appliquez quelques gouttes **d'huile essentielle** de melaleuca ainsi que de lavande derrière les oreilles.

Le gingembre frais, en poudre ou en gélules est particulièrement réputé pour soulager la nausée liée au mal des transports. Vous pouvez aussi choisir de prendre un antihistaminique ou un antiémétique en comprimés. Reportez-vous également à la section *Mal de mer* du chapitre *Bateau-stop* (p. 226).

Ophtalmie

L'action des rayons du soleil sur les yeux peut causer une brûlure douloureuse de la cornée appelée ophtalmie. En haute montagne ou à la plage, l'œil est particulièrement exposé aux rayons UV puisque ces derniers sont réfléchis par la neige (85%) et le sable (20%). Le rayonnement ultraviolet est aussi plus intense en altitude : il augmente d'environ 10% par 1 000 m de montée. Un temps nuageux ne signifie pas pour autant qu'on ne soit pas exposé : il est préférable de toujours porter une protection oculaire appropriée.

Les symptômes de l'ophtalmie apparaissent brutalement quatre à dix heures après l'exposition : larmoiement, douleur, sensation d'avoir quelque chose dans l'œil, fermeture incontrôlable de la paupière et sensibilité à la lumière.

Bien que les symptômes soient gênants, l'ophtalmie n'est pas une affection grave. Dans la plupart des cas, elle se guérit en 48 heures environ avec un peu de repos à l'abri de la lumière. D'autres soins peuvent soulager la sensation de brûlure et réduire le risque d'infection : compresses d'eau froide, pansement oculaire, pommade ou collyre antiseptique et/ou antibiotique. Il faut aussi s'abstenir de porter des lentilles afin de laisser la cornée cicatriser.

La meilleure façon de prévenir l'ophtalmie est de porter des lunettes de soleil à verres couvrants, d'indice de protection élevé (catégorie IV) et de bonne qualité. En cas d'exposition intensive (en montagne), l'idéal est de porter une visière complète ou une monture avec caches latéraux.

Les collyres protecteurs sont inefficaces s'ils sont employés seuls, mais peuvent s'utiliser comme mesure de prévention supplémentaire avec les lunettes de soleil. Attention, leur durée de vie après ouverture est souvent courte – préférez les dosettes individuelles.

Affections liées à l'environnement

Le corps maintient sa température interne à 37°C afin de préserver les organes et d'assurer les fonctions vitales. Quand il fait trop froid ou trop chaud, l'organisme tente de revenir à la température d'équilibre par divers moyens. Par exemple, les frissons sont des contractions qui génèrent de la chaleur et la transpiration fait évacuer de l'eau qui rafraîchit le corps en s'évaporant.

Au-delà de certaines limites, les mécanismes de régulation de la température de l'organisme ne suffisent plus à évacuer ou à conserver la chaleur. Le corps tombe alors en état d'hypo ou d'hyperthermie. Ces états sont des urgences médicales car ils peuvent s'avérer fatals selon la température atteinte par le corps et la durée de l'état. Enfin, sachez que les enfants et les personnes âgées, malades ou affaiblies sont plus sensibles aux aléas climatiques.

Hypothermie

L'hypothermie survient lorsque la température du centre du corps s'abaisse au-dessous de 34°C. Les systèmes du corps se mettent au ralenti au point où les battements du cœur peuvent s'arrêter. L'hypothermie est une réaction de survie qui protège le corps en rationnant l'énergie disponible. Il est parfois possible de réanimer un individu plongé dans un coma hypothermique, mais c'est très rare et il faut agir dès l'apparition des premiers symptômes :

» **hypothermie légère :** frissons et peau pâle et froide

» **hypothermie plus grave :** difficulté à parler, mouvements ralentis, état de conscience altéré. Autres symptômes graves : membres raidis, pupilles contractées, perte de conscience et coma

Pour prévenir l'hypothermie, munissez-vous de vêtements adéquats en fonction de l'activité prévue. Le mieux est de s'habiller par couches : soie, laine et certaines fibres synthétiques nouvelles sont toutes de bons isolants. N'oubliez pas de prendre un chapeau, car on perd beaucoup de chaleur par la tête. La couche supérieure de vêtements doit être solide et imperméable, car il est vital de rester au sec. Emportez du ravitaillement de base comprenant des sucres rapides et des boissons en abondance. Demeurez à l'abri du vent et couvrez-vous. Évitez de boire de l'alcool, buvez plutôt de petites quantités de boisson chaude. Enroulez-vous dans votre couverture de survie lors des arrêts ou si vous perdez beaucoup de chaleur : la surface métallisée reflète vers le corps la chaleur qui serait autrement perdue par rayonnement.

Si vous êtes victime d'hypothermie, il faut vous réchauffer dès que possible. La chaleur vive ne devrait pas entrer en contact direct avec le corps, mais plutôt par sources indirectes : le corps d'une autre personne, une bouillotte enveloppée dans une couverture, un bain chaud mais pas brûlant, etc.

Gelures

Lorsqu'il est exposé à des conditions climatiques froides, le corps aura tendance à économiser son énergie pour assurer les fonctions vitales. Le sang sera pompé de façon à irriguer en priorité les organes vitaux, ce qui fait que les extrémités seront délaissées : doigts, mains, orteils, pieds, nez, lobes d'oreilles, etc. Cela contribue à la formation de gelures, c'est-à-dire au gel de parties du corps.

Si les gelures ne sont pas toujours graves, elles sont toutefois à considérer sérieusement, surtout si vous souffrez de diabète ou de troubles circulatoires. Les gelures sévères provoquent des lésions permanentes et peuvent même "tuer" les tissus au point de nécessiter une amputation. Dans des conditions extrêmes, les gelures peuvent apparaître en quelques minutes seulement.

Lors de gelures superficielles la peau est blanche ou cireuse et la sensation est perdue, mais tout redevient normal lorsque la peau est réchauffée, mis à part une rougeur qui met parfois du temps à se dissiper. La peau gravement gelée prend ensuite une couleur grise ou bleuâtre et des cloques se forment parfois. Les tissus deviennent profondément engourdis et vulnérables aux traumatismes secondaires puisque la sensation est perdue : il y a risque de fracture, d'entorse voire de brûlure (si la peau est réchauffée trop rapidement). Enfin, la peau noircit lorsque la gelure est extrême et il y a risque de gangrène.

Si vos extrémités se refroidissent sans être au stade de la gelure, le mouvement énergique ou la friction peuvent aider la circulation du sang et réchauffer la peau. Veillez surtout à ne pas laisser la situation se dégrader et couvrez les parties vulnérables.

En cas de gelures, réchauffez doucement la région affectée en évitant de frotter la peau. Le contact direct avec la peau d'une autre partie du corps ou d'une autre personne est une manière douce et efficace de réchauffer la peau. Le processus de réchauffement est généralement douloureux. Quoi que vous fassiez, assurez-vous de ne pas endommager davantage les tissus gelés. N'hésitez pas à obtenir de l'aide médicale si la situation le justifie.

Coup de chaleur et insolation

De longues périodes d'exposition à des températures élevées peuvent vous rendre vulnérable au **coup de chaleur** (ou hyperthermie). Cet état grave survient quand le mécanisme de régulation thermique du corps ne fonctionne plus : la température s'élève alors de façon dangereuse.

Lors de la transition vers un climat chaud, le corps s'adapte en quelques semaines. Le temps que ce phénomène se produise, il est essentiel de diminuer ses activités physiques.

Afin de prévenir l'hyperthermie, restez le plus possible au frais. Prévoyez vos activités en fonction des heures de la journée où il fait frais (tôt le matin et en soirée) et reposez-vous pendant les heures de grande chaleur. Évitez les efforts physiques intenses ou prolongés en période chaude. Protégez-vous du soleil à l'aide d'un chapeau et de vêtements amples qui laissent échapper la transpiration. Buvez beaucoup de liquide (sans alcool ni caféine), même en l'absence de soif. Si vous avez accès à la climatisation ou à un ventilateur, faites-en usage. Prenez des douches fraîches ou utilisez un linge humide pour vous rafraîchir. Enfin, si vous êtes aux prises avec des problèmes digestifs (diarrhées, vomissements) ou si vous avez de la fièvre, redoublez de prudence quant à votre degré d'hydratation et votre température corporelle.

Les symptômes de l'**hyperthermie** sont variables en fonction de la chaleur, de l'individu et de la gravité de la situation. Le coup de chaleur se manifeste par une forte fièvre (39 à 41°C), une transpiration faible ou inexistante, de la fatigue, des maux de tête, des crampes et des vertiges. Des signes plus sévères indiquent une **insolation** : confusion, délire, agressivité, nausées, convulsions, perte de conscience, etc.

En cas d'hyperthermie, prenez le temps de vous rafraîchir et de vous reposer. Allongez-vous au frais et appliquez des linges humides ou de l'eau sur la peau. Buvez de petites quantités d'eau froide. Si la situation semble sérieuse, cherchez de l'aide immédiatement.

Coup de soleil

Sous l'action des rayons du soleil, la peau brûle et prend un aspect rougeâtre et endolori : le coup de soleil. Parfois, la peau se parsème de vésicules (cloques) ou forme une pellicule de peau morte qui se détache.

La meilleure façon d'éviter le coup de soleil est de limiter son exposition aux rayons du soleil, notamment lorsque les conditions sont défavorables : altitude, heure, climat, région du globe, sensibilité individuelle, etc. Planifiez vos déplacements de telle sorte que vous soyez peu exposé au soleil entre 11h et 14h.

Si vous devez néanmoins vous exposer, protégez-vous adéquatement :

» Portez des vêtements couvrants amples et clairs

» Portez un chapeau à bords larges afin de protéger vos yeux et la peau sensible de votre visage

» Appliquez un filtre solaire avec un facteur de protection élevé (>20) 30 à 60 minutes avant de vous exposer au soleil. N'oubliez pas d'en remettre après la baignade, après avoir beaucoup transpiré et aux intervalles recommandés par le fabricant.

» Portez des lunettes de soleil à protection contre les rayons UV.

» N'oubliez pas vos lèvres : utilisez un baume à filtre UV.

Les coups de soleil sont à prévenir même dans un climat froid ou peu ensoleillé puisque les UV passent à travers les nuages. Sur l'eau, la neige, le sable ou le sel, les rayons sont réfléchis depuis le sol, contournant le chapeau ou la casquette et sont donc encore plus dangereux pour la peau lors d'une exposition prolongée.

S'IL EST TROP TARD...

Si le soleil a déjà frappé sans vous épargner, sachez que l'aloe vera frais ou en gel a un effet rafraîchissant et accélère la guérison. Les voyageurs d'expérience recommandent aussi la crème Biafine® pour soulager la sensation de brûlure et soigner la peau. Enfin, vous pouvez prendre du paracétamol ou un autre anti-inflammatoire par voie orale si la douleur est insupportable.

Mal aigu des montagnes

Le mal aigu des montagnes (MAM) est un syndrome causé par la variation de la concentration d'oxygène dans l'air en altitude. Le corps s'y adapte en produisant plus de globules rouges, ce qui augmente la quantité d'oxygène transportée par le sang. Cette adaptation prend cependant du temps et varie selon les individus indépendamment de la forme physique. Le MAM survient à des altitudes variables, mais en général il frappe plutôt à partir de 3 000 m. Il est recommandé de dormir à une altitude inférieure à l'altitude maximale atteinte dans la journée.

Le MAM se manifeste par une fatigue accrue, des nausées, parfois des vomissements, une enflure du visage, des mains, des maux de tête, une sensation de serrement au niveau des poumons ou un manque de souffle, une toux sèche irritante, une perte d'appétit, des troubles du sommeil et des troubles de la vue. Il peut dégénérer en œdème pulmonaire ou cérébral si on poursuit la montée en dépit des symptômes. Dans le cas de l'œdème cérébral, les maux de tête sont alors très douloureux et s'ensuivent un état de confusion, des hallucinations et des troubles de la coordination. L'œdème pulmonaire rend la respiration très pénible, même au repos. La peau peut alors devenir bleutée et la personne peut tomber dans le coma. **Il est impératif de redescendre avant d'atteindre ce stade !**

Outre perdre de l'altitude, le meilleur remède est de cesser la montée dès l'apparition des symptômes et de s'armer de patience : au bout de quelques jours, le corps s'acclimate et les symptômes disparaissent. S'ils persistent ou empirent, le seul traitement consiste à redescendre, ne serait-ce que de 500 m.

Vous pouvez prendre certaines mesures à titre préventif : ne faites pas trop d'efforts au début, reposez-vous souvent. Respectez les paliers afin de vous acclimater ! Il est conseillé de ne pas monter plus de 500 à 800 m par nuit consécutive jusqu'à 3000 m, puis 300 à 500 m au-delà. Buvez plus que d'habitude, mangez légèrement, évitez l'alcool et tout sédatif.

Si vous avez une sensibilité particulière, un médicament sur ordonnance (acetazolamide) permet de prévenir et traiter le MAM. Les granules homéopatiques *Coca* ou directement le thé de feuilles de coca (disponible dans les pays andins) et le ginkgo biloba (80 mg deux fois par jour) atténueraient aussi les effets de l'altitude sur le corps.

Piqûres et morsures

Morsures et rage

Très répandue, la rage est transmise par un animal contaminé. Morsures, griffures ou même simples coups de langue d'un mammifère doivent être nettoyés immédiatement et à fond. Frottez avec du savon et de l'eau courante, puis nettoyez avec de l'alcool. S'il y a le moindre risque que l'animal soit contaminé, allez immédiatement voir un médecin. Même si l'animal n'est pas enragé, toutes les morsures doivent être surveillées de près pour éviter les risques d'infection et de tétanos.

Un vaccin antirabique est disponible. Il faut y songer si vous comptez séjourner longtemps dans des zones rurales, travailler avec des animaux ou pratiquer la spéléologie (les morsures de chauves-souris peuvent être dangereuses). La vaccination préventive ne dispense pas de la nécessité d'un traitement antirabique immédiatement après un contact avec un animal enragé.

Morsure de serpent

Pour prévenir les morsures de serpent, marchez bruyamment ou frappez sur le sol avec un bâton pour signaler votre présence et effrayer l'animal. Portez des chaussures fermées et montantes, ainsi que des vêtements longs. Ne posez pas vos vêtements à même le sol et secouez toujours vos chaussures avant de les remettre. Regardez où vous posez les pieds et les mains, faites attention lorsque vous ramassez du bois pour faire du feu et utilisez une lampe de poche la nuit. Ne touchez jamais à un serpent même s'il vous paraît mort. Dormez dans un lit de camp surélevé ou un hamac. De façon générale, observez comment les habitants se protègent.

Contrairement à la croyance populaire, il est rare que le venin d'un serpent tue de façon foudroyante. Le venin prend en général quelques heures à se répandre et à agir – le mouvement en active la dispersion. Il y a cependant un risque de choc anaphylactique, c'est-à-dire une réaction allergique violente.

Si vous avez été mordu par un serpent, gardez votre calme et tentez de le repérer afin de pouvoir le décrire et favoriser son identification. N'incisez pas la plaie et **ne tentez pas de sucer le venin** : c'est inutile et dangereux. Lavez la plaie à l'eau et désinfectez-la sans utiliser d'alcool. Appliquez de la glace et réduisez le mouvement au minimum : mieux vaut s'allonger et desserrer les vêtements. Sans poser de garrot (trop dangereux lorsqu'il est mal fait), vous pouvez poser un bandage moyennement serré sur le membre, en amont de la morsure. Immobilisez le membre. Si la douleur est forte, prenez du paracétamol. Si l'œdème est important, il est possible que le serpent soit venimeux. Tâchez alors d'obtenir au plus vite un avis médical par téléphone et rendez-vous le plus rapidement possible dans un centre de soins pour y recevoir, le cas échéant, une injection de sérum antivenimeux.

L'aspivenin, composante fréquente des trousses de secours, et l'application de chaleur incandescente (comme celle d'une cigarette) n'ont jamais démontré leur efficacité comme premiers soins dans un cas de morsure.

Piqûre de scorpion

Le venin des scorpions est un paralysant dont la toxicité dépend de la dose inoculée, du type et de la taille du scorpion. Sur les 1 500 espèces de scorpions connues, seulement quelques-unes présentent un danger réel pour l'homme. Dans la majorité des cas, la piqûre de scorpion est bénigne et sans séquelle. Les enfants et les personnes âgées et affaiblies risquent plus de décéder suite à une piqûre. On retrouve les espèces dont le venin est mortel dans le Sahara, au Soudan, en Égypte, dans la péninsule Arabique et en Israël. D'autres espèces dangereuses se retrouvent en Algérie, en Tunisie, en Libye et au Maroc. Les conseils concernant la prévention et le comportement à adopter en cas de piqûre de scorpion sont les mêmes que pour les serpents.

Sangsues, tiques et punaises de lit

Endémiques dans les régions de forêts humides, les sangsues se collent à la peau et sucent le sang. Les randonneurs en retrouvent souvent sur leurs jambes ou dans leurs bottes. Vérifiez toujours que vous n'avez pas attrapé de tiques dans une région infestée : elles peuvent transmettre le typhus ou la maladie de Lyme.

Sangsues ou tiques, ne les arrachez pas, car la morsure s'infecterait plus facilement. Détachez les tiques *délicatement* avec une pincette fine (huile, vaseline, allumette, alcool sont déconseillés). Passez l'ongle sous la bouche de la sangsue pour lui faire lâcher prise (ne pas appliquer de sel). Une crème répulsive peut les maintenir éloignées.

Les punaises de lit affectionnent la literie douteuse. Si vous repérez de petites taches de sang sur les draps ou sur les murs autour du lit, cherchez un autre hôtel. Les piqûres de punaises forment des alignements réguliers. Une pommade calmante apaisera la démangeaison.

Lotion répulsive antitique (à fabriquer soi-même) : dans 50 ml d'huile d'olive, ajoutez 20 gouttes de chacune de ces huiles essentielles : menthe poivrée, eucalyptus citriodora et lavandin.

Maladies tropicales courantes

Paludisme (malaria)

Le paludisme est une maladie due à un parasite transmis par les moustiques de type anophèles et qui tue un demi-million de personnes dans le monde chaque année. Les femmes enceintes et les jeunes enfants y sont particulièrement vulnérables. Le paludisme est endémique dans les zones tropicales d'Amérique (surtout le bassin amazonien) et dans de nombreux pays d'Asie et d'Afrique, mais il est surtout prévalent en Afrique subsaharienne (85-90% des victimes). Il n'existe aucun vaccin contre cette maladie.

L'insecte vecteur tend à être plus présent dans les campagnes que dans les villes. L'altitude et la température ambiante sont des facteurs influant fortement sur la présence de moustiques anophèles, lesquels ne peuvent généralement pas vivre au-delà de 1 000-2 000 m d'altitude, selon les espèces. Le parasite requiert en outre une température de 16 à 35°C pour effectuer son cycle de vie dans le moustique. Les anophèles se nourrissent de préférence en fin de journée et pendant la nuit.

Le paludisme survient généralement dans le mois suivant le retour de la zone d'endémie. Il entraîne une grande variété de symptômes tels que fièvre, fatigue, perte d'appétit, vertiges, maux de tête, nausées, vomissements, troubles digestifs, douleurs abdominales, articulaires ou musculaires, tremblements, jaunisse, anémie, convulsions, etc. Les crises de malaria sont habituellement cycliques, débutant par une sensation de froid, de la fièvre puis des sueurs intenses pouvant durer de quatre à six heures. La maladie peut dégénérer rapidement (quelques jours voire quelques heures) et doit être traitée au plus vite. Le paludisme peut aussi exister sous forme chronique, avec des crises périodiques pendant quelques années.

PRÉVENTION

Deux stratégies sont à utiliser conjointement pour se protéger de la malaria : une bonne **protection antimoustiques** (voir la section *Se protéger des moustiques*, p. 370) et la prise d'un **antipaludéen** par voie orale.

Le choix d'un médicament prophylactique plutôt qu'un autre dépend de plusieurs facteurs. Dans certaines régions, le parasite causant la malaria a développé une résistance à la chloroquine, le premier antimalarique de synthèse. Il existe heureusement d'autres options, mais elles ont des coûts, des posologies, des contre-indications et des effets secondaires variables et parfois lourds. Il faut donc discuter avec son médecin afin de faire un choix approprié. La plupart des traitements doivent être commencés plusieurs semaines avant le départ et poursuivis après le retour.

La médication ne garantissant pas une protection totale, il faudra consulter un médecin d'urgence dans le cas où une crise de fièvre se déclencherait dans les trois mois suivant le retour.

Dengue

Comme la malaria, la dengue est une fièvre transmise par les piqûres d'insectes porteurs de la maladie. Cependant, contrairement aux anophèles, les moustiques Aedes transmettant la dengue sont actifs durant le jour et sont plus présents en ville qu'en campagne.

Poussée de fièvre, maux de tête, nausées, vomissements, douleurs articulaires et musculaires précèdent une éruption cutanée sur le tronc qui s'étend ensuite aux membres puis au visage. Il n'existe aucun vaccin ni traitement préventif ou spécifique : la guérison survient en général en une semaine, mais des formes graves accompagnées de séquelles existent. Le traitement se borne à lutter contre la fièvre et la douleur. L'aspirine est cependant à éviter puisqu'il y a risque d'hémorragie.

Dans les zones où la dengue est endémique, il convient de se protéger en limitant le contact avec l'insecte piqueur. Les conseils donnés à la section *Se protéger des moustiques* (p. 370) s'appliquent ici également.

Chikungunya

Le chikungunya est une autre maladie virale tropicale transmise par les moustiques Aedes. Ses symptômes sont une fièvre élevée pendant plusieurs jours, de très fortes douleurs et raideurs articulaires (pouvant persister et réapparaître pendant plusieurs mois) et parfois une éruption cutanée. Les complications les plus courantes et invalidantes sont l'encéphalite et les défaillances d'organes.

Il n'existe ni vaccin ni médicament spécifique contre le chikungunya : comme pour la dengue, on ne traite que les symptômes. La protection individuelle se fait de la même manière que pour la dengue et la malaria.

Fièvre jaune

La fièvre jaune est une autre maladie tropicale transmise par les moustiques de genre Aedes. Il n'existe toutefois pas de traitement et il faut se faire vacciner avant de se rendre dans les régions à risque (voir la section *Vaccins*, p. 368).

Les premiers symptômes ressemblent à ceux de la grippe. Généralement, ces symptômes régressent au bout de quelques jours. Cependant, environ une personne sur six entre dans une deuxième phase caractérisée par une fièvre récurrente, des vomissements, de l'apathie, une jaunisse, une défaillance rénale et des hémorragies pouvant entraîner la mort dans la moitié des cas. Il n'existe aucun traitement sinon symptomatique.

Les mesures de protection contre les piqûres de moustiques jouent un rôle essentiel dans la prévention.

Tuberculose

Maladie infectieuse contagieuse tuant environ un million et demi de personnes par an, la tuberculose atteint un tiers de la population mondiale. Environ 10% d'entre elles développent la maladie ou seront contagieuses à un moment de leur vie. L'Asie du Sud-Est, le Pacifique occidental et l'Afrique sont les régions les plus touchées. Les autres régions à risque sont entre autres l'Asie du Sud et la Russie.

Les symptômes de la variété pulmonaire de la maladie sont une fièvre légère mais persistante, une toux parfois sanguinolente, un amaigrissement et des sueurs nocturnes.

La maladie se transmet par les voies aériennes de personne à personne : projections de germes lors de la toux, éternuements, crachats ou même simplement en discutant. Il suffit d'inhaler quelques bacilles tuberculeux pour être infecté, mais il ne suffit pas d'être infecté pour développer la maladie, celle-ci pouvant demeurer latente pendant de nombreuses années. Il existe des traitements médicamenteux spécifiques, mais ceux-ci sont longs (environ 6 mois).

Il existe un vaccin contre la tuberculose (BCG) dont l'efficacité est d'environ 50% pendant 10 à 15 ans. La vaccination n'est pas particulièrement recommandée pour les courts séjours, mais elle est conseillée chez les enfants si l'on compte passer au moins un mois dans une région où la maladie est endémique. Il est également possible de dépister la tuberculose à l'aide d'un test effectué sous la surface de la peau. Celui-ci doit être fait avant et après le voyage.

Choléra

Le choléra est une maladie infectieuse souvent mortelle causant des diarrhées sévères, abondantes et claires, des vomissements, des crampes musculaires et une extrême faiblesse. Il se transmet de façon épidémique ; il est endémique dans certaines régions. La contamination se fait principalement par l'eau et les aliments souillés par des matières fécales.

Il existe un vaccin, mais celui-ci est relativement coûteux et sa durée d'efficacité est limitée. La meilleure méthode de prévention est une hygiène rigoureuse et l'aseptisation de l'eau (voir la section *Obtenir de l'eau potable* du chapitre *Cuisiner sur la route*, p. 269).

Le traitement du choléra consiste en l'administration d'une solution de réhydratation orale (voir p. 371) ou intraveineuse en support à l'organisme jusqu'à ce qu'il guérisse spontanément (quelques jours). Cette méthode peut être combinée à un antibiotique afin de réduire la durée et l'intensité des symptômes. Plus le choléra est détecté et traité rapidement, plus grandes sont les chances de guérison.

Typhoïde

La fièvre typhoïde est, comme le choléra, une maladie liée à l'eau et aux aliments contaminés par des matières fécales. Elle est prévalente dans les pays d'Asie du Sud-Est, d'Asie centrale et d'Afrique du Sud.

Symptômes : fièvre, diarrhée, maux de tête, insomnie, gonflement de la rate, éruption rose sur l'abdomen, saignements de nez, douleurs abdominales, puis torpeur, prostration (repli sur soi), délires, etc.

Notez que le vaccin contre la typhoïde ne fait qu'atténuer la maladie en cas d'infection. Le traitement consiste en une réhydratation et la prise d'antibiotiques. Non traitée et en l'absence de vaccination, la maladie est mortelle dans 30% des cas.

Virus Zika

Présent en Amérique du Sud et centrale, dans les Caraïbes et dans certaines régions d'Afrique et d'Asie du Sud-Est, le virus Zika se transmet par des moustiques piquant en journée et en soirée. L'infection cause de la fièvre, des maux de tête, des douleurs aux muscles et aux articulations, des conjonctivites et des éruptions cutanées. En 2015, le virus a été associé à une augmentation des cas du syndrome de Guillain-Barré au Salvador et des cas de microcéphalie chez les nouveau-nés au Brésil. En l'absence de données fiables, les femmes enceintes devraient éviter les voyages dans les régions où le virus est actif. Dans tous les cas, les autorités incitent à la prudence et à la prévention des piqûres.

Aromathérapie et huiles essentielles

Les **huiles essentielles (HE)** sont des concentrés de molécules issues de plantes obtenus par distillation. On les utilise souvent en parfumerie, mais aussi en aromathérapie pour leurs effets psychologiques et physiques.

⚠ Chaque personne peut réagir différemment aux molécules contenues dans les HE. La plupart sont irritantes pour la peau. Avant d'utiliser une nouvelle huile, testez-la diluée sur une partie de votre bras afin de vous assurer que vous n'y êtes pas allergique ou qu'elle n'est pas trop concentrée. Évitez tout contact avec les muqueuses. S'il y a contact, rincez avec de l'huile végétale et non de l'eau ! Il ne faut pas utiliser les huiles essentielles avec les bébés et les jeunes enfants ni durant l'allaitement et la grossesse, surtout pendant le premier trimestre. Certaines ont un effet abortif très puissant. À éviter également si vous êtes épileptique, allergique ou asthmatique.

Les HE sont surtout utilisées par **inhalation** (avec un bol d'eau chaude ou un vaporisateur) ou en **application topique**, pures ou diluées.

Elles pénètrent fortement par la peau et comme elles ne se mélangent pas avec l'eau, il faut toujours les dissoudre dans autre chose avant de les glisser dans l'eau du bain : savon liquide, huile végétale (de pépins de raisin, d'olive, d'amande douce, de coco, de jojoba ou même de tournesol), glycérine...

Les HE de qualité sont toujours étiquetées de façon appropriée, avec le nom latin (assurez-vous d'avoir vraiment la bonne plante), la partie de la plante utilisée et l'origine géographique (ou le chémotype – la molécule chimique dominante). Un flacon d'HE opaque et bien vissé vous durera quelques années sans problème. Gardez-les dans un sac plastique étanche dans votre trousse de premiers soins.

Il est possible d'utiliser les HE par **voie orale** (usage interne), mais ce n'est pas très bon ! Pour éviter d'irriter les muqueuses, mieux vaut les diluer dans un peu d'huile alimentaire ou les avaler avec un peu de mie de pain ou une cuillerée de miel. Assurez-vous qu'elles ne soient pas toxiques et **respectez les dosages** recommandés : jamais plus de trois gouttes par prise ni plus de trois prises par jour. On recommande plutôt 1 goutte par tranche de 25 kg de poids corporel.

⚠ Une HE ne devrait pas être utilisée de façon prolongée. Au-delà de deux semaines, changez d'essence ou tentez un traitement différent. Évitez aussi de vous exposer aux rayons UV pendant la durée du traitement.

L'"essentiel" des huiles essentielles

Voici une sélection de cinq HE particulièrement utiles au voyageur puisqu'elles sont très polyvalentes et complémentaires. Il vaut mieux être très familier avec quelques huiles et les utiliser avec prudence que de tenter d'en utiliser plein.

MELALEUCA (ARBRE À THÉ OU TEA TREE)

Nom latin : *Melaleuca alternifolia*

Propriétés : antifatigue, calmante, antibactérienne à large spectre, antifongique, antiparasitaire, antiseptique, cicatrisante, tonique, décongestionnant veineux

PETIT LEXIQUE DES PROPRIÉTÉS DES HUILES ESSENTIELLES

- **analgésique :** agit contre la douleur
- **antibactérien :** élimine une forte proportion de bactéries
- **antiépileptisante :** diminue la fréquence ou l'intensité des crises d'épilepsie
- **anti-inflammatoire :** agit contre l'inflammation – la douleur, l'œdème, la rougeur, la tuméfaction
- **antifongique :** agit contre les infections dues à un champignon
- **antinauséeux :** agit contre la nausée et les vomissements
- **antiparasitaire :** agit contre les parasites (protozoaires, etc.)
- **antirhumatismal :** soulage les douleurs dans les articulations
- **antiseptique** : élimine une forte proportion de microbes (tous types confondus – virus, bactéries, champignons, parasites)
- **antispasmodique :** diminue les spasmes digestifs et les douleurs abdominales
- **antitussif :** réduit le réflexe de toux
- **antiviral :** élimine une forte proportion de virus
- **anxiolytique :** agit sur le système nerveux pour calmer l'anxiété, l'angoisse
- **bactéricide :** élimine une forte proportion de bactéries
- **calmant, sédatif :** calme la douleur ou l'excitation
- **cicatrisant** : soutient la réparation naturelle des tissus
- **décongestionnant veineux :** facilite la circulation sanguine
- **digestif :** facilite le processus de digestion
- **expectorant :** facilite l'expulsion du mucus accumulé dans le système respiratoire
- **hypotenseur :** fait diminuer la tension artérielle, la pression du sang dans les artères
- **sudorifique :** active la transpiration
- **systèmes sympathique et parasympathique :** calme les systèmes nerveux responsables du fonctionnement inconscient du corps (battements du cœur, digestion, tonus musculaire, sécrétion d'hormones, etc.)
- **tonique :** fortifie l'organisme

Comment l'utiliser : peut être utilisée pure directement sur la zone affectée sauf sur les muqueuses et le cuir chevelu où elle doit être diluée de 20 à 50 fois. Éviter l'usage interne - faibles doses et dilutions appropriées
Contre-indications : femmes enceintes et allaitantes ; potentiellement allergène
Interactions : aucune connue

LAVANDE

Nom latin : *Lavandula angustifolia* ou *officinalis*. On utilise aussi le lavandin (hybride entre la lavande vraie et la lavande aspic) en aromathérapie
Propriétés : calmante ! Analgésique, anti-inflammatoire, antifongique, antirhumatismale, antispasmodique, antiépileptisante, bactéricide, calme les systèmes sympathique et parasympathique, cicatrisante, hypotensive, stimule la production de globules blancs, sudorifique
Comment l'utiliser : peut être utilisée pure directement sur la zone affectée sauf sur les muqueuses et le cuir chevelu où elle doit être diluée de 20 à 50 fois. Éviter l'usage interne - faibles doses et dilutions appropriées
Contre-indications : femmes enceintes et allaitantes ; potentiellement allergène ou irritante
Interactions : aucune connue

MENTHE POIVRÉE

Nom latin : *Mentha piperita*
Propriétés : antinauséeuse, analgésique, digestive, tonique
Comment l'utiliser : diluer dans l'huile végétale en interne comme en externe. Irritante pour les yeux.
Contre-indications : **ne jamais utiliser chez les enfants**, même en externe ! Il est facile de surdoser la menthe, et son HE peut provoquer des spasmes du larynx et des bronches. Contre-indiquée par voie interne s'il y a obstruction des voies biliaires, problème au niveau de la vésicule biliaire ou maladie du foie. Peut causer des brûlures d'estomac ou irriter les muqueuses de la bouche. Allergies rares mais possibles. Innocuité incertaine pour les femmes enceintes et allaitantes. Cause de grandes sensations de froid. Ne pas utiliser pendant de longues périodes.
Interactions : diminuerait l'absorption des suppléments de fer. Interaction théorique

avec des enzymes liées à l'absorption de certains médicaments

BASILIC
Nom latin : *Ocimum basilicum*
Propriétés : analgésique, antibactérienne, anti-inflammatoire, antispasmodique, antivirale puissante, anxiolytique, décongestionnant veineux, digestive, tonique
Comment l'utiliser : diluer dans de l'huile végétale, que ce soit en usage interne ou externe
Contre-indications : irritante, ne jamais utiliser pure sur la peau. Femmes enceintes ou allaitantes s'abstenir. Utiliser sur de courtes périodes. Stupéfiant à fortes doses
Interactions : aucune connue

ORIGAN
Nom latin : *Origanum vulgare*
Propriétés : antibactérienne, antifongique, antiparasitaire, antivirale, antispasmodique, antitussive, calmante (à faible dose), digestive, expectorante, tonique
Comment l'utiliser : diluer dans de l'huile végétale, que ce soit en usage interne ou externe. Odeur puissante !
Contre-indications : irritante, ne jamais utiliser pure sur la peau. Femmes enceintes ou allaitantes s'abstenir. Ne pas utiliser si vous prenez des anticoagulants
Interactions : aucune connue

Homéopathie

L'homéopathie est une médecine alternative qui utilise des doses infinitésimales de substances comme remède en fonction de l'état physique et psychique du patient. Cette pratique repose sur deux principes fondamentaux :

Similitude Une maladie peut être traitée au moyen d'une substance dont l'ingestion provoque des symptômes semblables chez une personne saine.

Dilution infinitésimale (et dynamisation) Les substances sont fortement diluées car certaines des plantes utilisées en homéopathie sont très toxiques. Comme les dilutions successives atténuent également fortement les effets de la plante, celles-ci sont "dynamisées", c'est-à-dire agitées énergiquement. Selon les théories de l'homéopathie, cela permettrait à la solution de conserver son effet thérapeutique même après de nombreuses dilutions.

L'homéopathie ne se substitue pas à la médecine traditionnelle mais la complémente. On dit que l'on ne traite pas une maladie, mais plutôt un "terrain" qui varie d'une personne à l'autre : pour un même problème, deux personnes se verront parfois prescrire des remèdes bien différents puisque leurs constitutions physique et mentale sont différentes. C'est une médecine empirique qui nécessite parfois quelques ajustements. Il est important de consulter son médecin homéopathe avant de partir en voyage afin de déterminer une pharmacopée personnalisée, répondant aux spécificités de chacun.

Format et utilisation

Les remèdes homéopathiques sont le plus souvent vendus sous forme de **granules** dont la dilution est exprimée en unités CH (pour centésimale hahnemannienne – de Hahnemann, le fondateur de la discipline).

1 CH équivaut à une dilution au centième d'une solution-mère, soit une concentration de 1% par rapport à la solution initiale ; 2 CH équivalent à une seconde dilution au centième de la solution déjà diluée, c'est-à-dire à une concentration de 0,01%, et ainsi de suite.

La posologie est habituellement de trois granules qu'on laisse se dissoudre sous la langue, bouche fermée. Les tubes de granules sont faits de telle sorte qu'il soit possible de doser et d'administrer le remède sans toucher les granules avec les doigts. Il vaut mieux éviter la prise autour des repas (attendre au moins 30 minutes).

La dose est à renouveler tous les quarts d'heure en cas de crise grave ou toutes les heures s'il y a amélioration passagère et rechute. Il faut continuer la prise jusqu'à disparition des symptômes et consulter un médecin si les symptômes persistent au-delà de 48 heures.

Dangers et précautions

Il est impossible de se surdoser avec l'homéopathie puisque les dilutions sont tellement importantes qu'il n'y a statistiquement plus de molécule active dans la solution, passé la douzième dilution et seulement des traces infinitésimales dans les dilutions précédentes.

Un des grands dangers de l'homéopathie est cependant de ne pas agir rapidement lors de situations médicales urgentes. Il faut donc être vigilant et consulter un médecin pour tout ce qui semble le justifier : douleurs abdominales, infections, angine de poitrine, fièvre importante, perte de conscience, réaction allergique sévère (touchant les voies respiratoires), etc.

La plupart des granules homéopathiques contiennent du lactose et/ou du saccharose et devraient être évitées par les gens présentant des intolérances à ces substances.

L'essentiel pour le voyageur

Voici une sélection de remèdes homéopathiques conseillés pour le voyageur. En l'absence de consultation, la dilution recommandée est de 9 ou 12 CH. Il faut se rappeler que certains remèdes peuvent fonctionner très bien sur certaines personnes mais être inutiles pour d'autres puisque ce sont des "terrains" différents. À vous de voir quels symptômes vous indisposent le plus fréquemment en voyage et quels remèdes font alors généralement effet pour vous. Un entretien approfondi avec un homéopathe avant le départ vous permettra d'identifier un "remède constitutionnel" qui sera alors le plus utile pour vous, et ce à la dilution appropriée.

» **Aconitum napellus :** maux de tête, fièvre avec grelottement, coup de chaleur, inflammation

» **Aloe :** prévention et traitement de la diarrhée du voyageur, flatulences, gargouillements

» **Allicum cepa :** allergies saisonnières (pollen, foins), écoulement nasal clair, éternuements, rhumes

» **Apis melifica :** coups de soleil, piqûres d'insectes, brûlures, démangeaisons, inflammations, réactions allergiques modérées, tout ce qui brûle et pique

» **Arnica :** contusions, traumatismes, douleurs ou surmenage physique. Aussi utilisé en usage externe (pommade) directement sur la zone affectée. Une alternative à l'arnica est *Bellis perennis*

» **Arsenicum album :** diarrhée du voyageur, nausée et vomissements, intoxication alimentaire

» **Belladonna :** fièvre soudaine avec accès de transpiration, bouffées de chaleur, coups de soleil et plus généralement rougeurs, enflures, douleurs, brûlures et tout ce qui chauffe, mal de gorge et douleurs et maux de tête dus au cycle menstruel. Peut être utile contre les piqûres d'insectes si elles sont rouges, enflées et douloureuses

» **Cantharis :** ampoules, brûlures avec formation de cloques, vésicules

» **Cocculus indicus :** mal des transports et mal de mer, vertiges, nausées, besoin de s'étendre, décalage horaire. Certaines personnes sont plus sensibles aux effets de *Borax* pour des usages similaires

» **Hepar sulphuris :** engorgement des muqueuses, sinusites, toux sèche et douloureuse

» **Histaminum :** toutes réactions allergiques, prurit, lésions de grattage

» **Hypericum perforatum :** douleurs d'origine nerveuse, engourdissement et picotement, allergies et réactions dues à l'exposition au soleil

» **Kalium bichromicum :** rhumes avec congestion nasale épaisse et jaune, gastrites, aphtes

» **Ledum palustre :** prévention et traitement des piqûres d'insectes et de contact avec des plantes irritantes

» **Mercurius solubilis :** rhumes, douleurs de la gorge rendant la respiration difficile et faisant saliver beaucoup

» **Nux vomica :** excès alimentaires, intoxication (café, tabac ou alcool) et maux de tête successifs, indigestion et nausée avec réflexes de vomissement, irritabilité, insomnie

» **Rhus toxicodendron :** douleurs articulaires, entorses, tendinites, raideurs musculaires, herpès. Peut être efficace pour le mal des transports

» **Ipeca :** nausées, diarrhée et vomissements

Santé sexuelle

Parlons sexe et parlons-en franchement ! Les voyages sont parfois le théâtre d'un éveil, d'un épanouissement ou du moins d'une augmentation de l'activité sexuelle. Qu'on le veuille ou non, le fait est que plus d'opportunités se présentent et que les partenaires potentiels abondent. Il est capital de s'informer, quels que soient son degré d'expérience, ses valeurs ou son statut matrimonial.

Bien sûr, c'est à vous seul que revient la décision de faire le grand saut et de profiter des nouvelles possibilités. Il convient cependant d'être vigilant : chaque jour, sur la planète, un million de personnes sont contaminées par une **infection sexuellement transmissible (IST)**. Dans les pays de l'Asie du Sud et du Sud-Est et de l'Afrique australe, la contamination prend l'ampleur d'une épidémie. Songez à tous les facteurs pouvant intervenir : alcool et drogues, excitation du moment, freins culturels à l'utilisation de préservatifs ou mauvaise qualité de ceux-ci, indisponibilité des traitements médicaux ou même des méthodes de dépistage, sans compter qu'une infection non traitée peut être lourde de conséquences...

En voyage, il serait utopique de tenter d'obtenir de l'information sur l'historique sexuel de tout un chacun. De plus, les apparences sont souvent trompeuses ! Comme les rencontres sont brèves, il est difficile de détecter les personnes à risque élevé comme les utilisateurs de drogues injectables, les personnes ayant de multiples partenaires, etc. C'est pourquoi il vaut mieux s'informer sur la pratique du "sécuri-sexe" et se familiariser avec l'usage du préservatif avant de partir. Même si vous n'avez aucune intention d'avoir de nouveaux partenaires au moment du départ, faites le plein de préservatifs !

Transmission

Les IST ne se transmettent pas exclusivement par voie sexuelle. Par exemple, l'herpès se contracte aussi par la salive ou par simple contact. La syphilis se propage par contact avec les altérations de la peau et des muqueuses causées par la maladie. La grande majorité des IST se transmettent cependant par contact des muqueuses orales, génitales ou anales et via les sécrétions génitales (partage de jouets érotiques). Le sang est souvent un vecteur important (hépatites, syphilis, VIH) : aiguilles de seringues ou de tatoueurs, lames de rasoir chez le barbier, etc.

Prévention

La meilleure manière de prévenir l'infection est de s'abstenir d'avoir des relations sexuelles orales, vaginales ou anales et de ne pas embrasser quiconque même pendant le carnaval de Rio, l'Oktoberfest, le Nouvel An... Pour la suite des conseils, nous prendrons cependant pour prémisse que vous succomberez tôt ou tard aux charmes de quelqu'un...

Avant de partir, songez sérieusement à obtenir les vaccins existants : hépatites A et B, papillomavirus (pour les femmes). Votre médecin saura vous renseigner sur les enjeux liés à ces vaccins.

Pour préserver votre sourire intact, évitez d'embrasser une personne présentant des lésions ou des coupures autour ou à l'intérieur de la bouche. Si c'est votre cas (abcès, aphte ou tout autre lésion), abstenez-vous de contacts oraux ou oraux-génitaux : les lésions augmentent la probabilité d'être infecté si votre partenaire l'est. À propos de sexe oral, évitez de prendre du sperme dans votre bouche. Le même conseil vaut pour le sang menstruel. Le mieux est de se protéger en utilisant un préservatif, même pour la fellation. Pour le cunnilingus, le nec plus ultra du "sécuri-sexe" est de couper un préservatif non lubrifié dans le sens de la longueur et de s'en servir comme barrière entre les muqueuses.

Le **préservatif** demeure la protection la plus efficace contre les IST lorsqu'il y a pénétration. On en retrouve deux types sur le marché : le préservatif masculin que l'on retrouve à peu près partout et le préservatif féminin, plus rare mais ayant ses avantages. Les règles de base sont les mêmes, peu importe le type de préservatif :

» les préférer lubrifiés ou utiliser un lubrifiant à base d'eau ou de silicone (jamais d'huile, vaseline ou de substance graisseuse avec le latex !)
» les conserver dans un endroit où ils ne sont pas écrasés ou sous pression (pas dans le portefeuille)
» vérifier la date de péremption
» n'utiliser qu'un préservatif à la fois
» emporter un stock suffisant avec soi
» en avoir sous la main lorsque c'est nécessaire !

Déterminez à l'avance le degré de protection que vous souhaitez appliquer et tenez-y fermement, comme un contrat avec vous-même, peu importe la situation. Ne soyez pas flexible sur ce point, il en va de votre santé ! Attention aux soirées arrosées : elles sont trop souvent source de comportements à risque.

Symptômes et complications

De nombreuses IST sont asymptomatiques, c'est-à-dire que vous ne pourrez pas vous rendre compte de l'infection par vous-même : des tests plus poussés seront nécessaires pour la dépister. Dans d'autres cas, les symptômes seront légers et se résorberont d'eux-mêmes, comme si la maladie était guérie, bien que ce ne soit pas le cas. C'est pourquoi il est fortement recommandé de consulter un médecin si vous croyez avoir été exposé (après des rapports non protégés par exemple) ou si vous présentez des symptômes.

Voici une liste non exhaustive des symptômes possibles des IST les plus courantes : rougeurs, démangeaisons, brûlures en urinant, écoulement vaginal, urétral ou anal, parfois purulent ou nauséabond, vésicules, boutons ou ulcérations dans la région génitale ou anale, avec ou sans douleur, tuméfaction, enflure au niveau des parties génitales, douleurs lors des rapports sexuels, maux de ventre, saignements entre les règles ou durant les rapports sexuels, conjonctivite (infection des yeux), symptômes dans la gorge, nausées, douleurs abdominales, perte d'appétit, ganglions lymphatiques enflés, éruptions sur le haut du corps et les mains et les pieds, fièvre et symptômes grippaux, verrues au niveau des organes génitaux, coloration anormale de la peau, de l'urine ou des selles (hépatites).

Stérilité, grossesse extra-utérine, cirrhose, cancer, SIDA, infection de la cavité abdominale, cécité des nouveau-nés, hépatite chronique, mort... Les conséquences des IST peuvent être désastreuses si elles ne sont pas détectées et traitées promptement.

Dépistage et traitement

Il est recommandé de faire les tests de dépistage IST usuels lors de votre examen de santé pré-départ : n'hésitez pas à en parler à votre médecin. Par la suite, les dépistages sont recommandés au cas où vous auriez eu une relation sexuelle non protégée, si le préservatif s'est rompu ou s'il a été mal utilisé, si vous présentez des symptômes ou encore si un ancien partenaire vous confie avoir eu une ITS. Attention, certains tests de dépistage ne sont vraiment sûrs qu'après une période de **3 mois minimum après le dernier rapport sexuel à risque**. Ne pratiquez pas d'automédication, consultez plutôt un médecin. Assurez-vous de vous protéger assidûment jusqu'à ce que vous ayez les résultats en main et pendant toute la durée du traitement, s'il y a lieu.

⚠ Si une IST est détectée, votre partenaire doit aussi être traité. C'est un DEVOIR de lui communiquer l'information, mais il en va également de votre santé puisqu'il est possible que vous vous réinfectiez mutuellement.

La plupart des IST peuvent être traitées et guéries à l'aide de médicaments. D'autres nécessitent une intervention chirurgicale (verrues génitales) ou un traitement antiparasitaire (morpions et gale). Cependant, on est porteur de l'herpès et du VIH à vie. C'est dire combien il est important de se protéger !

Après un rapport à risque, il est possible d'obtenir un traitement pour limiter le risque de contamination par le VIH (PPE – prophylaxie post-exposition). Plus ce traitement est mis en application tôt et plus le risque d'infection est faible.

Santé mentale

Parfois qualifiés de thérapies, les voyages peuvent tout autant développer notre résilience que dévoiler nos vulnérabilités psychiques. Selon l'OMS, les troubles psychiques figurent parmi les principaux problèmes de santé chez les voyageurs et l'"urgence psychiatrique" est l'une des causes d'évacuation par voie aérienne les plus fréquentes. Comme pour n'importe quel problème de santé, connaître les risques permet de déceler les symptômes avant que ces troubles ne s'installent, mais aussi de prêter main forte sur la route à ceux qui en ont besoin.

Troubles les plus courants

Troubles anxieux

Trouble de l'anxiété généralisé : le TAG se définit par la présence d'une anxiété quasi permanente, parfois diffuse, qui n'est pas forcément déclenchée par une situation déterminée. On peut par exemple se faire du souci à longueur de journée, souffrir d'insomnies ou de douleurs physiques liées au stress. Cette inquiétude envahissante est difficile à raisonner ou contrôler.

Phobies : une phobie est la peur intense et incapacitante de quelque chose qui ne présente que peu ou pas de réel danger. Il existe des phobies dites spécifiques (avion, serpents…) ou complexes (phobie sociale, agoraphobie…). Les phobies répondent bien à un traitement psychologique fondé sur l'exposition progressive, qui consiste à déterminer les motifs d'anxiété et à pratiquer une désensibilisation.

Attaques de panique : les attaques de panique sont caractérisées par l'apparition brutale d'une anxiété intense, accompagnée de sensations diverses comme des douleurs thoraciques, des nausées, une impression de suffoquer ou de perdre le contrôle, ou la peur de mourir. Les crises d'angoisse ne sont pas dangereuses mais la première donne souvent lieu à une consultation aux urgences tant elle est impressionnante.

Troubles de l'humeur

Dépression : le stress lié au voyage, l'isolement loin de la famille et des soutiens sociaux habituels ainsi que les réactions à une culture étrangère peuvent tous contribuer à l'apparition d'une dépression. Ce trouble se caractérise par une humeur déprimée persistante ou un manque d'intérêt se prolongeant plusieurs semaines. Parmi les symptômes associés, on peut citer des problèmes de sommeil, de mémoire ou de concentration, des sentiments d'inutilité et de désespoir, des pensées de mort, une perte ou prise de poids. Souvent passagère, elle peut parfois nécessiter une hospitalisation pour éviter tout acte autodestructeur.

Manie : un épisode maniaque est caractérisé par une humeur anormalement exaltée, irritable ou euphorique, qui persiste pendant plusieurs jours ou plusieurs semaines. Le principal risque de ces symptômes est qu'ils peuvent conduire à des erreurs de jugement lors de la prise de décisions (dans des domaines comme les finances, la vie sexuelle, la carrière, les drogues…). Relativement peu fréquent, l'état maniaque peut toutefois constituer une urgence à l'étranger.

Autres troubles fréquents

Trouble psychotique aigu et transitoire : un état psychotique se caractérise par des délires, des hallucinations, des troubles de la pensée ou des modifications radicales du comportement. Lors des voyages au long cours, l'isolement, le mauvais usage de substances, des apports alimentaires irréguliers, la déshydratation, les insomnies ou encore la prise de médicaments (comme la méfloquine par exemple) peuvent contribuer à leur survenue. Plus rarement, cela peut être le symptôme d'une maladie grave (une schizophrénie ou un neuropaludisme, par exemple). Il faut donc exclure ces causes à l'hôpital.

Troubles dus à l'utilisation de substances psychoactives : l'abus d'alcool ou d'autres substances psychoactives peuvent mener à une "intoxication aiguë" qui entraîne des perturbations de la perception, du comportement ou des fonctions psychophysiologiques. À l'inverse, certaines personnes comptent sur un voyage pour réduire leur consommation de substances psychoactives. Cette démarche est risquée car un syndrome de sevrage, caractérisé généralement par une hyperactivité, des insomnies, des tremblements et/ou de l'anxiété, peut survenir. Il est recommandé de traiter sa dépendance avant le départ.

Ressources pour prendre soin de sa santé mentale

Une bonne santé mentale est surtout une affaire de rapport apaisé à soi-même, aux autres et au monde. Il existe en vous et autour de vous une multitude de ressources qui vous aideront à mieux vivre votre voyage, quelle que soit votre météo intérieure.

En vous

L'observation sans jugement : parfois, accepter ce qui se présente à nous semble être la chose la plus difficile au monde. Pourtant, il est utile d'apprendre à noter, sans juger ni interpréter, les **signaux** subtils que vous envoient votre corps, vos pensées ou votre environnement avant qu'ils ne deviennent envahissants ou handicapants. Ils constituent de précieux indices qui peuvent vous indiquer, tel un **baromètre**, que vous avez presque atteint vos limites. Des symptômes qui émergent vous invitent à **lâcher du lest**, voire à reconfigurer vos plans de voyage pendant que c'est encore possible. La **méditation** peut être un outil de choix pour développer cette compétence. Les techniques de **défusion** ou d'**ancrage** permettent également de revenir au présent et de mieux gérer vos émotions. Apprenez et pratiquez ces techniques "à froid" puis voyez si elles vous aident en cas de crise. La **bienveillance** et l'**humour** font aussi des merveilles et sont un puissant antidote à la honte, surtout en situation sociale.

L'hygiène de vie : des pratiques de relaxation comme la respiration, le yoga ou encore l'écriture contribuent à une bonne santé mentale mais sont plus préventives que curatives ; comme l'alimentation ou le sport, elles sont à envisager comme des soutiens et deviennent plus efficaces à mesure que vous les pratiquez. Prenez aussi soin de votre **jauge d'énergie** et envisagez le repos comme un **état d'esprit** plus qu'une activité en particulier (on peut être allongé sur un canapé sans se reposer !). Demandez-vous quels sont vos vrais besoins sur le moment, sans notion de performance. La qualité du **dialogue intérieur** est importante : si des pensées du type : "je perds du temps, je devrais faire/ne pas faire ça..." vous assaillent, rappelez-vous que vous n'êtes pas obligé de les croire. Vous pouvez à la place choisir une pensée qui est plus utile à ce moment-là comme : "Ce pays /cette expérience m'aide à comprendre comment je fonctionne."

Autour de vous

Les proches, les locaux et les autres voyageurs : au comptoir d'un bar, au téléphone ou dans la hutte d'un grand sage, **verbaliser ses sensations** et préoccupations permet souvent de trouver des solutions et du réconfort. Une **discussion** au bon endroit et au bon moment peut changer le cours d'une vie ! N'essayez pas de cacher votre mal-être mais gardez en tête que chaque personne ne voit le monde que de sa propre perspective ; il est donc possible que vous ne soyez pas compris et que cela augmente encore votre sentiment de solitude et d'impuissance. Quelle que soit la réaction de votre entourage, n'ayez pas honte de ce que vous ressentez. Si vous exprimer est difficile ou mal reçu, envisagez l'aide d'un thérapeute.

Les thérapeutes sur place ou à distance : les professionnels de santé peuvent vous aider à comprendre vos réactions et vous guider. Avez-vous déjà un thérapeute qui peut faire des **séances virtuelles** en voyage si nécessaire ? Si vous êtes sur la route, il est possible de consulter en ligne : le site Psychologue.net propose des options (www.psychologue.net/cabinets/en-ligne) ainsi que l'application BetterHelp (www.betterhelp.com, en anglais). Si vous ne savez pas par où commencer pour choisir votre thérapeute, privilégiez un psychologue formé aux **thérapies brèves** de type TCC (Thérapies Comportementales et Cognitives) ou ACT (Thérapies d'Acceptation et d'Engagement) qui sont plus à même de soulager les symptômes handicapants en voyage que les approches longues comme la psychanalyse, par exemple. En France, les Centres Médico-Psychologiques (CMP) proposent des consultations et thérapies gratuites.

Le confort : à chacun son Everest ! Accepter votre besoin de confort ou de certitude actuel

TÉMOIGNAGE

"J'aurais voulu qu'on me dise qu'on ne peut pas mourir, abîmer son corps ou devenir fou à cause d'une crise d'angoisse. J'aurais voulu qu'on me suggère de faire ce qui me fait du bien et de lâcher la performance du voyage. Qui nous dit d'ailleurs qu'il faut "réussir" son voyage, qu'il faut faire ce qui est prévu, qu'il faut "profiter" ? Aujourd'hui, il peut m'arriver de faire de très rares crises d'angoisse, mais elles durent 30 secondes. Ce n'est plus un problème dans ma vie mais ça restera toujours un signal d'alarme de mon niveau de fatigue, le thermomètre de ma santé mentale. À ce moment-là, "profiter" de mon voyage signifie ralentir et prendre soin de moi."

Leila Kadi Louche, www.lklcoaching.com

sans vous juger vous permettra d'adapter votre aventure en conséquence. Avez-vous pour l'instant besoin d'un endroit calme pour dormir ? Êtes-vous rassuré de connaître le plan de la journée ? Préférez-vous pour l'instant partir avec un ami qui vous comprend ? Ne vous l'interdisez pas, ce besoin de confort psychique va évoluer. En outre, respecter vos limites vous fera à la longue gagner beaucoup de temps et d'énergie.

Partir avec un trouble préexistant

Un diagnostic actuel ou des antécédents de problèmes de santé mentale ne constituent pas un obstacle absolu au voyage. En revanche, l'accès à des ressources de santé mentale (services d'urgence, qualité des médicaments, personnel soignant culturellement et linguistiquement "compatible") est bien différent d'un lieu à un autre. Élaborez en amont des stratégies pour réduire les risques, prendre de l'assurance et faire face à l'inconnu.

Avant le voyage

1) Assurez la continuité de vos soins : pouvez-vous appeler votre psychologue en cas d'urgence ? Votre médecin peut-il répondre à vos questions par courriel ? Si vous êtes suivi par un médecin, psychiatre ou psychologue, prévoyez un rendez-vous avec lui avant votre voyage pour faire le point. Souscrivez également une assurance voyage adéquate qui couvre spécifiquement les problèmes de santé mentale et renseignez-vous sur l'accès aux services médicaux, y compris les services de santé mentale, pendant le voyage.

2) Gardez l'essentiel à portée de main : gardez un bref résumé médical de vos antécédents dans la fonction "notes" de votre téléphone ou dans un brouillon de courriel, au cas où cela serait nécessaire. Répétez et apportez avec vous un script, éventuellement traduit en plusieurs langues, pour expliquer vos besoins, au cas où vous devriez vous faire soigner à l'étranger. Vous pouvez aussi faire des recherches sur l'association locale pour votre maladie, s'il y en a une, afin de pouvoir prendre note de son vocabulaire et peut-être même leur demander de vous recommander un professionnel de santé. Faites vos propres "kits d'urgence" : en cas de malaise ou de douleurs, gardez sur vous une carte qui explique votre état, accompagnée d'argent liquide pour prendre un taxi et de l'adresse d'un hôtel ou d'une personne de confiance. Un bon casque anti-bruit fera des merveilles pour les hypersensibles. Enfin, organisez à l'avance le contact par téléphone, Skype ou e-mail avec vos proches, surtout si vous voyagez seul. En bref, assurez-vous de disposer d'un réseau de soutien auquel vous pouvez faire appel rapidement lorsque le besoin s'en fait sentir.

3) Anticipez : réfléchissez aux situations qui vous sont difficiles et élaborez des stratégies. Faites des cartes-mémos en fonction de ces scénarios ("si X se produit alors je ferai Y"). Pour vous amuser un peu lors de ce processus et dédramatiser la situation sur place, pourquoi ne pas faire votre propre grille de Bingo ? Certains préconisent de se visualiser serein dans les situations redoutées, mais cela ne marche pas toujours si l'anxiété est intense. Essayez plutôt de vous visualiser dans ladite situation, mais en train de la traverser puis d'arriver en sécurité de l'autre côté. Prévoyez des activités et des rituels pour détourner votre attention lors des moments plus difficiles. Si certaines situations suscitent de l'angoisse (phobies, stress post-traumatique...), faites-vous accompagner par un psychiatre ou un psychologue avant de partir.

Pendant le voyage

1) Compassion : faites preuve de compassion envers vos limitations, quelles qu'elles soient. Peut-être que d'autres voyageurs ne comprendront pas la nécessité d'un rythme différent ou de jours de repos plus longs, mais évitez de vous comparer à ce que font les autres et ne vous poussez pas dans vos retranchements, cela ne mène à rien de bon.

2) Adaptation : dans la mesure du possible, maintenez une routine régulière et poursuivez votre traitement pendant le voyage, même si votre santé s'est améliorée (vous pourrez toujours en discuter avec votre médecin à votre retour). Laissez votre voyage évoluer en même temps que vous-même : si vous êtes parti à la découverte d'une nouvelle culture mais que vous vous sentez submergé, le ton de votre voyage peut passer de l'exploration à l'introspection. Trouvez le confort dans l'inconfort, où que vous soyez. Si vous traversez des tempêtes émotionnelles, rappelez-vous que les émotions ne sont pas dangereuses, seuls les comportements et décisions impulsives peuvent l'être. Si vous sentez que votre santé mentale se détériore, demandez de l'aide/des conseils rapidement.

3) Rentrer ou non ? En dehors des cas d'urgence psychiatrique (risques suicidaires et psychoses), il n'y a pas de bonne ou mauvaise décision. Certains se disent : "être mal ici ou chez moi, c'est exactement la même chose !" Parfois, se laisser en effet le temps de s'adapter à un environnement est une bonne idée et traverser cette situation permet d'en ressortir grandi (voir les différentes phases de l'acclimatation du chapitre *Choc culturel*, p. 132). Parfois, tout annuler et rentrer est le bon choix. Cela peut vous offrir l'opportunité de mettre votre vie en pause pour vous occuper de votre santé, ce qui peut accélérer votre guérison. Dans tous les cas, prendre rapidement un rendez-vous en vidéo avec un psychologue pourra vous aider à déterminer le meilleur choix à faire pour vous. La majorité des personnes qui font une crise psychologique vont en tirer une expérience positive, à condition de l'avoir intégrée.

En cas de traumatisme

En voyage comme ailleurs, les accidents graves ou les agressions sont rares mais existent. Que faire après et comment naviguer dans cette période de la vie ?

1) Appeler un proche qui ne va pas paniquer : trouvez une personne fiable que vous pouvez appeler en disant "il s'est passé ça", et qui saura vous épauler sans que vous n'ayez à le "ménager" ou ajouter son stress au vôtre. Cela peut aussi être la ligne d'urgence d'une association. S'il y a un lien avec les autorités (dans le cadre d'une agression par exemple), ce partenaire de confiance peut les appeler directement et se mettre en lien avec divers organismes pour vous aider dans vos démarches sur place, comme le fait de porter plainte par exemple. C'est également le moment de contacter son assurance (l'idéal est qu'un appel puisse être suivi facilement d'un rapatriement si besoin). Cette dernière pourra aussi vous mettre en lien avec un médecin et un psychologue de votre pays d'origine.

2) Ne pas se sentir coupable : le sentiment de honte après un accident ou une agression peut être énorme et vous pourriez recevoir moins d'empathie que vous ne le pensiez, en dehors de la communauté des voyageurs. Les réflexions du type "C'est ta faute, tu t'es mis en danger" permettent à ceux qui les expriment de se rassurer sur les risques auxquels nous faisons en réalité tous face : ils ne font pas partie de la vie de voyageur mais de la vie tout court. Surmonter ce sentiment reste un travail de l'esprit qui consiste à se dire que non, on n'est jamais responsable d'une agression ou d'un accident. Dans les semaines qui suivent l'événement traumatique, il est fréquent de souffrir d'insomnies et de chercher un moyen de se fuir (en regardant des séries jour et nuit ou en se jetant à corps perdu dans le travail par exemple). N'ayez pas honte de ne rien faire si vous vous en sentez incapable. Cette phase ne durera pas éternellement, alors rendez-vous service et ne vous ajoutez pas d'exigences.

3) S'exprimer sans se laisser enfermer : "Juste après" est souvent la phase la plus difficile. Des émotions extrêmement fortes émergent (colère, haine, panique, honte, désespoir...). Même si vous avez l'impression d'aller mieux, il est conseillé d'aller voir un psychologue le plus rapidement possible, pour éviter de figer le traumatisme. Cela permet d'apprendre à regarder à nouveau l'événement en face puis de réorienter son regard. On a beau se connaître et avoir un bon contact avec son monde intérieur, voire croire parfois que l'on peut surmonter seul ce traumatisme, dans ces moments-là il peut être difficile de le faire seul. Le trouble post-traumatique est bien documenté et se traite (l'EMDR ou l'hypnose ericksonienne sont souvent cités). On dit que la parole libère : rapprochez-vous d'associations de victimes, parlez à des proches qui sont en mesure de vous écouter. En revanche, vous pourriez avoir à un moment l'impression d'en parler tout le temps. Pensez à vous réapproprier également votre corps à travers le mouvement, la nature, les sens. Si la parole permet de lâcher les mots, un sport peut permettre de lâcher ses émotions.

4) Repartir ? Guettez le retour du désir : quelques mois après, il est possible de ressentir une grande énergie où l'on prend conscience que l'on est en vie. Parfois de façon soudaine, le vent tourne, l'émerveillement et l'enthousiasme reviennent. C'est le retour, parfois timide ou soudain, des émotions positives. On n'est plus prisonnier de son passé et de toutes les émotions

TÉMOIGNAGE

"Je pensais aller mieux, mais quand je me suis retrouvée à l'autre bout du monde, ça a été compliqué. La symétrie par rapport à mon agression a été terrible : être seule, dans la montagne, dès qu'un homme se présentait... Les trois premières semaines de mon voyage ont été super difficiles mais j'ai accepté que c'était du retour traumatique et j'ai continué à avancer. Et puis à un moment, c'était hyper subtil, je me suis réancrée en moi. Je suis sortie de la dissociation, j'ai réintégré mon corps, je me suis retrouvée entière. C'était comme si un mécanisme se réenclenchait et de nouveau je voyais, de nouveau je ressentais, de nouveau la beauté était là. C'est à ce moment-là que j'ai retrouvé ce contact que j'avais perdu avec l'émerveillement. Pour moi, cela n'aurait pas été possible sans la marche et la nature. C'est plus que du voyage, c'est de la guérison."

Linda Bortoletto, exploratrice et écrivaine, lindabortoletto.com

qu'il génère, on ouvre la porte à son avenir. À ce moment-là, demandez-vous ce qui vous caractérise, ce que vous aimez. Pour les grands voyageurs, cela peut être le moment de repartir. Il est difficile de savoir quand le travail de "guérison" est fait. Mais repartir trop vite après un traumatisme est rarement conseillé. Comment savoir quand on est prêt ? Écouter son intuition et son désir. S'il vous est difficile de les écouter ou de leur faire suffisamment confiance, il est peut-être encore trop tôt. Est-ce un vrai désir, une envie à travers votre corps qui vous dit de bouger ? Est-ce simplement mental ("C'est la bonne chose à faire", "Il faut que je me force") ? Pour certains, le premier voyage après le traumatisme est à la fois le plus difficile, à cause du retour post-traumatique, mais également celui qui permet d'achever le processus de reconstruction. Parlez de votre projet aux personnes de confiance autour de vous et préparez-vous mentalement pour ce nouveau départ si particulier.

Pour aller plus loin

Sites Web

» www.diplomatie.gouv.fr/voyageurs – Conseils aux voyageurs du gouvernement français

» www.sante.gouv.fr – Site très complet du ministère de la Santé

» www.hc-sc.gc.ca/hl-vs/travel-voyage/index-fra.php – Conseils aux voyageurs de l'agence gouvernementale Santé du Canada

» www.safetravel.ch – Recommandations officielles de l'Office fédéral de la santé publique suisse

» www.who.int/fr – Organisation mondiale de la santé, fournit des données sanitaires par pays et des conseils aux voyageurs (rubrique "Publications")

» www.passeportsante.net – Portail de la santé incluant les médecines alternatives qui ont fait leurs preuves

» www.sida-info-service.org – Informations sur les dépistages

» www.info-ist.fr – Tout sur les IST

» www.psycom.org – Ressource publique française pour la santé mentale

» www.deploie-tes-ailes.org – Site québécois destiné aux gens souffrant de phobies, notamment l'agoraphobie et la phobie sociale

» www.iamat.org/travel-stress – L'Association internationale pour l'assistance médicale aux voyageurs (IAMAT) produit des brochures d'orientation pour les voyageurs souffrant de divers problèmes de santé mentale (en anglais)

» www.terrapsy.org – Terra Psy - Psychologues sans frontières (09 82 25 62 45). Appel et service gratuits. Écoute, soutien et accompagnement en français, anglais, arabe, italien et espagnol

Livres techniques

» BAUDOUX, Dominique. *L'Aromathérapie : se soigner par les huiles essentielles* (Amyris, 2008)

» CASSAN, Pascal et DÉPRUND, Marie-Christine. *La Santé en voyage* (Oskar, 2007)

» CAUCHY, Emmanuel. *Petit guide médical pour le voyage et Petit manuel de médecine de montagne* (Ifremmont, 2015)

» CHEMOUNY, Bernard. *Le Guide de l'homéopathie* (Odile Jacob, 2008)

» COLLECTIF. *Voyages internationaux et santé* (Organisation mondiale de la santé, 2010) Disponible gratuitement sur www.who.int/ith/fr

» COLLECTIF. *Les 30 huiles essentielles incontournables : fiches aromathérapie* (ESI, 2011)

» JANSSEN, Thierry. *La Solution intérieure : vers une nouvelle médecine du corps et de l'esprit* (Fayard, 2006)

» BORTOLETTO, Linda. *Le Souffle des Andes* (Payot, 2021) – Quelques mois après avoir failli mourir en 2019, victime d'une agression sexuelle lors d'un trek, Linda Bortoletto se lance dans un périple de résilience.

"On a beau avoir une santé de fer, on finit toujours par rouiller."
Jacques Prévert

Trousse de secours

Bien que l'on prenne toutes les précautions possibles et imaginables, on ne peut être à l'abri d'un problème de santé en voyage. Souvent bénins mais incommodants, ces malaises peuvent toutefois être gérés sans trop de difficulté, à condition d'avoir un peu d'équipement et surtout de savoir s'en servir.

La trousse de secours a pour but de vous permettre de :

» préserver votre santé et votre hygiène de base

» agir en cas de problème de santé mineur

» stabiliser votre situation jusqu'à ce que vous puissiez obtenir de l'aide médicale en cas d'urgence ou de blessure plus importante

ATTENTION ! Chacun est responsable de sa santé, des médicaments et des traitements utilisés. Les informations données dans ce chapitre ne sont données qu'à titre indicatif et il est de la responsabilité de chacun de consulter un médecin pour faire valider le contenu de sa trousse de secours avant le départ. De plus, nous vous conseillons de demander conseil à un médecin à chaque fois que la prise d'un médicament ou qu'un soin est nécessaire.

Composer sa trousse de premiers soins

C'est avec l'expérience que le voyageur arrive à déterminer le contenu idéal de sa trousse de premiers soins. Un grand nombre de facteurs entrent en compte, certains étant personnels comme les habitudes, les problèmes de santé, la consommation habituelle de médicaments, la connaissance du matériel de premiers soins, etc. D'autres sont cependant circonstanciels et varient selon le climat, le type d'activité, la durée du voyage, l'isolement (loin des habitations), la disponibilité de matériel de secours dans la région, etc. À vous donc de juger ce qui vous est absolument essentiel parmi ce que vous pourrez trouver sur place et de réviser le contenu de votre trousse chaque fois que nécessaire.

Une règle fondamentale : il est inutile de transporter du matériel dont vous ne savez pas vous servir ou que vous refusez d'utiliser. Familiarisez-vous avec l'usage de chaque objet avant de l'ajouter à votre trousse.

Certains produits naturels sont simples d'utilisation pour le voyageur, se transportent aisément ou se trouvent facilement en toute région du monde. Vous en trouverez quelques-uns au fil de ce chapitre.

Nettoyants et antiseptiques

Lorsque vous êtes en présence d'une affection cutanée ou d'une plaie ouverte, il est essentiel de garder la plaie propre afin de favoriser la guérison et de prévenir l'infection. Bien que la désinfection ne soit pas toujours indispensable, elle est souvent souhaitable.

Si la plaie est sale, il faudra d'abord la nettoyer à l'eau et au savon pour retirer un maximum de résidus, puis la rincer abondamment et l'assécher délicatement. Il est utile d'avoir avec soi des dosettes de sérum physiologique (solution saline) pour nettoyer plus finement la plaie, notamment si elle est située près d'une muqueuse. On peut aussi préparer le sérum en faisant bouillir de l'eau additionnée de sel (½ cuillère à café dans 250 ml d'eau) que l'on aura laissée refroidir. Cette solution se conserve au maximum 24h.

⚠ Le savon peut rendre certains antiseptiques inactifs, il est donc capital de bien rincer la plaie avant de la désinfecter.

N'utilisez qu'un seul produit antiseptique pour désinfecter la plaie car certains d'entre eux peuvent présenter des interactions. Pour le choix du produit, demandez conseil à votre médecin ou à votre pharmacien. Vérifiez également la date de péremption.

Les antiseptiques les plus courants et les plus pratiques en voyage sont :

Chlorhexidine (Biseptine®, Hibitane®) ou chlorure de benzalkonium : disponibles en tampons individuels, en spray ou sous forme liquide, ce sont des désinfectants à large spectre d'action à base d'eau qui ont l'avantage de ne pas brûler la plaie à l'application ni de l'assécher. La chlorhexidine est moins allergisante que le chlorure de benzalkonium.

Désinfectants iodés (Bétadine®, teinture d'iode) : antiseptique et désinfectant puissant utile pour les plaies, brûlures, abcès, etc. À éviter si vous êtes enceinte, souffrez de la thyroïde, en cas d'intolérance à l'iode, pour les blessures près de l'œil ou chez les jeunes enfants.

Hexamidine : antiseptique approprié pour le traitement de plaies non ouvertes comme les affections de la peau (urticaire, zona, psoriasis, etc.)

Eau oxygénée (peroxyde d'hydrogène) : désinfecte les plaies profondes, surtout lorsqu'il y a saignement ou risque de tétanos. La désinfection doit être faite rapidement car le peroxyde endommage aussi les nouvelles cellules, retardant la guérison naturelle.

Autres désinfectants : éosine aqueuse, alcool pharmaceutique, eau de javel diluée à 0,5% (attention à la concentration de la solution originale, elle varie d'un pays à l'autre), etc. "Mieux que rien", ils permettent de dépanner en cas d'urgence et en l'absence de produit plus approprié. Ils peuvent toutefois être irritants ou desséchants et bien qu'ils retardent l'infection, ils retardent aussi la guérison naturelle.

ALTERNATIVES NATURELLES

DÉSINFECTANT : EXTRAIT DE PÉPINS DE PAMPLEMOUSSE (GSE)

L'extrait de pépins de pamplemousse (ou d'agrumes), aussi appelé GSE (Grapefruit Seed Extract) est un germicide réputé non toxique et biodégradable utile en usage externe et interne. Il peut servir comme agent de conservation pour les liquides, désinfectant pour les fruits et légumes, pour le traitement de la peau et des infections, de la tourista ou comme rince-bouche, etc. Il est bien important de toujours le diluer et de respecter la posologie.

MULTI-USAGE : ARGILE

Riche en minéraux, utile en usage interne comme externe dans une variété de situations, l'argile est un produit détoxifiant car il absorbe (retient l'eau et les gaz) et adsorbe ("capture" les impuretés, substances toxiques, etc.). C'est également un bon antiseptique, un hémostatique (arrête l'écoulement du sang), un cicatrisant et un décongestionnant (réduit l'enflure). On utilise surtout l'argile verte, mais aussi la blanche ou la grise. Ne réutilisez jamais l'argile et évitez de la mettre en contact avec le plastique ou les objets métalliques.

En usage interne, délayée dans un peu d'eau, on s'en servira pour reminéraliser l'organisme ou se détoxifier, par exemple dans le cas de problèmes gastro-intestinaux (à l'exception de la constipation). En usage externe, l'argile s'utilise en cataplasme épais (1-2 cm) directement sur la peau pour traiter les problèmes dermatologiques, les plaies infectées, les brûlures, les traumatismes en tout genre.

Pansements et matériel de contention

Les pansements ont plusieurs fonctions et vous les choisirez selon vos besoins.

Nettoyer et désinfecter une plaie
Les compresses de gaze sont préférables aux mouchoirs de coton car elles ne laissent pas de fibres sur la zone nettoyée. Versez le produit (sérum physiologique, antiseptique) sur la compresse et appliquez-la délicatement en tamponnant.

Couvrir une plaie Pour éviter l'infection ou le contact avec des surfaces sales : pansements individuels variés, gaze, ruban adhésif médical ou rouleau de sparadrap, bande élastique collante de 6 cm de large, pansements "seconde peau" contre les ampoules.

Comprimer une plaie afin d'arrêter un saignement Idéalement, une compresse de gaze stérile, mais dans les cas d'urgence, un tissu propre peut suffire.

Immobiliser une plaie ou une région afin de protéger une lésion ou un traumatisme sous-jacent (entorse, fracture) Attelle modelable, bandes élastiques de contention non collantes type Velpeau ou Elastoplast®, Tensoplast® et agrafes, pansements triangulaires.

⚠ Poser une attelle ou un strapping (bande de contention) sont des gestes médicaux. Comme pour le cas des autres éléments de la trousse, n'apportez et n'utilisez que du matériel que vous savez correctement utiliser.

Maintenir une plaie fermée Afin de favoriser la guérison : sutures stériles, bandes collantes de 3 ou 5 mm, etc.

Médicaments

Afin de vous éviter des problèmes lors du passage aux douanes, munissez-vous d'une lettre de soins rédigée par votre médecin, en complément de votre ordonnance, expliquant les circonstances médicales pour lesquelles un traitement vous est prescrit. Le même conseil s'applique si vous voyagez avec des aiguilles et seringues pour injection.

Gardez les médicaments d'ordonnance dans leur emballage d'origine, avec l'étiquette de prescription et/ou la notice.

Gardez une copie de votre ordonnance (nom commercial et générique) dans vos papiers et sur ordinateur. En cas de doute, informez-vous auprès de l'ambassade des pays concernés : certains médicaments peuvent être interdits, même pour usage personnel. Attention notamment aux opiacés – certains voyageurs ont déjà été écroués pour possession de Dafalgan® codéiné...

Il est judicieux d'obtenir une copie de sa prescription de lunettes ou de lentilles de contact en cas de bris, perte ou vol pendant le voyage.

En voyage, préférez les médicaments sous forme de comprimés secs ou en gélules. Attention aux dates d'expiration !

Médicaments spécifiques

Les médicaments spécifiques sont à déterminer avec votre médecin en lui précisant les conditions de votre voyage : pays, durée, ressources disponibles, activités prévues. Pour toute maladie préexistante, prévoyez des provisions généreuses de vos médicaments habituels ou assurez-vous de pouvoir les renouveler en chemin. Si ces médicaments

MÉDICAMENTS GÉNÉRAUX EN USAGE EXTERNE

Pommade antibiotique	Indiquée seulement pour des plaies qui s'infectent (pus, inflammation persistante). Sinon, mieux vaut laisser la plaie guérir à l'air libre que d'y appliquer une pommade grasse. **Alternative naturelle – ail :** antiseptique et antibiotique, tonique de l'immunité, l'ail s'utilise en application externe sur les plaies (tranché) ou intact trempé dans l'huile végétale comme suppositoire vaginal lors de vaginites à levures.
Crème anti-inflammatoire	Pour les douleurs articulaires et musculaires ou les tendinites : type kétoprofène (Ketum®) ou analgésique topique Pour les brûlures et coups de soleil : Biafine®, Vaseline®, gel d'aloe vera. **Alternatives naturelles – beurre de karité et/ou aloès frais :** traitement des coups de soleil, brûlures, irritations, coupures, aide à la cicatrisation.
Autres médicaments	Vos gouttes ophtalmiques ou optiques habituelles, si besoin

MÉDICAMENTS GÉNÉRAUX EN USAGE INTERNE

Analgésiques (douleur et fièvre)	Paracétamol (acétaminophène) ou ibuprofène non effervescents. L'aspirine est à proscrire car elle fluidifie le sang et est allergisante.
Antihistaminiques	Votre produit habituel pour traiter les allergies.
Antidiarrhéiques	Lopéramide (Imodium®, Arestal®, etc.) pour les diarrhées sans fièvre, sauf dans les cas d'intoxication sévère car peut contribuer à l'absorption des toxines contenues dans l'intestin. On peut aussi utiliser Ultra-Levure® ou Florastor® (levures *Saccharomyces boulardii*) pour aider à restaurer la flore intestinale. **Alternative naturelle – charbon végétal activé :** par voie orale (normalement en capsules), désintoxique les voies digestives. Utile dans les cas d'intoxication alimentaire ou si l'intoxication est possible/probable, mais aussi pour les gastro-entérites, ballonnements et flatulences. **Solution de réhydratation :** prenez un litre d'eau et ajoutez-y une demi-cuillère à café de sel et 8 cuillères à café de sucre. Une autre option : jus d'orange ou de pomme auquel vous ajoutez un peu de sel.
Anti-émétiques (vomissements, mal des transports)	Diménhydrinate (Gravol®, cause de la somnolence) ou dompéridone (Motilium®). **Alternative douce – le gingembre :** plante tonique réputée pour combattre la nausée et dégager les voies respiratoires, utile dans les cas de grippe, de manque d'énergie et de mal des transports. Prendre une tranche de gingembre frais en bouche, entre les molaires et la joue. Si on le préfère en gélules, en prendre deux 30 min avant le départ puis une ou deux à l'apparition des symptômes.
Antibiotiques	Il est risqué de pratiquer l'automédication avec les antibiotiques car ceux-ci ne combattent pas tous le même type d'infection. En outre, un phénomène inquiétant d'apparition de superbactéries résistantes aux antibiotiques (lié à une utilisation incorrecte de ces derniers) pose problème dans le monde. Si vous partez pour une destination isolée ou si vous risquez de faire face à des diarrhées sévères (hygiène alimentaire très mauvaise), il est judicieux d'avoir avec soi un antibiotique à large spectre comme l'amoxicilline (Clamoxyl®, Augmentin®), le métronidazole, la ciprofloxacine, la lévofloxacine ou la nifuroxazide selon votre destination et les recommandations de votre médecin. N'oubliez pas de terminer votre traitement même après l'arrêt des symptômes pour éviter de créer des résistances.
Autres médicaments en usage interne	Vos médicaments de confort habituels. Profitez-en pour réviser leur notice d'utilisation.

vous sont essentiels, gardez-les en plusieurs endroits afin d'en avoir une réserve d'urgence en cas de perte ou de vol de vos bagages.

» **Prévention antipaludique :** à déterminer en fonction de votre destination (voir la section *Paludisme* du chapitre *Santé du voyageur*, p. 378). Prévoir également des lotions antimoustiques, des insecticides pour les textiles et une moustiquaire imprégnée pour votre couchage.

» **Réactions allergiques :** veillez à toujours avoir sur vous votre médication d'urgence

» **Mal aigu des montagnes :** acétalozamide, si pertinent

Gardez autant que possible les médicaments dans leurs emballages d'origine. S'ils sont susceptibles d'être compressés dans vos bagages, protégez-les dans une boîte rigide.

Stimulants immunitaires

Partir en voyage est un changement qui peut s'avérer stressant pour le corps. Comme le stress peut affecter les défenses naturelles, certains voyageurs choisissent de consommer pendant cette transition des **plantes** reconnues traditionnellement comme stimulantes immunitaires.

L'**échinacée** est un antiviral et bactériostatique réputé pour soutenir et stimuler le système immunitaire dans les moments difficiles. Les meilleures variétés à employer sont purpurea (d'action lente mais très efficace) et angustifoli (plus active mais dont les effets s'estompent vite). Il est particulièrement indiqué pour les affections de la gorge.

EXEMPLES DE TROUSSE DE SECOURS

Choisissez le contenu de votre trousse avec soin. Il est possible que vous n'utilisiez jamais certains accessoires ou médicaments : tâchez de réévaluer vos besoins régulièrement et de renouveler les items utilisés. Mais ne vous méprenez pas, il est normal que la trousse de secours ne serve que rarement ou même jamais ; elle est là pour le cas où une urgence surviendrait.

La trousse contient du matériel médical, mais aussi du matériel de prévention et de sécurité tout usage. Si vous transportez déjà ce matériel ailleurs dans vos bagages, inutile de le dédoubler. Il n'est pas nécessaire de conserver tout le matériel dans la trousse même, mais bien de l'avoir à disposition dans ses bagages.

Préférez une boîte rigide et imperméable pour ranger les éléments de votre trousse de premiers soins à l'abri des chocs et de l'humidité.

Trousse minimale

- **Votre choix de médicaments généraux et spécifiques :** certains se trouvent facilement à l'étranger et quelques comprimés suffisent pour se dépanner
- Nettoyant antiseptique (quelques tampons individuels)
- Gel hydro-alcoolique
- Pansements et assortiment de sparadraps
- Quelques compresses de gaze
- Petits ciseaux pour couper bandages, compresses, etc.
- Lentilles de contact supplémentaires (deux paires)
- Lotion répulsive pour les insectes
- Crème solaire à indice de protection élevé (>20)
- Préservatifs norme CE, produits menstruels
- Bouchons d'oreilles (quelques paires)
- Épingles de nourrice de tailles variées
- Aiguille à coudre et fil (bobine ou fil dentaire non ciré)
- Cotons-tiges
- Morceau de savon
- Couverture de survie
- Lampe de poche
- Allumettes, briquet ou tige allume-feu (deux sources de feu différentes)

Trousse passe-partout

Emportez également :

- Compresses de gaze, ruban adhésif médical
- Pansements "seconde peau" contre les ampoules
- Pince à épiler
- Lame de rasoir
- Petit paquet de mouchoirs en papier ou lingettes
- Miroir grossissant
- Sachet robuste d'argile verte, blanche ou grise
- Huiles essentielles choisies et petit flacon d'huile végétale
- Thermomètre
- Dosettes de sérum physiologique (solution saline)
- Gants de latex ou de polyuréthane (particulièrement pratiques pour les voyages à vélo)
- Masque chirurgical (protège des particules de poussière et de la contamination par inhalation)
- Matériel pour purifier ou désinfecter l'eau
- Sifflet
- Barres énergétiques
- Suppléments vitaminiques

Cependant, la tisane est vraiment trop faible pour agir sur le corps : mieux vaut se procurer des capsules ou de des concentrés liquides.

Autres stimulants immunitaires naturels et plantes adaptogènes : ginseng (sibérien et panax), astragale, maca, shitaké...

Pour aller plus loin

Livres techniques

» PEYTAVIN, Jean-Louis. *Premiers soins : Le Guide pratique 2004* (Prat, 2003)

(suite p. 397)

UTILISER SA TROUSSE DE SECOURS : AIDE-MÉMOIRE

Pré. : prévention – **Allo. :** recommandations de la médecine traditionnelle (allopathique) – **Phyto. :** recommandations en phytothérapie (plantes) – **HE :** huiles essentielles recommandées (voir p. 380) – **Hom. :** traitement homéopathique suggéré (voir p. 383) – **Urg. :** à surveiller, urgence médicale !

Allergies	**Pré. :** éviter tout contact avec les allergènes notoires **Allo. :** antihistaminiques **Hom. :** *Allium cepa, Apis mellifica, Histaminum* **Urg. :** difficulté à respirer, gonflement du visage, choc allergique
Ampoules	**Pré. :** chaussures et chaussettes adéquates, entraînement progressif, crème antifrottement (voir le chapitre *Santé du voyageur*, section *Ampoules*, p. 371) **Allo. :** laver puis couvrir d'un pansement respirant ou de type "seconde peau" **Hom. :** Cantharis
Brûlures, coups de soleil	**Pré. :** crème de protection solaire à indice élevé, vêtements couvrants, chapeau à large bord, éviter les heures de fort ensoleillement (voir le chapitre *Santé du voyageur*, section *Coup de soleil*, p. 376) **Allo. :** crème Biafine® ou Vaseline®, anti-inflammatoire par voie orale pour la douleur **Phyto. :** aloès frais ou en gel **HE :** melaleuca, lavande ou origan si signe d'infection **Hom. :** *Apis mellifica, Belladonna*
Congestion nasale	**Allo. :** décongestionnants, laver le nez au serum physiologique **Phyto. :** eucalyptus, cayenne **HE :** melaleuca, menthe, origan **Hom. :** *Hepar sulfuris, Kalium bichromicum*
Constipation	**Pré. :** manger de façon équilibrée, boire beaucoup d'eau, aller à la selle dès que nécessaire **Allo. :** laxatifs **HE :** huile de ricin, psyllium, aloès, séné, graines de lin **Hom. :** *Nux vomica, Plumbum* **Urg. :** constipation brutale et sévère
Courbatures, rhumatismes	**Pré :** boire beaucoup d'eau, s'étirer après l'effort **Allo. :** crème anti-inflammatoire type kétoprofène ou analgésique topique **HE :** lavande, menthe (en frictions) **Hom. :** Arnica, *Rhus toxicodendron*
Diarrhée	**Pré. :** hygiène alimentaire rigoureuse, repos (voir le chapitre *Santé du voyageur*, section *Diarrhée du voyageur*, p. 370) **Allo. :** boire beaucoup de liquides, éviter les graisses et aliments lourds ou épicés. Antidiarrhéiques, solution de réhydratation, antibiotique à large spectre pour les cas graves **Phyto. :** charbon végétal activé, levures, probiotiques, psyllium **HE :** basilic et origan **Hom. :** *Arsenicum album*, Aloe, Ipéca **Urg. :** forte fièvre, diarrhée intense (plus de 10 selles par jour) ou sanguinolente, douleurs abdominales intenses

Ecchymoses, contusions	**HE :** lavande, menthe poivrée, helichryse **Hom. :** Arnica (granules et pommade)
Entorses, foulures, fractures	**Allo. :** immobiliser la blessure autant que possible et éviter de porter le poids du corps dessus. Consulter un médecin, notamment s'il y a risque de fracture. **Phyto. :** cataplasme d'argile **HE :** lavande, menthe poivrée, helichryse en frictions **Hom. :** Arnica **Urg. :** fracture ouverte, hémorragie interne soupçonnée
Fièvre	**Allo. :** analgésiques type paracétamol (acétaminophène) ou ibuprofène. Rafraîchir le corps, boire beaucoup de liquides **Hom. :** *Aconitum napellus, Belladonna* **Urg. :** fièvre supérieure à 40°C
Mal aigu des montagnes	**Pré. :** prévoir un temps d'acclimatation et prendre une pause dans la montée en cas d'apparition des symptômes **Allo. :** acetazolamide **Phyto. :** thé de coca, ginkgo biloba **Urg. :** maux de tête très douloureux, confusion, hallucination, troubles de la coordination, respiration très pénible même au repos, peau bleutée, coma. Redescendre au plus vite.
Mal des transports, mal de mer	**Pré. :** choisir sa place avec soin, se concentrer sur un point à l'horizon, éviter l'alcool, le tabac et les mets épicés. Éviter les 3 F : faim, fatigue, frousse (voir le chapitre *Santé du voyageur*, section *Mal des transports*, p. 373) **Allo. :** anti-émétique en comprimés **Phyto. :** gingembre frais, en poudre ou en gélules **HE :** melaleuca et/ou lavande derrière les oreilles, menthe poivrée et basilic en interne **Hom. :** *Tabacum, Petroleum, Cocculus indicus, Borax*
Maux de gorge	**Phyto. :** miel **HE :** melaleuca, origan en gargarismes **Hom. :** *Mercurius solubilis* **Urg. :** Fièvre et difficultés à avaler
Maux de tête	**Allo. :** analgésiques type paracétamol ou ibuprofène **HE :** lavande, menthe poivrée, basilic dilués en friction sur les tempes **Hom.** : *Aconitum napellus, Belladonna, Nux vomica* **Urg. :** migraines violentes et prolongées accompagnées de vomissements et de forte fièvre
Morsure de serpent et piqûre de scorpions	**Pré. :** marcher bruyamment, porter des chaussures et vêtements adéquats (tous les détails p. 377) **Allo. :** laver la plaie à l'eau et désinfecter sans alcool. Réduire les mouvements et desserrer les vêtements. Poser un bandage moyennement serré (ne doit pas gêner la circulation du sang), en amont de la blessure. Paracétamol en cas de douleur importante Se rendre dans un centre de soins avec une description de l'animal pour y recevoir un sérum antivenimeux. **Hom. :** *Apis mellifica, Belladonna* **Urg. :** difficulté à respirer, réaction allergique violente
Nausées et vomissements	**Pré. :** hygiène méticuleuse, notamment au niveau alimentaire **Allo. :** anti-émétique, petites quantités d'eau pour prévenir la déshydratation **Phyto. :** gingembre frais, en poudre ou en gélules **HE :** menthe et basilic en usage interne **Hom. :** *Arsenicum album, Nux vomica*, Ipéca **Urg. :** vomissements très fréquents ou sur une période prolongée, symptômes de déshydratation, présence de sang

Nervosité, stress, insomnie, dépression	**Pré. :** repos, méditation, adapter son rythme de voyage **Allo. :** médicaments spécifiques **Phyto. :** menthe (stress), valériane (insomnie), lavande (stress et insomnie) **HE :** lavande **Hom. :** *Nux vomica*
Otites	**Allo. :** gouttes ou antibiotiques par voie orale **HE :** lavande et origan (diluées)
Parasites (peau, cheveux, etc.)	**Allo. :** crème antiparasite spécifique **HE :** melaleuca, lavande
Parasites du système digestif	**Pré. :** hygiène alimentaire irréprochable **Allo. :** traitements antiparasites spécifiques **Phyto. :** extrait de pépins de pamplemousse, menthe fraîche **Urg. :** diarrhée ou douleurs violentes, amaigrissement
Peau : abrasions, irritations, infections	**Pré. :** crème ou pommade lubrifiante type Vaseline® **Allo. :** pommade antibiotique et/ou anti-inflammatoire **Phyto. :** miel **HE :** melaleuca, lavande, origan **Hom. :** *Apis mellifica, Belladonna*
Piqûres d'insectes	**Pré. :** utiliser une lotion répulsive (voir le chapitre *Santé du voyageur*, section *Se protéger des moustiques*, p. 370) **Allo. :** antihistaminique s'il y a œdème **Phyto. :** basilic **HE :** lavande **Hom. :** *Apis mellifica, Belladonna, Histaminum* (si réaction allergique), *Ledum palustre* **Urg. :** réaction allergique au niveau du visage ou des voies respiratoires
Plaies ouvertes	**Allo. :** laver, désinfecter la plaie et la panser si nécessaire **HE :** melaleuca, lavande, origan (comme antiseptiques) **Urg. :** hémorragie importante, infection. L'urgence dépend de la taille et de la localisation de la plaie sur le corps
Spasmes gastriques, douleurs à l'estomac	**Allo. :** anti-acides, antispasmodiques **Phyto. :** menthe fraîche, coriandre, basilic **HE :** lavande et menthe poivrée en usage interne **Hom. :** *Kalium bichromicum* **Urg. :** douleurs aiguës et prolongées
Tendinites, lésions chroniques	**Pré. :** éviter les gestes répétitifs, équipement approprié **Allo. :** pose d'un tenseur, repos, anti-inflammatoires **Hom. :** Arnica, *Rhus toxicodendron*
Toux bronchique	**Allo :** sirop fluidifiant **Phyto. :** thym en infusion et inhalation, eucalyptus
Toux sèche	**Allo :** sirop ou comprimés antitussifs **Phyto. :** miel **Hom. :** *Hepar sulfuri*
Vaginite	**Pré. :** sous-vêtements amples et propres en coton **Allo. :** crème antifongique ou antibiotique **Phyto. :** extrait de pépins de pamplemousse, vinaigre de cidre, gousse d'ail intacte trempée dans l'huile végétale **HE :** melaleuca

(suite de la p. 395)

» DUFF, Jim et GORMLY, Peter. *Pocket First Aid and Wilderness Medicine* (Cicerone Press, 2013)

» WEISS, Eric. *Wilderness and Travel Medicine* (Mountaineers Books, 2011)

Index

En coulisses

Un mot des auteurs

Un merci tout particulier à Éric Larochelle et Geneviève Destroismaisons chez qui l'aventure de ce livre a commencé, merci pour leur aide et pour leur générosité.

Un immense merci pour les nombreuses heures de relecture et les retours à Judikaëlle Marterer, Nicolas Beauchamp, Rose Ribas, Julie Lemaire, Myriam St-Denis Lisée et Thomas Leroy. Merci à toutes les personnes ayant partagé leur savoir dans leur différents domaines de compétence : Mokhtar Akbari (homéopathe), Association SOS Femmes, François Couplan (ethnobotaniste), Simon Dellis (accompagnateur en montagne, www.voyages-cimes.com), Fanny Gonnet (médecin), Marina et Antoine Hard (enseignants de yoga), Ludovic Hubler (voyageur), Thomas Mansouri, (CO_2 Solidaire – GERES), Virginie Michel (nutritionniste), Jen O'Neal (Tripping), Penny Pattison (Servas Canada), Kim Paschc (conseiller en autonomie sauvage), Bernard Py (médecin chez SOS Grossesse), André Rielh (professeur de yoga).

Merci infiniment à tous les conducteurs, tous les hôtes et toutes les autres personnes nous ayant permis d'expérimenter les techniques de ce livre.

Anick-Marie Bouchard

Si j'avais le temps et l'espace, j'irais remercier personnellement Bernard, Évelyne, Anie-Pier, Josy, Mylène et mes parents qui ont enduré le plus clair de mon écriture dans leur salon/chambre/toilettes et j'irais déranger tous les autres qui m'ont inlassablement demandé "Ça avance ton livre ?" à m'en faire pleurer pendant près de deux ans... Mais comme je vagabonde et que toutes les routes mènent à la route, j'ai le temps et j'ai l'espace. Je devrais donc passer, si les dieux du stop le veulent bien. À très bientôt !

Guillaume Charroin

Merci à Julie pour son grand soutien et sa confiance. Merci à mes parents ainsi qu'à Rose et Yves pour avoir planté en moi la graine qui permet de croire aux rêves, pour leurs conseils et pour m'avoir soutenu matériellement et moralement pendant l'écriture de ce livre. Enfin, merci à mes coauteurs, Anick-Marie pour son courage, toute son énergie et le travail incroyable qu'elle a fourni, et Nans pour son amitié et l'enfant éternel qui est en lui.

Nans Thomassey

Du fond du coeur merci à mes parents pour leur amour sans limite, ma famille pour m'avoir soutenu, ma douce Fanny pour son aide précieuse, sa patience et sa confiance, Agnès dans son écoute et ses encouragements, Mouts pour la source d'inspiration, la coloc d'Avignon dans son accueil et sa bienveillance, les amis de Die pour m'avoir donné l'énergie et l'envie d'y croire, Delph, Alex et Fafa pour avoir accepté un coloc écrivain, Vincent et Anne pour la retraite dans les Vosges, Paul Villecourt pour ses coups de pouce.

Isabelle Paccault

Merci à mes parents, mon frère et ma sœur, pour tout votre amour à travers les années. Merci à Matthieu Bousendorfer (dbunk.fr) pour ses conseils avisés sur le chapitre *Outils de communication*, à Michaela Chung (auteure de *The Irresistible Introvert*), à Leïla Kadi-Louche et Marina Bouchet-Skalka (coachs en gestion des émotions), à Jodi Ettenberg (nomade numérique) ainsi qu'à tous les intervenants de ce guide de m'avoir accordé leur temps, confiance et ouverture sur leur précieux savoir. Et bien sûr, un immense merci à tous mes compagnons de voyage, sur la route ou en pensée, qui font de ma vie une aventure.

Astrid Duvillard

Je remercie mon grand-père pour son inconditionnel soutien, ainsi que mes parents qui m'ont toujours poussée à réaliser mes rêves. Merci aussi à Justine de partager ma vie et d'égayer mes longues journées de confinement. Enfin, merci à José, qui m'a offert les plus beaux souvenirs de mes années nomades, et dont l'amitié m'est précieuse.

Jesse Robert

Merci à mon frère David, avec qui j'ai découvert le voyage et ce précieux ouvrage. Merci à Nans de m'avoir ouvert la porte de cette grande famille de vagabonds. Merci à mes coauteurs et compagnons de vie du Village du Bel-Air, pour le soutien et leur amour inconditionnel. Merci à tous les humains que j'ai croisés sur ma route et qui ont tous contribué à ce que je suis aujourd'hui.

Pierre-Elie Dubois

Merci aux copains-copines de Stop&Go de m'avoir accompagné dans la découverte du voyage alternatif. Merci à Anouk pour cette riche année qu'a représenté *Voyagez-Nous* dans ma vie. Merci à Colette. Merci aux habitant·e·s du Village du Bel Air pour la confiance et la joie qui accompagnent cette nouvelle aventure sédentaire. Merci à vous, enfin, de rêver encore et de prendre la route !

Anouk Dupin

Je voulais remercier l'équipe de *Nus et Culottés* qui a bercé d'aventures humaines et locales mon début d'adolescence, merci à mon premier conducteur d'auto-stop qui a fait tomber mes barrières de peur sur les inconnus. Merci à Pierre-Elie pour cette aventure *Voyagez-Nous* que nous avons rêvée et réalisée en commun et qui a transformé mon rapport aux gens et ma vision de la vie. Je me suis saisi de ma boussole interne qui me guide à présent sur la carte de mon destin. Souvent, elle reste pliée dans ma poche parce que j'aime bien me dire que j'avance sans savoir où je vais !

À PROPOS DE CET OUVRAGE

Direction éditoriale Didier Férat
Responsable éditorial Dominique Bovet
Responsable prépresse Jean-Noël Doan
Coordination éditoriale Juliette Stephens
Fabrication Emmanuelle Laine
Maquette et conception graphique Denis Montagner et Valérie Police
Couverture Laure Wilmot
Remerciements à Jacqueline Menanteau pour son travail sur le texte

LA BIBLE DU GRAND VOYAGEUR
5e édition

Photographies © comme indiqué 2021

Photographie de couverture, de gauche à droite :
1re de couv : © J.R. Switchgrass, Grand Teton National Park, Wyoming USA
4e de couv : © josh hodge/iStockphoto.com ; © Umomos/Shutterstock ; © Sergei Domashenko/iStockphoto.com

Dépôt légal Juin 2021

ISBN 978-2-81619-371-8

Imprimé par Pollina, Luçon, France - 40034
Réimpression 02, septembre 2021

En Voyage Éditions | un département édi8